W0076534

25€

Thea Leitner

Schicksale im Hause Habsburg

Habsburgs verkaufte Töchter
Habsburgs vergessene Kinder

Ueberreuter

Die Deutsche Bibliothek – CIP-Einheitsaufnahme

Leitner, Thea:
Schicksale im Hause Habsburg : Habsburgs verkaufte Töchter ;
Habsburgs vergessene Kinder / Thea Leitner. – Wien :
Ueberreuter, 1994
   ISBN 3-8000-3541-3

Bildnachweis „Habsburgs verkaufte Töchter"
Österreichische Nationalbibliothek, Wien (10); Kunsthistorisches Museum, Wien (1);
Bayr. Staatsgemäldesammlungen, München (1); Louvre, Paris (1); Verlagsarchiv (3).

Bildnachweis „Habsburgs vergessene Kinder"
Photo Bulloz, Paris (3); Elisabethinenkonvent, Klagenfurt (1); Landesmuseum für Kärnten,
Klagenfurt (1); Musée d'art et d'histoire, Genf (1); Österreichische Nationalbibliothek, Wien
(27); Roger Viollet, © Cap-Viollet (1).

AU 315/1
Alle Rechte vorbehalten
Umschlag von Brigitte Schwaiger
Copyright © 1994 by Verlag Carl Ueberreuter, Wien
Druck und Bindung: M. Theiss, 9400 Wolfsberg
Prindet in Austria

Teil 1

Habsburgs verkaufte Töchter

Dem Andenken meines Großvaters,
Franz Hugo Kunze, der mich schon
als Kind lehrte, in der Geschichte
mehr zu sehen als Daten und Taten
berühmter Männer.

Verkaufte Töchter – minus zwei

»Sie sind Opfer der Politik«, hat Maria Theresia über das schreckliche Schicksal einiger ihrer Töchter geklagt – während sie gleichzeitig ungerührt alle Hebel in Bewegung setzte, das nächste Opfer auf dem Altar der Politik darzubringen. Es war ihre jüngste, Marie Antoinette, die man als Fünfzehnjährige nach Frankreich verschickte, um einen alten Erbfeind als neuen Verbündeten zu gewinnen. Fast auf den Tag genau vierzig Jahre später wurde Maria Theresias neunzehnjährige Urenkelin Marie Louise mit Napoleon I. vermählt, in der trügerischen Hoffnung, den verhaßten Aggressor milde zu stimmen.

Die Faszination des gewaltsamen Todes der Marie Antoinette und die Faszination, die von dem gewalttätigen Korsen, Marie Louises erstem Mann, ausging, hat die beiden Frauen zu beliebten Objekten seriöser Historiker wie voyeuristischer Trivialautoren werden lassen. Stefan Zweig nannte Marie Antoinette in seiner berühmten Biographie einen »mittleren Charakter«, ein Urteil, das durchaus auch auf Marie Louise zutrifft. Beide waren keine markanten Persönlichkeiten, über beide wäre längst der Schleier des Vergessens gesunken, hätte ihnen das Fatum nicht einen Platz im Rampenlicht der Geschichte zugewiesen.

Der Schleier des Vergessens ist, aus welchen Gründen immer, über eine Reihe anderer Habsburgertöchter gebreitet, die keine mittleren, sondern ganz außerordentliche Charaktere waren. Ihre Lebensgeschichte liest sich überwiegend ebenso abwechslungsreich, aufwühlend und tragisch wie jene von Marie Antoinette und Marie Louise. Letztere scheinen daher in dieser Anthologie lediglich als Randfiguren auf, weil über sie im wesentlichen alles gesagt worden ist, was zu sagen ist.

Das vorliegende Buch versteht sich quasi als Wiedergutmachung an

7

tapferen, geduldigen, zum Teil auch schönen und geistreichen Frauen aus einem berühmten Geschlecht, über welche die große Geschichtsschreibung meist nur marginal berichtet, von denen ein breites Publikum, wenn überhaupt, nur bruchstückhaft Kenntnis genommen hat. Die Biographien ihrer Väter, Brüder, Söhne und Onkel sind bis ins letzte Detail durchleuchtet. Kaiser Maximilian I., zum Beispiel, ist jedem Volksschüler ein Begriff, der Name seiner Schwester Kunigunde auch Gebildeten fremd; Ludwig XIV. ist in aller Munde – das Andenken seiner Mutter, Anna von Österreich, die immerhin neunzehn Jahre lang allein regierte, wird nur in Frankreich bewahrt. Selbst die feministische Literatur, die in den letzten zwanzig Jahren mit wahrer Entdeckerwut noch die letzte Suffragette aus dem Dunkel der Vergangenheit hervorgeholt hat, ist merkwürdigerweise achtlos an diesen Frauen vorübergegangen, obwohl sie deutliche emanzipatorische Züge zeigten.

Die Töchter des Hauses Habsburg wurden meist schon in den Windeln verlobt und als halbe Kinder verheiratet, mit Knaben und Greisen, mit Krüppeln und Kretins – einmal sogar wurde eine kleine Habsburgerin einem Ungeborenen versprochen, im ehernen Gottvertrauen, daß es schon das passende Geschlecht haben werde. Es handelte sich um Maria, die jüngste Schwester Kaiser Karls V., die später in seinem Namen die Niederlande regieren sollte.

All diese Frauen haben dennoch mit bewundernswerter Disziplin versucht, das Beste aus ihrem Leben zu machen, ohne sich kaum je den Luxus zu leisten, persönliches Unglück offen zur Schau zu tragen. Das Gefühl und die Pflicht, einem großen Haus und damit einer großen Sache zu dienen, mag ihnen dabei eine wesentliche Stütze gewesen sein. Manche brachten sogar das Kunststück zuwege, den aufgezwungenen Mann von Herzen zu lieben. Es gab unter ihnen eine Reihe höchst begabter Politikerinnen, geschickter und tüchtiger als mancher wohlbekannte Herrscher aus derselben Familie, jede einzelne wert, dem Vergessen entrissen zu werden. Was hiemit, zumindest ansatzweise, versucht werden soll.

Wien, im August 1987   Thea Leitner

Blutige Mitgift

Kunigunde 1465–1520

Will man die Lebensgeschichte eines Menschen nachzeichnen, dann gilt es vor allem, sein Umfeld, seine Zeit und seine Herkunft zu erforschen, denn aus vielerlei Wurzeln bildet sich ein Charakter, werden Aktionen und Reaktionen erklärbar.

Dabei ergeben sich erhebliche Schwierigkeiten, wenn es sich um Begebenheiten handelt, die ein halbes Jahrtausend zurückliegen. Zwar kannten Kunigundes erste Biographen (und auch deren Leser) die Rahmenbedingungen genau, unter denen die Tochter Kaiser Friedrichs III. und Schwester Maximilians I. aufgewachsen ist und gelebt hat. Aber gerade weil ihnen dieses Umfeld so selbstverständlich war, gingen sie in ihrer Schilderung nicht näher darauf ein – und das Bild Kunigundes wirkt auf den heutigen Leser schemenhaft und verschwommen.

Es gilt also, den Hintergrund von Kunigundes Dasein zu erhellen, um so ihr Wesen plastischer hervortreten zu lassen. Allerdings könnte man dabei leicht in den Fehler verfallen, die Menschen, ihr Tun und ihr Lassen aus heutiger Sicht zu erklären und Schlüsse zu ziehen, die mit der Wirklichkeit des ausgehenden Mittelalters nicht das geringste zu tun haben. Was uns heute absurd erscheint, war damals vielleicht allgemeines Gedankengut, was wir für selbstverständlich halten, hingegen umwälzend und revolutionär.

Erschwerend kommt hinzu, daß die Frau in jenen Tagen, zumindest solange sie nicht verheiratet war, de facto als selbständiges Wesen nicht registriert wurde. Es ist bezeichnend, daß aus Kunigundes Jugendtagen kein authentischer Ausspruch, keine einzige aktive Handlung belegt ist. Um so bemerkenswerter ist, daß die Überlieferung aus ihren letzten Lebensjahren, nachdem sie Witwe geworden war, ihr ausdrücklich sehr klares Denken und strebsames Vorgehen bescheinigt.

Wir werden diesem Phänomen in weiteren Biographien von Habsburgertöchtern wieder begegnen: Erst als Ehefrauen werden sie überhaupt wahrgenommen, verwitwet gelten sie endlich als eigenständige Menschen.

Schon wenn wir uns mit Kaiser Friedrich III. beschäftigen, dessen Leben in zahllosen wissenschaftlichen Arbeiten von allen Seiten ausgiebig beleuchtet worden ist, geraten wir in Schwierigkeiten bei der Deutung seines Charakters und seiner Motivationen. Des Kaisers Zeitgenossen sowie Generationen von Historikern hielten schlichtweg fast gar nichts von ihm. Erst in den letzten zwanzig Jahren erfährt er eine wesentlich freundlichere Beurteilung. Seine notorische Schlafmützigkeit wird als bedächtige Politik, sein Geiz als Sparsamkeit, sein ständiges Zögern als kluges Taktieren gewertet.

So dürfen wir auch nicht in den Fehler des rationalistischen 19. Jahrhunderts verfallen und ihm seinen Hang zur Astrologie, zu Amuletten, zur Alchemie, zur Beschwörung günstiger Vorzeichen ankreiden, was überhaupt nicht mit seiner vielfach erwähnten aufrichtigen Frömmigkeit in Einklang zu stehen scheint. Für die meisten Menschen des späten Mittelalters waren derlei Praktiken durchaus mit ihrer Religiosität zu vereinbaren, denn sie glaubten einfach, durch Sprüche und Zeichen den Lauf des Schicksals beeinflussen, Böses abwenden zu können.

Friedrichs bekannteste Obsession besteht in den berühmten fünf Buchstaben A. E. I. O. U., die er bereits von seinem zweiundzwanzigsten Lebensjahr an auf jeglichem seiner Besitztümer, vom kleinsten Gegenstand bis zum imposanten Schloß, aufmalen, aufprägen oder für die Ewigkeit einmeißeln ließ. Noch in der Schule lehrte man uns, diese Vokalfolge als »Austria est imperare omni universo« (Alles Erdreich ist Österreich untertan) zu verstehen und unterstellte damit dem jungen Mann schier überirdische hellseherische Gaben, den Aufstieg des Hauses Habsburg zur Weltherrschaft betreffend.

Zu jener Zeit kann indes nicht einmal ein tollkühner Wunsch der Vater des Gedankens gewesen sein, weil Friedrich damals nichts weiter war als ein kleiner, unbedeutender Landesfürst, dessen Horizont bestimmt nicht viel weiter reichte als bis zu den Grenzen seiner Steiermark. Er konnte weder damit rechnen, daß er einmal römisch-deutscher Kaiser werden, noch daß sein Jahrzehnte später geborener

Sohn Maximilian das reiche Burgund erheiraten und sein Enkel Karl Spanien erben würde. Von der aberwitzigen Vorstellung der Entdeckung eines späteren habsburgischen Weltreichs im fernen Westen durch Christoph Kolumbus einmal ganz zu schweigen.

Die hochfahrend-imperiale Deutung, das weiß man heute sicher, wurde dem A. E. I. O. U. erst mehr als 200 Jahre später durch plumpe Hinzufügungen in Friedrichs Notizbuch unterlegt. Das Geheimnis der ursprünglichen Bedeutung, die auch seinen Zeitgenossen nicht bekannt war, hat er mit ins Grab genommen. Wichtig war ihm wohl in erster Linie, alles Eigentum penibel zu markieren, gewitzt durch üble Erfahrungen mit seinem Onkel und Vormund, Herzog Friedrich von Tirol, der dem früh zur Halbwaise gewordenen Knaben sein Erbe unter den fadenscheinigsten Vorwänden lange vorenthalten hatte.

Das Rätsel, warum Kaiser Friedrich III. bei der Taufe seiner fünf Kinder, von denen nur zwei überlebten, von einer alten Tradition abwich und die in der Familie seit eh und je gebräuchlichen Vornamen durch solche mehr oder weniger bekannter Heiliger ersetzte, läßt sich leichter lösen. Friedrich war der Religion mehr verbunden als die meisten seiner Vorfahren, und er hat sich Vorteile für das Schicksal und das Seelenheil seiner Söhne und Töchter erwartet, wenn er diese in innige Beziehung zu den großen Vorbildern der Kirche brachte.

Seine Lieblingsheilige war St. Kunigunde, und so lag es nahe, daß er auch eine Tochter so nannte. Von Interesse mag sein, wieso Friedrich die heilige Kunigunde so offensichtlich bevorzugte – sie war keine Märtyrerin, keine Kämpferin, sondern heiliggesprochen wegen ihrer Keuschheit. Sie war die Gemahlin Kaiser Heinrichs II., der um die Jahrtausendwende regierte. Als das Gerücht auftauchte, sie hätte ihren Mann betrogen, stellte sich Kunigunde einer Feuerprobe: Sie betonte, daß sie nicht nur keine Ehebrecherin, sondern, trotz langjähriger Ehe, unberührt wie die Heilige Jungfrau sei. Unversehrt wandelte sie über zwölf glühende Pflugscharen und legte so wunderbaren Beweis für ihre Behauptungen ab.

Zwangsläufig stellt sich die Frage, warum Friedrich ausgerechnet die unbefleckte Kaiserin zu seiner bevorzugten Heiligen gemacht hat. Es böte sich ein weites Spekulationsfeld für moderne Sexualwissenschaftler, wenn es gälte, das Verhältnis Friedrichs gegenüber den

Frauen zu untersuchen, wobei auch Friedrichs Ehe und die Beziehung zu seiner Tochter Kunigunde mit einbezogen werden müßten, sowie die Tatsache, daß er, obwohl jahrzehntelang Witwer, niemals wieder geheiratet hat.

Hier ist indes nur Platz für nüchterne Tatsachen, die auf der lakonischen Feststellung des besten Friedrich-Kenners unserer Tage, dem Wiener Historiker Alphons Lhotsky, fußen: Friedrich habe, vermutlich aufgrund schmerzlicher Erfahrungen in der Jugendzeit, eine zeitlebens äußerst reservierte Einstellung zum anderen Geschlecht bewahrt.

Auffällig ist, daß Friedrich in einer Ära, da Fürsten bereits an der Schwelle der Geschlechtsreife heirateten oder verheiratet wurden, immer wieder vor einer Bindung zurückschreckte. Es gab zahlreiche Eheanbahnungen, die sich jedoch im letzten Augenblick stets zerschlugen. Friedrich selbst hat am Scheitern dieser Projekte keinen unwesentlichen Anteil gehabt.

Er war bereits siebenunddreißig, als er die einundzwanzig Jahre jüngere Prinzessin Eleonore von Portugal heimführte, vorwiegend wohl aus dem Grund, weil die junge Dame aus dem stürmisch aufwärts strebenden Kolonialreich eine der begehrtesten Partien Europas war und Friedrich sich stets in verzweifelten Geldnöten befand. Wie sehr ihn die hinreißende Schönheit der zarten, dunkelhaarigen Kindfrau mit den riesigen schwarzen Augen beeindruckt hat, ist nicht dokumentiert. Belegt ist nur, daß der große, ein wenig linkisch wirkende Mann mit den fahlen Haaren weiß wie die Wand wurde und zu zittern begann, als er und seine Braut einander zum ersten Mal in Siena begegneten.

Man schrieb das Jahr 1452, und Friedrich befand sich auf dem Weg nach Rom, wo er von Papst Nikolaus V. zum Kaiser gekrönt werden sollte. Praktischerweise wurde an Ort und Stelle auch die Trauung vollzogen, einer der wenigen Anlässe, bei denen das junge Paar einige Worte wechselte – assistiert von einem Dolmetscher, denn Eleonore hatte bis dahin noch keine Zeit gefunden, Deutsch zu lernen.

Nach Trauung und Krönung – übrigens die letzte in Rom –, die mit großem Pomp auf Kosten des Papstes gefeiert wurden, zogen die Neuvermählten in getrennte Quartiere. Sie hielten es auch so auf der

Reise nach Neapel, wo König Alphons, ein Onkel der jungen Frau, mit allem nur erdenklichen Aufwand die Hochzeitsfeierlichkeiten ausrichtete.

Es bedurfte keiner indiskreten Schlüssellochguckerei, um festzustellen, daß die Ehe von Friedrich und Eleonore nach mehr als einem Monat noch immer nicht konsumiert worden war. Ob Eleonore sich deswegen bei ihrem Onkel beklagte oder ob dieser aus eigenem Antrieb die Initiative ergriffen hat, bleibt dahingestellt. Jedenfalls machte der Ältere dem Jüngeren Vorhaltungen wegen dieses befremdlichen Flitterwöchner-Benehmens. Friedrich ließ verlauten, er fürchte in Neapel ein Kind zu zeugen, das womöglich mit einem »italienischen Charakter« ausgestattet sein würde, und das könne er nicht verantworten. Nachdem Alphons nicht lockergelassen hatte, sagte Friedrich widerwillig einer »deutschen Beiwohnung« zu und ließ ein öffentliches Prunkbett errichten, das er und seine Frau im Angesicht des ganzen Hofes bestiegen. Ehe noch einige zartbesaitete Damen in Ohnmacht fallen konnten, war die ganze symbolische Zeremonie bereits vorüber, nachdem Friedrich einen Augenblick lang die Decke über sich und seine Gemahlin gezogen hatte, um auf der Stelle zu entfliehen.

Die Kammerfrauen der Kaiserin gingen nun daran, deren Gemach für die Nacht zu richten. Sie sparten nicht mit Sprüchen und Gebeten und reichlich über das Bett versprühten Duftwässerchen. Auch das paßte dem Kaiser nicht. Er weigerte sich, das womöglich verhexte Lager zu benützen. Nach langem Hin und Her entschwand die Kaiserin in Friedrichs Schlafzimmer, und was dort passierte oder nicht passierte, blieb der Phantasie der Zeitgenossen überlassen.

Wenige Tage später verließ das Kaiserpaar Neapel, um sich nach Venedig zu begeben, der Kaiser auf dem Landweg, die Kaiserin zu Schiff. Nach weiteren turbulenten Festlichkeiten in der Lagunenstadt ging es nach Norden, Richtung Heimat, aber erst ab Portenau, also bereits auf Friedrichs Hoheitsgebiet, reisten sie gemeinsam. Diese Reise blieb einer der wenigen Abschnitte im Eheleben des Paares, während dessen die beiden ständig zusammen weilten. Von da an sahen sie einander oft Wochen und Monate nicht.

So begann man sich zu fragen, ob es wohl mit rechten Dingen zugegangen wäre, daß dennoch fünf Kinder gezeugt wurden, und böswillige Lästermäuler bezweifelten sogar Friedrichs Vaterschaft. Diese Unterstellungen nahmen jedoch niemals das Ausmaß eines begründeten Verdachtes an, ein zweiter Fall Kunigunde wurde nicht provoziert. Nur: das vierte Kind des Kaisers erhielt eben diesen Namen, und es bleibt schon jetzt ausdrücklich anzumerken, daß sie dank der väterlichen Verzögerungstaktik beinahe als ewige Jungfrau sitzengeblieben wäre. Bei seinem Sohn war Friedrich weitaus großzügiger: Maximilian durfte bereits als Siebzehnjähriger mit der schönen, reichen Maria von Burgund die Freuden der Ehe genießen.

Kunigunde kam am 16. März 1465 in der Burg zu Wiener Neustadt zur Welt, fast auf den Tag genau sechs Jahre nach ihrem Bruder Maximilian, den man dereinst den letzten Ritter nennen würde. Der Vater war zu diesem Zeitpunkt bereits fünfzig, die Mutter neunundzwanzig Jahre alt.

Wiener Neustadt, heute eine niederösterreichische Kleinstadt von mäßiger Bedeutung, gehörte damals zur Steiermark und war ein für damalige Begriffe glanzvolles urbanes Zentrum von vorragender strategischer Bedeutung zwischen den Einflußsphären von Türken, Ungarn und den einander konkurrierenden österreichischen Stammlanden.

Friedrichs Vater, Herzog Ernst der Eiserne von Steiermark, hatte die ehemalige Babenbergerfeste zu seiner zweiten, ständigen Residenz neben Graz gemacht. Dort hielt er häufig hof, zusammen mit seiner legendären Ehefrau Cimburgis von Masovien, die in die Geschichte eingegangen ist, weil sie über phantastische Körperkräfte verfügt, Eisennägel mit der bloßen Hand aus der Wand gezogen und ganze Heufuder gestemmt haben soll. Außerdem stammt von ihr angeblich die berühmte, hängende Habsburgerlippe, hervorgerufen durch eine Mißbildung des Unterkiefers, die durch Generationen das charakteristische Aussehen der Habsburger geprägt hat.

Friedrich ließ die väterliche Burg, auf der er zusammen mit acht Geschwistern einen erheblichen Teil seiner Jugend verbracht hatte, in großem Umfang erweitern und die Befestigungsanlagen verstärken. Die Stadtmauer war 12 Meter hoch und mehr als 2,5 Kilometer lang; sie hatte vier gewaltige Türme nebst zahlreichen Eck- und Zwischentürmen. Die Festung, von einer ständigen Bürgerwehr in Verteidigungsbereitschaft gehalten, galt als eine der stärksten im Deutschen

Reich und praktisch als uneinnehmbar, auch lange Belagerungen waren aussichtslos, weil die Wiener Neustädter Lebensmittelvorräte für mindestens ein Jahr horten mußten.

In Kunigundes Kindheitstagen stand die Stadt mit 7 000 bis 10 000 Einwohnern in ihrer Hochblüte und konnte sich rühmen, zuweilen der Mittelpunkt des gesamten Deutschen Reiches gewesen zu sein. Die Bürger profitierten von zahlreichen in- und ausländischen Delegationen ebenso wie von der kaiserlichen Beamtenschaft, die nicht in der Burg, sondern in der Stadt wohnte. Kaufleute, Künstler und Handwerker sonder Zahl belebten Handel, Wandel und gesellschaftliches Leben, während »Bettler, fremde Kinder und anderes untaugliches Volk« aus der Stadt gewiesen wurden. Feine Sitten bürgerten sich ein: An Sonn- und Feiertagen durfte niemand mehr die Kirchen barfuß betreten. Als sogar die Straßen gepflastert und, auf allerhöchsten Befehl, die Schweine angehalten wurden, sich nicht mehr, wie bis dahin üblich, auf den Gassen zu wälzen und zu scharren, fühlte man sich auf dem Höhepunkt großstädtischer Kultur.

Auf Eleonore indes mag die Großmannssucht weniger Eindruck gemacht haben, denn sie war aus der Heimat Besseres gewöhnt als eine kahle, kalte Burg, die zwar geräumig, aber alles andere denn behaglich war. Außer einem prächtigen Thronsaal, eine Art kaiserlicher guter Stube, wo Delegationen empfangen, aber niemals Feste gefeiert wurden, gab es in der Burg keine Spur des Komforts, den die Portugiesin gewöhnt war.

Von großer Schönheit und Anmut waren die ausgedehnten Parkanlagen mit ihren Obstbäumen und Blumenbeeten, ihren fischreichen Gewässern und einem stattlichen Tiergehege. Gleich vor der Stadtmauer erstreckten sich weite Weingärten, umgeben von duftenden Föhrenwäldern, die Friedrich in jungen Jahren hatte anlegen lassen. Doch Park und Gärten und Wälder konnten ihren vollen Reiz nur in der warmen Jahreszeit entfalten, und das waren in diesen Breiten doch immer nur wenige Monate.

Ansonsten muß es in der Wiener Neustädter Burg, die noch weit entfernt war vom Glanz mediterraner Renaissancehöfe, ziemlich eintönig zugegangen sein, kaum anders als auf den übrigen Burgen des Deutschen Reiches, wo Hofleben sich in des Wortes ursprünglicher Bedeutung abspielte – mit Stallungen, nicht nur für Pferde, sondern auch für Kühe, Schweine, Hühner und Gänse, mit Feldwirtschaft und Molkerei. Auch in der Wiener Hofburg wurde damals Vieh gehalten. Eleonore, an festliche Bankette, heitere Tanzveranstaltungen und geistreiche Konversationen unter südlicher Sonne gewöhnt, muß sich wie eine aus dem Paradies Verstoßene gefühlt haben in ihrem einfachen Heim, wo die abendlichen Vergnügungen aus Sticken und Nüsseknacken bestanden.

Ihr Mann war kein passionierter Jäger, also konnte sie nur selten diesem standesgemäßen Zeitvertreib adeliger Damen frönen. Friedrich machte sich nichts aus gutem Essen, und was er aß, schlang er, wohl infolge seiner Gebißentartung, fast unzerkaut hinunter. Er hat, so vermutet man heute, an einer chronischen Gastritis gelitten und verabscheute darum auch Alkohol in jeglicher Form. Das war, nebst der Religiosität, einer der wenigen Berührungspunkte des Ehepaares. Auch Eleonore machte sich nichts aus Wein. Hingegen war sie eine leidenschaftliche Tänzerin. Es wird berichtet, daß sie, hingerissen vom Jubel des Volkes bei ihrem ersten Einzug in Wien, mit den Bürgern auf der Gasse getanzt habe – zum Entsetzen ihres sauertöpfischen Gemahls, der es nur ein einziges Mal in fünfzehn Ehejahren über sich brachte, seine Frau auf eine Tanzfläche zu führen.

Die zunehmend verhärmte und verbitterte Kaiserin soll in ihren letzten Lebensjahren nur einmal noch von Herzen fröhlich gewesen sein. Das war anläßlich des Besuches eines Gesandten; der brachte eine Gruppe portugiesischer Musikanten mit und ließ sie im »Frauenzimmer« aufspielen. Eleonore tanzte und zeigte ihrem Sohn Maximilian, wie man sich anmutig zu drehen und zu wenden hatte. Kunigunde, damals ein Knirps von zwei Jahren, wird wohl auch dabei gewesen sein.

Kam es wegen dieser unschuldigen Eskapade zum Krach zwischen den Ehepartnern? Gewiß nicht, denn es ist sicher, daß die beiden nie wirklich gestritten haben. Dazu war der konsequente Spätaufsteher Friedrich, der vermutlich an zu niedrigem Blutdruck litt, viel zu phlegmatisch. Explosionen erfolgten gelegentlich nur von seiten Eleonores, wenn das romanische Temperament, Wut und Enttäuschung einer um ihr Leben Betrogenen, das Korsett der kaiserlichen Disziplin sprengten.

Friedrich zankte nicht. Er handelte kühl, gradlinig und so, daß es die

16

stolze Eleonore ins Mark treffen mußte. Da gibt es eine bezeichnende Episode, in deren Mittelpunkt Kunigunde steht: Das Kind erkrankte plötzlich schwer. Es muß bald nach der berühmten Tanzszene in Eleonores Frauengemächern gewesen sein. Offensichtlich handelte es sich um eine jener Magen- und Darminfektionen, wie sie damals an der Tagesordnung waren und besonders unter Kleinkindern ihre häufigsten Opfer fanden. Schon drei Sprößlinge des Kaiserpaares, ein Christoph, eine Helena und ein Johannes, waren daran zugrunde gegangen, zwei davon ebenfalls genau im Alter von vierundzwanzig Monaten.

Friedrich war kein weltfremder Tor. Er mußte wissen, daß die Hälfte aller Knaben und Mädchen in Stadt und Land, bei arm und reich, von Leiden dieser Art dahingerafft wurden. Doch er wollte es anscheinend nicht wissen. Er beschuldigte seine Frau immer wieder, am frühen Tod der drei Kinder schuld zu sein, und zwar, wie es in zeitgenössischen Berichten heißt, weil sie die Kleinen mit der »süßen portugallischen Kost« überfütterte. Vermutlich ist darunter ein überhöhter Konsum von Rohrzucker zu verstehen. Portugal bezog seinen jungen Reichtum unter anderem aus den Zuckerplantagen in den neuen Kolonien auf den Kanarischen Inseln, auf Madeira und an der westafrikanischen Küste. Natürlich hatte Eleonore viel von dem neuen Prestige-Nahrungsmittel aus der Heimat mitgebracht und erhielt reichlich Nachschub von daheim. Sicher hat sie ihre Kinder mit Dragant verwöhnt, einer Mischung aus Stärkemehl, Gummiarabikum und Zucker, das dem heutigen Rahat ähnlich ist. Aber umgebracht? So viel besser war die »deutsche Kost« wohl auch nicht, mit den Unmengen von grobem Fleisch, dickem Mus aus Hirse und Gerste und derben Gemüsebeilagen, die hauptsächlich aus »Kumpost« (Sauerkraut) und eingesäuerten Rüben bestanden. Nicht zu vergessen die mannigfaltigen Obstbreie, die mit Honig und viel Pfeffer serviert wurden.

Wie dem auch sei – als Kunigunde erkrankte, stürzte Friedrich in das Frauenzimmer, riß das plärrende Kind aus der Wiege und brachte es in sein eigenes Schlafgemach, wo es bis auf weiteres dem schädlichen Einfluß der Mutter entzogen und nach Art des Hauses ernährt werden sollte.

Kunigunde, eine robuste Natur, genas tatsächlich; die Mutter jedoch

17

verschied am 3. September 1467, zwei Wochen vor ihrem 31. Geburtstag, plötzlich und unerwartet, an einer Magen-Darm-Infektion. Ob sie ihr kleines Mädchen noch einmal wiedergesehen hat, ist ungewiß. Eleonore wurde, eingehüllt in ein Leichentuch aus flammend roter Seide, im Inneren der Neuklosterkirche zu Wiener Neustadt beigesetzt. Ein lebensgroßes Abbild der Kaiserin bedeckt das Hochgrab an der Wand hinter dem Altar. Es zeigt eine wunderschöne Frau voll Anmut und Würde. Das mädchenhafte Gesicht wirkt entspannt, um die Lippen spielt ein feines, kleines Lächeln, aus dem sich gleichermaßen Wehmut und das Glück endlicher Erlösung herauslesen lassen.

In derselben Kirche ist eine weitere Portugiesin begraben, und zwar eine gewisse Beatrix Lopi. Sie war die einzige Landsmännin, die Eleonore in ihre neue Heimat mitgenommen hat oder mitnehmen durfte. Begleitet von achtzig Rittern und vierzig Edeldamen in Brokat und golddurchwirktem Samt sowie einem Erzbischof ist Eleonore ihrem Mann einst in Siena entgegengeschritten. Alle wurden wieder nach Hause geschickt, bis auf jene einfache Kammerfrau Beatrix Lopi. Und die starb kaum ein Jahr nach ihrer Ankunft in Wiener Neustadt.

Der neue Hofstaat der Kaiserin setzte sich vorwiegend aus Grazer und Wiener Neustädter Bürgern und Bürgerinnen zusammen, Aristokraten waren deutlich in der Minderzahl. Friedrich hatte zeit seines Lebens ein gespanntes Verhältnis zu den Vornehmen seiner Länder, die nicht nur einmal gegen ihren Herrn und Gebieter aufsässig wurden.

Einfache Bürger hingegen waren dankbar für die Auszeichnung, bei Hofe dienen zu dürfen, und pflegten nicht auf ihre Rechte zu pochen, auch nicht auf das Recht, regelmäßig entlohnt zu werden. Noch Jahre nach Eleonores Tod wurden längst überfällige Gehälter zögernd nachgezahlt. So erhielt zum Beispiel eine Katharina Wehinger erst 1469 132 Pfund Pfennige ausgezahlt. Andere Frauen bekamen statt einer finanziellen Abgeltung einen Ehemann zugeschanzt und mußten es wohl auch zufrieden sein. Friedrich in eigener Person machte sich die Mühe, dem Wiener Neustädter Bürger Wolfgang Pillichhofer eine Braut schmackhaft zu machen. Der Kaiser schrieb, er habe gehört, daß Pillichhofer, soeben verwitwet, wieder zu heiraten gedenke, und er legte ihm Anna Erber ans Herz, nicht ohne hinzuzufügen, daß er erwarte, Pillichhofer werde »sich gutwillig erweisen«, wofür er mit »Gnade und Förderung« rechnen könne.

Eleonores Hofstaat bestand aus zwanzig Frauen und etwa einem Dutzend männlicher Bediensteter, darunter drei Türsteher, ein Silberkämmerer, ein Koch und ein Schneider. Hofmeisterin war Else Pellendorfer; auch deren Ehemann Hans dürfte zum Gefolge gehört haben, denn beide wurden vom Kaiser ausdrücklich gelobt, und er überschrieb ihnen die Einkünfte aus der Herrschaft Ort für vier Jahre.

Nach Eleonores Tod wurde der Großteil der Dienerschaft entlassen. Ein kleiner Stab unter Führung der bewährten Pellendorferin übernahm von da an Obhut und Erziehung von Erzherzogin Kunigunde – ein Titel, den Friedrichs Vorfahr Rudolf IV. mit dem Privilegium maius rund hundert Jahre zuvor geschaffen und den der Kaiser wieder eingeführt hatte.

Während wir über Maximilians Kinderjahre in der Burg zu Wiener Neustadt gut unterrichtet sind, ist über Kunigunde nichts bekannt, doch dürften einige Analogien zulässig sein. Eleonore hatte Maximilians Erziehung sorgfältig geplant und zum Teil noch selbst die besten und geeignetsten Lehrer ausgewählt. Daß der Knabe lange Zeit nicht artikuliert sprechen konnte, war gewiß nicht ihre Schuld, obwohl der ewig mißtrauische Friedrich sie auch hiefür verantwortlich machte. Eleonore hat die deutsche Sprache niemals perfekt beherrscht – was lag für den Kaiser näher, als die Mutter für Maximilians Unvermögen im Umgang mit der Muttersprache anzuklagen? Frühere Autoren meinten, Maximilian habe wegen der verhängnisvollen Kieferbildung Sprachschwierigkeiten gehabt, neueste Forschungen vermuten eine seelische, sprachhemmende Krise, hervorgerufen durch die latenten Spannungen zwischen den Eltern.

Kunigunde wurde sicher nicht so umfassend gebildet wie ihr Bruder, vermutlich aber von Maximilians Lehrern im Lesen und Schreiben unterwiesen – soweit man es eben für ein Mädchen erforderlich hielt, ohne es zu gefährden. Denn nach damaliger Meinung schadete allzu vieles Lernen der Kraft und der Gesundheit und verminderte die weibliche Anmut. Dafür brachte man dem Mädchen Sticken und Nähen bei, weihte es in die Künste des Reitens und des Weidwerkes ein und unterwies es – so wie auch Maximilian – in praktischer Haushaltsführung.

Kunigunde entwickelte sich gut und wies schon in jungen Jahren eine deutliche Ähnlichkeit mit der schönen Mama auf. Allerdings waren die Gesichtszüge gröber, die Bewegungen plumper, die Gestalt war stämmiger, das Haar dünner und heller.

Die Kinder wuchsen in Wiener Neustadt freizügiger auf als an anderen europäischen Fürstenhöfen, ihr Verhältnis zu den Bedienten war locker und familiär. So wie es einem Besucher widerfahren konnte, daß er, durch eine Tür tretend, unvermutet dem Kaiser gegenüberstand, so waren auch keine unüberwindlichen Schranken zwischen den allerhöchsten Sprößlingen und ihrer Umgebung. Das Spanische Hofzeremoniell war noch in weiter Ferne.

Als Kunigunde zehn Jahre alt war, bekam sie ihre eigenen Gesellschafterinnen und Spielgefährtinnen: Rosina und Sigune von Kraig, die im Alter wesentlich besser zu ihr paßten als die von der Mutter übernommenen, leicht verblühten Hofdamen. Die jungen Mädchen waren entweder Schwestern oder Kusinen. Eine der beiden, Rosina, wurde Maximilians erste große Liebe. Er war so vernarrt in das Mädchen, daß er die Abreise zu seiner späteren Ehefrau, Maria von Burgund, über Gebühr hinauszögerte. Noch als Flitterwöchner erkundigte er sich immer wieder nach der Angebeteten und sorgte sich um ihr Wohlergehen.

Kunigunde wuchs hauptsächlich in Wiener Neustadt und in Graz auf. Den Vater hat sie nicht allzu häufig gesehen, sicher aber war er dem mutterlosen Kind allgegenwärtig, denn sie hatte Augen zu sehen und Ohren zu hören. Was Kunigunde im Laufe der Jahre erfahren hat, muß sie sehr beschäftigt und auch sehr bedrückt haben.

Um es rundheraus zu sagen: Der Kaiser war nicht beliebt. Man hielt ihn für unfähig, und der Haß, der in regelmäßigen Abständen gegen ihn brandete, wird vor noch so festen Burgmauern und noch so tiefen Burggräben nicht haltgemacht haben.

Heute wissen wir, daß die Zeitgenossen Unmögliches und Übermenschliches von Friedrich erwarteten, heute wissen wir, daß er mit abwartender Zähigkeit Katastrophen durchgestanden hat, deren Urheber er nur in den allerseltensten Fällen war. Doch die Menschen waren in jenen chaotischen Zeiten so verzagt und verzweifelt, daß sie von ihrem durch Gott bestimmten Kaiser auch göttliche Wunder erwarteten. Als die ausblieben, als der Kaiser Maßnahmen setzte, die sie nicht begreifen konnten und wollten, richtete sich ihre abgrundtiefe Wut gegen ihn.

Fast jede Situation auf Friedrichs Lebensweg war verworren. Fast jede seiner Unternehmungen trug schon von Anfang an den Keim des Scheiterns in sich. Daß er dennoch nach achtundfünfzigjähriger Regierungszeit seinem Sohn geeinte und befriedete Erblande übergeben konnte und dem Hause Habsburg den Weg zur Weltherrschaft geebnet hat, grenzt an ein Mirakel. Das wissen wir heute. Den Zeitgenossen fehlten Überblick und Einsicht.

Friedrich wurde in eine wüste Zeit hineingeboren. Pest, Krieg und Hunger lösten einander in ununterbrochener Reihenfolge ab. Jeder war jedermanns Feind, und auch das stolze Gebäude der Kirche war bereits ins Wanken geraten: die Hussitenkriege waren die ständige Geißel von Friedrichs Kindheit.

Sein Vater, Ernst, regierte die Steiermark, Teile Kärntens und die Krain. Sein Onkel, Friedrich IV., gebot über Tirol und die Vorlande (das alte habsburgische Stammland am Oberrhein). Sein Großcousin, Albrecht V., Chef des Hauses, saß in Österreich ober und unter der Enns. Er wurde später als Albrecht II. deutscher König. Dessen Frau Elisabeth war das einzige Kind Sigismunds, des letzten Kaisers aus dem Hause Luxemburg; sie sollte einmal Böhmen und Ungarn erben. Damit begann das ganze Unheil.

Friedrich, mit neun Jahren schon vaterlos, wurde zusammen mit Albrecht in Innsbruck beim Onkel Friedel (Spitzname: »mit der leeren Tasche«) erzogen; er mußte sich Freiheit und das väterliche Vermögen schwer erkämpfen. Friedel starb, und nun wurde dessen vierzehnjähriger Sohn Sigismund das Mündel des späteren Kaisers Friedrich III., ebenso Ladislaus Postumus, der Sohn des früh dahingegangenen Königs Albrecht II., Erbe von Böhmen und Ungarn.

Friedrich war fünfundzwanzig, als er einen unmündigen Knaben sowie einen Säugling, den die Ungarn, als er kaum drei Monate alt war, zum König krönten, am Halse hatte; dazu noch einen Bruder, Albrecht nämlich, der auf der Stelle gegen ihn zu intrigieren begann, und er war sechsundzwanzig, als man ihm die deutsche Krone anbot. Ein Jahr lang zögerte er, sie anzunehmen. Dann ließ er sich in

Aachen krönen, vermutlich in der Annahme, daß ihm die Autorität eines deutschen Königs und römischen Kaisers aus seiner verklemmten Lage helfen würde.

Nichts dergleichen geschah. In Ungarn, in Böhmen und in den österreichischen Erblanden begann es zu gären und zu brodeln; bald war der Teufel los.

Friedrich, stets darauf bedacht, alle Schwierigkeiten so lange wie möglich zu umgehen, klammerte sich buchstäblich an seinen beiden Mündeln, Sigismund und Ladislaus, fest und weigerte sich, sie herauszugeben. Schließlich erpreßten die Tiroler die Entlassung ihres Herzogs Sigismund aus der Vormundschaft – sein Vermögen behielt Friedrich. Das haben Sigismund und seine Landsleute dem Kaiser nie verziehen, und das sollte noch fatale Folgen haben – auch für Erzherzogin Kunigunde.

Den kleinen Ladislaus schleppte Friedrich ständig mit sich, sogar zur Hochzeit und Krönung nach Rom. Unmittelbar nach seiner Heimkehr wurde der Kaiser in Wiener Neustadt von den Böhmen, den ungarischen und auch von den österreichischen Ständen so lange belagert, bis er den Jungen endlich freiließ.

Ladislaus war kurze Zeit Herrscher über Böhmen, Ungarn und Österreich ob und unter der Enns, als er, kaum siebzehnjährig, überraschend starb. Daß er mit Arsen vergiftet worden sei, wurde nicht nur hinter vorgehaltener Hand gemunkelt, aber die Fama konnte sich nicht einigen, wer nun eigentlich der Mörder gewesen sein sollte. Friedrich? Dessen Bruder Albrecht, angetrieben von seiner unverhohlen zur Schau getragenen Herrschsucht? Der ehemalige böhmische Reichsverweser, der die verworrene Lage nutzte und sich über Nacht zum böhmischen König machte? Etwa der ungarische Landesverweser Johann Hunyadi, dessen ehrgeizigem Sohn Matthias Ambitionen auf die ungarische Krone nachgesagt wurden? Niemand hatte Zeit, sich weiter darum zu kümmern, denn die Ereignisse überstürzten sich, und die Ungarn erkoren Matthias Hunyadi tatsächlich zu ihrem König; er nannte sich von nun an »Corvinus« (Rabe) nach seinem Wappentier.

Die Böhmen fielen in Österreich ein, auch die Ungarn verwüsteten das Land. Friedrichs Bruder Albrecht verbündete sich je nach Zweckmäßigkeit mit dem einen oder dem anderen. Teile des ungarischen

Adels besannen sich anders, machten Friedrich zum König von Ungarn, und bald gab es niemanden mehr, der die Übersicht behalten konnte.

Das Volk hatte unter den Auswirkungen der chaotischen Verhältnisse zu leiden. Neben den fremden Heeren, zu denen sich bald die Türken gesellten, zogen Truppen des Kaisers, denen man den Sold schuldig geblieben war, mordend und plündernd durch die Gegend. Verarmte Ritter und gewöhnliche Räuber machten weite Landstriche unsicher. Die Inflation, angeheizt durch die vom Kaiser geprägten, minderwertigen »Schinderlinge«, stieg ins Ungemessene, der Goldpreis erhöhte sich binnen weniger Jahre um das Achtfache. Immer wieder wüteten Pest und andere Seuchen, viele Menschen, vor allem kleine Kinder, starben an Hunger und Entkräftung. Es soll sogar in entlegenen Gegenden zu Fällen von Kannibalismus gekommen sein.

Die Stunde von Friedrichs tiefster Schmach schlug im Jahr 1462, als er, seine Frau und sein Sohn Maximilian drei Monate lang in der Wiener Hofburg von Albrecht, Friedrichs eigenem Bruder, und den eigenen Landsleuten belagert und mit Kanonen beschossen, erst nach langwierigen Verhandlungen freigelassen und dann noch von den Wienern angepöbelt und bespuckt wurden. Das haben weder Friedrich noch sein Sohn Maximilian den Wienern jemals verziehen – so wie die Wiener dem Kaiser ständig ankreideten, daß er sie früher einmal, als sie ihn in einer bedrängten Situation um militärischen Beistand gebeten hatten, schnöde im Stich ließ. Auch wurde ihm verübelt, daß er »nur« ein Steirer war und vorwiegend in Graz und Wiener Neustadt residierte, wodurch Wien schwere wirtschaftliche Einbußen erlitt und über lange Strecken in provinzielle Bedeutungslosigkeit versank. Trotzig leistete Wien dem Herzog Albrecht den Treueeid, worauf Friedrich den Bruder und die Stadt mit dem Bann belegte. Ein Jahr später war Albrecht tot. Es ist niemals geklärt worden, ob er der Pest erlegen oder einem Giftanschlag zum Opfer gefallen ist.

Der Friede zog dennoch nicht ein. Nun war es der steirische Adel, der gegen Friedrich rebellierte, angeführt von Andreas Baumkircher, der Jahre zuvor dem Kaiser in mehreren ausweglos scheinenden Situationen unerschrocken beigestanden war. Die Aufständischen besetzten große Teile der Steiermark. Ihre Wut auf den Kaiser, dessen

23

sie nicht habhaft werden konnten, ließen sie an der Bevölkerung aus, die darüber hinaus von der Pest und von einer vormals nie erlebten Heuschreckenplage heimgesucht wurde. Nach langwierigen Verhandlungen kam es zu einem Waffenstillstand zwischen den Steirern und dem Kaiser, und Andreas Baumkircher wurde begnadigt.

Als dem Herrscher allerdings zu Ohren kam, daß Baumkircher einen Mordanschlag gegen ihn plante, besann er sich anders. Er lud Baumkircher zu neuerlichen Gesprächen nach Graz und ließ den Rebellen sowie seine drei Begleiter in der Herberge verhaften.

Man geleitete die vier Männer in die Frauengemächer der Grazer Burg und ließ sie dort einfach warten. Leider läßt sich aus den spärlichen noch vorhandenen Unterlagen nicht entnehmen, unter welchem Vorwand und zu welchem Zweck die vier ausgerechnet in die Frauengemächer gebracht wurden, wo sich mit an Sicherheit grenzender Wahrscheinlichkeit die sechsjährige Kunigunde befand.

Wenn es je präzise Aufzeichnungen gegeben haben sollte, sie sind für immer verloren. Im Jahre 1820 wurde das unübersichtliche und ungeordnete Archiv der Stadt Graz kurzerhand in die Mur geworfen.

Sicher ist, daß Baumkircher und seine Gefährten nach zweistündiger Wartezeit überfallsartig gefesselt und, trotz lautstarker Proteste und heftigster Gegenwehr, zum Murtor gebracht und enthauptet wurden.

»Steh auf von dem Schlaf, darin du lange nach Leibeslust gelegen bist! Nimm dich an deiner armen Untertanen, angesichts des allgemeinen Jammers...« lautete ein anonymer, auf den Kaiser gemünzter Anschlag an einer Grazer Kirche, in dem sich die Verzweiflung des Volkes über die herrschende Not Luft machte.

»Der Kaiser sitzt in Graz und hört nicht das zum Himmel gellende Geschrei der Unterdrückten«, hieß es hingegen in Wien.

»Er sitzt so still und schaut nur zu, er fragt nicht wie oder wu«, spottete eine Flugschrift; als aktueller politischer Witz wurde eine neue Bedeutung für die geheimnisvolle Buchstabenfolge A. E. I. O. U. kolportiert: »Aller erst ist Österreich verloren.«

»Das Land ist voller Dieb, Räuber und Mörder...« und: »Jedermann ist Herr im Land, er kommt von wannen er wollt«, berichtete der in Bayern beheimatete Georg Schamdocher.

Verstört notierte der deutsche Meistersinger Michael Behaim, der kurze Zeit in Friedrichs Diensten gestanden war, daß man ihn einmal aus einer niederösterreichischen Herberge hinausgeworfen habe, als die Wirtsleute dahinterkamen, daß er bei Hofe diente. Die latente Aggression richtete sich nicht nur einmal gegen den Herrscher selbst. Daß die ungeliebten Wiener ihn samt Weib und Kind drei Monate lang gefangengehalten hatten, daß der steirische Adel gegen ihn aufstand, vermochte Friedrich anscheinend kaum aus seiner stoischen Ruhe zu bringen. Als aber, Anfang 1480, sogar in Wiener Neustadt, dem Friedrich das lobende Prädikat »die allzeit getreue Stadt« verliehen hatte, wo er am öftesten residierte und die Bürger am häufigsten geehrt, belohnt und ausgezeichnet hatte, als auch in Wiener Neustadt der offene Aufruhr loszubrechen drohte, muß Friedrich zutiefst verstört gewesen sein. Er mußte sich fragen, ob er überhaupt noch einer einzigen Person seiner Umgebung trauen, ob er sich auf die Söldner, die er entweder gar nicht oder mit größter Verzögerung bezahlte, verlassen könnte. Er wird zu der Einsicht gekommen sein, daß er nur noch auf zwei Menschen bauen konnte: auf seine beiden Kinder. Doch Maximilian war fern und unabkömmlich. Seit drei Jahren mit Maria von Burgund verheiratet, hatte er genug mit seinen eigenen Schwierigkeiten zu tun – den stets angriffslustigen Franzosen und den renitenten Untertanen seiner Gemahlin. Außerdem wurde ihm just zu jener Zeit ein zweites Kind, die Tochter Margarete, geboren, nachdem er sich schon eines Stammhalters, Philipp, erfreuen konnte.

Blieb nur Kunigunde, ein blasses, leicht verschrecktes Kind von fünfzehn Jahren. Es war ein klirrend kalter Tag, als Friedrich in der Burg zu Wiener Neustadt einen Schlitten anspannen ließ, seine Tochter hineinverpackte, sich neben sie setzte und im Schrittempo mit ihr durch die Gassen und Straßen der Stadt fuhr, angesichts einer zögernd zurückweichenden Menschenmenge. Langsam löste sich die knisternde Spannung; niemand wagte es, die Hand zu erheben gegen das Mädchen, das die meisten von klein auf kannten und das neben dem großen, düsteren Vater so kindlich und schutzbedürftig wirkte. Nach der Rundfahrt war der Spuk vorbei. Die Leute gingen nach Hause, Wiener Neustadt blieb weiterhin »allzeit getreu«. Fünf Jahre später würden die Bürger die Stadt, aus der Friedrich längst geflohen ist, fast bis zur Selbstaufgabe gegen die Ungarn verteidigen ...

Die nicht ungefährliche Schlittenfahrt zu Wiener Neustadt stellt das erste historisch belegte, öffentliche Auftreten Kunigundes dar.

Das zweite erfolgte, wenige Wochen nach ihrem 15. Geburtstag, zu Ostern in der Hofburg zu Wien. Kunigunde wurde im Rahmen von tagelangen Festlichkeiten und Turnieren, die sich um repräsentative Regierungsgeschäfte des Kaisers rankten, offiziell in die Gesellschaft eingeführt. Friedrich vollzog die Belehnung des bayrischen Herzogs Georg aus dem Hause Wittelsbach und erteilte mehreren jungen Adeligen den Ritterschlag.

Längst wieder mit dem Kaiser ausgesöhnt und des Bannfluchs enthoben, genossen die Wiener den feierlichen Einzug der bayrischen Gäste, die vom Kaiser samt Tochter und zahlreichem Gefolge am Stadttor eingeholt und in glanzvoller Prozession zu ihrer Herberge, dem Cilli-Hof, geleitet wurden. Der Zug passierte auch Wiens Jahrtausendbauwerk, den Stephansdom, an dessen zweitem Turm seit 1462 eifrig gearbeitet wurde und der dann doch nicht vollendet werden sollte.

Am Ostersonntag gab es ein »Roßlaufen« (Pferderennen) zu Ehren der Besucher, anschließend einen Galaabend in der Hofburg. Nach der Tafel wurde getanzt, Herzog Georg führte mit der kleinen Erzherzogin den Reigen an.

Am Ostermontag, Punkt fünf Uhr nachmittags, schlug Kunigundes große Stunde. Während ihr Vater in seinem Staatsgewand, einem golddurchwirkten, über und über mit Perlen und Edelsteinen bestickten Damastmantel – er hat angeblich einen Wert von 500 000 Gulden repräsentiert –, gefolgt von drei Adeligen, die Zepter, Schwert und Reichsapfel trugen, zum Lehensstuhl im Hof der Burg schritt, durfte Kunigunde, nun schon in der Rolle der Ersten Dame des Landes, unmittelbar hinter den Würdenträgern folgen. An der Seite des Kaisers, umringt von ihren Hofdamen, war die Fünfzehnjährige die prominenteste weibliche Zeugin der komplizierten und langwierigen Zeremonien von Lehensverleihung und Ritterschlag.

Herzog Georg empfing kniend die Lehensurkunde, hinter ihm standen sein Vetter, Herzog Christoph, sowie beider Freund, Niklas von Abensberg, einer der reichsten und mächtigsten Männer Bayerns. Niemand, schon gar nicht das Mädchen Kunigunde, konnte zu jenem Zeitpunkt ahnen, auf welch dramatische Weise dereinst ihr Schicksal mit dem von Herzog Christoph und Niklas von Abensberg verknüpft sein würde. Noch trug Christoph nicht das Stigma des

Mörders auf der Stirn, noch war der hochfahrende Abensberg nicht als Opfer gezeichnet; noch deutete nichts darauf hin, daß das Abensbergsche Vermögen sich dermaleinst in eine blutige Mitgift verwandeln würde – die Mitgift für Kunigunde, die an diesem Ostermontag Anno 1480 zum ersten Mal in die große, glänzende Welt der Erwachsenen einbezogen wurde.

Ein Wermutstropfen mag ihre Freude getrübt haben: Sie war *schon* fünfzehn und noch immer nicht einmal verlobt – eine für ein Mädchen ihres Ranges irritierende Tatsache.

Bereits der Gründervater der Dynastie, König Rudolf I., hatte Ende des 13. Jahrhunderts erkannt, welch eminentes politisches Kapitel sieben Töchter darstellten, die er taktisch klug mit den führenden Fürstenhäusern Europas verheiratete, von Brandenburg bis Neapel, von Bayern bis Böhmen. Rudolfs Nachkommen hielten es ebenso, doch nicht nur sie allein. Die Knüpfung verwandtschaftlicher Bande durch möglichst vorteilhafte eheliche Bindungen zwischen den großen Häusern galt durch Jahrhunderte als Garant für Machtgewinn, Einfluß und Frieden – auch dann noch, als die schönen Hoffnungen sich zu wiederholten Malen als bloße Schimären erwiesen hatten.

»Bella gerant allii, tu felix Austria nube«, der dem Ungarnkönig Matthias Corvinus zugeschriebene Spruch ist bei näherem Hinsehen nichts weiter als ein oberflächliches Bonmot. Mehr als einmal ist es gerade einer Heirat wegen oder als deren Folge zu verheerenden kriegerischen Auseinandersetzungen gekommen. Auch Kunigundes weiterer Lebensweg war ein – wenn auch nur am Rande der Weltgeschichte bedeutungsvolles – Indiz für solche Fehleinschätzungen.

Selbstverständlich wurde schon von der Geburt der Erzherzogin an nach einer möglichst günstigen Verbindung Ausschau gehalten, und mehrere Bewerber stellten sich ein, noch ehe sie den Windeln entwachsen war. Das Mädchen war eine begehrte Partie, wegen der ideellen kaiserlichen Gloriole einerseits, aus machtpolitischen Erwägungen andererseits: als mögliche Erbin der österreichischen Lande und vielleicht sogar Ungarns, nur einen Herzschlag von Friedrichs Erstgeborenem, Maximilian, entfernt. Außerdem ging die Fama, daß der Kunigunde überschriebene mütterliche Schatz einen sagenhaften Wert darstellte.

Friedrichs bizarrster Plan für die Vermählung seiner Tochter kreiste um die Person des türkischen Sultans Mehmed (Mohammed) II., des Eroberers von Konstantinopel. Der Fall der christlichen Bastion am Bosporus im Jahre 1453 und der Untergang des Byzantinischen Reiches war Europas Trauma im 15. Jahrhundert – schlechtes Gewissen paarte sich mit Existenzangst. Mehrmals hatte Konstantinopel Kaiser und Päpste um Hilfe gegen die Türken angefleht, immer wieder war sie verweigert worden, weil Europas Fürsten, ständig in egoistischem Zank und kleinlichem Hader verstrickt, zwar feierliche Absichtserklärungen äußerten, im Grunde aber nicht daran dachten, den bedrängten Glaubensbrüdern mit Soldaten, Waffen oder gar Geld beizuspringen.

Als Konstantinopel und der Balkan überrannt waren, als der Türkensturm auf die Mitte Europas zielte und alle Einzelsiege über die Osmanen sich nur als zeitlich begrenzte Scheinerfolge entpuppten, griff Panik um sich. Lähmende Panik, so daß wieder keine gesamteuropäische Aktion zustande kam.

Nur die unmittelbar bedrohten Länder versuchten sich zu wehren, so gut es eben ging. Aber nicht einmal die gemeinsame Gefahr verhalf der Vernunft zum Durchbruch. Friedrich III. und Matthias Corvinus hörten nicht auf, einander erbittert zu befehden, obwohl beiden der Türke schon im Nacken saß und bereits nach Ungarn, nach Kärnten und in die Steiermark vorstieß.

So hat sich denn Friedrich zum Äußersten entschlossen, zur Opferung seiner geliebten Tochter, mit dem phantastischen Hintergedanken, sie könnte Mehmed und damit das Volk der Türken zum Christentum bekehren und aus blutrünstigen Feinden verläßliche Verbündete machen.

Die zeitgenössischen Berichte über die delikaten Geheimverhandlungen zwischen der kaiserlichen Burg und der türkischen Pforte konnten allerdings von der modernen Wissenschaft bislang weder eindeutig bestätigt noch widerlegt werden.

Die einzig seriöse Quelle stammt von Johannes Cuspinian (eigentlich Spießhaymer), Rektor der Wiener Universität, Diplomat und enger Freund Kaiser Maximilians I. sowie Verfasser des Standardwerkes »Von den Cäsaren und den Kaisern«, dessen Bogen sich von den legendenumwobenen Anfängen der europäischen Herrscherhäuser bis zu Maximilians Tod spannt. Das Buch ist 1540 auf lateinisch und schon 1541 auf deutsch erschienen – also fast 50 Jahre nach Friedrichs Tod.

Es ist durchaus denkbar, daß der dem Hause Habsburg ergebene Cuspinian den Kaiser von dem ständigen Vorwurf reinwaschen wollte, nichts Entscheidendes, Dramatisches gegen die Türkengefahr unternommen zu haben. Andererseits scheint es heute faktisch unmöglich, die mystisch verbrämte Vorstellungswelt eines mittelalterlichen Kaisers zu enträtseln – eines Mannes, von dem wir wissen, wie sehr der christliche Glaube sein Leben bestimmte, wie ihn der Siegeszug der Moslems belastete, wie er durch Beschwörungen versucht hat, der Gefahr beizukommen. So hatte er ursprünglich die Absicht, den Sohn Maximilian nach dem ersten christlichen Kaiser des oströmischen Reiches Konstantin zu nennen, in der Annahme, daß schon der große Name dem Sohn die magische Kraft verleihen könnte, der Feinde Christi Herr zu werden.

Die Wahl eines Taufnamens ist eine Sache. Die Auslieferung der einzigen Tochter an einen Potentaten, von dem Friedrich gewußt haben muß, wie er 1453 in Konstantinopel gewütet, den Großteil der Einwohner umgebracht oder in die Sklaverei verkauft hat – das ist eine ganz andere Sache. Glaubte Friedrich wirklich, daß seine Tochter das Wunder einer Bekehrung vollbringen und aus fanatischen Muselmanen fromme Christen machen könnte? Unsere Antwort lautet: nein. Doch Friedrich *glaubte* noch inbrünstig, und wahrer Glaube ist unbeirrbar in der Gewißheit, daß sich Wunder jederzeit ereignen können.

Sollten nicht doch noch unanfechtbare Dokumente über das sonderbare Projekt aufgefunden werden, wird man nie erfahren, ob es tatsächlich existierte – und wenn ja, warum es sich zerschlagen hat.

Einwandfrei nachgewiesen sind mehrere andere Eheanbahnungen. Sogar das Porträt der etwa zwölfjährigen Kunigunde ist erhalten, das Friedrichs Unterhändler an verschiedenen europäischen Höfen vorzeigten, um den Wunschkandidaten die Braut schmackhaft zu machen. Beeindruckend auf dem Bild ist nicht so sehr das ein wenig rundliche, ausdruckslose Gesicht des Mädchens als vielmehr ihr Kopfschmuck, eine fremdartig wirkende Kombination aus Krone und Haube, überladen mit Perlen und Edelsteinen. Der für damalige mitteleuropäische Modebegriffe ausgefallene Hut stammte aus dem Besitz von Kunigundes portugiesischer Mutter.

Einer der heftigsten Bewerber um die Hand der Erzherzogin war der Ungarnkönig Matthias Corvinus. Er stand im blühenden Mannesalter von dreißig Jahren, als er sich um die Hand der fünfjährigen Erzherzogin bemühte. Seine Motive waren naheliegend und einleuchtend. Er hoffte auf Gebietsgewinn im benachbarten Österreich und spekulierte sogar damit, Friedrichs Nachfolge als deutscher König und römischer Kaiser anzutreten. Ganz zu schweigen von der Steigerung seines Ansehens durch die Verbindung mit dem Hause Habsburg.

Nach längeren Überlegungen entschied sich Friedrich, der mittlerweile ohnedies einen gegenseitigen Erbfolgepakt mit Matthias abgeschlossen hatte, den Antrag abzulehnen. Keineswegs störte ihn der gewaltige Altersunterschied zwischen Corvinus und Kunigunde. Der aus kleinem Landadel stammende Ungar, den er immer als Emporkömmling abqualifiziert hatte, war ihm vielmehr nicht gut genug als Schwiegersohn. Manche Historiker vermuten in dieser Zurückweisung einen der Hauptgründe für die zunehmende Feindseligkeit des Ungarnkönigs gegenüber Friedrich, die schließlich in der Eroberung halb Österreichs und in der Besetzung Wiens gipfelte. Aber bevor es dazu kam, gab Friedrich dem Ungarn noch weiteren Anlaß, verstimmt zu sein. Eine sehr persönliche Angelegenheit, nämlich seine ständige Geldnot, war es, die Friedrich veranlaßte, Matthias einen anderen, höchst verwickelten Heiratshandel vorzuschlagen, nachdem der Ungarnkönig 1476 Beatrix, die Tochter des Königs von Neapel, geheiratet hatte. 1477 fiel der Ungar wieder einmal in Österreich ein, erklärte sich aber zum Rückzug bereit, falls Friedrich 100 000 Gulden bezahlen würde. Friedrich besaß dieses Geld nicht, aber besaß die inzwischen zwölfjährige Tochter. Er versprach, wie in einer Geheimklausel des Friedensvertrages nachzulesen ist, Kunigunde mit dem Schwager des Matthias zu vermählen und diesen zum Herzog von Mailand zu machen. Dafür sollte Matthias dem Kaiser die Schuld erlassen. Matthias zog sich vereinbarungsgemäß aus Österreich zurück, Friedrich hingegen kümmerte sich nicht um den Vertrag. Weder zahlte er, noch verlobte er Kunigunde mit dem neapolitanischen Prinzen, der auch nicht mit dem Herzogtum Mailand belehnt wurde. Matthias übte sich zwei volle Jahre in Geduld und Langmut, dann fiel er mit seinen gefürchteten »schwarzen Reitern« wieder über Stei-

*Porträt Kunigundes, das Kaiser Friedrich III. als »Brautwerbungsbild«
malen ließ*

ermark und Kärnten her; ein Jahr später drang er bis ins Marchfeld nahe bei Wien vor. 1485 besetzte er Wien, das er zu seiner Residenz machte und wo er bis zu seinem Tode im Jahre 1490 blieb.

Im Lichte dieser mehrfachen Brüskierung des Ungarn durch den Kaiser läßt sich vielleicht am ehesten jener Kriminalfall verstehen, in dessen Mittelpunkt Kunigunde 1481 stand. Noch heute erfahren steirische Kinder aus den Schulbüchern, daß die Kaisertochter um ein Haar entführt worden wäre, wobei bis vor kurzem die seriöse Geschichtsschreibung das Ereignis als schaurig-schöne Legende abtat. Neueste Forschungen allerdings, gestützt auf überraschend entdecktes Archivmaterial, lassen eher vermuten, daß diese Affäre sich tatsächlich in der durch Jahrhunderte überlieferten Form abgespielt hat. Ende Oktober 1481 begab sich Kunigunde mit einigen ihrer Hofdamen auf den Weg nach Graz. Zu ihrer Begleitung waren nicht weniger als 1 200 Mann unter dem Kommando der Hauptleute Sittich von Zedtwitz und Andreas Weispriacher aufgeboten. Die starke Bedeckung weist darauf hin, wie unsicher die Reiseroute und wie sehr der Kaiser um seine Tochter besorgt war. Die Damen fuhren ziemlich überstürzt ab, weil in Wien, wo sich Kunigunde zu jener Zeit aufhielt, einige Fälle von Pest registriert worden waren.

Graz war zwar in weitem Bogen von den Ungarn umzingelt – sie hatten bereits Leibnitz, Deutschlandsberg, Schwanberg und Radkersburg sowie Fürstenfeld in der Hand –, doch offensichtlich war die Furcht des Kaisers, seine Tochter könnte an der Pest erkranken, größer als die Angst vor den Ungarn. Überdies hatte Friedrich auf dem schon durch seine natürliche Beschaffenheit schwer einnehmbaren Dolomitklotz des Schloßberges seine Residenz mit ungeheurem Aufwand ausbauen und schwerst befestigen lassen. Die Grazer Burg galt als uneinnehmbar.

Graz und seine Burg aber waren die Schlüsselstellung auf dem Weg aus Richtung Süden ins Innere Österreichs. Kein Wunder, daß die Ungarn ihr begehrliches Auge darauf richteten. Da die Aussichten auf kriegerische Erfolge im Hinblick auf die Wehrtüchtigkeit der Stadt überaus gering war, lag der Plan nahe, die Festung durch Verrat zu gewinnen. Ein gewisser Haugwitz von Biskupitz und Seibersdorf, der in Diensten des Matthias Corvinus stand, machte sich an zwei Hauptleute der Burgwache heran, Grässel und Himmelfeind – ihre

Vornamen sind nicht bekannt –, die den Ungarn für eine hohe Belohnung eine kleine Nebenpforte öffnen sollten.

Es ist nicht sicher, ob es die Ungarn ursprünglich nur auf die Burg allein abgesehen hatten und erst spontan den Plan faßten, sich auch Kunigundes zu bemächtigen, oder ob sie von allem Anfang darauf zielten, das kostbare Pfand in die Hand zu bekommen. Wahrscheinlich trifft die erste Version zu, denn die Kaisertochter tauchte eher überraschend in Graz auf; Kunigunde war demnach eine Art willkommene Zugabe zur militärischen Unternehmung.

Was Grässel und Himmelfeind veranlaßt hat, sich in das Komplott einzulassen, ist heute schwer zu beurteilen. Vielleicht wollten sie sich – wie so manche andere steirische Adelige auch – mit den übermächtigen ungarischen Herren gutstellen, in der Annahme, daß Friedrich doch früher oder später den kürzeren ziehen werde; vielleicht hatten sie rein materielle Gründe, so wie der vorher erwähnte Andreas Weispriacher, dem der Kaiser das Leben seiner Tochter anvertraut hatte und der bald darauf zur Gegenseite überwechselte, weil ihm Friedrich den Lohn schuldig geblieben war.

Den genauen Zeitpunkt des Attentats kennen wir nicht; es muß aber knapp vor Jahresende gewesen sein, was sich aus einer simplen Berechnung der Reisezeit Wien–Graz ergibt. Kunigunde kann, wenn sie an einem der letzten Oktobertage von Wien abgefahren ist, gar nicht viel früher in Graz gewesen sein. Eine Kutsche schaffte bei den katastrophalen, noch dazu tief winterlichen Wegebedingungen der damaligen Zeit – die ausgezeichneten Straßen der Römer waren längst verfallen – kaum mehr als fünf bis sechs Stundenkilometer, und das nur bei Tageslicht. Schon die Fahrt von Wien nach Wiener Neustadt war ein beschwerliches Unternehmen, das sich manchmal über mehr als einen Tag hinzog. Reisen nach Graz, Linz, Innsbruck oder München – Städte, die Kunigunde in ihrem späteren Leben häufig besuchen sollte – waren jedesmal ein abenteuerliches und beschwerliches Unterfangen, dessen Ende immer ungewiß war. Allein die Nächtigungen stellten oft ein fast unlösbares Problem dar, gab es doch kaum Herbergen. Man übernachtete in finsteren Ritterburgen oder engen Bürgerhäusern.

Kunigunde war also kaum in Graz angelangt und fühlte sich in der festen Burg geborgen, als eines Nachts 2 000 bis an die Zähne bewaffnete Ungarn von Leibnitz aus unter größtmöglicher Vermeidung von Lärm und Aufsehen bis nahe an die Stadt heranrückten. Während Grässel und Himmelfeind sich daran machten, den Seiteneingang für einen Vortrupp der Ungarn zu öffnen, wurden sie vom obersten Burghauptmann, Ulrich von Graben, überrascht.

Es gibt eine Variante der Geschichte, wonach Graben durch Hundegebell aufmerksam gemacht worden sei; dies ist aber ins Reich der Legende zu verweisen. Das einzige Indiz, eine Hundestatue im Grazer Schloß, die der Burghauptmann aus Dankbarkeit errichtet haben soll, stammt, wie neueste Untersuchungen ergaben, erst aus der zweiten Hälfte des 17. Jahrhunderts.

Graben alarmierte die Wachmannschaft, und die beiden Verräter konnten festgenommen werden, ohne erheblichen Widerstand zu leisten. Sie wurden sofort in Eisen geschlossen und in Begleitung von 200 Mann – ein Befreiungsversuch war nicht auszuschließen – nach Wien gebracht. Dort machte der Kaiser kurzen Prozeß, Grässel und Himmelfeind wurden auf dem Platz am Hof geviertelt.

Welch schockierendes Erlebnis für Kunigunde! Denn sicher war ihre Kindheit überschattet vom Geschwätz klatschsüchtiger Kinderfrauen und strenger Erzieherinnen: »Wenn du nicht artig bist, holt dich der Kunz von Kaufungen.« Gemeint war durchaus keine Sagenfigur, sondern ein sächsischer Ritter, der zwei Neffen des Kaisers 1455 kurzfristig in seine Gewalt gebracht hatte:

Kunigundes Tante, Friedrichs Lieblingsschwester Margarete – auch nach ihrer Eheschließung mehrmals zu Gast in Wiener Neustadt –, war mit dem sächsischen Kurfürsten Friedrich verheiratet worden, der den Beinamen »der Sanftmütige« führte. Seinem friedlichen Namen zum Trotz war er in einen blutigen Erbfolgekrieg verwickelt, bei dem ihm Kunz von Kaufungen unschätzbare Hilfsdienste leistete.

Auch der sächsische Friedrich scheint, so wie sein österreichischer Schwager gleichen Namens, Dienst- und Gefolgsleute öfter mit leeren Versprechungen als mit barer Münze entlohnt zu haben. Der sanftmütige Friedrich hat sich im Falle des Kunz von Kaufungen eine besondere Infamie geleistet. Er schenkte dem Ritter, solange der Krieg nicht entschieden war, ein großes Gut bei Meißen – um es ihm nach glücklich errungenem Sieg sofort wieder abzunehmen.

Kaufungen zahlte mit gleicher Tücke heim und entführte die beiden minderjährigen Söhne des Kurfürsten, um sie in eine böhmische Burg zu bringen. Während einer Waldesrast konnte einer der Prinzen entwischen. Er traf einen Köhler, dem er sich anvertraute. Der brave Mann alarmierte seine Zunftgenossen, und denen gelang es, auch den zweiten Prinzen in Sicherheit zu bringen. Der Köhler wurde hoch geehrt und reich beschenkt, Kunz von Kaufungen gefangengenommen und enthauptet.

Auch der Grazer Schloßhauptmann, der Kunigunde vor dem Schicksal ihrer beiden Vettern bewahrt hatte, ist vom Kaiser geehrt und ausgezeichnet worden. Nicht einwandfrei feststellbar ist, ob er, wie manche behaupten, Landeshauptmann der Steiermark wurde.

Kunigunde blieb von da an die meiste Zeit in Graz, denn sowohl Wien wie auch Wiener Neustadt waren mittlerweile viel zu unsicher. Auch der Kaiser zog sich nach Graz zurück, als die Ungarn 1482 bis nach Baden bei Wien vordrangen.

In lähmender Eintönigkeit verging nun die Zeit für Kunigunde. Die Hofhaltung war einfach und karg, es gab keine Feste, keine Turniere, selbst ausländische Delegationen, die früher manchmal ein wenig Abwechslung in den tristen Alltag gebracht hatten, kamen selten.

Als die militärische Lage immer aussichtsloser, als allmählich gewiß wurde, daß Matthias demnächst nicht nur halb Niederösterreich, sondern auch Wien besetzen würde, als allen Ernstes zu befürchten stand, daß selbst die feste Burg zu Graz bald nicht mehr der sichere Hort sein würde, für den sie immer gehalten worden war, entschloß sich der Kaiser, alles, was ihm lieb und teuer war, zu evakuieren: seine Tochter, seine private Schatzsammlung, das Heiratsgut seiner verstorbenen Frau und das kaiserliche Archiv. »Jedermann ist hier zum Aufbruch bereit«, heißt es in einem Brief aus jenen Tagen.

Am 24. Februar 1484 war es soweit. Kunigunde und vierundzwanzig ihrer Hofdamen brachen mit der Hofmeisterin Hedwig Despotin in nicht weniger als achtundzwanzig Wagen auf, jeder war mit sechs starken Hengsten bespannt. In Bruck und in Leoben stießen weitere vierzehn Wagen voll mit Urkunden zu dem Konvoi, dessen Begleitschutz 600 Berittene bildeten. Ein Teil des Staatsarchivs wurde nach Linz gebracht. Dort residierte Friedrich bis zu seinem Tode. Kunigunde und ihr Hofstaat wurden nach Innsbruck geschickt – so weit würden die Ungarn doch nicht vordringen!

Anfang 1485 – die Ungarn nahmen gerade Wien in Besitz – reiste Friedrich nach Innsbruck, um sich zu überzeugen, daß Kunigunde bei seinem Vetter und ehemaligen Mündel Sigismund gut untergebracht wäre. Dann gab es einen herzzerreißenden Abschied zwischen dem nun schon sehr alten und ein wenig gebrechlichen Herrscher und seiner Tochter – so, als ob beide geahnt hätten, daß für viele Jahre Haß, Verleumdung, Hader, Zank und Krieg zwischen sie treten würden.

Wie sehr Kunigunde auch unter der Trennung vom Vater gelitten haben mag, die Wunderwelt des Innsbrucker Hofes mit seinen nicht abreißenden Festen, Empfängen, Tafeln und Tänzen wird das junge Mädchen, das aus der Düsternis des Mittelalters in den sinnlichen Frohsinn der beginnenden Renaissance hineinversetzt wurde, einigermaßen schadlos gehalten haben. Hinzu kam, daß Sigismund, zum Unterschied von Friedrich, ein fröhlicher, leichtlebiger Mensch war, seiner Nichte herzlich zugetan. Wenn die Späße und die Neckereien, die er mit dem Mädchen trieb, manchmal auch ein wenig derb waren, wenn sie, wie Zeugen berichten, anfangs, heftig errötend, von einer Verlegenheit in die andere fiel – im Grunde mußte sie es genossen haben, der Eintönigkeit der väterlichen Hofhaltung einerseits, der ständigen Gefahr für Leib und Leben andererseits entronnen zu sein.

Als sich gar noch, und zwar sehr bald, ein routinierter Courschneider und ernsthafter Bewerber um ihre Hand einstellte, muß das ein absoluter Höhepunkt in ihrem bislang eher tristen Dasein gewesen sein. Heirat! Das bedeutete Ansehen und ein gewisses Maß an Selbständigkeit. Es war auch schon allerhöchste Zeit. Kunigunde zählte bald zwanzig Lenze, nach damaligen Begriffen stand sie an der Schwelle zum Matronenalter, und sie zeigte bereits einen sanften Ansatz zum Doppelkinn. Wenn sie nicht bald unter die Haube kam, würde das Kloster ihr unausweichliches Los sein.

Kunigunde entsprach gewiß nicht dem gängigen Schönheitsideal des 15. Jahrhunderts, das da forderte: »... ein Fuß mit hochgezogenem Rist, so daß ein Zeisig darunter schlüpfen kann, weiße Hände mit langen Fingern, ein runder, blendend-weißer Hals, ein Kinn mit Grübchen, purpurrote Lippen, elfenbeinweiße Zähne, rot angehauchte Wangen, die kleine Nase ein wenig gebogen, braune Augen nach Art der Falken, gelocktes Haar ...« – aber sie war durchaus nicht unansehnlich, dazu erfrischend herzlich und intelligent.

Herzog Albrecht von Bayern, der sie unbedingt zur Frau haben wollte, war achtzehn Jahre älter und neigte deutlich zur Korpulenz. Er war aber ein gewandter Kavalier, wohlvertraut mit den feinen Formen höfischen Minnedienstes – da ein Taschentüchlein aufhebend, das gar nicht fallen gelassen worden war, dort einen schüchternen Augenaufschlag absichtlich falsch deutend. Dinge, die einem Mädchen aus der Provinz – und nichts anderes war die durch und durch steirische Kunigunde – nachhaltigen Eindruck machen mußten. Ganz zu schweigen von dem Flair einer Jahrhundertromanze und eines Jahrhundertskandals, dessen später Abglanz den bayrischen Herzog noch immer umgab. Albrecht war der Sohn jenes anderen Albrecht, der sich heimlich mit der Augsburger Badestubenschönheit Agnes Bernauer vermählt hatte, die man in seiner Abwesenheit vor Gericht stellte, als Hexe verurteilte und in der Donau ertränkte. Kaum ein Jahr später heiratete der Witwer eine Prinzessin aus Braunschweig und zeugte zehn Kinder, von denen fünf überlebten. Kunigundes Freier war einer der jüngeren Söhne.

Ursprünglich zum Priesterberuf bestimmt, hatte er eine umfassende Bildung in Italien genossen. Sein Münchner Hof war eines der ersten Zentren deutscher Renaissancekultur, und Bayern sollte, nach Albrechts Willen, eine europäische Großmacht werden, und zwar mit Kunigundes Hilfe – aber, zumindest im Anfang, ohne deren Wissen. Schlüsselfigur in einem feingesponnenen Ränkespiel war Herzog Sigismund von Tirol, der den Beinamen »der Münzreiche« trug.

Wie so oft erwies sich auch in seinem Fall das hochtrabende Attribut als leere Worthülse. Sigismund hat zwar eine großangelegte Münzreform durchgeführt, die Münze von Südtirol nach Hall in Nordtirol verlegt und hätte dank der hohen Ausbeute aus den Tiroler Silberbergwerken – allein die von Schwaz brachten 25 000 Kilogramm des Edelmetalls pro Jahr – ein reicher Mann sein müssen. Hätte sein müssen, war es aber nicht, weil ihm erstens das beträchtliche väterliche Erbe durch seinen Vormund, Kaiser Friedrich III., abhanden gekommen war und weil er zweitens infolge manischer Verschwendungssucht stets in größten Geldverlegenheiten steckte. Überdies führte er sinnlose Kriege gegen die Schweiz und gegen Venetien, auch war er gutmütig und leichtgläubig bis zum Schwachsinn. Sein Hof wimmelte von korrupten Schmeichlern, falschen Ratgebern und skrupellosen

Herzog Albrecht IV. von Bayern

Schmarotzern. Wer immer dem lendenstarken, aber in zwei Ehen kinderlosen Landesherrn als Sproß einer flüchtigen Liebschaft präsentiert wurde, konnte auf großzügige Unterstützung rechnen.
Sigismund baute die Innsbrucker Hofburg verschwenderisch aus, es gab sogar ein eigenes Haus für seinen Leibriesen Niklas Heidl. Daneben errichtete er Schlösser und Kirchen. Er ließ alles aufs feinste und aufs beste ausstatten, Schlitten, Kutschen und Schiffe für den Privatgebrauch bauen, exquisites Tafelgeschirr und protzige Prunkgewänder anfertigen. Goldschmiede schufen kostbaren Schmuck, Plattner teure Rüstungen. Täglich wurde üppigst getafelt, wobei die von Sigismund gegründete Hofkapelle, bestehend aus Trommeln, Pfeifern, Posaunenbläsern und Paukenschlägern, aufspielte. Ein Turnier löste das andere ab, Jagden, Bälle und Festumzüge unterhielten zahllose Gäste, die überdies splendid beschenkt wurden.
Sigismund war ein Fürst, auf den das Wort »er warf mit dem Geld um sich« im buchstäblichen Sinn zutraf. Kam er in die Münze nach Hall, dann spielte sich jedesmal die gleiche lächerliche Szene ab. Der Herzog ließ sich von den Münzern auf die Schultern heben und im Ort umhertragen; dabei warf er frisch geprägte Goldstücke unters jubelnde Volk. Bei den von der Bevölkerung hochgeschätzten Visiten des Landesherrn etwa eilten die hübschen Mädchen in Dörfern und Städten zum Marktplatz und veranstalteten Fangjagden auf ihren Herzog. Der kaufte sich dann mit Gold- und Silbergeld los. In seinen letzten Lebensjahren, als er schon an der »Blödigkeit des Geistes« litt, wie ein Zeitgenosse respektlos festhielt, und schwerer Gicht wegen an einen Tragstuhl gefesselt war, fand er kindisches Vergnügen daran, stundenlang in Schüsseln voller Münzen herumzuwühlen.
Woher sein nie versiegender Geldstrom stammte, war ein offenes Geheimnis. Herzog Albrecht, der in der Innsbrucker Hofburg aus und ein ging wie in seiner Münchner Residenz, sorgte dafür, daß dem Tiroler Bruder Leichtfuß niemals das Bare ausging. Sigismunds Ratgeber waren durch die Bank von Albrecht bestochen, und sie arbeiteten mit allen Mitteln, um den Herzog im Sinn des Bayern zu beeinflussen. So setzte sich einmal eine gewisse Spießin, Hofmeisterin von Sigismunds erster Frau, in einen Ofen und gab sich mit hohler Stimme als der Satan persönlich aus, um Sigismund in Angst und Schrecken zu versetzen und für die Pläne der Hofkamarilla gefügig zu machen.

Albrecht war kein selbstloser Wohltäter, sondern ein kühler Realpolitiker, dem es bereits gelungen war, die Herrschaft über halb Bayern an sich zu reißen. (Die andere Hälfte war in den Händen seines Vetters Georg, jenes Georg, bei dessen Belehnung im Jahre 1480 Kunigunde zum erstenmal offiziell aufgetreten war). Aber es sollte, nach Albrechts Wünschen, mehr als Bayern, es sollte auch, Stück für Stück, das Territorium der Habsburger sein eigen sein. Darum stillte der Bayer den unersättlichen Geldhunger des Herzogs Sigismund, und der verschrieb dafür dem Bayernherzog nach und nach Teile der Vorlande und weite Gebiete Tirols. Schließlich brachte Albrecht Sigismund dazu, ihm Tirol und die ganzen Vorlande für eine Million Gulden zu verpfänden, mit dem Versprechen, daß die Gebiete an Habsburg zurückgegeben würden, sobald Sigismunds Erben diese gigantische Summe, die weit über das Vorstellungsvermögen der Zeitgenossen hinausging, zurückgezahlt haben würden.

Es ist heute schwer, die exakte Kaufkraft von einer Million Gulden zu berechnen. Eine ungefähre Vorstellung mag sich aus Urkunden ergeben, die bezeugen, daß der 50 Personen umfassende Hofstaat von Herzogin Eleonore, der ersten Gemahlin Sigismunds, jährlich 1 500 Gulden verschlang. Ein Hofkapellmeister verdiente 80, ein Leibarzt 35 Gulden im Jahr.

Das Vertrauen Albrechts in die Vertragstreue des leichtsinnigen Sigismund hat sich wohl in Grenzen gehalten. Darum muß es ihm wie ein Geschenk des Himmels erschienen sein, als die Kaisertochter Kunigunde in Innsbruck ankam und Sigismund sich als willfähriger Heiratsvermittler erwies: Mit Kunigunde als Ehefrau konnte der Herzog von Bayern seine Gebietsansprüche untermauern. Der Traum vom Großbayrischen Reich rückte mit einem Schlag in greifbare Nähe, denn Albrecht hatte inzwischen auch Anrechte auf Verona erworben sowie auf Holland, Seeland und Friesland weit zurückreichende Erbansprüche Bayerns angemeldet. Außerdem begehrte Albrecht, der ja selbst sehen mußte, wie er zu Geld kam, die großen Güter und das immense Vermögen des Niklas von Abensberg, der seinem Herzog wohl treu ergeben, aber nicht gewillt war, diesen als Erben einzusetzen.

Niklas von Abensberg, der Kunigunde 1480 vorgestellt worden war, hatte Albrecht einen unschätzbaren Dienst erwiesen, als es um die

Vorherrschaft in der Münchner Residenz ging. Albrecht war es bereits gelungen, einen älteren Bruder mit mehr oder weniger legalen Mitteln vom Thron zu drängen, aber es gab noch einen zweiten, Christoph – der ebenfalls 1480 in Wien gewesen war –, und der wollte sich nicht einfach ausbooten lassen. Es kam zu heftigen Auseinandersetzungen zwischen den Brüdern, das Glück neigte sich bald dem einen, bald dem anderen zu, als Albrecht von einem angeblich geplanten Mordkomplott Christophs erfuhr. Da schlug er zu. Das heißt, er ließ zuschlagen, und zwar durch Niklas von Abensberg.

Christoph saß nichtsahnend in einer Münchner Badestube – alle Welt vergnügte sich damals singend, lachend, musizierend und tafelnd in den öffentlichen Badestuben –, als Niklas mit einigen seiner Mannen in das Haus eindrang. Sie zogen den nackten Herzog aus der Badewanne, wickelten ihn in Tücher und schleppten ihn in die »neue Veste«. 18 Monate schmachtete Christoph hinter Kerkermauern, ehe er überraschend freigelassen wurde. Sofort rüstete er wieder zum Krieg gegen Albrecht, der seinerseits zum Gegenschlag ausholte.

Ein tausendköpfiges Ritterheer unter Abensberg belagerte und stürmte Christophs Burg Landshut. Christoph konnte entkommen; nun war sein erstes Anliegen, sich an Abensberg zu rächen. Ein Dutzend Männer, unter persönlicher Führung Christophs, überfiel den Ritter am 28. Februar 1482 um fünf Uhr nachmittags auf offener Straße. Christophs Freund, Seitz von Freudenberg, stach dem Abensberg »unterhalb des Panzers einen Dolch mitten ins Herz«, vermeldete ein Zeuge der Tat. Abensberg war auf der Stelle tot.

Er starb ohne leiblichen Erben, hatte aber sein ganzes Vermögen einem geliebten Ziehsohn vermacht – ein Umstand, der Albrecht keineswegs davon abhielt, den gesamten Besitz seines Freundes einzustreichen, ohne sich darum zu kümmern, daß die Güter Reichslehen waren, daß also letzten Endes der Kaiser zu verfügen hatte, wem sie zufallen sollten. Der Kaiser ließ mit sich reden. Für eine Abschlagsumme von 20 000 Gulden sollte Albrecht das Lehen erhalten.

Während die Verhandlungen noch im Gange waren, fand Albrecht die bessere Lösung. Er hielt um Kunigunde an, der Kaiser sollte das blutbesudelte Lehen von Abensberg dem Bräutigam als Mitgift überlassen. Friedrich stimmte freudig zu. Er war solcherart der leidigen Sorge um eine standesgemäße Aussteuer seiner Tochter enthoben, und überdies hegte er die Hoffnung, die von Sigismund leichtfertig abgetretenen Gebiete durch verwandtschaftliche Verbindung mit dem Hause Wittelsbach für das Haus Habsburg zu retten.

Albrecht hatte nichts dergleichen im Sinn. Vielmehr ließ er, seiner Beute sicher, unverzüglich die »gar alte Straß« zwischen Mittenwald und dem Inntal ausbauen und modernisieren. So entstand, auf 12 Meilen sogar mühsam aus dem Fels gehauen, die erste Alpenstraße Europas. Albrecht untersagte Kunigunde, ehe sie noch endgültig ihr Jawort vor dem Altar gegeben hatte, auf ihre Erbansprüche zu verzichten, wie es normalerweise üblich gewesen wäre. Und er besetzte die freie Reichsstadt Regensburg, die der kaiserlichen Oberhoheit unterstand.

Es handelte sich keineswegs um eine brutale Inbesitznahme, die Regensburger unterwarfen sich dem durchschlagskräftigen Herzog mit großer Beflissenheit, gierig jede seiner Versprechungen aufsaugend. Regensburg, einst stolze Residenz der Bayernherzöge, dämmerte seit Jahrzehnten der Bedeutungslosigkeit entgegen. Das Regiment des Kaisers war hart, die Steuern (in der Höhe von 33 Prozent) drückten schwer. Außerdem hatte der Kaiser, wie im ganzen Deutschen Reich und in den österreichischen Erblanden, den Juden alle bürgerlichen Rechte wieder verliehen, nachdem es in der ersten Hälfte des Jahrhunderts nach einer Reihe mörderischer Pogrome gelungen war, die verhaßten »Christusmörder« loszuwerden. Man munkelte, daß sich der Kaiser sogar einen jüdischen Kammerdiener hielt – für viele Judenhasser ein Grund mehr, den Kaiser abzulehnen.

Regensburg, so verkündete Albrecht, sollte bald judenfrei sein, Regensburg würden große Teile der Steuerlasten genommen, Regensburg sollte wieder herzogliche Residenz werden; kaum in der Stadt eingezogen, ließ der Herzog den Bau eines gewaltigen Schlosses beginnen.

Der Kaiser war außer sich vor Wut. »Lieber will ich ganz Österreich verlieren, als auf Regensburg verzichten«, soll der sonst eher gelassene, wenn nicht gar phlegmatische Mann getobt haben. Sofort zog er die Einwilligung zur Vermählung seiner Tochter mit dem Bayern zurück. Doch ehe Kunigunde davon erfahren konnte, war sie bereits verheiratet. Albrecht und Sigismund hatten den Hochzeitstermin überstürzt mit 2. Januar 1487 angesetzt, und kaum war die hastige

Trauungszeremonie in der Innsbrucker Schloßkapelle vorbei, eilte der Herzog mit seiner jungen Frau ins Brautgemach, um die Ehe zu vollziehen.

Kunigunde hatte zunächst keine Ahnung, wie spitzbübisch sie getäuscht worden war. Unmittelbar vor der Trauung hatte man ihr einen »Willbrief« des Kaisers vorgelegt, eine ausdrückliche schriftliche Einwilligung zur Ehe mit Albrecht, säuberlich kalligraphiert und mit dem kaiserlichen Siegel versehen – doch das alles war eine perfekte Fälschung. Als die arme Frau dahinterkam, war es längst zu spät und ihr Geschick auf Gedeih und Verderb mit dem des Bayernherzogs verbunden.

Wie mag Kunigunde zumute gewesen sein, als Albrecht seine soeben angetraute Gemahlin sogleich nach Regensburg brachte, wo das Paar in einen Taumel von Huldigungen und von der gesamten Bürgerschaft inszenierten Freudenfesten versank? Zu diesem Zeitpunkt muß ihr längst klar gewesen sein, daß der Onkel und der Ehemann sie schmählich hintergangen hatten.

Die Rache des Kaisers folgte auf dem Fuß. Er verhängte über die ungetreue Stadt Regensburg, wenig später über den ungeliebten Schwiegersohn, die Reichsacht. Kunigunde, mittlerweile in München als Herzogin der Bayern installiert, sandte einen flehenden Brief nach dem anderen an den Vater. Vergeblich wartete sie auf Antwort aus Linz. In ihrer Herzensnot wandte sie sich an den fernen und längst entfremdeten Bruder Maximilian, der ein Jahr vor ihrer Hochzeit zum deutschen König gekrönt worden war.

Maximilians energische Vermittlung konnte in letzter Minute das Schlimmste verhindern. Schon hatte Friedrich zum Krieg gegen den unbotmäßigen Herzog aufgerufen, schon marschierte ein Söldnerheer auf das Lechfeld, schon schien der Kampf des Schwiegervaters gegen den Schwiegersohn unausweichlich, als Maximilian die Streitparteien doch noch vom offenen Kampf abhalten konnte.

Die Verhandlungen zogen sich über Jahre. Sie wurden von beiden Seiten mit großer Zähigkeit und Starrköpfigkeit geführt. Albrecht ritt, auf Drängen seiner Frau und seines Schwagers Maximilian, nach Linz zum alten Kaiser. Doch statt der erhofften Versöhnung kam es erneut zu lärmenden Auseinandersetzungen, wobei sicher nicht nur der aktuelle Fall Regensburg, sondern auch Albrechts oftmals gezeigte Anti-Habsburg-Haltung zur Sprache gekommen sein dürfte. Wenn es um seinen Vorteil ging, hat Albrecht bedenkenlos mit jedem Gegner des Kaisers zumindest Kontakt aufgenommen. Der Kaiser schrie am Ende der fruchtlosen Diskussionen: »Der Stolz des Fürsten in Bayern muß gedemütigt werden«, und Albrecht reiste beleidigt ab. Schließlich kam es doch zu einem Kompromiß: Albrecht räumte Regensburg, mußte sogar die halb fertige Residenz schleifen lassen, verzichtete auf alle Verschreibungen und Vermächtnisse Sigismunds, der später seinerseits zugunsten seines Neffen Maximilian abdankte, und Kunigunde legte alle ihre Erbansprüche zurück. Dafür durfte Albrecht die blutige Mitgift Abensberg behalten – so lange, bis Friedrich imstande sein würde, 16 000 Gulden hinzulegen. Jedermann war sich darüber im klaren, daß diese Summe niemals aufgebracht werde, daß Albrecht für immer Nutznießer des Freundes und Gefolgsmannes sein würde, der seinetwillen das Leben gelassen hatte.

Herzog Christoph, der den Tod des Niklas von Abensberg verschuldet hatte, konnte Albrechts Herrschaft nicht mehr anfechten. Er trat als geschickter Feldherr in Maximilians Dienste und starb nach einer Bußfahrt ins Heilige Land auf der Insel Rhodos an einer nicht näher bezeichneten Seuche. Seiner Schwägerin Kunigunde, die er verehrte und schätzte, vermachte er einen besonders kostbaren Armreifen.

Albrecht hat später sein Lebensziel, wenn nicht ganz, so doch zum Teil erreicht. Es gelang ihm nicht, aus Bayern eine europäische Großmacht zu machen, aber es gelang ihm immerhin, Bayern zu einigen. Als sein Vetter, Georg von Landshut, starb und nur eine Tochter hinterließ, der er, zusammen mit ihrem Ehemann, das Land vermachte, schlug Albrecht neuerlich zu. In einem langen, blutigen und überaus kostspieligen Krieg brachte Albrecht das Erbe des Vetters an sich. Bayern war geeint und sollte es fortan bleiben. Maximilian stand an der Seite des Schwagers und durfte zum Lohn die Herrschaften Kufstein, Kitzbühel und Rattenberg einstecken, die bis dahin eindeutig bayrisch gewesen waren.

So bedenken- und gewissenlos Albrecht erscheinen mag, wenn es um die Mehrung seiner Macht und seines Vermögens ging – eine Haltung, die damals gang und gäbe war und, außer bei den unmittelbar Betroffenen, nicht den geringsten Anstoß erregte –, so klug und maßvoll agierte er in der Innenpolitik und Verwaltung, so daß ihm die

Nachwelt den Beinamen »der Weise« verliehen hat. Bayern war, dank einer von Albrecht geschaffenen Stadt- und Landpolizei, eines der sichersten, wenn nicht überhaupt das sicherste Land Europas. Dem Räuber- und Bandenunwesen wurde ein Ende gesetzt.

Eine Gesetzesreform räumte rigoros mit allen unlauteren Machenschaften im Handel und im Geldverkehr auf. Freie Bürger erhielten das Jagdrecht, womit eine der Wurzeln der Bauernaufstände, die außerhalb der blau-weißen Gemarkungen um diese Zeit allerorts aufzuflammen begannen, von vornherein gekappt war. Auch setzte Albrecht tiefgreifende kirchliche Reformen durch, so daß der Protestantismus, der wenig später das Deutsche Reich und die österreichischen Erblande in feindliche Lager spalten sollte, in Bayern niemals wirklich Fuß fassen konnte.

Albrecht verlangte von seinen Untertanen mäßiges Leben und Vermeidung von überflüssigem Luxus. Strenge Kleidervorschriften sorgten dafür, daß ausschließlich im Lande erzeugte Stoffe verwendet wurden; bei Festlichkeiten und Familienfeiern waren nur acht Gäste erlaubt; das Wetttrinken und Zuprosten war streng untersagt – eine Maßnahme, welche die Bayern am härtesten getroffen haben muß, denn schon damals waren sie begeisterte und standfeste Biertrinker.

Was Albrecht von den Landeskindern forderte, hielt er selbst rigoros ein. Seine Hofhaltung war ein Vorbild an Mäßigung und Sparsamkeit, ohne den leisesten Anstrich von Pfennigfuchserei.

Wenn man es genau nimmt, war Albrecht einer der ersten Renaissancefürsten im deutschen Raum, ohne die üble Verschwendungssucht, Maß- und Zügellosigkeit, die den meisten weltlichen und kirchlichen Fürsten, die Päpste eingeschlossen, südlich der Alpen anhaftete.

Der Mitbegründer der Universität Ingolstadt gab dieser moderne Statuten, garantierte die Freiheit der Lehre und holte aus aller Welt bedeutende Professoren, die das Privilegium völliger Steuerfreiheit genossen. Albrecht, selbst ein hervorragender Mathematiker, förderte die Künste auf das großzügigste, schickte Maler zur Ausbildung nach Italien und holte zwei bedeutende englische Musiker, Conrath Smyth und Peter Skeydrell, nach München.

Daß München damals eine ebenso prominente Stellung eingenommen hat wie heute, geht aus der berühmten »Weltchronik« des Nürnberger Arztes und Humanisten Hartmann Schedel hervor, wo es heißt: »München ist unter den Fürstenstädten in deutschen Landen hochberühmt ... Wiewohl diese Stadt für neu geachtet wird, so übertrifft sie doch die anderen Städte an öffentlichen und privaten Bauten. Denn allda sind gar schöne Behausungen, weite Gassen und gar wohlgezierte Gotteshäuser. Diese Stadt ist an einem wohnsamen Ort an der Isar gebaut. Daselbst haben die Kaufleute zu Zeiten ihren Durchgang aus welschem ins deutsche Land ...«

München verzeichnete zu Albrechts Zeiten die meisten öffentlichen Bäder Deutschlands und zahlreiche Brauereien. Als die einundzwanzig Brauhäuser den Durst der Münchner nicht mehr zu stillen vermochten, erhielt jedermann das Recht, Bier zu brauen, vorausgesetzt, daß er fünf Gulden an die herzogliche Kassa zahlte.

Albrecht ließ Brücken errichten, Gewässer regulieren und sogar eine Rohrwasserleitung legen. Im Mittelpunkt der Stadt befand sich, als Kunigunde dort ihren Wohnsitz nahm, eine gigantische Baustelle: 1468 war mit der Errichtung der Frauenkirche begonnen worden. Sie war von Anfang an eine Herzensangelegenheit sämtlicher Münchner, gelegentlich Zentrum des gesellschaftlichen Lebens. In schönster, fast demokratischer Eintracht trafen einander dort die Angehörigen aller Stände, teils um zu schauen, teils um tatkräftig beim Bau Hand anzulegen. Der Herzog ließ aus seinen Wäldern über die Isar das benötigte Bauholz heranflößen, die Herzogin überzeugte sich laufend vom Fortschritt der Arbeiten.

Man sah Kunigunde in der Kirche, man sah sie bei den berühmten »Fräulein-Rennen« (Pferderennen, die ausschließlich von jungen Edeldamen bestritten wurden), man sah sie an der Seite des Herzogs beim Ratsmahl, das stets im Anschluß an die Wahl der Stadträte stattfand; sie nahm an vielen, wenn auch nicht allen Veranstaltungen des Hofes teil. Aber es hat den Anschein, daß sie, zumindest im Anfang ihrer Ehe, außer bei unumgänglich notwendigen Repräsentationspflichten, wenig Kontakt mit ihrem Mann hatte.

Der plumpe Betrug, durch den diese Heirat zustande gekommen war, hat das private Zusammenleben von Albrecht und Kunigunde getrübt, auch als bereits die ersten drei Kinder, Sidonie, Sibylle und Sabine, kurz hintereinander geboren wurden.

»Nur« drei Mädchen – in dieser Ehe konnte etwas nicht stimmen, wenn ihr der Segen eines Stammhalters vom Himmel vorenthalten blieb! Abgesehen davon, daß der Herzog häufig nicht in seiner Hauptstadt weilte, fiel es doch auf, daß das Paar auch innerhalb Münchens getrennt lebte. Einige Gesandte wiesen in ihren Briefen ausdrücklich darauf hin, daß sie wohl vom Herzog empfangen wurden, die Herzogin indes mit ihren Kindern in einem anderen Stadtteil residierte.

Schon in den frühesten Biographien Kunigundes heißt es, daß sie unglücklich über das Zerwürfnis zwischen Ehemann und Vater war, daß sie es kaum verkraftete, auf ihre verzweifelten Briefe an den Kaiser keine Antwort erhalten zu haben. Sie zog sich immer mehr in die Frauengemächer zurück, um sich fast ausschließlich ihren Kindern zu widmen, die sie abgöttisch liebte.

Es war wieder Maximilian, der eine Versöhnung anbahnte und auch tatsächlich zustande brachte. Endlich, nachdem der Kaiser mit dem Bayernherzog seinen politischen Frieden gemacht hatte, ließ der alte Herr sich bewegen, Tochter und Schwiegersohn nebst den drei Mädchen in Linz zu empfangen.

Friedrich führte in der Stadt, die er »wegen der Lauterkeit der Luft« zum Alterswohnsitz erkoren hatte, das abgeschiedene Dasein eines Sonderlings. Er lebte meist in der Burg, die er aus Sicherheitsgründen ausbauen und stärker befestigen ließ, für deren Innenausstattung er jedoch kaum Mittel aufwandte. Abgesehen vom Thronsaal, der mit prachtvollen Fresken versehen war, wirkten die engen Kammern ärmlich, dunkel und kahl. Ausländische Gesandte konnten sich nicht genug wundern über das spartanische Leben bei Hof.

Friedrich verkroch sich meist in einen entlegenen Raum, widmete sich der Mathematik, der Astrologie und der Alchemie, und es ging das Gerücht, daß er gelegentlich Mäuse fing, um aus deren Kot die Zukunft zu lesen.

Während der kalten Wintermonate wohnte er manchmal in einem ein wenig besser ausgestatteten Quartier außerhalb der Burg.

Als im Sommer 1492 Kunigunde, Herzog Albrecht und die drei kleinen Prinzessinnen zu Schiff nach Linz kamen, flackerte noch einmal so etwas wie Lebensfreude in dem einsamen alten Mann auf. Vater und Tochter, die einander acht lange Jahre nicht gesehen hatten, schienen überwältigt vom Glück des Wiedersehens, und es gab an dem sonst so kargen Hof endlich wieder einige Tage lang große Tafeln und fröhliche Feste. Besonders die reizenden Enkelinnen haben es dem greisen Großvater sehr angetan, denn »sein Herz schmolz dahin bei ihrem Anblick«, wie es in zeitgenössischen Berichten heißt.

Nach München zurückgekehrt, scheinen Albrecht und Kunigunde einander menschlich nähergekommen zu sein, denn sie führten von da an einen gemeinsamen Haushalt und verbrachten die Abende zusammen, in Anwesenheit des Hofes. Es wurde gespeist, getanzt und Karten gespielt.

Getrübt wurde die Idylle, als Mitte Juni 1493 aus Linz die Nachricht kam, daß der Kaiser schwer erkrankt sei. Das rechte Bein war ihm in den Wochen zuvor brandig geworden, so daß sich die Ärzte am 8. Juni zur Amputation entschlossen. Die höchst primitiv durchgeführte Operation – der Patient war nur mit großen Mengen Alkohol und Kräutersäften in eine Art Dämmerzustand versetzt worden – gelang dennoch. Der alte Mann erholte sich zum allgemeinen Erstaunen innerhalb weniger Wochen. Seine einzige Sorge: er könnte mit dem Beinamen »Friedrich der Einbeinige« in die Geschichte eingehen.

Es blieb aber keine Zeit, die Tatsache von Friedrichs Beinamputation den Zeitgenossen ins Bewußtsein kommen zu lassen. Der Kaiser starb am 19. August überraschend an einer Magen-Darm-Erkrankung, die ihn innerhalb von wenigen Tagen dahinraffte. Vielleicht war der übermäßige Genuß von Melonen schuld, die der Greis, wie üblich, fast unzerkaut mit einigen Bechern kalten Wassers hinuntergespült hatte. Vielleicht hatte er auch die Ruhr. Vielleicht starb er an Altersschwäche.

Der Kaiser wurde sitzend aufgebahrt, später einbalsamiert und zu Schiff nach Wien übergeführt. Das Herz, die Eingeweide und das amputierte Bein wurden in der Stadtpfarrkirche zu Linz beigesetzt, der übrige Leichnam im Wiener Stephansdom. Weil Maximilian nicht früher abkommen konnte, wurde die offizielle Trauerfeier erst im Dezember abgehalten. Bis dahin hatte man nicht weniger als 8 422 Messen für die Seele des Verstorbenen gelesen.

Sowie er die Nachricht vom Ableben seines Schwiegervaters erhielt, ließ Albrecht in ganz Bayern eine mehrmonatige Staatstrauer anordnen. Sie wurde nur einmal kurz unterbrochen, und zwar am 13. November, als Kunigunde ihrem ersten Sohn das Leben schenkte, der auf den Namen Wilhelm getauft wurde.

Der Diener, der Albrecht die Nachricht von der Geburt des Prinzen überbrachte, wurde mit zwei Gulden und fünf Pfennig fürstlich belohnt. Kanonendonner und Freudenfeuer auf allen Marktplätzen unterrichteten die Bevölkerung von dem freudigen Ereignis, Tanz und Musik allerdings waren der Staatstrauer wegen untersagt. Augustiner- und Barfußmönche, die fleißig um einen Stammhalter gebetet hatten, erhielten pro Kopf einen Eimer (68,4 Liter) Wein.

Alle waren überzeugt, daß der Himmel die herzogliche Ehe nun endgültig gesegnet hatte, nachdem Albrecht und Kunigunde vom Kaiser als rechtmäßig vermählt anerkannt worden waren.

Kunigunde, kaum dem Wochenbett entstiegen, konnte nicht an den Trauerfeierlichkeiten im Wiener Stephansdom teilhaben. Albrecht allerdings reiste, wieder zu Schiff, nach Wien. Als nächster Anverwandter führte er, zusammen mit Maximilian, den Trauerzug von der Hofburg zum Dom an, und er trug, wie die rund 8 000 Zuschauer verwundert feststellten, ein Büßergewand, eine bodenlange schwarze Kutte mit einer langzipfeligen Haube.

Kunigunde wurde nach Wilhelm noch dreimal Mutter und konnte sich an zwei weiteren Söhnen und noch einer Tochter erfreuen. Sämtliche sieben Kinder blieben am Leben – für die Herzogin ein weiteres Zeichen der göttlichen Gnade. Für Herzog Albrecht ein schweres Dilemma.

Ein Dilemma, das er mit allen teilte, die Besitz in Form von Grund und Boden zu vererben hatten. Wegen der hohen Säuglingssterblichkeit, die bis zu 60 Prozent betrug, war es geboten, für reichlichen Nachwuchs zu sorgen, um überhaupt eine Chance auf einen Erben zu haben. Andererseits war es schwierig, die »überzähligen« männlichen Nachkommen standesgemäß zu versorgen. Mädchen stellten kein Problem dar, sie waren im Gegenteil ein Glücksfall. Man konnte sie nutzbringend verheiraten und durch günstige Erbverträge eine Erweiterung der eigenen Einflußsphäre erhoffen. Männliche Nachkommen hingegen – und hier speziell die jüngeren Söhne aus Adelshäusern – ließen sich nicht immer widerstandslos auf die traditionellen Berufe der Geistlichkeit und des Offiziersstandes festnageln. Auch sie wollten häufig ihren Anteil an der Macht, insbesondere im deutschen Raum, wo die Primogenitur, das absolute Erbrecht des Erstgeborenen, zu dieser Zeit nicht (mehr) üblich war. England und Frankreich hatten sich längst darauf festgelegt und damit die in Deutschland so verhängnisvolle Zersplitterung des Landes unterbunden.

Albrecht hat in der eigenen sowie in der Familie seiner Frau schmerzhaft miterlebt und erfahren, welch verheerende Folgen die Rivalität von Brüdern und Vettern um Land, Macht und Einfluß zeitigt. Er hat sich daher entschlossen, Bayern für immer und ewig blutige Familienfehden zu ersparen, indem er für das Haus Wittelsbach die Primogenitur etablierte. Es war »die Perle seiner Taten«, wie es in der umfassenden Albrecht-Biographie des Isidor Silbernagel aus dem Jahre 1857 heißt.

Dieses Erbfolgegesetz war einfach und klar formuliert: Der älteste Sohn sollte das Land ungeteilt regieren, nachgeborene Söhne den Grafentitel und ab dem 18. Lebensjahr eine jährliche Apanage von 4 000 Gulden erhalten. Würde in der Hauptlinie kein Sohn geboren, dann sollte die Regentschaft an den ältesten Sohn der nächsten Nebenlinie gehen.

Politische Klugheit mag dieses Erbfolgegesetz dokumentieren – ein Zeugnis menschlichen Einfühlungsvermögens war es nicht, denn es wurde über Kunigundes Kopf hinweg beschlossen. Es bezeugt, wie gedankenlos der Herzog ihre Gefühle ignorierte und wie wenig er die Frau kannte, mit der er einundzwanzig Jahre lang verheiratet war. Mußte schon die Tatsache, daß der Herzog – wieder einmal – hinter ihrem Rücken entschieden hatte, sie zutiefst verletzen, so konnte und wollte sie, die ihr Lebensglück und ihre Lebensfreude allein in ihren Kindern sah, unter keinen Umständen akzeptieren, daß zwei Söhne benachteiligt werden sollten. Ganz zu schweigen, daß der Zweitgeborene, Ludwig, ein fröhlicher, charmanter kleiner Bursche, ihrem Herzen näherstand als alle anderen Kinder.

Als Albrecht am 18. März 1508 unerwartet starb – die Söhne waren damals fünfzehn, dreizehn und acht Jahre alt – und das 1506 beschlossene Primogeniturgesetz in Kraft trat, unternahm Kunigunde zunächst nichts. Die Trauerfeierlichkeiten erstreckten sich über Tage und entsprachen den hochgespannten Erwartungen, die man an ein solches Ereignis in einem regierenden Fürstenhaus stellte. Zahlreiche in- und ausländische Gäste samt Gefolge wurden großzügig freigehalten. Aus der herzoglichen Küche wurden täglich 2 500 Menschen gespeist, auch fütterte man 1 809 Pferde.

50

Höhepunkt der Trauergala war eine Tafel von dreiundzwanzig Gängen, die mit ausschweifender Phantasie Frömmigkeit und Freßlust gleichermaßen befriedigte. Sie dauerte von Mittag bis zum nächsten Morgen. Es wurde Schweinsbraten vom Rost, Kapaunen, Lachsforellen, Wildbret in Pfeffer, Pastete mit eingemachten Vögeln, Rehschlegel und Zettelkraut, nebst zahllosen süßen und sauren Beilagen, geboten; vor jedem Gang jedoch gab es figürliche Darstellungen aus der biblischen Geschichte, und das meiste davon eßbar: Adam und Eva mit Pfifferlingen, die Arche Noah aus Oblaten und Zucker, David gegen Goliath mit Krapfen, die Heilige Familie aus weißem Mandelguß, das Jüngste Gericht, mit dem Heiland unter einem Regenbogen aus Marzipan. Zum Schluß eine minutiöse Darstellung von Albrechts Grab aus gefüllten Oblaten, darauf die Figur des teuren Verblichenen in voller Ritterrüstung, die allerdings nicht eßbar war. Dafür gab es zum Frühstück einen Ofen aus Kuchen, und als man dessen Tür öffnete, flogen lebendige Vögel heraus ...

Unmittelbar nach Albrechts Tod tat Kunigunde den für mittelalterliche Menschen nächstliegenden Schritt. Sie ordnete die eigene Hinterlassenschaft. Ihr Heiratsgut vermachte sie zu gleichen Teilen den sieben Kindern. Das übrige Vermögen wurde zur Tilgung der Schulden bestimmt, die Albrecht in seinem letzten Krieg um die Erbschaft seines Vetters Georg bei verschiedenen Klöstern und Privatleuten gemacht hatte. Die Einkünfte aus der blutigen Mitgift Abensberg fielen an den ältesten Sohn Wilhelm. Kunigunde bedang sich nur eine jährliche Leibrente von 1 000 Gulden aus.

Dann ging sie ins Kloster.

Dieser Schritt wurde von ihren frühen Biographen mit größter Ehrfurcht kommentiert. Sie habe all ihr Hab und Gut zurückgelassen, die Begleitung von Kammerfrauen und Hofdamen abgelehnt, sie wollte nichts sein als eine einfache Klosterfrau und genauso leben wie die anderen Nonnen auch. Stiller Meditation und inbrünstigem Gebet habe sie ihre letzten Lebensjahre geweiht. Dies ist gewiß die Wahrheit – aber nur ein Teil davon.

Die ganze Wahrheit erscheint in einem anderen Licht, unterzieht man das »Püttrich-Seelhaus« oder »Püttrich-Frauenkloster«, wo Kunigunde ihre Witwenjahre verbrachte, einem näheren Augenschein. »Seelhäuser« waren keine Klöster im üblichen Sinn: Gegründet und erhalten von den Reichen und den Mächtigen des Landes, dienten sie vielmehr dazu, alleinstehenden Damen ihrem Stande gemäß Unterkunft zu geben und ihnen die Demütigung zu ersparen, sich im Familienkreis als überflüssiges Anhängsel zu fühlen. Die solcherart versorgten Damen betätigten sich vorwiegend karitativ, aber sie genossen ein Maß an Freiheit und Selbstverwirklichung, das ihnen im streng geregelten Familienleben niemals zugestanden worden wäre.

Das »Püttrich-Seelhaus« in der Schwabinger Straße war 1248 von einem reichen Bürger namens Hans Püttrich gegründet und durch Herzog Albrecht kurz vor seinem Tod großzügig renoviert worden. Kunigunde wußte genau, was sie tat, als sie sich den Ränken des Hofes und den Querelen der Familie durch den Eintritt ins »Kloster« entzog. Von dieser unangreifbaren Bastion aus konnte sie in aller Ruhe Fäden spinnen und Verbindungen knüpfen, die ihr geeignet erschienen, ihrem Liebling Ludwig zu seinem Recht zu verhelfen. Ihr Jüngster, Ernst, war praktisch von Anfang an aus dem Erbspiel um Bayern ausgeschieden. Er hat sich nie geweigert, die ihm vom Vater zugedachte Rolle eines Geistlichen zu verkörpern und wurde schon in jungen Jahren Erzbischof von Salzburg.

Ludwig indes war nicht gewillt, ins zweite Glied zu treten und sich mit seinem Grafentitel sowie 4 000 Gulden jährlich abspeisen zu lassen. Er wußte seine Mutter hinter sich und auch einen Großteil der bayrischen Stände, die nichts so sehr fürchteten wie einen starken Alleinregenten.

Obwohl Wilhelm auf ein gültiges Gesetz pochen konnte, gab er schließlich dem Drängen seiner Mutter nach. Er bewilligte seinem Bruder eine Apanage von 6 000 Gulden. Nach einem schier endlosen Briefwechsel mit seiner Schwester stimmte Maximilian, der inzwischen den Titel eines römischen Kaisers führte, der neuen Regelung zu.

Als er aber hörte, daß Ludwig noch immer nicht zufrieden war, daß dieser auf einer »Nutzteilung« Bayerns bestand und die Stände ihn in seinem Begehren unterstützten, griff Maximilian energisch ein. Er ließ einen Landtag nach München einberufen, auf dem die Streitparteien wohl gehört, aber letzten Endes das bestehende Erbfolgegesetz bestätigt werden sollte.

Der Kaiser selbst war nicht anwesend – aber seine beiden Bevollmächtigten, Gabriel, Bischof von Eichstädt, und Lienhard von Fels, machten den Versammelten dessen Standpunkt nachdrücklich klar. Es schien für den Augenblick, als wäre die Angelegenheit im Sinne des erstgeborenen Prinzen geregelt, doch zur allgemeinen Überraschung erhob sich Herzogin Kunigunde und ergriff das Wort: »Herr von Eichstädt! Ich bin eine geborene Fürstin von Österreich, ich habe junge Fürsten und nicht Grafen und Bankerte zur Welt gebracht. Ich bin zuversichtlich, die kaiserliche Majestät, unser Herr und Bruder, kann eine solche Schmach nicht zulassen. Gemeine Landschaft [die Stände] hat billig, ehrbar und aufrichtig meinen Söhnen und dem Land zu Nutz gehandelt. Ich werde meinem Bruder selber schreiben.«

Eichstädt und Fels waren vom Machtwort der Herzogin-Witwe überrumpelt und wußten offenbar nicht, wie sie sich angesichts der neuen Situation verhalten sollten. Fels erregte sich zwar über »die Einmischung wider Gebühr«, brachte aber keine neuen Einwendungen vor. Kunigunde schrieb am 16. Mai 1514 an den Kaiser. Wilhelm und Ludwig hätten sich brüderlich auf eine gemeinsame Regentschaft geeinigt, sie bitte den Herrn und Bruder demütig, der friedlichen Übereinkunft zuzustimmen.

Maximilian, nun wohl schon der ganzen Angelegenheit und der ständigen Brandbriefe seiner streitbaren Schwester müde, willigte ein – bis er einen Brief seines Neffen Wilhelm erhielt, worin dieser sich empörte, daß kein Wort wahr sei, er denke nicht daran, mit seinem Bruder zu teilen. Um seiner Sache Nachdruck zu verleihen, eilte er selbst nach Innsbruck.

Maximilian, der weiß Gott andere Sorgen hatte, bestellte daraufhin den ganzen Familienclan in die Tiroler Landeshauptstadt und sprach ein Machtwort – zugunsten Ludwigs, für den die Mutter alle ihre beachtlichen Register der Überredungskunst hatte spielen lassen. Ludwig sollte, so der Kaiser, ein Viertel Bayerns innehaben und Wilhelm für »standesgemäßen Unterhalt« sorgen – eine ziemlich dehnbare Anweisung.

Die Brüder und Kunigunde, scheinbar mit dem kaiserlichen Spruch einverstanden, reisten nach München zurück. Ludwig begann auf der Stelle, die Mutter und den Bruder zu bestürmen. Ein Viertel sei ihm zuwenig, er verlangte nach wie vor die Hälfte und gemeinsame Regentschaft. Kunigunde brachte es tatsächlich zustande, Wilhelm zu einem weiteren Verzicht zu bewegen, und er stimmte sogar dem Plan der Mutter zu, die neuerliche Absprache zunächst geheimzuhalten, um weitere Einmischungen von außen zu verhindern. Weder der Kaiser noch Wilhelms Hofmeister, Hieronymus von Staub – nach anderer Schreibweise Stauf –, der von Anbeginn wie ein Löwe für Wilhelms Rechte gekämpft hatte, sollten vorerst von dem Pakt der Brüder erfahren, sondern erst später vor vollendete Tatsachen gestellt werden.

Was nun folgte, war eine finstere Intrige, deren Hintergründe nicht ganz klar sind. Nur so viel ist bekannt, daß Staub, dem das Arrangement nicht verborgen blieb, begann, die Brüder gegenseitig auszuspielen. Staub erzählte Wilhelm, daß Ludwig die Absicht habe, den Älteren zu ermorden, um Alleinregent zu werden, und er flüsterte Ludwig zu, daß Wilhelm die Absicht habe, ihn aus dem Weg zu räumen. Jeder der Brüder vertraute sich einzeln der Schwester Sabine an, die ihrerseits die Mutter informierte. Kunigunde durchschaute das Doppelspiel des Hieronymus Staub und bat einen Vertrauten, den Grafen Wolf von Hag, dafür zu sorgen, daß Staub sein Hofmeisteramt verliere.

Staub verlor nicht nur das Hofmeisteramt, er büßte auch seinen Kopf ein. Nach einem kurzen Prozeß hat man ihn in Ingolstadt hingerichtet. Was Staub eigentlich beabsichtigte – er beteuerte bis zuletzt, nicht aus persönlichen Motiven, sondern für Bayerns Unteilbarkeit gehandelt zu haben –, ist ebensowenig erhellt worden wie die Rolle, die Kunigunde in dem Drama gespielt hat. Wollte sie den lästigen Störenfried nur ausschalten, oder hat sie seine Eliminierung in Kauf genommen, wenn nicht gar zielstrebig verfolgt?

Fest steht, daß Staub offenbar von Anfang an ein irritierender Störfaktor gewesen sein muß, denn nach seinem Tode besserte sich das Verhältnis der Brüder zueinander schlagartig. Es kam auch in späteren Jahren niemals zu Streit, da Ludwig im Grunde nicht darauf aus war, große Politik zu machen. Er ließ sich in Landshut nieder, blieb Junggeselle, wurde immer dicker und genoß das Leben in vollen Zügen. Die Residenz, die er sich nach italienischem Muster erbauen ließ, war der erste Renaissancepalast auf deutschem Boden. Er starb 1545, und es gab in Bayern nie mehr Unstimmigkeiten wegen der Primogenitur.

Nachdem Kunigunde die Angelegenheiten der Söhne zu ihrer Zufriedenheit geregelt hatte, blieb ihr die delikate Aufgabe, das traurige Schicksal ihrer Tochter Sabine zum Besseren zu wenden. Alle vier Töchter waren, wie üblich, im Kindesalter verlobt worden. Sidonie jedoch starb, ehe sie Ludwig von der Pfalz ehelichen konnte, und so rückte Sibylle an ihre Stelle. Susanne war zweimal verheiratet, zuerst mit einem Markgrafen von Brandenburg, dann mit einem Pfalzgrafen. Sabine wurde mit Ulrich, Herzog von Württemberg, vermählt, als Belohnung dafür, daß dieser Herzog Albrecht im Krieg gegen den Vetter Georg beigestanden war.

Diese Ehe war eine Katastrophe. Ulrich, dessen Vater im Wahnsinn geendet hatte, kam schon als Sechzehnjähriger auf den Thron, regierte aber nicht selbst, sondern ließ einen zwielichtigen Hofklüngel tun und lassen, was er wollte, während der junge Mann mit kostspieligen, häufig wechselnden Mätressen ein ausschweifendes Leben führte. Seine Schulden betrugen binnen weniger Jahre mehr als eine Million Gulden. Um seine fünf Jahre ältere Frau Sabine scherte er sich kaum, wofür sie dem Himmel auf Knien danken mußte, denn wenn er sich um sie kümmerte, pflegte er sie windelweich zu prügeln.

Die bayrische Verwandtschaft beobachtete die Schandtaten des württembergischen Vetters mit Zähneknirschen, unternahm aber zunächst nichts, um Sabine aus ihrer unglücklichen Lage zu befreien. Prinzessinnen hatten durchzuhalten, und wenn sie dabei zugrunde gingen. Als aber am 7. Mai 1515 der Herzog mit eigenen Händen und vor aller Augen während einer Jagd im Böblinger Wald den Ehemann seiner Geliebten, Hans von Hutten, ermordete, war es Kunigunde endgültig zuviel.

Sie ließ die verzweifelte Tochter zu sich kommen, und sie setzte durch, daß die junge Frau in München bleiben durfte. Ihren Bruder Maximilian bewog Kunigunde, über Ulrich die Reichsacht zu verhängen.

Das war im Jahre 1516. Kunigunde blieben noch vier Jahre zu leben, für »stille Meditationen und fromme Gebete«, auch ums Seelenheil ihres Bruders Maximilian, der am 12. Januar 1519 in Wels gestorben war.

Eine markante Episode ist uns noch aus dem letzten Lebensabschnitt Kunigundes bekannt. In Augsburg erregte eine gewisse Anna Laimintel Aufsehen, die sich als Heilige verehren – und reichlich beschenken – ließ, weil sie angeblich nur vom Wort Gottes, nicht aber von Speis und Trank lebte. Scharenweise strömten Pilger nach Augsburg, um sich von der Wunderfrau segnen zu lassen und sie um Fürbitte anzuflehen.

Die Herzogin-Witwe schickte Boten zu Anna Laimintel und bewog diese, nach München zu kommen. Freudig folgte Anna dem Ruf – und ging Kunigunde prompt in die Falle. Kunigunde ließ die angebliche Heilige ein paar Tage lang im »Püttrich-Seelhaus« einsperren und entlarvte diese, als sie um Speis und Trank zu betteln begann. Anna Laimintel wurde auf der Stelle des Landes verwiesen.

Kunigunde war endgültig der geistigen Enge des Mittelalters entwachsen. Sie war zu einer logisch denkenden und energisch zupackenden Frau an der Schwelle einer neuen Zeit gereift, einer Zeit, die dem Haus Habsburg seinen gloriosen Aufstieg zur Weltmacht bringen sollte.

Die Tochter Kaiser Friedrichs III. und Schwester Maximilians I. starb am 5. August 1520 im Alter von fünfundfünfzig Jahren. Drei Monate später betrat, von Spanien kommend, ein strahlend junger, neuer Kaiser zum ersten Mal deutschen Boden. Karl V., groß geworden unter den Fittichen seiner Tante, Margarete von Österreich, Tochter Maximilians I. und Nichte Kunigundes.

Europas bester Diplomat

Margarete 1480–1530

Bräutigam und Braut trugen beide weißen Seidenatlas und kostbares Geschmeide. Das Mädchen entzückte durch natürlichen Charme und seine auffallende goldblonde Lockenpracht. Der junge Mann, mit schmächtiger Hühnerbrust, dünnen Säbelbeinen, leise wackelndem, unnatürlich großem Kopf, wirkte neben so viel strahlender Anmut um so abstoßender. Als er der Braut den Ring an den Finger stecken sollte, versagte ihm die zitternde Hand den Dienst. Energisch griff das Mädchen nach dem funkelnden Kleinod und steckte es sich selbst an.

Der Bräutigam war dreizehn, die Braut drei Jahre alt, und eigentlich war ihre Mutter als Braut vorgesehen gewesen, wohingegen der Bräutigam später einmal die Verlobte seines eigenen Schwiegervaters heimführen sollte: verquere Macht- und Heiratspolitik des ausgehenden 15. Jahrhunderts in Reinkultur.

Die kleine Braut in der am 22. Juli 1483 stattgefundenen Trauungszeremonie auf dem Loireschloß Amboise war Margarete von Österreich, Tochter des späteren Kaisers Maximilian I. und der Maria von Burgund, der Bräutigam Karl, Sohn des französischen Königs Ludwig XI. aus dem Hause Valois, der mit Recht den Beinamen »die Spinne« führte: Mit eben dieser Hochzeit wähnte sich König Ludwig seinem Lebensziel, Frankreich das reiche, blühende Burgund einzuverleiben, einen erheblichen Schritt näher.

Burgund, wegen seines politischen Schwerpunkts im Norden immer häufiger »die Niederlande« genannt, war ein seltsam inhomogenes Gebilde von Herzogtümern, Grafschaften und halb souveränen Städten, teils dem französischen, teils dem flämischen Kulturkreis zugehörig. Es umfaßte, grob gesprochen, die heutigen Beneluxländer, Gebiete von Nord- und Nordwestfrankreich, Burgund (Bourgogne) und die Freigrafschaft Burgund (Franche-Comté), einige dem französischen, andere dem deutschen Herrscher lehenspflichtig, gespalten durch das inmitten liegende Gebiet des Herzogtums Lothringen. Der ehrgeizige burgundische Herzog Karl der Kühne verlor bei dem Versuch, eben dieses Lothringen, das fehlende Bindeglied zwischen seinen Hoheitsgebieten, zu erobern, das Leben. Seine einzige Tochter und Erbin, Maria, seit Kindheitstagen dem habsburgischen Erzherzog Maximilian versprochen, war schutzlos der Begehrlichkeit »der Spinne«, Frankreichs Ludwig XI., ausgesetzt. Er hätte am liebsten ganz Burgund mit einem Schlag vereinnahmt. Fast wäre es ihm gelungen, hätte er die Eheschließung zwischen Maria und seinem abscheulichen kleinen Sohn rechtzeitig zustande bringen können. Doch Maria war keineswegs geneigt, dem mächtigen Nachbarn willfährig zu sein und dessen halbverkrüppelten Sprößling zu ehelichen, der noch dazu um dreizehn Jahre jünger war als sie selbst. Es gelang ihr, den weit entfernten und ihr persönlich unbekannten österreichischen Bräutigam Maximilian – der zwar bettelarm, aber immerhin Sohn des deutschen Kaisers Friedrich III. war – rechtzeitig nach den Niederlanden bringen zu lassen. Mit der Hochzeit des neunzehnjährigen Mädchens und des siebzehnjährigen Jünglings begann eine der großen, vielbesungenen Liebesromanzen des späten Mittelalters, zugleich auch das Heldenepos des »letzten Ritters«, der mit beispiellosem persönlichem Kampfeinsatz die Truppen des beutelüsternen französischen Königs aus dem Reich seiner Frau verjagte. »Es gibt keinen größeren Schurken als den französischen König«, ließ Maximilian aus seiner neuen Heimat verlauten; nicht nur er, sondern auch viele seiner Nachkommen hatten mehrfach Gelegenheit, diesen Stoßseufzer aus tiefstem, wütendem Herzen zu wiederholen.

»Hätten wir Frieden, wir säßen in einem Rosengarten . . .« schilderte Maximilian die raren Stunden häuslichen Glücks in der Pracht des Brüsseler Hofes, Mittelpunkt eines durch Handwerkerfleiß und Handelstüchtigkeit den meisten Staaten Europas überlegenen Landes.

Die Zeit der Rosen war nur kurz bemessen. 1482, im fünften Jahr ihrer Ehe, stürzte die schwangere Maria bei einer Reiherjagd vom Pferd und starb wenige Tage später. Zurück blieben ein rat- und hilfloser junger Witwer und zwei kleine Kinder, Erzherzog Philipp, vier, sowie Erzherzogin Margarete, zwei Jahre alt.

»Tu es dux et princeps noster et omnia, quae dixeris faciemus« (Du bist unser Herzog und Fürst, und alles, was du befiehlst, werden wir tun) hatten mannshohe Spruchbänder versprochen, als Maximilian in Gent Einzug hielt, um sich mit Maria zu vermählen.

Nach deren Tod las man es anders. Die Niederländer waren es leid, sich durch den fremden Prinzen in ihren gutgehenden Geschäften stören zu lassen, wenn es diesem einfallen sollte – und jedermann war überzeugt, daß er es tun würde –, neuerlich Krieg zu führen, um das nun habsburgische Erbe gegen Frankreich zu verteidigen. Geschickte Agenten Ludwigs XI. machten mit guten Worten und diskreten Geldgeschenken den führenden Bürgern von Gent und Brügge, von Brüssel und Löwen die Idee eines »ewigen Friedens« zwischen Frankreich und Burgund schmackhaft. Hinter dem Rücken von Maximilian schlossen die Bevollmächtigten der großen Städte mit dem französischen König einen Pakt, der durch ein »Menschenopfer« besiegelt wurde: Margarete sollte den Dauphin, der einstmals ihrer Mutter zugedacht war, heiraten und zu diesem Zweck umgehend nach Frankreich gebracht werden. Als Mitgift forderte und erhielt Ludwig Bourgogne, Artois, Mâcon und Auxerre. Maximilian wurde bei dieser Gelegenheit auch die Vormundschaft über seinen Sohn Philipp entzogen, aber dies war noch immer nicht genug des Verrats und der Demütigung: Die ungetreuen Landeskinder setzten ihren Herrscher später auch noch für eine Weile gefangen.

Am 24. April 1483, drei Monate und vierzehn Tage nach ihrem dritten Geburtstag, wurde Margarete vom Schloß zu Mecheln abgeholt, wo sie sich unter der Obhut ihrer zärtlich geliebten Großmutter, Margarete von York, der Witwe Karls des Kühnen, befunden hatte. Das verstörte kleine Mädchen wurde in eine Sänfte gesetzt, und auf ging es, einer ungewissen Zukunft entgegen – ausgerechnet in das Schloß Amboise.

Diese wehrhafte Burg, zeitweilig Residenz der französischen Könige, hoch über der Loire gelegen, war zu jener Zeit eher eine Kerkerfestung. In ihren tief in den Fels eingehauenen Kasematten, den berüchtigten »Oublietten«, schmachteten seit Generationen »Verräter« und »Feinde« der französischen Herrscher ihrem furchtbaren Ende entgegen.

Maximilian hat sich wiederholt mit dem Gedanken getragen, sein verkauftes und entführtes Kind aus Amboise zu befreien, doch gab er diese unrealistischen Pläne bald wieder auf.

Die mehrwöchige Reise allein muß für das Kind ein einziger Alptraum gewesen sein. Alle bekannten Gesichter waren plötzlich aus ihrer Umgebung entschwunden. Lediglich ihre Amme durfte bei ihr bleiben, und die war den fremden Menschen ebenso hilflos ausgeliefert wie ihr kleiner Schützling. Statt das Kind in Ruhe zu lassen, wurde es pausenlos mit Regeln und Vorschriften traktiert, mußte endlose Kleiderproben und Tanzübungen über sich ergehen lassen und sinnlos scheinende Sätze auswendig lernen, ehe man »la petite reine«, wie ab nun ihr offizieller Titel lautete, dem zukünftigen Schwiegervater, Ludwig XI., vorstellte. Margarete war in ein bodenlanges, schwarzes Samtkleid mit Goldstikkerei gehüllt worden, auf die blonden Haare hatte man ihr eine Burgunderhaube gesetzt und sie nochmals angehalten, demütig und freundlich auf die Fragen zu antworten, die man ihr stellen würde. Als das Kind vor dem König stand, starrte es den alten, bereits ziemlich hinfälligen Mann verschreckt an und brachte keinen Ton über die Lippen.

Das Leben in Amboise ließ sich nicht so schlimm an, wie zunächst zu vermuten gewesen wäre. Anna von Frankreich, des Königs älteste Tochter, wurde mit Margaretes Erziehung betraut. Sie war eine gescheite Frau von dreiundzwanzig Jahren, die allerdings nach außen Stolz und Unnahbarkeit zeigte, aber für das fremde Mädchen bald ein gewisses Maß an Zuneigung bekundete.

Kaum waren Margarete und Karl vermählt, wurden sie wieder getrennt, um sorgfältig auf ihre künftigen Aufgaben vorbereitet zu werden. Anna, nach dem Tod ihres Vaters mit der Regentschaft für den unmündigen Karl betraut, hielt die Zügel straff in der Hand. Schloß Amboise verwandelte sich unversehens in eine Internatsschule: Jedes der beiden Kinder wurde zusammen mit gleichaltrigen Gefährten aus der Hocharistokratie unterrichtet.

Dem Kreis kleiner Mädchen, die in dunkle, uniformähnliche Gewänder gehüllt waren, gehörte auch eine Nichte der Regentin an, Luise von Savoyen, bereits als Säugling mit Karl von Angoulême aus dem Hause Orléans vermählt. Margarete freundete sich mit der um vier Jahre Älteren an, was Luise teils schmeichelte, teils verstörte, denn sie war, zum Unterschied von Margarete, häßlich, plump und ziemlich schwer von Begriff.

Während Margarete leicht und begierig lernte und binnen kurzem bewunderter Mittelpunkt der Kinderschar war, plagte sich Luise verbissen, meist vergeblich, mit ihrem Lernpensum und verstand es nicht, sich beliebt zu machen. Daß Margarete sich dennoch um Luise bemühte, schrieb man ihrem hochherzigen Mitgefühl für das arme Geschöpf zu. Wie so oft im Leben sollte auch dieses Wohltun keine Zinsen tragen: Luise würde sich dermaleinst bitter dafür rächen, daß nicht sie, sondern Margarete der bevorzugte Liebling von Amboise gewesen war.

Luise entschwand aber zunächst aus Margaretes Gesichtskreis. Sie wurde nach Cognac geschickt, um an der Seite ihres Angetrauten auf den Tag zu warten, da die Ehe mit ihm vollzogen werden konnte.

Indessen stieg Margaretes Ansehen in Amboise weiter. Denn ihr Vater hatte die Oberhoheit über Burgund zurückerobert und auch das Sorgerecht für seinen Sohn Philipp wiedererlangt; Maximilian war zum deutschen König gekrönt worden, und man konnte sich ausrechnen, daß er nach dem Tod seines Vaters, Friedrichs III., in absehbarer Zeit Kaiser werden würde. Somit war Margarete zu einem ernstzunehmenden politischen Faktor geworden. Um so überraschender war der Sturz der »petite reine«, um so schmerzlicher die Schmach, die ihr vom eigenen Gemahl angetan wurde – die alte Feststellung Maximilians traf auch auf Karl zu: »Es gibt keinen größeren Schuft als den französischen König.«

1490, Margarete war gerade zehn, und ihr Mann hatte als Karl VIII. offiziell die Herrschaft über sein Land angetreten, schloß Maximilian mit der vierzehnjährigen Vollwaise und Alleinerbin der Bretagne, Herzogin Anna, die Ehe per procurationem. Konsequenter politischer Schachzug eines Mannes, dessen Sohn der Erbe von Burgund war und der, trotz verwandtschaftlicher Bindungen an das französische Königshaus, niemals sicher sein konnte, ob Frankreich nicht doch eines Tages das Nachbarland überfallen würde, um es sich einzuverleiben. Durch die Annexion der Bretagne auf dem Wege über das Brautbett würde Frankreich in die Zange genommen und müßte, im Fall des Falles, einen Zweifrontenkrieg wagen.

Das wußte Maximilian, das wußte aber auch Karl, und vor allem wußte es seine politisch viel begabtere und kalt berechnende Schwester, Anna von Frankreich, angehimmelte Ersatzmutter der kleinen

Margarete. Während Anna, freundlich lächelnd, mit ihrem bevorzugten Zögling jagte, spielte und Feste feierte, heckte sie die Ränke aus, die Margarete und ihren Vater zum Gespött Europas machen sollten.

Die bretonischen Adeligen wurden so lange bearbeitet und bestochen, bis sie, einer nach dem anderen, von der kindlichen Herzogin abfielen und in das Lager Karls überwechselten. Als französische Truppen in der Bretagne einfielen, verschanzte sich das Mädchen, das sich bereits stolz »römisch-deutsche Kaiserin« nannte, mit ein paar Getreuen in Rennes, gab aber auf, als die Lage aussichtslos wurde.

Und plötzlich, wie ein Deus ex machina, tauchte Karl in Rennes auf, bat Herzogin Anna um eine Unterredung und machte ihr einen Heiratsantrag. Sie war zwar rechtsgültig mit dem Kaiser verheiratet, Karl mit dessen Tochter Margarete, doch Karls Schwester hatte schon längst für die beiden nicht vollzogenen Ehen die päpstliche Ungültigkeitserklärung besorgt. Von Gott und der Welt verlassen, gab Anna von Bretagne ihr Jawort, das Paar wurde Hals über Kopf getraut und reiste nach Amboise, wo die nichtsahnende Margarete auf die Heimkunft des Gemahls wartete.

Wer Margarete die Nachricht vom Verrat ihres Mannes überbrachte und wie sie darauf reagierte, wissen wir nicht, doch gibt es Zeugen für das erste Zusammentreffen von Margarete und Karl nach dessen Eintreffen in Amboise. Der König trat mit gesenktem Kopf vor seine nunmehr zwölfjährige Exgemahlin und murmelte, er sei gekommen, sich zu verabschieden, da er sich anderweitig verheiratet hätte. Das Kind Margarete bewahrte die Haltung einer reifen Fürstin. Mit steinerner Miene nickte sie und sagte kein Wort.

Ihre wahren Gefühle hat sie später in flammende Worte gegossen: »Laßt blitzen die glänzenden Schwerter, steh auf, du herrliches Volk. Hört ihr, Flamen, liegt ihr im Schlaf? Schuld tragt ihr an meiner Not – wie könnt ihr Frankreichs Freunde sein? Die Zeit wird kommen, und ich werde Rache üben, an dir, König Karl!« Bereits in der Halbwüchsigen begann sich damit ein Talent zu entwickeln, das ihr später auch schwerste Belastungen durchzustehen half. Während sie mit scheinbarer Gleichmut die Schläge einsteckte, die das Schicksal für sie bereit hielt, fand sie durch lyrische Ergüsse ins Tagebuch ein Ventil für seelische Emotionen. Das Rezept wirkte, von einer tragischen Ausnahme abgesehen, ihr ganzes bewegtes Leben lang.

Wenn Margarete gehofft hatte, wenigstens rasch in die Heimat zurückkehren zu können, so wurde sie abermals bitter enttäuscht. Man hielt sie – zunächst in Melun, später in Maux an der Marne – fest, unter dem fadenscheinigen Vorwand, daß erst Klarheit über ihre Mitgift geschaffen werden müßte. Frankreich wollte am liebsten alles behalten – und Margarete gleich dazu. Anna von Frankreich versuchte, sie mit einem französischen Fürsten zu verheiraten. Margarete wehrte sich standhaft und schrieb ihrem Vater: »Ich will hinaus, und sollte ich nur im Hemd hinauskommen!«

Nachdem Maximilian monatelang vergeblich versucht hatte, seine Tochter auf dem Verhandlungsweg freizubekommen, entschloß er sich, wütend und gekränkt (»Ich bin zum Spott in aller Welt geworden«), zur Gewalt. Er konnte Teile der von Frankreich annektierten Gebiete befreien. Im Vertrag von Senlis vom 23. Mai 1493 wurden die Heimkehr Margaretes und die Rückgabe einiger Gebiete festgelegt. Die Bourgogne blieb bei Frankreich. Der Vertrag barg, wie die meisten Dokumente dieser Art, den Keim für weitere Auseinandersetzungen zwischen Burgund und Frankreich, zwischen dem deutschen Kaiser und dem französischen König, in sich.

Karl VIII., um die Bretagne reicher, aber mit einer hinkenden, übellaunigen Gemahlin geschlagen, ließ es sich, allen Bedenken seiner Ratgeber zum Trotz, nicht nehmen, seine liebreizende erste Frau noch einmal zu besuchen, ehe sie Frankreich verließ. Es war ein schmerzliches Wiedersehen, beide brachen in Tränen aus und nahmen damit von den Träumen ihrer Kindheit Abschied. Als Karl sich gar nicht beruhigen konnte, sagte Margarete: »Ihr seid noch so jung. Niemand kann Euch den Vorwurf machen, an all dem schuld zu sein.« Und Margarete wurde von ihrer Ersten Hofdame getröstet: »Statt eines Königs werdet Ihr einen anderen bekommen. Es gibt so viele Könige.«

Die Dame irrte. Margarete hat zwar noch zweimal geheiratet. Ein König war ihr jedoch nicht beschieden.

Die Heimkehr war triumphal. In Brüssel sah Margarete ihren nun fünfzehnjährigen Bruder Philipp nach zehn langen Jahren wieder. »Er tat ihr soviel Ehre an, als sei sie noch immer die Königin von Frankreich«, heißt es in einem zeitgenössischen Bericht, worin auch festgehalten ist, daß die Geschwister sich auf flämisch unterhielten.

Margarete hatte die letzten Jahre ihrer französischen Gefangenschaft genützt, die Muttersprache wieder zu erlernen.

Sie bezog in Mecheln, dem Ort ihrer frühen Kindheit, Quartier. Ihre Erziehung wurde mit hervorragenden Lehrern fortgesetzt und vollendet. Handarbeiten, Musik und andere musische Fächer bildeten den Schwerpunkt, dazu Sprachen: Französisch, Deutsch, Flämisch und – ausgerechnet – Spanisch. Sie lernte, ohne Fragen zu stellen, warum. Prinzessinnen waren dazu angehalten, sich über nichts zu wundern.

Der graue Schulalltag wurde im Herbst 1494 durch eine Reihe brillanter Feste unterbrochen, als Margarete an der Seite des Vaters und des Bruders von Stadt zu Stadt zog, um an den Huldigungen teilzunehmen, nachdem Philipp mit sechzehn Jahren für mündig erklärt und zum Regenten bestimmt worden war. Der junge Mann sah seine vornehmste Aufgabe darin, in Brüssel glanzvoll hofzuhalten, als Erste Dame seine strahlende Schwester zur Seite, die zum ersten und zugleich zum letzten Mal in ihrem Leben einige Monate lang, aller drückenden Verpflichtungen ledig, unbeschwert jung sein durfte. Daß ihr Exgemahl inzwischen einen sinnlosen, wüsten Raubkrieg in Italien führte und dabei auch das zum spanischen Einflußbereich gehörende Neapel besetzte, wird sie wohl nur am Rande wahrgenommen haben. Noch war es ja für Margarete nicht von Bedeutung, und sie ahnte nicht, daß Karl durch sein gewalttätiges Auftreten ein neues Bündnis- und Heiratskarussell in Bewegung brachte, das sich um Margarete und um Philipp zu drehen begann.

Die von Frankreich gleichermaßen geschädigten und ständig bedrohten Herrscher Spaniens, Ferdinand und Isabella einerseits sowie Maximilian andererseits, beschlossen, die Schicksalsgemeinschaft durch ihre Kinder zu festigen. Philipp sollte Juana, später besser bekannt als Johanna die Wahnsinnige, heiraten, Margarete den spanischen Thronfolger Juan.

Margarete war völlig unvorbereitet, als ihr Bruder sie zur Audienz bestellte und ihr mitteilte, daß sie nach Spanien verheiratet werde. Nachdem man ihr das Bildnis eines schmalbrüstigen blonden Jünglings in die Hand gedrückt hatte, verneigte sich die Erzherzogin in tadelloser Haltung und sprach aus dem Stegreif schöne, würdige Dankesworte für die erwiesene Ehre. Sie war zu diesem Zeitpunkt genau fünfzehn Jahre alt.

Die gleiche Gelassenheit bewies sie zehn Monate später, als im Prunksaal des Schlosses zu Mecheln die Heirat mit Don Juan per procurationem vollzogen wurde. Margarete lag, im Angesicht des versammelten Hofes, auf einem goldenen Paradebett unter einer Decke aus hellgrüner Seide, als man den Vertreter des Bräutigams, Don Francisco de Rojas, begleitet von zwei Priestern und zahlreichen Granden, im Schein von Fackeln und unter Fanfarenklang hereinführte.

De Rojas hatte die Aufgabe, sein rechtes Bein zu entblößen, dieses einen Augenblick unter die Decke zu stecken, wodurch die Ehe symbolisch konsumiert wurde. Don Francisco war ein modebewußter Herr, er hatte sich in Antwerpen nach neuestem burgundischem Geschmack einkleiden lassen und trug seidene Strumpfhosen, wie sie eben in jenen Tagen aufkamen. Auf welche Weise er das Bein im entscheidenden Augenblick freibekommen sollte, hatte er offenbar nicht bedacht. Er trat ans Bett, er besah Hose und Strumpf – und hielt verwirrt inne. Ein Moment höchster Peinlichkeit in atemloser Stille. Margarete zuckte nicht mit der Wimper und wartete geduldig, bis Don Francisco sich im Schutz seines Mantels aus Hose und Strumpf geschält hatte, um in größter Hast und Verlegenheit das vorgeschriebene Ritual hinter sich zu bringen.

Eine imposante Flotte von zwanzig Schiffen hatte schon Wochen vorher die spanische Prinzessin Juana, ein bleiches, melancholisch wirkendes Geschöpf, zur Hochzeit mit Philipp in die Niederlande gebracht. Dieselbe Flotte sollte Margarete nach Spanien führen. Die Abreise verzögerte sich, weil mehrere Schiffe überholt werden mußten und weil das Wetter ungünstig war. Es dauerte bis zum 22. Januar 1497, ehe Margarete und ihre Begleitung endlich in See stechen konnten.

Philipp und Margarete nahmen bewegt voneinander Abschied. Margarete hielt die Tränen tapfer zurück, als sie mit einem Anflug von Galgenhumor die prophetischen Worte sprach: »Bringt mich nicht zum Weinen, ich werde noch genug Salzwasser schlucken müssen.«

Die für einige Wochen geplante Seereise wurde zur Höllenfahrt. Schon im Kanal geriet die Flotte in derartige Turbulenzen, daß sie im englischen Southampton Zuflucht nehmen mußte. Die vornehmen Passagiere wankten mehr tot als lebendig an Land und erfreuten sich längere Zeit der Gastfreundschaft Heinrichs VII., ehe sie am 12. Februar wieder an Bord zu gehen wagten.

Im Golf von Biskaya war dann neuerlich der Teufel los. Das Flaggschiff drohte zu sinken, so daß Margarete im Dunkel einer tobenden Sturmnacht auf ein anderes Schiff gehievt werden mußte. Die Siebzehnjährige hatte allerdings noch die Kaltblütigkeit, ihren Schmuck in einem Lederbeutel um den Leib zu binden, und vergaß auch nicht, einen Zettel mit ihrem Namen hineinzutun. Wenigstens die Kleinodien sollten gerettet und ihre Leiche identifiziert werden können.

Am nächsten Tag, die See war endlich zur Ruhe gekommen, veranstaltete Margarete eines jener leicht makaber-frivolen Spiele, die man sie am französischen Hof gelehrt hatte. Jeder sollte seine eigene Grabinschrift verfassen, für den Fall, daß der Orkus doch noch alle verschlingen würde. Sarkastisch dichtete sie:
»Hier ruht Margarete, die edle Dame,
zweimal verheiratet und dennoch als Jungfrau gestorben.«
Die Gefahr war am 6. März vorüber, als die Schiffe im Hafen von Santander, an der spanischen Nordküste, festmachten, doch die Strapazen waren noch lange nicht zu Ende. In einer mühseligen Klettertour auf Maultierrücken quälte sich der Brautzug über die sturmumtosten Eiseshöhen der Cordillera Cantabrica nach Burgos. Reicher Lohn für all die Mühsal war der herzliche Empfang durch die Bevölkerung, die klatschend und winkend die Straßen säumte.

Margarete war gewiß nicht das, was man eine klassische Schönheit nennt. Vollschlank – später neigte sie, dank ihres gesegneten Appetits, zur Fülle – bewegte sie sich mit großer Grazie. Es waren ihr rosiger, makelloser Teint, die Fülle ihrer goldenen Haare und ihr offenes, strahlendes Wesen, das die Menschen bezauberte. Kein Wunder, daß das spanische Königspaar und sein Sohn von der burgundischen Braut hingerissen waren. Für die Eltern verhieß die kräftige Prinzessin zahlreichen, gesunden Nachwuchs; der neunzehnjährige Infant erlag auf der Stelle der starken erotischen Ausstrahlung des Mädchens, das er bislang nur von nichtssagenden kleinen Porträts gekannt hatte.

Auch Margarete war von dem gutaussehenden, wenn auch sehr ätherischen jungen Mann, den man ihr am 3. April 1497 in der Kathedrale zu Burgos zum Gemahl gab, nicht weniger angetan. Davon zeugen die vor Glück überschäumenden, für damalige Zeiten außerordentlich offenherzigen Zeilen, die sie während der Flitterwochen an ihren Vater schrieb: »Mein Gemahl ist edel und von so minniglichem Wesen, daß ich bald alle Angst verlor. Ich habe in diesen Tagen ein großes Wunder erlebt und weiß nun, wieviel Lieblichkeit in dem Wort Minne ist. Weil ich darüber aber nicht mehr sagen kann, muß ich schweigen, da mir beim Schreiben die Tränen kommen. Aber ich weine nicht aus Kummer...«

Das »große Wunder« dauerte genau ein halbes Jahr, dann stürzte für Margarete, wieder einmal, die Welt zusammen. Das Kronprinzenpaar befand sich auf einer ausgedehnten und sehr strapaziösen Reise durch die Provinzen, um sich huldigen zu lassen, als Don Juan von rätselhaften Fieberattacken heimgesucht wurde, die den an sich nicht sehr widerstandsfähigen Körper erbarmungswürdig schwächten. Mit jedem nur gebotenen Takt rieten die Ärzte, die jungen Leute sollten sich für eine Weile trennen, da die gelehrten Herren vermuteten, der Prinz werde vom Feuer der Liebe verzehrt. Beide lehnten entrüstet ab, und auch die Königin wies den Verdacht, daß zuviel Liebe die Ursache der Krankheit sein könnte, entschieden zurück.

Am 20. September, während seines festlichen Einzugs in Salamanca, stürzte Juan, wie vom Blitz getroffen, unter schrecklichen Gliederzuckungen vom Pferd. Zwei Wochen später war er tot. Vierzig Tage lang herrschte Staatstrauer, vierzig Tage lang schwankten Margarete und ihre Schwiegereltern zwischen Verzweiflung und Zuversicht: Margarete war schwanger, und vielleicht würde ein Sohn geboren, der das Erbe seines Vaters antreten könnte. Doch auch diese Hoffnung mußte begraben werden – zusammen mit einem totgeborenen Knaben, den Margarete nach vierzehn Tage dauernden Geburtswehen endlich zur Welt gebracht hatte.

Wochenlang verkroch sich die noch nicht einmal achtzehnjährige Witwe, wochenlang wollte sie niemanden sehen, wochenlang sprach sie nur das Nötigste mit ihren Hofdamen. Verzweifelt schrieb sie ihrem Vater: »Nun bitte ich meinen gnädigen Vater, mir zu erlauben, Spanien zu verlassen. Ich möchte heim zu Euch und endlich Trost finden.«

Wieder war es die leidige Frage der Mitgift und der Witwenpension, welche die Abreise in die Heimat verzögerte – fast drei Jahre lang.

Kompliziert wurde das Verfahren durch Margaretes Bruder Philipp, der für seine Frau Juana einen Teil des Erbes nach Don Juan einforderte. Thronansprüche konnte Juana allerdings nicht anmelden, denn noch lebte ihre Schwester Isabella, verheiratet mit dem König von Portugal, deren Kinder zuerst Anspruch auf den spanischen Thron hatten, um ihn dermaleinst mit dem portugiesischen zu vereinen.

Margarete war zu jung und zu tatendurstig, um sich lebenslang in ihr Leid zu vergraben. Innig mit ihrer Schwiegermutter befreundet, ging sie dieser bei den Staatsgeschäften an die Hand. Isabella regierte Kastilien, ihr Ehemann, Ferdinand, Aragon, durch beider Heirat erst war Spanien zur Einheit verschmolzen, durch beider gemeinsame Anstrengungen waren die Araber endgültig aus der Iberischen Halbinsel vertrieben worden, von der sie große Teile jahrhundertelang besetzt hatten.

Isabella, eine energische Frau mit scharfem politischem Verstand, hatte den mittelalterlichen Staub aus den Kanzleien gefegt und ein völlig neues Verwaltungssystem aufgebaut. Nicht länger wurden Minister und Berater nach Herkunft und Einfluß ausgewählt, sondern nach Gesichtspunkten von Leistung und Wirksamkeit. Isabellas Hof war der erste, an dem bürgerliche Gelehrte dominierten, Juristen vor allem, welche die Administration strafften, wenn auch nicht immer vereinfachten. Margarete konnte sich durch ihre Mehrsprachigkeit nützlich machen. Sie bewunderte ihre tatkräftige Schwiegermutter, der es letzten Endes zu verdanken war, daß der unbekannte jüdische Seefahrer Christoph Kolumbus seine Phantastereien in die Tat umsetzen und auf Staatskosten den Seeweg nach Indien suchen durfte. Er hat damit für Spanien, das bis dahin eine untergeordnete Rolle am Rande des Kontinents gespielt hatte, den Weg zur dominierenden Großmacht geebnet. Nicht abfinden konnte sich Margarete mit dem fanatischen Glaubenseifer Isabellas, der in den Schrecken der Inquisition gipfelte.

So gerne Margarete in Spanien weilte, so froh war sie, als sie im Herbst des Jahres 1499 endlich die Erlaubnis zur Heimkehr in die Niederlande erhielt. Die Verhandlungen über Mitgift und Witwenpension waren abgeschlossen, dank der Großzügigkeit von Ferdinand und Isabella war die junge Witwe eine reiche Frau.

Vorsichtshalber ging die Reise diesmal über den Landweg. Margarete

wurde in Frankreich, wo sie einmal Kind-Königin gewesen war, mit
Zuvorkommenheit und Hochachtung behandelt. Ihr erster Mann,
Karl VIII., war inzwischen gestorben, nachdem er sich im volltrunke-
nen Zustand an einem zu niedrigen Türbalken den Schädel eingeschlagen hatte. Ein neuer König, Ludwig XII., saß auf dem Thron,
die Königin war dieselbe: Anna von Bretagne, Witwe nach
Karl VIII. und nun Ehefrau von Ludwig XII.

Am 4. März 1500 endlich erreichte Margarete Gent, wo ihr Bruder
Philipp und seine Frau Juana residierten. Sie hatten bereits eine
kleine Tochter, Eleonore.

Wenige Tage vor Margaretes Ankunft war das zweite Kind des Paares buchstäblich in diese Welt gestürzt. Mitten in einem Tanzfest
wurde Juana von Wehen überfallen. Sie konnte sich gerade noch in
einen Nebenraum schleppen, und schon war der Knabe ohne jeglichen Beistand geboren. Er erhielt den Namen seines Urgroßvaters,
des Burgunderherzogs Karl des Kühnen, und er wurde am 7. März
getauft. Als Patin fungierte Margarete; auch bei diesem freudigen Anlaß trug sie noch den schwarzen Witwenschleier.

Wäre es nach ihr gegangen, sie hätte sich für die nächste Zeit in die –
wie sie es nannte – »douce solitude« (süße Einsamkeit) ihres Witwen-
wohnsitzes auf Schloß Quesnoy zurückgezogen, um in ihren mannigfaltigen musischen Neigungen Trost, Ablenkung und, vielleicht, Vergessen zu finden.

Die Wünsche der trauernden Witwe wurden natürlich nicht berück-
sichtigt, als Vater Maximilian bereits im Todesjahr seines Schwiegersohnes, des Infanten von Spanien, nach einer neuen Partie für seine
Tochter Ausschau zu halten begann.

Die Aussichten waren alles eher denn günstig, wie Maximilian selbst
eingestand: »Der König von Neapel kommt nicht in Frage, der englische König hat seinen Sohn [den späteren Heinrich VIII.] bereits
einer Tochter des spanischen Königspaares versprochen, dem König
von Frankreich würde ich meine Tochter niemals geben . . .«

Es muß Maximilian darum äußerst gelegen gekommen sein, als die
Frau Philiberts, Herzog von Savoyen, plötzlich starb und der Witwer
– er war drei Monate jünger als Margarete – wieder an der europäischen Heiratsbörse notierte. Daß der hünenhafte Philibert, ein Bild
von einen Mann, ein anständiger, aufrechter Charakter war, wird we-

niger ins Gewicht gefallen sein als die Lage seines Landes zwischen der deutschen und der französischen Sphäre, in einer strategisch wichtigen Stellung zu Italien, wohin sich die kriegerischen Auseinandersetzungen immer mehr verlagerten.

Die angestrebte Verbindung zwischen Margarete und Philibert wurde von den Diplomaten verhandelt und fixiert, ehe man es der Mühe wert fand, die Heiratskandidatin zu unterrichten. Als es soweit war, legte Philipp seiner Schwester eine Erklärung vor, worin sie bestätigen sollte, daß sie diese Ehe ohne Zwang und Überredung eingehe. Margarete war bereit, sich den Plänen von Vater und Bruder zu beugen, das frivole Spiel mit der Wahrheit lehnte sie entschieden ab. Sie unterschrieb nicht, willigte aber mündlich in die Verbindung ein.

An Philibert mußte sie zumindest eine schwache Erinnerung haben, denn er wurde, so wie seine Schwester Luise, Margaretes Freundin aus Kindertagen, am französischen Hof in Amboise erzogen. Er war schon damals ein frischer, freundlicher Knabe gewesen, dessen Vorliebe mehr der Jagd und dem Turnier als den langweiligen Geisteswissenschaften galt.

Nachdem die Frage der Mitgift und einer eventuellen Witwenrente Margaretes endlich geregelt war, brach sie, nun bereits einundzwanzigjährig, begleitet von zahlreichen Hofdamen und Edelleuten sowie 250 Pferden, zum dritten Mal in ihrem Leben auf, um in der Fremde zu heiraten.

Die Reise durch burgundisches, französisches und savoyisches Gebiet verlief ohne Zwischenfälle. Wieder ging die letzte Etappe über ödes, verschneites Bergland, und nach Überwindung des Jura war man in dem kleinen Flecken Romainmôtier, etliche Kilometer nördlich von Genf, endlich am Ziel. Dort erwartete Philibert seine Braut.

Kühl und steif war die Begrüßung. Die Braut fand kaum Zeit, sich umzukleiden und einen Imbiß zu nehmen, als auch schon in einer kalten, kaum erleuchteten Kapelle, Punkt Mitternacht des 2. Dezember 1501, die Trauung ohne weiteren Aufwand vollzogen wurde – eine Verbindung, wie sie geschäftsmäßiger und phantasieloser kaum eingegangen werden konnte. Unmittelbar danach zogen sich die Neuvermählten ins gemeinsame Schlafgemach zurück, das sie erst kurz nach Mittag wieder verließen, nachdem sich bereits beträchtliche Unruhe unter den Höflingen ausgebreitet hatte.

Herzog Philibert II. von Savoyen

In den folgenden Wochen wurde das Ritual der »joyeuse entrée«, des fröhlichen Einzugs in die großen Orte Savoyens, vollzogen, auf dem sich die Fürsten ihren Landsleuten zu präsentieren pflegten. Mit der Parade war es nicht getan, der weit anstrengendere Teil des Programms umfaßte stundenlange Empfänge, Bankette, die sich durch die Nächte, und Turniere, die sich über mehrere Tage zogen. Glocken läuteten, Kanonen donnerten, Teppiche wurden aufgebreitet, Girlanden gezogen, Geldstücke unters Volk geworfen und einmal sogar eine weibliche Brunnenfigur aufgestellt, aus deren Brüsten weißer und roter Wein floß.

Es gibt keine persönlichen Berichte Margaretes über die erste Zeit dieser neuen Ehe, doch auch aus dem Zeugnis eines Historiographen läßt sich eine Menge ablesen, wenn es heißt: »Diese Ehe ward zu der zyt unter allen christlichen Fürsten die lustigste und hübscheste geachtet, dann die beiden von Lyb, Gestalt und Tugend ganz wohl geschöpfet waren.«

Nicht länger mehr war es die bleiche, verhärmte Witwe, die da den jubelnden Savoyarden vorgeführt wurde, sondern eine strahlende, zu voller Schönheit erblühte Frau. Auf ihrem schneeweißen Zelter, die Herzogskrone auf dem üppigen Blondhaar, ritt sie wie eine Märchenprinzessin an der Seite ihres Märchenprinzen im silbernen Panzer. Beide machten nicht das geringste Hehl daraus, daß sie das Paradies auf Erden gefunden hatten.

So paradiesisch sich die Ehe zwischen Margarete und Philibert anlassen mochte, so wenig war zu übersehen, daß Savoyen kein Garten Eden war. Die Wirtschaft lahmte, die Staatskasse war leer, Korruption stank zum Himmel, die schandbar hohen Steuern versickerten in dunklen Kanälen. Philibert trug an dieser Misere nicht direkt, aber sehr wohl indirekt Schuld. Die Staatsgeschäfte ödeten ihn an, er vergnügte sich lieber mit seinen Jagdkumpanen, als den Vorträgen seiner Minister zu lauschen, die er doch nicht verstand. Außerdem hatte er bis zu seiner Vermählung mit Margarete weit öfter die nächtliche Gesellschaft hübscher Mädchen als die täglichen Sitzungen des Kabinetts geschätzt.

Philibert regierte nicht. Er reagierte auch nicht auf den Unmut der Bevölkerung, der allerorten wieder aufflammte, nachdem die vergnüglichen Tage der »joyeuses entrées« zu Ende gegangen waren.

Ar a cela amſi côme il me ſeble
De voulente a moy ſeulle reſêble
Puis que lavmes auſſi te lavmeray
E n vray amour du tout toleiray

Margarete und Philibert

Um so mehr reagierte Margarete, der es nicht gegeben war, tatenlos zuzusehen und sich auf die gottgewollte weibliche Rolle als passive Beobachterin zu beschränken. Da ihr Philibert nicht den mindesten Wunsch abschlagen konnte, war es nur folgerichtig, daß sie Zugang zu den Regierungsgeschäften und auch die nötigen Vollmachten erhielt. Dies zum Mißvergnügen des »Grand Bâtard« René, eines sieben Jahre älteren Halbbruders des Herzogs, der bis dahin de facto die Herrschaft über Savoyen ausgeübt hatte. Nachdem Margarete sich eingearbeitet und die üblen Machenschaften Renés durchschaut hatte, enthob sie ihn einfach seiner Ämter und ließ ihn sogar des Landes verweisen. Juristische Gründe gab es in Fülle. René wurde mit offenen Armen in Frankreich, am Hofe von Philiberts Schwester Luise, aufgenommen, was später noch böse Folgen für Margarete haben sollte.

Binnen kürzester Zeit vollbrachte Margarete ein kleines Wirtschaftswunder in Savoyen, zum Wohle des Volkes, zum Mißfallen der herrschenden Schichten, die vieler Privilegien und fetter Pfründen beraubt wurden. Margarete kopierte den von ihrer Schwiegermutter Isabella geschaffenen Beamtenstaat bis ins letzte Detail. Ihre engsten Berater waren bürgerliche Männer der Wissenschaft und nicht länger adelige Schmarotzer.

Philibert konnte es wohl zufrieden sein, denn Margarete, zwar hart an ihrem politischen Tagwerk schaffend, vergaß dennoch nicht die lichten Seiten des Lebens: die Kunst und die Künstler, die in den beiden Residenzen, Chambéry und Pont d'Ain, heimisch wurden, die glanzvollen Feste, die Philibert so liebte, und die großen Jagden.

Wann immer es ihre Zeit zuließ – und sie sorgte dafür, daß dem so war –, begleitete Margarete ihren Mann auf die Pirsch. Dabei legte sie eine betuliche, manchmal geradezu lästige Fürsorge um das Wohl ihres Mannes an den Tag, die manchmal hart an der Grenze der Hysterie lag. Vielleicht hat sie in ihrem Unterbewußtsein nie vergessen, daß es eine Jagd war, die ihrer Mutter das Leben kostete...

Am 2. September 1504, zwei Monate vor dem dritten Hochzeitstag, veranstaltete der Herzog eine jener ungestümen, großen Jagden, die Margarete aus tiefster Seele verabscheute. Da sie ihn dringender Termine wegen nicht begleiten konnte, flehte sie ihn an, dieses eine, einzige Mal auf ihren Rat zu hören und daheim zu bleiben. Der Herzog lachte, murmelte ein paar beruhigende Floskeln und sprengte davon.

Es war, nach einer wochenlangen Hitzeperiode, der heißeste Tag des Jahres. Der Herzog versuchte allein, einen flüchtigen Eber zu stellen. Er folgte dem Tier, das sich immer weiter, steil bergan, zurückzog, konnte es aber nicht finden. Schließlich kam Philibert, vor Erschöpfung taumelnd, zum Sammelplatz an einer Quelle, gierig labte er sich an eiskaltem Wasser. Noch am selben Abend streckten ihn Fieber und Schüttelfrost nieder. Auf einer Bahre trug man den Schwerkranken ins Schloß zurück.

Die Ärzte waren hilflos. Es nützten weder kalte Wickel noch heiße Tees, keine Einläufe und Aderlässe, schon gar nicht Margaretes prachtvolle Perlen, die man, zu Pulver zerrieben, dem Kranken einflößte. Philibert starb am 10. September in den Armen seiner Frau. Medizinhistoriker rätseln, ob eine Lungenentzündung oder eine plötzlich aufgebrochene Miliartuberkulose, an der auch seine Mutter gestorben war, als Todesursache anzunehmen ist.

Der Tod Philiberts war der einzige Augenblick im Leben der sonst so selbstbeherrschten Margarete, da sie vollkommen die Fassung verlor. Schreiend und kreischend rannte sie aus dem Sterbezimmer und wollte sich aus dem nächsten Fenster stürzen. Im letzten Moment wurde sie von einer geistesgegenwärtigen Dienerin zurückgehalten. Dann versuchte Margarete, sich die Kleider vom Leibe zu reißen; auch das konnte gerade noch verhindert werden. Aber als man sie später für einen Augenblick unbewacht ließ, schnitt sie sich die goldene Haarpracht, auf die sie so stolz gewesen war, bis auf kurze, häßliche Stoppeln ab. Schließlich verfiel Margarete in stumme Apathie und war tagelang nicht ansprechbar; es stand zu befürchten, daß sie den Verstand verlieren würde.

Ein Verstand wie der der Margarete von Österreich, verstoßene Königin von Frankreich, Witwe von Spanien und Savoyen, war nicht so leicht zu verlieren, ein Charakter wie dieser nicht durch Schicksalsschläge zu brechen. Was eine Frau vom Format Margaretes brauchte, war eine Aufgabe. Sie suchte und sie fand eine solche Aufgabe. Nachdem sie den spontanen Gedanken, sich ins Kloster zurückzuziehen und ihr restliches Leben dem Gebet um das Seelenheil Philiberts zu widmen, verworfen hatte, beschloß sie, ein Gelübde einzulösen, das einst ihre Schwiegermutter abgelegt hatte, als deren Mann, Philiberts Vater, in der Nähe von Brou bei einem Jagdunfall schwer ver-

75

letzt worden war. Es sollte an der Stelle des Unglücks eine Kirche mit Kloster errichtet werden, falls der Herzog überlebte. Philiberts Vater genas, doch weder die Herzogin noch deren Sohn erfüllten das schriftlich abgefaßte Gelöbnis. Margarete war überzeugt, daß Philiberts Tod die Strafe des Himmels für das gebrochene Versprechen war.

So faßte sie den Vorsatz, in Brou die schönste Kirche, das schönste Kloster und das prächtigste Grabmal für Philibert und sich selbst zu errichten. Sie übersiedelte nach Bourg en Bresse, von wo aus sie die Arbeiten besser überwachen und koordinieren konnte. Um die nötigen Mittel dafür sicherzustellen, führte sie einen zähen, geschickten Kampf zur Erlangung ihrer Leibrente, die ihre Schwägerin Luise und der gestürzte »Grand Bâtard« René ihr mit erlaubten und unerlaubten Mitteln, auf graden wie auf krummen Wegen, streitig zu machen versuchten. »Nicht die Breite meines Daumens will ich von meinen Rechten abgehen«, ließ sie ihre Kontrahenten wissen, über welche sie schließlich obsiegte. Im Zuge dieser Auseinandersetzungen hatte sie auch ihre neue Lebensdevise geprägt: »Fortune. Infortune. Fort. Une.« (Glück. Unglück. Stark. Allein.)

Margarete sollte die Stärke aus eigener Kraft wahrlich noch brauchen, denn es war ihr nicht bestimmt, den Rest ihres Lebens dem Bau eines Mausoleums und dem Gedächtnis ihres toten Gemahls zu widmen.

Die politische Konstellation hatte sich in der Zwischenzeit durch eine Reihe von Todesfällen in den europäischen Fürstenhäusern grundlegend geändert. Margaretes einstmalige Schwägerin, Isabella von Portugal, Tochter des spanischen Königspaares, war bei der Geburt ihres Sohnes Miguel gestorben. Nur wenige Jahre später folgte ihr dieses einzige Kind ins Grab. Johanna die Wahnsinnige, Ehefrau von Margaretes Bruder Philipp, war mit einem Schlag Thronfolgerin; einer ihrer beiden Söhne, Karl oder Ferdinand, würde das spanische Reich erben. Denn auch Philipp wurde, erst achtundzwanzig Jahre alt, lange vor der Zeit abberufen. Er starb, wie Margaretes Mann, an einer Lungenkrankheit. Gerüchte wollten allerdings wissen, er sei vergiftet worden, womöglich gar von seiner wahnsinnig eifersüchtigen Ehefrau.

Philipp hinterließ sechs unmündige Kinder: Eleonore, Karl – Margaretes Patenkind –, Isabella, Maria, Ferdinand und Katharina. Ferdinand wurde am Hofe seines Großvaters Ferdinand in Spanien erzogen, Katharina lebte ebenfalls in Spanien bei ihrer Mutter, die immer tiefer in geistige Umnachtung versank. Eleonore, Karl, Isabella und Maria, nun mutter- und vaterlos, blieben in Mecheln zurück.

Der Großvater dieser kostbaren Kinder, Kaiser Maximilian I., wäre von Natur aus berufen gewesen, deren Erziehung und die Regierung in den Niederlanden zu übernehmen. Doch Maximilian war anderweitig mehr als voll beschäftigt. Die Herrschaft im Deutschen Reich, die Reichstage, nahmen seine Zeit ebenso in Anspruch wie die verwaltungstechnische Reorganisation der österreichischen Erblande. Er war aktiv in den Erbfolgekrieg seines Schwagers, Albrecht von Bayern, verwickelt (siehe das vorhergehende Kapitel), der ihm die Vorherrschaft über ganz Tirol bescherte. Mit dem ungarischen König Ladislaus führte er schwierige Heirats- und Erbverhandlungen im Interesse seiner Enkelkinder – wovon im nächsten Kapitel ausführlich die Rede sein wird –, und er mußte, um endlich ans Ziel zu gelangen, seinen eigenen Vorstellungen über die Gestaltung der Abkommen durch kriegerische Präsenz in Ungarn Nachdruck verleihen. Und am Horizont zeichneten sich drohende Gewitterwolken einer knapp bevorstehenden blutigen Auseinandersetzung mit Venetien ab.

Rechtzeitig besann sich der Kaiser seiner klugen, durch den Bau eines Klosters und eines Grabmals gewiß nicht hinreichend beschäftigten Tochter, der »personne oubliée et perdue« (vergessenen und verlorenen Person), wie sie sich einmal in einer für sie ganz uncharakteristischen Anwandlung von Selbstmitleid bezeichnete.

Schon einmal hatte Maximilian versucht, die »vergessene und verlorene« Frau aus der selbstgewählten Einsamkeit herauszulocken, indem er sie zu einer Heirat mit dem ältlichen englischen König, Heinrich VII., einem geschätzten Bundesgenossen gegen Frankreich, überreden wollte. Doch Margarete antwortete mit einem klaren, unwiderruflichen Nein.

Das Angebot des Vaters indes, die Regentschaft der Niederlande zu übernehmen und die Kinder des Bruders großzuziehen, akzeptierte sie sofort und ohne Vorbehalt. So wurde sie im März 1507 bevollmächtigt: »Unsere Regentin, Generalleutnant, Regiererin und Verwalterin über die Personen, Güter und Körper, die Herrschaften und

Länder unserer Kinder zu sein und mit voller Gewalt und Autorität zu handeln.«

Die dritte Heimkehr Margaretes ins Vaterland gestaltete sich zu einem Triumphzug ohnegleichen. Der majestätischen, gereiften Witwe brandete eine Welle der Sympathie und Anteilnahme aller Niederländer entgegen, Hoffnungen verknüpften sich mit dieser wahren »princesse naturelle«, die eine der Ihren war, Tochter der unvergessenen Maria von Burgund, Enkelin des glorifizierten Herzogs Karl des Kühnen.

Mit sicherem Instinkt fühlte Margarete, daß sie erst die Verbindung mit ihrem Volk wiederfinden und fester knüpfen mußte, ehe sie sich ihren eigentlichen Aufgaben zuwandte. Wochenlang reiste sie von Stadt zu Stadt, empfing endlose Kolonnen von Abordnungen und Bittstellern, feierte und tafelte mit Adeligen und Bürgern.

In Mecheln, wo sie Kind gewesen, errichtete sie ihre Residenz. Für die vier Halbwaisen bestellte sie Lehrer und Betreuer, behielt sich jedoch letzte Entscheidungen in allen wichtigen Erziehungsfragen vor. Den drei Mädchen war sie die zärtliche geliebte »Frau Tante und gute Mutter«, zu Karl hegte sie von Anbeginn eine besondere Liebe, die allerdings einseitig war; bestimmt hat Margarete darunter gelitten, daß ihre Zuneigung von dem verschlossenen Knaben niemals wirklich erwidert wurde. Erst als er Kaiser wurde, ließ er so etwas wie Dankbarkeit dafür erkennen, daß ihm Margarete ein Übermaß an Zuwendung und ihre ganze politische Tatkraft gewidmet hatte.

Rückblickend scheint all ihr Tun und Handeln darauf ausgerichtet, dem Neffen den Weg zum Kaiserthron und zur Weltherrschaft zu bereiten. Es muß indes festgestellt werden, daß Margarete stets auch das Wohl des niederländischen Volkes im Auge hatte sowie das des Hauses Habsburg im allgemeinen – ab nun immer häufiger »Haus Österreich« genannt. Es darf auch nicht übersehen werden, daß sie selbst zunehmend der Faszination der Politik erlag und immer größere Schritte mit immer bedeutenderen Folgen für Gesamteuropa wagte. Interessant zu beobachten ist ihr ständiges Lavieren gegenüber Frankreich, wobei manchmal die Sorge um die wirtschaftlichen Beziehungen zum übermächtigen Nachbarn die Oberhand gewann, manchmal aber auch rein persönliche Gefühle ihr Handeln bestimmten. Niemals konnte sie verwinden, wie tief sie und ihr Vater gedemütigt und verraten worden waren.

Margarete als Regentin der Niederlande

Dabei darf allerdings nicht außer acht gelassen werden, daß Frankreich unter einem Habsburgertrauma litt. Es fühlte sich zunehmend durch die Heiratsverflechtungen der Habsburger (Burgund, Savoyen, Spanien) eingekreist, die überdies mit England, Frankreichs verhaßtem Erbfeind, dem Gegner des erst vor zwei Generationen beendeten Hundertjährigen Krieges, furchteinflößende Bündnisse eingingen. Auch England wurde, über Margaretes Initiative, in die Habsburger Heiratsdiplomatie einbezogen. Zwar hatte sie selbst, wie erwähnt, die Verbindung mit Heinrich VII. abgelehnt, zwar scheiterte das Projekt, ihren Neffen Karl mit dessen Tochter Mary zu verheiraten, aber der Sohn Heinrich, später Heinrich VIII., konnte schließlich doch an die Familie gebunden werden, indem er Margaretes spanische Schwägerin, Katharina von Aragon, zur Frau nahm. Dieser Plan war zwar schon früher, lange vor Margaretes politischer Aktivität, mehrfach erwogen, dann aber wieder verworfen worden. Sie machte ihn perfekt.

Der erste große Erfolg war Margarete bereits ein Jahr nach »Amtsantritt« beschieden, und sie konnte damit eine Reihe von innen- und außenpolitischen Problemen zugleich lösen. Zumindest für eine Weile.

Sie hatte sich 1507 mit jugendlichem Optimismus und Eifer in die Arbeit gestürzt, in der naiven Annahme, gewissermaßen im Handumdrehen eine verfilzte Bürokratie entwirren, eine prekäre Finanzsituation bessern und die an den Grenzen des Landes immer wieder aufflackernden kleinen Rebellionen von Adeligen niederschlagen zu können, die heimlich mit Frankreich sympathisierten.

Daß sie von Anfang an den Tagesablauf der Regierungsämter auf den Kopf stellte, bereits in den frühesten Morgenstunden bis in den späten Abend unermüdlich tätig war, wurde, wenn auch mürrisch und mit Verwunderung, zur Kenntnis genommen. Daß sie jedoch ihre eigenen Beamten und Berater aus Savoyen berief und die alteingesessenen Honoratioren überging, machte viel böses Blut. Daß sie dem Adel und der Kirche lieb und teuer gewordene Vorrechte nahm und von ihnen Steuern verlangte, wie von allen anderen, war in deren Augen ein Affront. Aber auch die Bürger, die Handelsherren und Gewerbetreibenden, die Reeder und die Grundbesitzer, sparten nicht mit Kritik, da alle Anzeichen darauf hindeuteten, daß Margarete auf Konfrontationskurs mit Frankreich aus war. Krieg störte die Geschäfte, und so sah sich Margarete von allen Seiten im Stich gelassen, als sie mit den aufrührerischen Adeligen an den Grenzen, die immer unverfrorener mit Frankreich zusammenarbeiteten, endlich aufräumen wollte.

Auch der kaiserliche Vater konnte nicht helfen. Seine Kräfte waren in Italien gebunden, weil das mächtige Venetien einen Krieg vom Zaun gebrochen hatte, um sich der Krain zu bemächtigen. Ein Heer des Kaisers wurde aufgerieben. In einem barbarischen Blutrausch ließen die Sieger mehr als tausend gefallene Gegner enthaupten und stellten die aufgespießten Köpfe auf dem Markusplatz zur Schau.

Aus dieser schlimmen Lage gab es nur einen Ausweg: Margarete mußte versuchen, sich mit Frankreich gütlich zu einigen, um eine Atempause zu gewinnen. Fühlungnahmen mit Ludwig XII. signalisierten Verhandlungsbereitschaft, denn auch der französische König, mit vielfältigen Interessen in Italien, brauchte Frieden, um gegen den unberechenbaren Aggressor Venetien gewappnet zu sein. Was heute Maximilian widerfuhr, konnte morgen Ludwig geschehen.

So zog Margarete Mitte November 1508, begleitet von einer Kompanie Schwerbewaffneter, in die Stadt und Festung Cambrai, ungefähr 65 km südlich von Lille, um Ludwigs Botschafter, den Kardinal von Amboise, zu treffen, der seinerseits ebenfalls unter starker militärischer Begleitung anrückte. Mißtrauen überschattete die zähen Verhandlungen. Margarete vollbrachte ein diplomatisches Kabinettstück, indem sie alle verfügbaren Register spielen ließ. War sie heute hart und herrisch, verlegte sie sich morgen auf die Rolle des schmeichelnden Weibchens, um übermorgen den Kardinal mit einem Feuerwerk von Spott, Hohn und unwiderlegbaren Argumenten zu verblüffen.

Am 10. Dezember konnte endlich ein mit unzähligen Geheimklauseln abgesicherter Vertrag unterzeichnet werden, der zwischen Maximilian und Ludwig »ewigen Frieden und ewige Freundschaft« festschrieb. Der venezianische Gesandte allerdings berichtete frohlockend nach Hause: »Wir können mehr denn je auf Ludwigs Unterstützung rechnen.«

Ferdinand von Aragon und Papst Julius II. schlossen sich durch ihre Gesandten dem Vertrag an, dessen Zustandekommen in der Kathedrale zu Cambrai mit einem feierlichen Hochamt gebührend gewürdigt wurde. Ein Sieg für Margarete, wenn auch hart errungen: »Der

Kardinal und ich sind uns oft in den Haaren gelegen. Aber letzten Endes haben wir uns ausgesöhnt und sind recht gute Freunde geworden – soweit das eben möglich ist«, vermerkte sie in einem Brief mit leichter Skepsis. Sie wußte, was man von Frankreichs Bündnistreue zu halten hatte.

Zunächst schienen ewigem Frieden und ewiger Freundschaft kaum etwas im Wege zu stehen, und auch der Dank des Vaterlandes blieb nicht aus. Die niederländischen Generalstände überreichten der Herzogin 60 000 Gulden für die Bekämpfung der Rebellen im Grenzgebiet.

Knapp fünf Jahre hielt der Pakt, dann sah alles wieder ganz anders aus. Frankreich, immer noch begierig, Burgund an sich zu bringen, schürte mit List, Tücke und sehr viel Geld gegen Margarete in ihrem eigenen Land. Sie sah sich einer immer größer werdenden Front der Ablehnung gegenüber, der heranwachsende Karl geriet zunehmend in die Abhängigkeit von Beratern und »Beschützern«, die »nur sein Bestes wollten« und ihn ebenso sachte wie zielstrebig von seiner Tante isolierten.

Die Aufstände an der Grenze flackerten erneut auf, und Margarete, die sonst so friedliche, musische Dame, sah sich veranlaßt, für ein paar Tage selbst ins Feld zu ziehen. Da sie den Söldnern zwar Begeisterung zu vermitteln versuchte, jedoch knapp bei Kasse war, endete ihr erster und einziger Kriegszug mit einem Fiasko. Die Söldner liefen davon, sie mußte heimkehren, ehe der erste Schuß gefallen war.

Als Frankreich schließlich offen die Fronten wechselte und sich mit Venetien verbündete, war der Zeitpunkt gekommen, neuerlich ein ewiges Friedens- und Freundschaftsbündnis zu schließen. Margarete konnte sich, im Vertrag von Mecheln vom 5. April 1513, Spaniens, Englands und des Papstes versichern – eine »Heilige Liga«, die diesmal ausschließlich gegen Frankreich gerichtet war. Dies hinderte Margarete nicht, sich für einen künftigen Krieg als neutral zu erklären, und sie begründete das so: »Zwischen Spanien und Frankreich ragen hohe Berge, zwischen England und Frankreich liegt die See. Aber zwischen unseren Ländern und Frankreich gibt es keine natürlichen Grenzen, sie sind schutzlos allen Angreifern ausgesetzt.«

Es kam tatsächlich zum Krieg zwischen England und Frankreich. Mangels eigener Mittel nahm Maximilian im Solde des jungen Königs Heinrich VIII. für 100 Dukaten täglich als Feldhauptmann und Stratege daran teil. Margaretes Herz war selbstredend auf der Seite ihres Vaters gegen »unseren ersten und natürlichen Gegner«.

»Ich werde den eingeborenen Feind Burgunds bis in den Staub demütigen, seine Anschläge zunichte machen und die Provinzen zurückerobern, die von Rechts wegen dem herzoglichen Hause gehören...«, ließ Maximilian seine Tochter wissen, ehe er einen brillanten Sieg errang. Da England in diesem Krieg bekommen hatte, was es wollte – nämlich zwei wichtige Festungen auf nordfranzösischem Boden –, stellte Heinrich alle weiteren Zahlungen ein. Margarete und Maximilian, die bereits von einer Eroberung ganz Frankreichs geträumt hatten, mußten ihre hochfliegenden Pläne begraben.

Allen Neutralitätserklärungen zum Trotz spielten sich die Kämpfe zum überwiegenden Teil auf niederländischem Hoheitsgebiet ab. Dadurch wurde Margaretes Autorität im eigenen Land noch weiter untergraben. Offene Attacken und versteckte Feindseligkeiten wechselten einander ab; Margaretes außenpolitisches Konzept geriet ins Wanken, als England sich wieder an Frankreich annäherte. Hinter ihrem Rücken verhandelten die niederländischen Stände mit Maximilian. Sie boten ihm 140 000 Livres, falls er sich bereit fände, Karl für mündig zu erklären, so daß die Herren Margarete bequem ins Ausgedinge schicken und im Namen des fünfzehnjährigen Knaben nach eigenen Vorstellungen regieren könnten. Maximilian, wie immer von Geldnöten geplagt, schlug in den Handel ein.

»Ich habe stets mein möglichstes getan und mein Letztes gegeben, jetzt habe ich alles verloren. Ich fühle mich so traurig, so bekümmert, so elend, daß ich wünschte, nie geboren zu sein«, schrieb die zutiefst verletzte Margarete ihrem Vater. An anderer Stelle: »Nie habt Ihr mir das Vertrauen geschenkt und mich in die wichtigsten Fragen des Staates eingeweiht. Fremde wußten mehr darüber als ich... Ich will gar nicht von der persönlichen Demütigung reden, die ich erlitten habe. Ich bin bereit, wieder eine schlichte Herzogin zu werden, ich werde Zeit gewinnen für meine Liebhabereien, die ich vernachlässigte, weil ich mich ausschließlich Karls Interessen gewidmet habe.« Das Schicksal einer verblühenden Frau von 35 Jahren mochte vielleicht den Vater, nicht aber den Kaiser und Chef des Hauses Österreich berühren. Dessen Gedanken waren auf die Zukunft gerichtet, auf die junge Generation und nicht auf die ältere, die bereits ihre Schuldigkeit getan hatte. Eine raffinierte österreichisch-ungarische Heiratskombination, von der im nächsten Kapitel ausführlich die Rede sein wird, wurde in Wien abgewickelt und Karl am 15. Januar 1515 im Ständesaal zu Brüssel als Regent etabliert.

Der Hof, die Zentren von Legislative und Exekutive, übersiedelten nach Brüssel. Margarete blieb im Schloß zu Mecheln, das – eben noch von Geschäftigkeit erfüllt – nun einsam und ausgestorben war. Verlassen von all den eifrigen, gehorsamen Untergebenen und dienstbeflissenen Freunden, wie schon so oft in ihrem Leben, war Margarete »une personne oubliée et perdue ...«

Die Herzogin war wenig mehr als zwölf Monate zurückgeworfen auf private Gedanken und Liebhabereien, als ihr Schicksal erneut eine dramatische Wende nahm. Wieder waren es mehrere Todesfälle, die eine vollkommen veränderte Lage schufen. Es starb König Ferdinand von Aragon, Karls Großvater mütterlicherseits; der junge Herrscher der Niederlande mußte nach Spanien aufbrechen, um das dortige Erbe anzutreten, das nach dem Willen des Verstorbenen eigentlich Karls jüngerem Bruder, Ferdinand, zufallen sollte. Doch Karl bestand auf dem Vorrecht des Erstgeborenen. Ferdinand wurde nach Mecheln geschickt, wo der hübsche, heitere Jüngling Margaretes Witwensitz zierte, bis Karl ihm neue Aufgaben übertrug.

Auch in Frankreich vollzog sich ein Revirement von größter Tragweite. König Ludwig starb kinderlos, sein Nachfolger wurde als Franz I. der Sohn von Margaretes Schwägerin, Luise von Savoyen – dieser junge Mann hatte den Haß auf Margarete und das Haus Österreich mit der Muttermilch eingesogen.

Karl handelte rasch und entschlossen. Er setzte Margarete neuerlich als Regentin ein, als Garanten für die Kontinuität der Innenpolitik und die Beziehungen zu Frankreich. Nach dem Tod seines Großvaters im Jahre 1519 stattete er Margarete mit wesentlich mehr Vollmachten aus, als sie Maximilian jemals zu geben bereit gewesen war.

Maximilian hat Margarete sicher von Herzen gern gehabt, zugleich aber war ihm diese nüchterne, gradlinige Frau wohl immer ein wenig suspekt – weil manchen seiner hochfliegenden Pläne hinderlich. Bezeichnend ist ihre Haltung beim Abschluß der »Heiligen Liga«, als sie nicht mit fliegenden Fahnen an der Seite des Vaters in den Krieg gegen Frankreich eintrat, sondern sich auf die Position einer neutralen Beobachterin beschränkte; bezeichnend auch ihr energischer Protest, als Maximilian sich zu der absurden Idee verstieg, die Tiara des Papstes mit der Krone des Deutschen Reiches auf seinem Haupt zu vereinen.

Maximilian war der glanzvolle, romantische Ritter, der phantasiebegabte Schwärmer, der als Lichtgestalt in die Historie eingegangen ist, Margarete die Realpolitikerin, die im Hintergrund wirkte und so manche Scharte auswetzte, welche ihr temperamentvoller Vater geschlagen hatte. Ihr Andenken wird auch heute noch an der Stätte ihres Wirkens bewahrt, nicht aber in den Annalen der Heldenverehrung.

Karl, viel mehr der Linie seiner Tante als jener des Großvaters folgend, ließ Margarete erheblichen Spielraum, den sie weidlich nützte, als es um das zentrale Ereignis in Karls und damit in ihrem Leben ging: die Wahl zum römisch-deutschen Kaiser.

Es gab, im Grunde genommen, nur zwei ernstzunehmende Bewerber um die Krone, die weniger greifbare Macht als vielmehr Symbol einer mystischen Reichsidee verkörperte: nämlich Karl, der auf die Kontinuität nach Großvater und Urgroßvater pochte, und Franz I. Dieser reklamierte das Kleinod als später Nachfolger Karls des Großen für sich, und gewiß spielte auch der Wunsch, sich über die verhaßten Habsburger zu erheben, eine nicht unwesentliche Rolle. Franz war so besessen von der Idee, römisch-deutscher Kaiser zu werden, daß er bereit war, sein »ganzes Königreich für die Kaiserkrone herzugeben«. Er dachte sicher nicht daran, auf Frankreich zu verzichten, aber die Ankündigung, er werde die Krone erwerben, »sei es durch Zuneigung, sei es durch Geld, sei es durch Gewalt«, war als Drohung ernst zu nehmen.

Die sieben Kurfürsten, welche die Aufgabe hatten, den Herrscher zu erwählen, waren, von einer Ausnahme abgesehen, weniger an Zuneigung denn an Geld und persönlichen Vorteilen interessiert. Die Gewalt des hervorragend gerüsteten und zu allem entschlossenen Franzosen hatten sie ebenso zu fürchten wie sein Gegenkandidat Karl und dessen Tante Margarete. Diese überließ die Routine der täglichen Regierungsarbeit ihren bewährten Helfern, während sie selbst sich auf die Erreichung ihres Lebensziels konzentrierte: Karl mußte Kaiser werden!

Von ihrem Palast in Mecheln aus spann sie die Fäden über halb Europa. Franz ließ das Gold säckeweise auf Maultierrücken nach Deutschland schaffen – Margarete zapfte die spanischen Goldreserven an, und als die zur Neige gingen, spannte sie das geschäftstüchtige und in Ränkespielen vorzüglich geübte Handelshaus Fugger ein, um Bestechungsgelder aufzutreiben und an der richtigen Stelle zu plazieren. Sie versprach Posten und Ehrenämter, sie schrieb flammende und überzeugende Briefe, und sie ließ, als der in Frankfurt stattfindende Wahlgang in die entscheidende Phase gelangte, Truppen um die Stadt zusammenziehen – ob als Drohung oder als Schutz, diese Frage ließ sie offen.

Am 28. Juni 1519 wurde Karl zum deutschen König und zum römisch-deutschen Kaiser gewählt, und zwar einstimmig. Zwei Tage später schon hielt die Herzogin die Siegesbotschaft in Händen und ordnete an: »... daß unsere guten Untertanen davon benachrichtigt werden und geboten wird, Gott dafür zu danken, durch Prozessionen, Predigten, Gebete, Freudenfeuer und andere bei solchen Gelegenheiten übliche Gebräuche.« Ein Gebot, das in diesem Fall nicht eigens zu erlassen war, denn das ganze Land versank für Wochen in einen Freuden- und Festestaumel sondergleichen, an der Spitze das Schloß Mecheln, wo auch Margarete sich gestattete, von Herzen fröhlich zu sein und die politischen Sorgen für ein paar Tage in den Hintergrund zu stellen.

Es muß sie mit unbändigem Stolz erfüllt haben, den ihr liebsten und teuersten Menschen als Herrscher der Welt zu sehen: Gebieter der österreichischen Erblande ober und unter der Enns, Kärntens, Krains, Tirols, der Vorlande, Herzog der Niederlande, König von Spanien mit seinen reichen überseeischen Kolonien, deutscher König, römisch-deutscher Kaiser dazu, mächtigster Mann der Welt, Herrscher, in dessen Reich die Sonne nicht unterging.

Das Glück ihrer letzten Jahre war aber gewiß der Mensch Karl, der langsam den Panzer seiner Unnahbarkeit ablegte und seiner Tante nicht nur mit Hochachtung, sondern auch mit Wärme entgegenkam. Wann immer er sich in den Niederlanden aufhielt, war es Margarete, die den Ehrenplatz zu seiner Rechten einnahm und deren Anregungen und Vorschlägen er nicht nur höflich lauschte, sondern diese auch beherzigte. Die Beamten, die Minister, die Höflinge, sie zeigten

86

sich plötzlich wieder willfährig, den Anordnungen der Herzogin zu folgen, die sie so oft bekämpft und im Stich gelassen hatten. Das Wort der vierzigjährigen Frau bekam wieder Gewicht durch die Autorität eines erst zwanzigjährigen Mannes, der noch viel zu lernen hatte. Von ihr.

Karl wies wiederholt in aller Öffentlichkeit auf die Verdienste seiner Tante hin – dann stand sie mit gesenktem Blick neben ihm, tief errötend wie ein junges Mädchen. Daß der Kaiser die Herzogin auch mit finanziellen Zuwendungen verwöhnte, wird sie nicht so sehr beeindruckt haben wie die Tatsache, daß er ihr bei der Königskrönung zu Frankfurt am 22. Oktober 1520 den Ehrentitel »Erste Dame des Reiches« verlieh. Nun rangierte sie vor allen Königinnen und Fürstinnen, und sie stand auf diesem Platz kraft ihrer eigenen Persönlichkeit; sie brauchte sich nicht mehr zu grämen, keinen König zum Gemahl bekommen zu haben.

Die Krönung von Margaretes politischem Wirken erfolgte am 29. August 1529 in der Kathedrale zu Cambrai, nachdem es ihr gelungen war, eines der blutigsten Kapitel der Geschichte durch einen Friedensschluß zwischen Franz I. und Karl V. zu beenden. Diese Großtat trug ihr in den Kanzleien Europas den Ehrentitel »Europas bester Diplomat« ein.

Der Keim zur neuerlichen Auseinandersetzung zwischen den beiden Rivalen um die Vorherrschaft auf dem Kontinent war durch Karls Erhebung zum Kaiser gelegt worden. Franz, ein eitler, von sich selbst überaus eingenommener und von seiner Mutter, Luise von Savoyen, ständig aufgestachelter junger Mann, konnte die demütigende Niederlage nicht verwinden.

Bereits 1521 begannen erneut die durch Frankreich geschürten Unruhen an den Grenzen der Niederlande, und es kam zu ersten Zusammenstößen zwischen den Truppen des Franzosen und denen des Kaisers.

Später verlagerten sich die Feindseligkeiten auf das seit eh und je heißumstrittene Italien. Nach einem quälend langen Krieg, dessen Opfer überwiegend Italiens Volk war, vermochte Karl endlich einen Sieg über Franz zu erringen. Der französische König geriet sogar in Gefangenschaft, und es blieb ihm nichts anderes übrig, als einen für ihn folgenschweren Friedensvertrag zu unterzeichnen. Er mußte auf alle Ansprüche in Italien verzichten, das Herzogtum Burgund räumen und die Lehenshoheit in mehreren burgundischen Provinzen abgeben. Darauf leistete er einen Eid – und Karl glaubte ihm. Er ließ seinen Widersacher sogar frei, behielt aber vorsichtshalber die beiden jungen Söhne des französischen Königs vorübergehend als Geiseln. Franz hatte nichts Eiligeres zu tun, als eine »heilige Liga« gegen Karl ins Leben zu rufen. Es gelang ihm, Papst Klemens VII. auf seine Seite zu ziehen, wie auch Habsburgs bisher verläßlichsten Bundesgenossen, England. König Heinrich VIII. hatte triftige persönliche Gründe, einer Koalition beizutreten, welcher auch der Papst angehörte, denn der Engländer wünschte die Scheidung von seiner spanischen Frau, Katharina von Aragon, einer Tante des Kaisers. Der »allerchristlichste König von Frankreich« schreckte auch nicht davor zurück, sich des Beistands der verhaßten Türken zu versichern. Sultan Soliman II. ließ durch seine Diplomaten wissen, daß er durch Ungarn nach Wien vorzustoßen gedenke, so daß starke kaiserliche Truppenverbände an der Ostgrenze des Reiches gebunden sein würden.

Diese Rechnung ging nicht auf. Karls Söldner schlugen die des französischen Königs abermals vernichtend; auch die Armee des Papstes erlitt eine fatale Niederlage, die ein grauenvolles Nachspiel hatte. Die chronisch unterbezahlten Söldner des Kaisers fielen in einem Blut- und Vernichtungsrausch über die Ewige Stadt her, welcher der barbarischen Plünderung Roms durch die Vandalen im 5. Jahrhundert um nichts nachstand. Der berüchtigte »Sacco di Roma« ist ein an Grausamkeit bis heute kaum zu überbietendes Beispiel für die Absurdität des Krieges geblieben.

Mit dem Papst konnte sich Karl einigen und Frieden schließen. Ein Arrangement mit England brachte Margarete zustande, der es vor allem darum ging, die wirtschaftlichen Beziehungen zu dem großen Nachbarn jenseits des Kanals so rasch wie möglich in gedeihliche Bahnen zu lenken. Die Verhandlungen mit Frankreich indes waren bald völlig festgefahren, obwohl beide Kontrahenten, finanziell geschwächt und im wahrsten Sinn des Wortes ausgeblutet, nichts dringender gebraucht hätten als einen stabilen Frieden.

Damit war Margaretes große Stunde gekommen. Als eine Anfrage der französischen Königinmutter, ihrer langjährigen Rivalin, Luise von Savoyen, bei ihr eintraf, ob man nicht von Frau zu Frau über die verfahrene Lage sprechen könnte, agierte sie geschickt. Zunächst hinhaltend, dann schwache Hoffnungen weckend, bis Luise zu weitgehenden Konzessionen bereit war und dies durch eine sehr französische Geste unterstrich: Luise schickte Margarete eine Fuhre besten Weins nach Mecheln und lud zu persönlichen Kontakten nach Cambrai ein.

Margarete hatte sich des Einverständnisses des Kaisers versichert und reiste, wie schon einmal, unter starker militärischer Bedeckung nach Cambrai, wo die beiden Frauen einander nach sechsundzwanzig Jahren zum ersten Mal wieder von Angesicht zu Angesicht gegenüberstanden.

Die Konferenzen waren hart und von ständigen Rückschlägen begleitet. Doch Margarete, längst nicht mehr das gutherzige Mädchen von Amboise, sondern eine füllige Matrone mit barscher, tiefer Stimme, konnte sich durchsetzen. Franz mußte alle schon im ersten Vertrag mit Karl eingegangenen Bedingungen neuerlich annehmen, und nur in einem Punkt war Margarete bereit, eine Spur nachzugeben: Die Bourgogne sollte zunächst bei Frankreich bleiben. Der Pakt wurde durch einen weiteren Brautschacher besiegelt. Der als ausschweifend übel beleumundete Franz bekam die feinsinnige Schwester des Kaisers, Eleonore, zur Frau (siehe nächstes Kapitel).

Der Erfolg, den Margarete für ihren Neffen errungen hatte, war so überwältigend, daß sowohl der Kaiser als auch seine Berater ein neuerliches französisches Täuschungsmanöver vermuteten. Voller Zweifel machte sich Karl ein Jahr später, 1530, auf die Fahrt nach Italien, um in Bologna aus der Hand des Papstes die Kaiserkrone zu empfangen. Doch entgegen allen düsteren Befürchtungen erwartete ihn kein Hinterhalt, gab es keine Feindseligkeiten, weder von französischer noch von päpstlicher Seite.

Nach dem historischen »Damenfrieden von Cambrai« konnte sich Margarete wieder weniger aufsehenerregenden, dennoch unendlich wichtigen Aufgaben zuwenden.

Schon während ihrer politischen Lehrjahre am spanischen Hof war ihr bewußt geworden, daß eine gesunde Wirtschaft die Grundlage eines gesunden Staatswesens bildet. So legte sie besonderes Augenmerk auf den Ausbau eines internationalen Großhafens in Antwerpen, über den bald die meisten Handelsgeschäfte zwischen Spaniens überseeischen Kolonien und Europa abgewickelt wurden. Der Lässigkeit früherer Regierungen setzte sie ein Ende, indem sie die Staatsfinanzen ökonomischen Erfordernissen anpaßte, wobei sie weder vor Budgetkürzungen noch vor einer Reduzierung der Beamtengehälter zurückschreckte. Sie ging allerdings mit gutem Beispiel voran. In Krisenzeiten senkte sie die persönlichen Ausgaben auf das lebensnotwendige Minimum, zeitweise verzichtete sie überhaupt auf einen Großteil ihrer festen Einkünfte.

All diese Maßnahmen machten viel böses Blut unter den Angehörigen jener Gesellschaftsschichten, die gewohnt waren, auf Kosten der Untertanen aus dem vollen zu schöpfen, und manch bittere Klage ging an den Kaiser: »Man läßt uns draußen vor der Tür, wir erhalten keine Audienz bei Madame, während sie die kleinen Leute bevorzugt...« Die »kleinen Leute«, das waren die bürgerlichen Experten, die den Kern von Margaretes Beamtenstaat bildeten, der später in Österreich seine Fortsetzung finden sollte.

Die Beamten speisten häufig auch an der Hoftafel, die allerdings niemals üppig war, denn Margarete war sparsam auch im kleinen und hatte ein scharfes Auge auf die Haushaltsführung; selbst Reste mußten noch verwertet werden.

Zum Unterschied von den meisten Höfen der damaligen Zeit herrschten bei Margarete kultivierte Sitten – das Fluchen, das Schmatzen und das Rülpsen waren ebenso verpönt wie die allgemein verbreitete Gewohnheit, Speisereste über die Schulter den Hunden zum Fraße vorzuwerfen.

Margaretes Residenz in Mecheln, die sie im italienischen Renaissancestil erneuern ließ, war ein Zentrum von Kunst und Wissenschaft. Die Bibliothek wurde ebenso gerühmt wie die Gemäldesammlung – auch Albrecht Dürer wurde gelegentlich von der Herzogin beschäftigt. Die Musik erlebte eine vorher nie gekannte Hochblüte. Wenn Margarete Geld ausgab, dann für das, was man heute als »bleibende Werte« zu bezeichnen pflegt.

Gab es ein Privatleben im weitesten Sinn des Wortes, gab es jemals einen Mann in Margaretes Leben, nachdem Philibert gestorben war? Mit größter Wahrscheinlichkeit nicht. Denn sie hielt sich zeitlebens an das Gelübde, dem sie so Ausdruck verliehen hatte: »Solange ich lebe, mein Herz wird sich keinem anderen zuwenden, so weise, so stark, so klug, von so edlem Geblüt er auch sein mag. Ich habe meine Wahl getroffen.«

Ein einziges Mal stand Margarete, völlig schuldlos, im Mittelpunkt des europäischen Hofklatsches. Es war bei einer Begegnung mit dem jungen Heinrich VIII. zu Lille im Jahre 1514, als eine mögliche Hochzeit Karls mit der Schwester des englischen Königs, Mary, abgesprochen werden sollte.

Margarete hatte längst gelernt, alle ihr zu Gebote stehenden Register spielen zu lassen, und da sie wußte, daß der um elf Jahre jüngere Engländer auf weibliche Reize stark ansprach, erschien sie so strahlend, so elegant und raffiniert gekleidet am Konferenztisch, daß nicht nur der König von der schönen Frau tief beeindruckt war.

Brandon, Herzog von Suffolk, Ziehbruder und Favorit des Souveräns, faßte spontane Zuneigung zu der attraktiven Blondine. Margarete, in heiterer, gelöster Stimmung, ließ sich die Komplimente und die Schwärmerei des gutaussehenden, witzigen Kavaliers mit sichtbarem Vergnügen gefallen.

Suffolk wurde jedoch immer dreister. Es gibt Indizien, daß Heinrich ihn angestachelt haben könnte und sich aus einer Liaison Margaretes mit ihrem »letzten Liebhaber«, wie der König spöttelte, Verhandlungsvorteile erhoffte. Als Suffolk eines Tages einen dramatischen Kniefall vor Margarete inszenierte, ihr bei dieser Gelegenheit einen Ring vom Finger riß, diesen trotz heftiger Vorhaltungen nicht zurückgab und dann noch lauthals prahlte, die Dame habe ihm ein Liebespfand überlassen, da zog sich Margarete angewidert und empört zurück.

In einem offenherzigen Memorandum an ihren Vater brachte sie die kursierenden Gerüchte zum Schweigen, die ihr sogar eine heimliche Entbindung anhängen wollten. Die häßliche Episode war dann bald vergessen, und die Klatschmäuler konnten sich wieder dem vertrauten Thema aus Margaretes Leben zuwenden: Philiberts Grabmal.

Fünfundzwanzig Jahre lang hat die Herzogin daran gearbeitet, ihre ganzen künstlerischen Ambitionen darauf verwandt, bis ins letzte Detail mitgeplant und gestaltet, Architekten, Bildhauer und Maler mit immer neuen Einfällen verblüfft – und gelegentlich auch genervt. Persönlich suchte sie den Marmor aus, persönlich bestellte sie Baumeister und selbst Handwerker. Die Ideen zur Grabkirche und zum

Mausoleum kamen von ihr allein, die Mitarbeiter waren nur mehr oder weniger willfährige Werkzeuge. So entstand in einem kleinen französischen Nest ein Monument der Liebe, das in seiner klaren Schönheit um nichts dem weltberühmten Zeugnis einer großen Leidenschaft, dem Tadsch Mahal in Indien, nachsteht.

Immer wieder nahm sich die Herzogin vor, selbst nach Brou zu reisen, um den steingewordenen Ausdruck ihrer unverbrüchlichen Treue zu sehen, immer wieder hielten wichtige Regierungsgeschäfte sie ab.

Als sie im Herbst 1529 von ihrem Treffen mit Luise von Savoyen aus Cambrai zurückkehrte, war es wieder einmal zu spät im Jahr, den langen Weg nach Brou zu wagen. Margarete war fest entschlossen, im Frühjahr 1530 zu fahren.

Das Frühjahr verstrich, und Margarete fühlte sich den Strapazen einer Reise nicht gewachsen. Ein Beinleiden, das sie seit Jahren quälte – vermutlich ein Geschwür infolge starker Krampfadern –, machte ihr so zu schaffen, daß sie ihre Pläne neuerlich verschob.

Es kam der Herbst, und es kamen neuerlich schwere Schmerzattakken, schließlich gesellten sich hohes Fieber und rasch ausbreitende Entzündungen hinzu. Ob deren Ursache das ursprüngliche Leiden war oder eine akute Blutvergiftung, hervorgerufen durch einen Glassplitter, den sie sich eingetreten hatte, ist heute nicht mehr zu klären.

Die üblichen Behandlungen, Aderlässe, Umschläge, verschiedene Salben und Getränke, schienen zunächst anzuschlagen. Doch dann stieg das Fieber dramatisch, ihr Zustand verschlechterte sich rapid. Mit letzter Kraft diktierte Margarete einen Abschiedsbrief an ihren Neffen, Kaiser Karl V., in dem es unter anderem heißt: ». . . mit ruhigem Gewissen hinterlasse ich Euch Eure Länder, die ich nicht nur regiert, sondern gemehrt habe . . . Ich lege Euch den Frieden ans Herz, besonders mit England und mit Frankreich, und sage Euch ein letztes Adieu . . .«

Als sie vor Schmerzen nicht mehr zu sprechen imstande war, gaben ihr die Ärzte Opium und beschlossen, das Bein am nächsten Tag zu amputieren. Dazu kam es nicht mehr. Margarete von Österreich ist am 1. Dezember 1530, eine Stunde nach Mitternacht, im Alter von fünfzig Jahren gestorben.

Eineinhalb Jahre später trat sie als Tote ihre letzte Reise an. Heim nach Brou, an die Seite Philiberts.

Herz unterm Panzer

Maria 1505–1558

Die Heldin des vorangegangenen Kapitels, Margarete von Österreich, geschiedene Königin von Frankreich, Witwe des spanischen
Infanten, Witwe des Herzogs von Savoyen, Regentin der Niederlande, hatte – abgesehen von einem totgeborenen Sohn – keine
eigenen Kinder, zu ihrer Zeit nicht nur ein persönliches Drama, sondern auch ein öffentlicher Makel. Erste und heiligste Pflicht einer
Fürstin war es, nebst einem gesunden Stammhalter eine möglichst
große Zahl weiterer Prinzen und Prinzessinnen zu gebären. Margarete verhehlte in ihren intimen Aufzeichnungen zwar nie, was sie bedrückte, verlor jedoch kaum je ein Wort über ihre Kinderlosigkeit.
Man kann das als Indiz dafür betrachten, daß dieser Schicksalsschlag
sie besonders hart getroffen hat.
Wie tief ihre mütterlichen Gefühle – trotzdem oder gerade deshalb –
waren, erhellt ihr Verhalten gegenüber den Kindern ihres verstorbenen Bruders, Philipps des Schönen, die in Mecheln zurückblieben,
nachdem Philipps Witwe, Juana, immer tiefer in die Abgründe des
Wahns geriet. Sie war unfähig, die drei Mädchen Eleonore, Isabella
und Maria sowie den Knaben Karl aufzuziehen.
Margarete umgab die Nichten und den Neffen mit all jener Fürsorge,
die sie eigenem Fleisch und Blut entgegengebracht hätte, wäre ihr
Nachkommenschaft beschieden gewesen. Auch der Fehler mancher
richtigen Mutter unterlief ihr zwangsläufig: Sie bevorzugte eines der
Kinder, nämlich ausgerechnet den spröden, abweisenden, manchmal
jähzornigen Karl, der, anders als seine anschmiegsamen Schwestern,
stets kühle Distanz zu seiner Tante hielt. Gewiß hatte Margaretes besonderes Augenmerk dem Jungen zu gelten, denn auf diesem erstgeborenen Sohn Philipps ruhten die ganzen Hoffnungen des Hauses
Habsburg. Doch das allein erklärt nicht seine Favoritenrolle. Vermut-

lich sah sie in Karl einen Ersatz für den in ferner spanischer Erde ruhenden eigenen Sohn, und vielleicht hat die jahrelange Ablehnung, die sie durch Karl erfuhr, ihre Zuneigung um so heftiger entfacht. Sicher ist, daß von Karl eine starke Faszination ausging, der auch die Schwestern von klein auf erlagen. Noch als erwachsene Frauen waren sie ihm so bedingungslos verbunden, daß sie blindlings seinen Wünschen folgten. Ein seltsames Fatum wollte es, daß zwei der Schwestern im selben Jahr wie Karl aus dem Leben schieden.

Während zwei weitere Kinder aus der Ehe von Philipp und Juana, Ferdinand und Katharina, in Spanien lebten, wurden Eleonore, Isabella, Karl und Maria in Mecheln durch eine Schar von Erziehern, Lehrern, Geistlichen, Hofdamen, Kavalieren, Pagen und anderen Bediensteten betreut. Dazu kamen ausgewählte Söhne und Töchter in- und ausländischer Aristokraten, denen es zur höchsten Ehre gereichte, ihren Kindern im sogenannten »Prinzenhaus« zu Mecheln jene Erziehung angedeihen zu lassen, die den kleinen Habsburgern zuteil wurde.

Margarete, die als kleines Mädchen im französischen Amboise aufgewachsen war und eine für damalige Verhältnisse umfassende Bildung genossen hatte, gestaltete das pädagogische Programm in Mecheln nach dem gleichen Muster, wonach Mädchen um nichts weniger sorgfältig geschult wurden als Knaben. Dieselben Lehrer, die Karl und seine Gefährten unterrichteten, waren auch für die kleinen Erzherzoginnen zuständig. Alle drei lernten leicht und waren – wie ihre Tante und ihr Großvater, Kaiser Maximilian I. – hochmusikalisch. Sie spielten ausgezeichnet Klavichord, Laute und Harfe. Auch die typisch weiblichen Unterrichtsfächer beherrschten sie perfekt, und schon mit ihren kleinen Kinderfingern vermochten sie feine Stickereien und Spitzen zu fertigen.

Wenn die Tante auch nur selten den Schulstunden beiwohnte, suchte sie doch möglichst oft die Nähe ihrer Schützlinge. Hatten die Kinder brav gelernt, wurden sie auf Schlittenfahrten und lustige Jahrmarktsveranstaltungen mitgenommen. Abends durften sie, falls die Tante keine offiziellen Verpflichtungen hatte, mit der Herzogin und ihren Damen zusammensein; während Eleonore am Klavichord für musikalische Unterhaltung sorgte, stickten und nähten die anderen Mädchen, Margarete selbst verfertigte feinstgefältelte Leinenhemden für ihren Vater.

Ein inniges Familienleben, aus dem die tiefe Zuneigung der Mädchen für die Herzogin erwuchs. Rührendes Zeugnis davon gibt ein Brief, den die vierzehnjährige Isabella, damals schon mit dem König von Dänemark verheiratet, schrieb:»Madame, wenn ich die Wahl hätte, wollte ich jetzt bei Ihnen sein, denn von Ihnen getrennt zu sein, ist mein größter Kummer...«

Eines der Mädchen fiel von Anfang an ein wenig aus dem Rahmen, schon aufgrund ihres Geburtsdatums. Maria war die Jüngste und wurde darum am spätesten in den Schulbetrieb und in das höfische Leben einbezogen. Sie versuchte allerdings, kaum auf unsicheren Beinen schwankend, beim Spielen mit den Geschwistern nach besten Kräften mitzuhalten.

Eleonore wurde 1498 geboren, Karl 1500, Isabella 1501 und Maria 1505. Trotz des Altersunterschiedes von fünf Jahren war Maria, ein eher burschikoser Typ, Karls standhafteste Gefährtin bei sportlichen Betätigungen und zeigte bereits im zartesten Alter Ausdauer, Disziplin, Geschick und helle Begeisterung beim Jagen und Schießen – Eigenschaften, die ihr in späteren Jahren den Ruf eintragen sollten, ein »Mannweib« zu sein. Dieses Odium wurde durch Marias hohe Intelligenz und rasche Entschlußkraft verstärkt.

Maria nahm auch noch aus einem anderen Grund eine Sonderstellung ein. Obwohl die jüngste der drei Schwestern, war sie bereits seit ihrem ersten Lebensjahr verlobt, und zwar mit einem damals noch gar nicht geborenen Kind. Dies ist gewiß die absurdeste unter den an Absurditäten wahrlich nicht armen habsburgischen Heiratsgeschichten.

Marias Großvater, Kaiser Maximilian I., ständig bemüht, die Bereiche seiner Macht und seines Einflusses zur höheren Ehre des Hauses Österreich und zur Absicherung des bereits Gewonnenen auszudehnen, engagierte sich nicht nur im Westen Europas, indem er ein dichtes Netz von Bündnissen und Heiratsverträgen flocht. Auch der Osten war ihm wichtig, teils weil Habsburg bereits einmal Böhmen und Ungarn beherrscht hatte, wie im ersten Kapitel ausführlich dargestellt, teils aus Sorge ums blanke Überleben. Der Türke hatte sich bereits auf dem Balkan festgesetzt, und je weiter nach Osten die eigenen Verteidigungsstellungen vorgeschoben werden konnten, desto geringer schien die Gefahr für die österreichischen Erblande.

Die Ungarn hatten sich Ladislaus, aus dem Hause der Jagellonen, Bruder des polnischen Königs Sigismund, zum König genommen. Schon 1491 konnte Maximilian König Ladislaus dazu überreden und vertraglich festhalten, daß die ungarische Stephanskrone an Habsburg übergehe, falls der ungarische Herrscher keine männlichen Nachkommen hinterlassen sollte. Die Ungarn selbst, das heißt jene kleine Gruppe Adeliger, die unter Umständen etwas dazu zu sagen gehabt hätte, wurden nicht gefragt. Sie hatten sich längst auf einen der Ihren als potentiellen Nachfolger Ladislaus' geeinigt, auf János Zápolya von Transsylvanien, der nach dem Ableben des aus Polen stammenden Königs die Herrschaft fremder Fürsten für immer beenden sollte. Doch noch war es nicht soweit, noch sorgte Ladislaus für eigene, leibliche Erben.

Als ihm eine Tochter namens Anna geboren wurde, waren Maximilians Sendboten sofort zur Stelle und bewarben sich um die Hand des Mädchens für einen der Kaiserenkel, entweder Erzherzog Karl oder Erzherzog Ferdinand. Ladislaus stimmte zu. Kaum war die ungarische Königin abermals schwanger, arrangierte Maximilian die zweite Verbindung. Erzherzogin Maria wurde, obwohl das Geschlecht des Ungeborenen nicht bekannt sein konnte, mit dem Embryo verlobt. Als dann tatsächlich ein Prinz zur Welt kam, dem man den Namen Lajos (Ludwig) gab, war das Zittern und Bangen noch immer nicht ausgestanden, denn das Siebenmonatskind erwies sich als kaum lebensfähig. Welcher der Hofärzte oder Wunderheiler auf den genialen Einfall kam, dem Knaben eine Art Brutkasten aus frischgeschlachteten, noch warmen Tierleibern zu fertigen, ist nicht mehr festzustellen. Lajos überlebte und entwickelte sich in der Burg von Buda zu einem vielversprechenden Knaben, während seine kindliche Braut Maria im Prinzenhaus zu Mecheln sorgfältig darauf gedrillt wurde, einst Königin von Ungarn zu werden.

1506 wurde die Verlobung von Lajos und Maria perfekt gemacht, aber es sollte noch volle acht Jahre dauern, ehe das nächste Mädchen aus Mecheln »endlich« unter die Haube kam. Es war Isabella, ein schüchternes, blasses Kind von dreizehn Jahren, das handstreichartig an einen Mann verschachert wurde, dem die Geschichte mit vollem Recht den Beinamen »der Böse« geben sollte. Christian II. von Dänemark führte ein derart skandalöses Leben, daß nur eine ehrbare

Heirat mit einem Mädchen aus großem Haus ihn davor bewahren konnte, von den eigenen Landsleuten gestürzt und verjagt zu werden. Die Wahl fiel auf die bedauernswerte Isabella, und damit begann ein beispielloser Leidensweg für ein junges Wesen, dessen einzige Schuld es war, Trägerin eines berühmten Namens zu sein.

Man kann Kaiser Maximilian I. zugute halten, daß längst nicht alle Einzelheiten über Christians abscheuliches Wesen aus Kopenhagen bis in die südlichen Residenzen durchgedrungen waren. Einiges muß aber bekannt gewesen sein, und es mutet erschreckend herzlos an, daß Maximilian die dänischen Brautwerber in Linz, ohne viel nachzufragen, mit wohlwollender Zustimmung empfing und umgehend in Mecheln eine prächtige Hochzeit per procurationem vorbereiten ließ. Es mag dem Kaiser vorzüglich ins Konzept gepaßt haben, auch nach dem hohen Norden verwandtschaftliche Beziehungen anzuknüpfen, zumal Dänemark über Norwegen und Schweden herrschte. Überdies waren Christians Unterhändler mit dem ansehnlichen Handgeld von 5 000 Gulden, prachtvollem Schmuck für die Braut und dem Versprechen angereist, dem zukünftigen Schwager ihres Königs, Erzherzog Karl, ein modernes Kriegsschiff samt Besatzung zu überlassen.

Christian war, euphemistisch ausgedrückt, ein schwieriger Mensch. Schon der Knabe hat als kaum erziehbar, wenn nicht überhaupt als unerziehbar gegolten, obwohl – oder weil – ihn sein Vater, König Johann, wiederholt öffentlich verprügelte. Als Halbwüchsiger riß Christian häufig aus, schloß sich Banden jugendlicher Raufbolde an, schlug friedliche Bürger nieder und jagte ehrsame Mädchen. Mit einundzwanzig führte er einen Rachefeldzug gegen Norwegen, das einen Aufstand wider die dänische Gewaltherrschaft versucht hatte. Sein blutiger Weg war gesäumt von sinnlos niedergemetzelten, geköpften, gevierteilten Schuldigen und Unschuldigen. Christian blieb als Statthalter in Norwegen, mißbrauchte seine Macht in allen nur erdenklichen Facetten und fand Vergnügen daran, in Spelunken herumzutoben und alles, was einen Weiberrock trug, als Freiwild zu betrachten. Christians kluger Kanzler, Erzbischof Erik Walkendorf, führte, in der Hoffnung, den gefährlichen Ungestüm des jungen Mannes zu bremsen, diesem ein freundliches und sehr schönes Mädchen von siebzehn Jahren zu: Dübeke (Täubchen), Tochter einer aus Holland eingewanderten Kneipenwirtin. Walkendorf hatte richtig kalkuliert, Christian verliebte sich in die weißblonde, üppige Dübeke, machte sie zu seiner Geliebten und gab sein wüstes Leben auf. Womit Walkendorf nicht gerechnet hatte, womit er beim besten Willen nicht rechnen konnte, das war Dübekes Mutter, Sigbritte Willems, eine ebenso energische wie ordinäre Person, die am Feuer der fürstlichen Leidenschaft ihr eigenes Süppchen kochte.

Als Christian 1513 seinem verstorbenen Vater auf den Thron folgte, ins Schloß nach Kopenhagen übersiedelte und seiner Mätresse ein mit allen Raffinessen ausgestattetes Liebesnest erbaute, hatte Sigbritte nichts Eiligeres zu tun, als Bruder und Vetter nach Dänemark kommen zu lassen und in wichtige Regierungsstellen zu intrigieren, so daß es nun derer vier waren, die den liebestollen König fest in der Hand hatten.

So war die Situation, als Walkendorf neuerlich einen, wie er meinte, genialen Plan ausheckte, weil es im Lande an allen Ecken und Enden gegen die Herrschaft der holländischen Parasiten zu gären begann: Christian sollte eine standesgemäße Frau nehmen und Dübeke samt Anhang zum Teufel jagen. Punkt eins des Vorschlags akzeptierte der König, Punkt zwei schlug er rundheraus ab.

So kam es, daß die kleine Erzherzogin Isabella, als sie in Kopenhagen eintraf, sich zwar mit einem riesengroßen, furchterregend finsteren Mann mit wirrem rotem Bart und Haar verheiratet fand, zugleich aber im Kreise durchwegs ältlicher Hofdamen das Leben einer Witwe im unwirtlichen Schloß zu Kopenhagen führen mußte. Es gab keine Gäste, keine Musik, keine Unterhaltung. Sogar ihren schönen Namen hatte man der jungen Königin geraubt. Isabella klang den Dänen zu fremd, und so wurde sie kurzerhand Elisabeth genannt. Isabellas fünfzehn Jahre älterer Mann ließ sich nur sporadisch an der Hoftafel blicken und würdigte seine Frau keines Wortes. Die Nächte verbrachte er fast ständig außer Haus; Isabellas Schlafzimmer besuchte er nur, um sich möglichst rasch lästiger dynastischer Pflichten zu entledigen. Gipfel der Infamie: Christian zwang seiner Frau die Geliebte als Gesellschafterin auf.

Isabella bewahrte unvorstellbare Disziplin und Haltung. Niemals hat die Vierzehnjährige aufgemuckt, niemals ihren Angehörigen gegenüber geklagt. Dennoch konnten die Zustände am Hofe zu Kopenhagen nicht verborgen bleiben. Es gab ausländische Gesandte, und Isabellas Not wurde zum beliebten Klatschthema an Europas Höfen.

Maximilian schrieb seinem Enkel Karl: »Das schamlose Leben, das unser Bruder und Schwiegersohn, der König von Dänemark, mit seiner Konkubine führt, zum großen Mißfallen ... Eurer Schwester, wird von allen Verwandten heftig gerügt.«

Endlich entschloß sich Karl, seinem Schwager Vorhaltungen zu machen – die Isabellas Los allerdings um nichts erleichterten, sondern genau das Gegenteil bewirkten. Christian jagte seinen Kanzler Walkendorf und Isabellas Hofmeisterin aus dem Lande, die einzigen Personen, zu denen die Königin Zuneigung und Vertrauen gefaßt hatte; sie wurden von Christian beschuldigt, seinen Schwager aufgehetzt zu haben. Neue Hofmeisterin wurde Sigbritte Willems, den Posten des Kanzlers erhielt ihr holländischer Vetter. Isabella mußte alle Hoffnung fahrenlassen.

Nicht viel besser erging es fast zur gleichen Zeit ihrer ältesten Schwester Eleonore, die sich erkühnt hatte, eine Verbindung nach eigener Wahl ins Auge zu fassen. Sie fand Gefallen an einem jungen Lehrer ihres Bruders Karl, dem Pfalzgrafen Friedrich, Ritter vom Goldenen Vlies, ein schöner, stattlicher Mann von hohen geistigen und charakterlichen Qualitäten, dazu der beste Turnierkämpfer, Reiter und Fechter weit und breit. Die Beziehung war noch kaum über das Stadium zarter Liebelei hinaus gediehen, als ein Brief des Pfalzgrafen an Eleonore abgefangen wurde, in dem dieser sich der Erzherzogin erklärte. Dies war ein beispielloser Affront gegen alle höfischen Gepflogenheiten. Karl, selbst noch ein halbes Kind, aber schon voll des Herrscherstolzes, traf überstürzt die erste eigenständige Entscheidung seines Lebens. Obwohl seine Tante Margarete versuchte, die Affäre ohne Aufhebens aus der Welt zu schaffen, mußten die Liebenden vor versammeltem Hof wie arme Sünder erscheinen und feierlich beschwören, keine heimliche Ehe eingegangen und bereit zu sein, aufeinander zu verzichten. Pfalzgraf Friedrich wurde mit Schande vom Hof gejagt, Eleonore auf der Stelle mit einem unbedeutenden Bourbonenprinzen verlobt.

Das Verlöbnis wurde später gelöst, als sich bessere Chancen boten: Der fast dreißig Jahre ältere Emanuel, König von Portugal, nacheinander mit zwei spanischen Tanten Eleonores vermählt, war erneut Witwer geworden und führte nun das schönste der drei Mädchen aus Mecheln heim. Eine äußerst lukrative Verbindung, denn Emanuel,

während dessen Regierungszeit Portugal zur führenden Kolonial-
macht emporgestiegen war, galt als reichster Mann der Welt, sein Hof
als das Zentrum glanzvoller Kulturentfaltung. Daß gleichzeitig im
ganzen Land Tausende Menschen – Juden und Mauren – den Flammentod erlitten, störte niemanden.

Von all diesen aufregenden Ereignissen hat Erzherzogin Maria mit
Bestimmtheit wenig, vielleicht sogar zunächst gar nichts erfahren. Sie
war noch nicht neun Jahre alt, als sie, wenige Wochen vor Isabellas
Trauung mit Christian von Dänemark, das heimatliche Mecheln verlassen mußte. Kaiser Maximilian I. hatte entschieden, daß Maria
nach Wien kommen und dort, nahe ihrer zukünftigen Heimat Ungarn, aufwachsen sollte; dadurch würde sie auch jederzeit greifbar
sein, sobald sich die Gelegenheit zur Hochzeit mit Lajos ergäbe.
Nachdem der Kaiser und seine Tochter Margarete mit Mühe die beachtlichen Übersiedlungskosten zusammengekratzt hatten, machte
sich am 14. Mai 1514 eine lange, schwerfällige Karawane von Mecheln aus auf den Weg quer durch Europa.

Das kleine Mädchen thronte, hin- und hergerissen zwischen Ab-
schiedsschmerz und kindlicher Lust am Abenteuer, in einer prächtigen Sänfte, die auf ein Packpferd geschnallt worden war. Mit ihr reisten eine alte Kinderfrau und eine junge Hofdame, die bei Maria in
Wien bleiben sollten. Ferner gab es zahlreiche weitere Hof- und Eh-
rendamen, Kavaliere und Knechte, Bedienstete und, zum Schutz aller, eine Abteilung Schwerbewaffneter. Die Damen benützten Kutschen, die Herren trabten hoch zu Roß, das Gesinde war in rum-
pelnde Kastenwagen gepfercht. Das Ende des Zuges bildeten mehrere Gepäckfahrzeuge, voll beladen mit Möbeln, Zier- und Hausge-
rät, das bei jeder Rast ausgepackt und dazu verwendet wurde, muf-
fige Burgen und primitive Herbergen für die Prinzessin annehmlicher
zu machen.

Wie klug die Entscheidung Margaretes gewesen war, Maria mit jenen
Gegenständen auf die Reise zu schicken, die ihr wenigstens ein Minimum an Komfort boten, erwies sich rund sechs Wochen später, als
die niederländische Gesellschaft, staubbedeckt und bis auf die Knochen durchgerüttelt, in Wien eintraf. Maria wurde nicht in der Hofburg untergebracht, sondern im gegenüberliegenden Cilli-Hof, einst
Absteigquartier der Grafen von Cilli, jetzt ein verwahrlostes, schäbi-

ges Gebäude von verfallender Trostlosigkeit, das mit Marias Möbeln und Teppichen zumindest eine Spur wohnlicher gestaltet werden konnte. Überdies diente der Cilli-Hof als Arsenal und Schießstätte – es krachte und donnerte und stank den ganzen Tag lang.

Bei Marias Einzug in Wien strömte viel Volk herbei, um die Kaiserenkelin zu bestaunen. Man überreichte ihr Blumen und kleine Geschenke, Kinder stammelten Begrüßungsworte in einer dem Mädchen aus Mecheln unverständlichen Sprache. Maria hatte bis dahin nur französisch und flämisch gesprochen, doch lernte sie, überdurchschnittlich sprachbegabt wie alle Habsburger, in kurzer Zeit Deutsch. Es muß ein sehr wienerisches Deutsch gewesen sein, denn die Briefe, die sie später, rein phonetisch, schrieb, spiegelten auf anmutige Weise den weichen Wiener Tonfall wider.

Marias Eskorte verließ die Metropole nach kurzer Erholungspause. Das Mädchen sah sich in eine völlig fremde Umwelt mit völlig fremden Gesichtern versetzt; ein völlig neues Leben begann. War Maria bisher nur das Anhängsel der älteren Geschwister gewesen, so stand sie jetzt als Erzherzogin und königliche Braut im Mittelpunkt eines eigens für sie eingerichteten kleinen Hofstaates. Gleichzeitig war sie aber auch noch Erziehungsobjekt und Schülerin einer Reihe prominenter Lehrer, die sie in Deutsch, Latein, der ungarischen Amtssprache, musischen Fächern und allen jenen Fertigkeiten unterrichteten, die zur Bildung einer jungen Dame von höchstem Stande gehörten.

Kaiser Maximilian trieb die Vorbereitungen zur Hochzeit nach Kräften voran. Nur eine vor Gott geschlossene, unauflösliche Ehe zwischen den ungarischen und den österreichischen Königskindern konnte ein ehernes Fundament für seine Ansprüche auf die ungarische Krone bilden. So konzentrierte sich die emsige Tätigkeit der Hofkanzlei auf jenes große Ereignis, das als »erster Wiener Kongreß« historische Bedeutung erlangte. Er bildete die Wurzel jener österreichisch-ungarischen Doppelmonarchie, die fast aufs Jahr genau 400 Jahre Bestand hatte.

Der erste Wiener Kongreß war nicht weniger aufwendig als der zweite, die Demonstration von Macht und Pracht womöglich noch ausschweifender – wenn auch, zumindest was Maximilian betraf, auf der Basis von geborgtem Geld. Wieder, wie so oft, mußte das Handelshaus Fugger mit 54 000 Gulden hilfreich einspringen, wofür die geschäftstüchtigen Bankiers gleich für sechs Jahre die Ausbeute der reichen Tiroler Kupferminen beanspruchten und auch erhielten. Großzügigerweise lösten die Fugger auch die vom Kaiser verpfändeten Reichskleinodien aus, so daß Maximilian im ungetrübten Glanz der Majestät repräsentieren konnte. Die Fugger zählten zu den bevorzugten Gästen des Kongresses und knüpften bei dieser Gelegenheit eine Reihe von vorteilhaften Handelsbeziehungen, vor allem mit Ungarn, an, die durch reiche Geld- und Sachgeschenke zustande kamen.

Am 16. Juni 1515 ritt der Kaiser, begleitet von den Spitzen des deutschen Adels, darunter der bayrische Herzog Wilhelm, Sohn seiner Schwester Kunigunde, und des Klerus sowie 1 500 festlich herausgeputzten Reitern, seinen Gästen bis Bruck an der Leitha entgegen. Bei Trautmannsdorf begrüßte er König Sigismund von Polen, König Ladislaus von Böhmen und Ungarn sowie dessen Kinder Lajos und Anna, Fürsten, Grafen, Ritter und Magnaten in ihren regenbogenbunten Landestrachten.

»Ist allenthalben Geschray von Rossen, trumeten und paucken erhort worden, und ain groß spektakel gewesen, davon all nachkummen wundern und sagen werden...«, heißt es in der »new zeitung«, einem vielgelesenen Flugblatt.

Noch großartiger sollte das Schauspiel des Einzugs der drei Monarchen und ihrer 3 500 berittenen Begleiter am 17. Juli werden. Buchstäblich ganz Wien war auf den Beinen, um dem zwei volle Stunden währenden Ereignis beizuwohnen, doch machte ein fürchterlicher Platzregen dem Spektakel ein abruptes Ende. Der Festzug löste sich in wilder Hast auf, die bis auf die Haut durchweichten Nobilitäten stürzten in die nächstliegenden Häuser.

Zwei Tage später sah Maria ihren zukünftigen Mann zum ersten Mal. Maximilian hatte zu einem Empfang im »Grosz Tantzhaws«, dem geräumigen Ballsaal der Hofburg, geladen. Der Kaiser saß an der Stirnseite des Raumes, erhöht, auf einem goldenen Thron, zu seiner Rechten der König von Ungarn, zu seiner Linken der König von Polen, daneben Lajos und Anna, umgeben von ihren Hofleuten. Auf ein Zeichen öffnete sich die hohe Flügeltür am gegenüberliegenden Ende des Saales, herein trat Erzherzogin Maria, ein für ihr Alter zu kleines, dünnes Kind, blaß und steif in einer bodenlangen Robe aus Goldbrokat. Kerzengerade, nicht rechts und nicht links blickend, marschierte sie auf den Großvater zu, versank in den Hunderte Male geübten Hofknicks, den sie vor den anderen Majestäten wiederholte. Nur aus den Augenwinkeln wagte sie einen verstohlenen Blick auf den neunjährigen Knaben, der ihr Bräutigam war, auch er von Kopf bis Fuß in Goldbrokat gehüllt, auf den langen, blonden Locken einen Goldreifen voll blitzender Edelsteine.

Nach einer zeremoniellen Begrüßungsansprache durch den Bischof von Přemysl in lateinischer Sprache konnte das Ballfest beginnen. Der Reigen wurde von Maria und Lajos angeführt, die anderen Paare folgten gemessenen Schrittes, und alle Tänzer trugen lodernde Fackeln in den Händen.

Die offiziellen Verhandlungen über Heirats- und andere Verträge begannen am nächsten Morgen; es gelang Maximilian, auf elegante Weise die Peinlichkeit zu überspielen, daß für die Ungarn-Prinzessin Anna kein Bräutigam zur Stelle war: Wegen Karl verhandelte seine Tante Margarete zu jener Zeit mit Heinrich VIII. über eine Verbindung des Erzherzogs mit der englischen Prinzessin Mary, Ferdinand saß nichtsahnend meilenweit entfernt in Spanien. Sein Großvater, Ferdinand vor Aragon, zeigte keine Lust, seinen Enkel, für den er ganz andere Pläne hatte, nach Wien ziehen zu lassen, um durch eine Vermählung mit Anna die Habsburger noch weiter zu stärken. So verkündete denn der sechsundfünfzigjährige Maximilian, er selbst werde der zwölfjährigen Anna das Jawort geben und sie zur Kaiserin machen, falls nicht binnen Jahresfrist einer seiner Enkel als Ehemann verfügbar sein sollte. Daß sich das Problem schon neun Monate später von selbst lösen würde, konnte Maximilian nur hoffen, aber nicht wissen: Ferdinand von Aragon starb, und sein gleichnamiger Enkel war für die Ehe mit Anna zu haben. Zum Zeitpunkt der Trauung war er es nicht.

Am 22. Juli 1515 fand vorerst die glanzvolle Doppelhochzeit zwischen dem alten Kaiser und dem kleinen Kind im Dom zu St. Stephan statt. Die riesige Kirche, deren Wände mit goldenen Tüchern drapiert und deren Steinfliesen mit flämischen Teppichen belegt waren, konnte die Masse der dicht an dicht gedrängten Menschen nur mit Mühe fassen. Kaum je zuvor hatte man soviel blaues Blut, soviel festliches Gewand, soviel einzigartigen Schmuck in der gotischen Kathedrale gesehen. Bischof Georg von Wien zelebrierte das Hochamt,

König Lajos II. von Ungarn

der berühmte Organist Hofhaimer spielte Orgel, Sängerknaben schmetterten die Jubelchöre, Kaplan Bartholomus hielt die lateinische Festrede. Der Sermon – berichtet die Überlieferung – war so lang, daß die Zuhörer zu husten, zu scharren und schließlich unbekümmert zu schwätzen begannen, worauf der Kaplan einfach mitten im Satz aufhörte.

Der Kardinal von Gran traute die beiden merkwürdigen Paare, und dann drängten alle eilig zur Tafel und zum anschließenden Turnier auf dem Neuen Markt. In den Tagen darauf folgten die üblichen Feste und Bankette sowie eine große Jagd in den fast undurchdringlichen Wäldern südlich von Wiener Neustadt.

Auch die königlichen Kinder kamen nicht zu kurz. Sie veranstalteten allerlei Spiele in den Räumen und Gärten der Hofburg und lernten einander rasch näher kennen. Maria fühlte sich zu dem lebhaften Lajos sofort hingezogen, während Anna sich langweilte. Im Tierpark der Hofburg wurde eine kleine Jagd für die Kinder veranstaltet. Mit Pfeil und Bogen hetzten sie hinter Rehen, Hirschen und Gemsen drein. Anna hielt sich fern, aber Lajos erlegte einen Hirsch, Maria eine Gemse, und im Triumph überbrachten sie ihre Beute Lajos' Vater.

Es wäre vermutlich nach Marias Geschmack gewesen, hätte die Reihe der Feste niemals geendet, doch der Kongreß von Wien hatte seine Schuldigkeit getan, die Majestäten und ihr Gefolge zerstreuten sich in alle Winde; die beiden Mädchen blieben allein in Wien zurück, noch immer im schäbigen Cilli-Hof, dessen Personal um etliche Ungarn erweitert worden war.

Marias Hoffnungen, endlich eine passende Gefährtin zu finden, zerrannen schnell. Anna pochte auf ihre Vorrechte als »Kaiserin« über Maria, die ja »nur« einen Königin war, und so folgten etliche Jahre eines eher unerquicklichen Beisammenseins. Vor lauter Standesdünkel und kleinlichen Eifersüchteleien konnte niemals das Band einer echten Schicksalsgemeinschaft entstehen oder auch nur Ansätze einer Freundschaft. Auch als Anna den Titel einer Kaiserin verlor und nur noch Frau eines Erzherzogs war, besserte sich die Beziehung der beiden Mädchen nicht wesentlich.

Das eintönige Leben im Wiener Cilli-Hof fand ein jähes Ende, nachdem am 13. März 1516 König Ladislaus von Ungarn und Böhmen überraschend gestorben war und in Buda ein heftiges Tauziehen um die Thronfolge einsetzte. Unversöhnlich standen einander zwei Parteien gegenüber, die Anhänger des etablierten, aber landfremden polnischen Herrscherhauses und jene, die den Ungarn János Zápolya als König haben wollten. Die Auseinandersetzungen drohten in Gewalt auszuarten, Lajos sollte entführt werden. Es trat erst wieder Ruhe ein, als Kaiser Maximilian Truppen nach Buda entsandte, um das Erbfolgerecht seines Schwiegerenkels zu sichern.

Da dem Frieden nicht zu trauen war, wurde angeordnet, Maria und Anna aus Wien fortzuschaffen, das der ungarischen Grenze bedenklich nahe lag. Im sicheren Innsbruck sollten sie ausharren, bis ihre Ehemänner sie endlich heimführen würden.

Die Szene wechselte, der Alltag blieb der gleiche. Lernen und warten. Die beiden Mädchen begegneten einander weiterhin mit kühler Reserviertheit. Freuden- und Sonnentage brachen für Maria nur dann an, wenn der Großvater zu Besuch kam. Da hetzte das Mädchen mit ihm zu Pferd durch die Innauen, da gab es wilde Jagden in den Tiroler Bergen, da wurden Bälle und lustige »Mummereien« abgehalten, da versammelten sich interessante Gäste aus dem In- und Ausland an der Hoftafel, da sah man die sonst eher verschlossene Maria lebhaft plaudern und herzlich lachen. »Sie ist trotz ihrer Jugend eine interessante Persönlichkeit von hoher Intelligenz. Man darf viel von ihr erwarten«, berichtete der venetianische Gesandte nach Hause.

Es war für die Vierzehnjährige ein schwerer Schlag, als sie die Nachricht erhielt, daß der geliebte Großvater am 12. Januar 1519 in Wels gestorben war. Diesen Eindruck vermittelt jedenfalls ein Brief, den Maria an ihren Bruder Ferdinand schrieb: »Ich habe alles verloren ... Ich kann Ihnen nicht sagen, wie traurig ich bin. Ich bin das verlassenste Geschöpf der Welt ...« Niemals später ist es zu einem solchen Gefühlsausbruch gekommen. Vom Tode des Großvaters an lernte Maria zu leiden, ohne zu klagen.

Nachdem der Bruder Karl, knapp zwanzig Jahre alt, in Frankfurt zum römisch-deutschen Kaiser erwählt worden war, trieb er die von seinem Großvater angebahnte Verbindung der Habsburger mit den Erben von Böhmen und Ungarn energisch voran.

Der Innsbrucker Hof erwachte zu hektischem Leben. Maria und Anna, endgültig den Kinderkleidern entwachsen, wurden königlich ausstaffiert. Mit geborgtem Geld und mit Hilfe der niederländischen

Regentin Margarete wurde für Maria eine reichhaltige Aussteuer zusammengestellt, in der es weder an Tafelsilber noch an Linnen und feinsten flämischen Tapisserien mangelte.

Am 11. Dezember 1520 wurden in der Innsbrucker St.-Jakobs-Kirche die Ehebündnisse zwischen Anna und Ferdinand, zwischen Maria und Lajos per procurationem aufs neue besiegelt, und dann begaben sich die neue Erzherzogin Anna sowie Maria, »Kunigin von Ungarn und Behaim« nach Linz, wo sie Erzherzog Ferdinand trafen.

Ferdinand, ein hübscher Junge von achtzehn Jahren, ließ auf der Stelle vergessen, daß er nach strengen spanischen Etiketteregeln erzogen worden war. Spontan schloß er seine Schwester in die Arme und küßte sie herzhaft auf beide Wangen; glücklicher Beginn einer lebenslangen Zuneigung, die nur einmal, Jahrzehnte später, vorübergehend getrübt werden sollte, und zwar um Kaiser Karls V. willen, jenes Bruders, den Maria vergötterte.

Am 26. Mai wurden Anna und Ferdinand im Dom zu Linz zum dritten und letzten Mal getraut. Es sollte eine harmonische und erfüllte Ehe werden, mit nicht weniger als fünfzehn Kindern gesegnet.

Maria reiste weiter nach Buda, um mit Lajos die endgültige Hochzeit zu feiern. Geschwisterliebe und Zeremoniell hätten gefordert, daß Ferdinand seine Schwester begleitete, doch er war in der Heimat festgehalten. Karl hatte seinen Bruder Ferdinand als eigenständigen Herrscher über die österreichischen Erblande eingesetzt. Als dieser die Regierung antrat, sah er sich mit nahezu anarchischen Zuständen konfrontiert. Gesetz und Ordnung waren praktisch aufgehoben, es herrschte das Faustrecht. Bauernaufstände flammten an allen Ecken und Enden auf. Die Bürger von Wien rebellierten. Sie wurden ebenso blutig niedergeschlagen wie die zahlreichen Anhänger der neuen Glaubenslehre Martin Luthers, die immer mehr Menschen in ihren Bann zog.

Das Land, dem Maria von Linz aus zu Schiff entgegenfuhr, war um nichts weniger chaotisch. Magnaten und hoher Klerus, hoffnungslos zerstritten, waren sich dennoch einig in der Ausplünderung und Unterwerfung des Volkes, das im Elend versank. Korruption, Bestechung, Vetternwirtschaft und Intrigen lähmten die Politik, schutzlos lagen die Grenzen dem Türkensturm ausgeliefert, der sich auf dem Balkan zusammenbraute.

Hatte sich Maria auf ihrer Reise – begleitet von geschmeidigen ungarischen Höflingen und dem souveränen Cousin und Erzieher des jugendlichen Königs, Markgraf Georg von Brandenburg – das rosige Bild einer glänzenden Zukunft vorgaukeln lassen, so gab es in Preßburg ein böses Erwachen. Der Bräutigam, der sie dort treffen sollte, war nicht erschienen. Er ließ ausrichten, Maria möge nicht weiterreisen, da möglicherweise ein Türkeneinfall bevorstünde und ihre Sicherheit nicht gewährleistet sei. Ob Lajos selbst der Initiator der Absage war oder die Hofkamarilla, die eine Hochzeit mit der Habsburgerin im letzten Augenblick verhindern wollte, bleibt dahingestellt.

Wer immer die ominöse Nachricht verfaßte, er hatte nicht mit der Entschlossenheit des halbwüchsigen Mädchens gerechnet. Sie ließ sich auf keine Debatten ein, sie *befahl* als »Kunigin von Ungarn und Behaim« die Weiterfahrt. Niemand wagte zu widersprechen.

Vor den Toren von Buda erwartete der Bräutigam die Braut: ein gutgewachsener, schon sehr männlich wirkender Fünfzehnjähriger mit einem zarten rötlichen Bartflaum und einem gewinnenden Lächeln, das Maria strahlend zurückgab. Erst auf den zweiten Blick wurde sie gewahr, daß sie einem Prinzen im Bettlergewand gegenüberstand, während all die Herren um ihn in Samt und Seide und silberner Wehr einander an Luxus überboten.

Es hätte nicht Marias gerühmter Intelligenz und ihres später so oft bewiesenen Scharfsinns bedurft, um zu bemerken, daß Lajos ein Spielball in den Händen seiner Betreuer und Begleiter war. Seine Apanage hatte man von 800 000 Gulden jährlich auf magere 140 000 zusammengestrichen und ihn in die finstersten und schäbigsten Kammern der Burg abgeschoben.

Hanns Schweinpeckh, aus dem österreichischen Gefolge Marias, berichtete nach Wien: »Muss euch ein wenig anzeigen, dass wir in keinem guten und treuen land sein ... sie wollen das schwert gerne selbst in der Hand behalten und dem Kunig und der Kunigin den namen lassen und Sy den nuz haben. Haben alle einkomen des Kunigs so zugericht, das er nit zu essen, noch einen guten Rockh hat ... Hat kein gewalt, muss tanzen, was sie pfeifen ...«

Kaum war Maria in der Burg eingezogen, hörte Lajos auf, nach der Pfeife der anderen zu tanzen. Maria kleidete ihn neu ein und jagte die Höflinge aus den Prunkgemächern. Den Jüngling, der ihr sofort treu ergeben war, ließ sie nicht aus den Augen. Sie begleitete ihn, hoch zu Roß, auf Inspektionen durch die Lande und mußte dabei wenig Erfreuliches feststellen. Ungarn war überhaupt nicht gerüstet, um gegen die türkische Armee, die bestausgestattete Europas, anzutreten. Nachdem endlose Intrigen und künstliche Verzögerungen überwunden waren, wurde Lajos in Stuhlweißenburg, der alten ungarischen Krönungsstadt, für volljährig erklärt und gekrönt. Am 13. Januar 1522 wurden Maria und Lajos endlich ein Paar, ein überaus glückliches, entflammt in erster, stürmischer Jugendliebe.

Eine Jugendliebe im Schatten der unausweichlichen Katastrophe. Belgrad war gefallen, Ungarn lag den anstürmenden Türken wehrlos preisgegeben. Hastig wurden Kriegssteuern dekretiert (niedrige für den Adel, hohe für das gemeine Volk), überstürzt und mit unzureichenden Mitteln, auf jeden Fall aber zu spät, wurde mit der Aufrüstung begonnen. Ungarn, das war klar, würde es allein nicht schaffen. Maria schrieb verzweifelte Briefe an ihren Bruder, den Kaiser, doch dessen militärische Kräfte waren in Italien gegen den französischen König gebunden – welcher seinerseits die Türken großzügig unterstützte. Hilferufe gingen nach Prag, aber Böhmens Stände erklärten, sie würden erst dann 50 000 Mann schicken, wenn ihr Herrscher ordnungsgemäß in Prag zum böhmischen König gekrönt worden sei. In Buda rieten alle von dem nutzlosen Unterfangen ab, doch Maria setzte sich durch – es ging nach Prag.

Neue Verwicklungen erwarteten das Paar. Es gab sinnlose Streitereien, wie, wo und wann die Zeremonie stattfinden solle, wer wen wohin begleiten dürfe, und zum Schluß gerieten sich die Spitzen des Adels über die Frage in die Haare, wer von ihnen die Kroninsignien tragen dürfe. Lajos versuchte zu schlichten, Maria erteilte Befehle. Beim feierlichen Krönungsfestzug vom Hradschin zum St.-Veits-Dom trug Lajos selbst Krone und Zepter vor sich her, der Markgraf von Brandenburg das Schwert und Maria den symbolischen goldenen Brotlaib.

Bitter enttäuscht wurde Lajos, als er die versprochene Hilfe, Truppen und Geld, einforderte. Weil der türkische Sultan sichtlich seine Pläne geändert und statt Ungarn zunächst die Insel Rhodos angegriffen hatte, sahen die Prager Herren keine Veranlassung, sich an ihre Zusage zu halten. Der König und die Königin von Ungarn und Böhmen kehrten genauso mittellos nach Buda zurück, wie sie von dort aufgebrochen waren.

Was sich in den folgenden Jahren in Buda abspielte, ist nur verständlich, wenn man bedenkt, daß die Jungvermählten noch nicht zwanzig Jahre alt, über Nacht aller einengenden Fesseln durch erwachsene Aufpasser und Besserwisser ledig waren und noch dazu ungehemmt den ersten Rausch der Liebesleidenschaft auskosten durften.

Maria und Lajos führten sich, gelinde gesagt, wie die Wilden auf und legten sich keinen wie immer gearteten Zwang an. Sie machten die Nacht zum Tag und feierten ungezügelte Feste, dann wieder verließen sie ihr Schlafzimmer tagelang nicht, oder sie blieben wochenlang dem Schloß fern und reisten von einer Jagd zur anderen. Sie warfen das Geld mit vollen Händen zum Fenster hinaus, waren binnen kurzem hoffnungslos verschuldet und den Pressionen gieriger Wucherer ausgesetzt.

Es besteht kein Zweifel, daß Maria die treibende Kraft in diesem Taumel überbordender Lebenslust war; Lajos allerdings, hingerissen von seiner temperamentvollen Frau, machte nur zu gern jeden Unsinn mit.

Das Treiben am ungarischen Königshof wurde von geschwätzigen Gesandten bis in die intimsten Einzelheiten an sämtliche europäische Residenzen berichtet. So schreibt ein venetianischer Diplomat, die Königin besitze zwar mit ihrer mageren, knabenhaften Figur keinerlei weibliche Ausstrahlung, der König sei ihr aber dennoch verfallen. Maria kenne nichts anders als Jagen und Vergnügungen, ihre Eßlust sei enorm, fast zu jeder Stunde nehme sie üppige Mahlzeiten zu sich und leide daher unter schlimmen Verdauungsstörungen; dies sei vermutlich der Grund, warum sie noch immer nicht schwanger wäre.

Aufgescheucht durch die alarmierenden Nachrichten über das Privatleben der jungen Majestäten, schrieb Lajos' Onkel, König Sigismund von Polen, seinem Neffen nachdrückliche Ermahnungen, die ausschweifenden Amüsements einzustellen und mehr königliche Würde zu zeigen. Ähnlich äußerte sich Erzherzog Ferdinand seiner Schwester gegenüber. Die Vorhaltungen fielen auf wenig fruchtbaren Boden. Im Gegenteil.

Betrachtet man Marias späteren, streng geregelten Lebensweg und ihr besonnenes Verhalten, dann erhebt sich allerdings die Frage, ob die junge Frau sich nur aus bedenkenlosem Übermut und verwegener Tollerei so schockierend benahm. Hingegen läßt sich eine mehr oder weniger bewußte Trotzreaktion vermuten, das Aufbäumen eines stolzen Charakters und einer höchst sensiblen Seele gegen die Ablehnung und die Verachtung, die ihr allerorten entgegenschlugen. Die ungarischen Magnaten demonstrierten unverhohlen, daß sie die deutsche Habsburgerin nicht ausstehen konnten – Maria ließ ihre Gegner darum spüren, daß sie sich um deren Meinung nicht kümmerte. Sie war die »Kunigin von Ungarn und Behaim«, und sie konnte tun und lassen, was ihr beliebte.

Aus dieser Perspektive ist auch die vielbesprochene Beziehung Marias zum evangelischen Glauben zu verstehen, die darin gipfelte, daß Prediger an den Hof geholt wurden, die mit Luther in engem Kontakt standen. Gewiß hat die blutjunge Frau, vollauf beschäftigt mit ihrer Liebe und ihrem wirbeligen Leben, kaum je ernstlich Zeit und Lust gehabt, sich mit spitzfindigen religiösen Glaubensfragen auseinanderzusetzen. Aber Markgraf Georg von Brandenburg, der engste Vertraute des Paares, und andere deutsche Höflinge zeigten sich, zum Unterschied vom erzkonservativen Adel und Klerus, zum Luthertum hingeneigt – Grund genug für Maria, und damit auch für Lajos, sich der modischen Sekte nicht zu verschließen.

Maria legte schlagartig ihr kindliches Trotzverhalten ab und ließ ahnen, welche politischen Fähigkeiten in ihr steckten, als es mit der Türkengefahr bitter ernst wurde. Es war ihr bewußt, in welch hoffnungsloser Lage sich ihre neue Heimat befand. Alle Mächte des Himmels und der Hölle schienen sich gegen Ungarn verschworen zu haben: Dürreperioden, dann wieder wochenlange Regenfälle hatten die Ernten der letzten Jahre zunichte gemacht, die Pest grassierte, die Wohlhabenden verließen in Scharen das Land. »Ungarn steht ganz allein gegen die schrecklichen Türken, ein ohnmächtiges Land, ohne Generäle, ohne Geld, ohne Schiffe, ohne Ordnung ...« schrieb der päpstliche Gesandte an die Kurie.

Während Lajos in Gleichgültigkeit versank, weiter jagte oder bis in den Nachmittag das Bett nicht verließ, nahm Maria die Zügel in die Hand. Sie suchte den Ausgleich mit den opponierenden ungarischen Ständen, auch mit János Zápolya, und als dieser härteste Bedingungen stellte, erkannte sie klar, daß jetzt nicht die Zeit war, Starrsinn zu demonstrieren. Zápolya verlangte, sie möge sich von ihren deutschen Beratern, ja sogar vom getreuen Brandenburg, trennen. Sie zögerte nicht, diese Forderungen zu erfüllen, um im Gegenzug neue Steuern und eine allgemeine Mobilmachung durchzusetzen. »Sie hat die Kraft, alles zu erreichen«, notierte der venetianische Gesandte, und ihr späterer Hofprediger, Johannes Heckel, schrieb: »Wenn man sie nur in einen König verwandeln könnte, wären wir weit besser dran.« Aber sie war kein König, und selbst als König hätte Maria die Situation nicht mehr retten können. Das kraftlose kleine Ungarn stand einem kraftstrotzenden Weltreich gegenüber, dessen Grenzen bereits Griechenland, die Gestade des Schwarzen Meeres mit der Halbinsel Krim, fast die gesamte polnische Moldauregion, Syrien, Palästina, Ägypten und den Balkan umschlossen.

Am 23. April 1526 machte sich der türkische Heerwurm mit 300 000 Mann, modernsten Handfeuerwaffen und 300 schweren Geschützen von Konstantinopel aus auf den Weg nach Norden. Die Türken wurden von Frankreich tatkräftig unterstützt, die Notrufe der Ungarn verhallten ungehört. Ein schwächlicher Versuch zur Selbsthilfe endete kläglich. Um Truppen aufstellen zu können, wurde verfügt, die Kirchenschätze einzuschmelzen und in bares Geld zu verwandeln. Doch selbst in dieser Stunde höchster Gefahr obsiegte menschliche Niedertracht. Die meisten Kirchenfürsten hielten ihre goldenen und silbernen Wertgegenstände zurück, das wenige, das aufgebracht worden war, versickerte in dunklen Kanälen.

So standen am 29. August 1526 in der südungarischen Ebene bei Mohács klägliche 24 000 Mann, Ritter und ihre Diener, einer vielfach überlegenen, kampferprobten Kriegsmaschinerie gegenüber. Mitten unter seinen Ungarn ein leichenblasser, sichtbar verstörter König Lajos. In letzter Minute hatte er sich dazu durchgerungen, an dem aussichtslosen Kampf teilzunehmen, Maria hatte ihn bis nahe an die Front begleitet und war dann nach Buda zurückgekehrt.

Es war ein glühendheißer Tag, und bis drei Uhr nachmittag geschah nichts. Die Ritter in ihren schweren Rüstungen waren vom Stehen und vom Warten bereits völlig erschöpft, als sich hinter einer Hügellinie die ersten Türken zeigten. Die Ungarn stürzten mit dem Schrei »Jesus, Jesus« vorwärts – mitten in eine Falle. Die Türken wichen zurück, die Ungarn sahen bereits die in der Etappe liegenden Zelte der türkischen Feldherren, als sie mit Geschützfeuer eingedeckt, von den Flanken her angegriffen und überrollt wurden. Es gab fast keine Überlebenden – bis auf König Lajos und einige seiner Getreuen, die ihren Herrn aus der Kampflinie zurückgerissen hatten.

Die Schlacht, die das Geschick weiter Teile Ungarns für Jahrhunderte bestimmte, dauerte nur eineinhalb Stunden. Sie endete in einem Gewitterorkan, dem sturzflutartige Regenfälle folgten; die Gewässer waren binnen Minuten in reißende Ströme verwandelt. Bei der Überquerung eines Donauarmes versanken Lajos und sein Pferd, beide schwer gepanzert, in den Fluten. Die Leiche eines der letzten Ritter aus der allerletzten Ritterschlacht wurde erst zwei Monate später aus dem Schlamm geborgen.

Während die Türken im wilden Siegestaumel jeden Mann, jede Frau und jedes Kind in Mohács und Umgebung niedermetzelten, wartete Maria in Buda zwischen Angst und Hoffnung auf Nachricht. Schon am 30. August wußte sie, daß die Schlacht verloren, daß der Türke im Anmarsch auf die Hauptstadt war. Vom Schicksal ihres Mannes erfuhr sie nichts.

Die begüterten Bürger Budas flohen Hals über Kopf aus der bedrohten Stadt, Maria zögerte die Abreise immer wieder hinaus. Eine Königin machte sich nicht einfach aus dem Staub, und wenn sie es endlich doch tat, dann unter strengster Wahrung des Gesichts. Eines Morgens, im ersten Licht des Tages, rückte eine der wohlbekannten königlichen Jagdgesellschaften aus, mit Jägern und Treibern und einer kläffenden Hundemeute. Die Königin im eleganten Jagddreß zu Pferde, auf der Schulter ihren Lieblingsfalken. Ein Jagdausflug, weiter nichts? Ein Abschied für immer!

Erschöpft, niedergeschlagen und von den meisten ihrer ungarischen Begleiter verlassen, erreichte Maria Preßburg, wo man ihr in der Burg fürs erste nur eine Schlafstelle auf Stroh anbieten konnte. Die schlechten Nachrichten überstürzten sich. Buda war gefallen und in Flammen aufgegangen, Lajos eines unheldischen, sinnlosen Todes gestorben.

Maria hatte nur den einen Wunsch: dieses Land, in dem sie so viel Leid erfahren hatte, auf schnellstem Wege zu verlassen. Doch ihr Bruder, Erzherzog Ferdinand, wollte es anders. Sie sollte ausharren, seine Rechte als Erbe Ungarns wahrnehmen und, so gut es ging, das regieren, was von Ungarn übriggeblieben war.

Maria fügte sich, war aber zu macht- und mittellos, um Entscheidendes zu erreichen. Ihre Anwesenheit auf ungarischem Boden hatte nicht mehr als symbolischen Wert – ein Wert, den Habsburgs Gegenspieler, János Zápolya, sehr wohl zu schätzen wußte. In aller Form hielt er um die Hand der ungarischen Königinwitwe an, um durch eine Ehe mit ihr seinen Thronansprüchen mehr Legitimität zu geben. Als Maria den Antrag schroff zurückwies, versuchte Zápolya sein Glück auf eigene Faust. Er besetzte Buda, das von den Türken vor Wintereinbruch geräumt worden war, und ließ sich in Stuhlweißenburg zum ungarischen König krönen. Keiner seiner Anhänger stellte überflüssige Fragen. Zum Beispiel die, wo denn König János I., wie er sich nun nannte, gewesen, als die Blüte der ungarischen Jugend bei Mohács ausgelöscht worden war. Der erste, der den neuen ungarischen König anerkannte und eine persönliche Zuwendung von 30 000 Talern im Monat zusagte, war kein anderer als König Franz I. von Frankreich.

Die Begeisterung von Zápolyas Gefolgsleuten, die den ehrgeizigen Emporkömmling aus kroatischem Kleinadel auf den Schild gehoben hatten, flaute indes rasch ab. Das ganze Land litt unter der Schrekkensherrschaft des neuen Königs, der in seinen häufigen Anfällen von Verfolgungswahn den Henkersknecht selbst unter treuen Anhängern wüten ließ.

Ferdinand hatte darum relativ leichtes Spiel, als er endlich – mittlerweile ohne nennenswerte Widerstände zum böhmischen König gekrönt – mit bewaffneter Macht in Ungarn einmarschierte. Buda ergab sich, ohne daß ein Schuß gefallen wäre, Zápolyas Anhang lief in Scharen über, König János floh über die Theiß.

Am 29. Oktober 1527, vierzehn Monate nach der verhängnisvollen Schlacht bei Mohács, hielt Ferdinand unter einem goldenen Baldachin Einzug in Stuhlweißenburg, zur Rechten seine Frau, die ungarische Königstochter Anna, im leuchtenden Goldbrokat, zur Linken seine Schwester, die ungarische Königinwitwe Maria, im schmucklosen Schwarz, auf dem Haupt den weißen Witwenschleier, der nicht nur die Haare, sondern auch den größten Teil der Stirn bedeckte. Fünf Tage später wurde Ferdinand zum ungarischen König gekrönt – vom selben Erzbischof, der wenige Monate zuvor János I. die Krone aufs Haupt gesetzt hatte.

Maria hat die schwarze Witwentracht nie mehr abgelegt. Wenn sie einmal schön oder zumindest anziehend gewesen sein sollte, so war von nun an, also ab ihrem zweiundzwanzigsten Lebensjahr, kaum eine Spur mehr davon vorhanden. Die Gestalt blieb schlank, wenn nicht geradezu dürr, und sehnig, das Gesicht aber verlor jeglichen Schmelz, es war schmal, mit langer, spitzer Nase und einer Kinnpartie, die immer schärfer hervortrat. Lediglich die übergroßen braunen Augen gaben der blassen Maske eine Spur von Wärme.

Marias Aufgabe in Ungarn war beendet, und ihre beiden Brüder schmiedeten umgehend alle möglichen Heiratspläne für sie. Ein Kandidat war pikanterweise jener Pfalzgraf Friedrich, den Karl seinerzeit verjagt hatte, weil er sich in dessen Schwester Eleonore verliebte. Maria lehnte energisch ab. Sie wolle Lajos die Treue halten »pis in mein grub«, und das Thema wurde später nie mehr erwähnt.

Mag sein, daß sie ihrem liebenswürdigen, törichten jungen Mann tatsächlich bis an ihr Ende ergeben bleiben wollte, mag aber auch sein, daß ihr davor graute, unter Umständen ein ähnliches Geschick zu erleiden wie ihre Schwester Isabella, die man Christian dem Bösen von Dänemark in die Arme getrieben hatte.

Nachdem Isabella schon jahrelang als geduldetes Übel neben ihrem Mann und seiner Geliebten samt deren Anhang dahinvegetiert war, trat ein unerwartetes, folgenreiches Ereignis ein: Dübeke starb. Christian witterte Verrat und Mord, es fielen etliche Köpfe. Seiner Frau nahm er die drei Kinder weg, sie wurden von Sigbritte Willems, Dübekes Mutter und zugleich böser Geist des Hofes, aufgezogen. Christian wurde nach Dübekes Tod immer mehr zum gemeingefährlichen Wüterich. Seine grausame Rachsucht erreichte ihren Höhepunkt nach der Niederschlagung eines Aufstandes in Schweden. An einem einzigen Tag wurden 600 Führer des schwedischen Adels auf dem Marktplatz von Stockholm enthauptet, so daß sich Ströme von Blut über das Pflaster ergossen. Das »Blutbad von Stockholm« ist ein makabrer Markstein in der Geschichte der nordischen Länder.

Schließlich waren die Dänen mit ihrer Geduld am Ende. Sie stürzten den Bösen und machten dessen Vetter Frederik zu ihrem König. Christian, Isabella und die drei Kinder flohen in die Niederlande. Sie fanden zunächst in Gent, später in der kleinen Stadt Lier mit Sohn und zwei Töchtern Unterschlupf. Isabella lehnte eine Einladung des neuen dänischen Königs, mit den Kindern nach Kopenhagen zurückzukehren, ab und harrte, trotz aller erlittenen Demütigungen, an der Seite des Ungeheuers aus. Sie trug sogar mit großer Entschlossenheit persönlich einen Appell auf dem Reichstag von Nürnberg vor, man möge ihren Gemahl, den rechtmäßigen König von Dänemark, nicht im Stich lassen. Nachdem ihr Aufruf fruchtlos geblieben war, schloß sie sich noch enger an Christian an. Sie teilte – ob aus Überzeugung oder aus Loyalität – seine Hinwendung zum neuen Glauben, was den offenen Bruch mit der eigenen Familie zur Folge hatte.

Zuletzt lebte das abgesetzte dänische Königspaar in äußerst bedrängten Verhältnissen. Es konnte sich keine Dienerschaft mehr leisten, Isabella mußte selbst kochen und nähen und schließlich gar das Spielzeug der Kinder verkaufen, um sich die notwendigsten Lebensmittel leisten zu können. Die Spielsachen waren ohnedies überflüssig geworden. Isabellas Tante Margarete, ansonsten die Güte in Person, hatte ihr kurzerhand die Kinder weggenommen, um sie in Mecheln im rechten Glauben erziehen zu lassen. Isabella welkte dahin, und eines Tages, am 18. Januar 1525, fand man sie tot in ihrem Bett. Sie war noch nicht einmal vierundzwanzig Jahre alt.

Das Schicksal der Schwester Eleonore war zwar erheblich leichter, doch auch nicht von der Art, daß sich Maria zu einer neuerlichen Eheschließung animiert gefühlt hätte. Eleonore, die man mit dem greisen König von Portugal verheiratet hatte, wurde schon nach zwei Jahren Witwe, und man erwog, die Dreiundzwanzigjährige mit ihrem achtzehnjährigen Stiefsohn und Vetter, dem Infanten Juan, zu vermählen. Einer der Gründe für diese Verbindung war der Wunsch, sich eine zweite Mitgift zu ersparen – allerdings war noch nicht einmal die erste bezahlt. Der Plan wurde dann doch verworfen, und Juan bekam Eleonores fünfzehnjährige Schwester Katharina, die nicht in Mecheln, sondern in Spanien aufgewachsen war. Eleonore wurde 1526 mit dem Erzfeind des Hauses Habsburg, dem französischen König Franz I., verlobt, den sie vier Jahre später heiraten mußte. Ihre einzige Tochter blieb in Portugal zurück, die Mutter sollte sie bis knapp vor ihrem Tod nicht wiedersehen.

Nein, Marias Sinn stand angesichts des Schicksals ihrer Schwestern nicht nach Hochzeit, er stand nach Freiheit. Die nächsten Jahre sahen sie ruhelos, meist nur in Begleitung weniger Diener, durch Westungarn ziehen, immer zu Pferd, immer auf der Jagd – am liebsten nach Bären und Wildschweinen – und immer auf der Flucht vor ihren Gläubigern. Ihr Bruder Ferdinand mußte mehrmals mit größeren Beträgen helfend eingreifen. Der Bruder schlug vor, sie möge von den Ungarn die ihr als Königinwitwe zustehenden Einkünfte fordern, doch dazu war sie zu stolz. »Lieber wollt ich, wie wol es mich hart ankem, selbst neen (nähen) mit der hilff Gottes«, schrieb sie.

Maria tauchte mit ihrer Begleitung und ihrer Meute bald in Ödenburg, bald in Neusiedl am See, in Bruck an der Leitha, in Orth an der Donau und in Kaiserebersdorf auf, und die Leute bekreuzigten sich auf der Straße, wenn die schwarze Witwe an der Spitze der kleinen Kavalkade vorüberdonnerte.

Als der Türke Buda eroberte – freudig begrüßt von Zápolya, der als König anerkannt und als Statthalter in Ungarn eingesetzt wurde –, als die Osmanen sich Wien näherten und die Stadt einen Monat lang, von September bis Oktober 1529, vergeblich belagerten, ehe sie sich wieder nach Osten zurückzogen, begab sich Maria auf österreichisches Gebiet. Im April 1530 traf sie ihre Brüder, Kaiser Karl und König Ferdinand, in Innsbruck. Es wurden gleichermaßen politische wie Familienangelegenheiten besprochen, doch das weitere Schicksal Marias wurde nicht entschieden. Niemand wußte so recht, was mit der ungarischen Königinwitwe geschehen sollte, am wenigsten wußte sie es selbst, und sie nahm ihr ruheloses Wanderleben wieder auf.

Im Dezember 1530 jagte sie in der Gegend von Krems an der Donau. Dort erreichte sie ein Brief Ferdinands mit der Nachricht vom Tod ihrer Tante Margarete, Regentin der Niederlande. Es sei möglich, deutete Ferdinand an, daß dieser tragische Todesfall für das weitere Leben Marias bedeutsam werden könnte.

Maria mußte nicht lange rätseln. Am 3. Januar 1531 übersandte der Kaiser seiner Schwester ein persönliches Handschreiben und forderte sie auf, die Nachfolge Margaretes anzutreten; er wisse im Augenblick keine geeignetere Person für dieses heikle Amt, und sie möge so rasch wie möglich in die Niederlande kommen.

Marias ausführliche Antwort schloß mit der Feststellung, daß es für sie nur ein einziges Lebensziel gebe: dem Kaiser zu dienen und zu gehorchen . . .

Anfang März desselben Jahres kehrte Maria in die Niederlande zurück, die sie siebzehn Jahre zuvor als Kind verlassen hatte. In einer schwankenden Sänfte war sie abgereist, hoch aufgerichtet, den unvermeidlichen Jagdfalken auf der Schulter, ritt sie in ihr Geburtsland wieder ein.

Margarete und Maria, die beiden aufeinander folgenden Regentinnen der Niederlande, waren in vielfacher Hinsicht grundverschieden. Zwar waren beide Töchter des Hauses Habsburg und Witwen, als sie ihr schweres Amt antraten – aber das waren die einzigen Gemeinsamkeiten. Margarete besaß bereits umfangreiche politische Erfahrung und einen gut eingespielten Beraterstab; Maria hatte, wenn auch unter extrem schwierigen Bedingungen, im politischen Metier eher dilettiert und konnte auf keine Erfolge hinweisen.

Auch charakterlich gab es extreme Unterschiede. Margarete, schon vom Äußeren her in ihrer mütterlichen Rundlichkeit gewinnend, strebte geduldig den Ausgleich, den Kompromiß an; sie versuchte zu überreden, zu überzeugen, war niemals herrisch, stets um Verständnis bemüht. Maria gab sich hochmütig, ungeduldig, bisweilen verletzend und zynisch, wenn nicht alles nach ihrem Willen ging – Eigenschaften, die in ihrer Kindheit wurzelten.

Die wesentlichen Jahre ihrer Jugend hatte sie unter gleichgültigen Fremden verbracht. Die seltenen Stunden des Zusammenseins mit ihrem Großvater, Kaiser Maximilian I., hatten nicht ausgereicht, in ihr die Fähigkeit zu entwickeln, zwischenmenschliche Beziehungen aufzubauen. Wahrscheinlich war sie darum zutiefst unsicher und verletzbar.

Auch Margarete war zunächst fern von der Heimat aufgewachsen, aber unter der verständnisvollen Führung einer echten Bezugsperson. Die entscheidenden Entwicklungsjahre durfte sie in den Niederlanden verbringen, geborgen bei Menschen, die ihre Mutter, Maria von Burgund, noch gekannt, geliebt und verehrt hatten. Margarete war die voll akzeptierte »Fille naturelle« ihres Landes – Maria eine von außen aufgezwungene Fremde, deren Hauptinteressen um den Bruder, Kaiser Karl V., und das Haus Österreich kreisten. Daraus ergaben sich schon von Anfang an wesentliche Schwierigkeiten für die neue Regentin.

Hinzu kam, daß Margarete wesentlich mehr eigenverantwortlich handeln konnte als Maria. Margarete hatte vom Vater, Kaiser Maximilian I., später vom Neffen, Kaiser Karl V., weitgehende Vollmachten übertragen bekommen und konnte so mit weiblichem Takt manche Fehlentscheidung korrigieren, die männliche Starrköpfigkeit getroffen hatte. Maria waren von Anfang an die Hände gebunden. Karl ließ sie durch drei Beratungsausschüsse ständig bevormunden, schwerwiegende Entscheidungen behielt er sich überhaupt selbst vor. In diesem Licht erst läßt sich seine Bemerkung richtig verstehen, er wisse keine geeignetere Person für das Amt des Regenten. Er muß sehr früh erkannt haben, daß Maria ihm blindlings ergeben war und niemals versuchen würde, wider den Stachel zu löcken. Daß er die Schwester dadurch gelegentlich in belastende innere Konflikte stürzen würde, hat er entweder nicht bedacht, oder es war ihm, was wahrscheinlicher ist, gleichgültig. Maria besaß nämlich starke, entwicklungsfähige politische Qualitäten, Initiative und Verantwortungsbewußtsein, und es wird für sie oft sehr schwer gewesen sein, immer rückfragen zu müssen, wochen- und monatelang auf Entscheidungen zu warten, die sie dann häufig gegen die eigene Überzeugung durchzuführen hatte.

Nur so lassen sich die vielen, fast flehenden Rücktrittsgesuche verstehen, die sie in regelmäßigen Abständen an den Kaiser schickte und die mit gleicher Regelmäßigkeit abgelehnt wurden. Es ist nicht verwunderlich, daß sie in geheimnisvolle Krankheiten flüchtete, von denen wir heute annehmen, daß sie psychosomatischer Natur waren.

Die neue Regentin der Niederlande schlug ihren Wohnsitz in Brüssel auf. Das intime kleine Schloß der verstorbenen Tante in Mecheln war ihr zu eng, die mit Kunstgegenständen angefüllten Zimmerchen taugten nicht für die Meute der Jagdhunde, die sie auf Schritt und Tritt begleiteten. Überdies waren die Jagdmöglichkeiten in den dichten Wäldern um Brüssel günstiger als im kultivierten Hügelland um Mecheln.

Endlich erhielt Maria auch ein regelmäßiges Einkommen, es war die stattliche Summe von 36 000 Pfund jährlich. Man gab ihr eine Leibgarde von 20 Mann – und übertrug ihr die Erziehung eines kleinen Jungen und zweier kleiner Mädchen: die Kinder ihrer unglücklichen Schwester Isabella.

Am 7. Oktober 1531 stellte der Kaiser den Generalständen ihre neue Herrin vor. Er hielt eine einstündige Rede und betonte mehrmals –

nicht eben feinfühlig – die politische Unerfahrenheit seiner Schwester. Auch Maria sprach, brennend rote nervöse Flecken im bleichen Gesicht, fast dreißig Minuten lang, aber man konnte sie selbst in der ersten Reihe kaum verstehen. Die Regentin brachte nicht viel mehr als ein heiseres Flüstern hervor.

Ehe Karl Abschied nahm, um sich in Deutschland dem leidigen Religionsproblem zu widmen, gingen die Geschwister auf Inspektionsreise durch die südlichen Landesteile. Genauer gesagt: Karl inspizierte, Maria jagte. Noch hatte sie den Ernst ihrer Lage nicht begriffen.

Sie mußte sehr schnell begreifen lernen: Bereits während der ersten Monate ihrer Regentschaft drohte Krieg. Karl hatte sich mit seinem Schwager, dem abgesetzten König Christian II. von Dänemark, ausgesöhnt. Christian versprach, wieder ein guter Katholik zu werden und Dänemark in den Schoß der römischen Kirche zurückzuführen, falls Karl ihn beim Kampf gegen seinen Vetter, den neuen dänischen König Frederik, unterstützte. Karl stellte seinem Exschwager Hilfstruppen zur Verfügung, worauf die Nordstaaten ein bedrohliches Handelsembargo gegen die Niederlande verhängten. Als Christian bei dem Versuch, sein Land zurückzuerobern, geschlagen und für den Rest seines Lebens eingekerkert wurde, war die Gefahr fürs erste gebannt.

Gefährlich wurde für Maria die innenpolitische Situation. Im Sommer 1532 fand sie sich, als sie von der Jagd zurückkam, vor verschlossenen Stadttoren. Im Zuge von Hungerkrawallen war es in Brüssel zu Plünderungen gekommen, die Stadtväter hatten die Übeltäter zwar dingfest gemacht, aber vorsichtshalber die Tore verbarrikadiert und zeigten sich erst am frühen Morgen bereit, ihre Regentin einzulassen. War dies schon eine schwere Brüskierung, so wurde Maria noch aufgebrachter, als die Gemeinderäte sich weigerten, ihr die Gefangenen zur Aburteilung auszuliefern – denn damit hätte die Stadt ein seit alters her verbrieftes Recht aufgegeben. Maria vertrat den Standpunkt, daß sie allein die Plünderer zur Rechenschaft ziehen müsse, da die Hofbäckerei überfallen worden war, in ihren Augen das Verbrechen der Majestätsbeleidigung. Als die Regentin auf ihrer Meinung beharrte, rotteten sich die Bürger zusammen, stürmten das Gefängnis und brachten die Plünderer in ihre Gewalt. Auf dringende Bitten ihrer Berater verließ Maria die Stadt. Nach wochenlangen Verhandlungen mit den Gemeinderäten lenkte Maria ein, vierzig Plünderer wurden vor ein Stadtgericht gestellt und zum Tode verurteilt. Der Kaiser war mit der Lösung nicht einverstanden. Er befahl: keine Gnade mit all den Aufrührern, es müsse ein Exempel statuiert werden. Maria verlangte daraufhin, unter Androhung schwerster Repressalien, die volle Unterwerfung und Streichung aller Bürgerprivilegien. Die Brüsseler resignierten. Drei Mitglieder des Ältestenrates erschienen vor der Regentin und baten kniefällig um Vergebung. Am 8. Januar 1533 ritt Maria in Brüssel ein. Barhäuptig und barfüßig und, wie befohlen, in schwarze Büßergewänder gehüllt, säumten die Bürger die Straßen. Maria begab sich in die Kirche St. Gudula und ließ eine Dankesmesse lesen.

Diese Ereignisse müssen Maria zutiefst aufgewühlt haben. Von da an begann sie zu kränkeln. Das Leiden verschlimmerte sich, als sie die Einladung ihrer Schwester Eleonore, nunmehr Königin von Frankreich, zu einem Wiedersehen nach vielen Jahren auf Geheiß des Bruders ablehnen mußte. Karl sah zu diesem Zeitpunkt keinen politischen Vorteil in einer Begegnung zwischen Maria und Eleonore. Maria gehorchte. Ihre Ärzte rätselten vergeblich über die Ursache von Ohnmachtsanfällen und Herzbeschwerden bei dieser noch jungen Frau.

Ein weiterer Schicksalsschlag stürzte Maria in langanhaltende Depressionen: Sie mußte sich von ihrer Nichte Christina von Dänemark, Tochter ihrer verstorbenen Schwester Isabella, trennen, die zusammen mit einem Bruder und einer Schwester in Brüssel erzogen worden war. Maria, der es kaum je gelang, anderen Menschen ihr Herz zu öffnen, Liebe und Freundschaft zu pflegen, hatte eine tiefe Zuneigung zur munteren Christina gefaßt, vielleicht deshalb, weil die sechzehn Jahre Jüngere all das an gewinnenden äußeren und inneren Vorzügen besaß, an denen es Maria mangelte. Überdies war Christina, so wie ihre Tante, eine begeisterte Jägerin. Die Regentin und das Kind verbrachten Stunden und Tage gemeinsam im Sattel.

Es ist nicht bekannt, welche Pläne Maria für ihren Liebling gehegt hatte. Sicher ist, daß der lakonische Befehl Karls, die erst Elfjährige mit dem achtunddreißig Jahre alten Herzog von Mailand, Francesco Sforza, zu vermählen, sie außergewöhnlich hart getroffen hat. Zum

ersten und gleichzeitig zum letzten Mal raffte sich Maria dazu auf, dem Bruder die Stirn zu bieten. Sie schrieb: »Es ist widernatürlich und gegen Gottes heiliges Gesetz, ein kleines Mädchen, weit davon entfernt, eine Frau zu sein, zu verheiraten und, solange sie selbst noch ein Kind ist, den Gefahren des Kindbetts preiszugeben.«
Karl ging überhaupt nicht auf diese Argumente ein. Christina wurde nach Mailand gebracht; erst dort erfuhr sie, daß man sie einem Krüppel zur Frau gegeben hatte. Mit vierzehn war sie allerdings bereits Witwe und durfte nach Brüssel heimkehren.
Marias mannigfache Leiden, vor allem die quälenden Magenkrämpfe, nahmen ein Ausmaß an, daß sie kaum mehr die Kraft aufbrachte, ihren Verpflichtungen nachzukommen. Sie bat um ihre Entlassung, wurde aber barsch abgewiesen.
1535, er war fünfunddreißig Jahre alt, befand sich Karl auf dem Gipfel seiner Macht. Die deutsche Glaubensfrage war nach dem Nürnberger Religionsfrieden fürs erste ad acta gelegt, und in Tunis erkämpfte der Kaiser einen brillanten persönlichen Sieg über die mit den Türken alliierten Seeräuberbanden. Das Mittelmeer war für eine Weile befriedet.
Karl fühlte sich stark genug, die dauernden Auseinandersetzungen mit Frankreich endgültig zu bereinigen, und griff von Italien aus die Provence an. Unfähig, die Kaiserlichen dort zu schlagen, trug Franz den Krieg in die Niederlande. Marias Befehle, die Franzosen mit voller Wucht präventiv anzugreifen, wurden nur halbherzig oder gar nicht befolgt. Eine Reihe von Niederlagen kreidete die verschreckte Bevölkerung der Regentin an. Das Land stand am Rande einer Revolution. Dringende Eilboten hetzten zum Kaiser, wieder verlangte Maria, abgelöst zu werden, wieder kam die Anordnung, die Stellung zu halten.
Plötzlich erwachten in Maria die alten Lebensgeister, plötzlich war sie wieder gesund, kräftig und tatendurstig. »Frankreich soll sehen, wozu eine Frau mit Gottes Hilfe imstande ist«, hieß es in einem Tagesbefehl an die Truppenführung.
Nicht nur die Franzosen, auch die eigenen Leute erlebten ein Wunder: eine unerschrockene, kleine, drahtige Frau, die im schwarzen Lederwams, darüber einen silbernen Brustpanzer, ins Feld sprengte und unermüdlich die Soldaten anfeuerte. Nur mit Mühe gelang es, die of-

Maria als Regentin der Niederlande

fenbar zum Äußersten entschlossene Kämpferin davon abzuhalten, sich ins Feuer der vordersten Linie zu stürzen. Den Niederländern war über Nacht eine zweite Jungfrau von Orléans erstanden, und diesmal waren die Franzosen die Verlierer. Am 30. Juli 1537 unterzeichneten sie einen auf zehn Jahre befristeten Waffenstillstand. Franz I. zögerte nicht, das neue Arrangement mit den alten Feinden gebührend zu würdigen. Er bat Maria und ihre Nichte Christina samt Gefolge zu einem Versöhnungsfest nach Compiègne und verlieh der Einladung mit einem wahrhaft fürstlichen Präsent Nachdruck: einem Brillanten von sagenhafter Größe und Reinheit.

Der Kaiser gab seinen Segen zu dem Treffen, beglückt konnten Maria und ihre Schwester Eleonore, die französische Königin, einander in die Arme schließen. Maria war eine beherrschte Frau. Mit keiner Miene zeigte sie ihr Entsetzen beim Anblick Eleonores, die einstmals eine berühmte Schönheit gewesen, nun aber unförmig dick geworden war. Ihr Gesicht war über und über mit einem abstoßenden, rotpusteligen Ausschlag bedeckt. Niemand bezweifelte, daß Eleonore ein Opfer der heftig grassierenden, aus den neuen Überseekolonien eingeschleppten »Lustseuche« geworden war, obwohl König Franz das eheliche Beisammensein auf das absolut notwendige Mindestmaß beschränkte.

Der französische Herrscher war in Begleitung gleich zweier Mätressen zu dem Familientreffen erschienen, mit seiner neuesten Geliebten, der Herzogin von Etampes, und seiner verflossenen, Diane de Poitiers, die sich nun anderweitig tröstete. Augenzwinkernd erzählte man sich, daß sie den schmalbrüstigen, linkischen Dauphin Heinrich mit Finessen und Raffinessen ihrer Liebeskunst vertraut machte, worüber seine blutjunge, reiche, aber wenig anziehende Gemahlin, Katharina von Medici, geflissentlich hinwegsah.

Mittelpunkt des bunten, festlichen Geschehens in Compiègne war allerdings eine Außenseiterin, nämlich Christina von Dänemark, verwitwete Herzogin von Mailand, zweifelsohne die bestaussehende Dame der ganzen Gesellschaft. Sie genoß mit sichtlichem Vergnügen die galanten Schwärmereien französischer Kavaliere, an ihrer Spitze Frankreichs begehrtester Junggeselle, der Herzog von Vendôme. In den Spaß am höfischen Getändel mag sich auch ein wenig Sensationslust gemischt haben, denn es hatte sich rasch herumgesprochen,

124

daß kein Geringerer als Englands Heinrich VIII. die junge Witwe Christina begehrte, kurz nachdem er sich auf höchst anstößige Weise seiner zweiten Gemahlin, Anne Boleyn, entledigt hatte. Heinrich habe sich, so hieß es, unsterblich in Christina verliebt, und das nur aufgrund eines Bildnisses, das sein Hofmaler Hans Holbein von der Herzogin gemalt hatte.

Maria unterhielt eine lange, ernsthafte Korrespondenz mit ihrem Bruder, dem Kaiser, über eine mögliche Verbindung des Hauses Habsburg mit dem Hause Tudor, crhielt aber so lange keine bindenden Ordern, bis das Thema sich durch eine Entscheidung des Papstes von selbst erledigte. Heinrich VIII. wurde exkommuniziert und war damit kein Kandidat für die katholische Herzogin.

Christina kehrte mit ihrer Tante nach Brüssel zurück.

Für Maria gab es erneut erhebliche innenpolitische Probleme zu bewältigen. Diesmal waren es die Bürger von Gent, die der Regentin den Fehdehandschuh hinwarfen. Sie weigerten sich, gewaltige Kriegssteuern nachzuzahlen, da sie ohnehin ein eigenes bewaffnetes Kontingent gegen Frankreich beigesteuert hatten. Gent besaß, wie auch andere Städte, seit der Regierungszeit der Maria von Burgund eine Reihe demokratischer Rechte, wozu auch die eigene Steuerhoheit gehörte. Nachdem einige Steuerbüttel der Brüsseler Zentralregierung verprügelt und aus der Stadt gejagt worden waren, ließ die Regentin Truppen aufmarschieren. Nun kam es auch in anderen Orten zu antihabsburgischen Krawallen, die sich zudem gegen die harte, gnadenlose Religionspolitik der Herrscherin richteten – derselben, die in ihren Jugendtagen selbst ein wenig mit dem Protestantismus geliebäugelt hatte.

Die Genter appellierten an den Kaiser, er möge seiner Geburtsstadt gegen die, ihrer Meinung nach, eigenmächtige Handlungsweise seiner Regentin zu Hilfe kommen. Ihm vertrauten sie ihr Schicksal an. Karl erschien tatsächlich. Am 14. Februar 1540 ritt er in die Stadt ein, begleitet von Maria sowie 60 000 Mann, 15 000 Pferden und schwerer Artillerie. Wohl hörte er sich die Beschwerden der Bürger gegen seine Schwester an, doch letztlich wurden die Anführer der Rebellen gefangengesetzt, gefoltert und hingerichtet.

Das Schicksal der Stadt war damit besiegelt. Gent verlor sämtliche Privilegien, hatte eine Strafe von 150 000 Gulden zu entrichten und wurde verpflichtet, jährlich weitere 6 000 an die Staatskasse abzuliefern.

Während einer langen, hochnotpeinlichen Zeremonie mußten die Spitzen der Bürgerschaft, mit schwarzen Büßergewändern angetan, barfuß und durch Henkersstricke aneinandergebunden, im Hofe des Terwallepalastes vor dem Kaiser und seiner Schwester niederknien, Reue und Besserung geloben. Viele der so schrecklich gedemütigten Männer konnten sich der Tränen nicht erwehren.

Maria wohnte der Szene, wie immer in kritischen Situationen, leichenfahl und mit dunkelroten Flecken auf den Wangen, schweigend bei. Aber in einem plötzlichen Augenblick der Stille, als alles schon vorüber schien, erbat sie mit lauter, fester Stimme Generalpardon für die Bürger von Gent. Das wurde gnädigst gewährt – unter der Voraussetzung, daß alle harten Bedingungen genauest erfüllt würden.

Ob Maria das Schicksal der Genter so naheging oder ob sie bloß ein besseres Klima für die Zukunft schaffen wollte, ist unklar. Fast scheint die erste Version wahrscheinlicher, denn unmittelbar nach der Genter Affäre bot sie wieder einmal ihren Rücktritt an. Karl beantwortete das Gesuch mit einer neuen Betrauungsurkunde, welche der Regentin erstmals ein wenig mehr Handlungsspielraum einräumte.

Die Niederschlagung der Genter Revolte brachte eine kaum spürbare Atempause. Abgesehen davon, daß Maria wieder in ihre trostlose Isolation zurückgeworfen wurde, weil Karl seine Nichte Christina erneut verheiratet hatte, diesmal mit dem Erbprinzen von Lothringen, wollten die innenpolitischen Spannungen nicht nachlassen.

Marias unnachgiebige Haltung in Fragen der Religion und der Selbstbestimmung schuf ein Klima des Hasses und der Verweigerung, das durch grausame Maßnahmen immer weiter verschärft wurde. Ein Heer von Aufpassern und Spitzeln verunsicherte das Volk; als Todesurteile gefällt wurden, weil ein paar Wirte es verabsäumt hatten, verdächtige Gäste zu melden, kam es um ein Haar wieder zur offenen Rebellion.

Erst ein neuer Krieg ließ die innenpolitischen Schwierigkeiten in den Hintergrund treten. Allen Friedensbeteuerungen und heiligen Schwüren zum Trotz machte Frankreich wieder mobil, verbündete sich mit den Türken, dem Herzog von Geldern und den Dänen zu einer Allianz gegen die Niederlande. Die Franzosen besetzten Luxemburg,

Geldern marschierte in den Niederlanden ein und belagerte Brüssel sowie Antwerpen. Maria, nun wieder im schwarzen Wams und im silbernen Panzer, vom Morgengrauen bis in die sinkende Nacht auf dem Pferderücken unterwegs, leitete die militärischen Operationen, die allerdings erst von Erfolg gekrönt wurden, als der Kaiser mit Truppen zu Hilfe eilte. Er besetzte Geldern, das er sogleich den Niederlanden einverleibte, und gelangte, von einer rasanten Offensive getragen, bis vor die Tore von Paris.

Nicht Friedenstauben, sondern zwei prachtvolle Jagdfalken waren es, welche die Waffenstillstandsverhandlungen einleiteten. Königin Eleonore übersandte die kostbaren Vögel ihrer Schwester, mit der Bitte um Fürsprache beim Kaiser. Da Karl selbst am Ende seiner militärischen und materiellen Kräfte war, sagte er nicht nein. Im September 1544 wurde ein neuerlicher Friede mit Frankreich ausgehandelt.

Zurück blieb ein verwüstetes Land, dessen Felder größtenteils brachlagen, Städte und Dörfer in Trümmern; marodierende deutsche und spanische Landsknechte, ohne Sold entlassen, preßten das Letzte aus der Bevölkerung.

Ruhe des Friedhofs zwar – doch endlich Ruhe für einige Zeit! Karl beschenkte seine Schwester mit zwei noch halbwegs ertragreichen Besitzungen, in Biche und in Mariemont, wo sie, zum ersten Mal seit langer Zeit, ein wenig Frieden genoß und zwei prachtvolle Schlösser im italienischen Renaissancestil errichten ließ, umgeben von kunstvollen Gärten, die nicht ihresgleichen nördlich der Alpen hatten.

Nach wie vor frönte die Regentin ihrer Jagdleidenschaft, entwickelte jedoch auch neue Interessen, indem sie die Kunstsammlungen ihrer Tante Margarete erweiterte und mit der ihr eigenen Verbissenheit eine der umfangreichsten Bibliotheken ihrer Zeit aufbaute.

1547 war ein einschneidendes Jahr, gleichermaßen für Europa wie für Habsburg. Es starben der verhaßte Franz I. von Frankreich und der unberechenbare Heinrich VIII. von England, Karl errang im sächsischen Mühlberg einen fundamentalen Sieg über die protestantischen Fürsten Deutschlands, die sich im Schmalkaldischen Bund gegen ihn vereint hatten.

Wahrlich ein Grund zum Feiern! Die ganze Familie Habsburg traf in Augsburg zusammen. Der Kaiser, König Ferdinand samt Sohn Max,

Christina von Dänemark – nun schon zum zweiten Mal Witwe – und Maria, die allerdings mehr im Sinn hatte als festliche Zerstreuung und stundenlange Porträtsitzungen für den hochgeschätzten Malerfürsten Tizian, wie es die anderen Mitglieder der Familie taten. Sie hatte einen für die Niederländer unfaßbaren Plan ausgearbeitet und setzte ihn bei ihren Brüdern durch. Die Niederlande wurden ungefragt und mit einem Federstrich dem Deutschen Reich assoziiert, sie verloren damit den letzten Rest ihrer ohnedies systematisch eingeschränkten Eigenständigkeit.

Angst und Bestürzung machten sich breit, Tausende Künstler, Wissenschaftler, Gewerbetreibende und Kaufleute, vor allem jene, die noch schärfere Maßnahmen gegen ihren Glauben befürchteten, flohen nach England und hinterließen ein wirtschaftliches und kulturelles Vakuum. Die Niederlande, unter dem Burgunder Karl dem Kühnen und seiner Tochter Maria einst die reichste und blühendste Region Europas, wurden zum Armenhaus Europas.

So ausgeblutet das Land auch sein mochte, ein neuerlicher Reigen kostspieliger Feste wurde verlangt, als Kaiser Karl V. 1549 seinen Sohn Philipp mit den Untertanen bekannt machte. Der zweiundzwanzigjährige Infant erschien in Begleitung seines Erziehers und Mentors, des Herzogs von Alba, einer so hochmütig und abweisend wie der andere. Vom ersten Augenblick an begegneten die Landeskinder ihrem zukünftigen Landesvater mit Antipathie. Niemals glitt ein Lächeln über Philipps junges, hartes Gesicht, niemals richtete er ein einziges Wort an die zahlreichen Delegationen, die ihn während seiner Rundreise begrüßten. Es war bald klar, daß er dazu gar nicht fähig war, da er nur Spanisch konnte, aber man hätte doch zumindest eine freundliche Geste erwarten dürfen.

Ein einziges Mal sah man den Infanten lachen, aber es war eher ein böses Grinsen. Es geschah beim Festzug der Brüsseler Bürger zu Ehren ihrer Herrscher, ein vierstündiges Spektakel mit Prunk und Pracht und schweifender Phantasie aufgezogen. Die Gilden in ihren leuchtenden Zunftgewändern wechselten mit Wagen ab, auf denen lebende Bilder dargestellt waren, historische Szenen, Allegorien, derbe Späße. Auf einem Fahrzeug hockte ein riesiger Braunbär, schlug und trampelte mit den Tatzen auf Tasten und Pedale einer Orgelattrappe. Die Töne wurden von entsetzlich quietschenden, miauenden, jaulenden Hunden und Katzen geliefert, die in Einzelkäfige rund um die Orgel gesperrt und deren Schwänze mit den Tasten und Pedalen verbunden worden waren. Der Infant amüsierte sich königlich.

Philipp war der auslösende Faktor eines tiefgreifenden Bruderzwistes im Hause Habsburg, der nur dank Marias geschickter Vermittlung nicht in eine Katastrophe mündete.

Die beiden Brüder Karl und Ferdinand samt ihren Söhnen Philipp und Maximilian trafen einander in Augsburg, um die Reihung in der Nachfolge zu klären. Ferdinand, bereits zum deutschen König gekürt, würde im Fall von Karls Tod automatisch Kaiser werden. Als logischen Nachfolger sah er seinen Sohn Maximilian an. Karl indessen hatte sich in den Kopf gesetzt, daß dermaleinst Philipp auf Ferdinand als Kaiser folgen sollte; er ignorierte die Tatsache, daß das letzte Wort in jedem Fall die deutschen Kurfürsten haben würden.

Das Haus der Fugger, wo die hohen Gäste logierten, hallte wider vom Streit der Brüder und Vettern. Nur mit Mühe konnte nach außen das Dekorum gewahrt werden.

Karl, bereits schwer gezeichnet von der Gicht und allgemeinen Erschöpfungszuständen, fühlte sich verlassen und verraten – von der eigenen Familie und von den deutschen Fürsten, die deutlich fühlen ließen, daß sie keinen Spanier zum Kaiser haben wollten, schon gar nicht den arroganten Philipp, der sich so unvorteilhaft von seinem liebenswürdigen Vetter Maximilian unterschied.

Karl wandte sich an den einzigen Menschen, von dem er wußte, daß er ehern zu ihm stand, an seine Schwester Maria: »... ich kann nichts mehr tun, ohne zusammenzubrechen. Seien Sie gewiß, daß ich durch das, was der verstorbene König von Frankreich mir angetan, nicht so gelitten habe wie durch die Art, in welcher der König, Unser Bruder, mit mir verfährt.«

Kaum hatte sie den erschütternden Brief des Kaisers in Händen, reiste die nun bereits Fünfundvierzigjährige überstürzt aus Brüssel ab. Auf ständig gewechselten, schweißnassen Pferden schaffte sie mitten im klirrenden Winter die Route Brüssel–Augsburg, für die man bei besten Wegverhältnissen fast drei Wochen veranschlagte, in knappen zwölf Tagen – ein Kraftakt, wie ihn nur ein täglich trainierter Körper zustande bringen konnte.

Was sich hinter verschlossenen Türen im Fugger-Haus abgespielt hat, wird für immer ein Geheimnis bleiben, denn es existieren keine Aufzeichnungen über die Gespräche unter vier oder sechs Augen. Diplomaten aus ganz Europa, die herbeigeeilt waren, um den Ausgang des Familiendramas und der sich daraus ergebenden Folgen abzuwarten, berichteten lediglich, daß Maria nach stundenlangen Verhandlungen die Gemächer des Bruders Ferdinand und des Neffen Max hocherhobenen Hauptes verließ.

Drei Monate dauerte die Auseinandersetzung, bis Maria einen lahmen Kompromiß zustande brachte, durch den alle Beteiligten wenigstens das Gesicht wahrten. Am 9. März 1551 wurde eine Abmachung unterzeichnet, wonach Philipp als erster Kaiser werden, Maximilian ihm nachfolgen und dann die Krone abwechselnd der österreichischen und der spanischen Linie des Hauses Habsburg zufallen sollte. Der Vertrag war ein wertloses Stück Pergament, denn die Prinzen waren gleichaltrig, und an den deutschen Kurfürsten führte kein Weg vorbei.

Der französische Gesandte schilderte den Zustand, in dem sich Karl nach diesen zermürbenden Wochen befand: »... er schleppt sich an seinem Stock durch das Zimmer, totenblaß und mit schneeweißem Haar.«

Es muß Maria das Herz zerschnitten haben, ihren einst so strahlenden Gebieter in einer derart erbärmlichen Verfassung zu sehen. Der Mann, der bisher befohlen hatte, ohne zu fragen, bedurfte in zunehmendem Maße ihres Beistands und ihres Zuspruchs.

Alarmierende Nachrichten erwarteten die Regentin, als sie in die Heimat zurückkehrte. Viele Anzeichen deuteten darauf hin, daß der neue französische König alles daransetzen werde, Habsburgs Macht endgültig zu brechen. Heinrich II. wurde dabei nicht nur von staatspolitischen, sondern von äußerst eigensüchtigen Rachemotiven getrieben. Niemals konnte er vergessen und verzeihen, daß er als kleiner Junge von Kaiser Karl V. vorübergehend als Geisel festgehalten worden war.

Maria traf wie besessen Vorbereitungen für den unausweichlichen Waffengang, und Ende September war es soweit. Frankreich erklärte offiziell den Krieg. Die Festungen Metz, Verdun und Toul fielen blitzartig. Lothringen wurde besetzt, die im Namen ihres unmündigen Sohnes regierende Herzogin Christina, ehemals Prinzessin von

Dänemark, des Landes verwiesen, ihr Sohn nach Frankreich verschleppt.

Maria fühlte sich noch nicht stark genug für einen Gegenangriff. Es fehlte an Truppen, und es fehlte an Geld. Erst als die Fugger 300 000 Gulden lockermachten und die Bankiers von Antwerpen beachtliche Summen vorstreckten, als Gegenleistung für alles aus den Überseegebieten einströmende spanische Gold, erst als Karl mit den protestantischen Fürsten in Passau ein Stillhalteabkommen getroffen und somit Rückenfreiheit erhalten hatte, erst dann wagten die Niederlande eine Gegenoffensive. Sie wurde vom Kaiser persönlich geleitet, und sie blieb vor Metz hoffnungslos stecken.

Der Kaiser war krank. Jedermann konnte es sehen, als er nach Brüssel kam, in seiner Sänfte mehr liegend als sitzend. Dann entzog er sich den neugierigen Blicken für lange Zeit.

Die Gicht hatte mittlerweile seinen ganzen Körper erfaßt. Er war kaum mehr bewegungsfähig, litt an Atemnot und konnte manchmal überhaupt nicht sprechen. Hämorrhoiden peinigten ihn, zeitweise Depressionen ließen ihn in Teilnahmslosigkeit verfallen.

Die Seele des Hauses und Mittelpunkt des Staates war nun unbestritten Maria. Sie war die einzige, die zu jeder Tages- und Nachtstunde bei dem Kranken Zutritt hatte, sie pflegte ihn, sie traf seine Entscheidungen, sie führte ihm sogar die Hand, wenn ihm der Sinn danach stand, Liebesbriefe an die neue, streng katholische Königin von England, Tochter Heinrichs VIII. aus seiner ersten Ehe mit Katharina von Aragon, zu verfassen. Königin Mary war ein verblühendes, reizloses Wesen, aber Maria und Karl hatten beschlossen, sie mit dem Infanten Philipp zu vermählen. Doch dieser weigerte sich, die zwölf Jahre ältere Frau zu umwerben, und so führten sein Vater und die Tante für ihn eine amouröse Korrespondenz. Philipp ließ sich letzten Endes zur Ehe mit der reichen Erbin überreden und erhielt vorübergehend den Titel eines Königs von England.

Im Frühjahr 1554 begannen die Franzosen eine Großoffensive gegen die Niederlande. Maria rief in einer letzten Kraftanstrengung alles zu den Waffen, was nur Waffen tragen konnte, und setzte die Städte in Verteidigungsbereitschaft.

Heinrich II. stürmte an der Spitze seiner Truppen gen Norden, der entfesselten Soldateska ein wüstes Vorbild. Mit eigenen Händen legte er Feuer an die Schlösser Marias, mit eigenen Händen schleppte er Holz heran, um die Flammen zu speisen, mit eigenen Händen brachte er große Tafeln auf den rauchenden Ruinen an: »Zur Erinnerung an Folembray, Madame!« Damit spielte er auf die Zerstörung eines seiner Schlösser durch niederländische Truppen an.

Der Krieg erlahmte von selbst. Auf beiden Seiten herrschte Geldnot, unbezahlte Landsknechte hielten sich auf dem flachen Lande schadlos. Aus totaler Erschöpfung erwuchs ein Waffenstillstand.

Der Kaiser verließ das Brüsseler Schloß, zog sich in ein kleines Gartenhäuschen zurück und trug sich immer häufiger mit Rücktrittsgedanken. Sobald Philipp, der »König von England«, abkömmlich sein würde, wollte sein Vater nach Spanien heimkehren, von einem Leben des Kampfes und der Entbehrungen auszuruhen. Maria ließ keine Zweifel, daß sie, komme, was da wolle, mit dem Bruder ziehen werde, ebenso Eleonore, verwitwete Königin von Frankreich, die seit dem Tode ihres Mannes in Brüssel lebte.

Karl, vor allem aber Philipp, widersetzten sich Marias Plänen. Sie sei in den Niederlanden unentbehrlich, Philipp brauche den Rat der Tante, ihre Erfahrung aus fünfundzwanzig Regierungsjahren.

Doch dieses Mal blieb sie fest. In einem langen Memorandum an Karl, das mit der berühmten Anrede »Mon tout en ce monde« (mein alles auf dieser Welt) begann, legte sie die Gründe für ihren unumstößlichen Entschluß dar. Kernstück ihrer Schrift: »Je mehr ich an Erfahrungen gesammelt habe, desto mehr wuchs in mir die Überzeugung, daß ich meiner Aufgabe im Grunde nicht gewachsen bin.«

Der Kaiser und sein Sohn mußten einsehen, daß Maria, die stets nur für ihren Bruder gelebt und gearbeitet hatte, nichts sehnlicher wünschte, als mit ihm seine letzten Tage zu verbringen.

Nachdem Philipp in den Niederlanden eingetroffen war, versammelten sich die führenden Köpfe des Landes am 25. Oktober 1555 im Ratssaal des Schlosses zu Brüssel, um von ihrem Herrscher Abschied zu nehmen. Es war derselbe Saal, wo Karl, genau vierzig Jahre zuvor, als fünfzehnjähriger Knabe die Regentschaft angetreten hatte. Nur zwei Frauen waren unter den mehr als tausend Männern: Eleonore und Maria.

Schweigend erhob sich die Menge, als der Kaiser, von einem Begleiter gestützt, sich mühsam zum Thronsessel schleppte. Sitzend hielt er seine Abschiedsrede. In bewegten Worten schilderte er sein ruheloses Dasein, seine Bemühungen um Frieden und sein oftmaliges Scheitern.

Als er geendet hatte, vernahm man in der Stille ein lautes Schluchzen. Maria schlug die Hände vors Gesicht, eine hilflose Geste, ihre Tränen zu verbergen. Niemand hatte diese Frau jemals zuvor weinen gesehen.

Philipp kniete vor dem Vater nieder und empfing aus seiner Hand Amt und Segen.

Dann erhob sich Maria und sprach mit leiser, fester Stimme zum letzten Mal zu ihren Untertanen. Sie gab einen kurzen Überblick über ihre Regierungszeit, sie bedankte sich bei allen Mitarbeitern und sagte: »Ich habe viele Fehler gemacht. Bitte verzeihen Sie mir, es war nicht böser Wille, sondern menschliches Unvermögen.«

Ein Raunen ging durch den Saal. Am Ende ihrer Regierungstätigkeit hatte Maria erkennen lassen, daß unter dem Panzer, den sie so oft getragen, ein warmes Herz schlug.

Betretenheit und Ratlosigkeit zeichneten sich auf den Mienen der Anwesenden ab. Gewiß, Maria war nie so beliebt wie ihre Tante Margarete, man haßte sie zuweilen und hätte sie am liebsten verjagt. Dennoch war sie so etwas wie ein Fels in der Brandung gewesen, jemand, der mit starker Hand all die unbegreiflichen, auseinanderstrebenden Kräfte einer neuen Zeit einigermaßen zu beherrschen verstand. Mit Kühnheit und todesverachtendem persönlichem Einsatz hatte sie das Land gegen den Erbfeind Frankreich verteidigt. Sie war eine berechenbare Größe geworden. Angst machte sich breit bei ihrem Abschied. Angst vor dem hoffärtigen jungen Mann, der ihre Nachfolge antrat, Angst vor dem düsteren Schatten, der Philipp stets begleitete – dem Herzog von Alba.

Weil die Kasse leer war, verzögerte sich die Abreise der drei Geschwister um fast ein Jahr. Kaiser Karl V. war zwar nominell der Herr der Welt, dennoch ein armer Mann. Von den Kosten der Kaiserwahl, mehr als eine Million Gulden, hat er sich lebenslang nicht erholen können.

In Spanien angekommen, ließ sich der abgedankte Herrscher in Yuste nieder, wo er ein bequemes Haus nahe dem Hieronymuskloster bezog. Er lebte zurückgezogen seinen Neigungen und beschäftigte sich mit Vorliebe damit, seine umfangreiche Sammlung kostbarer Uhren zu betreuen.

Zu Marias bitterer Enttäuschung wünschte er seine Schwestern kaum je zu sehen. Die ab nun unzertrennlichen Damen nahmen in Jarandilla, einige Kilometer von Yuste entfernt, Quartier. Am 14. Dezember verabschiedeten sie sich von ihrem Bruder, um nach Badajoz an der portugiesischen Grenze zu reisen. Eleonore wollte endlich ihr einziges Kind, die nun bereits sechsunddreißigjährige Maria, wiedersehen, die sie verlassen mußte, als die Kleine fast noch in den Windeln lag.

Die Infantin hatte alle Einladungen, ihre Mutter in Jarandilla zu besuchen und vielleicht auch mit ihr zu leben, brüsk abgelehnt. Zögernd stimmte sie zu, ihre Mutter an der Grenze zu treffen – um sie dann dort einen vollen Monat warten zu lassen.

Eleonore fieberte dem Wiedersehen entgegen, sie schlief kaum eine Nacht, und als es soweit war, begegnete ihr keine zärtliche, nicht einmal eine höfliche Tochter, sondern eine hochnäsige, abweisende Fremde. Vergeblich warb Eleonore um ein wenig Freundlichkeit, vergeblich um die Zusage, einander wieder zu treffen. Maria hörte sich die mütterlichen Klagen eine Weile ungerührt an, dann reiste sie abrupt ab.

Die Schwestern machten sich am 10. Februar 1558 auf den Heimweg. Schon am ersten Reisetag brach Eleonore zusammen. Man schleppte die Bewußtlose in die nächste Bauernkate und setzte sie, so wie sie war, auf einen Stuhl. So wie sie war, in ihren unbequemen Reisekleidern, blieb sie sitzen und starb langsam dahin. Am achten Tag lag sie tot in Marias Armen.

Ein Hofbeamter, den Karl ausgesandt hatte, als er von Eleonores Krankheit erfuhr, fand Maria in Tränen aufgelöst, unfähig zu berichten, was eigentlich geschehen war. »Die Königin ist so erschüttert, daß sie ein herzzerbrechender Anblick ist«, meldete der Mann.

Als Maria von ihrer traurigen Reise zurückkam, wurde sie von Karl ohne weiteres empfangen. Er machte sich Sorgen über schlechte Nachrichten aus Brüssel. Philipp hatte eine schwere Schlappe im wieder aufgeflammten Krieg gegen Frankreich erlitten, neue Unruhen erschütterten die Niederlande. Karl bat Maria, nach Brüssel zurückzukehren, um ihrem Neffen beizustehen. Sie lehnte ab. Sie wollte ihren

Lebensabend in Ruhe und Frieden verbringen, ein wenig jagen, ein Landhaus erwerben und Blumen züchten.

Philipps Notsignale wurden immer dringender, doch Maria war entschlossen, hart zu bleiben. Bis Anfang September des Kaisers Tochter und zeitweilige Regentin Spaniens, Erzherzogin Juana, bei Maria erschien und ein Handschreiben ihres schwer erkrankten Vaters vorlegte. Der Brief gipfelte in der demütig flehenden Bitte, Maria möge nach Brüssel gehen und dort nach dem Rechten sehen. »Erklären Sie der Königin«, hieß es in dem Brief an Juana, »der Sturz des Königs, der Verlust der Ehre und der Zusammenbruch unseres Hauses und die Mittel, dies zu verhindern, liegen allein in ihren Händen.«

Marias Widerstand war gebrochen. Am 8. September übermittelte ein Eilbote dem sterbenden Exkaiser die Nachricht, daß seine Schwester bereit sei, seine Bitte zu erfüllen. Zum letzten Mal lächelte der alte Mann. Er verschied am 21. September.

Im Hafen von Laredo traf man bereits alle Vorbereitungen für Marias Reise, als die Nachricht vom Tod des Bruders sie erreichte. Sie zeigte sich gefaßt, erlitt aber kurz darauf zwei schwere Herzanfälle, so daß die Ärzte sie bereits aufgaben. Überraschenderweise erholte sie sich aber wieder und trieb ihre Umgebung mit nervöser Ungeduld zur Eile an.

Am Morgen des 18. Oktober brachte ein Diener Maria eine Tasse Kraftbrühe ans Bett. Sie wirkte ruhig und entspannt, aber plötzlich durchlief ein Zittern ihren Körper, und sie sank leblos in die Kissen.

»Ich möchte dem Kaiser bis zu meinem Tode dienen und gehorchen«, hatte die Königin von Ungarn nach ihrer Bestellung zur Regentin der Niederlande einst geschrieben. Sie hat ihr Wort gehalten.

Vor Sonnenaufgang

Anna 1601–1666

»Sie verdient, unter die größten Könige unseres Landes gereiht zu werden«, hat Ludwig XIV. über seine Mutter, Anna von Österreich, gesagt. Die französische Historikerin Claude Dulong, Verfasserin der bisher umfang- und facettenreichsten Biographie der »Anne d'Autriche«, geht noch einen Schritt weiter, indem sie behauptet, daß das »große Jahrhundert des französischen Königtums«, daß selbst das heutige Frankreich anders aussähe, hätte Anna nicht neunzehn Jahre lang die Geschicke des Landes gelenkt und ihm ihren Stempel aufgeprägt.

Eine Habsburgerin, Anna Maria Mauricia also, stand am Beginn des »großen Jahrhunderts« vor Sonnenaufgang des Sonnenkönigs, eine andere, Marie Antoinette, an dessen Ende. Wie kommt es, fragt man sich unwillkürlich, daß letztere in unseren Breiten wohlbekannt ist und durch eine Flut von Artikeln und Büchern immer wieder ins Gedächtnis gerufen wird, obwohl sie eine an sich unbedeutende Persönlichkeit, ein »mittlerer Charakter« war, wie Stefan Zweig es treffend formulierte; Anna von Österreich ist hingegen so gründlich vergessen (verdrängt?), daß in den meisten gängigen Habsburgerstammbäumen nicht einmal ihr Name aufscheint, obwohl sie eine starke und interessante Herrscherpersönlichkeit des verworrenen 17. Jahrhunderts war.

Ihr erster »Fehler« mag gewesen sein, daß sie »nur« der spanischen Linie entstammte, die stets ein wenig links liegengelassen wird, wenngleich die Spanier unter den Habsburgern ebensosehr oder sowenig österreichisch waren wie die in Wien residierenden. Infolge ständiger Verschmelzung beider Häuser durch Heiraten zwischen Vettern und Basen, die ihrerseits von Geschwisterkindern abstammten, zwischen Onkeln und Nichten ergibt sich kein Unterschied zwischen Spaniern und Österreichern. Alle gehörten gleichermaßen dem großen »Hause Österreich«, der »Casa d'Austria«, »Maison d'Autriche«, an.

Anna war eine Urenkelin Kaiser Karls V., ihre Mutter Margarete eine Tochter Karls von Innerösterreich, Schwester Kaiser Ferdinands II., Anna somit dessen Nichte und Kusine Kaiser Ferdinands III., zugleich auch dessen Schwägerin, denn er war mit ihrer Schwester Maria vermählt. Gegen den Cousin und Schwager, aber auch gegen den eigenen Bruder, König Philipp IV. von Spanien, hat Anna Krieg geführt und beiden schmerzliche Verluste zugefügt. Sie hat, zum Unterschied von den meisten Mitgliedern der Dynastie, nicht für das Wohl des Hauses Österreich, sondern ausschließlich für das ihres Sohnes, Ludwig XIV., gekämpft und gewirkt – und damit für Frankreich, Erzrivale und Erzfeind der Habsburger. »Es gibt keinen größeren Schurken als den französischen König.« Dieser Satz von Annas Vorfahren, Kaiser Maximilian I., hatte auch für dessen Nachkommen volle Gültigkeit, betraf also die Regentin Anna aus dem Hause Habsburg ebenso wie ihre Vorgänger aus den Häusern Bourbon und Valois.

Anna war in den Augen ihrer Verwandten eine Verräterin an der Familie, eine Abtrünnige, die in das Lager des Feindes übergewechselt war, in das man sie als Vierzehnjährige hineingestoßen hatte, und deren befremdendes Verhalten mit Schweigen übergangen wurde – und noch immer wird.

Ironie am Rande: den weitesten Kreisen von Lesern, Film- und Fernsehzuschauern ist Anna sehr wohl vertraut, wenn auch die meisten kaum wahrnehmen, daß es eine Habsburgerin ist, die zusammen mit dem englischen Herzog von Buckingham im Mittelpunkt des vielfach verfilmten klassischen Abenteuerromans »Die drei Musketiere« von Alexandre Dumas steht. Dumas Hauptfiguren sind keine dichterische Erfindung, der Kern der Geschichte beruht auf Tatsachen. Es gab eine amouröse, wenn auch gewiß nicht intime Beziehung zwischen der Königin und dem Herzog; es ist wahr, daß Buckingham zwei Schmuckstücke der Königin besaß, die er ihr auf abenteuerliche Weise wieder zukommen ließ, um das Mißtrauen ihres Gemahls, König Ludwigs XIII., zu zerstreuen. Nur die Musketiere, Angehörige der königlichen Leibwache, die hatten mit der Affäre sicher nicht unmittelbar zu tun.

Dumas konnte aus dem vollen schöpfen. Das Leben der Anna von Österreich liest sich wie ein Liebes- und Schicksalsroman vor wildbewegtem politischem Hintergrund, ganz nach dem breitesten Publikumsgeschmack. Es fehlt keine der beliebten Zutaten wie Liebe und Haß, Intrige und Bosheit, List und Mut, und im Mittelpunkt eine blendend schöne Frau. Sie war – das haben die schreibfreudigen, von Tagebüchern und Memoiren geradezu besessenen Zeitzeugen am französischen Hof immer wieder ausdrücklich erwähnt – die anziehendste und begehrenswerteste Fürstin jener Tage. Rubens, der sie wiederholt gemalt hat, brauchte sich keineswegs der ansonsten üblichen Retuschen höfischer Malerei zu bedienen, um der Nachwelt das Bildnis einer vollkommenen Frau nach dem Geschmack des 17. Jahrhunderts zu übermitteln.

Anna war mittelgroß, hochbusig, mit schmaler Taille. Das Gesicht oval, der Teint »wie Milch und Honig«, hellgrüne, strahlende Augen; von der berüchtigten Habsburgerlippe nur so viel, daß der Mund verlockend und sinnlich wirkte. Sie besaß das für viele Habsburgerinnen, von Margarete von Österreich bis hin zu Maria Theresia, typische dichte, goldblonde Haar; kleine, feingliedrige Finger, die meist bewunderten und unzählige Male besungenen Hände ihrer Zeit. Königin Christine von Schweden, nach ihrer Abdankung zu Besuch in Paris, erklärte, sie habe dort alles gesehen, was sehenswert wäre, nachdem sie die Hände der Königin Anna bewundern durfte.

Annas Charakter war nicht unkompliziert. Sie neigte ebenso zu unvermuteten Zornausbrüchen wie gelegentlich zu schneidender Schärfe. Aber im allgemeinen muß ihr Wesen heiter, offen und anziehend gewesen sein. Nicht nur Männer erlagen ihrem Zauber – einige bis zur Raserei –, auch Frauen wurden in ihren Bann gezogen, bemerkenswerterweise sogar etliche, die ursprünglich ihre Feindinnen oder Rivalinnen waren.

Anna verfügte über eherne Selbstdisziplin und unglaubliche Geduld. Nur so konnte sie den jahrzehntelangen, teils offen, teils versteckten Kleinkrieg überstehen, den der eigene Mann und sein Minister Richelieu sowie zeitweise ihre Schwiegermutter gegen sie führten. Als Regentin handelte sie kühl nach den einmal als richtig erkannten Konzepten, als Mutter offenbarte sie ihre ganze Liebesfähigkeit, vor allem, was ihren Erstgeborenen, Ludwig XIV., betraf, den sie schlichtweg vergötterte.

Anna wurde als ältestes von fünf Kindern am 21. September 1601 in

Valladolid geboren. Ihr Vater war Philipp III. von Spanien, ihre Mutter Margarete von Innerösterreich (nach anderen Quellen Margarete von Steiermark genannt), Schwester des deutschen Kaisers Ferdinand II. Die Mutter starb, als Anna zehn Jahre alt war. Wenig später verlobte man sie mit dem gleichaltrigen französischen König Ludwig XIII., auch er eine Halbwaise, nachdem sein Vater, Heinrich IV., der erste französische Herrscher aus dem Hause Bourbon, 1610 ermordet worden war. Die Regierungsgeschäfte führte während Ludwigs Minderjährigkeit dessen Mutter, Maria von Medici, auch sie eine halbe Habsburgerin. Marias Mutter Johanna war eine Schwester der spanischen Königin, Annas Mutter. Anna und ihre Schwiegermutter waren demnach leibliche Kusinen, Anna die Tante ihres Ehemanns und Großtante ihres Sohnes Ludwig.

Maria von Medici hat die Heirat zwischen den beiden Königskindern arrangiert, genauer gesagt, eine Doppelhochzeit, denn gleichzeitig wurde Ludwigs Schwester Elisabeth mit dem spanischen Infanten (später Philipp IV.) vermählt.

Maria von Medici glaubte zwei gute Gründe für diese spanisch-französische Verbindung zu haben, einen religiösen und einen politischen – und zwar in dieser Reihenfolge.

Die engagierte Katholikin konnte sich nicht damit abfinden, daß Heinrich IV., einstmals nach jahrzehntelangen grausamen Religionskämpfen Frieden mit den protestantischen Hugenotten geschlossen hatte. Der zum katholischen Glauben konvertierte Protestant (berühmt sein Ausspruch: »Paris ist eine Messe wert.«) gewährte im sogenannten Edikt von Nantes den Protestanten Glaubensfreiheit und Gleichberechtigung. Maria wollte unter allen Umständen das Ruder wieder herumreißen und suchte darum die Allianz mit dem streng katholischen Spanien. Aber sie strebte auch nach dauerndem Frieden mit dem südlichen Nachbarn, der zugleich ein nördlicher war, denn noch immer herrschte Spanien über einen Teil der Niederlande, im Gebiet des heutigen Belgien und Nordfrankreichs, während die holländischen Provinzen, von Spanien abgefallen, einen eigenen Staat bildeten. Spanien war habsburgisch, und die anderen, die österreichischen Habsburger, saßen im Elsaß an der Ostgrenze. Frankreich fühlte sich, wie eh und je, von Habsburg eingekreist und bedroht. Also wurde, wieder einmal, ins feindliche Lager geheiratet, in der Hoffnung auf dauernden Frieden.

Die Trauung per procurationem zwischen Anna und Ludwig fand am 18. Oktober 1615 in Burgos statt, in jener Kathedrale, wo 118 Jahre zuvor Annas Ururgroßtante Margarete von Österreich mit dem Infanten Juan vermählt worden war. (Siehe das zweite Kapitel.) Durch herbstliche Stürme, durch Regen und Schlamm schleppte sich dann der Brautzug mit Annas spanischem Hofstaat und dem umfangreichen Heiratsgut nach Norden: Schmuck in horrendem Wert von 61 000 Dukaten und Bettzeug, Tafelsilber und Geschirr, nicht zu vergessen sechs Dutzend feine Leinentüchlein zum Füßewaschen und drei Dutzend zum Reinigen der Zähne – Zahnbürsten waren noch nicht bekannt – sowie 366 Seidentücher in allen nur denkbaren Farben und Farbkombinationen. König Philipp geleitete seine Lieblingstochter bis zur Grenze, und als es ans Abschiednehmen ging, hing das vierzehnjährige Mädchen so lange schluchzend am Halse des Vaters, bis man es mit sanfter Gewalt von ihm löste.

Anna und ihre zukünftige Schwägerin Elisabeth wurden auf einer Insel des Grenzflusses Bidassoa ausgetauscht wie zwei Gepäckstücke; dann zog Anna weiter nach Bordeaux, wo Ludwig und seine Mutter sie erwarteten. Es ist nicht bekannt, was Anna beim Anblick des schmächtigen, ungesund blassen Bürschleins empfand, dessen Gesicht zu lang, dessen Nase zu spitz, dessen Kopf zu groß und dessen Schultern zu breit waren. Überdies stotterte er ein wenig. Das einzig Attraktive an ihm waren seine schön gewellten, kastanienbraunen Haare, die jemals schneiden zu lassen er sich standhaft geweigert hatte. Ludwig brachte damit die bald in ganz Europa verbreitete Mode der schulterlangen Männerhaare auf, die später in groteske Allongeperücken ausartete.

Ludwig war zur Trauung am 25. November in weißen Atlas gekleidet, Anna brach fast zusammen unter dem Gewicht eines langschleppigen, violetten Samtmantels, der üppig mit Hermelin besetzt, über und über mit goldenen Lilien bestickt war. Die Krone drückte schwer auf das Haupt des Kindes und drohte über die Stirn zu rutschen, Annas prächtiges Goldhaar war hoffnungslos derangiert.

Nach der Trauung trennte man das junge Paar, um es gegen acht Uhr wieder zusammenzuführen. Der Hofstaat begleitete, alter Tradition gemäß, die Frischvermählten sofort ins Brautgemach, und Maria von Medici wandte sich in ihrem harten, noch immer lückenhaften Fran-

LOUIS XIII. RECOIT À BORDEAUX
Anne d'Autriche pour fa femme.
21. octobre 1615.

*König Ludwig XIII. begrüßt seine Braut, Anna von Österreich,
in Bordeaux*

zösisch an die Schwiegertochter:»Meine liebe Tochter, hier führe ich Ihnen Ihren Gemahl zu. Empfangen Sie ihn freundlich und lieben Sie ihn von Herzen.« Anna, die noch kaum Französisch sprach – das sie allerdings schon wenig später akzentfrei beherrschte –, antwortete auf spanisch, daß es ihr einziger Wunsch sei, dem Gatten zu gehorchen. Dann wurden die Vorhänge des Himmelbettes zugezogen, Maria von Medici verließ samt Gefolge das Gemach und gab Anweisung, daß ihr Sohn eineinhalb Stunden später abgeholt werden sollte. Nur zwei Hebammen blieben zurück. Sie bestätigten später, daß die Ehe konsumiert worden sei.

Das war natürlich blanker Unsinn, denn Ludwig war zu jenem Zeitpunkt noch weit entfernt von der Pubertät. Der Spätentwickler brauchte sich erst mit dreiundzwanzig Jahren zu rasieren. Um diesen Makel zu verbergen, durfte kein Mann bei Hofe bis dahin einen Bart tragen.

Tatsächlich sollte die Ehe erst vier Jahre später vollzogen, das erste Kind gar erst nach dreiundzwanzigjähriger Ehe geboren werden, als Anna für damalige Begriffe bereits an der Schwelle des Matronenalters stand.

Maria von Medici hatte es so eilig, das Gerücht einer erfolgreichen Hochzeitsnacht auszustreuen, weil es unter ihren engsten Beratern Widerstände gegen die spanische Heirat gegeben hatte. Solange die Ehe nicht konsumiert war, konnte sie noch immer mit einem Federstrich für ungültig erklärt werden. Das wollte die Regentin unter allen Umständen verhindern, darum hatte sie die beiden Hebammen bestochen, die dann auch beschworen, daß Anna in jener Nacht zur Frau geworden sei.

So naiv Anna gewesen sein mag, der Mangel an sexuellem Interesse seitens ihres Mannes wird ihr schon aufgrund seines kindlichen Aussehens eingeleuchtet haben. Daß er ihr aber auch gesellschaftlich aus dem Wege ging und ihr, wenn er sie unvermeidlicherweise treffen mußte, mit Ablehnung, gar mit Feindseligkeit begegnete, muß für das Mädchen, bis dahin gehätscheltes Liebkind am Hofe ihres Vaters, unfaßbar gewesen sein.

Heute kennt man die Zusammenhänge, heute ist manches verständlich. Anna und Ludwig waren so verschieden, wie es zwei Menschen nur sein konnten: Anna, ein aufgewecktes, blühendes Mädchen, Ludwig hingegen oft geradezu infantil und von klein auf ständig von Schwächeanfällen heimgesucht, kränkelnd an chronischer Dünndarmentzündung, später noch an Tuberkulose. Dies alles wurde von hilflosen Ärzten gefördert, die ihm in einem einzigen Jahr 47 Aderlässe, 112 Gaben von starken Abführmitteln und 215 (!) Einläufe verpaßten.

Anna liebte Theater, Tanz und lustige Gesellschaften – Ludwig hatte nur drei Leidenschaften: Jagd, Truppenparaden und handwerkliche Tätigkeit. Er bastelte selbst seine Jagdutensilien zusammen und fertigte mit Leidenschaft Konfitüren aller Art. Anna schätzte den Komfort eines eleganten Heims, sie leistete sich sogar den heftig bekrittelten und von den meisten lächerlich gemachten Luxus einer Badewanne. Ludwig reiste mit seinen Jagdkumpanen ruhelos von einem Schloß zum andern, wobei nicht vergessen werden darf, daß die Schlösser praktisch unmöbliert waren; jeder Ortswechsel kam somit einem kompletten Umzug gleich. Das hatte seinen Grund im Fehlen jeglicher Toilettenanlagen. Man verrichtete seine Notdurft auf Stroh in Ecken von Zimmern, auf Gängen und Balkonen. Nach kürzester Zeit wurde, wie sich leicht denken läßt, der Gestank bestialisch – dann zog die Gesellschaft samt Möbeln, Teppichen, Silber und Bildern einfach weiter, das Personal besorgte die gründliche Reinigung der Unterkünfte...

Eine Tatsache hat jedoch die Ehe von Anfang an, und bis an ihr Ende, aufs schwerste belastet. Wahrscheinlich aufgrund von Jugendeindrücken – sein lebens- und liebeslustiger Vater hat nicht nur fünf eheliche, sondern auch unzählige Bastarde gezeugt, die ebenfalls am Hof erzogen wurden, und zwar völlig gleichberechtigt – hatte Ludwig von Anfang an eine problematische Beziehung zum weiblichen Geschlecht. Seine ebenso bigotte wie verbitterte Mutter, die das lose Treiben ihres Gemahls ohnmächtig mit ansehen mußte, hat ihrem Sohn eine tiefe Abneigung gegen die Frauen im allgemeinen und besonders gegen schöne (und daher zwangsläufig verworfene) aufgeprägt. Ludwig sah im Weib die Sünde schlechthin und suchte von klein auf die Gesellschaft von Männern. Da ein Kutscher, dort ein Leibjäger, die zu ständigen Begleitern avancierten.

Und dann jener Charles Albert de Luynes, der binnen kurzem vom einfachen Höfling zum Favoriten aufstieg und von dem sich Ludwig kaum eine Minute trennte. Auch die Nächte verbrachten die beiden Männer zusammen im Schlafgemach des Königs, während die junge schöne Königin, umgeben von ihrem spanischen Hofstaat, sich glücklich schätzen mußte, wenn ihr der Gatte wenigstens gelegentlich zum Essen die Ehre gab.

Von der Schwiegermutter hatte Anna keine Hilfe zu erwarten, Maria von Medici war in ihre Regierungsgeschäfte verstrickt und geriet im Laufe der Zeit immer tiefer in Einfluß und Abhängigkeit zweier italienischer Hochstapler und Abenteurer. Leonora Dora Geligai, eine ehemalige Kammerfrau der Königin, spielte die Rolle eines weiblichen Rasputin, Maria von Medici war ihr blind ergeben. Leonoras Gatte, Concino Concini, zum Marquis d'Ancre erhoben, lenkte de facto Frankreichs Geschicke – überwiegend zum eigenen Vorteil. Ludwig XIII., der junge König, hatte keinerlei Einfluß, sein Hofstaat war von Concinis Spitzeln durchsetzt, er war Gefangener im eigenen Land.

1617 stand Frankreich am Rande eines Bruderkrieges. Der Adel rief zum Aufstand gegen den »Usurpator Concini«, Maria von Medici rüstete drei Armeen, um den Aufruhr im Keim zu ersticken. Es kam nicht dazu – denn Ludwig fädelte, geführt und ermutigt von Luynes, einen Staatsstreich gegen die eigene Mutter ein. Concini wurde ermordet, seine Frau vor Gericht gestellt und hingerichtet, Maria von Medici auf das Schloß Blois verbannt. Auch ein Günstling Concinis, der Bischof von Luçon, ein gewisser Richelieu, wurde verjagt.

Mit sechzehn Jahren nahm Ludwig hernach zum ersten Male am Kronrat teil, an seiner Seite Luynes, der binnen weniger Monate zum Generalgouverneur der Normandie, zum Herzog, zum Pair und schließlich zum Connetable, der höchsten französischen Adelsstufe, gemacht wurde. Überdies erhielt er alle jene Reichtümer, die Concini sich angeeignet hatte.

Ein so nobler Herr brauchte eine standesgemäße Gemahlin, und er bekam eines der vornehmsten und zugleich eines der schönsten Mädchen, das in Frankreich zu haben war, die achtzehnjährige Marie, Prinzessin von Rohan. Mit dem Auftreten dieses Luderchens, das sich später zur größten Femme fatale entwickeln sollte, auf der Narrenbühne des höfischen Mikrokosmos begann das groteskeste Kapitel in den ehelichen Beziehungen zwischen Anna und Ludwig.

145

Sowohl der König als auch sein Favorit verliebten sich unsterblich in die schöne Marie. Ludwig verbrachte seine ganze Zeit mit dem jungen Paar. Wie Ludwig zuvor Luynes mit Gunstbeweisen überschüttet hatte, ging nun das Füllhorn der Gnaden über Marie hernieder. Sie wünschte sich eine hervorragende Stellung bei Hof. Nichts leichter als das! Ludwig vertrieb den spanischen Hofstaat seiner Frau, machte Marie zur Obersthofmeisterin, und diese stellte das Gefolge der Königin, bis hin zum letzten Kerzenputzer, nach eigenem Gutdünken aus loyalen Franzosen zusammen, wobei selbstverständlich Ergebenheit gegenüber Marie und nicht gegenüber Königin Anna gefragt war. Anna schrieb nach Hause: »Ich bin die verlassenste und unglücklichste Frau der Welt.« Doch vom Vater aus Spanien kam kein Trost, nur der Ratschlag, sich um einen Thronerben zu bemühen. Solange Anna kinderlos blieb, hatte sie keinen Trumpf in der Hand.

Annas Anstrengungen, die Zuneigung ihres Mannes zu gewinnen, waren ebenso rührend wie demütigend. Sie legte die strenge spanische Hoftracht ab und schlüpfte in die verruchten, tief ausgeschnittenen Pariser Modelle, die ihr so zuwider waren – und der König machte sich über sie lustig. Sie reiste ihm ins Jagdschloß nach, wo er sich mit den Luynes vergnügte – er schickte sie wütend fort, und sie sandte ihm einen Blumenstrauß und eine herzzerreißende Entschuldigung für ihre Aufdringlichkeit.

Luynes war es, der die Wende herbeiführte. Rasend vor Eifersucht versuchte er alles, den labilen jungen König von Marie abzubringen und in Annas Arme zu treiben. Luynes war nicht zimperlich in der Wahl seiner Mittel. Nachdem es ihm mit den damals üblichen Methoden nicht gelungen war, Ludwig auf den Geschmack der heterosexuellen Liebe zu bringen – Ludwig wies die willfährigen, süßen jungen Mädchen, die Luynes ihm zuführte, empört zurück –, ließ der Favorit sich etwas Besseres einfallen. Als Christine, Ludwigs jüngere Schwester, mit dem Erbprinzen von Savoyen verheiratet wurde und, wie üblich, der Hofstaat die Jungvermählten ins Brautgemach begleitete, blieben die beiden Freunde im Zimmer zurück, nachdem die übrigen sich verabschiedet hatten. Mit Einverständnis der munteren Christine und ihres Ehemannes, der kein Spielverderber sein wollte, wohnten Luynes und der König dem Vollzug der Ehe bei, wobei Christine ihrem Bruder aufmunternde Worte zurief.

Auch der Anschauungsunterricht war vergeblich. Ludwig sträubte sich, schließlich unter Tränen, seine Frau in ihrem Schlafzimmer aufzusuchen. Wutentbrannt packte der starke Luynes den schmächtigen König, schleppte ihn zu Annas Bett, wo schon Kammerdiener warteten, den König auszogen, ihm ein Nachthemd überstülpten und ihn unter die Decke an die Seite seiner Frau steckten.

Eine Kammerfrau blieb im Schlafgemach zurück. Bei der »Premiere« des regierenden Königs mußte immer ein Zeuge zugegen sein. Die Frau gab am nächsten Morgen ein wenig unklar zu Protokoll, der König habe sich zweimal angestrengt.

Ob schon diese ersten Anstrengungen Anna von ihrem blamablen Status einer Jungfrau befreit haben oder nicht, bleibt offen. Tatsache ist, daß Ludwig mit einem Mal Gefallen an seiner Frau fand, von da an besuchte er sie regelmäßig. Über jeden Tag, jede Nacht wurde peinlich genau Protokoll geführt, und so auch vermerkt, daß er sie gelegentlich am hellichten Vormittag, zwischen Messe und Kronrat, mit seiner Anwesenheit im Ehebett zu beehren pflegte.

In der ersten Zeit dieses stark verspäteten Honigmondes schien in Ludwig ein Fünkchen Zuneigung aufzukeimen. Als Anna schwer erkrankte, wich der König nicht von ihrer Seite, streichelte und fütterte sie, ließ pausenlos für ihre Genesung beten.

Doch der Schein trog: Es war nicht Anna, sondern die Mutter seiner zukünftigen Kinder, um die er sich offenbar Sorgen machte. Im Privatleben wurde ihr keine wie immer geartete Konzession zugestanden, nach wie vor durfte der spanische Botschafter sie nur einmal in der Woche besuchen, nach wie vor wurde ihre Post zensuriert, jeder ihrer Schritte überwacht.

Die Königin erlitt 1619 eine Fehlgeburt, und Ludwig reagierte auf seine Weise: Er verbot seiner Frau, nach Spanien zu reisen, als ihr Vater schwer erkrankte und starb; er gestattete ihr auch nicht, an der Inthronisation ihres Bruders, Philipp IV., teilzunehmen.

Erleichterung für Anna kam von unerwarteter Seite. Ihre Obersthofmeisterin, Marie de Luynes, Gemahlin von Ludwigs Favoriten, wechselte das Lager und schlug sich auf die Seite Annas, die in ihrer verzweifelten Isolation die herzlichen Freundschaftsbeweise ihrer Ersten Hofdame wie eine Ertrinkende den Strohhalm ergriff. Gewiß hat die arglose, in höfischen Ränken noch unerfahrene Anna die tiefere Ursache für Maries so plötzlich überströmende Liebenswürdigkeit nicht durchschaut: der Stern des Charles Albert de Luynes war nämlich im Sinken. Auf breiter Front begann der Hochadel gegen Ludwigs Liebling zu opponieren, der in Raffgier, Hoffart und Übermut immer mehr in die Rolle eines Concini hineinschlüpfte. Daß er nicht Concinis Schicksal erleiden mußte, war einem makabren Zufall zuzuschreiben. Er erkrankte im Dezember 1620 an Scharlach und starb binnen weniger Tage.

Ein neuer Stern, der alsbald alle anderen überstrahlen sollte, war im Aufgehen. In dem Maße, in dem Luynes' Einfluß auf Ludwig zurückging, kam der König seiner Mutter näher, um sich schließlich wieder mit ihr zu versöhnen. In Glanz und Glorie kehrte Maria von Medici an den Hof zurück, in ihrem Schlepptau ein gutaussehender Mann im Priestergewand, der ihr einst von Concini empfohlen worden war und in ihrem Kabinett den Posten eines Staatssekretärs bekleidet hatte: Armand Jean du Plessis, Herzog von Richelieu, Bischof von Luçon (ab 1622 Kardinal). Das Dreigestirn Maria von Medici, Ludwig XIII. und Richelieu war dafür verantwortlich, daß Königin Anna für lange Zeit in noch tieferes Elend versinken sollte.

Einen Vorgeschmack bekam sie bereits im März 1621, als sie, einer unbedachten Torheit wegen, neuerlich eine Fehlgeburt erlitt. Ludwig befand sich auf einem Feldzug im Languedoc im südlichen Frankreich, um eine Empörung der Hugenotten niederzuschlagen, als Anna eine Verwandte am Krankenbett besuchte. Auf dem Rückweg durch die weiten Säle und Flure des Louvre durchquerte Anna, zusammen mit Marie und einer weiteren Hofdame, den Thronsaal. Die drei jungen Frauen, keine älter als zwanzig, waren in übermütiger Laune, hakten einander unter und schlitterten über die spiegelglatten Fliesen. Anna stolperte und stürzte so unglücklich, daß sie binnen weniger Stunden ihr Kind verlor.

Ludwig schäumte. Marie wurde ihres Postens enthoben, schaffte es aber bald, voll rehabilitiert zu werden. Sie heiratete, noch nicht einmal fünf Monate nach dem Tod ihres Mannes, den Herzog von Chevreuse, der ihr willenlos ergeben war und über beste Beziehungen zum König verfügte. Schon war alles wieder im Lot.

Nicht so für Anna. Ludwig strafte seine Frau mit Nichtachtung. Sie bekam ihren Mann nur zu Gesicht, wenn es ihm einfiel, für kurze

Zeit das Bett mit ihr zu teilen. Bei seltenen offiziellen Anlässen durfte Anna auch am Hofleben teilnehmen.

Kummer und Schmerz über ihre beschämende Lage mögen ihr das Herz gebrochen haben, ihre Schönheit und Anmut litten jedoch nicht darunter. Von der Aura einer verwunschenen Prinzessin umgeben, übte sie einen unwiderstehlichen Reiz auf die Herzen der ohnehin leicht entflammbaren Nichtstuer am Hofe aus. Ein Blick von ihr galt als Gnade, ein Lächeln, gar ein Wort als kostbare Trophäe. Wenn Anna erschien, hatte kaum ein Mann Aug und Ohr für die alte neue Herrscherin, Maria von Medici.

Die Königinmutter, eine plumpe, mit Häßlichkeit geschlagene Frau in mittleren Jahren, die ihren Sohn wieder fest an der Kandare hatte, ließ keine Gelegenheit ungenützt, gegen ihre angeblich kokette, männertolle Schwiegertochter zu hetzen.

Am 26. Februar 1623 kam es anläßlich eines Ballettabends im Louvre zum Eklat. Das Spektakel war von Henri, Herzog von Montmorency, arrangiert worden, einem bildschönen, ein wenig dümmlichen Jüngling, dessen ebenso leidenschaftliche wie hoffnungslose Zuneigung zur Königin niemandem verborgen geblieben war. Als Einlage zwischen zwei Tanzdarbietungen trug der Herzog eine schwülstige Apotheose auf Jupiter vor, die in dem Wunsch gipfelte: »Einen Tag nur möcht' ich Jupiter sein und statt ihm regieren...« Feuriger Augenaufschlag in Richtung Königin, tiefe Verbeugung, Abgang Henri. Betretenes Schweigen angesichts eines Königs, der purpurrot anlief und seine Wut mit Mühe unterdrücken konnte.

Montmorency wurde vom Hof verbannt, er zog sich auf seine ausgedehnten Besitzungen zurück, wo er einem wunderlichen Kult zu frönen begann. Abgesehen davon, daß er ständig ein Bild der Königin über dem Herzen trug, hatte er ein weiteres auf einem Altar mit Tag und Nacht brennenden Kerzen in einer Kapelle des Schlosses aufgestellt. Jeder Besucher mußte dem Porträt Reverenz erweisen, indem er das Knie davor beugte.

Für Anna dachte sich Ludwig neue Schikanen aus. Kein männliches Wesen, es sei denn in Begleitung des Königs oder mit dessen ausdrücklicher Erlaubnis, durfte ihre Gemächer betreten.

Die an sich läppische Affäre hatte neun Jahre später ein blutiges Nachspiel. Montmorency war in ein gegen den König gerichtetes

Komplott verwickelt; während seine Mitverschwörer glimpflich davonkamen, wurde der Herzog enthauptet.

Der König war berüchtigt dafür, daß er weder vergessen noch verzeihen konnte und daß Eifersucht eines der wenigen menschlichen Gefühle war, die sein Inneres bewegten. »Er ist ein merkwürdiger Liebhaber«, schrieb einer der Zeitzeugen bei Hofe, Gédéon Tallemant des Réaux in seinen Memoiren, »er kann nicht lieben, er kann nur eifersüchtig sein.«

Die eigentliche Triebfeder für Montmorencys grausame Bestrafung war Kardinal Richelieu. Welche Motive bewegten ihn, dermaßen hart gegen einen der prominentesten Vertreter des französischen Uradels vorzugehen? War auch bei ihm Eifersucht im Spiel? Es ist durchaus möglich. Richelieu, seit jeher nicht unempfänglich für weibliche Reize, war ursprünglich von Königin Anna sehr angetan und hat sich hartnäckig um sie bemüht. Der Kardinal selbst spielte in seinen Memoiren mehrfach darauf an und ließ auch nicht unerwähnt, daß Anna seine Empfindungen nicht erwiderte. Im Gegenteil: wir wissen, daß die Königin den Kardinal vom ersten Augenblick an verabscheute.

Richelieu war ein großer Staatsmann, ein hervorragender Vertreter der Kirche. Aber er war eben auch nur ein Mann. Ein Mann mit mehr Einfluß, als der Königin lieb sein konnte.

Der Zusammenstoß mit einem ebenso einflußreichen Mann mußte zwangsläufig weitere Komplikationen mit sich bringen. Der andere Mann war George Villiers, Herzog von Buckingham, der jenseits des Kanals eine ähnliche politische Rolle spielte wie Richelieu in Frankreich. Darüber hinaus entsprach der Dreiunddreißigjährige dem männlichen Schönheitsideal seiner Zeit: groß, von sportlicher Figur, mit ebenmäßigen Zügen, dunklem Haar und Bart, verführerischen braunen Augen, geistreich und witzig, dazu ein Herzensbrecher sondergleichen.

Im Mai 1625 hielt er mit riesigem Gefolge prunkend und protzig wie ein regierender Fürst Einzug in Paris, in seinen Koffern siebenundzwanzig elegante Anzüge der feinsten englischen Machart sowie die erlesensten Kleinodien – aus dem englischen Kronschatz, die ihm zur persönlichen Verfügung standen!

Der mächtigste Mann des Inselreiches, in dessen Hand der soeben

George Villiers, Herzog von Buckingham

auf den Thron gelangte Karl I. Wachs war – wie zuvor der verstorbene König Jakob I. –, kam nach Paris, um Ludwigs jüngste Schwester, Henriette, die mit Karl I. vermählt worden war, heimzuholen in ihr neues Königreich.

Er stieg im Palais des Herzogs von Chevreuse ab, dessen Gattin, die flatterhafte Marie, mittlerweile die Geliebte von Buckinghams bestem Freund, des Grafen Richard Holland, geworden war. Holland hatte im Jahr zuvor die französisch-englischen Heiratsverhandlungen geführt.

Buckingham stand im Mittelpunkt zahlreicher ihm zu Ehren veranstalteter Feste, und es gab kaum eine Frau, die nicht sehr viel, wenn nicht alles, darum gegeben hätte, die Aufmerksamkeit des schönen Engländers zu erregen. Doch der hatte nur für eine einzige Augen: Königin Anna.

Die Sonderstellung als Vertreter seines Königs weidlich nützend, machte er Anna fast täglich »Höflichkeitsbesuche«, die er unbekümmert über Stunden ausdehnte, um mit seiner Angebeteten charmant zu plaudern. Selbstverständlich fanden diese Begegnungen stets vor zahlreichen Zeugen statt, doch die beiden waren, tief in ihre Gespräche versunken, wie durch eine unsichtbare Wand abgeschirmt.

Der halbe Pariser Hof brach schließlich auf, Henriette nach Boulogne sur Mer zu begleiten, wo eine englische Flotte sie erwartete. Anna und Maria von Medici waren dabei, nicht aber Richelieu, der als Vorsitzender des Kronrates in Regierungsgeschäften festgehalten war. Auch Ludwig fehlte, er lag wieder einmal krank darnieder.

Die Reisegesellschaft kam nur langsam voran. Auf jeder Station wurden Empfänge und Bälle gegeben. Hunderte klatsch- und tratschsüchtige Beobachter konnten sehen, wie Königin Anna mit blitzenden Augen und roten Wangen zu noch größerer Schönheit erblüht war, wie Buckingham sie mit seinen Samtaugen verschlang.

An einem lauen Juniabend, nach einem langen und hitzigen Tanzfest, wandelte die Königin durch den dunklen Schloßpark von Amiens, um sich ein wenig abzukühlen, wie sie sagte. Nach einer Weile – einer sehr langen Weile – hörte man einen Aufschrei, die Königin lief zum Schloß zurück, die Frisur zerstört, die Kleider in Unordnung; einige Leute wollten Buckingham gesehen haben, als er hinter Buschwerk verschwand.

Anna von Österreich

Der Zwischenfall machte binnen Minuten die Runde, Maria von Medici regte sich über die Maßen auf und befahl, daß Henriette, und mit ihr Buckingham, am nächsten Morgen abzureisen hätten. Die französische Eskorte, also auch Königin Anna, sollte in Amiens bleiben und später direkt nach Paris zurückfahren.

Der ganze Hof stellte aufgeregt Mutmaßungen über die Kernfrage des Skandals an, *wann* nämlich die Königin jenen Schreckensruf ausgestoßen hätte: unmittelbar nach der stürmischen Annäherung durch Buckingham oder doch erst viel später, sozusagen als Alibi für ihre Empörung über eine Attacke, die sie sich nur zu gerne habe gefallen lassen. Es gibt in den Memoiren diverser Hofleute unterschiedliche Versionen, die Wahrheit wußten nur die beiden Beteiligten.

Während Anna, einem Nervenzusammenbruch nahe, am nächsten Morgen im Bett lag und zur Ader gelassen wurde, kam Buckingham – er hatte sich unter einem fadenscheinigen Vorwand von seiner Reisegesellschaft verabschiedet – nach Amiens zurückgaloppiert, stürzte ins Schlafzimmer der Königin, sank, zum blanken Entsetzen der anwesenden Hofdamen, vor Anna in die Knie, ergriff ihre Hände, die er über und über mit tränennassen Küssen bedeckte, und stammelte »die zärtlichsten Worte der Welt«, wie eine der anwesenden Damen, Madame de Motteville, in ihren Erinnerungen festhielt. Er machte den Eindruck eines Wahnsinnigen, als er wieder davonstürmte.

Ludwig hielt strenges Gericht. Sämtliche Höflinge, die an jenem verhängnisvollen Abend Dienst und somit den Befehl hatten, die Königin zu begleiten und zu überwachen, wurden entlassen. Mit Anna wechselte der König kein einziges Wort. Im übrigen war Ludwig anderweitig intensiv beschäftigt, und zwar mit einem blutjungen Pagen, den er innerhalb weniger Monate zum Generalleutnant beförderte.

Der Zweifel, wie weit die Königin in ihrer Zuneigung zu Buckingham gegangen sein mochte, scheint den Kardinal Richelieu so heftig gequält zu haben, daß er Mittel und Wege suchte, die Wahrheit herauszufinden. Über sein dicht geflochtenes Netz von Spitzeln und Zuträgern gelang es ihm, Verbindung mit einer Lady Carlisle in London aufzunehmen und diese ehemalige Geliebte Buckinghams als Mitarbeiterin zu gewinnen.

Die eifersüchtige Lady entwendete Buckingham während eines Tanzes einen der beiden brillantbesetzten »Ferrets«, die sie vorher noch

154

nie an ihm gesehen hatte. (Ferrets hießen die Endstücke aus Metall an den Verschnürungen von Wämsern und Korsagen, die Damen und Herren gleichermaßen trugen.) Tatsächlich hatte Anna George Buckingham ein Paar solcher Ferrets geschenkt, die sie kurz zuvor von ihrem Mann erhalten hatte. Sie wäre endgültig verloren gewesen, hätte Richelieu das Corpus delicti in die Hände bekommen.

Zum Glück entdeckte Buckingham den Diebstahl sofort und zog die richtigen Schlüsse. Als Erstem Lord der Admiralität war es ihm ein leichtes, alle Häfen sperren zu lassen, so daß Lady Carlisle mit ihrer Beute nicht entkommen konnte. Buckingham ließ eine Kopie des gestohlenen Ferrets anfertigen und sandte das nun wieder vollständige Paar an Marie de Chevreuse, welche die Schmuckstücke an die Königin weiterleitete.

Diese abenteuerliche und höchst unwahrscheinlich klingende Geschichte bildet bekanntlich das Hauptstück von Alexandre Dumas' Roman »Die drei Musketiere«. Ihre Authentizität ist dennoch belegt durch die als seriös anerkannten »Mémoires« des berühmten Schriftstellers François Herzog von La Rochefoucauld, dessen Quelle nur zu bekannt ist: Auch La Rochefoucauld war einer der Liebhaber der Marie de Chevreuse.

Aus einer späteren Bemerkung Annas ist belegbar, daß sie über die Chevreuse ständig mit Buckingham in Verbindung stand. Leider ist keiner der Briefe erhalten oder noch nicht entdeckt.

Buckingham hat sich mehrfach bemüht, als Sonderbotschafter nach Paris versetzt zu werden, wurde aber als Persona non grata zurückgewiesen und dadurch schwer beleidigt. Überliefert ist sein Ausspruch: »Wenn ich nicht im guten nach Frankreich kommen kann, dann eben im bösen.«

Es wäre absurd zu unterstellen, daß die nun folgenden Ereignisse allein der Rivalität zwischen zwei Männern um die Gunst einer schönen Frau entsprungen wären. Doch aus der Kenntnis ähnlich gelagerter Fälle ist nicht zu leugnen, daß hochpolitische Aktionen *auch* sehr persönliche Beweggründe haben können.

So nützte Richelieu eine durchaus harmlose, von Marie de Chevreuse eingefädelte kleine Intrige, um sie zur Staatsaffäre aufzubauschen, sich mit einem Schlag zahlreicher seiner Gegner zu entledigen und die Königin neuerlich schwerstens zu kompromittieren. Die Intrige bestand darin, Ludwigs jüngeren Bruder, Gaston, Herzog von Orléans, einen charmanten, leichtsinnigen Burschen von achtzehn Jahren, vor der Heirat mit einer ungeliebten Frau zu bewahren. Anna nahm an dem Spielchen teil, weil sie Gaston mochte und weil die noch immer Kinderlose nichts so sehr fürchtete wie konkurrenzstarken Nachwuchs aus einer Seitenlinie des Hauses Bourbon.

Richelieu, wie immer umfassend informiert über die Vorgänge im Hause der Königin, ließ seine Marionetten tanzen – und plötzlich wurde aus einer leichtfertigen Intrige ein Umsturzversuch, der Gaston an die Macht bringen sollte. Das Komplott, das Richelieu selbst inszeniert hatte, wurde natürlich aufgedeckt. Gaston kam glimpflich davon, weil er die Namen sämtlicher Verschwörer preisgab, wobei er ausdrücklich betonte, daß Anna nichts von den Ausweitungen der Affäre gewußt hätte. Seine Komplizen wurden hingerichtet oder des Landes verwiesen; darunter befanden sich bemerkenswerterweise nicht nur fast sämtliche Kreaturen des verstorbenen Charles Albert de Luynes, der Favorit des Königs gewesen war, sondern auch viele einflußreiche Hugenotten, die Richelieu schon lange ein Dorn im Auge waren. Marie de Chevreuse wurde verbannt, und die Königin, die von den blutigen Folgen ihres kleinen weiblichen Ränkespiels nichts geahnt hatte, neuerlich schwer gedemütigt.

Sie mußte vor ein Tribunal, bestehend aus dem König, dessen Mutter und dem Kardinal, erscheinen, wobei man ihr nur einen Platz auf einem niedrigen Hocker ohne Lehne zuwies. Die drei, Ankläger und Richter zugleich, unterstellten ihr, sie habe den König ermorden wollen, um Gaston zu heiraten.

Anna beteuerte ihre Unschuld, aber der König sagte schließlich in schneidendem Ton: »Madame, in meiner Stellung bin ich verpflichtet, Ihnen zu verzeihen. Nichts verpflichtet mich, Ihnen zu glauben.«

Wenig später kam – vor allem auf Buckinghams Betreiben – ein schon lange zwischen England und Frankreich glosender Konflikt zum offenen Ausbruch. Es ging dabei um die Vorrangstellung auf See. Frankreich drohte mit einer mächtig aufstrebenden Handels- und Kriegsflotte, durch Erwerb von Kolonien in Afrika und Kanada eine ernsthafte Konkurrenz für England zu werden; es ging um den damals bedeutendsten französischen Seehafen La Rochelle, halbwegs zwischen Bordeaux und der Normandie. La Rochelle war zugleich die heimliche Hauptstadt der Hugenotten, die dort ausgedehnte Privilegien besaßen und als deren Beschützer sich die Engländer immer fühlten. In einem nie erklärten Krieg besetzte die englische Flotte die Insel Ré vor La Rochelle, konnte die Stadt aber nicht nehmen, die Richelieu und Ludwig ihrerseits persönlich mit einem starken Landheer belagerten und schließlich zur Kapitulation zwangen. Die Hugenotten wurden aller ihrer Sonderrechte beraubt.

Buckingham hat das klägliche Ende seiner Expedition nicht mehr erlebt. Er wurde am 23. August 1627 von einem seiner politischen Gegner, und deren gab es viele, erdolcht.

Als man Anna die Nachricht von seinem Tod übermittelte, entfuhr es ihr: »Nein, das ist unmöglich, ich habe gerade erst einen Brief von ihm erhalten.« Nachher hat sie den Namen Buckingham kein einziges Mal mehr erwähnt.

In der Trostlosigkeit der folgenden Jahre – Anna erlitt zu allem Überdruß eine weitere Fehlgeburt – schien sich dennoch eine Wende zum Besseren abzuzeichnen. Anna und ihre Schwiegermutter, Maria von Medici, kamen einander, in gemeinsamer Ablehnung des Kardinals Richelieu, ein wenig näher. Mit steigender Besorgnis beobachtete die Königinmutter die ins Unheimliche anwachsende Macht des Kardinals. Ludwig hatte ihn zum Ersten Minister erhoben, eine Position, die es bis dahin niemals gegeben hatte, und Richelieu betrug sich wie ein regierender Fürst. Sein Palast stand in nichts hinter dem Königshof zurück, seine Leibgarde bestand, wie die des Königs, aus Musketieren. Er förderte die Künste, Frankreichs großer Dichter Corneille wurde von ihm entdeckt; er gründete die Académie Française.

Er war ein herausragender Staatsmann und verwandelte Frankreich aus einem Sammelsurium einander und den König bekämpfender Provinzen zu einer straff zentralistisch organisierten Weltmacht, die nicht länger im Schatten Englands, Spaniens und Österreichs stehen mußte. Er untergrub die politischen Bastionen der Hugenotten, ohne deren Religionsfreiheit anzutasten, und alliierte sich später, nicht vom leisesten Skrupel geplagt, mit dem Schwedenkönig Gustav Adolf und deutschen Protestantenfürsten, um die österreichischen Habsburger im Dreißigjährigen Krieg zu schwächen und durch die Annexion des Elsaß das Traumziel aller Franzosenkönige, den Rhein, zu erreichen. Bis zum letzten Atemzug hat sich Richelieu an ein Programm gehal-

ten, das er in einem Satz so formulierte:»Es gilt, die Hugenotten zu vernichten, den Hochmut des Adels zu brechen und das Ansehen des Königs bei den ausländischen Mächten zu heben.«
Weder Maria von Medici noch die meisten seiner Zeitgenossen begriffen die weit vorausblickende politische Strategie Richelieus. Was sie sahen, war »das Monster«, das den Einfluß des Adels beschnitt, dem Volk eine unerhörte Steuerlast auferlegte – es gab darum immer wieder Bauernaufstände und Bürgerrevolten –, und was sie sahen, war der Mann, der den König zur Marionette degradierte. Ludwig schrieb keine Zeile, sprach kein Wort, das nicht vom Kardinal inspiriert oder diktiert wurde, selbst die Gespräche des Königs mit Anna lenkte Richelieu mit von ihm gegebenen Stichworten.
Als 1630 Richelieu, zum Entsetzen der überzeugten Katholikin Maria von Medici, in Italien gegen das katholische Spanien in einen Erbfolgekrieg um Mantua eintrat, als der König so schwer erkrankte, daß er bereits die Sterbesakramente empfing, schritt Maria zur Tat. Sie entließ Richelieu aus ihren persönlichen Diensten – er war Vorsitzender ihres Rates sowie Schatz- und Haushofmeister – und entfernte gleichzeitig alle Günstlinge des Kardinals aus ihrer Umgebung. Sie stellte eine Ministerliste für eine Regierung nach Ludwigs Tod zusammen, sie schmiedete bereits Heiratspläne für die zukünftige Witwe Anna und Ludwigs Bruder Gaston – und dies angesichts der Tatsache, daß sie nicht lange zuvor ihre Schwiegertochter verdammt hatte, die ja angeblich Ludwig ermorden wollte, um Gaston zu ehelichen.
Wider Erwarten genas der König, aber es gelang Maria fürs erste, ihn auf ihre Seite zu ziehen. In einer peinlichen, lärmenden Szene zwischen Ludwig, Maria und Richelieu, wobei alle weinten und durcheinanderschrien, der Kardinal mehrmals schluchzend vor Maria in die Knie sank, entließ der König seinen Ersten Minister und zog sich nach Versailles zurück.
Doch Richelieu war nicht der Mann, der sich sofort geschlagen gab. Noch in derselben Nacht ritt er zu dem kleinen Jagdschlößchen, das sich der König als Refugium inmitten eines ergiebigen Reviers nahe dem Dorf Versailles hatte erbauen lassen. Dem Kardinal gelang es, dank seiner noch immer ungebrochenen Autorität, bis ins Schlafzimmer des Monarchen vorzudringen, und er überzeugte den König in einem stundenlangen Gespräch, daß die Feinde Richelieus auch jene

Frankreichs und der Krone seien. Am nächsten Tag war er wieder in Amt und Würden.

Dann machte Richelieu erbarmungslos tabula rasa. Maria von Medici floh zusammen mit Gaston in die spanischen Niederlande. Sie starb 1642, verarmt und vergessen, in Köln. Gaston durfte schon bald in die Heimat zurückkehren. Die Ratgeber der vertriebenen Königin wurden als Staatsfeinde vor Gericht gestellt und entweder zu langjährigen Haftstrafen verurteilt oder hingerichtet. Einige wenige durften sich ins Ausland absetzen.

Auch Königin Anna bekam die Rache des Kardinals erneut zu spüren. Ihr Hofstaat wurde scharf durchkämmt, jeder Mann, jede Frau, die nur andeutungsweise im Verdacht standen, mit ihr zu sympathisieren, wurden entfernt. Dafür durfte Marie de Chevreuse zurückkehren, nachdem sie eingewilligt hatte, dem Kardinal Spitzeldienste zu leisten. Da sie dem Lippenbekenntnis keine Taten folgen ließ, da sie vielmehr am Rande in jene von Ludwigs Bruder angezettelte Verschwörung verwickelt war, die Annas ehemaligem Anbeter Montmorency den Kopf kostete, wurde auch sie entlassen und floh nach Spanien. Sie langweilte sich in der Fremde nicht lange und wurde die Mätresse von Annas Bruder, König Philipps IV.

Annas Schmerz über den neuerlichen Verlust der langjährigen Freundin wurde abgelöst durch ohnmächtige Wut über das Auftauchen einer neuen Hofdame, die man ihr zugeteilt hatte; ein vierzehnjähriges Mädchen, blond und sanft und schüchtern, namens Marie de Hautefort, die offensichtlich kaum begriff, wie ihr geschah, als der König, seines letzten männlichen Gespielen überdrüssig, auf einmal seine heterosexuelle Seite wiederentdeckte und dem Mädchen geflissentlich den Hof machte – direkt unter den Augen Annas –, ihr solcherart drastisch beweisend, daß er sehr wohl an einer Frau Gefallen finden könnte, nur eben nicht an der eigenen.

Sein Einfallsreichtum an subtilen Quälereien war schier unerschöpflich, immer wieder ersann er neue Variationen fein dosierter Bosheiten. Als der spanisch-französische Krieg im Jahre 1635 auch im Grenzgebiet zwischen Frankreich und den spanischen Niederlanden offiziell erklärt wurde, als die Truppen des französischen Königs gegen jene seines Schwagers, Annas Bruder, die erste Schlacht gewannen, spazierte der König ins Zimmer seiner Gemahlin, warf nonchalant ein paar Blätter Papier in den Kamin und sagte: »Voilà, Madame, ein Freudenfeuer für unseren Sieg!«

Da keine persönlichen Aufzeichnungen der Königin über diese Zeit vorhanden sind, wissen wir nicht, aus welchen Quellen sie die Kraft schöpfte, unter solch deprimierenden Umständen, im Stadium der absoluten Hoffnungslosigkeit, überhaupt weiter zu existieren. Wen würde es wundern, hätte sie sich in eine Krankheit geflüchtet oder einfach aufgegeben und heimlich das Land verlassen. Manche Historiker behaupten, daß in ihrer Umgebung tatsächlich derartige Pläne gesponnen worden wären, daß Anna sich jedoch weigerte, sie auch nur anzuhören. Vermutlich hat ihre Fähigkeit, einstige Feinde als treue Freunde zu gewinnen, ihr wesentlich geholfen und dazu beigetragen, ihren Überlebenswillen, selbst angesichts einer ungewissen Zukunft, zu festigen. Sie hatte keine Reichtümer und keine Ämter zu verschenken, darum waren es ausschließlich aufrichtige und uneigennützige Menschen, die Anna um ihrer selbst schätzten und ihr in bedrohlichen Augenblicken beistanden.

So konnte es geschehen, daß ausgerechnet die neue Favoritin Ludwigs, die kleine Marie de Hautefort, ihre Königin aus einer brisanten Hochverratsaffäre errettete.

Richelieu hatte Anna seit Beginn des französisch-spanischen Krieges im begründeten Verdacht, mit dem »Feind«, also mit ihrem Bruder, König Philipp IV., und ihrer Freundin, Marie de Chevreuse, Kontakt zu halten. Es mußte ihm klar sein, daß diese Briefe keine Staatsgeheimnisse enthielten, da Anna in ihrer streng bewachten Abgeschlossenheit nichts Wesentliches erfahren konnte. Allein daß sie mit dem feindlichen Ausland korrespondierte, wurde ihr als Kapitalverbrechen angekreidet. Richelieu ließ sich nicht die geringste Gelegenheit entgehen, die verhaßte Frau in Verlegenheit zu bringen.

Der Kardinal wußte, daß Anna Briefe aus dem Ausland erhielt – unter anderem durch einen seiner Minister, der ihr einmal keck ins Dekolleté griff, als sie dort ein Beweisstück verschwinden lassen wollte. Das war zwar ein eklatanter Fall von Majestätsbeleidigung, doch wenn es um Anna ging, nahm man derlei nicht so genau.

Die Frage, wo Anna die Briefe schrieb und wer sie beförderte, blieb indes lange Zeit rätselhaft. In ihrem Appartement war es unmöglich, denn sie blieb keine Sekunde unbeobachtet, und selbst wenn sie sich nachts aus dem Bett zum Schreibtisch schlich, war sofort eine Hofdame zur Stelle, die auffällig-unauffällig etwas Dringendes in der Nähe der Königin zu tun hatte.

Jeder ihrer Schritte wurde mit Argusaugen beobachtet, lediglich in dem von ihr einstmals gestifteten Kloster Val de Grâce konnte sie längere Zeit allein im Gebet oder im Gespräch mit der Äbtissin bleiben. Der Kirchenfürst schöpfte Verdacht und schreckte nicht davor zurück, das Frauenkloster durch seine Schergen überfallsartig durchsuchen zu lassen, doch fand man weder die toten Briefkästen noch die Dechiffriereinrichtungen, die dort tatsächlich vorhanden waren. Dennoch wurde das Kloster fortan schärfstens überwacht, und als eines Tages ein Verdächtiger herauskam und in einer wartenden Kutsche eilig abfuhr, wurde der Mann, ein gewisser La Porte, aus dem Fahrzeug gezerrt, in einen Arrestantenwagen verfrachtet und in die Bastille verschleppt. Der Kardinal verhörte den Gefangenen, der ein paar lapidare Zeilen der Königin an Marie de Chevreuse bei sich trug, mehrmals persönlich; doch selbst unter der Androhung, man werde ihn grausam foltern, war La Porte nicht bereit, mehr zuzugeben, als man ihm beweisen konnte. Er nannte weder seine Kontaktleute noch weitere Briefempfänger.

Durch Marie de Hautefort, die einen in der Bastille inhaftierten Verwandten hatte, erfuhr Anna umgehend von der Verhaftung La Portes, denn auch die dicksten Kerkermauern hatten Augen und Ohren. Sie war darum hinlänglich vorbereitet, als Ludwig und der Kardinal sie einem strengen Verhör unterzogen. Anna verlegte sich aufs Leugnen, aber die Ungewißheit, was La Porte verraten hatte, was er unter der Folter vielleicht noch preisgeben könnte, stürzte sie in Angst und Schrecken.

Wieder griff Marie de Hautefort helfend ein. Bis zur Unkenntlichkeit verschminkt und durch eine dunkle Perücke getarnt, ging sie zu ihrem Verwandten, der bereits Besuche empfangen durfte, und spielte ihm einen Brief der Königin an La Porte zu, den der Getreue, dank der Solidarität der Bastille-Gefangenen, auch wirklich erhielt. Seine Antwort kritzelte er auf einen Fetzen Papier, der sich zufällig in der Einzelzelle fand, als »Tinte« benutzte er Speiseöl, vermischt mit Ruß, als »Feder« diente ihm ein Stückchen Stroh von der Bettstatt. Später gelang es, ihm auch Tinte und Feder zukommen zu lassen.

So konnten Anna und La Porte ihre Aussagen abstimmen. Von der ganzen Staatsaffäre blieb nichts übrig als das Verbrechen Annas, einer Freundin ein paar nichtssagende Grüße geschickt zu haben. Die Königin mußte feierlich schwören, niemals mehr mit der Chevreuse Briefe zu wechseln, und es wurde ihr untersagt, ohne ausgewählte Begleitung Kirchen oder Klöster zu besuchen.

La Porte wurde für einige Monate festgehalten. Eine freundliche Geste der Königin versüßte ihm die Gefangenschaft. Fast täglich fuhr sie in der Kutsche an der Bastille vorbei und hob unter seinem Fenster ein wenig die Hand.

Die Beziehungen zwischen dem König und der Königin waren nach diesem Zwischenfall frostiger denn je. Erschwerend kam hinzu, daß eine Badekur, welche die Ärzte dem Paar angeraten hatten, um doch noch zum ersehnten Kindersegen zu gelangen, vergeblich gewesen war. Ludwig lehnte es ab, seine Frau zu sehen, von einem Besuch ihres Schlafzimmers ganz zu schweigen. Schon waren Gerüchte im Umlauf, daß Ludwig Anna verstoßen wollte, um eine Nichte des Kardinals zu heiraten.

Anna und Ludwig waren bereits sechsunddreißig Jahre alt, als sich am 5. Dezember 1637 ein, wie man später behauptete, »göttliches Wunder« in Form eines verheerenden Unwetters ereignete. Der König befand sich in einem Kloster und wollte von dort in das Schloß Saint-Maur, einige Kilometer außerhalb von Paris, fahren, doch es herrschte ein derartiger Orkan, es stürzten solche Wassermassen vom Himmel, daß daran nicht zu denken war. Ludwig ließ sich vom Gardehauptmann Guitaut, auch er ein heimlicher Bewunderer der Königin, überreden, Zuflucht im nahe gelegenen Louvre zu suchen, wo Anna sich aufhielt.

Angesichts eines verblüfften Hofes speiste das Paar gemeinsam, stumm und ohne einen Blick zu wechseln, und es ging ein Seufzer des Staunens durch die anwesende Menge, als der König seiner Frau später ins Schlafzimmer folgte.

Bereits am 30. Januar 1638 vermeldete die »Gazette« einer geneigten Leserschaft, daß aus St-Germain-en-Laye, wo die Majestäten derzeit zu residieren geruhten, in Kürze eine beglückende Nachricht zu erwarten sei. Am 10. Februar bestätigte Ludwig die »beglückende Nachricht« und rief auf, für die Geburt eines Kronprinzen zu beten.

162

In der ersten Septemberwoche setzten bei der Königin ungewöhnlich heftige Wehen ein. Alles, was hohen Rang und Namen und damit die Chance hatte, der, wie üblich, öffentlich stattfindenden Entbindung beizuwohnen, eilte nach St-Germain-en-Laye. Bei Tag und Nacht war das Schlafgemach der erbärmlich leidenden Königin mit Lärm und Gelächter, mit Essen, Trinken und den Ausdünstungen Dutzender dichtgedrängter Leiber gefüllt. Auch Ludwig eilte aus Versailles herbei, wo er eben das erste Liebesglück mit einem engelsschönen, achtzehnjährigen Knaben, Marquis Henri Cinq-Mars, genoß. Ludwig war aufs äußerste erbost, als er feststellen mußte, daß sich die komplizierte Geburt über mehrere Tage hinzog. Die Königin war schließlich so geschwächt, daß alle um ihr Leben bangten. Der Gatte aber blickte ungerührt auf seine gepeinigte Frau und bemerkte zu einer Hofdame: »Ich wäre froh, wenn man das Kind retten könnte.«

Zur Mittagsstunde des 5. September, einem Sonntag, war es endlich soweit. Anna brachte auf den Tag genau neun Monate nach dem an Wundern reichen 5. Dezember einen Knaben zur Welt, der allerdings so schwächlich war, daß augenblicklich die Nottaufe vollzogen werden mußte. Ludwig saß im entscheidenden Augenblick an der Tafel, rannte dann aber, so schnell er konnte, in die Wochenstube, die einem Tollhaus glich. Jedermann brüllte: »Es ist ein Dauphin! Es ist ein Dauphin!« Und nachdem Ludwig sich persönlich davon überzeugt hatte, daß am Geschlecht des Kindes kein Zweifel bestehen konnte, sank er in die Knie und dankte Gott, der ihm diesen Knaben geschenkt hatte. Deshalb erhielt der Neugeborene, der sich übrigens bald erholte, den Namen »Ludwig-Dieudonné«. Auf die Idee, daß auch Anna an dem freudigen Ereignis beteiligt war und bedankt werden müßte, kam in dieser Stunde der überschäumenden Freude, die alsbald das ganze Land überflutete, niemand.

Der Status der Prinzenmutter änderte nichts an Annas Lebensumständen. Keine der ihr auferlegten Einschränkungen wurde gelockert, ja sogar Marie de Hautefort, die einzige Vertraute, unter einem fadenscheinigen Vorwand vom Hofe entfernt.

Anna hatte kein Stimmrecht bei der Auswahl des Hofstaates für den Dauphin. Richelieu suchte persönlich das ihm geeignete Personal aus, wobei er in erster Linie auf politische Zuverlässigkeit achtete, die fachliche Eignung der Amme und der übrigen Betreuer und Betreuerinnen kümmerte ihn nicht. Die sogenannten Pflegerinnen wickelten und schnürten den Säugling dermaßen ungeschickt, daß die Bildung des Knochenaufbaus und der Muskulatur schwer behindert wurden und Ludwig XIV. lebenslang an einer Schwäche des rechten Beines litt. So glücklich der König sich über die Geburt des Stammhalters zeigte, so wenig Anteil nahm er an dessen Gedeihen. Als der Zweijährige den Vater nach monatelanger Abwesenheit nicht wiedererkannte, ließ der König seine eifersüchtige Wut an Anna aus und beschuldigte sie, ihm das Kind mit voller Absicht und aus abgrundtiefer Bosheit zu entfremden.

Der wahre Grund für Ludwigs mangelndes Interesse an seinem Sohn hieß noch immer Henri Cinq-Mars, den der König bis zur Raserei liebte. Der Jüngling war binnen Jahresfrist zum Oberstkämmerer und Oberststallmeister aufgestiegen, und Ludwig überschüttete ihn mit einer Flut goldiger Geschenke. Einmal 40 000 Ecus (1 Ecu = 3 Gramm Feingold), drei Monate später 18 000 und nur wenige Tage nachher 6 000.

Der geschäftstüchtige junge Mann machte gar kein Geheimnis daraus, daß ihm sein glühender Anbeter im Grund ganz gleichgültig war; kaum aus dem Schlafzimmer des Königs entlassen, galoppierte er nach Paris, wo der königliche Goldsegen in Bordellen und Spielhöllen bald versickerte.

Cinq-Mars war in Gegenwart des Königs meist übellaunig und mundfaul. Ein Kammerherr berichtete später, daß Ludwig einmal seinen Herzbuben ins Bett zog, ihm, Tränen in den Augen, die Hände heftig küßte und stammelte: »Liebling, was fehlt dir? Bist du traurig? Was kann ich nur für dich tun?«

Cinq-Mars wäre es wohl am liebsten gewesen, hätte er Reichtum und Macht erlangt, ohne den lästigen Umweg über Ludwigs Schlafzimmer nehmen zu müssen; darum war er eifrig bemüht, plausible Vorwände für eine zeitweilige Trennung auszuhecken. Einem solchen Einfall hatte es Anna zu verdanken, daß sie noch einmal Mutter wurde. Cinq-Mars hatte seinem Gönner so lange eingeredet, daß ein Sohn nicht genug sei, um die Thronfolge zu garantieren, bis der König sich überzeugen ließ und mehrmals hintereinander seine Frau heimsuchte. Am 5. September 1640 wurde ein zweiter Sohn geboren und auf den Namen Philipp getauft.

So erfolgreich Richelieu in den großen Linien der Politik gewesen sein mag, seine Menschenkenntnis war erbärmlich. Er war es, der dem König Marie de Hautefort zugeführt hatte – und Marie war zu Anna übergelaufen. Auch Cinq-Mars war sozusagen eine »Erfindung« des Kardinals, und in ihm hatte er sich schlimmer getäuscht als jemals zuvor. Der Spielgefährte Ludwigs, dazu ausersehen, ein »hautnaher« und zuverlässiger Zwischenträger zu sein, hatte nicht nur Gefallen an Geld und Ansehen gefunden, er wollte mehr. Er wollte Macht, und zwar so viel davon, wie in Frankreich zu haben war. Die Rechnung stellte sich für Cinq-Mars denkbar einfach: Da die höchste Position im Staate besetzt war, mußte eben derjenige weichen, der sie innehatte. Da dieser ganz gewiß nicht die Absicht hatte, freiwillig zu gehen, blieb offensichtlich kein anderes Mittel als Gewalt. An Mord war nicht gedacht, aber an Umsturz.
Der Marquis war zu jung, um miterlebt zu haben, wie noch jedes Komplott gegen den Kardinal gescheitert war, und er war zu geistesträge, um aus dem, was man ihm darüber erzählte, eine Lehre zu ziehen. Auch er verband sich mit dem immer zu Staatsstreichen aufgelegten Bruder des Königs. Gaston hegte begreiflicherweise ganz andere Absichten, als einen liederlichen Tunichtgut zum Herrn Frankreichs zu machen, doch als Werkzeug war er ihm willkommen. Andere unzufriedene Aristokraten wurden in das Unternehmen einbezogen, und auch Spanien ließ sich als Verbündeter gewinnen, in der Hoffnung auf ein baldiges Ende des Krieges.
Die Verschwörung entwickelte sich nach bekanntem Muster: der Kardinal, Drahtzieher eines internationalen Agentennetzes, bekam rechtzeitig Wind, der König, zutiefst gekränkt in seiner Eitelkeit und enttäuscht in seiner Liebe, ließ Cinq-Mars fallen. Gaston verriet seine Komplizen und blieb straffrei, der Marquis und die anderen wurden am 12. September 1642 hingerichtet.
Kardinal Richelieu waren keine drei Monate mehr gegeben, sich dieses neuerlichen Triumphs über einen Gegner zu erfreuen. Er starb am 4. Dezember, siebenundfünfzigjährig, an einer Lungenentzündung. Der König befahl Staatstrauer, in weiten Teilen des Landes indes loderten Freudenfeuer.
Der Gesundheitszustand des Königs verschlechterte sich nach Richelieus Tod dramatisch. Am 3. April 1643 konnte er zum letzten Male

das Bett verlassen. Gestützt auf zwei Diener schleppte er sich durch die Gänge des alten Schlosses von St-Germain-en-Laye, um schon nach wenigen Minuten in einen Sessel zu sinken, den ein weiterer Bedienter hinterhertrug.

Die letzte Krankheit läßt sich aufgrund der Aufzeichnungen nicht mehr mit absoluter Gewißheit diagnostizieren, doch nehmen Medizinhistoriker an, daß die Tuberkulose, an welcher der König schon seit langem litt, auf den Darmtrakt übergegriffen, einen Durchbruch des Dickdarms und damit die letale Bauchfellentzündung verursacht hat. König Ludwig XIII. starb langsam, qualvoll und mit großer Würde, während die Besuchermassen – der Tod war ebenso öffentlich wie die Geburt – durch das entsetzlich stinkende Krankenzimmer zogen.

Am 20. April verfügte Ludwig, daß seine Frau Anna die Regentschaft für den minderjährigen Sohn übernehmen sollte. Seinen Bruder Gaston schloß der König ausdrücklich von den Regierungsgeschäften aus.

Am 21. April wurde der vierjährige Ludwig am Bette seines Vaters feierlich getauft, da er bei der Geburt, wie erwähnt, nur eine Nottaufe erhalten hatte. Zum Paten bestimmte der König Giulio Mazarini, auch er Kardinal, ein begabter italienischer Kirchendiplomat von einundvierzig Jahren, den Richelieu ins Kabinett geholt hatte. Zum König hatte Richelieu damals gesagt: »Ich wüßte keinen Besseren, der einstmals meine Nachfolge antreten könnte.« Zu Anna bemerkte Richelieu süffisant: »Er wird Ihnen gefallen, Madame, er sieht dem Herzog von Buckingham ähnlich.«

Die innenpolitische Lage war zu dieser Zeit undurchsichtig, die Stimmung aufs höchste gespannt. Während sich die Günstlinge des verstorbenen Kardinals, die bereits auf offener Straße ausgepfiffen wurden, schleunigst verdrückten, strömten dessen ehemalige Opfer in Scharen zurück. Vor allem das Gefolge Gastons vermehrte sich schlagartig, und alle waren bis an die Zähne bewaffnet. Anna, die ruhelos zwischen dem alten Palast, in dem Ludwig starb, und dem neuen Schloß, wo sie mit den Kindern residierte, pendelte, mußte das Schlimmste befürchten. Sie gab Befehl, ihren Wohnsitz vom Garderegiment zernieren zu lassen, Besuche waren nicht mehr erlaubt.

Am 12. Mai fiel Ludwig in Agonie, während Anna und Gaston, zu seiner Rechten und Linken sitzend, ihm die Hände hielten. Seine letzten Worte waren: »Mir kommen quälende Gedanken.« Am 14. Mai 1643 – man feierte das Fest Christi Himmelfahrt –, fünfzehn Minuten vor drei Uhr nachmittag, tat Ludwig seinen letzten Atemzug.

Vom Totenbett weg eilte die Witwe zu ihrem Ältesten, den sie »begrüßte wie einen König und umarmte wie einen Sohn«, so Madame de Motteville in ihren Memoiren.

Nachdem Anna sich für eine halbe Stunde allein in ihrem Zimmer eingeschlossen hatte, ordnete sie den sofortigen, aber bereits von langer Hand vorbereiteten Umzug in den Louvre, im Herzen von Paris, an, wo sie und der kleine König jetzt ihrer Meinung nach hingehörten.

Es war ein endlos langer Konvoi mit all den Kutschen und Möbelwagen, den Lakaien und Hofleuten. Aber es war vor allem eine Demonstration der Stärke und des Willens Annas, nie mehr schutzlos, wem auch immer, ausgeliefert zu sein. Das Garderegiment war aufgeboten, die Musketiere, ein Regiment leichte Kavallerie und Soldaten zu Fuß; mitten drin die königliche Karosse, in der Anna, die Kinder und ihr Schwager Gaston saßen. Das sieben Stunden währende Schauspiel, von den Parisern heftig akklamiert, glich eher einer Truppenparade denn einer Übersiedlung von einem Schloß zum andern.

Am 18. Mai trat das Parlament zusammen. Es muß hier ausdrücklich angemerkt werden, daß das französische Parlament jener Zeit nur den Namen mit dem damaligen englischen und den heutigen, in Demokratien üblichen, gemeinsam hatte. Es handelte sich vielmehr um ein oberstes Reichsgericht, dessen Mitglieder aus den Spitzen des Adels, der Geistlichkeit und der Justiz bestanden. Da die Sitze teils vererbbar, teils käuflich waren, war das Parlament politisch relativ unabhängig und konnte sogar vom König erlassenen Gesetzen die Zustimmung verweigern. Richelieu hatte es verstanden, den Einfluß des Parlaments stark zurückzudrängen, jetzt hofften die Deputierten, ihre alten Privilegien zurückzuerobern.

Das Parlament tagte ab fünf Uhr früh, denn noch bis in die Regierungszeit Ludwigs XIV. erhob sich ganz Frankreich, einschließlich des Hofes, beim ersten Morgengrauen. Um halb zehn hielt Anna samt Gefolge Einzug. Sie trug Schwarz, der kleine König, der seiner Mutter verblüffend ähnlich sah, war in lila Samt gehüllt. Die Mutter hob ihren Sohn auf den Thron und nahm zu seiner Rechten, auf einem erhöhten Lehnstuhl, Platz. Ludwig wisperte die Worte, die man ihm eingepaukt hatte: »Ich bin gekommen, um dem Parlament meinen guten Willen zu bezeugen.« Dann hielt Anna, mit steinernem Gesicht und sehr blaß, eine kurze Ansprache und schloß mit der Bitte an das Hohe Haus, ihr und dem jungen König immer hilfreich zur Seite zu stehen. Das Parlament ernannte sie einstimmig zur Regentin Frankreichs, wobei ihr ausdrücklich das Recht bestätigt wurde, Minister und Berater nach eigenem Gutdünken zu bestimmen.

Annas erste Handlung als Herrscherin bestand in der Berufung des Kardinals Giulio Mazarini, den die Franzosen Jules Mazarin nannten, zum Vorsitzenden des Kronrates.

Diesen Kardinal Mazarin hat man Anna immer zum Vorwurf gemacht – bis in unsere Tage. Keiner aus der ständig wachsenden Schar ihrer Gegner – und deren fanden sich nicht zu wenige in der eigenen Familie Habsburg und unter deren Verbündeten – vermochte zu begreifen, daß eine Frau, noch dazu eine mit starker femininer Ausstrahlung, sich aus dem vollkommenen Abseits zu einer staatsmännisch agierenden Person entwickeln könnte; noch dazu zeugten ihre Entscheidungen wohl von politischer Ratio, keineswegs jedoch von verwandtschaftlichen Gefühlen. Da mußte doch wohl der Teufel im Spiele sein, und wenn nicht der, dann – natürlich! – ein Mann, dem dieses Weib eben hörig war. Ein Mann, der, jeder konnte es sehen, dem verblichenen Buckingham stark ähnelte, ein Mann mit Geist, Charme und vollendeten Manieren, nicht sparend mit Komplimenten und Aufmerksamkeiten, ein »homme à femmes« par excellence. Trotz größter Diskretion konnte auf die Dauer nicht verborgen bleiben, daß Mazarin nicht nur der Gefährte auf dem oft gefährlichen politischen Weg war, sondern daß er mit Anna, allerdings erst nach Jahren des engsten beruflichen Kontaktes, durch eine tiefe Zuneigung, eine späte, große Liebe verbunden war. Die üble Fama verstieg sich sogar zu der Unterstellung, Ludwig XIII. wäre gar nicht der Vater seines ersten Sohnes und Thronfolgers gewesen. Wie lächerlich diese These ist, beweist die Tatsache, daß Anna, als das Kind gezeugt wurde, die bestbewachte Gefangene Frankreichs war und Mazarin sich im Dezember 1637 in Italien befand. Aber der Klatsch wollte nicht verstummen; es hieß, daß dem Paar zumindest später ein Kind geboren worden sei, zu einem Zeitpunkt übrigens, da Anna längst

Kardinal Jules Mazarin

nicht mehr im gebärfähigen Alter gewesen sein konnte. Diese Skandalgeschichte verliert auch dadurch nicht an Infamie, daß man den beiden eine heimliche Ehe andichtete, wie in alten Geschichtswerken und Lexika nachzulesen ist.

Annas erste hochpolitische Entscheidung dröhnte wie ein Paukenschlag durch das vom Dreißigjährigen Krieg aufgewühlte Europa. Niemand hatte daran gezweifelt, daß das »schwache Weib auf dem Thron«, die Tochter des Hauses Österreich, sofort die Feindseligkeiten gegen Österreich und Spanien, gegen den Vetter und zugleich Schwager, Kaiser Ferdinand III., und den Bruder, König Philipp IV. also, einstellen würde; einen Krieg noch dazu, den ihr Todfeind Richelieu angezettelt hatte. Anna tat genau das Gegenteil von dem, was allgemein erwartet worden war. Frankreichs Verbündete – Schweden, die deutschen protestantischen Fürsten sowie die Republik Niederlande – wurden umgehend verständigt, daß sie auf ungebrochene Bündnistreue zählen könnten.

Müßig zu fragen, ob Anna ebenso gehandelt hätte, wäre sie kinderlos gewesen oder hätte nur Töchter gehabt. Vielleicht hat die Tatsache, daß sie die Mutter des Königs von Frankreich war, dessen Interessen sie wahrnehmen mußte, und daß ihr das Kind wesentlich näher stand als Cousin und Bruder, sie beeinflußt. Vielleicht auch nicht. Wahr ist, daß sie, nach den Worten der Madame de Motteville, für ihre Söhne eine geradezu »leidenschaftliche« Zuneigung hegte. Wahr ist aber auch, daß eine Frau an der Spitze der Regierung allemal der härtere »Mann« sein mußte, um ihre Autorität zu beweisen. Der scharfsinnige und objektiv-nüchterne Herzog von La Rochefoucauld faßte jedenfalls seine Eindrücke in einem Satz so zusammen: »Königin Anna stellte alle Interessen gegen die des Staates zurück.«

Ein patriotischer Freudentaumel erfaßte Frankreich, als bei Rocroi (an der heutigen französisch-belgischen Grenze) ein fundamentaler Sieg über Spanien errungen wurde. Neben zahlreichen schmeichlerischen Gelegenheits- und Hofpoeten hat auch Frankreichs regierender Dichterfürst, Pierre Corneille, kräftig in die Saiten gegriffen, als er Anna, »die große Königin, Wunder vollbringend . . .«, besang.

»Die Königin ist so gut«, beschrieb Jean Retz, Erzbischof-Koadjutor von Paris, weniger blumig, dafür um so genauer, die allgemeine Stimmung, die vom Hof ihren Ausgang nahm. Keine Spitzel und Spione waren mehr zu fürchten, die Düsternis der Angst wich heller Lebensfreude, es gab wieder Theater- und Ballettaufführungen, Gartenfeste und Bälle, im Mittelpunkt eine gutgelaunte Königin, zu Scherzen und lebhaftem Geplauder aufgelegt.

Ein trügerischer Glanz! Denn noch immer lag die Wirtschaft darnieder, war die Finanzlage, infolge des Krieges, prekär, der Steuerdruck ließ nicht nach. Doch alle waren sicher, daß die »große Königin« auch hiebei bald für eine glückliche Wende, wenn nicht überhaupt für ein weiteres Wunder sorgen werde.

Richelieus Mannen atmeten auf, denn sie blieben, soweit man ihnen nicht schwere Verfehlungen nachweisen konnte, ungeschoren, ebenso wie die Protestanten, die am meisten vor der erzkatholischen Königin aus Spanien gezittert hatten. Die Schafotte, zu Richelieus Zeiten pausenlos in Aktion, begannen zu verrotten.

Ernsthafte Schwierigkeiten gab es vorerst nur mit den zahlreichen Remigranten, welche die gleiche dominierende Rolle zu spielen gedachten wie vor der Zeit, da Richelieu sie aus dem Lande getrieben hatte. Sie fanden nun alle wichtigen und einflußreichen Positionen teils mit Leuten besetzt, die noch der alte Kardinal wegen ihrer hohen fachlichen Qualifikationen eingesetzt hatte, teils mit Personen, die das Vertrauen der Königin und Mazarins besaßen.

Die unzufriedenen Rückwanderer waren es, welche die allgemeine Aufbruchsstimmung störten. Zu ihnen gehörte auch Marie de Chevreuse, die nicht wahrhaben wollte, daß die souveräne Regentin dieselbe Frau war wie das getretene Aschenputtel früherer Tage, das sich oftmals an die starke Freundin geklammert hatte.

Wahrscheinlich war die intrigenreiche Chevreuse die heimliche Quelle all der hinter vorgehaltener Hand weitergetuschelten Bösartigkeiten über Anna und Kardinal Mazarin. Mit Sicherheit waren es gezielt und mit voller Absicht in Umlauf gebrachte Unterstellungen, denn zu jenem Zeitpunkt, und noch sehr lange danach, hatten die beiden keine wie immer gearteten privaten Kontakte. Eine Liaison mit dem Kardinal schien schon aufgrund von Annas Charakter undenkbar. Die geborene Habsburgerin zeigte nämlich erheblichen Standesdünkel. Bei aller Liebenswürdigkeit hielt sie streng auf Abgrenzung »nach unten«, und sie wurde nicht selten wegen ihres offen zur Schau getragenen Hochmuts kritisiert. Als Marie de Chevreuse der Königin mit geflissentlicher Besorgnis von dem üblen Gerede Mitteilung machte und sie fragte, ob es nicht klüger wäre, Mazarin zu entlassen, reagierte Anna mit Gelächter und ging belustigt über die ihr widersinnig scheinenden Tratschereien hinweg. Der Königin verging das Lachen, als sie eines Abends auf ihrem Kopfkissen einen Drohbrief fand: »Wenn Sie sich nicht Mazarins entledigen, werden wir es tun.«

»Wir«, das war ein machthungriger Aristokratenklüngel, der glaubte, mit Anna leichtes Spiel zu haben, sobald Mazarin aus dem Weg geräumt sein würde. Eine neue Verschwörung also, diesmal gegen den Nachfolger des verhaßten Richelieu, und ein bis in die letzten Einzelheiten ausgearbeitetes Mordkomplott, das nur wegen der stümperhaften Vorgangsweise des gedungenen Mordbuben aufflog. Die Rädelsführer wurden verhaftet und des Landes verwiesen. Marie de Chevreuse, die zehn Jahre lang aus der Heimat verbannt gewesen war, wurde aufgefordert, Paris sofort zu verlassen. Sie reiste ab, weniger als drei Monate, nachdem sie dort angekommen war.

Nach diesen Ereignissen fürchtete man ernstlich um Annas Sicherheit und legte ihr nahe, die Leibwachen zu verstärken. Sie lehnte ab. Die eben überstandene Bedrohung war für sie eine Episode, die sich nicht wiederholen würde. Sie verließ sogar den wenig geliebten, aber unangreifbaren Louvre und übersiedelte in die geräumige italienische Villa, die Richelieu sich hatte erbauen lassen, das »Palais Royal«, mit seinen weitläufigen, ungeschützten Gärten, in unmittelbarer Nähe der »Halles«, dem Zentrum des pulsierenden Pariser Geschäftslebens.

Anna sah in jenen Jahren, obwohl sie noch immer Schwarz trug – oder gerade deswegen? – hinreißend aus. Bei ihrem stets kräftigen Appetit und einer Vorliebe für erlesene Speisen war sie ein wenig rundlich geworden; sie schminkte sich überhaupt nicht, so kam ihr makelloser, sanft rosiger Teint unter der Fülle des prachtvollen rotblonden Haares voll zur Geltung.

Annas Tagesablauf war dicht gedrängt, beginnend mit einem Bad, dem anschließenden offiziellen Lever und den obligaten Audienzen. Mindestens eine Stunde Gebet in der Privatkapelle, die vollgestopft war mit den seltsamsten Reliquien; darunter ein Finger der heiligen Anna, ein Stück vom Schleier der Jungfrau Maria und das skelettierte Haupt des heiligen Knut. Nach dem Kronrat Mittagessen um zwei

Uhr, nachmittags häufig Beratungen mit Mazarin, am Abend geselliges Beisammensein mit Gästen aus aller Welt und Vertretern von Kunst und Wissenschaft. Auch Forschungsreisende waren gern gesehen, und Anna konnte sich nicht satt hören an deren Berichten. Theater machte Anna viel Vergnügen, besonders genoß sie leichte italienische Komödien, was manchem Gottesmann ein Dorn im Auge war. Eines Tages erschien ein Priester zur Frühaudienz und legte ein Gutachten von sieben Professoren der Sorbonne vor. Die Gelehrten bestätigten übereinstimmend, daß die Commedia dell'arte der Seele höchst verderblich sei. Schon kurze Zeit später konnte Anna mit den Gegenexpertisen von zwölf hochrangigen geistlichen Würdenträgern aufwarten: derlei Unterhaltung würde keinen wie immer gearteten Schaden anrichten.

Von gesellschaftlichen Veranstaltungen abgesehen, teilte Ludwig, der angebetete Sohn, viele Stunden des Tages mit der Mutter, die er schon frühmorgens im Bett begrüßen durfte. Er sollte die Führung der Staatsgeschäfte gründlich erlernen, darum fehlte der Knabe bei keinem Kronrat. Es ist verständlich, daß ihn die endlosen Sitzungen langweilten und daß er lieber mit seinen Spielgefährten, die Anna aus den Kreisen des Hochadels ausgewählt hatte, durch die Gärten tobte. Seine Lieblingsbeschäftigung war das Kriegsspiel mit Miniaturwaffen, gefolgt von Schwimmen in der Seine, wenn die Familie sich in der Sommerresidenz zu Fontainebleau aufhielt. Mit Befremden wurde registriert, wie Anna ihre Kameraderie mit den Kindern so weit trieb, daß sie mit ihnen im kalten Fluß badete, allerdings vom Halse bis zu den Zehen in ein langärmeliges Leinenhemd gehüllt.

Die Aufsicht über die Erziehung der Prinzen lag in den Händen Mazarins, der zugleich den Posten eines Obersthofmeisters innehatte und im Palais Royal eine Dienstwohnung bezog, was dem alten Klatsch neuen Auftrieb gab, ungeachtet der Tatsache, daß es am französischen Hof seit jeher üblich war, die Minister auch in persönlichen Dienst zu nehmen. (Richelieu beispielsweise war, wie erwähnt, Obersthofmeister bei Maria von Medici gewesen.) Überdies, auch das war ein feststehender Brauch, teilte jede Nacht eine andere Kammerfrau das Schlafzimmer mit der Königin – und alle privaten Gespräche mit Mazarin fanden stets bei weit geöffneten Flügeltüren statt.

Der Blitz, der diese Idylle zerstörte, kam nicht aus heiterem Himmel.

173

Das Grollen des heraufziehenden Unwetters war schon lange vernehmbar gewesen, es hatte seit der Adelsverschwörung gegen Mazarin niemals ganz aufgehört.

Schon Jahrzehnte vor Annas Regentschaft hatten sich Mißstände breitgemacht, die, abgesehen von marginalen Korrekturen, im wesentlichen bestehen blieben: Vor allem den kleinen Mann traf die volle Wucht der Kriegslast, die Reichen verstanden es erfolgreich, sich zu drücken; der Schacher mit Ämtern hatte niemals aufgehört, die Staatsschulden wuchsen auf die gigantische Summe von 150 Millionen der neuen Livre-Währung (6 Ecus = 1 Livre), und die Königin mußte Teile ihres Schmuckes und ihres Tafelsilbers verkaufen, um die Armee bezahlen zu können. Die Banken machten durch horrende Zinsen fette Gewinne, große Vermögenswerte wurden verschoben und somit der Wirtschaft entzogen.

Die Königin und Mazarin konzentrierten sich vorwiegend auf die Außenpolitik, auf Kämpfe und Siege in Deutschland, in den spanischen Niederlanden und an der südlichen Grenze zu Spanien. Mazarin tat noch dazu den schweren Mißgriff, für innenpolitische Belange italienische Landsleute als Berater zu berufen, von denen etliche kapitale Fehler begingen. Eine Welle des Fremdenhasses erfaßte Frankreich, weiter angeheizt durch Annas und Mazarins leichtsinnige Angewohnheit, sich meist auf spanisch zu unterhalten. Mazarin hatte einen erheblichen Teil seiner Jugend in Spanien verlebt, im Feindesland also, wodurch ihm das Stigma des Verräters anhaftete.

Das Volk sehnte sich nach Frieden – Frankreichs »Gloire«, die großen Gebietsgewinne, die später im Westfälischen Frieden bestätigt werden sollten, kümmerten den Untertan wenig, der nicht einmal trockenes Brot zu essen hatte.

Das Parlament, seit Richelieu geschwächt, sah eine Chance gekommen, als das englische Parlament Charles I. stürzte (der dann 1649 hingerichtet wurde), und es begann, sich den Wünschen der Regierung nach Einführung immer neuer Abgaben entgegenzustellen. Schließlich forderte es sogar Herabsetzung der Steuern, Kontrolle über die Staatsfinanzen und, nach englischem Vorbild, Einführung des Habeas corpus (= niemand darf ohne richterliche Anordnung länger als 24 Stunden festgehalten werden).

Zu guter Letzt schlossen sich auch die Spitzen des ständig unzufriedenen Adels der Bewegung an, die unter dem Namen »Fronde« (so hie-ßen die kleinen Steinschleudern, mit denen die Pariser Gassenjungen um sich schossen) in die Geschichte eingegangen ist. Daß die Fronde nicht das volle Ausmaß der 150 Jahre später ausgebrochenen großen Französischen Revolution erreichte, daß am Ende von vier turbulen-ten und gefährlichen Jahren die Königin und Mazarin obsiegten, ist allein dem Umstand zuzuschreiben, daß diese erste große Erhebung von drei völlig verschiedenen Gruppen mit einander oft widerspre-chenden Zielen getragen wurde: vom Parlament, vom Adel und vom einfachen Volk. Es fehlte eine gemeinsame, zündende Idee, und es fehlte eine mitreißende Integrationsfigur, wie sie die Große Revolu-tion gleich mehrfach hervorgebracht hat. Hätte es all dies gegeben, dann wäre Anna vermutlich dasselbe Schicksal beschieden gewesen wie ihrer unglücklichen Nachfahrin Marie Antoinette. Doch die Zeit war noch nicht reif. Sie war es erst, nachdem Ludwig XIV., geprägt durch die traumatischen Erlebnisse seiner Kindheit, den extremen Absolutismus zur Regierungsform erhoben hatte.

Die ersten Unruhen begannen im Sommer 1648. Anna, schon immer zum Jähzorn neigend und schockiert durch die Vorgänge in England, reagierte unbedacht. Als einmal der Präsident des Parlaments bei ihr vorsprach, fuhr sie ihm über den Mund: »Schweigen Sie, Sie alter Narr.« Nach der Verhaftung eines beliebten Parlamentariers kam es zu schweren Ausschreitungen in der Stadt. Hunderte Barrikaden wur-den errichtet, Soldaten und Angehörige des Hofes bespuckt und mit Steinen beworfen, die Musketiere schossen wahllos in die Menge, es gab Tote und Verwundete auf beiden Seiten.

Auf eine offizielle Demarche des Parlaments zwecks Freilassung des Gefangenen reagierte Anna mit einem Wutausbruch: »Nein, nein, lieber erwürge ich ihn mit meinen eigenen Händen.« Sie ließ ihn dann doch enthaften, aber die aufgebrachte Menge war damit nicht zufrieden und machte Anstalten, die königliche Residenz zu stürmen. Daraufhin ließ die Königin demonstrativ die Wachen vom Palais Royal abziehen, denn: »Eine Nachkommin Karls V. fürchtet Gott, sonst niemanden.« Die Geste machte Eindruck, das Volk beruhigte sich, doch Anna schickte trotzdem vorsichtshalber den Dauphin und seinen Bruder aus der Stadt, nach Rueil. Als einige Abgeordnete die Rückkehr der Knaben forderten, erklärte ihnen die Königin kaltblütig, jeder Mensch habe das Recht, die schöne Jahreszeit in frischer Landluft zu verbringen – und reiste tags darauf ebenfalls nach Rueil. Auch nach der Rückkehr der königlichen Familie blieb die Stimmung explosiv. Die Stadt wurde mit Flugblättern gegen den Kardinal (»Zum Teufel mit Mazarin!«) und die Königin überschwemmt, murrende Volksmassen sammelten sich in und vor den Halles, kamen dem Palais Royal immer wieder bedrohlich nahe, und langsam wurde klar, daß Teile der Musketiereinheiten in ihrer Loyalität wankend zu werden begannen. Es roch nach Revolution, es roch nach Katastrophe.

Am 6. Januar 1649, um zwei Uhr morgens, gelang Anna und den Kindern sowie einigen Getreuen die von Mazarin generalstabsmäßig vorbereitete Flucht. Sie entkamen in unauffälligen Kutschen, die an einem Seitentor des Parkes warteten, und fuhren nach St-Germain-en-Laye – mit nur zwei Feldbetten, für Anna und Ludwig, alle übrigen schliefen zunächst auf Strohsäcken in ungeheizten Räumen. Und das im kältesten Winter des Jahrhunderts!

Außer sich vor Zorn und Empörung verweigerte die Regentin dem Parlament eine Aussprache, worauf es Mazarin für abgesetzt erklärte und alle seine Besitzungen beschlagnahmte.

Zahlreiche Adelige, darunter Henri de Turenne, Marschall von Frankreich und hochdekorierter Eroberer des Elsaß, ein Protestant notabene, schlugen sich auf die Seite der aufsässigen Pariser, die nun zum offenen Bürgerkrieg rüsteten.

Alles schien verloren, und Anna erhielt einen zusätzlichen Fußtritt von ihrem Cousin, dem deutschen Kaiser Ferdinand III.: »Wenn die Königin mit ihrem Sohn Frankreich verlassen muß, wird sie in meinen Ländern nicht empfangen werden.«

Rettung kam vom Bourbonenprinzen Henri de Condé, einem weiteren Heros im Kampf gegen Spanien. Condé, der einst den entscheidenden Sieg von Rocroi errungen hatte, rüstete ein Heer gegen Paris, Mazarin tat ein übriges, indem er die seit langem nicht besoldeten Truppen Turennes mit mehr als einer Million Livres bestach und so außer Gefecht setzte. Turenne floh nach Deutschland. Der Aufstand brach zusammen, ehe er noch begonnen hatte, die Königin kehrte mit den Kindern in die Hauptstadt zurück, die wankelmütigen Pariser jubelten ihr zu wie einer Erretterin, und Mazarin blieb im Amt.

Nicht für lange. Denn nun war es Condé, der zum Gegner überlief, weil Anna und der Kardinal ihn nicht großzügig genug entlohnt hatten. Ehe auch diese gefährliche Situation eskalieren konnte, überwarf sich der präpotente und maßlos anspruchsvolle Prinz mit dem Parlament, das nun seiner Verhaftung zustimmte. Zusammen mit Condé wurden zwei weitere Prinzen von königlichem Geblüt festgenommen, worauf sich auf der Stelle wieder eine neue Partei gegen die Königin und ihren Minister bildete, diesmal angeführt vom stets zu Verrat und Intrige bereiten Gaston, Herzog von Orléans, dem Schwager Annas, und der zahlreichen Verwandtschaft Condés. Truppen wurden um Paris zusammengezogen, Gaston und seine Verbündeten forderten die Enthaftung der drei Prinzen und die Absetzung Mazarins.

Anna war am Ende ihrer Widerstandskraft. Am 10. Februar 1651 unterzeichnete sie das Entlassungsdekret Mazarins. Der Kardinal setzte sich mit einer kleinen Schar ergebener Musketiere – darunter ein gewisser d'Artagnan – nach Köln ab, wo ihnen der Fürsterzbischof das Schloß Brühl als Unterkunft zur Verfügung stellte.

Was tun mit einer Königin, die unter Umständen wieder Mut schöpfen und das Gesetz des Handelns an sich reißen könnte? Die Lösung lag nahe. Man sperrte sie – zumindest symbolisch – ein. Sie konnte das Palais Royal nicht mehr verlassen, das von Wachmannschaften des Herzogs von Orléans und einer bedrohlich erregten Menschenmenge Tag und Nacht umstellt war.

Einen vollen Monat lang waren Anna und die Kinder im Palais eingeschlossen, dann verliefen sich die Pariser, und Gaston zog seine Soldaten ab; das war der Anfang vom Ende der Fronde, deren führende Köpfe sich nicht über die weiteren Schritte einigen konnten. Nachdem in den lärmenden Versammlungen der Fronde heftig die kühnsten Vorschläge diskutiert worden waren – es wurde sogar erwogen, den Dauphin zu entführen und seine Mutter vor Gericht zu stellen –, trat Ernüchterung ein. Was, so fragten sich die Parlamentarier betreten, würde nachher sein? Würde der hochfahrende Condé die Macht an sich reißen? Oder der unbeliebte Herzog von Orléans, ein Muster an Unzuverlässigkeit, für den minderjährigen König die Regentschaft führen? Oder würden gar Condé und Orléans zusammen das Parlament neuerlich ausschalten?

Vorsichtig tastend versuchten einige Abgeordnete mit der Königin

Fühlung aufzunehmen, doch die schien nicht die geringste Lust zu verspüren, sich in irgendeiner Weise festzulegen. Sie handelte nach einem ganz bestimmten Plan, und der war dem Kopf Mazarins entsprungen, mit dem Anna im geheimen Briefkontakt stand. Zeit gewinnen lautete die Devise. Die Gespräche immer wieder hinauszögern, bis zum 5. September, dem Tag von Ludwigs 13. Geburtstag, dem Tag, da er nach altem französischem Recht großjährig sein würde.

Früh gereift durch die einschneidenden Erlebnisse der vergangenen Jahre, war der noch nicht einmal Dreizehnjährige kein Kind mehr. Er wußte, was er wollte, und er wußte, zu wem er stand; zu seiner Mutter nämlich. Schon im Sommer hatte er seinen Onkel Gaston erschreckt, indem er ihn aufforderte:»Mein lieber Onkel, deklarieren Sie sich zweifelsfrei. Stehen Sie zu mir?« Den berühmten Ausspruch: »L'Etat, c'est moi«, soll er bereits mit siebzehn Jahren getan haben. Am 7. September 1651, zwei Tage nach seinem Geburtstag, wurde Ludwig XIV. im Parlament für mündig erklärt. Es war für die Pariser, die wieder einmal Hoffnung schöpften auf ein neues, ein goldenes Zeitalter, ein einziger Freudentaumel. Während des Festzugs vom Palais Royal zum Parlament – der König ganz in Gold, strahlend wie die Sonne und hoch zu Roß, dahinter die Königin mit Ludwigs jüngerem Bruder Philipp in einer Staatskarosse – vermochten die Ordnungshüter kaum die begeisterte Menge im Zaum zu halten. Immer wieder versuchten die Menschen, die Absperrungen zu durchbrechen, um ihrem Idol näher zu kommen. Als der Junge dann noch lachend den Hut vom blonden Lockenkopf riß und seinen Untertanen damit heftig schwenkend zuwinkte, kannte die Begeisterung keine Grenzen mehr.

Feierliche Stille im Parlament, als Anna mit bewegter Stimme dem »so lieben und teuren Sohn« offiziell die Regentschaft übergab. Ludwig bedankte sich mit artigen Worten für die sorgfältige Erziehung, die seine Mutter ihm hatte angedeihen lassen, für die nimmermüde Sorge für sein Königreich und ernannte sie in einem Atemzug zur Vorsitzenden des Kronrates, auf daß sie ihm weiterhin tatkräftig zur Seite stehen könne. Anna und Mazarin haben dann de facto die Regierungsgeschäfte noch weitere zehn Jahre geführt. Nach der Rede des Königs sanken sämtliche Anwesende in die Knie, um ihrem neuen Herrn zu huldigen, auch Anna machte Anstalten, wurde aber noch rechtzeitig von Ludwig daran gehindert. Er zog sie spontan an sich und umarmte sie zärtlich.

Am Heiligen Abend desselben Jahres kehrte Mazarin, vom König in einem Handschreiben ausdrücklich dazu aufgefordert, nach Frankreich zurück. Am 28. Januar 1652 traf er in Poitiers ein, wo Ludwig und seine Mutter sich während einer Reise durch die Provinzen aufhielten. Ludwig ritt seinem Taufpaten bis zur Stadtgrenze entgegen und geleitete diesen zu seinem Quartier. Sogleich eilte der Kardinal zur Königin. Anna wies ihr Gefolge aus dem Zimmer und schloß sich mit Mazarin für mehrere Stunden ein.

Mit dieser Wiederbegegnung begann vermutlich die enge, später auch intime Beziehung der einundfünfzigjährigen Frau mit dem um ein Jahr jüngeren Mann. Irgendwann im Laufe der elfmonatigen Trennung – sie allein und fast wehrlos in einer Umwelt voller Feinde, er in demütigender Verbannung – muß den beiden klargeworden sein, wie sehr sie einander brauchten, wie sehr sie einander liebten.

Die Briefe, die sie während dieser Zeit wechselten, waren zu Beginn nüchtern und geschäftsmäßig, die Korrespondenz einer Herrscherin mit ihrem ersten Diener. Nach und nach flossen immer persönlichere Wendungen ein, kamen zwei Menschen in all ihren Nöten, mit all ihrer Sehnsucht nach Verständnis und Zuneigung zum Vorschein.

Die Briefe wurden so sehr zum Lebenselixier der Königin und des Kardinals, daß sie einander seit Poitiers täglich schrieben, selbst wenn sie nur für ein paar kurze Stunden getrennt waren, und an manchen Tagen waren es mehrere Grüße und Botschaften, die von ihm zu ihr, von ihr zu ihm gesandt wurden.

Diese Geheimkorrespondenz, geziert mit einem besonderen Siegel, das beide benutzten – es zeigte die verschlungenen Buchstaben A und M – muß Tausende Seiten umfaßt haben. Es sind nur noch Bruchstücke erhalten, das meiste davon lag bis vor wenigen Jahren unentdeckt und nicht ausgewertet in der französischen Nationalbibliothek. Bis jetzt ist es nicht gelungen, die zum Teil verschlüsselt geschriebenen Briefe vollkommen zu enträtseln, es wurden Chiffren benützt, Ziffern und allerlei Zeichen wie Sternchen, Lilien und anderes mehr. Mazarin an Anna: »Ich möchte Ihnen 1 000 zärtliche Dinge über das Meer [Code für Mazarin] und 22 [Anna] sagen . . .« Oder: »Die Welt wird versinken, wenn ich Sie wiedersehe. Während ich dies schreibe, bin ich außer mir... Malen Sie sich bitte aus, was geschehen wird, wenn 26 [Mazarin] 22 [Anna] wiedersehen wird.«

Anna an Mazarin: »Ich weiß, daß es die Vernunft gebietet und nicht Ihr Wille, daß Sie noch nicht zurückkommen, und ich kann nichts dagegen sagen. Aber ich verwünsche alle jene, die Sie mir länger fernhalten als mir lieb ist...« Oder: »Ich habe Ihre Briefe erhalten..., die mir Hoffnung geben, Sie bald wiederzusehen, aber ich glaube es nicht, bis ich es nicht gewiß weiß, denn ich bin schon zu oft enttäuscht worden...« Oder: »Ihr Brief vom 8. kam viel zu spät, später als der vom 9. Es war schmerzlich für mich, denn ich weiß ja, daß Sie mir täglich schreiben, und so ging mir der Brief sehr ab...«

Nach monatelangen Querelen mit dem Parlament, mit dem Prinzen Condé, die Mazarin schließlich zu seinen Gunsten entscheiden konnte, kehrte er am 3. Februar 1653 als Erster Minister nach Paris zurück, das er, fast auf den Tag genau, zwei Jahre zuvor fluchtartig verlassen hatte.

Von dem Augenblick an, da die ganz große Liebe in ihr Leben trat, begann sich Anna auf die traditionelle Frauenrolle zurückzuziehen. Es ist nicht ganz geklärt, ob sie dies freiwillig tat oder unter dem Druck Mazarins. Seine Zuneigung war ihr möglicherweise so kostbar, daß sie, die sich all die Jahre zuvor mutig und »mannhaft« allein geschlagen hatte, seinen Wünschen nachgab, um ihre Beziehung nicht zu gefährden. Übereinstimmenden Berichten zufolge hat es gar nicht selten lautstarke Auseinandersetzungen zwischen den beiden gegeben. Doch den heftigen Szenen folgten alsogleich die innigsten Briefe.

Mazarin jedenfalls regierte in den letzten Jahren seines Lebens autark im »Draußen«, Anna kümmerte sich um das »Drinnen«, und sie war damit hinreichend in Atem gehalten, vor allem durch ihre Kinder. Während Philipp in frühen Jugendjahren noch keine Anzeichen seiner später offen zutage tretenden homophilen Neigungen zeigte, bekundete Ludwig von klein auf eine unübersehbare, heftige Vorliebe für das weibliche Geschlecht. Der ganze Hof amüsierte sich über ihn, wenn er nicht genug bekommen konnte von den Zärtlichkeiten, die Ammen, Gouvernanten und Hofdamen dem hübschen Knaben im Übermaß schenkten.

Kaum sechzehn, machte er Anstalten, Olympia Mancini, eine bild-schöne Nichte des Kardinals, zu umgarnen – und dies durchaus schon wie ein routinierter Roué. Die junge Dame wurde eiligst mit einem Prinzen aus dem Hause Savoyen verheiratet, und sie bekam später sogar eine bescheidene Fußnote im großen Buch der Geschichte, als Mutter des Feldherrn Prinz Eugen.

Die nächste Liebelei Ludwigs wurde fürs erste kaum zur Kenntnis genommen, denn es schien ausgeschlossen, daß der junge Mann mit seinem ausgeprägten Schönheitssinn sich in die um ein Jahr ältere Schwester Olympias, Maria Mancini, ernstlich verlieben könnte. Maria war, nach den Worten der Madame de Motteville, »extrem häßlich«, also müssen es ihre brillante Intelligenz, ihr Witz und ihre Schlagfertigkeit gewesen sein, die den König so faszinierten, daß er ihretwegen wiederholt das höfische Protokoll verletzte. Anna registrierte verärgert, daß die jungen Leute in ihrer Gegenwart unbekümmert kicherten, tuschelten und Händchen hielten, daß Ludwig, der Etikette trotzend, auf Bällen fast ausschließlich mit der Italienerin tanzte.

Als Mazarin mit Spanien endlich einen Frieden ausgehandelt hatte, der Frankreich übrigens ansehnliche Gebietsgewinne bescherte, und zur Besiegelung des Paktes die Heirat Ludwigs mit dessen Kusine, Maria Teresa, Tochter König Philipps IV., beschlossen wurde, zeigte sich der junge Mann störrisch: Maria Mancini würde er heiraten, sonst keine.

Mazarin nahm ihn streng ins Gebet, seine Mutter redete ihm tagelang gütlich zu, und schließlich sah man ihn, Tränen in den Augen, niedergeschlagen aus ihrem Zimmer kommen. Maria wurde nach La Rochelle geschickt, der König blieb in Paris und kränkelte dahin. Sein Leibarzt stellte die düstere Diagnose: »Majestät ist schwer liebeskrank«, und empfahl als Therapie, man möge den Verliebten wenigstens erlauben, miteinander zu korrespondieren. Zögernd gaben Anna und Mazarin nach. Als auch dies nichts half, wurde noch einmal ein Wiedersehen in der Nähe von Bordeaux ermöglicht, was Ludwig aber in noch tiefere Depressionen stürzte.

Den Schlußstrich zog dann Maria, die von ihrem Onkel so lange bearbeitet wurde, bis sie sich zu einem endgültigen Absagebrief durchrang. Ludwig sandte ihr zum ewigen Andenken eine kostbare Perlenkette und einen kleinen Hund. Dann war er endlich bereit, die Ehe mit Maria Teresa einzugehen.

Die Verbindung Ludwigs XIV. mit Maria Teresa ist ein klassisches Beispiel für die Inzucht in Europas Herrscherhäusern. Ludwigs Mutter und Maria Teresas Vater waren Geschwister, ebenso wie Maria Teresas Mutter und Ludwigs Vater. Sie waren also Cousin und Kusine in doppelter Hinsicht und so nahe verwandt wie Bruder und Schwester. Statt der üblichen acht Großelternteile hatte das Paar nur zwei Großmütter und zwei Großväter – und auch die stammten aus Ehen unter engsten Verwandten.

Am 6. Juni 1660 gaben der zweiundzwanzigjährige König und seine gleichaltrige Braut, eine hübsche, freundliche Blondine, die ihn blauäugig anhimmelte, in St-Juan-de-Luz, nahe der spanischen Grenze, einander das Jawort. Auch der Bräutigam war gut gelaunt, niemand konnte mehr Merkmale eines gebrochenen Herzens feststellen.

Es war ein Fest für Ludwig und für Maria Teresa, es war aber auch ein Fest für Anna, die nach vierzig Jahren Trennung und fünfzehn Jahren Krieg endlich wieder den Bruder in die Arme schließen konnte. »Ich hoffe«, sagte sie beim Wiedersehen, »Sie verzeihen mir, daß ich eine so gute Französin geworden bin. Ich war es meinem Sohn, dem König, und ich war es Frankreich schuldig.« Philipp verzieh seiner Schwester – die meisten anderen Habsburger taten es nicht.

Die rauschenden Festtage von St-Juan-de-Luz waren die letzten ungetrübt glücklichen im Leben Annas, die nun den Titel einer »Königin-Mutter« trug, nachdem Frankreich mit Maria Teresa eine neue Königin erhalten hatte. Mazarin, zeitlebens ein Vorbild an eisernem Willen, doch gesundheitlich eher labil, erkrankte ernstlich. Gicht und Nierensteine machten ihm schwer zu schaffen, ein Herzleiden kam hinzu.

Anna weigerte sich, den zunehmend besorgniserregenden Zustand des Kardinals zur Kenntnis zu nehmen. Die Augen wurden ihr erst geöffnet, als im Februar 1661 ein Feuer im Louvre ausbrach, wo der Hof wieder residierte, und Mazarin nicht mehr imstande war, sein bereits brennendes Zimmer aus eigener Kraft zu verlassen. Buchstäblich im letzten Moment gelang es, ihn zu retten.

Mazarin wußte, wie es um ihn stand. Er ließ sich zum Sterben auf seinen Besitz in Vincennes bringen, wo ihn Anna täglich besuchte und viele Stunden an seinem Lager verbrachte.

Dem König, auch er Tag für Tag an Mazarins Krankenbett, erteilte der Sterbende letzte Ratschläge, vor allem den, niemals einen Ersten Minister zu berufen, sondern die Regierungsgeschäfte allein zu führen. Mazarin wußte sehr wohl, was er sagte, wenn er den Patensohn, den er liebte wie einen eigenen, vor seinesgleichen warnte; vor diesen machthungrigen, ehrgeizigen und oft skrupellosen Emporkömmlingen, die neben dem Wohl des Staates das eigene mindestens ebenso im Auge hatten. Mazarin ging, wie sein Vorgänger Richelieu, wie Concini, wie Luynes, wie Cinq-Mars, als reicher Mann aus dieser Welt. Bis heute weiß man nicht genau, wo all die Paläste, die Kunstschätze, die Stallungen, die Parks, die Güter herkamen, die er im Laufe seiner Karriere an sich gebracht hatte, während die Staatsfinanzen stets im argen lagen.

Mazarin starb am 9. März 1661 eines langsamen, qualvollen Erstickungstodes, hervorgerufen durch ein Lungenödem. Er vermachte der Königin-Mutter einen Brillanten von 14 Karat, und er bestimmte, daß sein Herz in der Kirche St-Anne-la-Royale beigesetzt werde, die seine Geliebte einst gestiftet hatte.

Anna, die während Mazarins letzten Lebenstagen stets mit rotgeweinten Augen umhergelaufen war, befahl nach dem Tod des Kardinals, dessen Namen in ihrer Gegenwart nicht mehr zu erwähnen, so wie sie sich Jahrzehnte vorher verbeten hatte, jemals wieder über Buckingham zu sprechen.

Allmählich begann Anna, sich aus der Tagespolitik zurückzuziehen. Nach dem Ableben des Freundes ließ sie ihre Appartements im Louvre von Grund auf neu einrichten, und zwar von jenem Architekten, der auch Mazarins Wohnsitze prachtvoll ausgestattet hatte. Herz- und Prunkstück der Wohnung war ein Badezimmer mit einer Marmorwanne auf vergoldeten Bronzefüßen, das zugleich als Boudoir diente. Dort empfing Anna ihre intimsten Freunde, darunter Marie de Chevreuse, endlich wieder an den Hof zurückgekehrt – aber nicht mehr, um politische Intrigen zu spinnen, sondern nur, um für ihre zahlreichen Enkelkinder vorteilhafte Heiraten anzubahnen. Die einstmals männerbetörende Marie war alt und zahnlos geworden und fast ebenso fromm, wie es ihre Freundin Anna immer gewesen.

Viel Zeit widmete die Königin-Mutter ihrer Nichte und Schwiegertochter Maria Teresa, der bereits nach wenigen Ehemonaten bewußt wurde, daß sie am Hof ihres von Herzen geliebten und bewunderten Gemahls nicht mehr war als eine »Quantité négligeable«. Schon damals vergnügte sich der König in aller Öffentlichkeit mit seinen Mätressen, darunter sogar die Frau des eigenen Bruders, der wiederum die Gesellschaft junger Herren bevorzugte. Meist jedoch wählte Ludwig seine Gespielinnen der Einfachheit halber unter den Hofdamen seiner Gemahlin aus. Als ihm Anna deshalb Vorhaltungen machte, demütigte er seine Mutter, indem er sie wochenlang vor aller Augen übersah. Es kam dann allerdings wieder zur Versöhnung, Mutter und Sohn schluchzten heftig. Man weinte sehr viel in jenen Tagen.

1663 – Maria Teresa hatte eben eine Fehlgeburt erlitten – begann Annas Leiden, das später als Brustkrebs erkannt wurde. Die üblichen Quacksalbermethoden, Klistiere, Aderlässe, Einreibungen mit Schlangenpulver und Schierlingskraut, nützten nichts, und man entschloß sich Ende 1664 zu einer Operation. Die Wunde, die niemals mehr heilte, wurde mit heißen Kompressen behandelt.

Beide Söhne bemühten sich nach besten Kräften um die Kranke, Ludwig verbrachte viele Nächte an ihrem Bett und legte bei der Pflege selbst Hand an.

In den letzten Wochen vor ihrem Tod erhielt Anna kleine Gaben von Opium, das ihr wenigstens über die Nächte half; tagsüber wünschte die Königin-Mutter bei vollem Bewußtsein zu bleiben. Nach der allmorgendlichen Beichte zogen, wie schon beim langen Sterben ihres Mannes, endlose Besucherkolonnen an dem mit blauem Samt beschlagenen Himmelbett vorbei, das durch ein silbernes Gitter vor zudringlichen Gästen abgeschirmt war. Wenn die Schmerzen unerträglich wurden, schickte Anna alle, auch die Söhne, aus dem Zimmer, niemand sollte ihr Stöhnen hören.

Am Morgen des 19. Januar 1666 erwachte sie aus einem unruhigen Schlaf, betrachtete ihre einstmals so schönen Hände und sprach mit einem Anflug von Sarkasmus: »Meine Finger sind geschwollen, es ist Zeit, abzutreten.«

Dann verlangte sie ihre Söhne einzeln zu sprechen. Anschließend war das Publikum wieder zugelassen, und staunend sah man eine Frau mit blitzenden Augen und flammenden Wangen, anziehend wie in früheren Jahren, in ihrem Bett liegen. Ludwig, von Weinkrämpfen geschüttelt, flüsterte: »Sehen Sie meine Mutter, sie war noch nie so schön.«

Wenig später sagte Anna energisch und überraschend scharf: »Tun Sie, was ich Ihnen gesagt habe. Ich wiederhole es, das Sakrament auf meinen Lippen.« Diese Worte bezogen sich offenbar auf das Gespräch, das Mutter und Sohn zuvor unter vier Augen geführt hatten.

Am Abend verlangte Anna die Letzte Ölung. Sie versank, nachdem man ihr eine starke Dosis Opium gegeben hatte, in totenähnlichen Schlaf. Ludwig stürzte verzweifelt aus dem Zimmer; er hatte nicht die Kraft, noch einmal zurückzukommen. Anna erwachte jedoch wieder und bat, ihr ein Kruzifix in die Hand zu geben. Sie umklammerte es fest und schlief um 5 Uhr, am Morgen des 20. Januar 1666, für immer ein.

Man hat Frankreichs letzten weiblichen Regenten an der Seite ihres Mannes, Ludwig XIII., in der Kirche St-Denis begraben. Im Herbst 1793, als Marie Antoinette die Guillotine bestieg, wurden die Grabstätten aufgebrochen, die Gebeine des Königs und der Königin auf die Straße geworfen und von einer johlenden Menschenmenge zu Staub zertrampelt. Die Revolution hatte Anna von Österreich eingeholt.

Allein gegen Napoleon

Marie Karoline 1752–1814

War Maria Theresia eine gute Mutter? Je mehr man sich Wien, dem Zentrum der Maria-Theresia-Verehrung nähert, desto dringender scheint geboten, diese Frage zu vermeiden, will man geballten Emotionen entgehen. Das Bild der populärsten Herrscherin Österreichs ist überdeckt von einer dicken Schicht süßlichen Kitsches und nostalgischer Wunschträume, in deren Mittelpunkt eine gütig lächelnde Landesmutter steht, umringt von einer Schar wohlbehüteter, zärtlich geliebter Kinder, für deren Zukunft Maria Theresia nur das Beste im Sinn hatte.

In welchem Sinn? Diese Frage muß erlaubt sein. Und da liegt die Antwort klar auf der Hand: im Sinn der Politikerin. Maria Theresia, darüber herrscht kein Zweifel, hat ihre Kinder aufrichtig geliebt – aber nicht über alles. *Über allem* rangierten die Interessen des Hauses Österreich sowie des Staates, und damit handelte die Frau des deutschen Kaisers, Franz I. Stephan von Lothringen, durchaus konform mit jahrhundertealter Herrschertradition, die uns Heutigen fremd, ja schlechterdings unbegreiflich ist. Ausdrücklich anzumerken ist, daß persönliches und privates Glück damals auch allgemein im Lebensplan keine dominierende Rolle spielte.

Maria Theresia war eine perfekte Mutter nach den Vorstellungen ihrer Zeit. Aus dem Blickwinkel unserer Gefühlswelt mit dem Drang nach Selbstverwirklichung war sie es nicht. Die Kinder wurden ausschließlich nach den Bedürfnissen der Staatsräson erzogen und dann auch verheiratet, wobei die männlichen Nachkommen allemal besser dran waren als die weiblichen. Wenn die Männer das Pech hatten, mit einer ihnen nicht genehmen Frau vermählt zu werden, hatten sie unzählige andere Gelegenheiten, ihrem Leben einen angemessenen Inhalt zu geben. Den Frauen stand diese Möglichkeit nicht offen, denn die Mutter hatte ihnen von Kindesbeinen an eingebleut, daß es ihr Lebenszweck sei, eine politisch vorteilhafte Eheverbindung einzugehen, und daß sie dann nichts weiter zu tun hätten, als ihren Männern gefügig zu sein und sich um, hoffentlich möglichst viele, Kinder zu kümmern. Sie, Maria Theresia, hätte es genauso gehalten, wäre ihr von Gott nicht der Platz auf dem Thron zugewiesen worden.

Maria Theresia sah ihre Kinder selten. Sie besuchten an Sonn- und Feiertagen mit den Eltern die Messe und nahmen am gemeinsamen Mittagmahl teil. Die Erziehung erfolgte durch »Ajas« für die Mädchen, durch »Ajos« für die Knaben, durchwegs adelige Witwen und zuverlässige Hofbeamte. Jeweils zwei im Alter am nächsten stehende Kinder wurden von derselben Person betreut, hinzu kamen noch Fachlehrer, Musik- und Tanzmeister. Der Stundenplan war dicht gedrängt, eine Privatsphäre besaßen die Kinder nicht. Selbst die Festlichkeiten im Familienkreis, bei denen die Knaben und Mädchen Ballette aufführten und Theater spielten, waren Teil des Schulungsprogramms, das auf diese Weise die Kunst vermittelte, sich in der Öffentlichkeit anmutig zu bewegen und angstfrei zu sprechen.

Maria Theresia beobachtete die Kinder scharf, erkannte deren Vorzüge und Schwächen, auf handschriftlichen Zetteln gab sie genaue pädagogische Anweisungen.

Das Kaiserpaar hatte sechzehn Kinder, von denen sechs Knaben und acht Mädchen das Säuglingsalter überlebten. Maria Anna wurde 1738 geboren, der letzte Sohn, Max Franz, kam 1756 zur Welt – ein Unterschied von fast zwei Jahrzehnten zwischen dem ältesten und dem jüngsten Kind.

Über mehr als zwei Jahrzehnte erstreckten sich Maria Theresias Bemühungen, jedes einzelne – mit Ausnahme des letzten Sohnes, der Geistlicher wurde – möglichst günstig zu verheiraten. Friedrich II. von Preußen, der Intimfeind der österreichischen Herrscherin, spielte dabei ungewollt eine wesentliche Rolle. Maria Theresias Außenpolitik und die ihres Ministers Kaunitz strebte unter dem ständig drohenden Druck Preußens eine Allianz mit dem Uralt-Erbfeind Frankreich an. Was also lag näher, als endlich wieder mit den Bourbonen verwandtschaftliche Bande zu knüpfen, die seit dem bedauerlichen »Verrat« der im vorangegangenen Kapitel behandelten Anna von Österreich so jäh zerrissen waren.

Des weiteren war Maria Theresia aufs höchste an familiären Beziehungen mit Italien interessiert, vor allem seit dem Hause Österreich die Herrschaft über Neapel-Sizilien an die spanische Linie der Bourbonen verlorengegangen war. Man hatte dafür in einem wahnwitzigen Länderkarussell die Lombardei und die Toskana gewonnen – letztere von Franz Stephan sozusagen als Mitgift mit in die Ehe gebracht –, doch der Wunsch nach noch mehr Einfluß in Italien blieb aufrecht.

So wurde Erzherzog Joseph (später Kaiser Joseph II.) in erster Ehe mit Isabella von Bourbon-Parma vermählt; Erzherzog Leopold (später Großherzog von Toskana, dann Kaiser Leopold II.) mit der spanischen Bourbonin Maria Ludovika, Erzherzog Ferdinand Karl (später Statthalter der Lombardei) mit Herzogin Beatrix von Modena-Este. Gingen die Heiratsarrangements für die Söhne einigermaßen reibungslos vonstatten, so gab es bei den Mädchen unvorhergesehen Komplikationen. Die älteste Tochter, Maria Anna, eine hochbegabte Naturwissenschaftlerin, sozusagen der Blaustrumpf der Familie, war nicht an den Mann zu bringen, weil von so zarter Gesundheit, daß präsumtive Bewerber befürchteten, sie könnte ihrer Hauptaufgabe, der Hervorbringung zahlreicher Kinder, nicht gewachsen sein. Maria Elisabeth, genannt Liesl, die weitaus attraktivste unter Maria Theresias Töchtern, sollte den alten Wüstling Ludwig XV. von Frankreich heiraten, doch der Plan zerrann buchstäblich über Nacht, als das schöne Kind erwachte und sein Gesicht durch Pocken verwüstet sah. Maria Theresias Lieblingstochter, Maria Christine, war die einzige, Vielbeneidete, die dem Ruf ihres Herzens folgen und den politisch gänzlich uninteressanten Herzog Albert von Sachsen-Teschen heiraten durfte. Die nächste im kaiserlichen Mädchenreigen, die aparte Maria Amalia, hoffte vergebens auf ein ebensolches Wunder. Der Bayernherzog, den sie liebte, war nicht gut genug, sie mußte den schwer neurotischen Herzog von Parma zum Manne nehmen und wurde in einer katastrophalen Ehe selbst fast verrückt.

Die drei auf Maria Amalia folgenden Schwestern waren hintereinander für denselben Mann bestimmt: Ferdinand IV. von Neapel-Sizilien, Sohn des spanischen Königs Karl III. von Bourbon. Zwei von ihnen entgingen durch den Tod ihrem Schicksal, die dritte mußte es bis zum bitteren Ende ertragen.

Johanna Gabriele, geboren 1750, war noch ein Kind, als zwischen Madrid und Wien Sondierungen über eine mögliche Verbindung der Kaisertochter mit dem um ein Jahr jüngeren Ferdinand gepflogen wurden. Die Angelegenheit war noch längst nicht spruchreif, als das Hannerl, nicht einmal dreizehn Jahre alt, von den Pocken dahingerafft wurde.

Die wenig verlockende Aussicht, einst Königin von Neapel-Sizilien zu werden, ging alsogleich auf Maria Josepha, geboren 1751, über. Der Thron von Neapel-Sizilien, ein Reich, das sich von der großen Insel bis knapp vor die Tore Roms im Westen und an der adriatischen Küste bis nahe Ancona erstreckte, wäre auch für eine österreichische Erzherzogin durchaus angemessen und erstrebenswert gewesen, hätte sie ihn nicht mit einem jungen Mann teilen müssen, über den die abstoßendsten Geschichten im Umlauf waren. Er sei, so sickerte allmählich durch, zwar groß, doch völlig unproportioniert gewachsen; Spindelbeine unter einem mächtigen, muskelbepackten Oberkörper, niedere, fliehende Stirn, kleine stechende Augen und ein Riechorgan, mindestens so groß wie das des Zwerg Nase – daher sein Spitzname »il re nasone«. Er sei, abgesehen von einem fast unverständlichen neapolitanischen Dialekt, keiner anderen Sprache mächtig, er könne kaum lesen und schreiben, sein Zimmer sei vollgestopft mit Spielsachen, wie sie sonst Fünfjährige besitzen, er sei ungewaschen, ungepflegt und hätte keinerlei Interessen außer der Jagd und groben Späßen.

Maria Theresia wußte genau, was auf ihre Tochter zukam, als sie schrieb: ». . . ich (erkenne) die Vorteile dieser Verbindung, aber mein Mutterherz ist doch . . . aufs äußerste beunruhigt. Ich betrachte die arme Josepha als ein Opfer der Politik. Wenn sie . . . nur die Pflichten gegen Gott und ihren Gatten erfüllt und für ihr Seelenheil sorgt, dann würde ich zufrieden sein, selbst wenn sie unglücklich würde.«

All diese Überlegungen und die unaufhörlich fließenden Tränen ihrer Tochter hinderten das besorgte Mutterherz nicht, die Hochzeitsvorbereitungen zügig voranzutreiben. Am 23. Dezember 1766 wurde der Heiratsvertrag perfekt, am 13. Januar 1767 bestieg der sechzehnjährige Ferdinand offiziell den Thron von Neapel-Sizilien, was allerdings nichts zu bedeuten hatte. Die Regierungsgeschäfte besorgte ohnehin seit langem der Minister Bernardo Tanucci als verlängerter

Arm König Karls III. von Spanien. Für den 14. Oktober war die Trauung der unglücklichen »Sepherl« per procurationem in Wien angesetzt.

Schon waren die Gäste aus aller Herren Länder fast vollzählig versammelt, schon die Fülle der Hochzeitsgeschenke im Belvedere einem staunenden Publikum gezeigt worden, schon Vater Mozart und Sohn Wolfgang Amadeus angereist, um die Brautmesse mit himmlischen Tönen zu krönen, schon standen Hunderte Kutschen und Gepäckwagen bereit, um die neue Königin von Neapel-Sizilien, samt Gefolge und Trousseau, ins ferne Italien zu bringen, als am 4. Oktober die von Maria Theresia so genannte »Geißel unseres Hauses« erneut zuschlug.

Nachdem bereits einige Monate zuvor die zweite Ehefrau Josephs, Josepha von Bayern, den Pocken erlegen und Maria Theresia selbst, wenn auch nur leicht, von der Seuche erfaßt worden war, erkrankte Maria Josepha an der schwersten Form, den schwarzen Pocken, die in jenem Jahr Tausende Wiener das Leben kostete. Es begann mit den üblichen Symptomen: hohes Fieber, Mattigkeit, unerträgliche Gliederschmerzen, dann kleine rote Pünktchen, die sich über den ganzen Körper ausbreiteten. Unter schweren Fieberschüben fingen die Pusteln zu eitern an, das Gesicht, der ganze Kopf schwollen ballonförmig, die Eiterbeulen verfärbten sich schwärzlich und brachen auf. Das Ende war, trotz Aderlässen, Brech- und Abführmitteln, Umschlägen mit Sauerteig und Milch, nicht mehr aufzuhalten. Maria Josepha starb genau zu der Stunde, da sie getraut werden sollte. Sie war eine brave, gefügige Tochter gewesen. Noch auf ihrem Sterbelager bat sie ihre Mutter um Verzeihung, daß sie ihr durch den Tod so viel Leid bereiten müßte.

Marie Karoline war niemals ein willfähriges Kind. Sie besaß einen unbändigen Freiheitsdrang, war gelegentlich wild, trotzig und rebellisch. Während ihre jüngere Schwester, Maria Antonia (später Marie Antoinette) versuchte, die Schulstunden zu schwänzen, da sie lieber spielte als lernte, entfloh Marie Karoline dem Klassenzimmer, weil sie sich eingesperrt fühlte, unterdrückt von ihrer Erzieherin, der Gräfin Judith von Brandis. Schon früh begann sich ein starker Charakter zu formen, dem nichts unerträglicher war als die Einschränkung des persönlichen Lebensraumes.

Maria Theresia, die einmal erkärt hatte, daß Marie Karoline jene Tochter sei, die ihr selbst am meisten gleiche, machte sich große Sorgen um das ungebärdige Mädchen und überschüttete sie mit einer Flut von Verhaltensvorschriften wie: »Ich kann diese Ungezogenheit von Dir nicht vergessen und werde Dir nie verzeihen. Deine Stimme und Deine Sprache sind ohnedies schon unangenehm genug ... Du darfst Deine Stimme niemals erheben ... Du mußt Deinen Geist beschäftigen, denn das wird Dich davon abhalten ... unpassende Bemerkungen zu machen.«

Gelegenheit, den Geist zu beschäftigen, erhielt die Erzherzogin reichlich genug, nachdem ihre Schwester Sepherl gestorben war und nun sie fast augenblicklich die Braut des gräßlichen neapolitanischen Prinzen wurde. Ferdinand hatte deren Tod auf seine Weise nachinszeniert, indem er einen Jagdkumpanen in einen Sarg verfrachtete, ihm mittels Schokolade schwarze Pockenmale ins Gesicht tupfte und den »Leichnam« unter Gelächter und lautem Hallo für kurze Zeit in einer Gruft versenken ließ!

»Die neapolitanische Partei wünscht nichts sehnlicher, als daß Ihre Majestät, die [zukünftige] Königin, sich der Regierung, da es des Königs Majestät an dem Willen, als auch an der Fähigkeit fehlet, annehmen und mithin der gänzlichen Zugrunderichtung dieser in so elenden Umständen sich befindlichen Länder zuvorkommen möchte«, schrieb ein österreichischer Diplomat aus Neapel nach Wien. Alle Hoffnung eines in großer Not lebenden und von Spanien aus mit eiserner Hand regierten Volkes richtete sich auf ein sechzehnjähriges Mädchen, das die Mängel des kindischen Königs ausgleichen und womöglich noch die Macht des Ministers Tanucci brechen sollte. Staatskanzler Fürst Wenzel Kaunitz beeilte sich, Marie Karoline in langen Einzelsitzungen politische Bildung über ihr künftiges Königreich zu vermitteln und ihr die Grundzüge geschickten Agierens und Reagierens beizubringen. Er konnte sich nicht genug darüber verwundern, wie schnell seine Schülerin das Wesentliche erfaßte, wie lern- und wißbegierig die Kleine war, wie kritisch, scharf und logisch ihr Verstand arbeitete.

Auch Maria Theresia sparte nicht mit guten Lehren für die künftige Königin, und sie zeigte ihr den weiblichen Weg der erniedrigenden Anpassung, den Marie Karoline einschlagen sollte, um das zu erreichen, was Kaunitz vordringlich von ihr gefordert hatte, nämlich alles dranzusetzen, so bald wie möglich den Sitzungen des Geheimen Staatsrates beizuwohnen. »Du mußt das Vertrauen Deines Gatten gewinnen, aber ... Du kannst es nur erwerben, wenn Du Dich ihm durch Sanftmut und Liebenswürdigkeit angenehm machst, ohne ihm jemals Überlegenheit fühlen zu lassen ... Du weißt, daß die Frauen dem Willen ihres Gatten, ja selbst seinen Launen unterliegen müssen ... Die Welt muß glauben, daß Du nur nach dem Geschmack Deines Gatten denkst und handelst.« Gipfel der mütterlichen Ermahnungen, die sich eher wie gezielte Entmutigungen lesen: »Aller Anfang ist schwer, und Deine Lage schwieriger als die einer jeden anderen.«

Marie Karoline war keine strahlende Braut, als man sie am 7. April 1768 in der Augustinerkirche traute, kaum fünf Monate nachdem ihre Schwester Josepha, deren Stelle sie nun einnahm, gestorben war. Der Bräutigam wurde vom Bruder Marie Karolines, Ferdinand, vertreten. Das Mädchen trug eine Robe aus weißem Atlas, bestickt mit Myrthen. Sie war keine Schönheit, aber nett anzusehen in ihrer rosigen Frische und dem prachtvollen blonden Haar der Habsburgerinnen; aber das, was sie für gewöhnlich so reizvoll machte, fehlte an diesem Tag: das gewisse Lächeln, das ihr zwei tiefe Grübchen in die Wangen zauberte. Mutter und Tochter weinten heftig nach der Zeremonie, und beim anschließenden Essen, das die beiden ohne Gäste einnahmen, rührten sie kaum einen Bissen an.

Sofort nach Tisch zog sich Marie Karoline um – sie trug am ersten Reisetag blauen Samt mit Goldborten –, umarmte hastig Mutter und Geschwister und stieg im Burghof in eine sechsspännige Karosse. Ehe der Kutscher die Pferde zur Abfahrt trieb, öffnete sich noch einmal die Tür, heraus sprang die kleine Königin und fiel der Mutter und ihrer Lieblingsschwester, der dreizehnjährigen Maria Antonia, blind vor Tränen um den Hals. Sie hat beide nie mehr wiedergesehen.

Zweihundertfünfzig Hofleute in siebenundfünfzig Wagen oder zu Pferd waren aufgeboten, Marie Karoline zu begleiten; langsam fand sie ihre gute Laune wieder. Sie wurde von Ort zu Ort weitergereicht, ein Volksfest jagte das andere, erst in Innsbruck wurde sie zum ersten Mal von heftigem Heimweh befallen und hatte Sehnsucht nach der Schwester. »Schreiben Sie mir alles über Antonia, auch die kleinsten Einzelheiten ...«, schrieb sie ihrer Aja.

Die beschwerliche Fahrt ging über Trient, Rovereto, Venedig, Modena und Bologna nach Florenz. Leopold, Großherzog von Toskana, und seine Frau Maria Ludovika, eine Schwester des Königs von Neapel, bereiteten der Schwester und Schwägerin einen herzlichen Empfang. Sie veranstalteten für ihren Gast eine Reihe von Festlichkeiten in einem Ausmaß und Glanz, wie sie Marie Karoline am eher sparsamen Hof der Mutter noch nie erlebt hatte. Ein Maskenball in einem Saal (»groß wie der Burghof«, schilderte Marie Karoline) versammelte einmal nicht weniger als 6 000 Besucher, alle aufs eleganteste gekleidet.

Marie Karoline konnte nur ahnen, was auf sie zukam. Ihr Bruder Leopold wußte es schon ziemlich genau, denn er hatte einen Brief von Maria Theresias Sondergesandten in Neapel erhalten, der keine Zweifel über die bevorstehenden Ereignisse ließ. Franz Graf Rosenberg schrieb: »Ich habe den König an Aussehen schlechter, aber an Verstand besser gefunden als erwartet. Ich fürchte die Wirkung des ersten Augenscheines auf die Königin sehr. Der Monarch hat überdies eine Stentorstimme, schreit und gestikuliert beim Sprechen ... Er hat eine schreckliche Angst vor dem Zusammentreffen mit seiner Zukünftigen ... Es ist unerläßlich, daß die Frau Erzherzogin [gemeint ist Leopolds Frau Maria Ludovika] und alle Damen ihr Mut einflößen, damit sie sich ihren fraulichen Pflichten unterziehe, ohne Ekel zu zeigen ...«

Maria Ludovika übernahm tapfer die Aufgabe, das Mädchen in die Geheimnisse einzuweihen, wie man seine fraulichen Pflichten erfüllt, ohne Ekel zu zeigen, und sie tat das erst am Abend des 11. Mai, kurz nach der Ankunft in Terracina, der ersten Station auf neapolitanischem Boden.

Am nächsten Tag fand die offizielle Übergabe der Braut an eine neapolitanische Delegation statt. Es war ein Abschied für immer. Ab sofort mußte sich Marie Karoline von ihrem Hofstaat trennen und wurde nur mehr von Neapolitanern begleitet. Schauplatz der Zeremonie war der Festsaal eines kleinen Palazzo, der kaum Platz bot für die vielen Teilnehmer aus beiden Ländern. Marie Karoline, in der Mitte des überfüllten Raumes auf einem Thronsessel plaziert, war so bleich und bebte dermaßen, daß zu befürchten stand, sie würde jeden Augenblick in Ohnmacht fallen. Sie hielt sich aber zunächst gut, bis

Ferdinand IV. und Marie Karoline von Neapel-Sizilien

sie, schon am Ende der Feierlichkeit, die Nerven verlor, aufsprang, zur nächsten Hofdame stürzte und sich schluchzend an ihr festklammerte. Ehe es sich die verblüfften Neapolitaner versahen, fiel ihre neue Königin jeder einzelnen der österreichischen Damen heulend um den Hals, die ihrerseits allesamt heftig zu weinen begannen. Was als erhebendes Fest geplant war, nahm die Formen eines Leichenbegängnisses an. »Ich möchte nicht für ein ganzes Königreich noch einmal so eine Szene erleben«, schrieb Leopold seiner Mutter Maria Theresia.

Leopold und Maria Ludovika nahmen schließlich das verstörte Mädchen in die Mitte und führten sie für eine halbe Stunde in ein gesondertes Zimmer, um sie zu trösten und ihr gut zuzureden.

Die kleine Königin war noch immer wachsweiß, aber einigermaßen gefaßt, als sie später, umgeben von ihrem neuen Hofstaat, die Fahrt ins nahe Portello antrat, wo Ferdinand seine junge Frau erwartete. Nur der Bruder und die Schwägerin blieben bei ihr. Das war auch gut so, denn als Marie Karoline den Saal betrat, in dessen Mitte sie ihren Gemahl begrüßen sollte, machte sie Anstalten, umzukehren und davonzulaufen. Doch Leopold und Maria Ludovika hielten sie mit sanfter Gewalt zurück. Marie Karoline saß in der Falle. Langsam ging sie auf Ferdinand zu, der ihr verschreckt entgegenstarrte; sie zog, wie es die Etikette vorschrieb, die Handschuhe aus, wollte niederknien zum Handkuß, aber der Bräutigam fing sie auf, und sie stammelte im sorgfältig vorbereiteten Italienisch: »Ich bin überglücklich, Eure Majestät, meinen lieben Gatten, in so blühender Gesundheit und Wohlergehen begrüßen zu können.«

Der König blieb stumm. Er hatte vergessen, welche Antwort man ihm aufgetragen hatte. Schließlich faßte er einen heldenhaften Entschluß und drückte seiner Frau einen schmatzenden Kuß auf die Wange.

Weder auf der Fahrt nach Gaëta noch während des dort stattfindenden Essens, auch nicht auf Schloß Caserta, wo das Paar die Hochzeitsnacht verbringen sollte, vermochte Marie Karoline ihrem Angetrauten ein einziges Wort zu entlocken, obwohl sie sich durch nervöses Geplapper heftig darum bemühte. Er sah sie lediglich manchmal scheu von der Seite an, um dann weiter vor sich hin zu schweigen. Schließlich verstummte auch Marie Karoline.

Die Ehe sei noch in derselben Nacht konsumiert worden, vermeldete

Maria Ludovika nach Wien, nachdem sie und ihr Mann bis zum Morgengrauen in zitternder Unruhe gewacht hatten, immer darauf gefaßt, eine verzweifelte Marie Karoline aus dem Brautgemach stürzen zu sehen.

Statt der jungen Königin spazierte Ferdinand um sechs Uhr früh ins Zimmer seiner Gäste, um kundzutun, daß er nun gedenke, auf die Jagd zu gehen. Ein englischer Diplomat, der unter den Jagdgästen war, erkundigte sich höflich nach dem Befinden der Königin und erhielt die Antwort: »Sie schläft wie eine Tote und schwitzt wie ein Wildschwein.« Was Ferdinand rüde ausdrückte, hat wohl den Tatsachen entsprochen. Marie Karoline, an das gemäßigte Wiener Klima gewöhnt, litt furchtbar unter der Temperatur, die sich in jenen Tagen um die 40 Grad im Schatten bewegte.

Wie die Königin selbst ihre sogenannten Flitterwochen erlebte, geht aus einem Brief hervor, den sie ihrer letzten Aja, Gräfin Maria Lerchenfeld, schrieb, nachdem diese ihr mitgeteilt hatte, daß Maria Antonia den französischen Thronfolger, Ludwig XVI., heiraten werde: »Ich weiß jetzt, was die Ehe ist, und habe tiefes Mitleid mit Antoinette, der die Ehe noch bevorsteht. Ich gebe offen zu, daß ich lieber sterben würde, als all das noch einmal erleben zu müssen. Wenn ich nicht durch meine Religion gelernt hätte, an Gott zu denken, hätte ich mich umgebracht, denn es war die Hölle...«

Einem Mädchen, das bislang nichts anderes kennengelernt hatte als den ruhigen, geregelten Tagesablauf in der strengen Wiener Hofburg oder im heiteren Schloß Schönbrunn, muß ihr neues Dasein wie ein Alptraum erschienen sein.

Schon allein die spanische Etikette, der sich vor allem die Damen unterwerfen mußten – der König und seine Kumpane nahmen es damit längst nicht so genau –, stellte eine beträchtliche Einengung der gewohnten Bewegungsfreiheit dar. Marie Karoline durfte nicht den kleinsten Handgriff selbst tun, jedes Kleidungsstück wurde ihr von den Kammerfrauen an- und ausgezogen, jedes Bändchen geknüpft, jeder Schuh übergestreift. Die Roben aus schweren, steifen Stoffen mußten Hals und Arme bedecken, so daß bei der herrschenden Hitze nicht nur die Königin, sondern auch ihre Damen »schwitzten wie die Wildschweine«, um im Jargon des Königs zu bleiben. Selbst im Bett durfte die Königin weder Mieder noch Handschuhe ablegen!

Punkt sieben Uhr erhob sich das Paar, um das Frühstück – Schokolade und süße Bäckereien – einzunehmen. Nach dem Besuch der Messe wurde ein kaltes zweites Frühstück gereicht, bestehend aus Schinken, Würsten, Eiern und Pasteten; bereits um zwölf Uhr ein reichliches Mittagessen mit mehreren Gängen, um fünf Uhr Tee und Backwerk, um halb zehn Uhr ein üppiges Souper. Anschließend ging man, wenn kein anderes Programm vorlag, mit vollem Magen ins Bett. Der Erfolg dieser Mastkur blieb nicht aus. Marie Karoline nahm ziemlich stark zu; daß sie bis zu ihrem achtzehnten Lebensjahr noch um einige Zentimeter wuchs, änderte nichts an ihrem molligen Erscheinungsbild.

Die Zeit zwischen Aufstehen und Schlafengehen war angefüllt mit Repräsentationsaufgaben, oft der seltsamsten Art – einmal mußte Marie Karoline nicht weniger als 1 200 Herren zum Handkuß empfangen –, daneben gab es »Vergnügungen« wie Theater, Ball und Ballett, die keine solchen waren, denn sie gehörten zum eisernen Pflichtpensum.

Keine ruhige Stunde, nicht einmal eine ruhige Minute unter Tags, denn es gab keinen Raum im ganzen Schloß, wo nicht bis zu einem Dutzend dienstbarer Geister bereitstanden, dazu noch unzählige Hofschranzen, deren einziger Lebenszweck darin zu bestehen schien, herumzulungern oder ziellos durch die Zimmer, Säle und Gänge zu wandeln. Ganz zu schweigen von den vielen Tieren, die den Palast zusätzlich bevölkerten. Riesige Jagdhunde streunten herum oder machten sich ungehindert auf kostbaren Möbeln und Teppichen breit, Katzen sonder Zahl, und in vielen Zimmern gab es Käfige mit stinkenden Kaninchen, Mäusen und sogar Ratten.

War dies schon unerträglich genug, so setzte der König mit seinem tölpelhaften Benehmen all dem noch die Krone auf. Zum Glück für Marie Karoline ging er häufig auf die Jagd, was allerdings kein weidmännisches Unterfangen, sondern ein wildes Abknallen zugetriebener Tiere war. Da er die Beute mit Eifer und Begeisterung selbst zerlegte, erschien er abends blutverschmiert wie ein Fleischhauer im Palast, um dort Unfug zu treiben. Sei es, daß er seine Kavaliere mit gezücktem Degen, laut brüllend, durch die Räume jagte, sei es, daß er einen Käfig voll Mäuse und Ratten ausließ, um sich am hysterischen Gekreisch der Hofdamen zu ergötzen, sei es, daß er beim Tanzen den

Marie Karoline, Königin von Neapel-Sizilien

Damen grölend aufs Hinterteil klopfte oder seiner Frau an den Busen griff, wobei er mit sichtlichem Besitzerstolz dessen Qualitäten lauthals anpries. Auch genierte er sich keineswegs, den Leibstuhl zu benutzen, und zwar während im selben Salon seine Frau mit ihren Damen musizierte.

In den ersten Tagen und Wochen ihrer Ehe ließ Marie Karoline, wie gelähmt vor Entsetzen, die physischen und psychischen Torturen klaglos über sich ergehen. Aber in dem Maße, in dem sie an nervöser Erschöpfung zu leiden begann, konnte sie ihre wahren Gefühle nicht mehr unterdrücken. Sie wurde gereizt und zänkisch, sie mokierte sich mit unbedachten Bemerkungen, die schon ihre Mutter oft an ihr gerügt hatte, über den König, über den Hof, über das ganze unmögliche Leben in Neapel. Als Maria Theresia vom menschlich verständlichen, für eine Königin aber unakzeptablen Betragen ihrer Tochter unterrichtet wurde, geriet sie in heiligen Zorn über den »königlichen Fratzen« in Neapel.

Marie Karoline wurde erst ein wenig gefaßter, als sich endlich, nach vierjähriger Ehe, am 6. Juni 1772, der heißersehnte Nachwuchs einstellte. Es war eine Tochter, sie wurde auf den Namen Marie Therese getauft. Damit begann allerdings ein neuer, mehr als zwanzig Jahre währender Dornenweg für die Königin. Sie war zwischen 1771 und 1793 so gut wie pausenlos schwanger und gebar in dieser Zeit achtzehn Kinder, um zwei mehr als ihre fruchtbare Mutter. In einem Jahr brachte sie sogar innerhalb von elf Monaten zwei Kinder zur Welt, und zwar im Januar 1775 einen Sohn und am 23. November 1775 eine Tochter. Die beiden letzten Kinder wurden geboren, als Marie Karoline bereits Großmutter war. Von sieben Söhnen und elf Töchtern starben elf als Säuglinge oder im zartesten Alter. So war Marie Karoline zwei Jahrzehnte lang entweder guter Hoffnung oder in Trauer, häufig auch beides zugleich.

In den Beziehungen zwischen Marie Karoline und Ferdinand vollzog sich im Laufe der Zeit ein merkbarer Wandel. Ferdinand begann seine Frau aufrichtig zu lieben, und ihr wurde allmählich klar, daß sie nicht mit einem Verrückten, sondern mit einem an sich passablen Menschen verheiratet worden war, der über eine hübsche Portion Hausverstand verfügte. Man hatte ihm nur weder Erziehung noch Bildung angedeihen lassen und ihn künstlich auf der Geistesstufe eines Unmündigen gehalten. Für diese bewußte Retardierung eines Menschen, der immerhin ein Reich mit sieben Millionen Einwohnern regieren sollte, bieten die Historiker zwei Erklärungen an. Die eine lautet, daß Ferdinands Vater, König Karl III. von Spanien, jede pädagogische Beeinflussung seines Sohnes untersagt hätte, weil Ferdinands älterer Bruder durch zuviel Lernen wahnsinnig geworden wäre. Die zweite Version besagt, daß Minister Tanucci, seit Jahrzehnten Regierungschef in Neapel und mit der Erziehung Ferdinands betraut, seinen Zögling – mit oder ohne Wissen des Vaters – im Zustand der Infantilität belassen hätte, um ihm jede Möglichkeit zu nehmen, eigenständig Entschlüsse zu fassen und womöglich das von Spanien entworfene und nur auf Spaniens Vorteil ausgerichtete Regierungskonzept zu stören. König Ferdinand sollte Unsinn treiben, soviel er wollte; niemand nahm Anstoß daran, solange er die Hände von der Politik ließ und Tanuccis Kreise nicht störte.

Wenn es tatsächlich der Minister war, der diesen Plan ausgeheckt hat, so übersah er vollkommen die Möglichkeit, daß aus der naiven kleinen Habsburgerin, mit der man Ferdinand verheiratet hatte, vielleicht eine starke politische Persönlichkeit werden könnte, fähig und nur zu bereit, die Zügel der schläfrig dahinzuckelnden Staatskarosse in die Hände zu nehmen.

So jung sie war, als sie nach Neapel kam, besaß sie doch offene Augen, einen wachen Verstand und ein warm fühlendes Herz. Sie begriff sehr rasch, daß das Volk von Neapel-Sizilien in unbeschreiblicher Armut und Unwissenheit lebte, daß es nicht die primitivsten sozialen Einrichtungen gab, Adel und Kirche ebenso die Lebenskraft des Landes schwächten wie freche Räuberbanden, deren man nicht Herr werden konnte. Die Staatsverschuldung war gigantisch, es gab keinerlei Rücklagen, und die Einkünfte waren um Jahre voraus aufgezehrt. Heer und Marine waren nur rudimentär vorhanden. Das Königreich lag geradezu einladend vor jedem möglichen Aggressor da. Die junge Königin hatte nicht die geringste Chance, etwas gegen Tanucci und seine offensichtliche Mißwirtschaft zu unternehmen. Das hätte, wenn überhaupt, nur Ferdinand bewerkstelligen können – und Ferdinand war darum auch das erste Objekt ihrer Reformarbeit. Sie ging dabei, ein wahres Naturtalent, mit Methoden vor, die jedem modernen Verhaltenspsychologen Respekt abfordern müssen. Abgesehen von gelegentlichen eruptiven Ausbrüchen (»Sie wurde zur Furie und biß mich in die Hand«, jammerte der König einmal), ging sie vorsichtig zu Werke, lobte ihn, wenn er etwas tat, das ihr gefiel – zum Beispiel ein Buch bis zu Ende lesen –, und ging taktvoll über seine Unarten hinweg, die sie ihm schrittweise abgewöhnte. Er fand sogar Vergnügen am Lesen und lernte, ordentliche Briefe zu schreiben und korrekt zu sprechen. Allmählich brachte sie ihn auch dazu, sich mehr um die Politik zu kümmern. Scheinbar beschäftigte sie sich vorwiegend mit ihrer ständig wachsenden Kinderschar, in Wirklichkeit las sie jedes Schriftstück, das der König abfaßte, beriet ihn bei jeder Entscheidung. Kein Zweifel, daß der Mann, der es nie gelernt und geübt hatte, selbständige Entschlüsse zu fassen, immer tiefer in die Abhängigkeit seiner energischen Frau geriet. Aber wenigstens nach außen schlüpfte er in die Rolle des Herrschers und legte die des Hanswursts ab.

Die Königin war sich anfangs selbst nicht im klaren, ob sie eigentlich die volle Verantwortung tragen wollte oder nicht, als sie schrieb: »Wollte Gott, daß mein Mann fleißig wäre, daß er alles allein macht.« Aber als sie sich einmal dazu entschlossen hatte, in die Geschicke des Landes einzugreifen, traf auf sie mehr als auf andere jener Satz zu, den Erzherzog Karl Jahrzehnte später prägen sollte: ». . . alle Frauen, auch die besten, [werden,] wie sie auf Politik kommen, in höchstem Grade leidenschaftlich.« Politik sollte für den Rest ihres Lebens die alles überragende Leidenschaft Marie Karolines werden.

Ferdinand wußte genau, welche Stellung er einnahm, und er machte unvorsichtigerweise kein Hehl daraus, als er einmal seinem Vater gegenüber die Ablehnung eines Ordens für einen von Spanien protegierten Hofmann begründete. Er selbst hätte gar nichts dagegen, sehr wohl aber seine Gattin, und um seine Ruhe zu haben, hätte er nicht anders handeln können.

Es bedurfte allerdings nicht dieses offenen Hinweises, um Madrid hellhörig zu machen, wer in Neapel das Sagen hatte. Minister Tanucci verhinderte beharrlich die Teilnahme der Königin an den Sitzungen des Staatsrates, ein Recht, das ihr nach der Geburt eines Thronerben zugestanden wäre. Tanucci erklärte König Karl III. auch genau, warum: er fürchtete, die Habsburgerin könne eine österreichfreundliche Politik betreiben.

So war Karl III. aufs äußerste erbost, als Ferdinand den achtzigjährigen Tanucci entließ, während die Königin als vollwertiges Mitglied in den Staatsrat einzog. Sie begann unverzüglich, Tanuccis Günstlinge aus ihren Positionen zu drängen und neue Mitarbeiter einzustellen, von denen sie hoffte, daß diese eine Politik für Neapel und nicht für Spanien betreiben würden.

Über Empfehlung ihres Bruders Leopold, des Großherzogs von Toskana, nahm sie dessen Marineminister in Dienst. John Acton, ein aus England stammender, in Frankreich erzogener, gut aussehender Mann von zweiundvierzig Jahren, wurde zunächst mit der Reorganisation des Marinewesens betraut, erwies sich aber auch auf anderen Gebieten als umsichtiger Politiker und kluger Ratgeber. Nicht nur die Königin, auch der König begriff sofort, welch wertvolle Kraft mit Acton gewonnen worden war. Sichtlich erleichtert, daß seine Frau nun einen starken Mann zur Seite hatte, überließ Ferdinand den beiden zunehmend die Verantwortung und wandte sich erneut amüsanteren Beschäftigungen zu. Erst jüngst hatte er seine Neigung zu einer anderen Jagdleidenschaft entdeckt: Der König von Neapel-Sizilien wurde ein ambitionierter Schürzenjäger.

Marie Karoline leistete trotz ständiger Schwangerschaften und schwerer Schicksalsschläge Enormes. Kaum hatte sie die wirtschaftlichen Verhältnisse so weit geordnet, daß der schlimmste Hunger der Ärmsten gestillt war, als 1779 der Vesuv ausbrach und weite, fruchtbare Landstriche verwüstete. 1780 starb ihre Mutter Maria Theresia, Marie Karoline brach fast zusammen unter ihrem Schmerz. Im Februar 1783 suchte ein gewaltiges Erdbeben Messina heim. Die Katastrophe forderte 60 000 Menschenleben und zerstörte mit einem Schlag die in Sizilien mühsam angelaufenen Sanierungsprojekte. Wenige Tage später starb einer ihrer Söhne, und am 19. Juli desselben Jahres brachte die Königin ein Mädchen zur Welt, das nur ein paar Stunden lebte. Auch das Leben der Mutter hing nach einer komplikationsreichen Entbindung an einem Faden, so daß sie bereits mit den Sterbesakramenten versehen wurde. Wie durch ein Wunder genas sie.

Marie Karoline zählte nun einunddreißig Jahre, sah jedoch viel älter aus, harte Linien zeichneten den Mund, der früher so gern gelacht hatte. Sie litt an nervösen Erschöpfungszuständen, war leicht reizbar, ihr Jähzorn wurde immer mehr gefürchtet.

Im April 1785 begab sich das Königspaar auf eine längere Auslandsreise – übrigens die erste für Ferdinand, der bis dahin nie über seine Staatsgrenzen hinausgekommen war. Nicht einmal Sizilien, das einen erheblichen Teil seines Reiches bildete, hatte er je besucht. Marie Karoline hatte auf diese Fahrt gedrängt. Sie wollte für kurze Zeit den bedrückenden Verhältnissen in Neapel entkommen, und sie wollte Trost und Rat bei ihrem Bruder Leopold suchen. Noch ein weiterer Gedanke beschäftigte sie. Ihre älteste Tochter, Marie Therese, kam mit dreizehn Jahren ins heiratsfähige Alter, noch immer hatte sich kein passender Bewerber gefunden. »Mein lieber Gatte meint zwar, daß es ... Zeit hat, aber ich sehe so wenige Prinzen und so viele Prinzessinnen, daß ich zittere«, schrieb sie. Marie Therese war ein besonders hübsches, aufgewecktes Mädchen, sie sprach bereits – von ihrer Mutter persönlich unterrichtet – Italienisch, Deutsch und Französisch fließend, aber Leopold wollte dem Plan, die Nichte mit einem seiner Söhne zu verloben, nicht nähertreten. Er hatte von seinem in Wien residierenden Bruder, Kaiser Joseph II., strikte Anweisung, die jungen Erzherzoge für staatspolitisch wichtige Heiratspläne zur Verfügung zu halten.

Trotz dieser Enttäuschung genoß Marie Karoline den Aufenthalt in Florenz, aber Ferdinand fühlte sich gar nicht wohl. Er konnte keiner seiner Jagdvergnügungen nachgehen und wurde stundenlang durch Kirchen geschleppt, um Kunstwerke zu besichtigen, die ihn nicht interessierten.

Kaum nach Neapel zurückgekehrt, sah sich Marie Karoline nicht nur den üblichen Ärgernissen des Alltags, sondern einer gefährlichen Bedrohung ausgesetzt, die ihre Ursache in den verworrenen innenpolitischen Verhältnissen des Landes hatte. Einige Minister vertraten noch immer die alte, spanienhörige Linie des pensionierten Marchese Tanucci, andere bildeten eine proenglische Partei, deren Kopf John Acton war. Auch der mit dem Königspaar befreundete englische Gesandte, Sir William Hamilton, spielte eine nicht unerhebliche Rolle im neapolitanischen Intrigenkarussell. Am Rande agierte eine Splittergruppe, die zu einer näheren Bindung an Frankreich tendierte, die aber so wenig ins Gewicht fiel, daß der französische Gesandte fortwährend beleidigt war, weil er sich und sein Land vernachlässigt und übergangen wähnte.

Madrid beobachtete mit Besorgnis Actons steigenden Einfluß. König Karl III. entschied, daß alles getan werden müsse, den lästigen Engländer aus Neapel zu entfernen. Ferdinand indes dachte nicht daran, seinem Vater willfährig zu sein, er und Marie Karoline wußten zu gut, was sie an Acton hatten. So griff Spaniens Ministerpräsident Blanca zum bewährten Mittel des Rufmordes, nachdem er die Idee verworfen hatte, Acton kurzerhand entführen zu lassen. Blanca tat öffentlich kund, er werde so lange gegen Königin Marie Karoline hetzen, bis es gelungen sei, sie vom Thron zu stoßen und einzusperren; er erfand eine Kabale, und Spaniens Gesandter in Neapel führte sie aus, indem er das Gerücht ausstreute, Marie Karoline bringe dem Engländer »eine gewisse Zärtlichkeit« entgegen.

Die Königin tobte und weinte, der König schrie: »Ich will kein Hahnrei sein, ich will nicht vor ganz Europa als Hahnrei dastehen«, Acton reichte sofort sein Rücktrittsgesuch ein. Aber nachdem Ferdinand seine Fassung und seinen Verstand wiedergewonnen und die gezielte Verleumdung durchschaut hatte, bewog er John Acton, im Amt zu bleiben. Viel mehr noch: er entließ den spanienfreundlichen Minister Sambucca, dekorierte Acton mit dem höchsten Orden und nahm ihn in den Kronrat auf.

Wutschnaubend mußte Madrid die Wendung der Dinge zur Kenntnis nehmen, und der französische Gesandte berichtete nach Paris: »Es ist die Königin, die hier willkürlich regiert ... Sie ist es, die alle Gnaden austeilt, die Minister ernennt oder stürzt.«

Johann Wolfgang von Goethe, der sich ein Jahr später während seiner ausgedehnten Italienreise in Neapel aufhielt, vermerkte in seinen Notizen: »Der König ist auf der Jagd, die Königin ist guter Hoffnung, und so kann's nicht besser gehen.«

Goethe irrte. Der deutsche Dichter war viel zu sehr mit Neapels Kunst und Neapels Gesellschaftsklatsch beschäftigt – vor allem mit der Beziehung des ältlichen englischen Gesandten Hamilton zu einer blutjungen Schönheit zweifelhafter Herkunft namens Emma Hart –, als daß er Zeit gefunden hätte, die Zustände am Königshof ernsthaft zu analysieren.

Von »besser gehen«, wie Goethe meinte, war nicht die Rede; es ging schlechter denn je zuvor. Die Königin brachte nach einer anstrengenden Schwangerschaft und einer dramatischen Geburt ein nur schwach lebensfähiges Mädchen zur Welt, der König wurde von allerlei körperlichen Beschwerden geplagt, beide Ehepartner waren unleidlich und streitsüchtig, sie lebten zeitweise sogar getrennt. Dennoch stellte sich pünktlich ein Jahr später ein neues Kind ein, diesmal ein strammer Junge, dessen Ankunft freudig begrüßt wurde, und die Eltern schöpften neue Hoffnung auf eine bessere Zukunft.

Die hochgespannten Erwartungen wurden 1789 zunichte gemacht. Am Neujahrstag starb ein neunjähriger Sohn, genau einen Monat später der letztgeborene Knabe, bis dahin gesund, kräftig und vielversprechend. Beide Kinder erlagen der »Geißel des Hauses Österreich«, den Pocken, tragischerweise jedoch nach einer vorsorglichen Impfung, einer »Inoculation«, wie man damals sagte. Die Inoculation, schon von Maria Theresia mit mäßigem Erfolg eingeführt, bewirkte nämlich oft genau das Gegenteil: Das Serum, aus Menschenpocken hergestellt, führte immer wieder zu Erkrankungen, statt sie zu verhindern. Von 1 000 Geimpften mußten 40 damit rechnen, vom mörderischen Virus befallen zu werden. »Den gewissenhaften Eltern verursachen solche Unglücksfälle mehr Pein, als wenn der Tod eine Wirkung der von selbst und zufällig aufgetretenen Pocken gewesen wäre«, schrieb der Arzt Dr. Zacharias Wertheim in seiner 1810 erschienenen »Medizinischen Topographie von Wien«.

Nicht genug des Leides für die bedauernswerte Mutter! Es kam noch eine Reihe von Infamien hinzu, indem die Ärzte, welche die Impfungen vorgenommen hatten, sich reinzuwaschen versuchten und die Mutmaßung äußerten, die Kinder seien an Gift gestorben. Gift?! Die spanische Partei griff das Thema begierig auf und unterstellte, Marie Karoline selbst sei die Mörderin ihrer Kinder – um dem Hause Bourbon zu schaden.

Die Königin war dem Zusammenbruch nahe, als sie ihrem Bruder Leopold schrieb: »Gott strafe meinen Ehrgeiz ... Jetzt habe ich bereits vier Söhne im Paradies und wünsche nichts anderes, als ihnen dorthin nachzufolgen, denn ich sehe für den Rest meiner Laufbahn nur Kummer, Schmerzen, Sorge und Elend voraus ...«

Die pessimistische Prognose begann sich bereits wenige Monate später zu erfüllen, als am 14. Juli 1789 die Französische Revolution ausbrach und Marie Karoline um ihre geliebte Schwester Marie Antoinette bangen mußte.

Es war allerdings nicht Marie Karolines Art, untätig abzuwarten, ob der Funke der Revolution auf andere Länder überspringen würde oder nicht. Sie war eine der wenigen, die klar erkannten, welche die tieferen Wurzeln des Volkszorns waren. So rief sie eine Kampagne zur Versorgung der Unterprivilegierten mit Lebensmitteln ins Leben. Nicht erst seit damals genoß die Königin die Zuneigung der einfachen Menschen, die spürten, daß im Schloß zu Neapel eine Frau am Werk war, der das Wohl der Untertanen wichtiger war als ein gutes Einvernehmen mit der Oberschicht.

Letztere ging auf immer größere Distanz zu ihrer Königin, die sie mit josephinisch anmutenden Ideen verschreckte. Adel und Kirche sollten weniger Einfluß haben, Klöster gesperrt und Kirchengüter beschlagnahmt werden, um die ruinöse Lage der Staatsfinanzen zu bessern. Daß nur ein verschwindender Bruchteil dieser Gedanken verwirklicht wurde, lag nicht am mangelnden Mut der Königin, sondern an der Lethargie des Königs. Um seine Ruhe besorgt, wich er vor allen Neuerungen störrisch zurück und verweigerte sein unumgänglich notwendiges Plazet.

Das Jahr 1790 brachte endlich einen Lichtblick, obwohl – oder besser gesagt weil – Kaiser Joseph II. in Wien starb. Großherzog Leopold von Toskana trat nach seinem Bruder die Herrschaft an, und nun konnte er frei und uneingeschränkt über die Zukunft seiner Töchter und Söhne entscheiden. Joseph war noch nicht unter der Erde, da versprach Leopold seiner Schwester die Erfüllung ihres innigsten Wunsches: Ihre älteste Tochter, Marie Therese, sollte Franz, Leopolds Ältesten, heiraten; doch des Glücks nicht genug: Marie Karolines Tochter Luise würde einen anderen Sohn Leopolds, nämlich Ferdinand, zum Mann bekommen, der als Regent für die Toskana vorgesehen war, und auch an den erst dreizehnjährigen Thronfolger von Neapel-Sizilien, Francesco, hatte der gute Leopold gedacht, ihm wurde seine gleichaltrige Kusine Klementine versprochen.

Mit den beiden Töchtern machten sich Marie Karoline und Ferdinand im August 1790 auf die Reise nach Wien. Francesco mußte zu Hause bleiben, seine Trauung fand nur per procurationem statt. Erst sieben Jahre später sah er seine ihm vor Gott und den Menschen Angetraute zum ersten Mal.

Es war ein Triumph für Marie Karoline, als am 19. September 1790

Wiens Glocken die Hochzeit des Jahrhunderts einläuteten, zu der aus sämtlichen europäischen Herrscherhäusern hochrangige Delegationen herbeigeeilt waren. Während Marie Therese und Franz, Luise und Ferdinand, Klementine und Francesco, an dessen Stelle ein junger Erzherzog vor dem Altar stand, in der Augustinerkirche getraut wurden, als die Orgel brauste und die Chöre jubilierten, hatte Marie Karoline größte Mühe, die Tränen der Freude und des Stolzes zurückzuhalten.

Nach der kirchlichen Feier gab es eine glänzende, üppige Festtafel für die Beteiligten und Gäste, das Nachtmahl fand im engsten Familienkreis statt. Anschließend brachten die beiden Elternpaare samt Gefolge die Jungvermählten in deren Schlafzimmer. Leopold betete die Litanei, Marie Karoline entkleidete eigenhändig ihre Töchter. Die achtzehnjährige Marie Therese, ein hübsches, sensibles Mädchen, schluchzte hemmungslos wie ein kleines Kind; Luise, ein Jahr jünger und leider ein Ebenbild ihres Vaters, schlummerte (»halb tot vor Schlaf«, wie Marie Karoline es beschrieb) bereits während der Litanei. Die jungen Ehemänner zeigten Haltung, insbesondere Franz, für den dies alles nichts Neues war. Schon einmal war er vermählt gewesen mit einer württembergischen Prinzessin, ihr Tod lag erst sieben Monate zurück.

Wenig mehr als ein Jahr später wurde Marie Karoline zum ersten Mal Großmutter. Marie Therese gebar zwar »nur« ein Mädchen, doch ihre Mutter tröstete sie mit einer neapolitanischen Volksweisheit: »Wer gute Nachkommenschaft will, muß zuerst ein Mädchen bekommen.« Fünfzehn Monate später stellte sich der ersehnte Stammhalter ein. Die Freude darüber war vorerst kaum getrübt, obwohl die Anatomie des Kindes einige merkwürdige Einzelheiten aufwies: Der Knabe kam mit einem Wasserkopf zur Welt, sein kleiner Körper zuckte manchmal, und seine geistige Entwicklung ließ von Anfang an zu wünschen übrig.

Die beiden Ältesten aus der später dreizehnköpfigen Kinderschar erhielten die Namen Marie Louise und Ferdinand, beide waren dazu ausersehen, Geschichte zu machen. Das Mädchen als Gemahlin von Napoleon I., der Knabe als Kaiser Ferdinand I., eine der unglückseligsten Figuren auf dem Throne Österreichs.

Doch es war noch lange nicht soweit, noch trug Napoleon den Marschallstab im Tornister, noch wütete die Französische Revolution. Sie wurde für Marie Karolines Schwester, Königin Marie Antoinette, immer bedrohlicher, nachdem der Königsfamilie 1791 die Flucht mißlungen war. Marie Karoline war bis ins Mark getroffen. Ihr Blut würde sie geben, um die Unglückliche zu befreien, beteuerte sie. Der nächste Schlag ließ nicht lange auf sich warten. Am 1. März 1792 starb Kaiser Leopold II., sein Sohn Franz folgte ihm als Franz II. nach, Marie Therese wurde deutsche Kaiserin. Ein schwacher Trost für Marie Karoline, die wenig bis gar nichts von ihrem Schwiegersohn hielt, ganz zu schweigen davon, daß er mit seinen vierundzwanzig Jahren viel zu jung und unerfahren für seine schwere Aufgabe war. Die nicht übermäßig geschickten Versuche von Franz, dem französischen Herrscherhaus und damit seiner Tante Marie Antoinette durch geharnischte Noten an die Adresse der Revolutionsführung zu Hilfe zu kommen, zeitigten üble Folgen. Frankreich erklärte Österreich den Krieg. Die Franzosen, beflügelt von revolutionärem Elan, besetzten die (nun zu Österreich gehörenden) Niederlande und verjagten deren Regentin, Marie Karolines Schwester Marie Christine; sie besetzten Savoyen sowie Nizza, und sie erschienen mit einem starken Flottenverband vor Neapel.

Marie Karoline, vergeblich um ein Verteidigungsbündnis aller italienischen Staaten gegen die Franzosen bemüht, sah sich nicht imstande, selbst etwas gegen die Flottenmacht vor der eigenen Haustür zu unternehmen. Es nutzte nichts, daß sie das gesamte Tafelsilber einschmelzen ließ, um rasch noch die Marine besser zu rüsten. Sie mußte sich damit begnügen, dem neuen, forsch und revolutionär auftretenden französischen Gesandten ihre Abscheu und ihre Verachtung ins Gesicht zu schreien, worauf die Franzosen ganz Neapel mit jakobinischen Agenten und antimonarchistischen Flugblättern überschwemmten.

Nachdem die Franzosen ihre Stärke ausreichend demonstriert hatten und von dannen segelten, lud der österreichische Gesandte in Neapel zu einem aufwendigen Ballfest, so, als wäre ein Sieg errungen worden. Knapp bevor die achthundert geladenen Gäste eintrafen, wurde die Schreckensnachricht publik, daß König Ludwig XVI. von Frankreich hingerichtet worden sei. Statt Tanz und Freude herrschten Verzweiflung und Schmerz. Marie Karolines Trauer wandelte sich jedoch bald in Wut und äußerste Entschlossenheit.

Sie ließ den französischen Gesandten ausweisen und wandte sich an den englischen Gesandten Hamilton und dessen kürzlich angetraute junge Frau, Lady Emma, mit der dringenden Bitte um Hilfe. Über Hamiltons Vermittlung kam eine Koalition mit England zustande, das sich verpflichtete, die Küsten des Königreichs Neapel-Sizilien gegen feindliche Angriffe zu schützen.

Als das erste englische Kriegsschiff im Hafen von Neapel vor Anker ging, war dies ein Freudentag für die ganze Stadt. Das Königspaar eilte an Bord, begrüßte den Kommandanten, Horatio Nelson, überschwenglich und erwies ihm alle nur erdenklichen Ehren. Nelson wohnte während seines ersten Kurzbesuchs in Neapel beim englischen Botschafter und lernte Lady Hamilton kennen, jene Frau, die ihm später zum Schicksal werden sollte.

Lady Hamilton hatte in Marie Karoline eine mütterliche Freundin gefunden, an der sie mit kindlicher Zuneigung hing und über die sie einmal schrieb: »Niemand ist so reizend wie sie. Sie ist alles, was man wünschen kann, die beste Gattin, Mutter und Freundin der Welt ... Ich habe ... niemals etwas anderes als Güte und Aufrichtigkeit an ihr festgestellt.«

Ganz anders liest es sich in den »Geheimen Memoiren und Kritik der Höfe, Regierungen und Sitten der wichtigsten Staaten Italiens«, ein Machwerk, von Frankreichs neuen Herren in Auftrag gegeben, das sich in unflätigster Weise mit Marie Karoline befaßte, die sich »ähnlich Messalina stets ohne Scham den verächtlichsten Männern der allergemeinsten Herkunft hingegeben« habe, zugleich aber sei sie lesbisch, und, natürlich, die Mörderin ihrer eigenen Söhne. Der König hätte mehrmals über sie gesagt: »Das ist keine Königin, keine Gattin oder Mutter, die uns Österreich gegeben hat, das ist eine Furie, eine Megäre, eine Messalina, die es in seiner Wut auf uns ausgespien hat ...« Das stellenweise pornographische Buch fand reißenden Absatz, und noch lange Zeit nachher fanden sich seine Dreckspuren selbst in ansonst seriösen historischen Werken über die Habsburgerin auf dem Thron von Neapel-Sizilien. Vor allem aber stand es am Beginn eines erbitterten Kampfes zwischen den wechselnden Machthabern Frankreichs und der standhaften Marie Karoline. Niemals konnte sie verwinden, daß am 16. Oktober 1793 ihre Schwester Marie Antoinette wie eine Verbrecherin auf der Guillotine geendet hatte.

Intensiv beschäftigte sie der quälende Gedanke, was sie tun würde, falls es den Franzosen gelingen sollte, Italien zu besetzen und ihren Thron zu stürzen. Niemals würde sie, so schwor sie in einem Brief an ihren Schwiegersohn Franz, das Schicksal Marie Antoinettes erleiden: »Dann wäre ich im äußersten Fall entschlossen, meine sieben Kinder ins Meer zu werfen und ihnen nachzustürzen. Ich will keinesfalls die Beute dieser Halunken werden, noch irgend jemanden um Mitleid anbetteln ...«

Die erste Gefahr einer französischen Aggression schien gebannt, als sich mit dem Sturz Robespierres das Ende der Revolution abzuzeichnen begann. Doch sehr bald erwuchs Europa ein neuer Feind, Napoleon Bonaparte, der sich 1795 durch die Niederschlagung eines royalistischen Aufstands in Paris hervorgetan und wenig später den Oberbefehl über Frankreichs Truppen in Italien erhalten hatte. Wie ein Sturmwind fegte er über Oberitalien, erzwang die Abtretung von Nizza und Savoyen an Frankreich und vertrieb Marie Karolines Verwandte aus der Lombardei und der Toskana.

Preußen, dessen Interessen zu dieser Zeit mehr in Polen als im Westen lagen, schloß einen Sonderfrieden mit Frankreich, auch Spanien verließ das Bündnis, das es einst mit Österreich und Preußen gegen Frankreich geschlossen hatte. In Spanien regierte nun, zumindest dem Namen nach, Marie Karolines Schwager, Ferdinands Bruder Karl IV., doch der wahre Herrscher war der Geliebte der spanischen Königin Luise, Manuel Godoy, ehemals einfacher Soldat, schön und stark, zehn Jahre jünger als die abstoßend häßliche Luise – und er war von den Franzosen gekauft. Karl IV. beschwor seinen Bruder, ebenfalls mit den Franzosen zusammenzuarbeiten. Aber noch wehrte sich Marie Karoline verzweifelt. Sie denke nicht daran, sich mit der »französischen Mörderbande« zu arrangieren, sie bestürmte ihren Mann, hart zu bleiben, und es kam deswegen zu heftigen Auseinandersetzungen zwischen den Eheleuten. »Meine Gemahlin«, jammerte Ferdinand einmal, »attackiert mich und sagt mir tausend Schmähungen.« Erst als England wissen ließ, daß es möglicherweise seinen Bündnisverpflichtungen gegenüber Neapel-Sizilien nicht nachkommen könne und die Flotte aus dem Mittelmeer abziehen müsse, weil Spanien ein neuer, potentieller Feind geworden wäre, erst dann resignierte Marie Karoline. Am 10. Oktober 1797 wurde ein Sonderfrieden mit Frankreich geschlossen.

Die Königin dachte nicht daran, sich an den »Frieden wider Willen«, wie sie ihn nannte, zu halten. Sie fieberte dem günstigen Augenblick entgegen, da sich Gelegenheit zur Rache an den verhaßten Franzosen bieten würde. Sie blieb all die Jahre eisern in ihrer Haltung, und sie war die einzige unter Europas Fürsten, die nicht ein einziges Mal mit dem Gedanken gespielt hat, freiwillig einen Fingerbreit nachzugeben. Tiefe Niedergeschlagenheit bemächtigte sich ihrer, als 1797 Frankreich und Österreich in Udine Frieden schlossen. Österreich verlor die Niederlande endgültig, das linke Rheinufer und die Lombardei. Und die Franzosen begannen in den Kirchenstaat einzumarschieren. Im Februar 1798 besetzten sie mit 10 000 Mann Rom. Der Feind stand nun unmittelbar an der Grenze zu Neapel-Sizilien. Die Hauptstadt war überflutet mit Flugblättern, die sich allein und ausschließlich gegen Marie Karoline richteten. Die Revolution, so hieß es, stehe unmittelbar bevor, aber Ferdinand hätte nichts zu befürchten. Er würde der Präsident einer neuen Republik, nur müsse er zuvor das Weib, das ihn zugrunde richte, verjagen.

Marie Karoline wurde schwer krank. Von ständig wiederkehrenden Fieberschüben geschüttelt, konnte sie sich manchmal kaum auf den Beinen halten. Ihr Mut sank, ihre Standhaftigkeit geriet ins Wanken, als bekannt wurde, daß die Franzosen, unter Führung des unheimlichen Generals Bonaparte, in Toulon eine Flotte von 2 000 Schiffen und ein gewaltiges Expeditionskorps rüsteten. Welches Land, wenn nicht Neapel-Sizilien, würde wohl das Ziel sein? Fassungsloses Staunen, als sich herausstellte, daß die Franzosen diesmal Ägypten im Visier hatten, lautes Triumphgeschrei, als die Engländer unter Admiral Nelson am 1. August 1798 bei Abukir die gegnerische Flotte in einer einzigen Nacht vernichteten. Die ganze Stadt geriet in einen wilden Freudenrausch, als Nelson Ende September mit seiner Flotte vor Neapel ankerte, Marie Karoline jubelte: »Nelson unser Retter und Befreier . . . Hipp! Hipp! Ich bin ganz toll vor Freude.«

Aus dieser euphorischen Stimmung, aus dem Gefühl, daß endlich die Wende und damit der geeignete Augenblick gekommen sei, sich ein für allemal der tödlichen Bedrohung durch Frankreich zu entwinden, wurde der verhängnisvolle Plan geboren, nach Rom zu ziehen und den Feind aufs Haupt zu schlagen. Der im November 1798 begonnene Feldzug stand vom ersten Tag an unter einem Unglücksstern.

Neapel hatte seit Jahrzehnten keinen Krieg geführt, die Armee war noch immer in einem erbärmlichen Zustand, es gab keine modernen Waffen, der König, dem man kaum Lesen und Schreiben beigebracht hatte, wußte selbstverständlich nicht, wie die Truppe zu führen und zu motivieren sei, ein von Österreich als einzige Hilfe beigestellter Militärberater erwies sich als elender Versager.

Die Armee geriet schon auf dem Marsch nach Norden in Schwierigkeiten, weil es, außer ein wenig trockenem Brot und Zwiebeln, keine Verpflegung gab; Offiziere und Mannschaft begannen zu murren, als sie merkten, daß sie nicht eben dahinmarschieren konnten, sondern über steiniges Bergland klettern mußten. Ferdinand schrieb an seine Frau: ». . . wenn ich mich nur in einen entlegenen Winkel zurückziehen könnte, um all meine Sünden zu beweinen.« Gemeint hat er vielleicht auch die Todsünde, die von Marie Karoline seit langem geforderte Reorganisation der Streitkräfte nicht durchgeführt zu haben.

Die Königin tat in Neapel das Äußerste, um Nachschub für die Truppe zu organisieren, sie schickte Hilferufe nach Wien und nach Moskau, die ohne Antwort blieben, sie versuchte das Volk bei Stimmung zu halten, sie erwog, sich selbst ins Feld zu begeben, um zu retten, was noch zu retten war. Bewundernd sagte Nelson über sie: »Der König ist bei der Armee, sie ist die einzige Regentin. Sie ist tatsächlich ein großer König.«

Die Neapolitaner gelangten schließlich doch nach Rom – aber nur weil die Franzosen sich vorübergehend zurückgezogen und lediglich in der waffenstarrenden Engelsburg eine Besatzung gelassen hatten. Doch es war kein Sieg. Der König wagte sich nicht aus dem Quartier, weil er die Kanonen auf der Engelsburg fürchtete, die Römer lachten lauthals über die schäbigen, ängstlich um sich blickenden Soldaten aus dem Süden. Als bekannt wurde, daß aus Neapel kommende Nachschubkolonnen von den Franzosen, die Rom umstellt hielten, aufgerieben worden waren, brach Panik aus. Der König floh nächtlicherweile aus der Stadt, die Soldaten warfen die Waffen weg, versteckten sich bei Bauern. Der Rest des trostlosen Haufens wurde auf der Flucht nach Neapel vernichtet.

Und dann gingen die Franzosen zum Angriff über. Mit ihrer bestens gedrillten, prächtig ausgerüsteten Armee marschierten sie auf Neapel zu. Fieberhafte Unruhe erfaßte die Stadt. Republikanisch gesinnte

Einwohner begannen rebellisch zu werden, Freiheitsparolen wurden auf die Hauswände geschmiert, antiroyalistische Flugzettel tauchten erneut auf. Wer es sich leisten konnte, machte sich hastig auf den Weg nach Süden. Zahlreiche Anhänger Marie Karolines hingegen versammelten sich vor dem Palast und forderten lauthals Waffen zum Kampf gegen den Feind. Man konnte ihnen keine geben, denn es waren keine mehr da, und die Überreste der Armee verweigerten den Dienst.

Heilloses Chaos herrschte, Plünderer zogen ungehindert durch die Stadt. Die Franzosen rückten immer näher – aber Ferdinand und Marie Karoline zögerten noch immer, nach Sizilien auszuweichen, wie Nelson es dringend empfahl.

Endlich, am 21. Dezember, entschloß sich die königliche Familie zur Flucht. Durch einen Geheimgang tappten alle vom Schloß zum Hafen, Kronprinz Francesco und seine Frau Klementine schleppten abwechselnd ihren erst wenige Wochen alten Säugling. Der sechsjährige Albert, das vorletzte von Marie Karolines Kindern, war schwer krank. Die gebrochene Königin, von Weinkrämpfen geschüttelt, mußte von zweien ihrer Töchter gestützt werden. Nelson hatte drei Barkassen bereitgestellt, welche die Flüchtlinge auf sein Flaggschiff brachten.

Die Überfahrt nach Sizilien geriet zum Inferno. Orkanartige Stürme brachen los, sie erreichten ausgerechnet am Weihnachtstag ihren Höhepunkt. Selbst Nelson, der alte Seebär, erklärte, in seiner langen Laufbahn noch kein derartiges Unwetter erlebt zu haben, und auch er wurde, wie alle anderen, ein Opfer der Seekrankheit. Allein die schöne Lady Hamilton blieb verschont und kümmerte sich unermüdlich um die Leidenden. In ihren Armen starb der kleine Albert am Abend des 26. Dezember.

Nachdem das Schiff in der Nacht zum 27. endlich in Palermo vor Anker gegangen war, schlich sich die Königin im Morgengrauen heimlich von Bord. Niemand sollte sie in ihrer erbärmlichen Verfassung zu Gesicht bekommen. Der offizielle Empfang des Königs und des übrigen Gefolges fand erst Stunden später statt.

Da war Marie Karoline bereits im Stadtpalast, den weder ihr Mann noch sie je vorher betreten hatten. Zu ihrem Schrecken fand sie ein äußerst desolates Gebäude vor, halb verfallen, schmutzig, kaum möbliert. Erst nach und nach wurde aus dem Flüchtlingslager eine halbwegs bewohnbare Residenz.

Das Leben in Sizilien gestaltete sich höchst unerfreulich. Der Hof mußte mit einem Bruchteil seiner üblichen Einkünfte das Auslangen finden, das Klima wurde als unerträglich empfunden, die Sizilianer schienen den Neapolitanern als schmutzig, schlampig, »richtig afrikanisch«, wie sich Marie Karoline ausdrückte. Zu den Miseren des Alltags, denen allein Ferdinand und sein Sohn Francesco sich durch die tägliche Jagd entzogen, gesellte sich bange Sorge. Es gab weder eine Marine noch ein Heer, die jahrhundertealten Befestigungsanlagen waren halbe Ruinen, und es schien nur noch eine Frage der Zeit, bis die Franzosen versuchen würden, auf die Insel überzusetzen. Marie Karoline sah sich bereits »tot oder gefangen nach Paris geschleppt«. »Ich ziehe ersteres vor«, ließ sie verlauten.

Die Königin war tief deprimiert. Man machte sie zum Sündenbock, in der absurden Annahme, daß alles, wenn schon nicht besser, so doch wenigstens erträglicher geworden wäre ohne ihre Dominanz über den König. Sie fand sich plötzlich isoliert, gelegentlich sogar geschnitten, Ferdinand hielt sie von allen Entscheidungen fern und versuchte, zusammen mit John Acton zu regieren. Das bedeutete nichts anderes, als tatenlos abzuwarten.

»Ich besitze zuviel Herz, und zwar ... mehr davon, als für mein Glück nötig wäre«, hat Marie Karoline einmal gesagt. Zuviel Herz zu besitzen war gewiß kein allzu großer Nachteil; ihr entscheidender Fehler jedoch war, daß sie das Herz auch auf der Zunge trug, immer und überall frank und frei heraussagte, was ihr gerade durch den Kopf ging, wodurch sie sich viele Feinde schuf. Noch schlimmer allerdings war ihre Schreibbesessenheit. Marie Karoline hat in ihrem Leben Tausende und aber Tausende Briefe verfaßt (die meisten wurden erst nach dem Zweiten Weltkrieg von dem Historiker und Schriftsteller Egon Cäsar Conte Corti in einer privaten Schloßbibliothek gefunden). In ihrer raschen, runden Schrift, die trotzdem gestochen klar wirkt, verfaßte sie auf deutsch, französisch und italienisch Episteln von Dutzenden Seiten, und nur die manchmal gänzlich fehlende Interpunktion, die häufigen dicken Unterstreichungen verraten ihre Ungeduld, Nervosität, Starrköpfigkeit und gelegentlich leicht querulatorische Züge. Überdies enthüllen Marie Karolines Briefe naive Vertrauensseligkeit – den selbst durch Jahrzehnte bitterster Erfahrungen nicht erschütterten Glauben, daß die Adressaten alles für sich behalten würden, was ihnen an Gedanken, Projekten, aber auch an Mitteilungen über andere Personen anvertraut wurde. Abgesehen davon, daß Marie Karoline die Klatschsucht sträflich unterschätzte, gerieten in den wirren Zeiten ihre Ergüsse oft in die falschen Hände und boten so willkommenen Anlaß für Verleumdungen, Mißverständnisse und Intrigen.

Auch jetzt, in der erzwungenen Tatenlosigkeit auf Sizilien, bestürmte sie alle Welt mit einer nicht enden wollenden Flut von Bitten, ja Beschwörungen um Hilfe, die um so wirkungsloser blieben, als nur allzu bald publik wurde, daß Marie Karoline politisch keinerlei Bedeutung mehr hatte.

Nur drei Menschen standen in jenen düsteren Tagen unerschütterlich zu ihr: das Ehepaar Hamilton und Lord Nelson. Der englische Admiral war vermutlich Marie Karolines einziger Zeitgenosse, der ihre eminente politische Begabung voll erfaßte, als er einmal schrieb: »Wenn man mich rufen würde, ... einen Monarchen für die ganze Welt namhaft zu machen, würde meine Wahl auf (sie) fallen, die wahre Tochter der großen Maria Theresia.«

Im Sommer 1799 wendete sich das Blatt. In Neapel erhob sich ein Aufstand gegen die Franzosen, die Besatzer waren mit ihren relativ schwachen Kräften nicht imstande, ihn niederzuschlagen; sie konnten auch keine Verstärkung erwarten, da Frankreichs Truppen in verlustreichen Kämpfen am Rhein und in Oberitalien gebunden waren. Nelson vermochte im Juli ohne große Anstrengung Neapel zurückzuerobern.

Der Hof hätte nun in die Hauptstadt heimkehren können, doch Ferdinand zog es vor, in Sizilien zu bleiben, wo er und Marie Karoline für den Admiral eine fulminante Siegesfeier veranstalteten, die sich mit Banketten, Theateraufführungen und Feuerwerken über Tage hinzog. Lord Nelson wurde zum Herzog von Bronte erhoben, Ferdinand schenkte ihm sein über und über mit Diamanten besetztes Krönungsschwert. Auch auf Lady Hamilton, nun schon ganz offiziell die Geliebte des Seehelden, ging, zum Befremden der englischen Kolonie, ein wahrer Regen wertvollster Kleinodien nieder. Gipfel der wohlgemeinten, aber manchmal recht geschmacklosen Einfälle war

In einem Schuh geschmuggelte Geheimbotschaft Marie Karolines ein Tempel im Schloßpark, den lebensgroße Wachsfiguren bevölkerten; auf einem Podest König Ferdinand, zu seinen Füßen Hamilton und Nelson, dem die Siegesgöttin – sie trug deutlich die Züge von Lady Hamilton – den Lorbeer überreichte.

Nelsons Affäre mit Lady Emma hatte inzwischen in London so heftigen Anstoß erregt, daß der Botschafter abberufen und auch Lord Nelson aufgefordert wurde, in die Heimat zurückzukehren, um, wie es hieß, seine angegriffene Gesundheit wiederherzustellen.

Das seltsame Trio nahm jedoch nicht den direkten Weg nach Hause, sondern begleitete Marie Karoline, die sich entschlossen hatte, nach Wien zu reisen, um dort zu versuchen, ihre drei noch immer ledigen Töchter vorteilhaft zu verheiraten: Maria Christina, genannt Mimi, war schon einundzwanzig Jahre alt, Maria Amalia, genannt Amélie, achtzehn, Maria Antonia, genannt Toto, sechzehn. Auch Sohn Leopold, zehn Jahre alt, durfte mitkommen.

Am 9. Mai des Jahres 1800 brach die Gesellschaft mit Nelsons Flaggschiff von Palermo auf. Nach einer abenteuerlichen, teilweise lebensgefährlichen Fahrt, teils zu Schiff, teils auf dem Landweg, traf sie in Wien ein, und Marie Karoline konnte ihre Tochter, Kaiserin Marie Therese, in die Arme schließen, die sie zehn lange Jahre nicht gesehen hatte.

»Die Neapler« wurden im Schloß Schönbrunn einquartiert. Dort gab es auch ein Wiedersehen Marie Karolines mit ihrer aus den Niederlanden geflüchteten Schwester Maria Christine und deren Mann Albert, mit der Tochter Luise und Schwiegersohn Ferdinand von Toskana sowie dem ebenfalls von den Franzosen aus dem Rheinland vertriebenen Bruder, dem ungeheuer dicken Erzbischof Maximilian. Schönbrunn war bevölkert von Flüchtlingen, die gewillt waren, das Beste aus ihrer mißlichen Lage zu machen.

Vor allem die Jugend, die »fröhliche Bande«, wie Marie Karoline sie nannte, unterhielt sich prächtig. Es quirlte nur so von übermütigen Kindern aller Altersstufen, die manchmal außer Rand und Band gerieten und allerlei Streiche verübten, von jungen Damen und Herren, die sich keine Gelegenheit zu Picknick, Tanz und Liebelei entgehen ließen.

Zum allgemeinen Vergnügen gesellte sich Marie Karolines Schwester, die siebenundfünfzigjährige Maria Elisabeth, genannt Liesl (oder, weniger respektvoll: »die kropferte Liesl«), hinzu. Die einstmals schönste Tochter Maria Theresias, jetzt Vorsteherin eines Stiftes für adelige Damen in Innsbruck, war eine groteske Figur, mit ihrem pockennarbigen Gesicht, ihrer monströsen Körperfülle und einem dreifachen Kropf, den sie, zum jauchzenden Vergnügen der Kinder, manchmal auf und ab tanzen ließ. Gelegentlich ließ sie sich auch, ächzend und stöhnend, auf alle viere nieder, um mit den Kleinen auf dem Boden zu spielen. Sie besaß einen ebenso scharfsinnigen wie grimmigen Humor, mit dem sie stundenlang große Gesellschaften unterhielt; dabei sparte sie auch nicht mit Kraftausdrücken wie »Ochs«, »Duckmaus«, »Hosensch...«

Nach all den aufreibenden Jahren schwerster Belastungen, nach Krankheiten, Sorge und Verzweiflung, hätte Marie Karoline eigentlich im Schoße der Familie und im häufigen Beisammensein mit ihrer entzückenden Lieblingsenkelin, der neunjährigen Marie Louise, glücklich sein müssen. Sie war es nicht. Sie lebte unter der ständigen Spannung düsterer Vorahnungen. Was sich in Paris zusammenbraute, nachdem Napoleon sich zum Alleinherrscher aufgeschwungen hatte, bedrückte sie mehr als alle anderen, die in der lästigen Kassandra aus Neapel nichts sahen als eine leicht paranoide Schwarzmalerin.

Das Verhältnis zu ihrem Schwiegersohn, Kaiser Franz II., und selbst zur Tochter Marie Therese war getrübt. Marie Karoline fand den jungen Mann »ängstlich, schwankend und schwach«, die junge Frau »oberflächlich und vergnügungssüchtig«, außerdem verübelte sie ihrer Tochter, daß Marie Therese nicht zu ihr, sondern zu ihrem Mann stand. Franz hingegen ärgerte sich, daß seine Schwiegermutter ständig versuchte, sich in die Politik einzumischen, und ihm mit ihrer Angst vor Napoleon in den Ohren lag, von dem sie sagte: »Bonaparte ist allmächtig ... Solange er lebt, wird es keine dauernde Ruhe geben, seine ehrgeizigen Pläne sind maßlos und werden ... alle, entweder mit Gewalt oder gutwillig, mitreißen.« Und immer wieder beteuerte sie: »*Ich* werde ihn bekämpfen ... Er wird einmal wie alle Usurpatoren enden.«

Zwei Trauerfälle verschlimmerten Marie Karolines pessimistische Grundstimmung. Im Juli 1801 fiel der gefräßige Erzbischof Maximilian nach einem üppigen Mahl im Schloß Hetzendorf plötzlich tot vom Stuhl. Aus Neapel kam die erschütternde Nachricht, daß Schwiegertochter Klementine, erst vierundzwanzig Jahre alt, an den Folgen einer schweren Geburt gestorben war.

Zwei Jahre lang hielt sich Marie Karoline mit ihren vier Kindern in Wien auf, dann packte sie die Koffer, ehe man ihr den Stuhl vor die Tür setzte. Marie Therese war deutlich genug geworden, wie aus einem Brief Marie Karolines an ihren Mann hervorging: »Meine Tochter zeigt mir offen, daß ich abreisen soll.« Und: »Der Kaiser will nicht, daß ich über Politik spreche. Er will meine Voraussicht nicht.« Zuversichtlich war die Königin nach Wien gekommen, bedrückt reiste sie wieder ab, denn sie hatte ihr ehrgeiziges Ziel nicht erreicht. Keine ihrer Töchter war unter die Haube gekommen; Franz hatte energisch abgewinkt, als seine Tante versuchte, die beiden jüngeren Brüder des Kaisers, Erzherzog Karl und Erzherzog Anton, »einzufangen«.

Lediglich für »Toto« zeichnete sich eine Heiratschance ab, allerdings nicht mit einem Wiener Vetter, sondern mit dem spanischen Kronprinzen Ferdinand. Eine zweite Verbindung wurde zwischen Neapel und Madrid ausgehandelt. Kronprinz Francesco, soeben Witwer geworden, sollte mit der spanischen Prinzessin Isabella verheiratet werden. Niemand stieß sich daran, daß sie, erst ein Kind von dreizehn Jahren, körperlich unförmig, geistig leicht unterentwickelt und noch dazu mit allergrößter Wahrscheinlichkeit nicht die Tochter von König Karl IV., sondern ein Kind vom Liebhaber der Königin war. Sie wurde dennoch später eine passable Ehefrau – dank Marie Karolines unermüdlicher Erziehungsarbeit –, während Toto von ihrer Schwiegermutter und deren Günstling Godoy buchstäblich zu Tode gequält wurde. Sie starb nach vier Ehejahren und zwei ohne jeglichen ärztlichen Beistand verlaufenen Fehlgeburten an galoppierender Schwindsucht vor ihrem zweiundzwanzigsten Geburtstag.

Am 17. August 1802 kehrte Marie Karoline nach Neapel zurück. Es war kein freudiges Wiedersehen. Die Königin wirkte über ihre fünfzig Jahre hinaus gealtert, das Haar grau und stumpf, das ungesund blasse Gesicht voller Falten. Auch Ferdinand hatte sich stark verändert. Er war fettleibig geworden, mürrisch und abweisend. Mann und Frau begegneten einander wie Fremde, sie sprachen nur das Notwendigste, zeitweise führten sie getrennte Haushalte.

Zwei Jahre später, am 18. Mai 1804, ließ sich Napoleon in Paris zum Kaiser krönen. Marie Karoline und Ferdinand handelten diesmal in voller Übereinstimmung, indem sie keinen Sonderbotschafter zu dem peinlichen Spektakel entsandten. Alle übrigen europäischen Herrscherhäuser – England ausgenommen – beeilten sich, dem neuen starken Mann Europas die Ehre zu erweisen; Marie Karoline schickte dem »Überkaiser«, wie sie ihn mit ihrem losen Mundwerk spöttisch nannte, einen Gratulationsbrief von eisiger Höflichkeit.

Die Antwort des brüskierten Emporkömmlings fiel dementsprechend aus. Während Napoleon an König Ferdinand ein paar nichtssagende Zeilen übermittelte, ließ er der Königin eine lange Epistel mit kaum verhüllten Drohungen zukommen, falls sie nicht bereit sei, Neapel zu demobilisieren. »Sie haben schon einmal Ihr Königreich verloren. Sie haben schon zwei Kriege provoziert ... Bei dem ersten [gemeint: nächsten] Krieg, an dem Sie die Schuld tragen, werden Sie und Ihre Nachkommen aufhören zu herrschen ...«

Fast auf den Tag genau ein Jahr nach der Kaiserkrönung in Paris setzte sich Napoleon in Mailand die altehrwürdige lombardische Eisenkrone mit der bedeutungsvollen Inschrift: »Rex totius Italiae« selbst aufs Haupt. Angesichts der dadurch entstandenen Bedrohung für das Königreich Neapel-Sizilien wurde diesmal in letzter Minute ein Sonderbotschafter nach Mailand geschickt, der eine Neutralitätserklärung abgeben sollte. »Mit der Pistole eines Mörders an der Kehle«, wie Marie Karoline es formulierte.

Napoleon wußte genau, was die Königin von ihm hielt. Er hatte ein Konvolut ihrer von Beleidigungen strotzenden Briefe abgefangen. Als er auf dem Empfang nach der Krönung ihres Gesandten ansichtig wurde, verzerrte sich sein Gesicht, bebend vor Wut brüllte er den Mann an: »Aha, Sie sind also der Agent der Königin von Neapel! Wann wird sie endlich aufhören, Ränke zu spinnen? Sagen Sie ihr, wenn eine Frau alt und häßlich wird, bleibt ihr nichts als die Frömmigkeit ... Ich habe alles in die Wege geleitet, sie unschädlich zu machen ... Sagen Sie ihr, daß sie dereinst von ihren Söhnen verflucht werden wird. Ich will ihrem Haus nicht einmal soviel Land lassen, wie für dessen Gräber notwendig ist ...«

Napoleon zögerte nicht, seine Drohungen wahr zu machen. Nachdem er halb Europa überrannt und in der Schlacht bei Austerlitz am

2. Dezember 1805 Österreich geschlagen und das Kaiserpaar zur Flucht gezwungen hatte, begann sich die französische Militärmaschinerie nach Süden zu wälzen, und Neapel war das Ziel, mit der unmißverständlichen Weisung Napoleons, »die Schurkin endlich zu züchtigen, ... das verbrecherische Weib vom Thron zu stoßen«.

Im Februar 1806 begaben sich Ferdinand und Marie Karoline zum zweiten Mal auf die Flucht nach Sizilien, doch kein rettender Nelson stand ihnen bei, um den Rückzug geordnet durchzuführen. Marie Karolines ergebenster und zuverlässigster Verbündeter im englischen Lager war vier Monate zuvor in der Seeschlacht bei Trafalgar gefallen. Diesmal erfolgte die Abreise überstürzt und in kopfloser Panik, man konnte nur das Notwendigste mitnehmen. Es fehlte vor allem an Bargeld. Der König und seine Familie kamen als Bettler nach Sizilien.

Einen Monat später hatte Neapel einen neuen Herrscher, Napoleons Bruder Joseph, der vier Jahre später nach Spanien versetzt wurde. An seine Stelle trat Napoleons alter Kampfgefährte und Schwager, Joachim Murat, dessen Frau kurioserweise ebenfalls den Vornamen Karoline trug: König Joachim und Königin Karoline von Neapel.

Kaum auf Sizilien angekommen, entwickelte Marie Karoline fieberhafte Geheimdiplomatie. Sie wandte sich in ungezählten, teils verschlüsselten, teils mit Zitronensaft geschriebenen Briefen (der Text wurde unter Kerzenlicht wieder sichtbar), befördert durch Agenten und bestochene Kuriere, an Gott und die Welt um Hilfe. In Wien fragte sie sogar an, ob sie kommen dürfe, um den Widerstand von dort aus zu organisieren. Sie erhielt eine kaltschnäuzige Absage.

Es war nicht Napoleon allein, gegen den sie ihren verzweifelten, einsamen Kampf führte. Sie mußte sich auch zunehmend gegen die Engländer zur Wehr setzen, welche die Rolle als Beschützer Siziliens ziemlich eigenwillig auslegten. Da sie es waren, von deren Großzügigkeit es abhing, ob die Königsfamilie überhaupt ihr ärmliches Leben fristen konnte, begannen sie, als Herren der Insel aufzutreten; nach der Lage der Dinge stand zu befürchten, daß das strategisch wichtige Eiland im Mittelmeer demnächst in eine englische Kolonie umgewandelt werden würde.

So kam es zu tiefgreifenden Differenzen zwischen der Königin und Lord William Bentinck, dem Titel nach Sonderbevollmächtigter der

englischen Krone, de facto Gouverneur von Sizilien. In ihrer temperamentvollen, manchmal unbedachten Art führte sie einen Zweifrontenkrieg, gegen Frankreich auf der einen, England auf der anderen
Seite. Der Preis, den sie zahlen mußte, war hoch. Ihre Gesundheit
war zerrüttet, die Fieberanfälle kehrten in immer kürzeren Intervallen
wieder, schmerzhafte Venenentzündungen und Gallenkoliken machten ihr das Leben zur Pein. Schwer litt sie auch unter dem Tod ihrer
Tochter Marie Therese, der 1807 eine Fehlgeburt das Leben kostete.
Damals begann Marie Karoline Opiumtropfen zu nehmen, von de-
nen sie bis an ihr Lebensende nicht mehr loskam.
Die Hochzeit ihrer Lieblingsenkelin Marie Louise löste eine weitere
Eskalation der gereizten Stimmung zwischen Marie Karoline und
Lord Bentinck aus.
Marie Louise war von ihrem Vater, der die deutsche Kaiserwürde ab-
gelegt und die österreichische als Kaiser Franz I. etabliert hatte, dem
Franzosen 1810 zur Frau gegeben, oder, besser gesagt, ausgeliefert
worden, in der unsinnigen Hoffnung, dafür Ruhe und Frieden erkau-
fen zu können.
Marie Karoline tobte: »Der Kaiser wagt es, seine Tochter als ehe-
schänderische Konkubine einem mit allen Verbrechen und Greueln
besudelten Mann zu geben . . .«, und »alles, was mir zu meinem Unglück noch gefehlt hat, war, des Teufels Großmutter zu werden.«
Ihrem Schwiegersohn schrieb sie, nach der unverhüllt beleidigenden
Anrede »Mein Herr«, unter anderem: »Zu dieser abscheulichen
Hochzeit kann ich Ihnen kein Kompliment machen . . . Mögen Sie
niemals Rechenschaft dafür ablegen müssen.«
Nachdem Kaiser Franz I. Napoleon so gefügig geworden war, befürchteten die Engländer, auch seine Tante und Schwiegermutter,
noch dazu Schwiegergroßmutter des Franzosenkaisers, Marie Karoline also, würde aus der Anti-Napoleon-Koalition austreten; vielmehr gaben sie vor, derartige Befürchtungen zu hegen, um eine neue
Handhabe gegen die Königin zu erhalten. Einige (nicht einmal sehr
gut) gefälschte Briefe der Königin, worin sie Verhandlungsbereitschaft mit den Franzosen signalisierte und die Lord Bentinck von
französischen Agenten zugespielt worden waren, boten willkommenen Anlaß, die Königin weiter zu entmachten.
Lord Bentinck legte König Ferdinand nahe, sich von den Regierungs-

geschäften zurückzuziehen und die Regentschaft an seinen noch schwächeren Sohn Francesco zu übergeben. Kaum hatte Francesco sein Amt angetreten, mußte er sämtliche Minister entlassen, die seiner Mutter noch wohlgesinnt waren. Und dann führte er, wieder auf Bentincks Weisung, die für Sizilien völlig ungeeignete englische Verfassung ein.

Damit war der Engländer entschieden einen Schritt zu weit gegangen. Aufstände breiteten sich wie Flächenbrände über die ganze Insel aus, Priester riefen von der Kanzel zum Aufruhr, und im Parlament zu Palermo explodierte eine Bombe. Bentinck ließ Truppen aus Portugal kommen und die Rebellion niederschlagen; er verbannte den König und die Königin aus der Stadt – in zwei weit voneinander entfernt liegende Schlösser. Sie fühle sich »unterdrückt und entthront«, schrieb Marie Karoline, und: »Möge mich doch eine wohltätige Krankheit hinwegraffen, bevor ich die Zerstörung von fünfundvierzig Jahren Mühe und Arbeit mit ansehen muß.«

Tatsächlich erkrankte die Königin schwer. Ferdinand flehte sie an, Sizilien zu verlassen. Die Engländer hatten bereits die königliche Apanage gestrichen, und Ferdinand fürchtete, die Besatzer würden die ganze Regierungsgewalt übernehmen, falls seine Frau bliebe. Nach langem Zögern erklärte sie sich bereit, war aber zu schwach, die Reise sofort anzutreten. Vor ihrem Haus versammelten sich Tausende Menschen und baten sie in Sprechchören, auszuharren. Bentinck ließ Truppen um den Ort zusammenziehen, und die Demonstranten verliefen sich.

Der englische Lord, der sich so offensichtlich vor einer alten, kranken Frau fürchtete, ersparte ihr auch nicht die Demütigung, sich durch einen englischen Militärarzt untersuchen lassen zu müssen, ob sie nicht etwa doch simuliere und hinter den verschlossenen Türen des Krankenzimmers neue Intrigen spinne.

Nachdem der tödlich verlegene Arzt ihre Reiseunfähigkeit attestiert hatte, blieben der Königin einige Wochen, sich zu erholen. Sie verließ am 14. Juni 1813 auf einer englischen Fregatte ihr Königreich. Der Weg zum Hafen war gesäumt mit Menschenmassen, die ihr zuwinkten und zugleich die Engländer verfluchten. Vierzehn Tage später wurde ein Volksaufstand blutig niedergeschlagen.

Marie Karolines Odyssee dauerte ein halbes Jahr, denn sie mußte wegen der unsicheren Verhältnisse auf dem ganzen Kontinent gewaltige Umwege in Kauf nehmen. Die Reise der »Gräfin Castellammare«, so ihr Pseudonym, ging über Konstantinopel nach Odessa. In beiden Städten wurden Marie Karoline und ihr kleiner Hofstaat jeweils vierzig Tage in Quarantäne gehalten, weil in der Ägäis, die sie durchkreuzt hatten, die Pest wütete. Die Langeweile der unfreiwilligen Muße wurde durch eine Nachricht unterbrochen, welche die Sizilianer in Entzücken und freudige Hochstimmung versetzte: Napoleon war am 19. Oktober 1813 in der Völkerschlacht bei Leipzig entscheidend geschlagen worden.

Marie Karoline, die jede kleine und große Niederlage Napoleons, sei es durch nationale Freiheitskämpfer, sei es im verheerenden Rußlandfeldzug, enthusiastisch begrüßt hatte, blieb dennoch immer skeptisch. Dem »Ungeheuer« traute sie die Kraft zu, aus einer Niederlage letzten Endes noch immer einen Sieg herauszuholen.

Das Ziel der Reise, die über Nikolajew, Lemberg und Ofen (Budapest) führte, war Wien, wo Marie Karoline alles unternehmen wollte, um Neapel wieder zu erringen; schließlich hatten diese Bemühungen, gestützt auf eilig nachgesandte Blankovollmachten ihres Mannes, auch ganz offiziellen Charakter.

Kaiser Franz I. und sein Außenminister, Fürst Wenzel Metternich, sahen dem Besuch der kampfeslustigen alten Dame mit gemischten Gefühlen entgegen. Marie Karoline drohte Metternich in peinliche Verlegenheit zu bringen, denn der ränkereiche Minister, der einstmals schon die Heirat Marie Louises mit Napoleon angebahnt hatte, bereitete eine neue Intrige vor, bei deren Ausführung ihm die Königin nur hinderlich sein konnte. Joachim Murat, Neapels König von Napoleons Gnaden, war bereit, auf seiten Österreichs gegen den eigenen Schwager und Gönner zu kämpfen, falls er seinen Thron behalten könnte. Nach Metternichs perfidem Plan sollte der rechtmäßige König Ferdinand, der einzige Souverän Europas, der, dank der Standhaftigkeit seiner Frau, niemals dem Korsen freiwillig nachgegeben hatte, die Hälfte seines Reiches für immer verlieren, das ihm eben derselbe geraubt hatte.

Franz schickte seiner Schwiegermutter und Tante eine Botschaft nach Lemberg und forderte sie auf, nicht nach Wien zu kommen, sondern sich in Ofen niederzulassen. Er hätte Marie Karoline besser kennen

225

müssen und sich die Blamage ersparen können, daß die kaiserliche Order glattweg ignoriert wurde.

Marie Karoline fuhr selbstverständlich nach Wien, wo sie endlich im Januar 1814 ankam. Zu ihrem Glück hielten sich weder der Kaiser noch Metternich in der Haupt- und Residenzstadt auf. Maria Ludovica, die neue Gemahlin des Kaisers, Tochter von Marie Karolines Bruder Ferdinand, entbot der Tante einen freundlichen, die Enkelkinder, welche die Großmutter seit zwölf Jahren nicht gesehen hatten, bereiteten ihr einen stürmischen Empfang und führten sie im Triumph in ihre Wohnung auf dem Ballhausplatz, die Maria Ludovica vorbereitet hatte.

Nicht minder enthusiastisch wurde Marie Karoline von den Wienern gefeiert, als sie zum ersten Mal mit Maria Ludovica und ihrem Enkel, dem nunmehr einundzwanzigjährigen Ferdinand, in der Kaiserloge des Burgtheaters erschien. Sie hielt sich zunächst bescheiden im Hintergrund, trat dann aber doch an die Brüstung, als das Publikum ihr stehende Ovationen bereitete. Gerührt nahm es wahr, wie sich die alte Dame um den unbeholfenen jungen Mann bemühte, indem sie ihn nach vorn schob und seinen armen Wasserkopf so hin und her drehte, daß es den Anschein erweckte, er grüßte die Anwesenden.

»Wie alt sie geworden ist, wie gebeugt und gekrümmt durch die Schläge des Kummers. Ihr Kopf, fast weiß, schien kaum das Gewicht der Krone zu tragen ...«, schrieb die Baronin de Montet, eine Bekannte Marie Karolines aus fernen Jugendtagen.

Gewiß, sie war alt, und ihre mannigfachen Leiden machten ihr mehr zu schaffen denn je zuvor. Aber sie hörte nicht auf, Kaiser Franz I. und Metternich zu bestürmen, den verabscheuten »Gastwirtssohn Murat« vom neapolitanischen Thron zu stürzen. Nach Napoleons Absetzung und Verbannung auf die Insel Elba im April 1814 wurde sie so lästig, daß Metternich ernsthaft erwog, sie nach Preßburg abzuschieben. Das konnte Marie Karoline zwar verhindern, doch allmählich ließen ihre Kräfte merkbar nach. Sie fühlte sich elend und bat »aufs Land«, nach Schloß Schönbrunn, übersiedeln zu dürfen. Doch wo der Kaiser den Sommer über zu residieren pflegte, wo zwangsläufig die Fäden der großen Politik zusammenliefen, wollte man sie unter keinen Umständen haben. Man bot ihr eine Wohnung im Schloß Hetzendorf an, das einstmals ihrer Großmutter als Witwensitz gedient hatte.

Dort gab es ein Wiedersehen mit Marie Louise, die noch immer den Titel einer Kaiserin der Franzosen führte, und eine erste Begegnung mit deren Sohn, Napoleon II., König von Rom, einem lebhaften Blondschopf von drei Jahren, den die Urgroßmutter ins Herz schloß. Stundenlang konnte sie mit »Monsieur«, wie sie ihn nannte, spielen, immer wieder dachte sie sich Überraschungen und Geschenke für ihn aus.

Aus dieser Zeit wird eine auf den ersten Blick befremdlich wirkende Begebenheit berichtet. Marie Karoline habe ihrer Enkelin, die sie übrigens »erschröcklich kindisch« fand, nahegelegt, aus Wien zu fliehen und zu ihrem Mann nach Elba zu gehen, denn: »Wenn man verheiratet ist, ist man es fürs ganze Leben.«

Das klingt paradox, nach allem, was man über Marie Karolines Einstellung gegenüber Napoleon weiß. Die Geschichte ist, sofern überhaupt wahr, nur dadurch erklärbar, daß viele Menschen mit fortschreitendem Alter in die Denk- und Verhaltensmuster der frühen Kindheit zurück verfallen. Die Frau gehört zum Mann, geschehe, was da wolle, sie hat zu ihm zu halten, ob sie ihn nun liebt oder nicht: Das war es, was Maria Theresia ihren Töchtern eingehämmert hatte, das war es, woran sich Marie Karoline selbst gehalten hatte, das war es nun, was sie der Enkelin vermittelte. Die junge Kaiserin indes hatte ganz andere Vorstellungen und auch schon eine andere Liebe. Sie blieb, wo sie war, und Napoleon sah seine Frau nie mehr wieder.

Obwohl Marie Karoline den ganzen Sommer über krank und elend war, fieberte sie einem bestimmten Datum entgegen, nämlich dem 1. Oktober 1814, da der Wiener Kongreß eröffnet werden und Europa nach Napoleons Sturz neu aufgeteilt werden sollte. Noch einmal wollte sie kämpfen, diesmal gegen Franz und Metternich und für die Interessen Neapel-Siziliens. Trotz ihres geschwächten Gesundheitszustandes verhandelte und korrespondierte sie unermüdlich und bereitete sich sorgfältig auf ihren großen Auftritt vor.

Am Abend des 7. September arbeitete sie bis gegen Mitternacht am Schreibtisch. Als sie sich zur Ruhe begab, sagte sie ihrer Kammerfrau, sie sei müde, sie wolle ausschlafen, man möge sie nicht wecken.

Die Kammerfrau legte sich in einem Nebenraum zu Bett. Um zwei Uhr früh des 8. September hörte sie einen dumpfen Aufschlag. Sie stürzte zu ihrer Herrin, aber sie kam zu spät. Marie Karoline lag tot auf dem Boden, die Hand nach der Klingelschnur ausgestreckt.

Die letzte Tochter Maria Theresias wurde in der Kapuzinergruft, unmittelbar neben ihren Eltern, beigesetzt. Kaiser Franz I. ordnete sechswöchige Hoftrauer für die »Königin von Sizilien« an. Nicht einmal auf der Parte gab man ihr das heißumkämpfte halbe Königreich zurück. Ferdinand, im fernen Sizilien, befahl sechs Monate Hoftrauer, die er selbst nicht einhielt. Schon nach zwölf Wochen heiratete er seine langjährige Mätresse.

Nachdem Napoleon von der Insel Elba geflohen, hundert Tage lang Europa neuerlich in Angst und Schrecken versetzt und seine Herrschaft in der Schlacht von Waterloo endgültig verspielt hatte, erhielt Ferdinand sein ganzes Reich zurück; ein rundum glücklicher Mann, der vergnügt erklärte: »Was für eine schöne Sache. Ich habe jetzt eine Gemahlin, die mir alles erlaubt, und einen Minister, der mir alle Arbeit abnimmt.«

Hundert Jahre später schrieb der in Prag lehrende Wiener Historiker August Fournier, ein hervorragender Napoleon-Kenner: »Unter den Fehlern, die Napoleon beging, war einer, der seiner Herrschaft vielleicht mehr Nachteile brachte als mancher andere. Er unterschätzte Wert und Geltung der Frauen.«

Sturz in die Hölle

Leopoldine 1797–1826

Der österreichische Kaiser Franz I. war mit seiner zweiten Gemahlin, Marie Therese von Neapel-Sizilien, so eng verwandt, wie man gerade noch sein konnte, um nicht in blutschänderischer Sünde zu leben. Die zwölf Kinder des Paares waren die eigentlichen Opfer der dynastischen Inzucht. Fünf von ihnen überlebten die ersten Jahre nicht. Ein Sohn, Ferdinand, später Kaiser Ferdinand I., wurde mit einem Wasserkopf geboren, war Epileptiker und zeit seines Lebens auf hilfreiche Bedienstete und Berater angewiesen, deren Hauptaufgabe darin bestand, die körperlichen und geistigen Mängel ihres Schützlings, so gut es eben ging, vor der Außenwelt zu kaschieren. Eine Tochter, Maria Anna, war vollkommen schwachsinnig und vegetierte, von einer Wärterin betreut, bis zu ihrem Tode in einem abgeschlossenen Zimmer dahin. Die übrigen Kinder, darunter Marie Louise, die Gemahlin Napoleons I., und Franz Karl, Vater des späteren Kaisers Franz Joseph I., waren, mit einer einzigen Ausnahme, von schlichtem Gemüt.

Die Ausnahme hieß Leopoldine, von der Familie Poldl gerufen; sie besaß alles, woran es den übrigen Geschwistern mangelte: hohe Intelligenz, Wissensdurst, geistige Beweglichkeit und überdurchschnittliche künstlerische Begabungen. Sie war eine bemerkenswerte Persönlichkeit und hat Marksteine in der Geschichte gesetzt, allerdings nicht in Österreich, wo sie außer bei einigen Fachgelehrten kaum mehr als dem Namen nach bekannt ist, sondern in Brasilien, das noch heute ihr Andenken wie das einer Heldin und Heiligen in einem nationalen Wallfahrtsort hochhält. In der blumigen Sprache brasilianischer Historiker war sie »die Mutter der Nation«, die »Patriarchin der Unabhängigkeit«, der »Schutzengel des Volkes«. Aber sie war auch, neben Marie Antoinette, die unglücklichste, gequälteste, am tiefsten gedemütigte Tochter des Hauses Habsburg in der langen Reihe von Opfern auf dem Altar der Politik. Ihr frühes Ende im Alter von neunundzwanzig Jahren ist noch immer nicht völlig geklärt. War es Mord? War es Totschlag? War es fahrlässige Körperverletzung mit letalem Ausgang durch den Mann, den sie bis zur Selbstaufgabe geliebt hat? Oder starb sie infolge eines psychischen und physischen Zusammenbruchs – weil sie einfach nicht mehr weiterleben konnte oder wollte? Ein weites Forschungsfeld für Pathologen, Kriminalisten und Psychoanalytiker anhand eines Frauenlebens, das denkbar unauffällig begann.

Leopoldine, sechste in Franz' I. vielköpfiger Nachkommenschaft, war ein scheues, mitunter ausgesprochen ängstliches Kind. Die Herzen flogen ihr nicht so leicht zu wie der vier Jahre älteren, munteren und hübschen Marie Louise, die zeitlebens Leopoldines vergöttertes Vorbild und zugleich ihre intimste Freundin blieb. Die Poldl neigte zur manchmal an die Grenzen der Exaltiertheit reichenden Schwärmerei. Der Grund dafür mag in einem Minderwertigkeitsgefühl zu suchen sein, hervorgerufen durch die unbestreitbare Tatsache, daß Leopoldine zwar gescheit und diszipliniert, sensibel und mitfühlend, bescheiden und taktvoll war, aber alles andere als eine aufregende Schönheit – die einzige Qualität, die bei einem Mädchen wirklich zählte.

Ihr kurzer, starker Hals ließ sie plump erscheinen, auch dann noch, als sie den Jungmädchenspeck verloren hatte und, obwohl sie klein war, wohlproportioniert wirkte. Das schönste an ihr war der zarte, helle Teint, das häßlichste der markante, wulstige Habsburgermund. Ihre fahlblauen, leicht vorstehenden Augen gaben ihr insgesamt einen verschreckten Ausdruck.

Diesem Aussehen und den vorerwähnten Charaktereigenschaften ist es zuzuschreiben, daß Leopoldine stets verwundert war, wenn man ihr Aufmerksamkeit, Zuneigung oder gar Liebe bezeugte. Sie dankte dafür mit rührender Anhänglichkeit, kindlich beflissen, alles zu tun, sich der Zuwendung würdig zu erweisen, und sie geriet immer tiefer in emotionale Abhängigkeit gegenüber den Menschen, die sie liebte. Die Rolle des Opfers von Vater und Ehemann war ihr auf den Leib geschrieben.

Vom Geburtsdatum her war Erzherzogin Leopoldine angeblich ein

230

Leopoldine, Erzherzogin von Österreich

Glückskind, denn der 22. Januar 1797 fiel auf einen Sonntag. Wenn auch bereits Gewitterwolken am politischen Horizont aufzogen – es war das Jahr, da Napoleon sich in Oberitalien festzusetzen begann –, verlief die frühe Kindheit der Poldl in der Geborgenheit einer glücklichen Familie, die wenig Wert auf Gala und Zeremoniell legte. Franz war seinen Kindern ein liebevoller Vater, er spielte und musizierte mit ihnen wie bürgerliche Väter, Mutter Marie Therese, eine Tochter Marie Karolines von Neapel, war ein heiteres Geschöpf, voll überraschender Einfälle für Feste, Tänze und Scharaden.

Beide Elternteile waren sich einig in der Befolgung eherner Erziehungsgrundsätze, wie sie der Vater von Franz, Kaiser Leopold II., aufgestellt hatte. Die Ajas und Ajos, die Erzieher der Kinder also, waren angewiesen, sie »aufrichtig und offen zu machen und ihnen Abscheu vor jeder Lüge, Doppelzüngigkeit, Hinterlist, Klatscherei usw. einzuflößen«. Und: »Man muß ihnen die einzige Leidenschaft, die sie haben müssen, beibringen, nämlich die der Humanität, des Mitleids und des Verlangens, ihr Volk glücklich zu machen. Man muß ihre Gefühle zugunsten der Armen wecken ... Heutzutage, wenn unsereins ein Land erbt, dann ist das nicht mehr ein wohlerworbenes Eigentum, ... sondern ein Amt, eine schwere Last. Man muß sich den Kopf zerbrechen, wie man den Untertanen möglichst zu Gefallen regiert.«

Leopoldine war noch nicht neun Jahre alt, als die friedliche Idylle zerbrach. Napoleon stürmte gegen Wien, der Hof floh aus der Stadt. Die kleine Poldl verschlug es mit der Mutter über Olmütz bis nach Schlesien, während die übrigen Mitglieder der Familie nach Ungarn auswichen. Das Glück des Kindes, die Mutter eine Zeitlang für sich zu haben, war von kurzer Dauer, und die Katastrophe folgte auf dem Fuß. Nach Wien zurückgekehrt, begann Marie Therese zu kränkeln und starb im April 1807, wenige Wochen nach Poldls zehntem Geburtstag.

Aber noch einmal meinte es das Schicksal gut mit der Halbwaise. Ihr Vater heiratete bereits ein Jahr später Maria Ludovica von Este, eine Freundin seiner ältesten Tochter Marie Louise, und zugleich, wie die Verstorbene, eine Kusine ersten Grades.

Maria Ludovica blieben eigene Kinder versagt, und so schenkte sie all ihre mütterlichen Gefühle den Knaben und Mädchen, die ihr

Mann in die Ehe gebracht hatte. Sie wurde für Leopoldine und ihre Geschwister die »liebe Mutter«, zum Unterschied von der »verstorbenen lieben Mutter«.

Unter dem Einfluß der hochgebildeten »lieben Mutter« entfalteten sich Poldls geistige Anlagen und wissenschaftliche Interessen aufs prächtigste; sie beschäftigte sich in einem Alter, da andere kleine Mädchen noch mit Puppen spielten, vorwiegend mit Physik, Astronomie und Mineralogie. Im mineralogischen Kabinett hätte sie, eigenen Worten zufolge, am liebsten den ganzen Tag verbracht, ohne etwas zu speisen. Ebenso eifrig befaßte sie sich mit Zoologie und Botanik und pflegte ihre hervorragenden musischen Begabungen. Ihr Zeichentalent war ungewöhnlich, ihr Klavierspiel konzertreif.

Die für ein Mädchen der damaligen Zeit befremdlichen geistigen Vorlieben drängten sie zwangsläufig in eine Außenseiterrolle. Die Frage, ob sie glücklich war, läßt sich schwer beantworten, weil es keine direkten Hinweise auf ihr Gefühlsleben gibt. An indirekten indes mangelt es nicht: Die Poldl aß, wie viele verletzliche Menschen, übermäßig und war daher ausgesprochen dick; als einzige der Geschwister zeigte sie eine inbrünstige Hinneigung zur Religion, die sie in praktizierende Nächstenliebe umsetzte. Ihr Mitleid mit den Armen war notorisch. Wenn sie ein Anliegen an den Vater hatte, dann bestimmt nicht für sich selbst, sondern für Menschen, die in Not geraten waren.

Ihr Hang zum Mystizismus verstärkte sich, nachdem 1809 der Kaiser samt Frau und Kindern zum zweiten Mal vor Napoleon aus Wien fliehen mußte; als Poldls geliebte Schwester Marie Louise dem »Monstrum Napoleon«, dessen Abbild die Kaiserkinder noch vor kurzem im Park von Schönbrunn zerrissen und verbrannt hatten, geopfert worden und als Kaiserin der Franzosen im März 1810 nach Paris abgereist war, trat Poldl einem weltlichen adeligen Damenorden bei. Der »Sternkreuzorden« widmete sich »dem Seelenheil seiner Mitglieder«.

Marie Louise und Leopoldine pflegten einen lebhaften Briefwechsel; die Kaiserin plapperte von Mode und Pariser Klatsch, die Erzherzogin berichtete über das Anwachsen ihrer mineralogischen und botanischen Sammlungen oder die interessante Bekanntschaft mit Herrn von Goethe in Karlsbad, für dessen Werke sie sich seit damals begeisterte.

Einmal noch konnte Leopoldine ihre große Schwester im Glanz der kaiserlichen Glorie bewundern, als die beiden einander in Prag trafen, nachdem Kaiser Franz I. und Napoleon I. in Dresden konferiert hatten.

Zwei Jahre später war Napoleon ein geschlagener Mann, seine Frau kehrte samt Sohn nach Wien zurück, und für Poldls christliche Nächstenliebe ergaben sich ungeahnte Entfaltungsmöglichkeiten. Die Wiener Hofkamarilla ließ ihre Wut über Napoleon an Marie Louise und dem Kind in Form von Sticheleien und Bosheiten aus, aber Leopoldine stand eisern zur Schwester und zum Neffen, dem sie eine zärtliche Tante und liebevolle Gespielin wurde. Die offiziellen Verpflichtungen des Wiener Kongresses verabscheute sie aus tiefster Seele, aber es erfüllte sie mit Befriedigung, wenn sie die Schwester, die selbstverständlich an den Festivitäten nicht teilnehmen durfte, gegen die bösartigen Sticheleien ausländischer Diplomaten in Schutz nehmen konnte.

Nachdem der Kongreß ausgestanden, Napoleon verbannt, Europa neu ein- und aufgeteilt worden war, floß das Leben in ruhiger Gelassenheit dahin. Leopoldine widmete sich ihren Studien, experimentierte in einem selbst angelegten und gepflegten Garten von Schloß Laxenburg bei Wien, beschäftigte sich mit Viehzucht in einem dem Schloß angegliederten Gut, musizierte, malte, ging ins Theater und genoß das Zusammensein mit Marie Louise und deren kleinem Sohn. Sie war glücklich. Sie war schlank geworden und fast hübsch zu nennen.

Das Schicksalsjahr 1816 begann unter denkbar ungünstigen Vorzeichen. Es starb die »liebe Mutter« nach langem Leiden, Marie Louise wurde nach Parma geschickt, um im dortigen Herzogtum die Regentschaft anzutreten, und Leopoldines jüngere Schwester Marie Klementine wurde mit ihrem Onkel Leopold von Salerno, einem ungeschlachten 150-Kilo-Mann, verheiratet. »Ich fühle mich völlig vereinsamt«, schrieb Leopoldine an eine Tante, und sie zog sich weiter in ihre religiösen Exerzitien zurück, mit neunzehn Jahren schon fast bereit, zu resignieren und der Welt zu entsagen.

Aber im Sommer dieses Jahres 1816 schwirrten Heiratsgerüchte durchs Schloß: Der »liebe Papa«, Kaiser Franz I., deutete an, daß er sich neuerlich zu vermählen gedenke, und eines Tages ließ er bei

Tisch eine rätselhafte Bemerkung fallen, wonach Poldl vielleicht schon bald nicht mehr im Familienkreis weilen werde. Aufgeregt schrieb Leopoldine an die Schwester nach Parma, ob diese etwas Näheres wüßte, aber Marie Louise antwortete: »Von einem Etablissement weiß ich gar nichts . . . ich zittere, weil es in den Händen von M. ist.«

Mit »M« war niemand anderer gemeint als Staatskanzler Metternich, allmächtiger Herr über das Schicksal der heiratsfähigen Habsburgerkinder. Nachdem er Marie Louise an Napoleon nach Frankreich verschachert hatte und Marie Klementine nach Italien, zog er die Fäden, um zum ersten Mal in der Geschichte eine europäische Prinzessin in eine andere, in die sogenannte Neue Welt, nach Amerika, zu verschicken.

Seine Wahl fiel auf die ahnungslose Leopoldine, der auch nicht bekannt war, daß »M« sie ursprünglich dem sächsischen Thronerben versprochen hatte. Warum er dann anders disponierte und statt Leopoldine deren vier Jahre jüngere Schwester Karoline nach Dresden verheiratete, liegt klar auf der Hand. Für die diffizile amerikanische Aufgabe war ein scharfer Verstand, gepaart mit Anpassungsfähigkeit vonnöten – und über beides verfügte eben nur Leopoldine.

Der Auserwählte hieß Dom Pedro aus dem Hause Braganza, zukünftiger Erbe Portugals. Die Heiratsverhandlungen liefen jedoch nicht über Lissabon, sondern über Rio de Janeiro, wohin die portugiesische Königsfamilie 1807 vor Napoleon geflüchtet war. Die Kolonie Brasilien, ein Land, fast so groß wie Europa, aber mit 3,5 Millionen Einwohnern, darunter nur 900 000 Weiße, dünn besiedelt, war in einzelne, voneinander gänzlich unabhängige Provinzen aufgesplittert, die nur dem Mutterland untertan, verantwortlich und vor allem tributpflichtig waren. Dom Pedros Vater, König João VI., erhob Brasilien zu einem mit Portugal assoziierten, gleichberechtigten Reich, richtete in Rio eine Zentralregierung ein und ließ die einzelnen Provinzen durch Straßen miteinander verbinden; er hoffte, von dieser Basis aus eine Großmacht zu schaffen, denn das kleine Portugal selbst zählte so gut wie gar nicht im Konzert der Völker. Noch dazu war das Land nach dem Sturz Napoleons von den Engländern praktisch okkupiert worden. England warf sein begehrliches Auge auch auf den zukunftsträchtigen südamerikanischen Kontinent, wo es nach Kräften die Unabhängigkeitsbewegungen der spanischen Kolonien schürte und unterstützte, mit der kaum verhohlenen Absicht, dort selbst die Oberherrschaft zu gewinnen – und wenn schon nicht das, so doch wesentlichen wirtschaftlichen Einfluß.

König João sah sich darum nach potenten europäischen Bündnispartnern um. So war es naheliegend, seinem heiratsfähigen Sohn Pedro eine Frau aus einem führenden Herrscherhaus zu suchen. Dom João schickte seine Diplomaten nach Wien, und Metternich ließ mit sich reden. Die amerikanische Hochzeit eröffnete zweierlei verlockende Perspektiven: nämlich Profit aus der Zusammenarbeit mit einem jungen Land der unbegrenzten Möglichkeiten – soeben hatte man in Brasilien ungeheure Gold- und Edelsteinvorkommen entdeckt – und Stützung des konservativen monarchischen Gedankens auf einem Kontinent, der zunehmend unter Einfluß der verabscheuten demokratischen und republikanischen Ideenwelt geriet.

Wie die beiden Hauptbeteiligten, Dom Pedro und Erzherzogin Leopoldine, zu dem Projekt standen, interessierte niemanden. Weder wußte Dom Pedro, daß ihm eine zwar kluge, aber mit religiösen Komplexen und fremdartigen Lebensregeln beladene, ziemlich unattraktive Frau ins Haus stand, noch ahnte Leopoldine, was auf sie zukam. Selbst wenn man ihr Genaueres über Dom Pedro berichtet hätte, sie wäre nicht imstande gewesen, es zu erfassen, weil in ihrer Vorstellungswelt die Begriffe dafür fehlten.

Dom Pedro wuchs mit einem Bruder und einer Schwester in Boa Vista, einem Landgut nahe Rio, bei seinem Vater auf. Die Eltern lebten getrennt, weil Pedros Mutter, Dona Carlota, eine zänkische, machtgierige Zwergin, dazu nymphoman war, so daß ihr Mann sich von ihr abgewandt hatte und nur der Form halber bei offiziellen Anlässen mit ihr zusammen in der Öffentlichkeit auftrat. Vollauf damit beschäftigt, die Kolonie umzugestalten, kümmerte sich der König nicht um die Erziehung dès Kronprinzen. Der untergrub die Autorität seiner Lehrer, dank eines gleichermaßen charmanten wie herrischen Charakters, und konnte von klein auf tun und lassen, was er wollte. Das heißt, er führte das gleiche ungezügelte Leben wie die Söhne reicher portugiesischer Kolonisten, bei denen es als Schande galt, Jungen in die Schule zu schicken, und als männliche Tugend, zu reiten, zu fluchen und möglichst viele Mädchen zu entjungfern – ob mit

Dom Pedro I., Kaiser von Brasilien

oder ohne Gewalt. Bei Dom Pedro kam noch der Status eines »höheren Wesens« hinzu. Jedermann hatte sich ihm mit Handkuß und Kniefall zu nähern, seine Wünsche waren unumstößliches Gebot. Dom Pedro konnte liebenswürdig sein, um im nächsten Augenblick vor Zorn zu toben und mit der Reitpeitsche zuzuschlagen. (Dieser häufige Stimmungswechsel mag auch mit seinem epileptischen Leiden zusammengehangen sein; allerdings litt er nur an einer milden Form der Krankheit.) Er war intelligent – jedoch, wie erwähnt, lernfaul – und sehr musikalisch; er spielte vier Instrumente, komponierte ganz hübsch und leitete gern das Hoforchester. Überdies war Dom Pedro ein Erotomane. Ab seinem zwölften Lebensjahr wanderten ungezählte schöne schwarze Sklavinnen oder leicht käufliche weiße Mädchen durch sein Bett. Als er mit Leopoldine verlobt wurde, hatte er gerade eine rasante Affäre mit der französischen Tänzerin Noémi Thierry; es hieß, er sei heimlich mit ihr verheiratet, weil sie sich ihm ohne Trauschein verweigert hätte.

Rein äußerlich war der nun achtzehnjährige Dom Pedro eine gute Erscheinung. Sein kühnes Bärtchen, seine feurigen Augen mußten auf die bereits ein wenig altjüngferliche neunzehnjährige Leopoldine gebührend Eindruck machen.

In der Tat war Leopoldine außerordentlich angetan, als sie zum ersten Mal ein Medaillon mit dem Bild ihres Zukünftigen sah, und das aus zwei Gründen. Es gefiel ihr der Mann: »Das Porträt des Prinzen macht mich noch halb narrisch, er ist so schön wie Adonis ... Ich bin schon jetzt verliebt«, schrieb sie an Marie Louise. Nicht minder entzückt war sie vom Rahmen des Bildes, der aus riesigen Brillanten bestand, »alle so groß wie der Solitär im Papa seinem Hutknopf aus der Toskana«, erfuhr die Schwester in Parma.

Ganz Wien kam aus dem Staunen nicht heraus über die Pracht, mit der König Joãos Botschafter, der Marquis von Marialva, ausgestattet mit einem sagenhaften Budget von 10 000 Pfund, auftrat, wie er mit Orden und Geschenken nur so um sich warf – auch Metternich war unter den dankbaren Empfängern –, wie er mit Rossen und Kutschen und einer Armee von Dienern in goldstrotzenden Uniformen in Wien seinen offiziellen Einzug hielt und den Eindruck eines Prinzen aus dem Märchenland vermittelte.

Leicht und elegant hatte der Marquis die Zweifel des Kaisers zerstreut, dem doch ein wenig bange wurde, als ihm aufdämmerte, daß er sein Kind nun neunzig Tagesreisen weit in ein völlig fremdes Land schicken sollte. Keine Sorge, beteuerte der Botschafter, König João habe die feste Absicht, spätestens in zwei Jahren mitsamt der ganzen Familie nach Portugal heimzukehren. Was die Bedenken des Kaisers am Charakter des zukünftigen Schwiegersohnes betraf, über den doch einiges durchgesickert war – auch da wußte der Marquis eine plausible Erklärung. Dom Pedro sei ein besonders liebenswerter, edler junger Herr, er werde nur von den europäischen Höfen in Mißkredit gebracht, die vergebliche Heiratsverhandlungen mit Rio geführt hätten.

Leopoldine selbst nahm ihre Bestimmung zuversichtlich hin: »Da der Wille meines Vaters die Richtschnur für mein Verhalten ist, bin ich davon überzeugt, daß der Himmel mich schützen wird und mich mein Glück in dieser Verbindung finden lassen wird.« Überdies begann sie der Reiz des Abenteuers zu faszinieren, die Neugier auf ein Land, das es wissenschaftlich zu erkunden und zu analysieren galt: »Ich habe stets eine eigenartige Neigung für Amerika gehabt, und schon als Kind sagte ich oft, ich wollte dorthin gehen.«

Sie stürzte sich mit Eifer und Begeisterung in das Studium aller erreichbaren Bücher und Karten über Brasilien und Portugal, sie lernte binnen weniger Wochen Portugiesisch, und sie ließ auch den sexuellen Aufklärungsunterricht, den ihr die neue Frau ihres Vaters, Carolina Augusta, höchstpersönlich angedeihen ließ, mit Gleichmut über sich ergehen: »...da mir die liebe Mama alle Pflichten und Unannehmlichkeiten des Standes, welchen ich bald antreten werde, vorstellte, schwitzte ich ganz fürchterlich darüber, blieb aber standhaft und mit Vergnügen dabei, denn ohne Freuden und Leiden ist nichts auf der Welt.« Ausdrücklich, und im Hinblick auf die späteren Ereignisse, sei an dieser Stelle vermerkt, daß Leopoldine die Pflichten des Ehestandes durchaus nicht als unangenehm, sondern, im Gegenteil, als sehr vergnüglich empfand, was sich aus ihren Briefen an die Schwester eindeutig belegen läßt.

Am 13. Mai 1817 wurde Leopoldine in der Wiener Augustinerkirche vermählt, wobei ihr Onkel, Erzherzog Karl, die Stelle des Bräutigams einnahm. Der Empfang des diplomatischen Korps und das Bankett, das der Kaiser zu Ehren seiner Tochter gab, waren ein matter Ab-

239

glanz des Festes, das der Marquis von Marialva im Wiener Augarten für 2 000 Gäste veranstaltete. Riesige Zelte waren aufgestellt worden, der Park märchenhaft illuminiert, unter den alten Bäumen spielten abwechselnd Militär- und Tanzorchester, die Tafeln waren mit goldenem Geschirr gedeckt, und Leopoldine strahlte über das ganze Gesicht, als sie am Arme des Marquis den Ball mit einer flotten Polka eröffnete.

»Ich habe keinen anderen Wunsch, als den Prinzen glücklich zu machen, daß er es mich macht, hoffe ich . . .«, schrieb sie der Schwester. Doch Marie Louise kannte die Welt schon besser: »Ich bitte Dich um unserer schwesterlichen Liebe, stell Dir die Zukunft nicht so schön vor . . .«

Leopoldine ließ sich nicht beirren. Ungeduldig fieberte sie der Abreise entgegen, gründlich bereitete sie sich auf ihr neues Leben vor. In einem kleinen, in rotes Leinen gebundenen Büchlein faßte sie unter dem Titel »Meine Entschlüsse – Wien 1817« nochmals alle Maximen zusammen, die man sie von Jugend auf gelehrt und die sie zu den ihren gemacht hatte.

»Ich werde in meinem Herzen die guten Lehren bewahren, die ich von meinen Eltern empfangen habe«, leitet sie die allgemeinen Grundsätze ein, in denen sie sich ausführlich mit religiösen Absichten (»Von meinem Erwachen soll mein erster Gedanke die Gegenwart Gottes sein . . .«) befaßt. Die Vorsätze gehen bis ins letzte Detail: »Fern von mir bleibe das aufsehenerregende Kleid . . . Keine unnützen Ausgaben, sondern Almosen, von denen ich soviel wie möglich geben werde . . . Fern von mir schädlicher Luxus, Zweideutigkeiten . . . Die Lüge werde ich stets als Pest der Gesellschaft ansehen . . . Fern von mir jede hochmütige Miene. Ich werde bescheiden, ernsthaft und mild, liebenswürdig und höflich gegenüber Großen und Kleinen sein . . . Ich will keine Freundinnen haben, die nicht tugendhaft sind . . .« Und so weiter und so fort in demselben ernsthaften Ton von Herzen kommender, ehrlicher Absichten. Lebensregeln, zugeschnitten auf den würdigen und bescheidenen Wiener Hof und nicht auf einen von Intrigen, Leidenschaften und Besessenheiten kochenden tropischen Hexenkessel . . .

Die Abreise verzögerte sich, weil Leopoldine vor lauter Aufregung von schweren Magen- und Darmstörungen geplagt wurde. Am

2. Juni 1817 war es endlich soweit, und der Brautzug setzte sich von Wien aus nach Italien in Bewegung. Mit Leopoldine reiste ein Stab von acht Damen, zehn Herren, einem Geistlichen, zahlreichen Bediensteten, darunter Poldls alte Kammerfrau, Franziska Anonny, ein Bibliothekar, ein Landschaftsmaler sowie der Arzt und Ornithologe Dr. Johannes Kammerlacher. Eine Gruppe von Gelehrten war bereits vorausgefahren, um in Brasilien die umfangreichste wissenschaftliche Expedition durchzuführen, die dieses fast unbekannte Land bis dahin jemals besucht hatte.

Die Fahrt ging über Steiermark, Kärnten, Venetien, die Lombardei in die Toskana – also fast durchwegs über österreichisches Gebiet. In Padua gab es ein gleichermaßen freudiges wie tränenreiches Wiedersehen mit Marie Louise. Die Schwestern hatten einander in wenigen Stunden viel zu erzählen. In einem Punkt allerdings schwieg Marie Louise beharrlich. Sie verheimlichte der sonst so vertrauten Schwester, daß sie mittlerweile mit ihrem Oberstallmeister, dem Grafen Adam Neipperg, in wilder Ehe lebte und diesem erst kürzlich ein Kind geboren hatte. Nie sollte die fromme, tugendhafte und sittenstrenge Leopoldine vom »anstößigen« Lebenswandel ihrer Schwester erfahren. Man versprach, einander so oft wie möglich zu schreiben, und die beiden jungen Frauen malten sich in leuchtenden Farben das Glück einer Wiederbegegnung in spätestens zwei bis drei Jahren aus.

In Florenz erwartete die Braut eine schlechte Nachricht. Die portugiesische Flotte, die sie nach Rio bringen sollte, war noch nicht in Livorno eingetroffen, sie war durch eine bedrohliche Revolte in einer brasilianischen Küstenprovinz festgehalten worden. Metternich, mittlerweile zur Eskorte der Prinzessin gestoßen, machte sich Sorgen. So skrupellos er gewesen sein mag, so wenig war er gewillt, sie einem ähnlichen Schicksal wie Marie Antoinette auszuliefern. Er teilte Leopoldine seine Bedenken mit, doch sie entschied: »Es mag geschehen, was will, ich gehe nach Brasilien. Im Unglück hat mich mein Gemahl noch nötiger.« Sie hatte sich in eine überschwengliche Leidenschaft für Dom Pedro hineingesteigert und bebte vor Ungeduld, ihn endlich zu sehen. »Ich tue nichts als an ihn denken und von ihm träumen«, schrieb sie der Schwester.

Leopoldine und ihre Begleitung verkürzten sich das Warten mit Ausflügen und Besichtigungen. Sie selbst befaßte sich, eher halbherzig, zudem mit botanischen und mineralogischen Studien, und sie litt mehr als alle anderen unter der ungewohnten Hitze. Jedermann fragte sich besorgt, ob sie überhaupt imstande sein werde, das tropische Klima von Rio zu ertragen.

Am 25. Juli traf die sogenannte Flotte in Livorno ein; es waren zwei eher schäbige Segler, und es brauchte noch einige Wochen, bis diese ausreichend überholt und instand gesetzt waren.

Die Übergabe der Braut durch Metternich an die portugiesische Delegation fand am 12. August im Saal eines Palazzo zu Livorno statt. Obwohl es ein schwüler Tag war, hatte man Leopoldine in ein schweres, steifes Seidenkleid gesteckt und über und über mit brasilianischen Diamanten behängt; sie saß, erbärmlich schwitzend und dennoch totenbleich, auf einem Thronsessel, die Augen noch weiter aufgerissen als sonst. Eineinhalb Stunden dauerte die Zeremonie, die damit endete, daß die portugiesischen Damen und Herren vor der Frau ihres Thronfolgers in die Knie sanken und ihr die Hand küßten. Dann wankte die Prinzessin, mehr tot als lebendig, aus dem Saal; sie wurde von stundenlangen Magenkrämpfen, Darmkoliken und Durchfällen gepeinigt.

Auf dem Admiralsschiff »Dom João VI.« hatte man für die junge Frau eine Suite nach dem teuersten, aber nicht allerbesten französischen Geschmack eingerichtet, mit Goldtapeten und kostbaren Teppichen, mit neckischen Cupido-Bildern und mit einem Ebenholz-Himmelbett, das an vier seidenen rot-weiß-roten Schnüren von der Decke herabhing. Im krassen Gegensatz dazu standen das dreckige Schiff, die verwahrloste Mannschaft und der bestialische Gestank von Kühen, Schweinen, Hammeln und Hunderten Stück Federvieh, die man als Proviant mitführte. Leopoldine bekam solcherart einen Vorgeschmack davon, wie wenig der vom Gesandten Marquis Marialva vorgegaukelte Traum eines brasilianischen Paradieses mit der brasilianischen Wirklichkeit übereinstimmte.

Die Abfahrt erfolgte am 15. August um sieben Uhr früh, erst am 11. September wurde die Zwischenstation Madeira erreicht, da die Schiffe in schwere Stürme geraten waren. Auch bei der Überquerung des Atlantik kam das Brautschiff um ein Haar in Seenot, und nach den orkanartigen Stürmen dehnten sich endlose Tage lähmender Langeweile auf spiegelglatter See.

Leopoldine klagte nicht, sie jammerte nicht, sie wurde nicht see-
krank; sie ertrug die endlosen Stunden des Nichtstuns in gelassener
Heiterkeit und erwartungsvoller Vorfreude. Sie war glücklich.
Am 5. November 1817 endlich näherte sich die »Dom João VI.« der
brasilianischen Küste, um 7 Uhr abends ging sie in Rio vor Anker.
Leopoldine war überwältigt vom Anblick der weißen Stadt in der tropischen Landschaft unter einem perlmutterfarbenen Himmel. »Die
Einfahrt in den Hafen ist einzig, und ich glaube, den ersten Eindruck,
welchen das paradiesische Brasilien auf jeden Fremden machen muß,
ist keiner Feder noch Pinsel zu zeichnen möglich . . .«, schrieb sie
ihrem Vater, mußte allerdings später zugeben, daß sich der erste Eindruck als höchst trügerisch erwiesen hatte.
Als das Schiff am Pier festmachte, läuteten alle Glocken der Stadt,
Musikkapellen spielten in voller Lautstärke gegeneinander an, Salven
knallten aus den Forts, Kanonen donnerten, Böller krachten, Rake-
ten stiegen zischend in die Luft, um dröhnend zu explodieren, Menschenmassen am Rande des Hafenbeckens und in illuminierten Booten brüllten sich heiser. Das Getöse verstärkte sich noch, als König
João samt Frau und Kindern an Bord kam, um die Braut zu begrüßen. Leopoldine sank vor ihrem Schwiegervater in die Knie, wurde
aber sogleich liebevoll aufgehoben und bekam ihr Brautgeschenk in
die Hand gedrückt, ein Kästchen aus purem Gold, randvoll gefüllt
mit riesigen, feinst geschliffenen Diamanten.
Dom Pedro schloß seine Frau in die Arme, und es war ihm anzumerken, daß er Gefallen an ihr fand. Gefallen am völlig neuen Reiz einer
hellhäutigen, hellblonden, helläugigen Frau, die in strahlendem Kontrast stand zu den schwarzhaarigen, dunkeläugigen Portugiesinnen
seiner Umgebung, ganz zu schweigen von den Negersklavinnen, Part-
nerinnen seiner ausschweifenden Junggesellennächte. Leopoldine
schenkte ihrem Mann ein paar scheue Seitenblicke, aber was sie sah,
schien durchaus ihren Wünschen und Vorstellungen zu entsprechen.
Der gleiche Höllenlärm am folgenden Tag, als Leopoldine an Land
ging und im Triumphzug durch die Stadt geführt wurde. 93 Kutschen
mit festlich herausgeputzten Pferden waren aufgeboten, die Königs-
kutsche mit rotem Samt ausgeschlagen und von der Schloßwache mit
blitzenden Hellebarden begleitet. Man hatte die Straßen mit schneeweißem Sand und duftenden Blüten bedeckt, die Häuser mit Fahnen

und seidenen Drapierungen geschmückt. Blumen regneten von drei Triumphbogen auf das junge Paar, ein dichtes Menschenspalier jubelte ihm zu.

Der Zug zum Schloß dauerte zwei volle Stunden. In der Kapelle wurde das Paar gesegnet, ehe es sich vom Balkon aus einer vieltausendköpfigen, schreienden, kreischenden, pfeifenden und winkenden Menge zeigte. Eine Parade beschloß die Feierlichkeiten; erst am späten Nachmittag konnten sich die Hoheiten samt ihren Gästen an einem üppigen Mahle laben.

Es dämmerte bereits, als die ganze Gesellschaft zum Landhaus Boa Vista fuhr, wo das junge Paar residieren sollte. König João, ein Herr von Takt und Feingefühl, führte seine Schwiegertochter persönlich in ihre Gemächer. Als sie ins erste Zimmer trat, blickte er sie erwartungsvoll an – Leopoldine blieb wie angewurzelt stehen, denn sie fand sich direkt einer Büste ihres Vaters gegenüber, an den Wänden hingen Bilder ihrer gesamten Familie, die der König schon lange zuvor in Wien bestellt und nach Rio hatte kommen lassen. Tränen in den Augen, ergriff Leopoldine die Rechte des alten Herrn und bedeckte sie mit Küssen.

Um elf Uhr brachte man endlich die erschöpfte Braut in ihr Schlafzimmer. Im Beisein des Hofes wurde sie entkleidet, zu Bett gebracht und zugedeckt. Dann erschien der Bräutigam, die Zeugen zogen sich unter Knicksen und Verbeugungen zurück.

Neun Tage dauerte der Reigen weiterer Feste, die am 15. November ihren Höhepunkt fanden. Es war das Namensfest Leopoldines, das König João zum Staatsfeiertag erklärte.

Danach begann der Alltag in Boa Vista.

Dort, wo sich heute die ersten Wolkenkratzer von Rio de Janeiro (eigentlich São Sebastiano do Rio de Janeiro) türmen, lag vor nicht mehr als hundertfünfzig Jahren der Flecken São Cristovao und mitten in einem riesigen Park, auf einem kleinen Hügel, die Quinta Boa Vista (Landgut Schöne Aussicht), von der man tatsächlich einen atemberaubenden Blick auf die Bucht von Rio und das umliegende Bergland mit seiner üppigen tropischen Vegetation, auf Orangenbäume und Bananenstauden, Kaffeepflanzen und Mimosen genoß.

Boa Vista, ein einstöckiges Schlößchen, war ursprünglich im maurischen Stil erbaut, dem man später, höchst unmotiviert, zwei gotisch inspirierte Seitenflügel angesetzt hatte; es leuchtete im vertrauten Schönbrunnergelb, die Fenster und Türen waren weiß gestrichen. Aber der Putz bröckelte schon hie und da ab, der Schloßplatz war ungepflastert, wenn es regnete, versank man im knöcheltiefen Morast. Rund um das Haupthaus waren die Unterkünfte der Bediensteten gruppiert und riesige, übelriechende Misthaufen sowie landwirtschaftliche Gebäude und Stallungen, von denen sich die meisten in einem erbärmlichen Bauzustand befanden. Einige waren zusammengestürzt. Niemand fand es der Mühe wert, die Trümmer zu beseitigen. Dabei gab es Arbeitskräfte in Hülle und Fülle, vorwiegend Negersklaven, die Tag und Nacht schreiend und wild gestikulierend umherliefen, ohne daß es Leopoldine ersichtlich war, welcher Tätigkeit sie eigentlich nachgingen.

Das Innere des Schlosses war trist. Kleine, kaum möblierte Räume, schmutzige, fensterlose Flure, enge, steile Treppen.

König João hatte für seine Schwiegertochter eine Suite von sechs winzigen Zimmern üppig, aber ohne Geschmack einrichten lassen. Wenig von dem, was Leopoldine in vierzig mannshohen Kisten mitgebracht hatte, fand Platz, weder ihre Sammlungen, für die sie später in Rio ein Museum errichten ließ, noch Aussteuer und Garderobe. Die Kisten wurden in eine Abstellkammer gebracht, die junge Frau mußte daraus holen lassen, was sie eben benötigte.

Das Dasein auf Boa Vista war sterbenslangweilig. Dom Pedro pflegte früh aufzustehen, bereits um sechs Uhr war Weckzeit, dafür wurde bereits um halb neun Uhr zu Bett gegangen. Gelegentlich musizierten die jungen Eheleute vor dem Schlafengehen. Vergnügungen, Unterhaltungen und Gesellschaften, wie an europäischen Höfen üblich, waren unbekannt.

Karge Abwechslung in den immer gleichen Ablauf der Tage brachten die Kleine und die Große Gala. Als Kleine Gala bezeichnete man die regelmäßigen Audienzen, die sich überraschend demokratisch abspielten. Jedermann hatte Zutritt, und so standen Männer in langen Schlangen angestellt – vom Hof, wo eine Militärkapelle aufspielte, bis vor den Thronsessel der Majestät; eine bunte Mischung aus Pflanzern, Geistlichen, Geschäftsleuten, Offizieren und Adelsherren in farbenprächtigen Uniformen. Wer bis zum König vorgedrungen war, küßte ihm die Hand, trug sein Anliegen vor und verabschiedete sich mit einem neuerlichen Handkuß.

Die Große Gala wurde zu Familienfesten veranstaltet. Sie umfaßte ein feierliches Tedeum, ein Bankett und einen Besuch im Theater, wo seichte Lustspiele, fade Allegorien oder Konzerte gegeben wurden. Zur Belustigung des Publikums führte man einmal auch das blutige Haupt eines soeben geköpften Verbrechers vor. Die Herren waren in hochgeknöpfte Uniformen oder dickes englisches Tuch, die Damen nach der neuesten französischen Mode gekleidet, alle schwitzten und stanken fürchterlich.

Auch hohe kirchliche Feiertage wurden fleißig zelebriert, doch die Messen, und vor allem die Prozessionen, glichen eher Karnevalsveranstaltungen (wie überhaupt der Klerus bis zu einem Grade verweltlicht war, der die Toleranzgrenze der frommen Leopoldine weit überschritten haben muß).

Der Ton am Hofe war rauh – aber nicht herzlich. Die Herren bedienten sich einer oft unflätigen Sprache, ihre Tischmanieren waren erbärmlich. Die Interessen der Männer kreisten um Pferde und Frauen, die der Damen um Kleider und Klatsch. Schulbildung galt als überflüssig, geistige Interessen existierten nicht. Die Lieblingsbeschäftigung der Höflinge bestand darin, zu intrigieren und einander auszuspionieren; es gab zwei fast bis aufs Messer verfeindete Parteien, die des Königs und die seiner im Stadtschloß residierenden Frau Carlota. Dom Pedro entzog sich dem ständigen Kleinkrieg der Eltern, indem er die Mutter so selten wie möglich besuchte und dem Hause des Vaters, in dem er selbst lebte, so oft wie möglich entfloh.

Der Kronprinz und seine Frau unternahmen fast täglich Ausritte in die prächtige Umgebung von Boa Vista, wobei Leopoldine die Gelegenheit nützte, ihre naturwissenschaftlichen Studien weiter zu treiben. Sie sammelte und zeichnete Steine und Pflanzen, sie erlegte Vögel, Affen und Tapire, die, säuberlich präpariert, nach Wien gesandt wurden, wo ihr Vater bald ein eigenes brasilianisches Museum einrichten ließ. Lebhaft interessierte sie sich auch für Sitten und Gebräuche der Indianer, die man noch unfern der Stadt in den Wäldern antreffen konnte. Ihre Begeisterung für die edlen Wilden erlosch allerdings schlagartig, nachdem Dom Pedro die Rothäute einmal dazu veranlaßt hatte, seiner Frau bestimmte rituelle Tänze vorzuführen. »So was Unanständiges ist unmöglich, ich schwitzte mich vor Scham halb tot«, berichtete sie empört der Schwester.

Die konservative Hofgesellschaft stieß sich daran, daß Leopoldine ihren Mann auf seinen Ausflügen, und noch dazu zu Pferde, begleitete, denn vornehme Damen benutzten Sänfte oder Kutsche, und das taten sie allein oder mit Freundinnen. Als besonders verabscheuungswürdig empfand man, daß die Ausländerin im Herrensitz ritt, in Hosen und hohen Stiefeln mit riesigen Sporen, am Oberkörper eine leichte, baumwollene Tunika (ohne Mieder!), auf dem blonden Haupt einen Männerhut aus Filz oder Stroh. Aber was war wohl von einer Frau zu erwarten, die stundenlang über ihren gelehrten Büchern saß, mit Pinzette und Lupe arbeitete, Listen und Kataloge anfertigte und sich für Steine mehr interessierte als für Kleider und Putz?

In die Stadt kam sie nur selten, und sie hatte auch kein Verlangen danach. Rio entpuppte sich, nachdem man den weißen Sand und die leuchtenden Blumen von den Straßen gefegt hatte, die Drapierungen und Fahnen weggenommen, die zu Leopoldines Einzug die Häuser geschmückt hatten, als ein elendes, ziemlich schmutziges Provinznest. Die Straßen waren bei Trockenheit in Staub gehüllt, bei Regen schlammig, der Unrat lag tonnenweise umher, die Gassen mit ihren schäbigen, meist einstöckigen Häusern waren erfüllt vom Geschrei der Neger und Mulatten, und über allem lag eine stinkende Dunstglocke.

Ihre bedrückende Lage kam Leopoldine erst allmählich zu Bewußtsein. Am Anfang war sie vor Liebe schlichtweg blind, und als sie sich von dem Schock erholt hatte, den ihr, schon wenige Wochen nach der Hochzeit, der erste epileptische Anfall ihres Mannes versetzte, war sie ihm um so zärtlicher zugetan. »Ich bin mit einem Mann vereinigt, der nicht nur schön, sondern auch gut und verständig ist ... Ich bin recht glücklich«, schrieb sie nach Parma. Später dann: »Wenn Du ihn kenntest, müßtest Du ihm herzlich gut sein.« An den Vater: »Ich kann Sie versichern, teuerster Papa, mit aller österreichischen Offenheit, ich bin recht glücklich, da ich gottlob einen Gemahl besitze, der rechten, offenen Sinn und ein gutes Herz besitzt.«

Wann genau sie am offenen Sinn und am guten Herzen des Geliebten zu zweifeln begann, läßt sich nicht feststellen. Es muß wohl eines zum andern gekommen sein, daß sich Skepsis in die lodernde Leidenschaft mischte, bis schließlich Resignation und immer häufiger Depressionen auftraten.

Vielleicht aufgrund seiner Krankheit war der Prinz launenhaft und nervös; nachdem Leopoldine den ersten Reiz des Neuen und Ungewohnten für ihn verloren hatte, kamen seine Herrschsucht, seine Rücksichtslosigkeit und seine schlechten Manieren ungebrochen zum Vorschein. Er zwang seine Frau, mit ihm die ehemalige Geliebte, Noémi Thierry, zu besuchen, die im sechsten Monat von ihm schwanger war. Noémi war mit einem Offizier verheiratet worden. Das Kind, das sie vom Prinzen unter dem Herzen trug, kam tot zur Welt. Angeblich hat Dom Pedro den kleinen Leichnam einbalsamieren und in seinem Schlafzimmer aufstellen lassen.

Er war mißtrauisch und eifersüchtig, entließ alle österreichischen Hofleute und Diener seiner Frau, darunter auch die gute alte Kammerfrau Franziska Anonny, der Leopoldine nicht einmal eine Pension zahlen durfte. Da ihr Mann ihr das im Heiratsvertrag zugesicherte Nadelgeld vorenthielt, um es für sich selbst zu verwenden, schrieb Leopoldine ihrem Vater einen demütigen Bettelbrief, für die treue Dienerin zu sorgen.

Offensichtlich hat sie keine Antwort erhalten, denn später bat sie einen österreichischen Diplomaten um Intervention bei Metternich, man möge ihr doch finanziell ein wenig unter die Arme greifen, da sie nicht imstande sei, ihren Verpflichtungen dem Personal gegenüber nachzukommen. Als auch dieser Hilferuf ungehört verhallte, begann sie heimlich Schulden zu machen – wohlgemerkt, nicht für die eigenen Bedürfnisse, sondern um andern Menschen zu helfen und Gutes zu tun, wie man es sie von klein auf gelehrt hatte.

Der Vater erfuhr von ihr persönlich nichts weiter über ihre bedrängte Lage, sie schrieb ihm vielmehr: »Ich befinde mich gut, bin glücklich, durch viel Geduld und Klugheit geht alles.«

Geduld und Klugheit, das war es, was sie in großem Ausmaß brauchte, denn sie hatte rasch begreifen gelernt, daß sie nur durch ständiges Nachgeben ihren Mann einigermaßen bei Laune halten konnte.

Sie litt Höllenqualen unter der tropischen Hitze, sie litt Höllenqualen des Heimwehs, sie litt Höllenqualen, wenn ein Postboot ohne Nachrichten aus Europa eintraf – die Antwort auf einen Brief dauerte ohnehin durchschnittlich ein Jahr. Dann lief sie tagelang, in sich verschlossen, mit verweinten Augen umher.

Die Angehörigen in Wien konnten nicht wissen, aber vielleicht doch wohl ahnen, wie es um Leopoldine stand. Daher ist es völlig unbegreiflich, daß die Familie nur sporadisch schrieb; der Vater ließ sogar einmal zwei volle Jahre nichts von sich hören.

Durchaus informiert war Marie Louise in Parma, aber sie hat, überaus beschäftigt mit ihrer neuen Liebe, das Ausmaß des Dramas nicht erkannt oder nicht erkennen wollen, obwohl Leopoldines Briefe nichts an Deutlichkeit zu wünschen übrigließen. »Du glaubst, Brasilien sei ein goldener Thron, wohl ein Eisenjoch ist es«, hieß es einmal. An anderer Stelle: »Mein einstmals munterer Charakter leidet ... ich bin ganz melancholisch, niemals lache ich, wie einst in meines teuren Vaterlandes Familienzirkeln ... Wenn ich heute frei wäre, würde ich nie mehr heiraten.«

Es ist ebenso erstaunlich wie bewundernswert, daß Leopoldine trotz allem die Kraft fand, auf naturwissenschaftlichem Gebiet weiterzuarbeiten. Vielleicht aber war die Flucht in die Welt der Gelehrsamkeit die einzige Möglichkeit, dem täglichen Dilemma zu entkommen. Sie ließ sich aus Paris und Wien die neuesten Werke ihrer Spezialgebiete senden, versuchte aber auch Kenntnisse über Volkswirtschaft, Bergbau und Politik zu erlangen. Auf ihre Initiative ging eine moderne Viehzucht zurück, für die sie Rindvieh aus der Schweiz importieren ließ. Zu ihrem Vergnügen malte und zeichnete sie und saß stundenlang am Flügel, mit moderner Musik beschäftigt: Haydn, dessen Schüler Sigismund von Neukomm sich eine Zeitlang in Rio aufhielt, Mozart und Beethoven.

Endlich kam dann das lang ersehnte Kind. Leopoldine war außer sich vor Glück, als sie die ersten Anzeichen der Schwangerschaft bemerkte, und auch Dom Pedro bekundete große Freude. Er umgab seine Frau wieder mit Aufmerksamkeit und Zärtlichkeit, und er war in so hingebungsvoller Weise um ihre Schonung bemüht, daß er sofort ihr Schlafzimmer mied, um sich die Nächte mit ständig wechselnden blutjungen Negersklavinnen zu vertreiben. Leopoldine wußte es, sie litt, aber sie ließ sich nichts anmerken.

Auf die täglichen Ausritte und die wilden Kutschenfahrten in Begleitung seiner Frau wollte Dom Pedro indes nicht verzichten. Bis Dr. Johannes Kammerlacher, der Leibarzt und einzige Österreicher, der in Leopoldines Umgebung hatte verbleiben dürfen, ein Machtwort sprach. Ab dem dritten Monat untersagte er jede übermäßige körperliche Anstrengung. Wutentbrannt verbot Dom Pedro dem Arzt das Haus und übertrug die Betreuung der Schwangeren dem portugiesischen Chirurgen Picanco, der ein wahrer Schlächter gewesen sein muß.

Über die Geburt der Prinzessin Maria da Gloria am 4. April 1819 existieren keine Zeugenberichte, wohl aber über die darauf folgende dreitägige Große Gala, die mit dem ortsüblichen Lärm und Überschwang abgehalten wurde.

Leopoldine selbst hat später einige Bemerkungen über die Entbindung gemacht, die in wenigen Worten das Ausmaß des Martyriums andeuteten: »Selbst zwei Monate später war die Roheit des portugiesischen Wundarztes, der mich mit seinen lieben Händen abscheulich zerfleischte, zu spüren. Ich finde, hier ist es fast besser, wie die wilden Tiere im Walde sich seiner Last zu entledigen.«

Dr. Picanco war dermaßen stümperhaft zu Werk gegangen, daß Leopoldine nach der Niederkunft ständig unter Schmerzen litt, gegen die der Arzt – aus Dummheit oder aus Sadismus – nichts unternahm. Da die normale monatliche Regelblutung ausblieb, vermutete er vielmehr eine neuerliche Schwangerschaft. Erst Wochen später entledigte sich der gepeinigte Körper »gewisser Schmutzungen«, wie Leopoldine es ihrer Schwester gegenüber umschrieb. Die Kronprinzessin war keineswegs schwanger, es war vielmehr ein Teil der Placenta im Leibesinneren zurückgeblieben. Daß die junge Frau mit dem Leben davonkam, grenzt an ein Wunder.

Ein weiteres Wunder hatte anscheinend die Geburt der kleinen Prinzessin hervorgerufen. Leopoldine war seit langem zum ersten Mal wieder glücklich und zufrieden. »Es ist ein ganz himmlisches Gefühl, Mutter zu sein«, schrieb sie, und die Briefe der folgenden Monate waren eine einzige Hymne auf das beste, schönste, bravste und klügste Kind aller Zeiten. Dom Pedro war wie verrückt nach dem kleinen Mädchen, vor dessen Wiege er stundenlang anbetend sitzen konnte und das er strahlend durchs ganze Schloß trug.

Mit allen Mitteln versuchte Leopoldine, den häuslichen Frieden weiter zu erhalten, selbst um den Preis der eigenen Gesundheit. Sie wurde kurz hintereinander zweimal schwanger, und eingedenk der Enttäuschungen und Demütigungen, die sie während der ersten

Schwangerschaft erlitten hatte, klammerte sie sich förmlich an ihren Mann und ließ ihn nicht eine Minute aus den Augen. Sie jagte mit ihm zu Pferde acht bis neun Stunden täglich durch die Gefilde, bis beide vor Erschöpfung fast zusammenbrachen und Dom Pedro keine Lust mehr verspürte, sich außerhäuslich zu vergnügen. Beide Male endete Leopoldines Selbstaufopferung mit der Zerstörung des werdenden Lebens. Sie erlitt zwei Fehlgeburten, die dem patenten Dr. Picanco abermals Gelegenheit boten, die bedauernswerte Frau mit seinen »lieben Händen abscheulich zu zerfleischen«.

Die Wende zum – vorübergehend – Besseren kam von außen. Leopoldine geriet in den Sog der Politik und dabei zunehmend in eine Schlüsselposition, die ihre eigenen Wünsche zugunsten der Staatsräson in den Hintergrund treten ließ. Das Erbe der Urgroßmutter, Kaiserin Maria Theresia, und das der Großmutter, Marie Karoline von Neapel, trat deutlich hervor; das Gebot des Großvaters, Kaiser Leopolds II.: »Man muß sich den Kopf zerbrechen, wie man den Untertanen möglichst zu Gefallen regiert«, bestimmte Leopoldines Handeln – bis zum bitteren Ende.

Seit ihrer Hochzeit mit Dom Pedro verlief die politische Entwicklung in Brasilien und Portugal stürmisch, zeitweilig verworren und kaum überschaubar. Hinzu kam ein latent schwelender Konflikt zwischen João VI. und Dom Pedro. Der Vater mißtraute den Führungseigenschaften seines Sohnes, der noch dazu deutlich zum liberalen Zeitgeist hinneigte und sogar Verbindung zu freimaurerischen Zirkeln pflegte – deren Großmeister er später werden sollte. João schloß Pedro von allen Regierungsgeschäften aus; dieser fühlte sich mit Recht übergangen und zurückgesetzt.

Die Beziehung zum Mutterland war gespannt. Je mehr sich Brasilien emanzipierte, seinen Reichtum selbst verwaltete und aufgehört hatte, horrende Steuern nach Lissabon abzuliefern, desto mehr verarmte Portugal und sank in politische Bedeutungslosigkeit. Noch dazu war das Land von England praktisch okkupiert und drohte über kurz oder lang seine Selbständigkeit vollkommen zu verlieren.

Die Idee war naheliegend, daß der König in die Heimat zurückkehren und nach dem Rechten sehen sollte. Doch João VI. weigerte sich, vorwiegend aus Sorge, daß seine Abreise republikanische Umstürze wie im übrigen Südamerika, wenn nicht gar ein Terrorregime durch

Negersklaven wie in Haiti und San Domingo provozieren könnte. Der Staatsrat schlug darum vor, wenigstens Dom Pedro nach Portugal zu entsenden.

Leopoldine war Feuer und Flamme für den Plan. Sie bestürmte ihren Vater, Kaiser Franz I., all seinen Einfluß auf König João VI. geltend zu machen, um ihr endlich die heißersehnte Rückkehr nach Europa zu ermöglichen.

Doch ehe noch eine Entscheidung gefällt werden konnte, brach in Portugal eine Militärrevolte aus. Die englischen Besatzer wurden verjagt, die Cortes (das Parlament) in Lissabon deklarierten eine moderne, revolutionäre Verfassung, welche die Rechte des Königs weitestgehend beschnitt. Dom João, dessen Anwesenheit in Portugal jetzt erst recht vonnöten gewesen wäre, konnte sich noch immer nicht zur Abreise entschließen, stimmte aber statt dessen zu, Dom Pedro über den Atlantik zu schicken – allerdings ohne seine Frau. Pedro und Leopoldine durchschauten den Plan: Die junge Frau sollte faktisch als Geisel in Brasilien bleiben, so daß der König jederzeit Druck auf seinen ungebärdigen Sohn ausüben könnte.

Der österreichische Gesandte in Rio versuchte Leopoldines Vermutungen zu widerlegen, doch je mehr er ihr gut zuredete, desto heftiger geriet sie in Rage. Sie schrie den Gesandten an, daß sie wie eine Löwin »mit allen Mitteln« darum kämpfen werde, ihrem Mann nach Portugal zu folgen, falls er alleine abreise. Sie würde dann »selbst das dreckigste Boot nicht verschmähen«, um nach Europa zu kommen, und wenn sie, da sie schon wieder schwanger war, auf hoher See niederkäme, mache ihr das auch nichts aus. Nach langem Hin und Her wurde bestimmt, daß das Kronprinzenpaar doch gemeinsam reisen sollte, aber erst nach der Geburt des erwarteten Kindes.

Mittlerweile war die Stimmung in Brasilien so eskaliert, daß es zunächst in São Paulo, kurz darauf auch in Rio, zu einem Militärputsch kam, der König João zur Annahme der neuen portugiesischen Verfassung zwang. Einige Historiker sind der Ansicht, daß Dom Pedro selbst im Hintergrund die Fäden gezogen hätte.

Inmitten dieser tumultuarischen Ereignisse bekam Leopoldine am 6. März 1821 ihr zweites Kind, einen Sohn, der auf den Namen João Carlos getauft wurde. Auch diese Niederkunft muß eine Qual gewesen sein. »Meine Entbindung war hart, da mein Sohn nur zur Hälfte des Körpers ohne Hilfe kam, wegen dem rechten Arm, der vor dem Kopf lag. Überdies war es ein Kind von den größten und fettesten. Den 3. Tag nach meiner Entbindung war ich in Gefahr einer Bauchentzündung, da man mich während der Entbindung verkühlen ließ«, berichtete die junge Mutter nach Parma.

So groß die Freude über den Thronfolger und die Aussicht auf eine baldige Übersiedlung nach Europa war, so schnell kam die Ernüchterung. König João änderte seine Dispositionen. Er wollte doch selbst nach Portugal gehen, beide Enkelkinder mitnehmen und Pedro als Regenten in Brasilien zurücklassen. Sollte dieser durch Krankheit oder Tod die Herrschaft nicht übernehmen können, würde Leopoldine Staatsoberhaupt.

Verzweifelt schrieb sie an ihre Schwester: »Der König geht und nimmt mit sich meine zwei Kinder, was mich außerordentlich kostet, da wir verdammt sind, noch einige unbestimmte Zeit in diesem unausstehlichen Klima zu bleiben.«

In der Tat bestand die Absicht, das junge Paar zu einem späteren Zeitpunkt nachkommen zu lassen, sobald sich die Lage in Brasilien beruhigt haben würde. Letzten Endes ließ sich der König doch erweichen – die Kinder durften bei ihren Eltern bleiben.

Am 25. April schifften sich Dom João, seine Frau Carlotta, Sohn Miguel und Tochter Maria Teresa ein. Zurück blieben zwei blutjunge Menschen – Dom Pedro war dreiundzwanzig, Leopoldine vierundzwanzig – ohne jegliche politische Erfahrung, angesichts eines Riesenreiches voll der widersprüchlichsten, gefährlichsten Strömungen.

Dom Pedros erste selbständige Handlung als Regent erhellt seine Infantilität: Er ordnete die Fällung einer alten Allee vor dem Hause eines ehemaligen Ministers an, den er nicht leiden konnte.

Sein Regierungsstil war eigenwillig und wirr. Er verzettelte sich in Kleinigkeiten und verlor bald den Überblick über das Land, das in seine einzelnen Teile zu zerfallen drohte. Einige Provinzen machten sich von der Zentralregierung in Rio los und strebten wieder eine engere Bindung an das Mutterland an, andere trachteten, dem Vorbild der spanischen Kolonien folgend, eigene Staaten zu bilden. Pedro indes vertat seine Zeit mit einer neuen Geliebten, der Frau des Oberkommandanten der europäisch-portugiesischen Truppen, General Jorge Avilez, ein Verhältnis, das Leopoldine nicht verborgen bleiben konnte. Dom Pedro zwang seine Frau, mit ihm im Hause der Avilez zu verkehren.

»Ich fange schon an zu glauben, daß man viel glücklicher ist unverheiratet, denn ich habe nichts als Kummer und Verdruß, den ich heimlich hineinfresse. Ich sehe leider, daß man mich nicht liebt«, schrieb sie der Schwester. »Wenn meine Pflichten es mir nicht verböten, so wäre ich schon längst ... in der teuren Heimat.«

Das habsburgische Pflichtbewußtsein ließ Leopoldine selbst in der augenblicklichen elenden Lage ausharren. Die Mehrheit der führenden portugiesischen Familien, an die 3 000 Personen von Adel und Einfluß, waren mit dem König in die Heimat zurückgekehrt und hatten große Vermögenswerte aus dem Land gezogen. Die Bank von Brasilien stand knapp vor dem Ruin, die Dotationen für den Regenten und seine Frau konnten nur schleppend, wenn überhaupt, ausgezahlt werden. Die Familie lebte in armseligen Verhältnissen, nur einige subalterne Diener harrten bei ihr aus.

Dom Pedro war am Ende seiner Weisheit, und er beschloß, so bald wie möglich nach Portugal abzureisen. Leopoldine stimmte dem Plan zunächst begeistert zu.

So nahe am Ziel ihrer sehnlichsten Wünsche besann sie sich dann doch eines anderen. Als nämlich immer deutlicher klarwurde, daß der König in Lissabon handlungsunfähig und praktisch ein Gefangener der Cortes war, als die Cortes verfügten, alle Freiheiten Brasiliens mit einem Federstrich null und nichtig zu machen, das Land in voneinander unabhängige Provinzen aufzuteilen und in die alte Kolonialabhängigkeit zurückzustoßen, als sich, ausgehend von São Paulo, eine Volksbewegung zur Rettung der brasilianischen Eigenständigkeit und Einheit ausbreitete, sprang Leopoldine über den eigenen Schatten und nahm Verbindung zu den »neuen Patrioten« auf. Sie hatte erkannt, daß die Monarchie nur von Brasilien aus zu retten sei, daß nur ein starkes, geeintes Brasilien dem Schicksal der ehemaligen spanischen Kolonien entrinnen könnte, die untereinander zerfallen waren und wo im Inneren ständig wechselnde Juntas einander bekriegten. Die »neuen Patrioten« verlangten zu diesem Zeitpunkt noch keineswegs die Lösung vom Mutterland, sondern nur den Status der Gleichberechtigung, und sie brauchten den angestammten Regenten als Galionsfigur.

Aus Lissabon erteilten die Cortes Dom Pedro den Befehl, schleunigst zur Berichterstattung nach Portugal zu kommen, ein Befehl, dem der Prinz nur zu willig folgen wollte. Er fühlte sich seiner Aufgabe nicht mehr gewachsen; er, der die erste Kinderzeit in Portugal verbracht hatte, besaß keine Wurzeln in Brasilien. Er wollte »heim«, und er wollte möglichst wenig Verantwortung tragen.

Durch gutes Zureden, durch Weinen und Wutausbrüche versuchte Leopoldine ihn zu bewegen, die Abreise wenigstens hinauszuschieben. Sie wußte, was sie tat, und sie tat es mit offenen Augen. Sie sei nun bereit, »in ewiger Verbannung zu leben«, schrieb sie. »Das gute Volk von Brasilien« hatte nun Vorrang vor all ihren persönlichen Wünschen. Dom Pedro schwankte noch immer, auch als frische Truppen aus Portugal eintrafen, von denen es hieß, sie hätten Order, den Prinzen und seine Familie notfalls mit Gewalt außer Landes zu bringen.

Am 9. Januar 1822 erschien eine Delegation führender Männer aus den Reihen der »neuen Patrioten« zur Audienz bei Dom Pedro und überreichte ihm eine von Tausenden Bürgern unterzeichnete Bittschrift, er möge Brasilien nicht verlassen. Er, Pedro, würde die Schuld am Untergang des Reiches tragen, sollte er abreisen und damit zwangsläufig ein Chaos heraufbeschwören. Der Prinzregent besann sich einen Augenblick, dann sprach er die schicksalsschweren Worte: »Ich bleibe.« Ein Delegierter stürzte zum Fenster und teilte der auf dem Schloßplatz harrenden Menschenmenge den Entschluß Dom Pedros mit, worauf alle wie verrückt zu tanzen, zu schreien und die Hüte in die Luft zu werfen begannen.

Die gleiche Begeisterung herrschte zwei Tage später im Theater, wo Dom Pedros Bekenntnis zu Brasilien mit einer Großen Gala gefeiert wurde. Doch während im Theater gesungen und gespielt wurde, zogen portugiesische Armeeeinheiten plündernd und brandschatzend durch die Stadt. Die Parole lautete, Dom Pedro samt Familie gefangenzunehmen und aufs Schiff zu schleppen. Die Portugiesen konnten zwar von den einheimischen Truppen abgedrängt werden, doch im Theater kam Unruhe auf, das Publikum machte Anstalten, in Panik zu fliehen.

Dies war einer der wenigen Momente im Leben des Dom Pedro, da er Größe und Gelassenheit bewies. Er begab sich auf die Bühne und bat die Anwesenden, sich zu beruhigen, seine braven Soldaten hätten die Stadt unter Kontrolle, er selbst und seine Gemahlin würden bis zum Ende der Vorstellung ausharren, es gäbe keinen Grund, sich zu fürchten. Leopoldine, im achten Monat und damit unübersehbar schwanger, bekräftigte die Aussage ihres Mannes. Auch sie sei gewillt zu bleiben.

Der Rückzug aus dem Theater war geordnet; bei der Ankunft des Prinzenpaares in Boa Vista bot sich jedoch ein ganz anderes Bild. Portugiesische Truppen waren im Anmarsch, sämtliche Dienstboten entflohen, die Sklaven unauffindbar. In wilder Hast packte Leopoldine ihre Kinder zusammen, spannte eine Kutsche an und floh zum königlichen Landgut Santa Cruz, während Dom Pedro zu seinen Truppen eilte, um sich den Portugiesen entgegenzustellen.

Zwölf Stunden war Leopoldine in der sengenden Sommerhitze unterwegs, und als sie endlich in Santa Cruz ankam, wo wenigstens noch ein paar dienstbare Geister vorhanden waren, lag der einjährige João Carlos mit einem Sonnenstich im Delirium. Er starb wenige Tage später.

Pedro und Leopoldine waren untröstlich, und ihr Kummer wandelte sich in abgrundtiefen Haß gegen General Jorge de Avilez, den Kommandanten der portugiesischen Truppen, den sie beschuldigten, der Mörder ihres Sohnes zu sein. An seinen Vater schrieb der Prinz: »Die portugiesische Hilfsdivision war es also, die meinen Sohn, den Enkel Eurer Majestät, ermordet hat. Infolgedessen erhebe ich gegen sie meine Stimme. Sie ist vor Gott und vor Eurer Majestät für dieses Ereignis ... verantwortlich.«

Nachdem Dom Pedro die Portugiesen zurückgeschlagen hatte, bildete er die Regierung um und berief einen der hervorragenden Führer der »neuen Patrioten« zum Ministerpräsidenten. Dom José Bonifacio war ein weitgereister Mann, der in Deutschland studiert hatte, er besaß das besondere Vertrauen Leopoldines.

General Avilez und seine Truppen wurden ultimativ aufgefordert, unverzüglich das Land zu verlassen, widrigenfalls sie von den dem Prinzen ergebenen Verbänden ins Meer gejagt würden. Die Landung neuer Streitkräfte aus der alten Heimat wurde strikt untersagt, die Annahme von Gesetzen aus Lissabon verweigert. Der erste Schritt in Richtung Freiheit war damit getan.

Von da an begannen sich die Ereignisse zu überstürzen. Den Anfang machte Dona Juanaria am 11. März 1822, deren stürmischen Eintritt in diese Welt Dom Pedro seinem Vater so beschrieb: »Ich teile Eurer Majestät mit, daß die Wehen der königlichen Prinzessin, meiner geliebten Gattin, um zwei Uhr nachts begannen; um dreieinhalb rief sie mich und um fünf Uhr in der Frühe, als sie spazierend durch das Haus ging, hielt sie sich an meinem Hals fest, und so stehend entband sie, und um fünfeinhalb war alles mit außerordentlich großem Glück zu Ende.« Ob sich Leopoldine mit voller Absicht der Hilfe eines Arztes entzogen hat oder ob die äußeren Umstände sie dazu zwangen, sich – so einstmals in einem Brief an Marie Louise formuliert – »wie ein wildes Tier im Walde ihrer Last zu entledigen«, ist nicht bekannt. Das Kind war von überaus zarter Gesundheit, und schon bald traten die ersten Anzeichen von Epilepsie auf. Dennoch riß sich Leopoldine, ansonsten eine überängstliche Mutter, immer wieder von der Kleinen los, um die politische Aufgabe zu erfüllen, die sie nun einmal übernommen hatte. »Für das öffentliche Wohl ist kein Opfer zu groß«, begründete sie der Schwester gegenüber ihre Haltung.

Während Dom Pedro eine Inspektionsreise durch die südlichen Provinzen absolvierte – auf der er vorwiegend ausschweifenden Liebesabenteuern nachging –, nahm seine Frau und offizielle Stellvertreterin die Staatszügel fest in die Hand. Abgesandte der Cortes, die sie zu bewegen versuchten, Einfluß auf ihren Mann zu nehmen, daß er endlich nach Portugal komme, wies sie unmißverständlich ab. Wie aus den Briefen jener Zeit hervorgeht, drängte sie bereits damals auf eine völlige Ablösung vom Mutterland. Gründlich studierte sie verfassungsrechtliche Fragen; ihr scheint eine Verfassung nach dem Muster der Vereinigten Staaten vorgeschwebt zu sein, mit dem Unterschied, daß der Monarch und nicht ein gewählter Präsident an der Spitze stehen sollte.

Große Aufregung gab es in Lissabon, als bekannt wurde, daß Leopoldine der Leibgarde eine neue Uniform verordnet hatte. Statt der bisherigen portugiesischen wurde eine detailgetreue Kopie der Böhmischen Garde, mit Goldhelm und Federbusch, mit weißem Rock und goldenen Litzen sowie Epauletten eingeführt. Stundenlang alterierten sich die Cortes in Lissabon über diese symbolträchtige Eigenmächtigkeit, ein Abgeordneter erfaßte den Kern der Empörung: »Die Brasilianer sind keine Portugiesen mehr, sie sind schon Österreicher!«

Am 22. August begab sich Dom Pedro wieder auf eine Inspektionstour, diesmal nach São Paulo. Sechs Tage später traf in Rio der kategorische Befehl der Cortes aus Lissabon ein, das Königreich Brasilien auf der Stelle aufzulösen, alle zentralen Stellen zu liquidieren und die Rädelsführer der »neuen Patrioten« als Hochverräter vor Gericht zu stellen. Wie sich die Cortes die Durchführung vorgestellt haben, bleibt ein Rätsel, da ein Expeditionskorps von 7 200 Mann, das den Anordnungen Nachdruck verleihen sollte, noch gar nicht in See gestochen war.

Leopoldine berief für den 2. September eine Krisensitzung der Regierung und der erreichbaren Provinzgouverneure ein, und es gab keine lange Debatte, ehe einstimmig beschlossen wurde, sofort die Unabhängigkeit, die gänzliche Loslösung von Portugal, zu deklarieren. Laut Verfassung besaß bereits diese Resolution Rechtsgültigkeit, da Leopoldine die unumschränkte Regierungsgewalt innehatte; die spätere Unterschrift Dom Pedros unter dieses Dekret war somit eine bloße Formalität.

Die Regentin schloß sich für einige Stunden in ihre Zimmer ein und verfaßte einen langen Brief an ihren Mann, in dem sie ihm die Demütigungen durch das Mutterland noch einmal vor Augen führte und die Separation als einzig mögliche Antwort darauf darstellte. Der Brief endete mit dem feurigen Aufruf: »Der Apfel ist reif, pflücke ihn jetzt, sonst wird er faul.«

Eilkuriere erreichten Dom Pedro kurz vor São Paulo, mitten auf offener Straße. Pedro las den Brief seiner Frau, lief rot an und brüllte: »Sie wollen es so, sie sollen es haben. Ich will von der portugiesischen Regierung nichts mehr, ich erkläre Brasilien für immer von Portugal getrennt.«

Aus unerfindlichen Gründen kehrte er nicht stehenden Fußes um, sondern begab sich kurz nach São Paulo, um dort jene Angelegenheiten zu erledigen, die er sich vorgenommen hatte – eine Episode, die für Leopoldine fatale Folgen haben sollte. Dann eilte er jedoch in einem fünftägigen Gewaltritt nach Rio, wo Leopoldine inzwischen nicht untätig gewesen war. Sie hatte bereits Lord Thomas Cochrane in Dienst genommen, einen britischen Seehelden, fast vom Format eines Lord Nelson, der zuletzt die Unabhängigkeitskämpfe in Chile zu einem erfolgreichen Ende geführt hatte. Cochrane wurde berufen, eine Flotte aufzubauen, díé allen Rückeroberungsgelüsten des ehemaligen Mutterlandes Einhalt gebieten könnte.

Am 12. Oktober, seinem 24. Geburtstag, wurde der Prinzregent als Pedro I. zum Kaiser von Brasilien ausgerufen, am 1. Dezember in der Kathedrale zu Rio gesalbt und gekrönt – allerdings nicht als Souverän von Gottes Gnaden, sondern erwählt vom brasilianischen Volk; eine Vorgangsweise, die in den europäischen Monarchien Befremden und Abscheu hervorrief, weshalb es der österreichische Botschafter auch peinlich vermied, Pedro und Leopoldine als »Majestäten« zu titulieren. In den Berichten nach Wien sprach der Diplomat stets vom »Prinzregentenpaar«, so als hätte sich die Geschichte nicht weiterentwickelt.

Leopoldine allerdings fühlte sich als rechtmäßige brasilianische Kaiserin. Stolz erhobenen Hauptes trug sie, wie alle anderen auch, ein grünes Seidenband (Grün war die Farbe der Braganza), das sichtbare Zeichen der Unabhängigkeit, mit ihrer Parole »Freiheit oder Tod«. Die Briefe nach Hause wurden seltener. Sie begleitete ihren Mann bei vielen seiner offiziellen Auftritte, und sie entwickelte selbständig ein großzügiges Einwanderungsprogramm. Zehntausende Bauern, Handwerker und Soldaten aus Deutschland und Österreich folgten dem Ruf der deutschsprachigen Kaiserin. Sie pflegte die Kolonisten persönlich im Hafen zu empfangen und leistete unermüdlich Dolmetscherdienste. Dabei war, so vermerkte ein Zeuge ausdrücklich, ihr weicher wienerischer Tonfall deutlich zu erkennen. Die erste Siedlung, welche die Landsleute auf brasilianischem Boden gründeten, erhielt den Namen »Leopoldina«, als Zeichen der Hochachtung und Verehrung für eine Frau, die sich zu einer Art Volkskaiserin im Stile ihres berühmten Großonkels, Kaiser Josephs II., entwickelte. So war es, zum Beispiel, jedermann jederzeit möglich, in die Gemächer der Kaiserin vorgelassen zu werden. Auf der Straße, bei Ausritten und Kutschfahrten, wurde sie freudig begrüßt und, gern zu Gesprächen bereit, um Rat und Hilfe gebeten.

Sosehr das einfache Volk und die Sklaven, deren energische Fürsprecherin sie war, die Kaiserin schätzten, so ablehnend stand ihr die sogenannte bessere Gesellschaft gegenüber. Leopoldine war und blieb eine Fremde, eine Frau mit Bildungsansprüchen, eine Frau, die sich unpassenderweise in die Politik einmischte, eine Frau, die, alles in allem, nach brasilianischen Vorstellungen ein höchst unweibliches Wesen an den Tag legte. Daß letzten Endes alle, ob groß oder klein, ob hoch oder niedrig, aus ihrem Einsatz Nutzen zogen, wurde von bestimmten Kreisen geflissentlich übersehen.

Nachdem die Verhältnisse sich konsolidiert hatten – dank des durch Leopoldine angeheuerten Lord Cochrane, der einige von Portugal beeinflußte, aufrührerische Provinzen befriedete, und dank einer modernen, liberalen Verfassung –, lieferte Leopoldine ihr diplomatisches Meisterstück. Noch stand Brasiliens Unabhängigkeit auf schwankendem Boden, denn die europäischen Mächte sträubten sich, den Status quo anzuerkennen, solange nicht Portugal seinen ausdrücklichen Segen gab.

In langen, geduldigen Briefen überzeugte Leopoldine sowohl ihren Vater als auch seinen mißtrauischen Staatskanzler Metternich, daß es für Brasilien keinen anderen Ausweg gegeben hätte, die Einheit des Landes und die Monarchie zu retten. Es gelang den Österreichern, Lissabon zur Einsicht zu bringen, daß Brasilien als Kolonie für immer verloren sei, aber als Partner ein wichtiges wirtschaftliches und politisches Potential darstellte. Die Cortes und König João VI. akzeptierten Brasilien schließlich als gleichberechtigtes Kaiserreich.

Triumph für Leopoldine als Politikerin?

Triumph für Leopoldine als Ehefrau und Mutter, nachdem sie zwei weitere Mädchen und – endlich – am 2. Dezember 1825 einem Knaben das Leben geschenkt hatte?

Keine Spur von Triumph. Als der lang ersehnte Thronfolger geboren wurde, war Leopoldine längst schon in den tiefsten Schlund der Hölle gestürzt, aus dem es kein Entrinnen mehr gab.

Die Katastrophe begann genau am 22. August 1822, als Dom Pedro, soeben von seiner Frau über die Unabhängigkeitserklärung unterrichtet, nicht in seine Hauptstadt eilte, sondern den vorgesehenen Kurzbesuch in São Paulo absolvierte und dort eine Audienz abhielt. In der langen Reihe der Petenten befand sich eine nicht besonders schöne, sehr füllige junge Frau, Mutter zweier ehelicher und eines unehelichen Kindes. Sie warf sich vor dem Regenten auf die Knie und bat ihn mit tränennassem Antlitz um Beistand in einer Pflegschaftsangelegenheit.

Dona Domitila Pinto, Ehefrau eines Offiziers, war von ihrem Mann verstoßen worden, nachdem sie ein Verhältnis mit einem seiner Kameraden eingegangen war, das nicht ohne Folgen blieb. Pinto verlangte das Pflegerecht für seine beiden Kinder. Dona Domitila widersetzte sich diesem Wunsch mit dem Hinweis, daß ihr Mann einen liederlichen Lebenswandel führte. Ohne auf ihren eigenen Lebenswandel näher einzugehen, flehte sie Dom Pedro lediglich an, ihr die Kinder zuzusprechen. Dom Pedro war offensichtlich der Meinung, daß eine so schwerwiegende Entscheidung nicht ad hoc getroffen werden könnte. Er bestellte die Dame für denselben Abend zu einer weiteren Besprechung in seine Privaträume.

Was wie eine der üblichen Eskapaden begann, an die sich Leopoldine, schweren Herzens, im Laufe der Jahre gewöhnt hatte, geriet zu einer der größten Skandalaffären, die je ein Herrscherhaus erschüttert haben. Sie endete mit der Erhebung der Mätresse zur ungekrönten Kaiserin von Brasilien und mit dem Untergang der rechtmäßigen Herrscherin, der dieses Land, und mit ihm Dom Pedro, alles zu verdanken hatte.

Die Beziehungen des Kaisers zu seiner Titilia, wie er sie nannte, sind ein Musterbeispiel sexueller Hörigkeit, zweifelsfrei dokumentiert in zahllosen Briefen an die Mätresse. Diese Schriftstücke sind auch heute noch nicht offiziell zugänglich, deren Analyse durch brasilianische Historiker sagt jedoch genug aus. »Sie sind primitiv, behandeln rein körperliche Begegnungen und stellen Intimitäten mit erschütternder Roheit dar«, meint einer der Kommentatoren. Ein anderer: »Die Briefe besitzen die obszöne Sensualität der Kaserne. Die Feder nimmt auf die Augenblicke unzüchtiger Freuden Bezug.« Ein dritter erklärt, daß »die Briefe ... mit erschreckendem Realismus auf die Erlebnisse des Geschlechtsverkehrs [und] auf das hiezu notwendige Instrumentarium anspielen.«

Domitila kam unbemerkt nach Rio, zärtlich und sorgsam versteckt in einem unauffälligen Liebesnest. Der Kaiser, als er noch nicht völlig von der Liebestollheit besessen und seiner fünf Sinne mächtig war, hatte gute Gründe, die neue Liebschaft nicht publik werden zu lassen. Erstens war seine Ehe noch durchaus intakt, und Leopoldine stand auf dem Höhepunkt ihrer Popularität. Des weiteren war die Ehebrecherin Domitila in den Augen der Gesellschaft eine verworfene Frau. Ein flüchtiges Verhältnis mit einer Sklavin oder Tänzerin, das war eine Sache; die enge Beziehung zu einer Verräterin am Moralkodex der eigenen Klasse, das war etwas ganz anderes.

Das Verhältnis konnte dennoch nicht verborgen bleiben, und so kam es unweigerlich zum Eklat, als Dona Domitila sich eines Tages uneingeladen bei einer geschlossenen Theateraufführung adeliger Laienspieler einfand. Man wies ihr höflich, aber bestimmt die Tür. Zwei Tage später waren die Aufführungen des Laienzirkels verboten, das Privattheater geschlossen. Sofort vollzog die gute Gesellschaft eine Kehrtwendung und schwenkte ins Lager der Siegerin.

Als das erste Kind des Paares, eine Tochter namens Isabel, zur Welt kam, schien im Taufregister der Name des Erzeugers noch nicht auf. »Vater unbekannt« hieß es schamhaft. Das zweite Kind, ein Knabe, nur wenige Tage nach dem legitimen Thronfolger geboren, erhielt geschmackloserweise ebenfalls den Namen Pedro, dazu »Herzog d'Alcantara«, wie sein Vater – ein Titel, der dem ehelichen Sohn vorenthalten worden war! Als der Bastard wenig später starb, bereitete ihm sein Vater ein Staatsbegräbnis.

Domitila und ihre Kinder verließen die diskrete Absteige, der Kaiser errichtete seiner Geliebten das prunkvollste Palais, das Rio je gesehen hatte; aus aller Welt wurden die schönsten Möbel, Teppiche und Bilder geliefert, ein Heer feinstlivrierter Lakaien sorgte für das Wohl der Dame. Das Leben des Hofes verlagerte sich teilweise von Boa Vista in Domitilas Palais; um den Schein zu wahren, wohnte der Kaiser allerdings noch zeitweise bei der legitimen Ehefrau. Aber er konnte keine Minute ohne Titilia sein. So machte er sie kurzerhand zur Ersten Hofdame der Kaiserin; ihr Salär betrug das Sechsunddreißigfache dessen, was ihre Vorgängerin erhalten hatte.

All das war der raffgierigen Provinz-Circe noch immer nicht genug. Sie wünschte noch mehr Geld, sie wünschte noch mehr Einfluß. Es gelang ihr, den ganzen Familienclan in bedeutende, hoch dotierte Positionen zu befördern; an ihr führte kein Weg vorbei, wenn es um Vergabe von Posten und Abschluß wichtiger Verträge ging, wobei sie horrende Provisionen einstreifte. Sie verfügte, daß die ergebenen Gefolgsleute Leopoldines aus der Regierung entfernt wurden – bis hinauf zum Ministerpräsidenten Bonifacio. Ein Großteil des Palastpersonals wurde ausgewechselt und durch ihre Anhänger ersetzt. An der Spitze der höfischen Hierarchie standen dann ein ehemaliger Küchenjunge, ein gelernter Goldschmied und ein Barbier namens Placido, darauf spezialisiert, Kaiserin Leopoldine zu quälen.

Besonders schäbig verhielt er sich in der Affäre um Lady Mary Graham. Diese Witwe eines englischen Seeoffiziers war im Gefolge von Lord Cochrane nach Brasilien gekommen, eine welterfahrene, hochgebildete Dame, die selbst einige Bücher von Rang verfaßt hatte; Leopoldine schien sie hervorragend geeignet, die Erziehung der erstgeborenen Prinzessin, Dona Maria da Gloria, zu übernehmen.

Es gab gewisse Schwierigkeiten mit Dona Maria, die das heftige Wesen ihres Vaters geerbt hatte. Niemand, schon gar nicht die eigene Mutter, konnte mit der kleinen Wilden zurechtkommen, die sich standhaft weigerte, Tischmanieren anzunehmen – sie pflegte das Essen mit bloßen Händen in den Mund zu stopfen – oder ihre Launen zu zügeln. Die Siebenjährige führte stets eine Reitpeitsche mit sich; wenn sie in Zorn geriet – und sie geriet sehr häufig in Zorn –, hieb sie unbarmherzig auf ihre Spielgefährten und die Kinder der Negersklaven ein.

Leopoldine, den Wutausbrüchen ihrer Tochter ebensowenig gewachsen wie denen des Gatten, wünschte nichts sehnlicher, als aus Maria da Gloria eine Prinzessin nach ihren altmodischen europäischen Vorstellungen zu machen, und engagierte darum Lady Graham als Gouvernante.

Die Engländerin – noch dazu eine protestantische »Ketzerin« – war der Hofkamarilla von Anfang an ein Dorn im Auge. Placido wies ihr ein schäbiges Zimmer unter dem Dach zu, außer einem Wasserträger erhielt sie keine Dienerschaft. Als sich herausstellte, daß die hoffnungslos vereinsamte Leopoldine und Mary Graham eine tiefe, aufrichtige Seelenfreundschaft verband, war die Zeit gekommen, etwas gegen die lästige Ausländerin zu unternehmen. Geschlossen drohten die Damen des Hofes, den Dienst zu verweigern, falls Mary Graham nicht das Feld räumte. Als Vorwand diente die angebliche Hochnäsigkeit der englischen Aristokratin, die es einmal gewagt hatte, in der Kutsche zur Rechten statt zur Linken der Prinzessin zu sitzen, und die es ablehnte, dem Kaiser die Hand zu küssen.

Mary Graham mußte gehen. Placido verweigerte ihr jegliche Hilfestellung, die Kaiserin selbst war es, die, in Tränen aufgelöst, der Freundin die Koffer packen half. Mary Graham verließ Boa Vista bei strömendem Tropenregen und schleppte ihr schweres Gepäck eigenhändig durch den Morast über den Schloßhof. Am Tor stand Placido und schüttete sich aus vor Lachen.

Leopoldine speiste nicht mehr am Tisch ihres Mannes. Man servierte ihr das Essen in dem Kämmerchen, wo noch immer die unausgepackten Kisten standen, die als Brautgut mit über den Atlantik gekommen waren. Der Flügel des Schlosses, in dem sie lebte, wurde am Abend abgesperrt und erst am Morgen wieder geöffnet. Sie verbrachte ihre Zeit hauptsächlich auf stundenlangen, einsamen Ausritten, und sie vernachlässigte ihr Äußeres immer mehr. Als echte »Kummer-Esserin« war sie unförmig dick geworden, das Gesicht aufgedunsen und stark gerötet, keine Spur mehr vom einstmals so bewunderten zarten, hellen Teint. Meist trug sie formlose Baumwollkleider, ohne Mieder, ohne Unterwäsche, an den nackten Füßen Holzpantoffeln. Das mag zum Teil seinen Grund darin gehabt haben, daß sie immer mehr unter der Hitze litt, daß ihr Toiletten seit jeher gleichgültig gewesen waren, aber möglicherweise auch in ihrer finanziellen Lage. Sie konnte sich keine neuen Kleider mehr leisten, während Domitila buchstäblich in Geld schwamm; ein einziges ihrer häufigen Galadiners verschlang die zehnfache Summe dessen, was Leopoldine als monatliches Nadelgeld bekam – oder nicht bekam, da Placido die Apanage nach Lust und Laune auszahlte.

Leopoldine mußte Schulden machen, um ihre Dienerschaft entlohnen zu können und, was sie noch immer nicht lassen konnte, Menschen in Not zu helfen. Erschütterndes Zeugnis für ihre verzweifelte Lage geben Handzettel der Kaiserin an ihren Sekretär mit der Bitte, ihr neue Kredite zu verschaffen: »Meine Lage ist traurig, meinem Gemahl liegt nichts daran, als an der verdammten Hexe.« Oder: »Verzeihen Sie das schlechte Papier, aber das Elend ist bereits bis zu diesem Punkt gestiegen.«

Sie sandte nun wieder endlose Episteln an die Verwandten in Europa. Ihre Briefe strömten über vor brennendem Heimweh, aber sie verlor kein Wort über ihre Kümmernisse. Nur Marie Louise deutete sie gelegentlich an, daß der Gatte sich ihr entfremdet hätte, aber er werde, so hoffe sie inständig, eines Tages zu ihr zurückfinden, sie müsse nur »Tugend und Geduld bewahren«. Kein Blatt vor den Mund nahm sich der österreichische Gesandte, Baron Marschall, in seinen Berichten nach Wien. Einen dieser Briefe ziert die handschriftliche Randbemerkung Kaiser Franz' I.: »Wehe mir, jetzt weiß ich, was für ein miserabler Kerl mein Schwiegersohn ist.« Soweit bekannt, wurde von Wien aus jedoch kein Finger gerührt, die Tochter des österreichischen Kaisers wenigstens moralisch zu unterstützen.

Leopoldine beklagte sich nicht, als Dom Pedro seine Mätresse zur Vicomtesse von Santos machte, ihr damit den höchsten Adelstitel verlieh, den er zu vergeben hatte; die Kaiserin nahm es hin, daß ihr Mann jetzt seine Ausritte und Ausfahrten mit der Geliebten absolvierte, und sie trug es schweigend, als er ihr verbot, allein auszureiten. Anfang 1826 reiste der Kaiser nach Bahia (heute São Salvador). Er nahm seine Frau, seine Konkubine und seine älteste Tochter mit auf die Schiffahrt. Während der Kaiser, Dona Domitila und Dona Maria da Gloria an Deck promenierten, hielt sich Leopoldine in ihrer Kabine auf. Bei Tisch saß Dom Pedro am Kopfende der Tafel, Domitila zur Linken, Maria da Gloria zur Rechten. Der Kaiserin wurde das Mahl auf Deck serviert. In Bahia bewohnte das Liebespaar das Stadtpalais, die Ehefrau hatte man in einem schäbigen Bürgerhaus untergebracht.

Mit steinerner Miene erduldete Leopoldine die nicht abreißende Kette von Demütigungen, die einen weiteren Höhepunkt erreichten, als Dom Pedro, kurz nach der Rückkehr aus Bahia, zu einer Großen Gala im Palais Domitilas lud; seine nun dreijährige illegitime Tochter Isabel wurde im Verlauf der Feier offiziell zur kaiserlichen Prinzessin erhoben und sollte von da an mit den ehelichen Kindern zusammen erzogen werden. Der Adel, das diplomatische Korps, die Spitzen von Armee und Kirche erschienen vollzählig, und keiner weigerte sich, vor dem Bastard in die Knie zu sinken und ihm die Hände zu küssen. An diesem schwärzesten Tag ihres Lebens, den sie nicht nur als Demütigung ihrer selbst, sondern auch ihrer Kinder empfand, widersetzte sich die Kaiserin dem Gebot, nicht mehr allein auszureiten. Sie galoppierte acht Stunden lang ohne jede Begleitung durch die Wälder um Boa Vista. Anschließend ging sie in ihr Zimmer, versperrte die Tür und ließ niemanden vor. Von da an stand sie unter Hausarrest. Sie durfte den Palast nur verlassen, wenn Dom Pedro ausdrücklich die Erlaubnis gab, und sie durfte sich ausschließlich in seiner und Domitilas Begleitung in der Öffentlichkeit zeigen.

Zum ersten Mal brach Leopoldine das Schweigen, das sie sich, in der Hoffnung, durch »Tugend und Geduld« die Zuneigung ihres Mannes zurückzuzewinnen, selbst auferlegt hatte. »Wegen des verführerischen Ungeheuers bin ich jetzt in den Zustand einer Sklavin versetzt«, schrieb sie an Marie Louise.

Das »verführerische Ungeheuer« wurde zunehmend Anlaß kritischer Töne aus dem Volk. Wenn sich auch die Aristokratie, die Wirtschaft, das Militär, die Politiker und die Kirchenfürsten mit Don Domitila arrangiert hatten, das Gros der kleinen Leute stand auf Leopoldines Seite. Als am 24. August 1826 der eheliche Sohn des Kaisers feierlich zum Erbprinzen erklärt und aus diesem Anlaß eine Große Gala angesetzt war, hielt ausgerechnet Domitilas Vater den Prinzen auf dem Arm. Es war nur eine der vielen kleinen, abscheulichen Episoden im Gefolge der anstößigen Liebesaffäre, aber just dieser Zwischenfall löste schwere Unruhen aus, die das Militär in Alarmbereitschaft versetzten. Die Straßen waren mit gehässigen Flugblättern und Karikaturen übersät, auf den Häusern tauchten Plakate mit unverhohlenen Schmähungen des Kaisers und seiner Mätresse auf. Eine Revolution stand ernstlich zu befürchten.

Für einen Augenblick erwachte der Kaiser aus seinem verhängnisvollen Liebesrausch und mied den Palast der Geliebten. Wie in alten Tagen kutschierte er an Leopoldines Seite durch die Straßen der Stadt, wie in alten Tagen ritt er mit ihr aus. Wie in alten Tagen teilte er mit ihr Tisch und Bett, so daß sie – zum neunten Mal innerhalb von acht Jahren – schwanger wurde.

Leopoldine blühte wieder auf, aber das Glück hielt nur wenige Wochen. Anfang Oktober verließ der Kaiser Boa Vista, um seinen Wohnsitz endgültig im Stadtpalais Domitilas aufzuschlagen, die mittlerweile auch über zwei fürstliche Landsitze verfügte.

Leopoldine, von ihrer Verzweiflung zum Äußersten getrieben, tat etwas absolut Unerhörtes. Am 21. Oktober schrieb sie ihrem Mann, er möge sich endgültig zwischen ihr und Dona Domitila entscheiden. Sei er gewillt, bei der Geliebten zu bleiben, würde sie in ihr Vaterland zurückkehren.

Vergeblich wartete sie auf Antwort. Daraufhin setzte sie eine weitere tollkühne Tat, indem sie die persönlichen Effekten des Kaisers in Koffer verpacken und vor Dona Domitilas Tür stellen ließ.

Diesmal reagierte Dom Pedro auf der Stelle. Schäumend vor Wut raste er nach Boa Vista und machte seiner Frau eine schreckliche Szene. Es gibt keine Augenzeugen für diese eheliche Auseinandersetzung hinter verschlossenen Türen, aber genügend Ohrenzeugen, die zu berichten wußten, daß nicht nur der Kaiser, sondern, zur allgemeinen Verblüffung, auch die sonst so selbstbeherrschte und zurückhaltende Kaiserin schrie und tobte. Einige wollen auch Schläge und Schmerzensrufe vernommen haben.

Nachdem der Kaiser ihr Zimmer verlassen hatte, sagte Leopoldine nichts weiter, als daß sie sich krank fühle. Ab Anfang November hütete sie immer häufiger das Bett. Sie klagte über nächtliche Schweißausbrüche, Kopfweh, starke Schmerzen an der rechten Hüfte (verursacht durch Schläge?), Magenbeschwerden, Verdauungsstörungen. Zu ihrem Arzt – er behandelte sie mit Brechmitteln, wodurch sich ihr Zustand weiter verschlechterte – sprach sie über alte Zeiten, über verzehrendes Heimweh, über ihre Sehnsucht nach einer vertrauten Seele und immer häufiger übers Sterben.

Am 20. November gab der Kaiser eine Große Gala aus Anlaß seiner bevorstehenden Abreise in die Provinz Cisplatina (heute der selbständige Staat Uruguay), und er legte besonderen Wert auf die Anwesenheit seiner Gattin, da die Bevölkerung nach der endgültigen Trennung des Ehepaares wieder unruhig geworden war. Leopoldine ließ sich wegen ihres schlechten Gesundheitszustandes entschuldigen. Worauf der Kaiser mitsamt der Mätresse (!) ins Schlafzimmer seiner Frau stürzte, sie aufs unflätigste beschimpfte und brutal zusammenschlug.

»Höre den Schrei eines Opfers«, heißt es im letzten Brief Leopoldines an die Schwester, »das von Euch nicht Rache . . . sondern Mitleid für unschuldige Kinder verlangt, die als Waisen in den Händen jener Personen bleiben werden, die die Urheber meines Unglücks gewesen sind und mich in diesen Zustand versetzt haben . . . Kürzlich ging er (Pedro) so weit, daß er mich in der Gegenwart derjenigen mißhandelte, die die Ursache meines ganzen Unglücks ist . . . das zweifelsohne die Ursache meines Todes sein wird.«

Zwei Tage später, unmittelbar vor der Abreise, besuchte der Kaiser seine Frau zum letzten Mal, wofür es auch einen Augenzeugenbericht gibt: »Sie schenkte ihm einen Ring mit zwei kleinen Brillanten, der,

267

wenn man ihn öffnet, zwei Herzen mit den Namen beider aufwies, und als sie ihn ihm zeigte, sagte sie schluchzend: ›Ich sterbe. Wenn du zurückkommst, wirst du mich nicht mehr vorfinden. Die, die im Leben getrennt worden sind, mögen nach dem Tode vereint werden.‹« Sie hatte ihm verziehen, weil sie ihn bis zum letzten Atemzug liebte.

Am 2. Dezember erlitt Leopoldine eine Fehlgeburt. Von da an begann ihr langer Todeskampf, ausgelöst durch bis zu dreizehn Durchfällen pro Tag, Attacken von hohem Fieber, Herzjagen, Atemnot. Sie verfiel abwechselnd in starre Teilnahmslosigkeit und wilde Fieberphantasien; ihr schäumender Mund spie all die Anklagen und Verwünschungen aus, die sie jahrelang in eiserner Disziplin hintergewürgt hatte. Aus Sorge, daß davon etwas an die Öffentlichkeit dringen könnte, wurden alle Besuche verboten, ständig wachte ein Minister an ihrem Bett.

Dona Domitila hatte die Stirn, Zutritt zum Krankenzimmer zu verlangen, und pochte auf ihr Recht als Erste Hofdame. Der österreichische Gesandte, Baron Marschall, der sich die meiste Zeit in einem Vorzimmer aufhielt, schilderte die Szene so: »Ich habe ... die herrische Miene der Mätresse betrachtet, die die Gemächer durchschritt, als ob sie gekommen wäre, um von ihnen Besitz zu ergreifen. [Ich hörte auch] ihren arroganten und skandalösen Ton, mit dem sie sich darüber beschwerte, daß die Oberhofmeisterin nicht alles liegenließ, um sie zu empfangen.« Es blieb der Kaiserin dennoch erspart, die verhaßte Nebenbuhlerin noch einmal zu sehen.

In einem lichten Augenblick nahm sie Abschied von ihren Kindern und der Dienerschaft. Am 10. Dezember erhielt sie die Sterbesakramente, und der Puls war kaum mehr zu tasten, die Atmung kaum wahrnehmbar. Sie verschied am 11. Dezember 1826 um 10 Uhr vormittag, ruhig und friedlich, fünf Wochen vor ihrem 30. Geburtstag. Vergeblich all die Messen und Bittprozessionen, welche die Bevölkerung von Rio während Leopoldines Krankheit veranstaltet hatte, vergeblich die Gebete eines ganzen Landes. Nach dem Tod der Kaiserin schien die Stadt zunächst wie gelähmt vor Schreck und Schmerz, dann liefen die Menschen auf die Straße, fielen einander weinend in die Arme, ungezählte Negersklaven rotteten sich vor dem Palast zusammen und heulten: »Wir haben unsere Mutter verloren, wer wird uns jetzt noch helfen?«

Unruhe machte sich breit, Flugblätter und Maueranschläge forderten Rache für den Tod der Kaiserin, selbst die bislang der Domitila hörige Presse begann den Kaiser und seinen bösen Dämon zu attackieren. Militär stand, Gewehr bei Fuß, bereit, als man Leopoldine am 14. Dezember, gefolgt von aber Tausenden Trauernden, zu Grabe trug.

Doch Brasilien war noch nicht reif für die Revolution. Es sollte weitere fünf Jahre dauern, bis das Volk aufstand, Dom Pedro absetzte und außer Landes jagte.

Sein und Leopoldines einziger Sohn, Kaiser Pedro II., bestieg als Sechsjähriger den Thron. Ab seinem fünfzehnten Lebensjahr regierte er selbständig bis 1889. Er war ein guter, weiser Fürst. »Es war die Mutter Dom Pedros II., die ihm ihre seltenen Tugenden, Charakterstärke, Ausgeglichenheit, Selbstlosigkeit und Wissensdurst vererbte«, heißt es bei Bazerra, dem bedeutendsten Biographen des Monarchen.

Leopoldine wurde zunächst in der Kirche des Ajuda-Klosters beigesetzt. 1954 fand sie ihre endgültige Ruhestätte in dem gewaltigen brasilianischen Nationaldenkmal, das genau an jener Stelle in der Nähe von São Paulo errichtet wurde, wo Dom Pedro die Mitteilung seiner Frau über den Unabhängigkeitsbeschluß erhalten hatte. 1972 endlich ging Leopoldines letzter Wunsch in Erfüllung. Die Gebeine ihres Mannes, der 1834 in Lissabon gestorben war, wurden an ihrer Seite bestattet.

Stammtafel zu den Kapiteln »Blutige Mitgift« (Kunigunde 1465–1520,
»Europas bester Diplomat« (Margarete 1480–1530),»Herz unterm Panzer«
(Maria 1505–1558),»Vor Sonnenaufgang« (Anna 1601–1666)

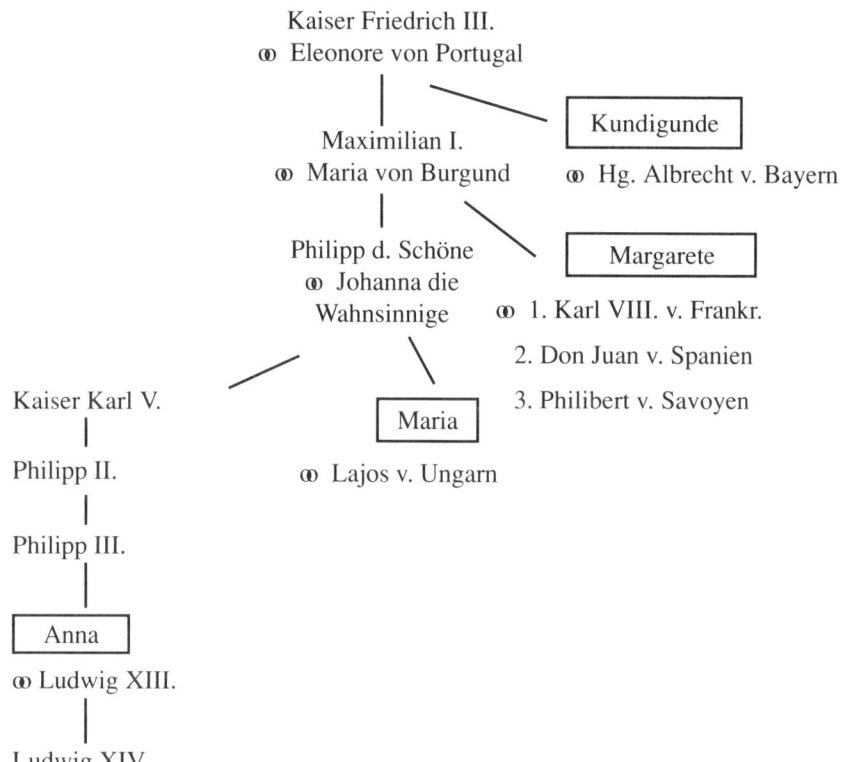

Kaiser Friedrich III.
⚭ Eleonore von Portugal

Maximilian I.   Kundigunde
⚭ Maria von Burgund   ⚭ Hg. Albrecht v. Bayern

Philipp d. Schöne   Margarete
⚭ Johanna die
Wahnsinnige   ⚭ 1. Karl VIII. v. Frankr.

                           2. Don Juan v. Spanien

Kaiser Karl V.   3. Philibert v. Savoyen

Philipp II.   Maria
                ⚭ Lajos v. Ungarn
Philipp III.

Anna
⚭ Ludwig XIII.

Ludwig XIV.

Stammtafel zu den Kapiteln »Allein gegen Napoleon« (Marie Karoline 1752–1814), »Sturz in die Hölle« (Leopoldine 1797–1826)

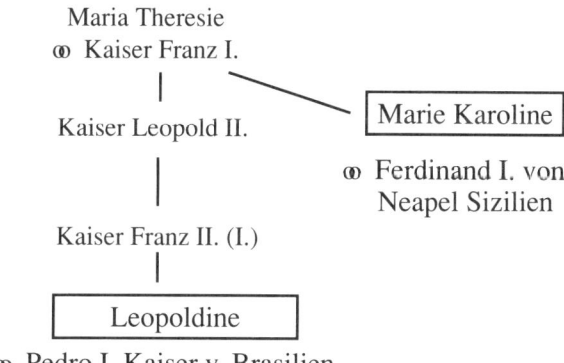

Maria Theresie
∞ Kaiser Franz I.

Kaiser Leopold II.

Marie Karoline

∞ Ferdinand I. von Neapel Sizilien

Kaiser Franz II. (I.)

Leopoldine

∞ Pedro I. Kaiser v. Brasilien

Teil 2

Habsburgs vergessene Kinder

Für Bastian in Liebe und Dankbarkeit

Kinder und Enkel

Wer war Don Juan de Austria?
Viele wissen es nicht. Aber sehr gebildeten und in der Geschichte überaus sattelfesten Menschen kommt, mit der gewissen Überlegenheit derer, die sich ihrer Sache absolut sicher sind, die Antwort geschwind über die Lippen: Don Juan d'Austria war der natürliche Sohn Kaiser Karls V. aus der Beziehung mit der Bürgerstochter Barbara Blomberg, glorreicher Sieger über die Türken in der Seeschlacht von Lepanto im Jahre 1571.
Und das ist dann der Augenblick meines Triumphes. Nein, sage ich, ich meine den anderen.
Welchen anderen?
Den Sohn König Philipps IV. und der Schauspielerin Maria Calderón, glorreicher Sieger über den Aufstand der »Masaniellos« im Neapel des Jahres 1647.
Darauf folgt meist ein irritiertes Schweigen der sehr gebildeten und in der Geschichte überaus sattelfesten Menschen, bis sie sich zu der Frage durchringen, wie ich denn auf jenen anderen Don Juan gekommen sei, von dem kein Mensch – Fachhistoriker ausgenommen – je zuvor gehört hat.
Das ist nun wieder eine Geschichte für sich. Begonnen hat sie vor einigen Jahren, als mein Ärger wuchs, daß immer nur über dieselben Frauen des Hauses Habsburg geschrieben wird. Aus purer Neugier befaßte ich mich eingehender mit den links liegengelassenen Damen aus dem großen Geschlecht. So kam das Buch »Habsburgs verkaufte Töchter« zustande, das lebhaftes Interesse sowie mancherlei Fragen auslöst. Was, zum Beispiel, sei denn aus dem Sohn der unglücklichen Kaiserin Leopoldine von Brasilien, Tochter Kaiser Franz' I. von Österreich, geworden, der seine Mutter bereits im Alter von einem Jahr verloren

hat? Kaiser von Brasilien – soviel war mir schon klar, Näheres jedoch nur rudimentär.

Ich folgte der Anregung, suchte alles Erreichbare über diesen Kaiser Pedro II. zusammen und stieß auf einen bemerkenswerten Mann, der noch einmal, wie in einem Prisma, alle lobenswerten Herrschereigenschaften der Habsburger in sich vereinigte – wenn er auch »nur« ein Enkel und kein Sohn des Hauses Österreich war.

So kam dann eines zum anderen ...

Die Lebensläufe der Kinder Marie Antoinettes müßte man doch auch verfolgen, besonders jetzt, zum 200. Jahrestag der Französischen Revolution! Das Schicksal von Marie Antoinettes Sohn Louis mag manchen schemenhaft erinnerlich sein. In der Schule haben wir lediglich erfahren, daß er im Hause eines Schusters gelebt haben soll – und das ist schon einmal falsch, wie so vieles, das man uns beigebracht hat. Louis war bis zu seinem frühen Tod im Temple gefangen, der *ehemalige* Schuster Simon war sein Kerkermeister. Von der Tochter Marie Antoinettes, Marie Thérèse, wissen wir im allgemeinen so gut wie gar nichts. Oder hat man je gehört, daß Marie Thérèse, wenn auch nur einen Herzschlag lang, Königin von Frankreich war? Ist man nicht überrascht zu vernehmen, daß Marie Antoinettes Tochter in Rußland, in England, in Schottland, in Wien und in Prag gelebt hat und nahe Wiener Neustadt gestorben ist?

So ging ich den Lebenslinien von weiteren vergessenen Kindern und Enkeln der Habsburger nach; ich war verblüfft und entzückt, aus einer Fülle bunter, lebenspulsierender Geschichten voller Überraschungen und Pointen schöpfen zu können. Zum Vorschein kamen Menschen mit ihren Ängsten und Leidenschaften und Verstrickungen, ihren heroischen Höhepunkten und ihren abgrundtiefen Nöten. Sie haben es wahrlich nicht verdient, weiterhin im Schatten der meist zum ehernen Standbild ihrer selbst erstarrten berühmten Verwandten dahinzudämmern.

Der Leser wird sich vielleicht wundern, in diesem Buch nur sympathischen oder zumindest respektablen Hauptfiguren zu begegnen, in einer Zeit, da uns ständig vorgelebt wird, daß offensichtlich die negativen Charaktere überwiegen. Ein Erscheinungsbild, das von Büchern und Zeitungen, von Theater, Film und Fernsehen genüßlich ausgewalzt, so lange vergröbert und verallgemeinert wird, bis schließlich der Eindruck entsteht, der Homo sapiens sei ein durch und durch verkommenes Wesen, rettungslos dem selbstverschuldeten Untergang geweiht. Zugegebenermaßen war es ursprünglich nicht meine Absicht, aus dem reichhaltigen Material nur die gefälligen unter den vergessenen Kindern des Hauses Habsburg herauszupicken. Bis ich auf einmal merkte, daß ich an die Grenzen meiner schriftstellerischen Gestaltungskraft geriet: Als ich mich mit einer Habsburgerin beschäftigte, die sich bei näherem Nachforschen nicht nur als labil und wankelmütig, sondern dazu noch als egoistisch und korrupt erwies, ließ ich die mühsame Recherchenarbeit von einigen Monaten ohne weiteres sausen. Alles in mir sträubte sich dagegen, über jemanden zu schreiben, den ich nicht leiden konnte. Vielleicht kommt das daher, daß ich ein altmodischer Mensch bin, behaftet mit der augenblicklich allgemein verpönten und verhöhnten Sehnsucht nach einer heilen Welt, die von anständigen Menschen bewohnt wird.

Das Buch »Habsburgs schwarze Schafe« soll schreiben, wer will – ich werde es bestimmt nicht tun.

Thea Leitner

Wien, im Januar 1989

Sohn einer Komödiantin

Don Juan José de Austria 1629–1679

Dreimal versuchte der Prinz zum todkranken König vorzudringen, dreimal wurde er abgewiesen. »Was will er, ich habe ihn nicht gerufen«, keuchte der alte Mann. »Sagt ihm, jetzt ist Zeit zum Sterben und nichts anderes.«

Don Juan José de Austria, der sechsunddreißigjährige Lieblingssohn Philipps IV., blieb an diesem 17. September 1665 draußen vor der Tür, während man seinen vierjährigen Halbbruder Carlos ans Sterbelager schleppte. Philipp flüsterte dem Kind zu: »Möge der Herr in seiner Güte dich glücklicher machen, als ich es war.« Dann ging er von dieser Welt. Das war der Anfang vom Ende von Habsburgs Glorie in Spanien.

Als Carlos, dann bei uns schon besser bekannt unter dem Namen König Karl II., fünfunddreißig Jahre später kinderlos sein armes bißchen Leben aushauchte, entbrannte schließlich zwischen Frankreich und Österreich, genauer gesagt zwischen Bourbon und Habsburg, der aus langweiligen Schulstunden hinlänglich bekannte Spanische Erbfolgekrieg. Er kostete Tausenden Männern das Leben und Habsburg die spanische Krone.

Mit diesem unseligen Krieg war Habsburg in zwei selbstgestellte Fallen geraten: in die Falle seiner spekulativen Heiratspolitik und in die Falle seines starren Standesstolzes.

Bourbon pochte auf seine Erbrechte, weil Ludwig XIV. mit der spanischen Habsburgerin Maria Teresa verheiratet war. Im Ehevertrag war ausdrücklich festgehalten, daß Maria Teresa und ihre Nachkommen den Anspruch auf Spaniens Krone behielten, falls ihre Mitgift in der Höhe von 500 000 Gulden nicht bezahlt würde. Da die Spanier außerstande waren, diese horrende Summe aufzubringen, war Frankreichs Begehren rechtlich abgesichert. Der Habsburger-Sproß aber, der alle physischen und psychischen Eigenschaften besessen hätte, dem Hause Österreich nicht nur gesunden Nachwuchs zu garantieren, sondern Spanien zu jener Weltgeltung und Wehrhaftigkeit zurückzuführen, die es einst besessen hatte, dieser Mann war mehr oder weniger ins Abseits gedrängt. Er war zwar als königlicher Prinz anerkannt, jedoch von der Erbfolge ausgeschlossen. Der Makel seiner illegitimen Geburt hinderte ihn an der vollen Entfaltung seiner Talente. Don Juan José de Austria leuchtete nur kurz wie ein heller Komet im immer dichter werdenden Dunkel der spanischen Nacht . . .

Das spanische Weltreich war schon längst ein Koloß auf tönernen Füßen, als Don Juans Vater, Philipp IV., 1621 an die Macht kam. Es hätte übermenschlicher Kraft, übermenschlicher Weisheit und übermenschlicher Geduld bedurft, das lecke Staatsschiff wieder flottzumachen. Philipp besaß nichts davon.

Er hatte von seinem Vater ein praktisch bankrottes Reich übernommen, durch innere Fehden und auswärtige Kriege zermürbt und ausgelaugt. Das spanische Mutterland war niemals eine nationale Einheit gewesen, sondern ein Konglomerat von mühsam zusammengehaltenen Volksgruppen, die eigene Sprachen und eigene Gebräuche pflegten (Basken, Katalanen, Andalusier) und in ständigem Aufruhr gegen die von Madrid aus gelenkte Vorherrschaft der Kastilier ankämpften. Während Philipps Regierungszeit kam es zu mehreren blutigen Revolutionen, vor allem von seiten der Katalanen, die nur mit äußerster Brutalität unterdrückt werden konnten.

Philipps Truppen kämpften aber auch gegen Portugal, das Ende des 16. Jahrhunderts von Spanien annektiert worden war und nun erbittert um seine Freiheit rang. Spanien lag in ständiger bewaffneter Konfrontation mit seinem französischen Nachbarn sowie mit den erst vor wenigen Jahrzehnten abgefallenen Teilen der Niederlande, die meist von England unterstützt wurden, und Spanien stand den österreichischen Habsburgern auch noch im Dreißigjährigen Krieg bei.

Erschreckend war der Bevölkerungsschwund: Hatte Spanien zur Zeit Kaiser Karls V. (als spanischer König Karl I.) noch mehr als zehn Millionen Einwohner gezählt, so waren es beim Regierungsantritt Philipps IV. nur noch rund sieben Millionen. Diese Verluste waren zum Teil auf zwei schwere Pestepidemien mit einer Million Opfern, zum Teil auf kurzsichtige politische Maßnahmen zurückzuführen: 800 000

Morisken – die Nachfahren der einstmals herrschenden Araber – und 350 000 Juden waren im Verlauf weniger Jahrzehnte aus dem Land getrieben worden. Peinlicherweise waren es gerade diese Morisken und diese Juden gewesen, die Handel und Wandel im Lande vorangetrieben hatten. Die Morisken waren tüchtige Handwerker und fleißige Arbeiter, die Juden bildeten den Humus, auf dem geistiger und wirtschaftlicher Fortschritt gediehen.

Selbst die wenigen Juden, die sich das spanische Heimatrecht durch die Taufe erkauft hatten, blieben von allen staatlichen und politischen Funktionen ausdrücklich ausgeschlossen. Das Gesetz des »reinen Blutes« (limpieza de sangre), ein direkter Vorläufer des berüchtigten Ariernachweises im Deutschland des 20. Jahrhunderts, anerkannte nur jene Mitbürger als vollwertig, deren Eltern und Großeltern bereits katholisch gewesen waren.

Aber nicht nur die Morisken und Juden gingen dem Land und seiner Wirtschaft verloren: Abertausende junge Männer, die entweder im Kriegsdienst standen oder den Sirenenlockungen folgten, welche raschen Reichtum und grenzenloses Glück in den neuerworbenen Kolonien verhießen, stellten einen nicht wiedergutzumachenden Aderlaß dar. Weite Landstriche blieben unbestellt. Inflation, Hungersnöte und wahnwitzig hochschnellende Preise für alle Lebensmittel waren die Folge. Spanien wurde das teuerste Land Europas.

Und die Steuern! Innerhalb weniger Jahrzehnte stieg die Belastung um 400 Prozent – die Lebenshaltungskosten erhöhten sich »nur« um 300 Prozent. Die Abgaben waren höchst ungleichmäßig verteilt. Die ganz Armen – und deren gab es nur allzu viele – konnten nichts an den Staatssäckel abführen. Adel, Beamte, Offiziere und Klerus brauchten keine Steuern zu zahlen. Spanien verfügte über siebenunddreißig Bistümer, 200 000 Geistliche und 300 000 Beamte. Die Zahl der Adeligen stieg sprunghaft an: Sie hatte sich seit 1520 versiebenfacht; die neuen Granden (höchste Adelsstufe) sowie Títulos (alle übrigen vom Herzog bis zum Hidalgo) durften sich neben der Steuerfreiheit auch noch anderer, außerordentlicher Privilegien wie Sonderstellung gegenüber der Justiz erfreuen.

Zu der Schwemme an Adelstiteln war es gekommen, nachdem die königlichen Schatzmeister im Schacher mit den begehrten Prädikaten eine ständig sprudelnde Einnahmequelle entdeckt hatten. Bis zu 30 000

Gold-Escudos brachte der Verkauf eines Wappens an die zahlungskräftige Klientel. Warum sollte man nicht mit Adelstiteln handeln, wenn alles und jedes auf dem Weg über Bestechung und Korruption zu haben war? Nicht nur Ämter und Titel, auch Patente, Papiere und Privilegien kamen so unters Volk. Groteskes Paradebeispiel: Die Universität von Navarra handelte mit Arztdiplomen, obwohl sie gar keine medizinische Fakultät besaß. Und die Bettler von Madrid, die sich hauptsächlich aus arbeitslosen Landarbeitern rekrutierten, durften ihrem »Gewerbe« nur dann nachgehen, wenn sie ein diesbezügliches Zertifikat erworben hatten. Wurden sie ohne dieses aufgegriffen, steckte man sie in Arbeitshäuser oder warf sie aus der Stadt.

Und das Gold? Die unermeßlichen Reichtümer aus den überseeischen Provinzen? Hören wir dazu die Stimme eines Fachmanns. Der Diplomat und Historiograph Francisco Sancho de Moncada schrieb 1619: »Die Entdeckung Amerikas trägt die Schuld an der spanischen Armut.« Was paradox klingt, läßt sich nicht nur durch die simple Volksweisheit »Gold allein macht nicht glücklich«, sondern durch die Grundgesetze wirtschaftlicher Abläufe erklären.

Gold an sich ist nutzlos, wenn die dazugehörige Infrastruktur fehlt. Spanien brachte, ähnlich den heutigen Entwicklungsländern, fast ausschließlich Rohprodukte hervor: Wolle, Seide, Eisenerz. Es verfügte über keine noch so bescheidene Industrie, kein voll entwickeltes Gewerbe. Alle Fertigprodukte mußten um schweres Geld und Gold aus dem Ausland eingeführt werden. Des lukrativen Handels mit Übersee hatten sich längst Holländer und Engländer bemächtigt, das berühmtberüchtigte Gold aus Amerika floß zum Teil direkt in europäische Bankhäuser – von wo die spanische Regierung sich das Geld für hohe Zinsen wieder ausleihen mußte. Außerdem: die spanische Flotte war längst nicht mehr imstande, die kostbaren Transporte hinreichend zu schützen. Das Edelmetall fiel einzelnen Piraten oder wohlorganisierten englischen und holländischen Kaperflotten in die Hände.

Philipp IV. war gerade sechzehn, als er den Thron bestieg. Ein nicht besonders hübscher, aber leidlich begabter Junge, der leicht lernte – er sprach fließend Kastilisch, Französisch, Italienisch und Portugiesisch. Aber er war ein verwöhntes Kind gewesen und niemals wirklich zu ernsthafter Arbeit angehalten worden. Dieses Negativum teilte er mit allen Söhnen des höheren und niederen Adels, denn Arbeit galt als

König Philipp IV. von Spanien

plebejisch und nichtswürdig – eine Geisteshaltung, die übrigens bis in die breitesten Volksschichten drang. Es sind genug Fälle bekannt, daß Handwerkersöhne, hatten sie einmal vom fleißigen Vater ein wenig Geld geerbt, lieber dem Müßiggang frönten, als einer nützlichen Beschäftigung nachzugehen – auch dies ist ein Grund für Spaniens Rückständigkeit auf allen Gebieten.

Schon Philipp III. hatte sich herzlich wenig um die Regierungsgeschäfte gekümmert, und sein Sohn sah durchaus keine Veranlassung, es anders zu halten. An der Spitze der Regierung standen unter Philipp III. blutsaugerische und speichelleckerische Günstlinge des Monarchen. Auch beim jungen Philipp IV. war sogleich der rechte Mann zur Hand, der dem Knaben die lästige Arbeit des Regierens abnahm. Don Gasparo de Guzman, Graf von Olivarez, Herzog von San Lucar de Barranda, hatte bald alle wichtigen Funktionen inne. Don Gasparo gebot über die Innen- und die Außenpolitik, ohne ihn lief nichts im Lande.

Philipp IV., gutmütig, träge und – zumindest nach außen – sehr fromm, war zufrieden, solange er nur seinen persönlichen Interessen nachgehen konnte. Er lebte in der hermetisch abgeschlossenen Scheinwelt des Hofes, dessen sinnloser Tagesablauf vom eisernen Korsett des immer bizarrer werdenden Hofzeremoniells zusammengehalten wurde; es hieß übrigens in Spanien nicht das spanische, sondern das burgundische, in stolzer Erinnerung an die glorreichen Ahnen aus der mittelalterlichen Großmacht Burgund. Es gab pompöse Feste, die Unsummen verschlangen, und aus dem geringsten Anlaß kostspielige Umzüge, Stierkämpfe oder glanzvolle Theateraufführungen.

Man hatte Philipp IV. schon als zehnjähriges Kind mit Elisabeth, der Schwester des französischen Königs Ludwig XIII., verheiratet; zugleich zog Philipps Schwester Anna nach Paris, um an der Seite Ludwigs XIII. von Herzen unglücklich zu werden. Philipp kümmerte sich weder um Glück noch um Unglück seiner Gemahlin; die Hauptsache, nämlich für Nachwuchs zu sorgen, erledigte er pflichtgemäß. Das Paar hatte sieben Kinder, von denen jedoch nur zwei, Maria Teresa und Baltasar Carlos, das zarteste Alter überlebten.

Philipp war von vier großen Leidenschaften besessen: Theater, Jagd, Stierkampf und Frauen. Fast täglich ging er jagen, fast täglich besuchte er ein Schauspiel oder eine Oper, fast täglich eine Corrida. Er bevorzugte bei weitem die perverseste Form dieses atavistischen Vergnügens am Töten wehrloser Tiere: die primitive Stierhatz.

Am Rande eines Gewässers wurde eine hölzerne Rutschbahn errichtet, deren glattgehobelte Bohlen durch reichlich darauf verschmierten Talg noch gleitfähiger gemacht wurden. Auf den höchsten Punkt der Rutsche stellte man einen Stier und versetzte ihm einen kräftigen Stoß. Das Tier verlor das Gleichgewicht und donnerte unter entsetzlichem Gebrüll, mit allen vieren wild um sich schlagend, in die Tiefe, bis es schließlich ins Wasser klatschte. Kaum tauchte der Stier an die Oberfläche, wurde er von Booten aus mit Lanzen, vom Wasser aus durch Schwimmer mit langen Dolchen attackiert. Versuchte die elende Kreatur an Land zu flüchten, wurde sie von weiteren tapferen Stierkämpfern mit einem Hagel von Geschossen empfangen. Hetzte der Bulle ins Wasser zurück, wurde er neuerlich von allen Seiten bedrängt. In panischer Angst torkelte und schwamm das Tier zwischen Wasser und Ufer hin und her, bis es seinen Verletzungen erlag oder in totaler Erschöpfung seinen Geist aufgab. Philipp hatte so viele Stierkämpfe und Stierhatzen gesehen, daß ihn schließlich selbst die raffiniertesten und sadistischsten Darbietungen zu langweilen begannen.

Ähnlich erging es ihm mit den Frauen. Schon von frühester Jugend an gewöhnt, seinen erotomanischen Gelüsten ungehindert nachzugehen, fand er bald kaum mehr an der Liebe Lust. Er hatte binnen kurzem im ganzen Land ungezählte Kinder gezeugt, um die er sich ebensowenig kümmerte wie um deren Mütter, als ihm ein Vertrauter des Grafen Olivarez – immer bemüht, dem Herrn und Gebieter zu Gefallen zu sein und ihn der Politik fernzuhalten – ein Mädchen ganz besonderer Art zuführte: die blutjunge und bildschöne Maria Calderón, ein einfaches Kind der andalusischen Berge, das in der Hauptstadt sein Glück als Schauspielerin gemacht hatte.

Es waren offenbar weder die Jugend noch die hervorstechenden äußeren Reize der Maria Calderón, die den damals vierundzwanzigjährigen König fesselten, als vielmehr eine kleine interessante anatomische Anomalie der Künstlerin, auf die man den schon fast liebesüberdrüssigen Lebemann aufmerksam machte. Kurz und gut: die Komödiantin wurde die offizielle Mätresse des Königs, und als sie ihm am 4. April 1629 einen Sohn gebar, war Philipp außer sich vor Freude. Dieses eine illegitime Kind hob er heraus aus der Schar seiner Bastarde, zu diesem allein bekannte er sich in aller Öffentlichkeit. Don Juan José durfte sich Hoheit nennen und wurde als solche behandelt; die Königin mußte ihn als »mein lieber Sohn« ansprechen, was ihr zeitlebens die größten Schwierigkeiten bereitete.

Doña Maria Calderón verschwand bald in der Versenkung, man weiß nichts über ihren weiteren Lebensweg, Don Juan hingegen konnte sich der ungebrochenen Liebe seines Vaters erfreuen – fast bis an dessen Lebensende. Aber eben nur fast bis dahin.

Don Juan José de Austria war ein außergewöhnlich hübscher Knabe. Er hatte von der Mutter die ebenmäßige Gestalt, das feingeschnittene Gesicht, die lackschwarzen Locken und vom Vater die strahlend blauen Habsburger-Augen geerbt. Sein Charme war hinreißend, er war jedermanns Liebling und noch dazu so vielseitig begabt, daß seine Lehrer aus dem Staunen nicht herauskamen. Don Juan lernte mit Leichtigkeit auf allen Instrumenten zu spielen, sein malerisches und graphisches Talent war überdurchschnittlich, Mathematik, Sprachen und Geisteswissenschaften waren ihm das reine Kinderspiel.

Der entzückte Vater las dem Wunderkind jeden Wunsch von den Augen ab und verwöhnte ihn dermaßen, daß diese Affenliebe deutliche Spuren im Charakter Don Juans hinterließ: Er verlor, wie wir noch sehen werden, gelegentlich das rechte Maß für seine Grenzen, und wer sich seinen Wünschen widersetzte, den verdächtigte er, sein persönlicher Feind zu sein. Seine brillante Intelligenz bewahrte ihn nicht vor Hochmut gegenüber allen, die nicht auf seiner geistigen Stufe standen – und das war nun einmal die Mehrheit.

Philipp IV. schlug den Dreizehnjährigen zum Ritter. Der Junge erhielt einen eigenen Hofstaat und einen Palast in Consuegra, einer damals kleinen Stadt in der Provinz Toledo; seine Jahresapanage betrug nicht weniger als 100 000 Gold-Escudos. Den erst Fünfzehnjährigen wollte Philipp zum Statthalter des noch bei Spanien verbliebenen Teils der Niederlande ernennen, was aber an der wütenden Ablehnung der ohnehin zum Aufruhr neigenden Provinz scheiterte. Wie weit dieser Widerstand von Wien aus unterstützt und gelenkt wurde, läßt sich nicht mehr genau feststellen. Tatsache ist, daß die österreichische Verwandtschaft den kometenhaften Aufstieg des spanischen Bastards mit zunehmender Besorgnis wahrnahm.

Philipp beförderte seinen Liebling statt dessen zum »Principe de la

Maria Calderón

Don Juan José de Austria

Mar«, zum Oberkommandierenden der spanischen Flotte also, und eine gründliche militärische und nautische Ausbildung sollte in nicht allzu ferner Zeit erfreuliche Früchte tragen.

Unterdessen wurde Philipp von schweren Schicksalsschlägen getroffen. Nachdem er schon fünf seiner sieben Kinder verloren hatte, wurde ihm auch seine Frau Elisabeth entrissen. Sie erlitt im Oktober 1644 eine Fehlgeburt. Der geschwächte Körper war einer simplen Halsentzündung nicht gewachsen. Die Ärzte mit ihren gräßlichen Aderlässen und Purgierungen taten ein übriges, die erst einundvierzigjährige Frau vom Leben zum Tod zu befördern.

Elisabeth hatte kaum die Augen geschlossen, als Philipp von seinen Ratgebern – es waren inzwischen andere, Olivarez war im Jahre 1643 gestürzt worden – aufs dringlichste gebeten und beschworen wurde, sich alsbald wieder zu verheiraten. Philipp besaß zwar einen legitimen Sohn, den beim Tod der Mutter fünfzehnjährigen Baltasar – aber *ein* Sohn war zuwenig in einer Zeit, da die Kinder starben wie die Fliegen. Philipp schlug alle Argumente in den Wind: Baltasar Carlos hatte die gefährlichste Zeit der frühen Kindheit hinter sich gebracht, in wenigen Wochen würde er seine Cousine Maria Anna, die Tochter Kaiser Ferdinands III. und dessen Frau Anna, heiraten und dann, mit Gottes Hilfe, schon dafür sorgen, daß die spanische Linie Habsburgs weiter blühe und gedeihe. Die Mutter der Braut war übrigens niemand anderer als Philipps eigene Schwester.

Dem königlichen Optimismus zum Trotz geschah das Unfaßbare: Baltasar Carlos, ein zarter, melancholisch wirkender blonder Knabe von noch nicht einmal siebzehn Jahren, starb im März 1646 innerhalb von drei Tagen während einer Reise nach Saragossa – vermutlich an einem Blinddarmdurchbruch.

Philipp war halb wahnsinnig vor Schmerz. Tagelang saß er, verstört und geistesabwesend, am offenen Sarg des Toten, auf dem die ganze Hoffnung seines Hauses geruht hatte. Monatelang versank er in düsteres Schweigen. Die Vorschläge seiner Minister, sich nun doch eilig nach einer neuen Ehefrau umzusehen oder, praktischerweise, gleich die kindliche Braut seines Sohnes, Maria Anna von Österreich, heimzuführen, wies er brüsk zurück.

Don Juan hatte mittlerweile die militärische Ausbildung beendet. Schon sein erster Einsatz geriet ihm zum Triumph. Es gelang dem erst

Achtzehnjährigen, 1647–1648 einen Aufstand in Neapel – Süditalien und Sizilien gehörten damals zu Spanien – ohne größere Verluste niederzuschlagen, obwohl die französische Flotte ausgelaufen war, den sogenannten »Masaniellos« zu Hilfe zu eilen. Die Aufrührer, angeführt von einem gewissen Tommaso Aniello, hatten den spanischen Vizekönig verjagt und für einige Zeit eine Art Kommune-Regime geführt.

Nach dem Kampf gab sich Don Juan der wohlverdienten Ruhe und den Freuden des süßen Lebens hin – und so wurde er, gleich am Anfang seiner Herzensbrecherlaufbahn, in einen handfesten Skandal verwickelt. Er verführte und schwängerte die süße, blutjunge Maria Rosa, Tochter des berühmten Jusepe de Ribera, besser bekannt unter seinem Spitznamen »Lo Spagnoletto« (der kleine Spanier), Hofmaler des Vizekönigs, Mitglied der Akademie San Luca zu Rom und erst kürzlich mit dem päpstlichen Christusorden ausgezeichnet. Als die Affäre aufflog, geriet der angesehene Künstler in die größten Schwierigkeiten, denn einige seiner Madonnen trugen zweifelsohne die Züge der gefallenen Tochter, und er mußte die Bilder übermalen. Ribera, um die Früchte seines honorigen Lebenswerkes gebracht, verfiel in Trübsinn und starb buchstäblich an gebrochenem Herzen. Maria Rosa wurde in ein Kloster gesteckt, wo man auch den lebenden Beweis ihrer Liebe, ein Mädchen, zeitlebens internierte.

Don Juan, der um nichts weniger den Freuden der Liebe frönte als sein Vater, zeugte noch zwei weitere Töchter, die ebenfalls in Klöstern verschwanden. Geheiratet hat er nie. Das hing offensichtlich mit seiner für die damaligen Zeiten zwielichtigen Herkunft zusammen, an der auch die Legitimierung durch den königlichen Vater nichts änderte. Eine Frau unter seinem tatsächlichen oder eingebildeten Status wollte Don Juan nicht ehelichen, ein ihm standesgemäß erscheinendes Mädchen bekam er nicht.

Doch noch war es nicht soweit, noch war er gerade neunzehn Jahre alt und im Mittelpunkt gesellschaftlicher Aufregung am neapolitanischen Hof. Der gütige Vater in Madrid zog ihn stillschweigend aus der Gefahrenzone und setzte ihn auf den Posten eines Gouverneurs in Sizilien. Er konnte dort fürs erste das angenehme Dasein eines Nichtstuers führen und sich seinen mannigfachen künstlerischen sowie wissenschaftlichen Neigungen widmen.

Während Don Juan nichtsahnend das sizilianische Exil genoß, näherte

sich in Madrid das intrigenreiche Spiel um eine neue Verehelichung des Königs seinem Höhepunkt. Es endete mit dem schwer errungenen Entschluß Philipps IV., sich doch für die Braut seines verstorbenen Sohnes Baltasar Carlos zu entscheiden. Der König hatte alle Warnungen seines Freundes und Wortführers der Anti-Maria-Anna-Partei, des Grafen Penaranda, in den Wind geschlagen. Der Graf argumentierte, daß die fast drei Jahrzehnte jüngere Maria Anna zu unreif sei, um einem kräftigen Thronerben das Leben zu schenken; daß bereits seit drei Generationen zwischen Wien und Madrid, zwischen Vettern und Basen, Onkeln und Nichten kreuz und quer geheiratet wurde und darum für den Nachwuchs nichts Gutes zu erwarten sei. Wann, so fragte Penaranda besorgt, werde die kleine Erzherzogin überhaupt imstande sein, Kinder zu gebären, und fügte in einem Memorandum hinzu: »Königinnen ... sind auch dazu da, zu trösten und zu helfen ... Wird der König [Erholung] bei einem Kinde finden, unfähig, einem Gespräch zu folgen, das sich nicht um Puppen dreht?«
Im Laufe einer hitzigen Auseinandersetzung waren Penaranda und seine Parteigänger sogar so weit vorgestoßen, dem König eine Ehe mit einem einfachen andalusischen Bauernmädchen vorzuschlagen, das sicher fähig sein würde, viele gesunde Knaben zur Welt zu bringen – dies eine deutliche Anspielung auf die Verbindung Philipps IV. mit der aus Andalusien stammenden Maria Calderón, der ein so prächtiger junger Mann wie Don Juan entsprossen war.
Man schlug dem König eine französische Prinzessin vor – er lehnte ab. Man versuchte ihm eine andere Habsburgerin, aus der Tiroler Seitenlinie, schmackhaft zu machen, mit der kein so unselig enges verwandtschaftliches Verhältnis bestand. Aber je mehr auf ihn eingeredet wurde, desto starrsinniger verhielt sich Philipp, vor allem darum, weil man ihn von Wien aus immer heftiger zur Heirat mit Maria Anna drängte. Die österreichischen Habsburger wollten ihren möglichen Anspruch auf den spanischen Thron weiter untermauern.
1649 war es endlich soweit. Maria Anna, noch nicht einmal fünfzehn Jahre alt, hielt als neue spanische Königin Einzug und Hochzeit in Madrid, die in einem dreitägigen Festestaumel zelebriert wurden. Maria Anna war alles andere als anziehend. Sie hatte das gleiche lange Gesicht mit der tief herunterhängenden Habsburgerlippe wie ihr ältlicher Onkel und Gemahl, aber sie war stolz darauf, den Bruder ihrer gelieb-

ten verstorbenen Mutter heiraten zu dürfen und Herrscherin über ein, wie sie glaubte, mächtiges Reich zu werden. Manchmal lachte sie sogar. Das wurde ihr allerdings von Anfang an gründlich ausgetrieben: Eine Königin lacht nicht in der Öffentlichkeit; sie lächelt nicht einmal, wurde die Kleine von der strengen Obersthofmeisterin belehrt. Das in Spanien geübte »burgundische« Hofzeremoniell war doch noch um vieles härter als das in Wien durch österreichische Nonchalance verwässerte »spanische«.

Das Lachen, ob öffentlich, ob privat, ist ihr dann ohnehin sehr schnell vergangen; schon das Antlitz der Achtzehnjährigen zeigte Ansätze von Verbitterung und Enttäuschung, die sich im Laufe ihres Lebens immer mehr vertieften. Der König verlor rasch das Interesse an seiner Frau, nachdem sie ihm 1651 nur eine Tochter, Margarita, gebar. Der Thronfolger, Philipp Prosper, ein nur mit Mühe lebensfähiges Kind, ließ bis 1657 auf sich warten.

Philipp behandelte seine Frau meist, als wäre sie Luft. Wenn er je über sie sprach, dann nur verächtlich als von »meiner kleinen Nichte«. Über »die beiden Mädchen«, nämlich seine junge Frau und seine Tochter aus erster Ehe, Maria Teresa, die nur vier Jahre jünger als Maria Anna und deren einzige nähere Bezugsperson am kalten Hof von Madrid war, machte Philipp sich mehr als einmal lustig.

Als dann auch noch Maria Teresa nach Paris entschwand, um die Frau des französischen Königs Ludwig XIV. zu werden, wurde die Einsamkeit um Maria Anna immer bedrückender. Sie hielt sich meist vom Hofleben fern, und der Klatsch wollte wissen, daß sie pausenlos weinte, wenn sie sich stundenlang in ihre Gemächer einschloß. Einziger Trost blieb ihr der Beichtvater, den sie aus Wien mitgebracht hatte, ein unauffälliger, kleiner Jesuitenpater namens Johann Eduard Nithard (nach anderer Schreibweise Nidhard), der zu Philipps Lebzeiten nicht die geringste Rolle spielte. Das sollte sich später drastisch ändern ...

Das Lachen hätte auch Don Juan vergehen müssen, hätte er gewußt, welch erbitterte Feindin ihm in der Person der neuen »Stiefmutter« erwachsen würde. Sie lehnte es kategorisch ab, den gehätschelten Bastard ihres Gemahls mit »mein lieber Sohn« anzusprechen, denn mit überraschender Hellsichtigkeit erkannte sie in dem erfolgreichen jungen Mann eine enorme Gefahr für sich und alle ihre geborenen und noch

MARIE ANNE D'AVSTRICHE REINE D'ESPAGNE
de Naples, de Sicile et Fille vnique de l'Empereur Ferdinand
III et de Maria d'Austriche, nasquit Neustad le 24 Decem:br 1634

Königin Maria Anna

ungeborenen Kinder; sie behandelte ihn von der ersten Stunde ihrer Begegnung an mit eisigster Ablehnung.

Dieses Zusammentreffen zwischen Maria Anna und Don Juan, zwischen einer häßlichen, von großen Teilen der Aristokratie noch immer deutlich abgelehnten siebzehnjährigen Kindfrau und einem zweiundzwanzigjährigen Beau, den die Damenwelt vergötterte, fand 1651 statt. Der Vater hatte ihn, nachdem er in Neapel seine Feuerprobe bestanden und sich in Sizilien bewährt hatte, nach Madrid zurückgeholt und als Vollmitglied in den Staatsrat berufen. Maria Anna muß sehr erleichtert gewesen sein, als in Katalonien – wieder einmal – ein Aufruhr gegen die Zentralregierung ausbrach und der König seinen tüchtigen Sohn mit bewaffneter Macht ausschickte, die widerborstigen Katalanen Mores zu lehren.

Zum Unterschied von früheren Feldherren, die sich die Ruhe im Lande mit Feuer und Schwert, mit Mord und Unterdrückung erkauften, ging Don Juan vorsichtig und diplomatisch ans Werk. Er hielt die Soldateska mit eiserner Hand im Zaum, und es wurde eher eine Friedensmission denn ein Kriegszug: Der Widerstand brach lautlos zusammen.

Am 10. Oktober 1652 suchte eine Delegation der Bürger von Barcelona Don Juan in seinem Feldlager auf, um ihm die Öffnung und Übergabe der Stadt anzubieten. Als der Anführer der Abordnung vor den Prinzen trat, machte er Anstalten, vorschriftsmäßig in die Knie zu sinken – doch Don Juan sprang hinzu, richtete den greisen Stadtvater auf und reichte ihm herzlich die Hand. Diese erst- und einmalige Geste haben ihm die Katalanen nie vergessen; sie zählten von da an zu seinen ergebensten Gefolgsleuten.

Nachdem Don Juan Katalonien gründlich befriedet und in der Funktion eines Vizekönigs die Verwaltung in Ordnung gebracht, sich beim Adel, beim Klerus und beim Volk große Sympathien erworben hatte, wurde er als Generalgouverneur in die Niederlande versetzt – vor allem in seiner Funktion als oberster Kriegsherr, denn auf niederländischem Boden spielten sich die permanenten bewaffneten Auseinandersetzungen mit Frankreich und Holland ab.

In Brüssel zeigte sich zum ersten Mal deutlich, wie sehr Don Juan durch das Odium seiner illegitimen Geburt irritiert wurde. Einer von Don Juans Oberbefehlshabern, ein aus Frankreich vertriebener und zum Feind übergewechselter Bourbonenprinz, machte aufgrund seiner makellosen königlichen Abstammung dem Generalgouverneur bei jeder sich bietenden Gelegenheit den ersten Platz streitig. Don Juan, an der verletzlichsten Stelle seines Ehrgefühls getroffen, ließ sich provozieren und in endlose Querelen verstricken: über den Vortritt bei offiziellen Anlässen, über die Form der Anrede und wer wann wo mit bedecktem Haupt erscheinen durfte oder unbedeckt erscheinen mußte.

Im übrigen konnte auch Don Juan nicht vollbringen, was alle Feldherren vor ihm vergeblich versucht hatten. Die geschwächten Truppen waren nicht imstande, einen Erfolg im Zweifrontenkrieg gegen Holland und Frankreich herbeizuzwingen, und schließlich kam es am 14. Juni 1658 bei Dünkirchen zu einer blamablen Niederlage gegen die Holländer, die von England tatkräftige Waffenhilfe erhielten.

Spanien war am Ende seiner Kräfte und mußte Friedenssondierungen mit Frankreich aufnehmen. Philipp berief seinen Sohn aus den Niederlanden ab, und er konnte seine Enttäuschung über Don Juans angebliches persönliches Versagen nicht verhehlen. Der König hatte auf dem niederländischen Kriegsschauplatz nicht mehr und nicht weniger als ein Wunder erwartet, ähnlich dem, das der erste Don Juan siebenundachtzig Jahre zuvor bei Lepanto vollbracht hatte.

An dieser Stelle muß ein wenig ausführlicher auf jenen ersten Don Juan d'Austria eingegangen werden, an dem sich der Held unseres Berichts immer wieder messen lassen mußte.

Don Juan I., geboren 1547, war der Sohn Kaiser Karls V. aus dessen Romanze mit dem schönen Regensburger Bürgermädchen Barbara Blomberg. Auch dieser Bastard erhielt die Legitimierung durch den kaiserlichen Vater und wurde am Hof von Madrid zusammen mit Don Carlos, dem unglücklichen Enkel des Kaisers, erzogen. Vom Vater eigentlich für den geistlichen Beruf bestimmt, setzte Don Juan bei seinem Halbbruder, Philipp II., die Erlaubnis durch, eine militärische Laufbahn einzuschlagen, die am 7. Oktober 1571 ihren glanzvollen Höhepunkt erreichte. Der »Sieger von Lepanto«, einer kleinen Hafenstadt im Golf von Korinth, ist in die Geschichte eingegangen. Als Kommandant einer spanisch-venezianischen Flotte gelang es ihm, *den* entscheidenden Sieg zu erringen. Die Übermacht der Türken im Mittelmeer war für immer gebrochen, die Gefahr, daß der Sultan von Süden her für Europa gefährlich werden könnte, für immer gebannt.

Obwohl Don Juan I. in seinen letzten Lebensjahren – er starb, erst einunddreißigjährig, an Typhus – weder als Politiker noch als Heerführer sonderlich erfolgreich war, umgab ihn die Gloriole des nationalen Heros, dessen Ruhm zu singen und zu preisen Spaniens Dichter nicht müde wurden.

Immer wieder, immer wieder wurde Don Juan II. mit seinem großen Vorbild konfrontiert, schwer lastete der Zwang auf ihm, die irrealen Erwartungen zu erfüllen, die an die Namensgleichheit und Parallelen in der Lebensgeschichte beider geknüpft wurden.

Don Juans angeschlagenes Selbstbewußtsein wurde während der Heimreise nach Madrid wieder gestärkt. Als er bei der Durchquerung Frankreichs in Paris Station machte, erhielt er die Einladung, im Palais des allmächtigen Ministerpräsidenten Kardinal Mazarin Quartier zu nehmen. Er wurde mit allen Ehren von König Ludwig XIV. empfangen und von den Pariser Damen ebenso umschwärmt wie von den Schönen seiner Heimat. Madame de Motteville – eine Hofdame der Königinmutter Anna –, deren Tagebücher ein beredtes Zeitzeugnis ablegen, vermerkte äußerst angetan über den Prinzen, er sei zwar von kleiner Statur, habe aber ein »äußerst angenehmes Gesicht, schwarze Haare, ausdrucksvolle blaue Augen« und wirke hochintelligent. Auch erwähnte sie die Schönheit seiner formvollendeten Hände – ein besonderes Kompliment, denn ihre Herrin, Königin Anna, besaß die schönsten und meistbesungenen Hände ihrer Zeit.

Viel wichtiger als der gesellschaftliche Glanz war aber für Don Juan, daß ihn Königin Anna, die Schwester seines Vaters Philipp und noch immer de facto Regentin Frankreichs, zu einer stundenlangen Geheimkonferenz unter vier Augen in ihre Privatgemächer bat. Es steht außer Zweifel, daß zwischen Tante und Neffen Einzelheiten über den bevorstehenden Friedensvertrag zwischen Frankreich und Spanien sowie die gleichzeitig stattfindende Hochzeit von König Ludwig XIV. mit seiner spanischen Cousine Maria Teresa erörtert wurden.

Am 6. November 1661, wenige Tage nach dem Tod ihres seit Geburt siechen ersten Sohnes, schenkte Maria Anna wieder einem Knaben das Leben: Carlos, der spätere König Karl II., dessen schwächliche Konstitution als Neugeborener zur größten Besorgnis Anlaß gab. Auch sein Vater, Philipp IV., befand sich zu diesem Zeitpunkt bereits in bedenklichem Zustand. Nach einem Schlaganfall war er rechtsseitig gelähmt. Er wurde von Nierenkoliken und Hämorrhoiden gequält. »Er macht den Eindruck eines Neunzigjährigen«, berichtete der österreichische Gesandte Graf Poetting nach Wien. Man mußte dem Herrgott auf den Knien danken, daß Philipp überhaupt noch einmal Vater geworden war.

Don Juan befand sich schon wieder an der Front. Diesmal als Oberbefehlshaber gegen die Portugiesen, die, seit achtzig Jahren von Spanien okkupiert, nunmehr mit Zähnen und Klauen um ihre Freiheit kämpften. Portugals starker Verbündeter war Frankreich – obwohl es soeben mit Spanien feierlich Frieden geschlossen und seinen König mit einer spanischen Prinzessin vermählt hatte, sandte es frische Hilfstruppen unter dem Haudegen General Schomberg; auch Cromwells England ließ sich eine neue Attacke gegen den alten Feind Spanien einiges an Menschen und Material kosten.

Wer je Don Juan im Feld gesehen hatte, bescheinigte ihm größte persönliche Tapferkeit. Immer in vorderster Linie, versuchte er den müden Haufen seiner Spanier mitzureißen, doch der Übermacht bestausgebildeter, gut versorgter frischer Truppen aus England und Frankreich, dem Todesmut der Portugiesen, wäre auch ein Herkules nicht Herr geworden. Im Juni 1663 erlitten die Spanier bei Stremoz eine empfindliche Schlappe.

Zornig berief Philipp IV. seinen Sohn nach Madrid und machte ihm heftige Vorwürfe. Doch Don Juan drehte den Spieß um und überschüttete seinerseits den Vater mit schweren Anschuldigungen, die Aufrüstung der Truppe und den Nachschub sträflichst vernachlässigt zu haben. Der Prinz ging in seiner Rage noch einen Schritt weiter, nachdem er den kleinen Halbbruder Karl ausgiebig in Augenschein genommen hatte. Das zweijährige Kind, über und über mit eitrigen Geschwüren bedeckt, nicht einmal imstande, sich aufzusetzen, noch immer auf Brustnahrung angewiesen, bot einen erbarmungswürdigen Anblick. Weil es ganz offensichtlich war, daß der von Krankheit gezeichnete König nie mehr fähig sein würde, ein weiteres Kind zu zeugen, schlug Don Juan seinem Vater vor, ihn, das einzig wirklich gesunde Mitglied der ganzen Sippe, als Thronerben zu bestimmen. Philipp sagte nicht ja und sagte nicht nein. Er gab vage Versprechungen ab, Truppen auszuheben; die Sache mit der Legitimierung bis zur letzten Konsequenz werde er sich noch überlegen, seine Rechtsberater würden in aller

Ruhe Präzedenzfälle suchen und vor allem die Akten des ersten Don Juan genau studieren. Mittlerweile möge der Sohn wieder ins Feld ziehen und versuchen, das Beste aus der Situation zu machen.

Aus dieser Situation ließ sich nichts mehr machen. Kaum war Don Juan an der portugiesischen Grenze, liefen schon bei der ersten Feindberührung die halbnackten, unterernährten Spanier einfach davon. Philipp entzog seinem Sohn daraufhin den Oberbefehl und schlug ihm eine geistliche Laufbahn vor. Er könne Erzbischof von Toledo oder, wenn ihm das lieber wäre, sogar Großinquisitor werden. Der Prinz lehnte brüsk ab, und nun wurde er vom Vater völlig kaltgestellt. Don Juan zog sich grollend auf seine Besitzungen in Consuegra zurück. Er wartete auf seine Stunde.

Der König hatte seinen Soldaten mittlerweile zwar einen neuen Kommandanten, ansonsten aber nichts gegeben. So kam es im Juni 1665 zur entscheidenden, vernichtenden Niederlage. Der Traum von einem vereinigten iberischen Großreich war damit endgültig ausgeträumt. Portugal sollte schon in kurzer Zeit unabhängig werden.

Als in Madrid die ersten Gerüchte über das Debakel kursierten, begann sich der aufgestaute Volkszorn zu entladen. Aufgeregte Bürger stürmten zum Palast, machten sich in wüstem Geschrei und grellen Pfiffen Luft. Das Volk forderte den Rücktritt der Regierung, die Abdankung des Königs. Rufe nach Don Juan waren unüberhörbar.

Hektisch berieten Philipp und seine Minister, was zu tun sei, und verfielen dann auf einen überaus kindischen Plan. Der König ließ sich auf den Balkon tragen. Mit der gesunden Hand schwenkte er ein Blatt Papier. Durch einen Herold ließ er verkünden, es habe überhaupt keine Niederlage gegeben; wie er eben erfahren habe, sei vielmehr ein strahlender Sieg errungen worden; die guten Leute von Madrid mögen sich zerstreuen, nach Hause gehen und feiern. Die Menge reagierte ratlos. Kopfschüttelnd trollten sich die Aufrührer, die eben noch bereit schienen, den Palast zu stürmen.

Die Atempause dauerte nicht allzu lange. Die Wahrheit wurde zwangsläufig bekannt – aber es kam zu keinen gefährlichen Demonstrationen mehr.

Der König verlor zusehends an Kräften. Er mußte meist das Bett hüten, und den Ärzten fiel nichts Besseres ein, als ihn ausschließlich mit Suppe und Eselsmilch zu ernähren. Über Nacht tauchten Flugblätter und Maueranschläge auf, in denen die Bürger ihre Meinung derb und unmißverständlich zum Ausdruck brachten.

Entre dos niños tetandos
Está la pobre Castilla.
El Rey está malo,
El Principe malito.
La Reina con jaquecas
La Infanta se irá.
¿A quién esta casa
Se alquilará?

(Zwischen zwei an der Brust saugenden Kindern steht das arme Kastilien. Der König ist krank, dem Prinzen geht es schlecht, die Königin hat Kopfweh. Die Infantin wird gehen. An wen wird das Haus übergehen?) Zum besseren Verständnis: mit der Infantin war Margarita gemeint, die vierzehnjährige Tochter von Philipp und Maria Anna, die noch im selben Jahr den Bruder ihrer Mutter, Kaiser Leopold I., in Wien heiraten sollte.

Wer sollte wirklich das Königshaus in Madrid übernehmen? Für den einfachen Mann auf der Straße, den das eigene Wohlergehen mehr kümmerte als dynastische Fragen der Legitimität, gab es nur eine Antwort: Don Juan müßte der neue Hausherr werden. Die Volksmeinung war dem König bekannt, ebenso der Königin und, natürlich, auch Don Juan, der von Petitionen aus allen Schichten der Bevölkerung bestürmt wurde, endlich etwas zu unternehmen.

Don Juan, getragen von der Woge des Enthusiasmus seiner Landsleute, wagte den entscheidenden Schritt – und es war der denkbar falscheste. Er schlug dem Vater vor, ihm die Hand von Margarita, seiner eigenen Halbschwester, zu geben, um so eine kontinuierliche Thronfolge zu gewährleisten. Was, nüchtern betrachtet, durchaus logisch schien, nachdem schon seit hundert Jahren und offen inzestuös in der Familie durcheinandergeheiratet worden war, erwies sich aus Gründen des Anstandes und des Taktes in diesem Fall als widerwärtig, abstoßend und daher unannehmbar.

Don Juan beging, darüber hinaus, die peinliche Geschmacklosigkeit, dem Vater, zur Illustration seines Begehrens, ein Bildnis des kosenden blutschänderischen Götterpaares Juno und Jupiter zu überreichen, das unverkennbar die Züge von Don Juan und Margarita trug. Nicht nur der König, auch die Königin war ins Mark getroffen; denn auf ihr Betreiben vor allem war die Verlobung zwischen ihrem Bruder, Kaiser Leopold I., und ihrer Tochter Margarita zustande gekommen. Don Juan wurde aus dem Palast gewiesen. Der Vater lehnte es ab, den Sohn, den er so geliebt hatte, vor seinem Tod (am 17. September 1665) noch einmal zu sehen. Sein Testament allerdings hat er nicht mehr geändert, und das sollte der armen Maria Anna noch erhebliche Schwierigkeiten bereiten. In dem Letzten Willen nämlich hieß es, daß Maria Anna bis zum 14. Geburtstag ihres Sohnes Carlos die Regierungsgeschäfte führen, daß sie Don Juan einen seinem Stand entsprechenden Posten geben sollte – und daß kein Ausländer in Spanien eine führende Stellung innehaben dürfe. Ob der König bei der Abfassung dieses Paragraphen bereits an Maria Annas Beichtvater Nithard gedacht hat, wissen wir nicht. Es ist aber durchaus möglich.

Das merkwürdige Verhältnis Maria Annas zu Pater Nithard haben die Historiker bis heute der Königin zum Vorwurf gemacht, ohne zu bedenken, in welch fataler, schier aussichtsloser Lage sich die junge Frau befand. Ihr jetzt vierjähriger Sohn, der dermaleinst Spaniens Herrscher werden sollte, war ein armseliger Krüppel, unfähig, ohne fremde Hilfe zu gehen und zu stehen, von Herzattacken und Schwächeanfällen heimgesucht und immer noch an der Brust der nun schon fünfzehnten Amme hängend. Die Königin war nie darauf vorbereitet worden, mehr zu sein als die Frau im Schatten eines Monarchen, deren hauptsächliche Pflicht darin bestand, möglichst viele Kinder zur Welt zu bringen. Sie war seit ihrer Ankunft in Madrid von Feindseligkeit und Ablehnung umgeben. Es gab niemand außer Nithard, dem sich die Königin anvertrauen, dem sie ihr Herz ausschütten, ihre Sorgen mitteilen konnte.

Nithard stammte aus dem oberösterreichischen Ranna, wo er als der Sohn des dortigen Schloßverwalters 1607 zur Welt gekommen war. Der begabte Knabe wurde für den geistlichen Stand bestimmt und schon als junger Mann in die Gesellschaft Jesu aufgenommen; er war es, welcher der kleinen Maria Anna die erste Beichte abnahm, und er blieb ihr Beichtvater, ihr geistiger und geistlicher Führer; in der Fremde ersetzte er ihr den fernen Vater, die verstorbene Mutter. Statt die hilflose Königin anzuklagen, wäre es eher angebracht, Pater Nithard aufs Korn

IOANNES EVFRARDVS E SOCIETATE IESV S·R·E·PRES·
BITER CARD·NIDARDVS HISPANVS.
DIE XXII. FEBRVARII MDCLXXII.
Obyt die 1. February 1681.

Pater Johann Eduard Nithard

zu nehmen, der Maria Anna immer mehr unter seinen Einfluß – und
damit ganz Spanien an den Rand des Ruins und der Revolution –
brachte.

Maria Anna verlieh dem Pater, Philipps ausdrücklichen Wunsch miß-
achtend, die spanische Staatsbürgerschaft. Sie erreichte von Papst Alexander VII. die Dispensierung des Jesuiten von dessen Ordensgelübden,
so daß er freie Bahn für eine politische Laufbahn hatte. Pater Nithard
tat ein übriges, indem er die päpstliche Bewilligung einholte, über die
Einkünfte aus mehreren Bistümern frei zu verfügen. Er nahm den Titel »Exzellenz« an, zog in den Staatsrat ein, drängte sich in alle politischen Entscheidungen und versuchte die Vorherrschaft an sich zu bringen; doch dabei stieß er auf erbitterten Widerstand. Die Kabinettssit-
zungen erinnerten gelegentlich an ein Tollhaus, wie wir aus der Feder
des österreichischen Gesandten, Graf Poetting, wissen: »Die Konfu-
sion nimmt dermaßen zu, daß sie einander nicht mehr verstehen. Sie
schreien alle ›wir sind verloren‹ und keiner legt die Hand an zur notwendigen Remedierung [Abhilfe]. Nidhart beginnt allmählich klein-
mütig zu werden . . .«

Nithard sah schließlich keinen anderen Ausweg, als Don Juan nach
Madrid zu berufen, damit dieser beruhigenden Einfluß auf die erregten Gemüter der Ministerkollegen nähme. Doch dieses eine Mal befolgte die Königin den Ratschlag ihres Beichtvaters nicht. Sie lehnte es
schroff und eindeutig ab, mit dem verhaßten Bastard zusammenzuarbeiten.

Die allgemeine Stimmung wurde noch verschlechtert, als Maria Anna
den amtierenden Großinquisitor überraschend absetzte und diese tradi-
tionsreiche Position ihrem Protegé zuschanzte. Nun war es keineswegs
so, daß die Inquisition noch immer das absolute Herrschaftsinstrument
Spaniens darstellte. In jenen Jahren kamen kaum mehr als einige Dutzend Fälle vor das Inquisitionsgericht. Doch die Furcht und der
Schrecken vor der Inquisition saß den Spaniern noch immer in den
Knochen. Daß der verhaßte Ausländer das Amt des Großinquisitors
übernommen hatte, machte ihn erst recht zur Zielscheibe des Volkszorns. Flugblätter und Maueranschläge überfluteten die Städte, sie enthielten schwere Vorwürfe gegen Nithard und offene Morddrohungen.
Ein Gespenst ging um in Spanien, das Gespenst einer Revolution, wie
sie, noch nicht einmal zwei Jahrzehnte zuvor, in England Charles II.

den Kopf und – in der Gestalt der furchterregenden »Fronde« – Maria Annas Schwägerin, der französischen Königin und Regentin Anna, um ein Haar den Thron gekostet hätte. Anna, selbst eine außerordentliche politische Begabung und den starken Kardinal Mazarin zur Seite, war der Fronde Herr geworden und hatte den Grundstein zur unumschränkten Herrschergewalt ihres Sohnes Ludwigs XIV. gelegt. Die hilflose spanische Königin konnte sich nur auf den politischen Dilettanten Nithard stützen, und der bedrängte sie neuerlich, Don Juan nach Madrid und in den Staatsrat zu berufen.

Endlich gab sie nach, aber sie ließ Don Juan unmißverständlich fühlen, daß sie wider Willen und unter äußerstem Zwang gehandelt hatte. Als er den Antrittsbesuch beim sechsjährigen Carlos machte, wurde er zwar im Audienzsaal empfangen, doch der kleine König verweigerte ihm, nach einem ängstlichen Blick auf seine Mutter, die Hand zum Kuß und wandte ihm abrupt den Rücken. Maria Anna entließ den gedemütigten Prinzen mit einem kühlen Kopfnicken.

Don Juan bezog im Juni 1667 Schloß Buen Retiro als Residenz und nahm im Staatsrat die Zügel in die Hand. Das heißt, daß »Exzellenz« Nithard immer mehr an den Rand gedrängt wurde und sich einer eng um Don Juan gescharten Front der einhelligen Ablehnung gegenübersah. Ehe die neue Koalition noch Gelegenheit fand, den Pater endgültig kaltzustellen, kam es in den Niederlanden zu neuerlichen Unruhen. Maria Anna ergriff diese günstige Gelegenheit, sich ihres Widersachers zu entledigen, indem sie ihm den Posten des Generalgouverneurs der Niederlande übertrug.

Don Juan stellte Bedingungen. Er verlangte größere Geldmittel für die Kriegskasse und freie Hand zu Friedensgesprächen mit Engländern und Holländern. Die erste Forderung wurde angenommen, die zweite auf Betreiben Nithards und des hohen Klerus abgelehnt: mit den Ketzern dürfe man nicht verhandeln, man müsse sie vernichten. Don Juan konterte: »Dann schickt doch Pater Nithard in die Niederlande. Er ist ein so heiliger Mann, daß ihm der Himmel keine Bitte abschlagen wird. Die Art, wie er bisher hier regiert hat, beweist doch eindeutig, daß er Wunder vollbringen kann.«

Nach langem Hin und Her ließ sich Don Juan dann doch bewegen, die Reise in die Niederlande anzutreten. Er machte sich auf den Weg in Richtung La Coruña, von wo aus er im Juni 1668 in See stechen wollte.

Unterwegs ereilte ihn die Nachricht, daß in Madrid ein Mordkomplott gegen Nithard aufgeflogen war. Der aragonische Edelmann Don José Mallada gestand, er habe Spanien von dessen bösem Geist befreien wollen, eine Mitwisserschaft Don Juans bestritt er selbst unter den schaurigsten Folterungen. Es konnten auch sonst keine Beweise für Don Juans Mitwirkung an der Verschwörung gefunden werden. Auf Geheiß Nithards wurde Mallada ohne Gerichtsverhandlung in seiner Zelle erdrosselt.

In Briefen an einige Freunde, darunter Graf Penaranda, machte sich Don Juan über Nithards schurkisches Vorgehen Luft. Er werde, so versicherte er, an »Nithard für sein grausames Verhalten und für all die anderen Untaten, die er begangen hat, um die Monarchie zu zerstören und Spaniens Glanz zu beschmutzen, Rache üben«. Im übrigen ließ er die Königin wissen, daß er unter diesen Umständen nicht gewillt sei, außer Landes zu gehen, sie möge, wen immer sie wolle, nur nicht ihn, in die Niederlande schicken.

Maria Anna blieb nichts anderes übrig, als Don Juans Rücktritt zur Kenntnis zu nehmen. Sie verbannte ihn nach Consuegra und stellte ihn dort unter Hausarrest.

Am 13. Oktober 1668 meldete sich ein aufgeregter Mann bei Hof und bat dringend, zur Königin vorgelassen zu werden. Der Konfident berichtete, daß Don Juans Privatsekretär, Don Mateo Patino, zusammen mit anderen Gefolgsleuten des Prinzen einen Plan ausgearbeitet hätte, Pater Nithard zu entführen. Maria Anna und Nithard verfügten unverzüglich die Verhaftung Don Juans und setzten eine Gruppe Bewaffneter mit versiegelten Befehlen in Marsch. Erst kurz vor Consuegra, so lautete die Order, sollte der Brief geöffnet und der Haftbefehl kundgetan werden.

Was sowohl die Königin als auch Nithard aufgrund der brisanten Stimmung im Lande eigentlich hätten voraussehen müssen, trat ein: Kein Offizier, kein Soldat dachte daran, Don Juan festzunehmen. Sie ritten dennoch nach Consuegra weiter – nicht um ihr Idol in Ketten zu legen, sondern um ihm ihre guten Dienste anzubieten. Doch das Nest war leer, der Vogel ausgeflogen. Freunde aus Madrid hatten ihn rechtzeitig gewarnt.

Nicht genug mit der Meuterei ihrer Offiziere – auch im Staatsrat mußten Maria Anna und Nithard eine Niederlage einstecken: Die Minister weigerten sich, irgendwelche Maßnahmen zur Verfolgung des Prinzen einzuleiten.

Don Juan floh nach Barcelona. Dort wurde er vom amtierenden Vizekönig, dem Herzog von Osuna, und vom überwiegenden Teil der Bevölkerung mit offenen Armen aufgenommen. Unvergessen war sein mildes und gerechtes Regime als Vizekönig in Katalonien geblieben. Osuna richtete dem Freund eine wahrhaft königliche Residenz im Torre de Lledó, hoch über der Stadt, ein. Das Volk strömte herbei, seinem Heros in Sprechchören zu huldigen: Vertreter des Adels, der Bürger und des Klerus gaben einander die Türklinke in die Hand, dem Prinzen ihre Ergebenheit kundzutun.

Was Don Juan nun inszenierte, könnte man mit Fug und Recht als den ersten großen Propagandafeldzug der Geschichte bezeichnen. Dutzende Schreiber waren pausenlos damit beschäftigt, eine Flut von Briefen über ganz Spanien zu ergießen. Empfänger waren nicht nur die Königin und sämtliche Minister; jeder Vizekönig, jeder Bischof, jeder Bürgermeister einer größeren Gemeinde, jedes Mitglied der Cortes erhielt ein Papier, in welchem Don Juan seine volle Rehabilitierung und die unverzügliche Entfernung Pater Nithards aus allen Regierungsämtern forderte.

Die Reaktion der ungezählten Briefempfänger war unterschiedlich. Manche nahmen die Schriftstücke kommentarlos zur Kenntnis, manche schickten sie an die Königin, andere wieder stellten sich offen hinter Don Juan, wie etwa die Regionalregierung von Valencia, die in einem Schreiben an die Königin festhielt:

».. . die Bevölkerung sowie die Mehrheit der öffentlichen Stellen sind der Meinung, daß die Entfernung des Herrn Beichtvaters Ihrer Majestät nur von Nutzen sein kann.« Alle Mitglieder des Rates, ausgenommen zwei enge Vertraute des Erzbischofs, hatten für diese Adresse gestimmt.

In einem Anschlag an der Kathedrale von Granada konnte man lesen: »Diese Stadt ist von einem einzigen Willen beseelt, vom Willen, für Don Juan einzutreten. Mögen die Köpfe der Tyrannen fallen und zur Warnung aller auf die Stadtmauer gesteckt werden . . .«

Don Juans Briefaktion löste eine Lawine von anonymen Flugzetteln und Maueranschlägen im ganzen Land aus. Direkt unter der Nase der Königin, am Portal ihres Palastes, fand sich folgender Vers:

Para la Reina hay Descalzas
y para el Rey Tutor,
si no se muda el Gobierno,
desterrando al Confessor.

(Für die Königin die Nonnen, für den König einen Vormund, falls die
Regierung sich nicht ändert und der Beichtvater nicht verbannt wird.)
An anderer Stelle hieß es noch deutlicher:

Abrid Señora los ojos
vuelva Don Juan vuelva luego
que en fin hijo de casa
y es el cariño mas cierto.

(Senora, öffnet die Augen, Don Juan kommt zurück, er kommt bald,
er, der Sohn des Hauses, und er, der meistgeliebte.)
Nicht nur die Untertanen, auch die Ratgeber der Königin, die Minister, die Notabeln, rückten immer mehr von Maria Anna ab. Der
Große Rat von Kastilien legte der Königin nahe, ihren Frieden mit
Don Juan zu machen und den Beichtvater aus seinen Ämtern abzuzie-
hen. Der Große Rat von Aragon verkündete, vorsichtig verklausuliert,
Nithard möge, zum eigenen Besten und von sich aus, um seine Entlassung bitten. Der Staatsrat beschloß zu guter Letzt, Nithard als Gesandten nach Wien zu schicken.
Nachdem die Dinge sich eindeutig zu seinen Gunsten entwickelt hatten, verließ Don Juan Barcelona in Begleitung von vierhundert Berittenen, um nach Madrid zurückzukehren. Die Reise gestaltete sich zu einem Triumphzug ohnegleichen. Sein Weg war von Menschenmauern
gesäumt, man sah, so berichtete ein Augenzeuge, nichts als hochge-
reckte Arme und Hunderte Hüte, vor Begeisterung in die Luft geworfen. »Heil und Sieg Don Juan, dem Retter von Spaniens Ehre«, erscholl es aus der Menge.
Die Bürgermeister der Städte, die Don Juan durchquerte, überreichten
ihm die Schlüssel, der Adel drängte sich zur Audienz, und in Saragossa
verbrannten Studenten auf dem Marktplatz eine Strohpuppe, die auf
einer umgehängten Tafel als Pater Nithard vorgestellt wurde. Die Leibgarde, von Don Juan zum Schutz gegen seine Widersacher aufgestellt,
hatte Mühe, ihn vor der Begeisterung seiner Anhänger zu bewahren.

Die Kunde von Don Juans Siegesmarsch eilte ihm Tage voraus nach Madrid. Die Königin ließ Truppen zusammenziehen, aber die Mannschaften desertierten samt ihren Offizieren und mischten sich unter das Volk, das sich durch die Straßen wälzte und brüllte: »Es lebe der König! Es lebe Don Juan! Nieder mit der Fremdherrschaft.« Die Wohlhabenden verließen angesichts der drohenden Bürgerkriegsgefahr Hals über Kopf die Stadt.

Der päpstliche Nuntius, Federico Borromeo, bot Maria Anna seine Vermittlerdienste an, und die Königin griff verzweifelt nach diesem letzten Strohhalm. Am Sonntag, dem 24. Februar 1669, trafen der Nuntius und Don Juan wenige Meilen vor der Stadt zusammen, aber der Prinz war, trotz gutem Zureden, zu keinem Kompromiß mehr bereit. Er geriet in wallenden Zorn und schrie den Kirchenfürsten an: »Wenn Nithard bis morgen nicht verschwunden ist, komme ich höchstpersönlich und schmeiße ihn zum Fenster hinaus.«

Hektische Beratungen den ganzen Montag über im Staatsrat. Endlich konnte die Königin bewogen werden, Nithards Entlassungsdekret zu unterschreiben. Sie tat es, blind vor Tränen und von heftigem Schluchzen geschüttelt. Don Juan hatte einen vollständigen und gänzlich unblutigen Sieg auf allen Linien errungen. Würde er nun auch noch nach der höchsten Krone der Macht greifen? Wider alle Erwartungen tat er es nicht.

In einem Brief an die Königin erklärte er ausdrücklich: »Ich habe nicht die Absicht, mich an die Spitze der Regierung zu stellen.« Allerdings erhob er eine Reihe von Forderungen: Steuersenkung und Steuergleichheit – das heißt, daß auch Adel und Klerus Abgaben entrichten sollten; Ausbau der Armee und gleiche Gerichtsbarkeit für alle Bürger, ohne Ansehen des Standes. Die Königin bildete ein Reformkomitee, das allerdings nur eine kurze Lebensdauer hatte, und sie schickte Pater Nithard als Gesandten zum Heiligen Stuhl nach Rom.

Am 24. Februar holte der Erzbischof von Toledo Pater Nithard in einer Kutsche vom Inquisitionspalast ab. Unter den Flüchen und Verwünschungen Hunderter aufgebrachter Bürger verließ der ungeliebte Jesuit die Stadt.

Nithard blieb für immer in Rom. Bis an sein Lebensende kämpfte er für die Erhebung der unbefleckten Empfängnis Mariä zum Dogma. Der 8. Dezember galt bereits seit langem in Spanien als einer der höchsten Feiertage. Pater Nithard erlebte es nicht mehr, daß »Mariä Empfängnis« für die gesamte katholische Welt zum Feiertag zweiter Klasse bestimmt wurde (1696). Das Dogma wurde erst 1854 beschlossen.

In Spanien herrschte nach Nithards unrühmlichem Abgang gespannte Ruhe. Maria Anna übertrug Don Juan den Posten des Generalgouverneurs von Aragon. In der diesbezüglichen Ernennungsurkunde rang sie sich sogar zur Anrede »mein lieber Cousin« durch. Gehorsam reiste der Prinz nach Saragossa; dort wurde er mit dem bereits üblichen tumultuarischen Jubel empfangen.

Aber unter der Oberfläche schwelte das Mißtrauen zwischen der Regentin und ihrem ungestümen »Stiefsohn«. Jeder fühlte sich vom anderen bedroht. Einmal flog ein angeblicher Giftanschlag gegen Don Juan auf, dann wieder meinte die Königin, nächtlicherweile Mordbuben um ihre Gemächer schleichen zu hören. Sie legte sich eine Leibgarde zu, die ihr auf Schritt und Tritt bis zur Schlafzimmertür folgte.

Maria Anna war grenzenlos einsam, und darum suchte sie Halt bei einem neuen Vertrauten – der gewann jedoch sehr bald sehr viel mehr Macht über sie, als Pater Nithard je besessen hatte. Mit der Wahl dieses Don Fernando Valenzuela provozierte sie selbst ihren endgültigen Sturz.

Valenzuela entstammte dem verarmten Kleinadel. Er kam aus Neapel, wohin die Familie geflüchtet war, nachdem Don Fernandos Vater den Großvater – »aus Versehen«, wie er sagte – erstochen hatte. Fernando war ein aufgeweckter, vielseitig verwendbarer Junge. Nachdem er am Hof zu Palermo Pagendienste geleistet hatte, verschlug es ihn nach Madrid in den Dunstkreis Pater Nithards. Der erkannte sofort die außerordentlichen Talente des jungen Mannes und setzte ihn für Spitzeldienste und Zuträgereien, fürs beiläufige Ausstreuen gezielter Verleumdungen, zum Ausspinnen feiner Intrigen ein.

Als Pater Nithard Madrid verlassen mußte, legte er der Königin seinen Schützling nachdrücklich ans Herz. Don Fernando trug das Seine zur Vertiefung der Beziehung bei, indem er sich an die Lieblings-Kammerzofe der Herrscherin heranmachte und bald darauf diese Maria Eugenia heiratete. Vom einfachen Zureiter stieg er binnen weniger Monate zum Oberstallmeister, zum Generalinspektor des Palastes, zum Generalkapitän von Granada und schließlich zum Ersten Minister auf. Er wurde zunächst zum Marques de Pinares, zum Herzog von Villaseria

und dann sogar zum Granden erhoben; von der Königin »mein Cousin« tituliert, durfte er in ihrer Gegenwart den Hut aufbehalten.
Am Anfang seiner unglaublichen Laufbahn agierte das Ehepaar Valenzuela noch diskret im Hintergrund. Sie bezogen eine Wohnung unmittelbar neben den Gemächern der Königin. Maria Anna verließ ihre Suite immer seltener. Stundenlang schloß sie sich mit ihren beiden neuen Freunden ein, wickelte über Don Fernando ihre Geheimkorrespondenz mit Pater Nithard ab und ließ sich von ihrem »Hausgeist« – so Don Fernandos Spitzname in der Bevölkerung – über alles, was in der Stadt und im Land vorging, haarklein informieren. Das seltsame Trio wurde schon bald zum Ziel zotigen Spottes, wobei die Tatsache, daß Don Fernando ehemals königlicher Zureiter gewesen war, eine pikante Rolle spielte.

Sobald seine Macht gefestigt war, trat Valenzuela aus dem Schatten der Königin und beliebte sich aufzuführen wie ein Mitglied der Familie. Der Palast füllte sich mit neuen Gesichtern, zwielichtige Kreaturen feierten ausgelassene Feste; Theateraufführungen – bei denen Fernandos selbstgemachte, zweitklassige Dramen dargeboten wurden – lösten einander mit Stierkämpfen und Stierhatzen ab wie zu des guten alten König Philipps Zeiten.

Don Fernando war ein großer und ein großzügiger Bauherr. Er ließ sich ein feudales Palais sowie einige Landsitze errichten, aber auch für die Stadt Madrid fiel einiges ab: der großartig gestaltete Hauptplatz und zwei schöne Brücken legen noch heute Zeugnis vom Wirken des betriebsamen Mannes ab.

Unvergeßlich ist auch seine gigantische Korruptionswirtschaft, die alles auf diesem Gebiet bisher Dagewesene in den Schatten stellte. Man kann ruhig behaupten, daß Valenzuela der größte Schmiergeldnehmer der spanischen Geschichte gewesen ist. Kein Posten, kein Amt, auch nicht das allerkleinste, war zu haben, ohne daß Don Fernando und seine Spießgesellen nicht ihr Geschäft damit gemacht hätten. Allerdings: so rasch wie er es an sich raffte, so schnell warf der Favorit der Königin das Geld wieder zum Fenster hinaus.

Der Lebensstil und die Amtsführung Don Fernandos waren so außergewöhnlich aufreizend und skandalös, daß es im ganzen Land kaum mehr einen Menschen gab, der ihn nicht aus tiefstem Herzen verabscheut, gehaßt, verachtet und zum Teufel gewünscht hätte. So blind

Maria Anna in ihrem Zutrauen zu Valenzuela gewesen sein mag, hat sie wohl trotz der selbstgewählten Abgeschlossenheit geahnt, wie die Stimmung im Land war. Sie mußte sich fragen, wie lange Don Juan in Saragossa stillhalten würde. Darauf fiel ihr die einzig passende Antwort ein: Don Juan als Vizekönig ins ferne Sizilien, weitab vom Schuß, zu versetzen, und sie schickte eine dementsprechende Anweisung an den »lieben Cousin«.

Was weder Maria noch ihr sonst so vorzüglich informierter Favorit ahnten: zum nämlichen Zeitpunkt hatte Don Juan ein Schreiben des nun bald vierzehnjährigen Königs Karl II. erhalten. Der noch immer nicht voll zurechnungsfähige Knabe hatte das Papier weder selbst verfaßt noch geschrieben, aber es trug eindeutig seine ungelenke, leicht zittrige Unterschrift. Die wahren Urheber des Briefes waren sein Beichtvater und drei adelige Erzieher. Wörtlich hieß es in dem Dokument: »Am 6. November 1675 [dem Tag seines 14. Geburtstages] werde ich die Regierung meines Königreiches übernehmen. Ich brauche Sie zur Unterstützung an meiner Seite, und um mich der Königin, meiner Mutter, zu entledigen. Ich erwarte Sie am Mittwoch, dem 6., zu Mittag in meinem Vorzimmer.«

Don Juan hatte nicht gezögert, seine Freunde in Madrid von der ihn selbst überraschenden Wende zu benachrichtigen. Wie ein Lauffeuer verbreitete sich die frohe Botschaft in der Stadt, und als der König am Morgen des 6. November in festlichem Zug zum Alcazar fuhr, kannte der Enthusiasmus der Menschen keine Grenzen.

Zur vereinbarten Stunde traf Don Juan bei Karl ein. Die Brüder sanken einander in die Arme. Der König stammelte, Don Juan möge ihm helfen, er brauche ihn an seiner Seite. Nach einem feierlichen Tedeum trennten sich die beiden. Don Juan begab sich in seine Residenz, der König in den Palast.

Am Nachmittag empfing Maria Anna ihren Sohn. Barsch befahl sie seine Begleiter aus dem Zimmer und blieb mit dem Knaben zwei volle Stunden lang allein. Für das Gespräch zwischen Mutter und Sohn gibt es keine Zeugen, doch kann man sich leicht vorstellen, was geschah. Am Ende der Unterredung wankte der Junge aus dem Gemach der Mutter, totenblaß, die rotgeweinten Augen zu schmalen Sehschlitzen verschwollen.

In einer Sondersitzung beschloß nun der Staatsrat, die Großjährigkeit

310

des Königs für zwei weitere Jahre hinauszuschieben und Don Juan nach Saragossa zurückzuschicken. Don Juan fügte sich sofort: Er wollte, so sagte er, das Land vor dem Bürgerkrieg bewahren.

Valenzuela legte sich keine Zurückhaltung auf. Er übte schreckliche Rache an allen, die er im Verdacht hatte, in das Komplott verwickelt gewesen zu sein. Sie wurden aus ihren Ämtern entlassen, einige eingekerkert, andere des Landes verwiesen. Für den Augenblick hatte er seine Gegner zurückgedrängt – geschlagen gaben sie sich noch lange nicht.

Den Auftakt zum ersten spektakulären Staatsstreich in der spanischen Geschichte bildete ein am 15. Dezember 1676 veröffentlichtes Manifest, das zugleich eine glühende Loyalitätserklärung für den jungen König war. Darin wurde unmißverständlich die Trennung der Königin von ihrem Sohn, die Entlassung und Verhaftung Valenzuelas und die Berufung Don Juans als Berater des Königs gefordert. Unterzeichnet war das Papier von zehn Herzögen, vier Marquesen, drei Grafen, zwei Herzoginnen und vier Gräfinnen. An elfter Stelle, unauffällig, dennoch unübersehbar, fand sich die Signatur von Don Juan.

Valenzuela ließ mobilisieren. Auch Don Juan war schon mit zahlenmäßig kleiner militärischer Bedeckung aus Saragossa aufgebrochen. Unterwegs wurde die Truppe immer größer, scharenweise liefen Soldaten und Offiziere zu ihr über. Als Don Juan vor Madrid ankam, zählte seine Armee bereits 15 000 Mann Infanterie und Kavallerie.

Valenzuela spürte, daß er verloren hatte, und tauchte im Klostertrakt des Escorial unter. In der Nacht zum 15. Januar 1677 schlich sich Karl, nur von einem Kammerherrn begleitet (oder abgeholt?), aus dem Alcazar und begab sich ins Schloß Buen Retiro, der Residenz seines Bruders. Die Häupter der Verschwörung hatten sich dort versammelt und bereiteten dem Knaben einen stürmischen Empfang.

Als Königin Maria Anna am Morgen erwachte, fand sie auf ihrer Bettdecke einen von ihrem Sohn unterzeichneten Befehl, der sie ab sofort unter Hausarrest stellte. Verzweifelt jagte die Königin einen Kurier nach dem anderen mit Bitten, Befehlen und Beschwörungen nach Buen Retiro. Sie blieb ohne Antwort. Es ist anzunehmen, daß kein einziger dieser Briefe überhaupt in die Hände des Jungen gelangte.

Maria Anna ging wenig später ins Exil nach Toledo und hinterließ ihrem Sohn die folgenden Zeilen: »Sohn meines Lebens! Die Stunde des

Abschieds hat geschlagen, und meine Liebe zu Ihnen macht es mir zur Pflicht, Ihnen zu sagen, wieviel schmerzliches Leid es mich kostet, von Ihnen zu scheiden ... Unterlassen Sie es nicht, mir fortlaufend Bericht über Ihr körperliches und seelisches Befinden zu geben. Gott sei mit Ihnen. Ihre Sie liebende Mutter.«

Am 17. Januar erschienen fünfhundert Mann Infanterie vor dem Kloster des Escorial und verlangten die Herausgabe Valenzuelas. Der Abt verbot den Soldaten unter Androhung der Exkommunikation das Betreten des Klosters. Doch die Männer kümmerten sich nicht darum. Sie stürmten das Gebäude und drehten auf der Suche nach Don Fernando das Unterste zuoberst. Noch einmal konnte er ihnen entwischen, indem er an zusammengeknüpften Bettlaken in einen Hinterhof rutschte, rasch eine Kutte überstülpte und sich unter die Schar der Novizen mischte. Er wurde jedoch verraten, verhaftet, zuerst auf die Philippinen, später nach Mexiko verbannt.

Valenzuela sah die Heimat nie mehr wieder; er wurde 1691 von einem Pferd zu Tode getrampelt, das er sinnlos gequält hatte. Auch seine Frau nahm ein schlimmes Ende: Maria Eugenia wurde vorübergehend verhaftet, nach ihrer Freilassung war sie völlig mittellos, und es fand sich keine mildtätige Hand, die ihr auch nur ein Stück Brot zugesteckt hätte. Zerlumpt und abgemagert geisterte sie als Bettlerin durch die Straßen von Madrid und starb in einem Irrenhaus.

Am 23. Januar um sechs Uhr morgens stand Don Juan lächelnd vor dem Bett seines Halbbruders, kniete vor ihm nieder, küßte ihm die Hand und bat den König, ihm als erster Diener gehorchen zu dürfen. Das ganze Land versank für Wochen in einen nahezu hysterischen Rausch der Begeisterung. Freudenfeuer loderten, die Menschen sanken einander in die Arme und tanzten auf den Straßen, Tedeums und Dankesprozessionen wurden abgehalten. Es herrschte eine Aufbruchstimmung ohnegleichen. Don Juan wurde gefeiert, als »Befreier«, gar als »Erlöser«, und man erwartete von ihm auf der Stelle jede Menge kleiner und großer Wunder, die binnen weniger Wochen den jahrhundertelangen Schlendrian, den Abstieg Spaniens als Weltmacht aufhalten und in eine glanzvolle Wiederauferstehung verwandeln sollten. Kein Sterblicher hätte dieses Titanenwerk vollbringen können – und Don Juan waren nur noch zwei Jahre gegeben.

Seine erste Amtshandlung als neuer Regierungschef fand allgemeine

Zustimmung: Er entfernte die Kreaturen Valenzuelas und Pater Nithards aus ihren einflußreichen Stellungen und besetzte diese mit Männern seines Vertrauens.

Ehe er mit dem gigantischen Reformwerk begann, das er sich vorgenommen hatte, kümmerte er sich eingehend um die Person des jungen Königs, der bislang ein Schattendasein am Rande der mütterlichen Existenz geführt hatte. Eine sehr bezeichnende Episode ist dazu überliefert:

Wenige Tage nach Amtsantritt zeigte Karl seinem Bruder einen Brief des Herzogs Amadeus II. von Savoyen und bewunderte dessen wunderschöne, ebenmäßige Handschrift.

Don Juan betrachtete das Papier und sagte dann: »Der Herzog ist viel jünger als Eure Majestät. Sie müssen ihm auch handschriftlich antworten.«

Karl: »Aber ich kann gar nicht richtig schreiben.«

Don Juan: »Jesus Maria! Wie kann ein König von Spanien nur so etwas sagen.«

Von Stund an setzte sich Don Juan täglich hin und gab seinem Bruder Unterricht im Lesen und Schreiben.

Zum allgemeinen Erstaunen stellte sich heraus, daß Karl gar nicht so geistesschwach und zurückgeblieben war, wie es immer den Anschein gehabt hatte. Er war vielmehr durch die eigene Mutter an der Entwicklung und Entfaltung seiner – zugegebenermaßen – schwachen Kräfte und Begabungen gehindert worden. Niemals hatte sie ihm einen eigenen Hofstaat zugebilligt, niemals auch nur die kleinste Regung von Selbständigkeit überhaupt wahrgenommen und schon gar nicht unterstützt oder gefördert. Maria Annas Kritiker behaupteten und behaupten noch immer, die Königin habe ihren Sohn aus blanker Herrschsucht auf der Stufe eines Kleinkindes gehalten. Mit unserem heutigen psychologisch geschulten Denken erkennen wir jedoch, daß diese ständige Gängelung und Bevormundung aus übergroßer Fürsorge, aus quälender Angst um dieses armselige Bündel Leben, aus schmerzvoller Mutterliebe entsprang.

Wollte Don Juan politisch und physisch überleben, dann mußte er Karl aus der emotionalen Abhängigkeit von seiner Mutter befreien, aus dieser unglückseligen Mischung von äußerster Liebe und äußerster Furcht.

König Karl II. von Spanien

Don Juan verbrachte viele Stunden des Tages mit seinem Bruder. Es gelang ihm, was Dutzende hochrangige Wissenschaftler und Erzieher nicht geschafft hatten: Der Knabe begann sich für seine Umwelt zu interessieren, stellte Fragen und lernte schließlich, einigermaßen vernünftige Antworten zu geben. Karl, der seinen Vater im Alter von vier Jahren verloren hatte, faßte Zutrauen zu dem um zweiunddreißig Jahre älteren Halbbruder, es entstand eine Art Vater-Sohn-Beziehung, von der man nicht genau weiß, wie echt und wie tief sie von seiten Don Juans gewesen sein mag. Hat er den Bruder wirklich so geliebt, wie es nach außen den Anschein hatte, oder hat er Karl nur darum so fest an sich gebunden, weil er auf dem Weg über den königlichen Knaben seine ehrgeizigen Ziele verwirklichen wollte?

Sicher ist, daß Don Juan damals nicht mehr daran gedacht hat, Spaniens Thron völlig zu annektieren. Er tat alles, um das Ansehen und die Autorität des jungen Monarchen zu stärken und hielt sich selbst stets im zweiten Glied hinter ihm.

Obwohl Don Juan das würgende Zeremoniell radikal lockerte, die strenge schwarze Hoftracht in die Rumpelkammer verbannte und dafür die heitere, bunte, sinnenfreudige französische Mode einführte, obwohl der Ton bei Hofe sofort lockerer, ungezwungener wurde, hielt er ein strenges Auge darauf, daß Karl mit devotestem Respekt behandelt und sein königliches Ansehen niemals angetastet wurde.

Karl war beängstigend schwächlich und hatte darum niemals eine größere Reise unternehmen dürfen; dennoch bestand Don Juan darauf, daß der König wenigstens nach Aragon fahre, um dort die Huldigung seiner Untertanen entgegenzunehmen und den Eid auf die aragonischen Gesetze abzulegen.

Die Reise fand in winzigen Etappen statt. Dazwischen wurden lange Pausen eingelegt, der König konnte sich in den Palästen weltlicher und geistlicher Fürsten ausgiebig erholen. Er machte einen recht passablen Eindruck, als er am 1. Mai in der Kathedrale von Saragossa als König von Aragon bestätigt wurde. Karl war zwar noch immer zu klein und zu dünn für sein Alter, die Häßlichkeit seines Antlitzes mit der langen Nase, dem vorstehenden Kinn und der hängenden Unterlippe wirkte grotesk – aber er hielt sich aufrecht und strahlte eine gewisse Würde aus. Don Juan konnte mit seinem Werk zufrieden sein.

Da er die meiste Zeit des Tages mit dem König verbrachte, verlegte

Don Juan, sehr zum Mißfallen seiner Mitarbeiter, die übrigen Tätigkeiten in die späten Nacht- und frühen Morgenstunden. Als ob er geahnt hätte, wie wenig Zeit ihm blieb, stürzte er sich furios und ohne seine Kräfte zu schonen in die Arbeit. Er ging zahlreiche Projekte zugleich an, und er nahm auf niemanden und auf nichts Rücksicht, wenn er nur selbst von der Notwendigkeit einer Maßnahme überzeugt war. Unbekümmert warf er versteinerte Traditionen über den Haufen und ließ sich auf keine langen Debatten ein. Mit einem Wort: es gelang ihm in kurzer Zeit, sich mehr Feinde zu schaffen, als er je zuvor Freunde besessen hatte. Es dauerte nicht lange, und schon tauchten die berüchtigten Flugblätter und Maueranschläge auf, die ihm Unfähigkeit, Unerfahrenheit, krankhaften Ehrgeiz, Rücksichtslosigkeit und kleinliche Rachsucht vorwarfen.

Basierend auf der Einsicht, daß nur eine blühende Wirtschaft mehr Steuern einbringt, gründete Don Juan eine »Handelsgesellschaft«, die beim Aufbau einer nationalen Industrie mithelfen sollte. Investoren wurden für zehn Jahre von allen Steuern befreit. Zugleich beschnitt der Regent die zünftlerischen Vorrechte der Gilden und zog sich damit den Zorn sämtlicher Handwerker zu. Die Händler schäumten, weil Don Juan Importbeschränkungen für ausländische Waren lockerte, dazu aber staatlich kontrollierte Preisobergrenzen festlegte.

Die Gelehrtenwelt wurde böse, als der Regent hervorragende Köpfe aus ganz Europa, vor allem Mathematiker und Naturwissenschaftler, nach Spanien holte, und er bekam auch den Zorn der Kirche zu spüren, nachdem er die Alleinherrschaft der katholischen Universitäten gebrochen hatte und in privaten »Akademien« Lehre und Forschung freien Lauf ließ.

Auch die Mediziner hatten allen Grund, beleidigt zu sein: Don Juan holte neben anderen ausländischen Kapazitäten den berühmten italienischen Professor Giovanni Battista Juanini als Leibarzt nach Madrid, der radikal mit den noch immer praktizierten mittelalterlichen Lehren aufräumte und so Ungeheuerliches wie die Obduktion einführte. Juanini war es auch, der für Don Juan die erste in der Geschichte bekannte Studie über Luftverschmutzung einer Stadt am Beispiel Madrids und deren Auswirkung auf die menschliche Gesundheit verfaßte. Schon achtzehn Jahre vor der Übernahme der Regierung hatte Don Juan den Anstoß zur Gründung der ersten regelmäßig erscheinenden

Zeitung in Spanien gegeben und seinen Sekretär Francisco Fabro Bremundran zum Chefredakteur gemacht. Es lag in der Natur der Sache, daß die »Gazeta« vehement die Politik Don Juans unterstützte, und es ist darum nicht verwunderlich, daß das Blatt unmittelbar nach seinem Tod eingestellt wurde. Ein Jahr danach wurde das Erscheinen sämtlicher Zeitungen in Spanien behördlich verboten.

Weite Kreise des Adels machte sich Don Juan zum Feind, als er dessen Steuerprivilegien beschnitt und darüber hinaus auch noch die unerhörte These verkündete, daß Arbeit keine Schande sei, daß es dem Land und seiner wirtschaftlichen Gesundung zum Vorteil gereichte, wenn Mitglieder der führenden Kreise dem Volk mit gutem Beispiel vorangingen.

Don Juan, der – eine absolute Seltenheit in der Geschichte – durch eine von *allen* Schichten getragene unblutige Revolution an die Macht gekommen war, wurde von seinen einstigen Anhängern auch für Entwicklungen und Ereignisse verantwortlich gemacht, auf die er persönlich kaum Einfluß besaß.

Der am 13. Dezember 1678 abgeschlossene Friedenskongreß von Nimwegen beendete zwar das jahrzehntelange Ringen gegen Frankreich und Holland, das Spanien an den Rand des Abgrunds gebracht hatte – doch der Preis war außerordentlich hoch: die holländischen Gebiete, die Freigrafschaft Burgund, Valenciennes, Gent und Ypern waren für immer verloren.

Schmerzte diese Wunde schon tief, so konnten es die meisten engstirnigen Lokalpatrioten nicht begreifen, daß Don Juan nun erst recht die Heirat König Karls II. mit Marie Louise von Orléans, einer Nichte Ludwigs XIV., anbahnte, obwohl der König bereits einer österreichischen Erzherzogin versprochen war. Es nützte dann auch wenig, daß Karl selbst für die Verbindung Feuer und Flamme war, denn er hatte sich leidenschaftlich in die rassige kleine Bourbonin verliebt, die er allerdings nur von zahlreichen Porträts kannte.

Völlig schuldlos war Don Juan natürlich an den beiden wetterbedingten katastrophalen Mißernten von 1677 und 1678, die zu Hamsterkäufen, Schleichhandel und zu den höchsten Getreide- und Brotpreisen seit Menschengedenken führten. Don Juan machte Staatsmittel locker, um überall im Land Getreide aufzukaufen, und die Bäcker wurden gezwungen, die Brotpreise zu senken – was nun auch die Bäcker in Wut

317

versetzte, für die 150 000 Einwohner von Madrid indes keine spürbare Erleichterung brachte.

Zu schlechter Letzt flammte eine neue Pestepidemie auf. Handel und Wandel waren aufs schwerste beeinträchtigt, und die von Don Juan versprochene Steuersenkung mußte immer wieder verschoben werden. Der Versuch, vom Adel und vom Klerus Geld einzutreiben, scheiterte kläglich am geballten Widerstand der Betroffenen.

Ab dem Frühjahr 1679 begann sich die Lage leicht zu entspannen. Die Mißstimmung indes hielt weiter an. Als Don Juan im Juli aufs Krankenbett geworfen wurde, wurden plötzlich feine Fäden zwischen Madrid und Toledo, zwischen Königin Maria Anna und Karl II., gesponnen. Das Netz um Don Juan wurde immer dichter, der König entglitt langsam, aber unaufhaltsam dem Einfluß seines Halbbruders.

Don Juan, von heftigen Fieberanfällen und rasenden Koliken gemartert, konzentrierte seine schwindenden Kräfte nunmehr ausschließlich auf das Kernstück seines Erneuerungsprogramms, auf eine tiefgreifende Währungsreform, die Hand in Hand mit einer allgemeinen Steueramnestie gehen sollte. Es gelang ihm noch, die Pläne durchführungsreif zu machen – ihre erfolgreiche Verwirklichung erlebte er nicht mehr.

Am Sonntag, dem 17. September 1679, ereilte ihn im Alter von nur fünfzig Jahren der Tod, auf den Tag genau vierzehn Jahre nach dem Hinscheiden seines Vaters, König Philipps IV. Die Obduktion des Leichnams durch Professor Juanini bestätigte vollinhaltlich dessen Diagnose: Gallenblasenentzündung und Durchbruch.

Nun, da er tot war, erwies man Don Juan die ihm gebührenden königlichen Ehren und bettete ihn im Escorial an der Seite der übrigen Habsburger zur letzten Ruhe. Sein Herz wurde, wie er es gewünscht hatte, in der Kathedrale von Saragossa beigesetzt.

Einen Tag nach dem Begräbnis reiste König Karl II. nach Toledo und sank weinend vor seiner Mutter in die Knie. Sie kehrte noch am selben Tag an seiner Seite nach Madrid zurück.

Der Freund und Leibarzt, Professor Juanini, widmete dem Verstorbenen einen enthusiastischen Nachruf, in welchem er vor allem die außergewöhnlichen Begabungen des Prinzen hervorhob: »... niemals gab er sich dem Müßiggang hin und arbeitete stetig an seiner geistigen Fortbildung ... Er war ein großer Mathematiker, spielte die verschiedensten Instrumente perfekt, las vor allem Aristoteles, Tycho Brahe, Galilei und andere. Er beherrschte die Geometrie und die Geographie vorzüglich, und er war der beste Navigator. Er war ein ausgezeichneter Maler, sowohl in Öl als auch im Aquarell, und auch als Graveur war er meisterhaft . . .« Ein anonymer Zeitgenosse meinte: »Er war ein großer Fürst, aber er wäre ein größerer gewesen, wäre er großmütiger auf Beschwerden eingegangen und hätte er offener gehandelt.«

Wir wissen heute, daß er zu rastlos und zu ungeduldig war, um auf, wie es ihm schien, kleinliche Klagen einzugehen und alle seine Pläne jedermann offen darzulegen und mit jedermann ausführlich zu diskutieren. Er war brennend ehrgeizig, und er liebte die Macht – mehr als jeder »legitime« Habsburger, dem die Herrschaft schon in die Wiege gelegt worden war.

Noch bis in die jüngste Gegenwart hat die spanische Geschichtsforschung Don Juan verteufelt, ihn als abstoßenden Dämon und heimtückischen Intriganten dargestellt. Erst die neuesten Untersuchungen zeigen ihn als einen seiner Zeit weit vorausdenkenden Mann, der die Wurzeln allen Übels mit schmerzlicher Klarheit erkannte – der aber auch die Wege fand, das Land aus seiner Misere zu führen. Es sollte noch fast dreihundert Jahre dauern, ehe Spanien reif war, diese Wege zu verfolgen.

Aschenbrödel

Maria Anna 1738–1789

»Was die Schwestern Maria Anna und Elisabeth betrifft, so behandelt sie die Kaiserin schlecht und sieht sie selten, und fast immer schilt sie sie aus und zeigt ihnen üble Laune . . . Über Maria Anna ist sie besonders verärgert und behandelt sie bei jeder Gelegenheit miserabel und läßt es auch in der Öffentlichkeit erkennen . . .«

> *Leopold, Großherzog von Toskana (später Kaiser Leopold II.), über das Verhältnis seiner Mutter, Kaiserin Maria Theresia, zu ihren ältesten Töchtern*

»Ich bin so glücklich unter euch. So gute und erkenntliche Menschen habe ich noch an keinem Ort getroffen. Ich habe vierzig Jahre in Wien gelebt, aber man hat mir nie gezeigt, daß man mich liebt.«

> *Erzherzogin Maria Anna anläßlich eines Empfangs in Klagenfurt*

Das Kind war heiß erwünscht, aber, als es endlich das Licht der Welt erblickte, keineswegs hoch willkommen. Es war das zweite Kind der österreichischen Thronerbin Maria Theresia und ihres Gemahls Herzog Franz Stephan von Lothringen, später Großherzog der Toskana. Wieder ein Mädchen! Sosehr sich die jungen Eltern über den gesunden Nachwuchs gefreut haben mögen – die Wiener nahmen es Franz Stephan übel, daß es kein Bub war; wie sie überhaupt dazu neigten, alles übelzunehmen, woran sie dem jungen Mann die Schuld in die Schuhe schieben konnten: Er hatte sich soeben in einem Feldzug gegen die Türken blamiert, er war nicht einmal imstande, einen Sohn zu zeugen, er war in ihren Augen ein »Garniemand« – und überdies ein »Franzos«. Die Franzosen waren aus den verschiedensten chauvinistischen Gründen bei fast jedermann von Herzen verhaßt.

Kaiser Karl VI., Maria Theresias Vater und somit Großvater des unglücklichen kleinen Wurms, versuchte seine Wiener zu trösten und zu besänftigen, indem er »zum allgemeinen Gaudium« Freikomödien veranstalten und dabei Brieftauben hochfliegen ließ, die um den Hals Bändchen trugen, mit einem simplen Verslein darauf:

> »Das Mannsvolk bleibt nicht aus
> Wo schöne Jungfräulein.
> Die Wahrheit des Spruches
> Trifft unfehlbar ein.
> Es wird daher ein Mann
> als drittes uns nach Wunsch begaben,
> Jetzt konnt's nicht sein. Warum?
> Gut Ding will Weile haben.«

Weder kostenlose »Gaudi« noch geflügelte Botschaften vermochten den Zorn des Volkes zu dämmen, so daß der Kaiser dem jungen Paar anempfahl, für eine Weile von der Bildfläche zu verschwinden. Eine Reise nach Florenz, der Hauptstadt von Franz Stephans neuer Heimat, war ohnedies überfällig und nur wegen der rasch aufeinander folgenden Schwangerschaften Maria Theresias immer wieder verschoben worden.

Im Zuge komplizierter politischer Tauschgeschäfte war Franz Stephan seines Thrones in Lothringen verlustig gegangen und hatte zum Trost nicht nur die Toskana, sondern auch die vielgeliebte Kaisertochter Maria Theresia erhalten.

So kam es, daß die am 6. Oktober 1738 geborene Maria Anna Josepha Antonia bereits im Alter von drei Monaten von Vater und Mutter getrennt wurde. Die ältere Schwester Maria Elisabeth war zu diesem Zeitpunkt zweiundzwanzig Monate alt. Beide Mädchen überstanden die Abwesenheit der Eltern, ohne Schaden zu nehmen. »Die kleinen Engel sind gottlob wohlauf, herzig und vollkommen. Euer Liebden werden an beiden Freude haben«, hieß es in einem Bericht an die Mutter der beiden.

Nach sechs Monaten unbeschwerter Lebens- und Festesfreuden in Italien war das Paar wieder daheim. In einem Trakt der Hofburg residierte es mit eigenem Hofstaat – getrennt vom kaiserlichen Vater und dennoch in seiner unmittelbaren Nähe.

Über die ersten zwei Lebensjahre »Mariandls« – später Marianna gerufen – wissen wir wenig. Sie scheinen unauffällig gewesen zu sein, vor allem was ihren später so problematischen Gesundheitszustand betrifft. Vielleicht lag eine der Wurzeln für Mariannas Anfälligkeit auch in den strikten Anweisungen Maria Theresias, die Kinder »abzuhärten«. Sie durften, um Gottes willen, nicht verweichlicht werden! Allzu warme Kleidung war verboten – nicht ganz verständlich angesichts der endlosen, kalten, zugigen Gänge der Wiener Hofburg, der hohen, schwer heizbaren Räume mit ihren schlecht schließenden Fenstern. Die einmal wöchentlich vorgeschriebene Reinigung der Füße schien indes kaum Schaden angerichtet haben.

Überhaupt war Strenge oberstes Gebot, das Mariannas erste »Aja« (Erzieherin), eine Gräfin Belrupt, gewiß aufs sorgsamste befolgte. Das »Dalken« – die Worte verstümmelnde Kleinkindersprache – war verpönt. Die Jungen und Mädchen sollten von Anfang an korrektes Hochdeutsch lernen. Es ließ sich allerdings nicht vermeiden, daß alle zusammen im Endeffekt ein weich fließendes Wienerisch sprachen, denn das Hochdeutsche war (und ist) nun einmal in Wien ein mehr oder weniger fremdes Idiom.

»Die Kinder sind geboren zu gehorchen und sollen sich mithin beizeiten daran gewöhnen«, dekretierte die Mutter. Merkwürdigerweise ist in ihren sehr detaillierten und häufig wiederholten Erziehungsanleitungen wenig bis gar nichts über Liebe und Zärtlichkeit enthalten ...

Marianna stand im empfindlichsten und empfindsamsten dritten Lebensjahr, als 1740 eine Reihe von Katastrophen über das Haus hereinbrach. Ihren Eltern wurde am 12. Januar eine weitere Tochter geboren – jawohl, auch das wurde als Katastrophe empfunden! Nichts von den kühnen Prophezeiungen Kaiser Karls VI., daß das nächste Kind ein Bub würde (»Gut Ding will Weile brauchen ...«), hatte sich erfüllt. Schon wieder ein Mädchen! Das konnte doch nur eines bedeuten: das Glück hatte sich abgewandt vom Hause Österreich, ab nun konnte es nur noch schlimmer werden.

Es kam schlimmer: Sechs Monate nach der Geburt der kleinen Maria Karolina starb die Erstgeborene, Maria Elisabeth, und im Herbst wurde der Kaiser, der Großvater der drei Mädchen, dahingerafft.

Noch bei guter Gesundheit war er zu einem Jagdausflug ins Schloß Halbturn gefahren – wenige Tage später, am 13. Oktober, brachte man ihn, keuchend, erbrechend, als halbtoten Mann nach Wien zurück. Die ursprüngliche Diagnose, Pilzvergiftung, hielt den Überprüfungen nicht stand: Keiner von des Kaisers Jagdgefährten fühlte sich krank. Ratlos umstanden die besten Spezialisten das Bett des hohen Patienten und diskutierten leise, aber heftig über mögliche Therapien. »Laßt's die Streitereien«, murmelte der Kaiser mit einem letzten Anflug von Sarkasmus, »wenn ich tot bin, dann brecht's mich auf und werdet's sehen, an was ich gestorben bin. Ich hoffe, es kommt bald einer nach und sagt es mir.«

Unter großen Schmerzen starb der Fünfundfünfzigjährige am 20. Oktober 1740. Die Obduktion brachte, wie vorauszusehen, Klarheit über die Todesursache: Es waren nicht die Pilze, es war ein akut verlaufenes Krebsleiden.

Maria Theresia, die innerhalb weniger Monate ein Kind und den sehr geliebten Vater verloren und plötzlich, aufs mangelhafteste vorbereitet, die Last des Regierens zu tragen hatte, konnte sich ihrem Schmerz nicht lange hingeben: Am 16. Dezember, acht Wochen nach dem Hinscheiden des Kaisers, fiel König Friedrich II. von Preußen, den sie später den Großen nennen sollten, ohne Vorwarnung über Schlesien her, weil er angeblich Erbansprüche auf das seit zweihundert Jahren zu Österreich gehörende Land besaß.

Die sogenannten »drei schlesischen Kriege« haben, mit kurzen Unterbrechungen, Österreich für volle dreizehn Jahre in kriegerische Handlungen verwickelt und schließlich zum Verlust dieser reichen Provinz geführt.

Und dann kam noch ein weiterer Kriegsschauplatz hinzu: Im Österreichischen Erbfolgekrieg (1741–1748) versuchte Bayern, von Preußen und Frankreich unterstützt, sich einen Teil der Erblande anzueignen. Die blutjunge und friedliebende Maria Theresia war wider Willen oberste Kriegsherrin in einem jahrzehntelangen Völkergemetzel geworden, eine Aufgabe, die unentwegt an ihren seelischen und körperlichen Kräften zehrte. Ihre Rolle als Frau und Mutter mußte sie zwangsläufig auf ein Minimum reduzieren. Sie bestand zwar darauf, Mann und Kinder täglich zu sehen – aber wirklich beschäftigen konnte sie sich mit keinem. Die Kinder hatten ihre Ajas und Ajos, der Mann in späteren

Jahren seine Liebhabereien und Liebesaffären. Glücklich war in dieser Konstellation niemand.

Am 25. Januar 1741 starb die ein Jahr zuvor geborene Maria Karolina, und die dreijährige Marianna war mit einem Mal das einzige Kind ihrer Eltern – aber sie blieb es nicht lange. Denn schon am 13. März desselben Jahres schenkte Maria Theresia erneut einem Kind das Leben – und es war endlich ein Knabe, den man auf den Namen Joseph taufte. Niemals zuvor und niemals nachher war um ein Kind Maria Theresias ein solches Aufheben gemacht worden. Die Menschen verstanden die Erfüllung tausendfacher Gebete als wahrhaftiges Zeichen und Wunder von oben; vergessen waren Groll und Gram, die Wiener feierten, was das Zeug hielt, und begeistert summten, sangen und pfiffen alle den Gassenhauer:

>>Das war a G'schrei
Heut nacht um drei.
Man hat ka Ruah,
Vivat der Bua.<<

Kaum geboren, wurde Joseph in den exklusiven Orden vom Goldenen Vlies aufgenommen. Die Zeugen der Zeremonie küßten ihm nicht die winzige Hand, sie küßten seine Windel! Überhaupt drehte sich von nun an alles um den kostbaren Knaben. Daß da irgendwo am Rande noch ein kleines Mädchen existierte, wurde kaum wahrgenommen. Marianna hatte in ihrer Kindheit lediglich zwei große Auftritte, die sie ins unmittelbare Zentrum des öffentlichen Interesses stellten, aber nur der zweite mag die kleine, ständig nach Beachtung und Anerkennung dürstende Seele befriedigt haben. Es handelte sich um die Krönung Maria Theresias zur Königin von Ungarn im Jahre 1741 und zur Königin von Böhmen 1743.

Der Thronfolger Erzherzog Joseph war erst drei Monate als, als seine Eltern zu Schiff in die damalige ungarische Hauptstadt Preßburg aufbrachen. >>Unsere Frau Marianna<< wurde mit einem eigenen kleinen Hofstaat per Kutsche auf die Reise geschickt. Sie nahm an der enthusiastisch umjubelten Galafahrt der Mutter durch die geschmückten Straßen der Stadt teil – der Krönung der schönen Mama durfte sie nicht beiwohnen, und das aus einem sehr diffizilen Grund.

Maria Theresia, noch immer bis über beide Ohren in ihren >>Franzl<< verliebt, versuchte durchzusetzen, daß man den Gemahl als Mitregenten in Ungarn anerkenne und ihn mit ihr gemeinsam kröne. Doch die Magyaren, auf alte Gesetzestexte pochend, lehnten, bei allem Respekt, kategorisch ab – zumindest im Augenblick (später wurde Franz Stephan doch noch Mitregent). Für die Ungarn war Maria Theresia »der König« – daneben gab es nichts und niemand: Großherzog Franz Stephan möge, so es ihm beliebe, an der Zeremonie teilnehmen – aber nur als Privatmann.

Eine peinliche Lage, aus der schließlich ein fast komödienreifer Ausweg gefunden wurde. Nur »fast« komisch, denn im Grunde war die Situation für Franz Stephan und zugleich für seine Tochter Marianna verletzend und demütigend. Sie war alt genug, um das auch in voller Tragweite empfinden zu können.

Am 25. Juni verabschiedete sich Franz Stephan um sechs Uhr morgens von seiner Frau. Sie war bereits im vollen Ornat, einer Art ungarischem Nationalkostüm, prunkvoll mit Perlen und Edelsteinen geschmückt. Der Großherzog holte seine Tochter Marianna ab und begab sich mit ihr zum Friedhof von St. Martin, der Kirche, wo die Krönung vor sich gehen sollte. Zu einem dem Altar gegenüberliegenden Fenster war eine Art Hühnerleiter gebaut und darauf eine Plattform errichtet worden. Vater und Tochter sowie zwei weitere, ungesehen bleiben wollende Zeugen erklommen die Sprossen und beobachteten aus luftiger Höhe das Geschehen im Inneren des Gotteshauses. Maria Theresia wußte ihre Angehörigen auf dem seltsamen Ausguck, aber sie blickte kein einziges Mal hinauf.

Bei der Eidesleistung auf dem Krönungshügel, auf den die Königin, vom stürmischen Jubel ihrer Landeskinder angefeuert, strahlend und heroisch hoch zu Roß galoppierte, waren Franz Stephan und Marianna nicht einmal im Abseits dabei. Während des Krönungsmahles saß Maria Theresia, »der König«, an der Stirnseite der Tafel – ganz am Ende, noch hinter den Erzherzoginnen, war der Platz des »Privatmannes« Franz Stephan.

Marianna blieb mit ihren Eltern noch einige Wochen in Preßburg, da Maria Theresia wichtige Regierungsgeschäfte zu erledigen hatte. Den Vater sah das Kind häufig, die Mutter kaum. Denn wann immer es ihre Zeit zuließ, eilte sie nach Wien, um ihrer ersten und vornehmsten Mutterpflicht zu genügen – sich um das Wohl ihres einzigen Sohnes zu kümmern ...

Knapp zwei Jahre später, im Mai 1743, war Marianna noch einmal allein mit den Eltern unterwegs, und zwar zur Krönung der Mutter in Prag. Bei der Rückkehr ward ihr die Ehre zuteil, zwischen den Eltern sitzend, in ein freudentaumelndes Wien einzuziehen. Übereinstimmenden Zeugenaussagen zufolge war dies die triumphalste Bewillkommnung, die je ein Herrscher in der Metropole erlebt hat, denn wenige Tage zuvor war ein entscheidender Sieg im Erbfolgekrieg errungen worden.

Ein bitterer Nachgeschmack blieb dennoch: Es war Maria Theresia zwar gelungen, ihren Mann von Anfang an in Böhmen zum Mitregenten zu erheben; ihr und sein ehrgeizigster Wunsch, ihm die deutsche Kaiserkrone aufs Haupt zu setzen, blieb indes fürs erste unerfüllt. Die deutschen Kurfürsten wählten den Bayernherzog Karl zum Kaiser. Franz Stephan ging leer aus; er blieb weiterhin im Schatten seiner Frau – so wie Marianna nach ihrer Rückkehr aus Prag erneut im Schatten ihres Bruders Joseph verschwand.

In den beiden darauffolgenden Jahren traten zwei weitere höchst erfolgreiche Konkurrentinnen um die Gunst der Mutter auf die Bühne: Maria Christina (Mimi), das hemmungslos bevorzugte Hätschelkind Maria Theresias, und Maria Elisabeth (Liesl), die aphroditische Schönheit unter den ansonsten bloß durchschnittlich hübschen Erzherzoginnen.

Maria Anna war nicht einmal durchschnittlich hübsch. Sie besaß zwar eine zarte, biegsame Figur und auffallend schöne Hände, doch die »Visitenkarte« jedes Mädchens, das Gesicht, wirkte schon bald hart, scharf, eckig. Marianna sah ihrem Vater sehr ähnlich, der allgemein als gutaussehender Mann bezeichnet wurde. Aber was bei einem Mann als »Charakterkopf« klassifiziert wurde, galt für ein Mädchen als »unweiblich« und daher zumindest befremdlich. Besonders Mariannas Profil mit der stark vorspringenden Nase, praktisch identisch mit dem des Vaters, wurde als häßlich empfunden.

Der preußische Gesandte am Wiener Hof, Graf Otto Podewils, ein wichtiger und mitteilungsfreudiger Zeitzeuge, beschrieb Marianna als am wenigsten anziehend unter ihren Geschwistern, bestätigte ihr aber Geist und Urteilskraft; zugleich bemängelte er die »hochmütige Miene« der Erzherzogin. Und der fleißige Tagebuchschreiber Fürst Johann Khevenhüller, Obersthofmeister Maria Theresias, berichtete von

einer Komödienaufführung der Kinder:».. besonders tat sich hervor
die Erzherzogin Marianna.«

»Hochmut« und »Hervortun« – bei Marianna untrennbar miteinander verbundene Eigenschaften: Sie tat alles, um Lob und Beachtung zu
finden – der Erfolg war betrüblich gering. So blieb ihr keine Wahl, als
die Enttäuschung mit einer abweisenden Miene zu tarnen.

Marianna war vielseitig begabt. Sie tanzte ausgezeichnet und mit großer Hingabe Ballett, unter Anleitung hervorragender Lehrer brachte
sie es zu überdurchschnittlicher Fertigkeit; sie verfügte über eine
kleine, aber wohlklingende Sopranstimme und hohe Musikalität. Im
Studium war sie eifriger und konzentrierter als die meisten ihrer Geschwister, besonders auffallend war ihr phänomenales Gedächtnis, das
die Merkfähigkeit selbst des blitzgescheiten Joseph weit übertraf. Doch
das war eher ein Nachteil als ein Vorzug, denn es war gar nicht gerne
gesehen, daß sie den künftigen Herrscher in irgendeiner Disziplin
übertrumpfte.

Während Fürstin Marie Karoline Trautson (Mariannas Erzieherin
nach der Gräfin Belrupt), eine geistreiche und künstlerisch kreative
Dame, die musischen Talente Mariannas förderte, wurde die geistes-
wissenschaftliche Bildung des Mädchens – wie übrigens aller Töchter
Maria Theresias – keineswegs auf höchstem Niveau gehalten. Die
Schwestern wurden zwar in alle Wissensgebiete eingeführt, doch es
fehlte an Gründlichkeit und Tiefe – ausgenommen Fremdsprachen,
eine wichtige Mitgift für Töchter, die dazu bestimmt waren, durch Heirat auf ausländische Fürstenthrone zu gelangen.

Geradezu erbarmungswürdig war das Wissen der Mädchen um die primitivsten Grundregeln der geschriebenen Muttersprache – weder
Grammatik noch Orthographie wurden zielstrebig unterrichtet. Maria
Theresia selbst war im Deutschen nicht eben sattelfest – doch Mariannas schriftliche Ergüsse sind schlichtweg haarsträubend und manchmal
so gut wie unverständlich. Aus diesem Grund werden später ihre Aufzeichnungen in einer »Übersetzung« zitiert.

Zur damaligen Zeit stieß sich niemand an unkorrekt geschriebenem
Deutsch. Die Sprache der Gebildeten war nun einmal das Französische. Französisch war übrigens auch die Muttersprache Franz Stephans. Der allerdings konnte sich weder in dieser noch im Deutschen
schriftlich ausdrücken – meist verwendete er ein Kauderwelch aus bei-

den. Ein Beispiel: »Ma vivasite fig mit Regt an et je vous dret ne lavoyre pas fay bocoup.« (Meine Lebhaftigkeit ficht mich recht an, und ich wollte um vieles, es nicht getan zu haben.)

Es muß allerdings auch vermerkt werden, daß für das eigentliche Lernen wenig Zeit blieb, da viele Stunden darauf verwendet wurden, den Kindern gesellschaftlichen Schliff zu geben (Tanzen, Ballett – und Theateraufführungen, von den Jungen und Mädchen selbst gestaltet). Auch ungezählte religiöse Verpflichtungen, der tägliche Besuch der Messe, die endlosen Beichtstunden und geistlichen Übungen, die Unzahl der kirchlichen Feiertage, reduzierten die schulische Bildung.

Unter der ständig wachsenden Kinderschar gab es heftige Rivalitäten, gespickt mit kleinen Bosheiten und Sticheleien, deren bevorzugtes Ziel die Älteste, Marianna, war; ihr rieb man ständig unter die Nase, daß sie »nur« die Tochter eines Herzogs und einer Erzherzogin war, nicht aber, wie die anderen, ein Königskind. Wir erinnern uns: die drei ältesten Töchter wurden geboren, noch ehe Maria Theresia zur Königin gekrönt wurde, Joseph war immerhin erst drei Monate alt, als man seine Anrede von »Durchlaucht« in »Königliche Hoheit« umänderte. Ab Oktober 1745, nachdem Franz Stephan als Nachfolger des überraschend verstorbenen Kaisers Karl VII. doch noch Kaiser wurde, waren die Kinder »kaiserliche Hoheiten«.

Besonders scharf war die Rivalität zwischen Marianna und ihren Schwestern Mimi (vier Jahre jünger) und Liesl (fünf Jahre jünger). Die folgenden Kinder waren altersmäßig zu weit entfernt, um in diesem speziellen Konkurrenzkampf eine Rolle zu spielen. Wie alle ihre Geschwister neigte Marianna zur Eifersucht – ein unübersehbares Erbteil von der Mutter. Maria Theresia hat bekanntlich ihren »Franzl« mit ständigem Argwohn gemartert; alle leichtfertigen Mannsbilder und Weiberleut' des Landes, vor allem aber in der Stadt Wien, ließ die Kaiserin durch die berüchtigten Keuschheitskommissionen bespitzeln und jagen: Gemeint waren im Grunde nicht »alle«, sondern eben nur der eine – und seine jeweiligen Favoritinnen.

Im Kampf um die Liebe der Mutter zog Marianna stets den kürzeren. Joseph besaß aufgrund seines Geschlechts eine unangreifbare Sonderstellung, aber auch gegen Mimi und Liesl war Marianna im Hintertreffen. Liesl war zwar kokett und oberflächlich, aber so überirdisch schön, daß schon darum jedermann von ihr hingerissen war – und sie

Erzherzogin Maria Anna

setzte diesen Vorteil auch ungeniert für sich ein:».. . wie . . . Elisabeth mit ihrer Schönheit gefallen will, bei einem Wachtmeister der Schweizer Garde oder einem Prinzen – das ist ihr gleich«, schrieb Maria Theresia später über die Halbwüchsige.

Mimis Anblick war nicht so überwältigend, doch sie war niedlich, freundlich und rosig, anschmiegsam, mit allen Schlichen weiblicher Diplomatie und Raffinesse begabt – und außerdem eine wertvolle Informationsquelle über die Vorgänge in den Kinderzimmern. Ohne Umschweife gesagt: Mimi war eine Petzerin. Die Mutter war blindlings vernarrt in sie, und sie konnte sich praktisch alles erlauben, was anderen streng verboten war. Kaum ein Wunsch war denkbar, den das Mädchen nicht letzten Endes durchgesetzt hätte.

Bezeichnend für die Stellung Mariannas ihren beiden Schwestern gegenüber ist eine Szene, die sich 1749 anläßlich der Großen Gala zum Namenstag der Kaiserin abspielte: Zum Tanz wurden auf der Stelle die siebenjährige Mimi (durch den französischen Botschafter) und die sechsjährige Liesl (durch den elegantesten und begehrtesten Mann bei Hof, den Obersthofmeister Fürst Khevenhüller) aufgefordert. Marianna wäre leer ausgegangen, hätte sie nicht ihr jüngerer Bruder Joseph aufs Parkett geführt.

Liesl bekam ihren ersten Heiratsantrag als Zwölfjährige – aber der polnische König war Maria Theresia nicht gut genug für die Tochter, deren fulminantes Aussehen ein hochgeschätztes politisches Kapital darstellte. Marianna wurde nur ein einziges Mal in ihrem Leben als Heiratskandidatin in Betracht gezogen. Die Verhandlungen mit dem Mittelsmann des Herzogs von Savoyen scheiterten bereits im Vorstadium, als ruchbar wurde, daß es mit der Gesundheit des Mädchens nicht zum besten stünde.

In der Tat war Marianna ab dem dritten Lebensjahr – also ziemlich genau nachdem der alles überstrahlende Stern des Bruders Joseph aufgegangen war – das, was man auf gut Wienerisch einen »Krankensessel« nennt: kein Winter ohne Husten, kein Heu ohne Schnupfen, und jeder Luftzug schien das zarte Pflänzchen zu gefährden.

Wenn wir Maria Theresias umfangreiche Korrespondenz durchgehen, dann existiert Marianna scheinbar nur im Krankenbett. Kaum jemals erwähnt die Mutter einen der unübersehbaren Vorzüge ihrer Ältesten – aber über ihre körperlichen Gebrechen läßt sie sich des langen und breiten aus. Fazit: Als Gesunde besaß Marianna keinen besonderen Stellenwert, als Kranke wurde sie von der Mutter wenigstens beachtet. So litt sie denn pausenlos unter mehr oder weniger dramatischen Wehwehchen – ein klassischer Fall für den Psychosomatiker.

Mit achtzehn war Marianna endgültig der Kinderstube entwachsen. Sie besaß einen eigenen Hofstaat, die Aja war durch einen Obersthofmeister, den Grafen Colloredo, ersetzt; sie nahm, soweit es ihre Gesundheit zuließ, an Bällen und Schlittenfahrten teil; auch übertrug man ihr kleine Repräsentationspflichten.

Zu Ostern des Jahres 1757 – das sechzehnte und letzte Kind Maria Theresias, Erzherzog Max Franz, war eben vier Monate alt – stand Marianna beängstigend nahe am Rande des Grabes. Sie hatte tagelang hohes Fieber und beklemmende Atembeschwerden und erhielt, da ihr Zustand aussichtslos erschien, im Kreise der Familie die Sterbesakramente.

Maria Theresia schrieb einem Freund: »Meine arme Tochter liegt fast ohne Hoffnung darnieder. Sie . . . ist voll Zärtlichkeit für mich und Resignation, es kostet sie nichts, zu sterben, im Gegenteil: nur das beunruhigt sie, daß sie mich verlassen soll. Dieses Kind, ich gestehe es, liebte ich am meisten, und nun nimmt es mir Gott.«

Es war das erste und einzige Mal, daß Maria Theresia behauptete, Marianna vor allen Kindern zu lieben – eine fromme Selbsttäuschung, schlechtes Gewissen? Wider allen Erwartungen genas die Patientin, »welche man pour dernière Ressource an einer Ämel (Amme) hat saugen lassen«. (Zitat aus einem Brief Maria Theresias.) Daß Marianna das meistgeliebte Kind ihrer Mutter gewesen sein soll – davon war in der Folge nie mehr die Rede. Im Gegenteil.

Nach ihrer Wiederherstellung war die älteste Erzherzogin mehr denn je das Fräulein »Garniemand«, denn die Ärzte verboten ihr alle anstrengenden Tätigkeiten und Vergnügungen wie etwa Tanzen und Jagen, ein Sport, den sie besonders geliebt hatte. Nicht einmal an den Schlittenfahrten, stets glanzvolle Höhepunkte winterlicher Kurzweil, durfte sie mehr teilnehmen.

Eine ständig schwerer werdende körperliche Behinderung gesellte sich zu allem Unbill. Nach der lebensbedrohenden Lungenentzündung wurde ihre Körperhaltung zunehmend schief, und nach einigen Jahren war das unglückselige Mädchen mit einem ausgeprägten Buckel behaftet. Die damaligen medizinischen Kenntnisse reichten nicht aus, die Ursachen dieses Phänomens schlüssig zu erklären. Es wurde einfach angenommen, daß die Lungenentzündung zu »inneren Verwachsungen« geführt hätte. Mit unserem heutigen Wissen können wir annehmen, daß nicht die Pneumonie, sondern eine schleichende Wirbelsäulentuberkulose die für diese Krankheit typische Veränderung des Körperbaus herbeigeführt hat. In der Folge verengte sich der Brustkorb immer mehr, so daß Marianna in stetig kürzer werdenden Abständen an Atemnot litt. Den Buckel hat sie meist erfolgreich zu verbergen gewußt. Sie trug lange, lose geschlungene Schals, voluminöse Pelerinen, geschickt drapierte Volants, so daß ihre Figur für den unvoreingenommenen Beobachter fast normal wirkte.

Nun auch äußerlich gezeichnet und von den Geschwistern abgehoben, schloß sich Marianna um so inniger an den einen an, der ihr von Anbeginn Halt, Stütze und Vorbild gewesen war, ihren Vater. Franz Stephan schätzte seine Älteste, denn sie war schon frühzeitig aufgeweckt und ernsthafter Unterhaltungen fähig; sie teilte seine Vorliebe für die Jagd – solange sie noch halbwegs gesund war, begleitete sie ihn oft –, und sie teilte frühzeitig seine breitgefächerten Interessen: Franz Stephans Sammlungen aus dem Gebiet der Naturwissenschaften und der Numismatik genossen internationalen Ruf, der Schönbrunner Tiergarten und der Schönbrunner Park gehen auf seine Initiative zurück. Vater wie Tochter spielten leidenschaftlich Karten – mit hohen Einsätzen und enormem Glück –, und sie konnten miteinander albern, scherzen und lachen. Denn im Grunde waren beide lebhafte, positiv eingestellte Menschen – nur machte es ihnen die Umgebung schwer, das Leben von der heiteren Seite zu nehmen.

Franz Stephan befand sich, wie seine Tochter, in einer Außenseiterposition. Die Kaiserwürde brachte wenig mehr als Repräsentationspflichten; seine Absicht, ein wenig frischen Wind ins Hofleben zu bringen, stieß auf heftigen Widerstand von seiten der Traditionalisten; die fanden sein Benehmen »mehr als ungezwungen« und bemäkelten, wie wir von Graf Podewils wissen, daß er »zu wenig Ernst für den Rang, den er bekleidet«, zeigte. Er schaffte den obligatorischen Kaiser-Handkuß und das spanische Mantelkleid ab. Auf den steifen Hoffesten langweilte er sich tödlich. Dabei sagte er einmal zu zwei Damen: »Achten Sie nicht auf mich, ich will warten, bis sich der Hof entfernt hat.«

Nach einer Weile setzte er hinzu:»Der Hof, das sind die Kaiserin und die Kinder. Ich bin nur ein einfacher Privatmann.«

Podewils schildert die Lage des Kaisers so:»Seine Gunst ist wegen seines geringen Einflusses wertlos ... Darum macht man ihm auch nur aus ... Höflichkeit den Hof. Wenn er den Beratungen beiwohnt, ... schenkt man ihm wenig Beachtung ... Trotz seines geringen Ehrgeizes ist es ihm doch empfindlich, sich in einer so wenig glänzenden Lage zu sehen ... Er ist wohlwollend und menschlich und würde jedermann glücklich machen, wenn es von ihm abhinge ... In der Öffentlichkeit ist er wenig geachtet und geliebt.«

Alfred Ritter von Arneth, Leiter des Haus-, Hof- und Staatsarchivs, dessen vor mehr als hundert Jahren erschienene Biographie Maria Theresias bis heute ein Standardwerk ist, urteilt über das Zusammenleben von Maria Theresia und Kaiser Franz I.:»Maria Theresia überragte in geistiger Beziehung ihren Gemahl so weit, sie fühlte sich lebhaft als unumschränkte Herrscherin der österreichischen Länder, sie widmete sich so eifrig und mit ganzer Kraft ... den öffentlichen Angelegenheiten ihren Länder, daß neben ihr die Tätigkeit ihres Gemahls ... bald in nichts zusammenschrumpfte ... So innig sie ihn liebte, so wenig scheint sie der Richtigkeit und Schärfe seines Urteils Wert beigelegt zu haben ... Nun würde sich jedermann täuschen, ... daß Franz das Demütigende seiner Stellung nicht schmerzlich empfunden, daß er aus eigenem Antrieb seine Vergnügen den Staatsgeschäften vorgezogen hätte ... Die Unzufriedenheit, die er darüber empfand, mag auch die Hauptursache für die Schwermut gewesen sein, der er sich allmählich immer weniger zu erwehren vermochte.«

Zu einer Entfremdung zwischen Vater und Tochter kam es in der Zeit zwischen 1760 und 1763, jenen drei kurzen Jahren der Ehe zwischen dem Thronfolger Erzherzog Joseph und Isabella von Parma, vor der die Wiener und der ganze Hof, von ihrem Ehemann bis zum letzten Kerzenputzer, auf den Knien lagen. Sie war schön, sie war charmant und liebenswürdig, sie besaß einen brillanten Verstand und stand Marianna an Intelligenz um nichts nach. Sie sang besser als Marianna, sie spielte schöner Violine und – sie eroberte auch das Herz von Mariannas Vater. Ganz zu schweigen von Mimi, mit der sie eine geradezu stürmische Freundschaft verband.

Marianna fühlte vom ersten Augenblick an, daß ihr eine neue, noch weit überlegenere Rivalin gegenüberstand, kaum daß sie Isabella zum ersten Mal erblickt hatte. Die italienische Prinzessin mit den dunklen Märchenaugen stand nach ihrer Ankunft in Wien am Fuß der Treppe im Schloß Belvedere, um ihre zukünftige Familie zu empfangen. Wie verzaubert sanken ihr alle, der Bräutigam, die zukünftigen Schwiegereltern, Schwager und Schwägerinnen, alsogleich um den Hals. Nur Marianna stand steif wie ein Ladestock und reichte der Schönen mit säuerlicher Miene gerade noch die Fingerspitzen.

Sosehr unsere Sympathien dem Aschenbrödel Marianna gehören, so betrübt müssen wir feststellen, daß sie – Eifersucht hin, Zurücksetzung her – auf die nicht ganz feine Art gegen Isabella und Mimi oder gegen beide zusammen intrigierte und dadurch ihre eigene Lage noch verschlimmerte.

Isabella, zutiefst verletzt, schrieb mit unverhüllter Deutlichkeit über »die falsche Freundschaft«, »die verletzenden Zärtlichkeiten« und daß man immer auf der Hut sein müsse, »die Schläge zu parieren . . ., den Fallen zuvorzukommen«. Joseph entging keiner von Mariannas fortgesetzten kleineren und größeren Ausfällen gegen seine Frau; er hatte für die Schwester nie viel übriggehabt, nun behandelte er sie mit offener Feindseligkeit. Auch Franz Stephan verstand seine Tochter nicht mehr so recht. Später, als sie längst ruhig geworden war, bedauerte Marianna selbst »die Heftigkeit der Passionen« in ihrer Jugendzeit.

Isabella starb am 22. November 1763 an den schwarzen Blattern, und Joseph war untröstlich: »Ich habe alles verloren.« Er blieb bis ans Ende seiner Tage ein unfroher, verschlossener Mensch, und er verzieh Marianna niemals, daß sie sich gegen Isabella gestellt hatte.

Nach dem Tod der Schwägerin schloß sich Marianna wieder enger an den Vater an; sie durfte ihn sogar in seinem geheiligten Refugium, dem Jagdschloß Holics an der ungarisch-mährischen Grenze, besuchen, wo er, ausschließlich umgeben von treuen Landsleuten aus Lothringen, unbeschwerte Tage verbrachte. Kaum vorstellbar, was aus Marianna einmal werden sollte, wenn der Vater nicht mehr wäre. Der Zeitpunkt war näher als gefürchtet.

Im Morgengrauen des 4. Juli 1765 brachen die kaiserliche Familie und der halbe Hofstaat nach Innsbruck auf, wo der zweitälteste Sohn, der achtzehnjährige Leopold, mit der spanischen Infantin Maria Ludovica getraut werden sollte. Anschließend würde Leopold mit seiner Frau nach Florenz reisen, um die Nachfolge seines Vaters als Großherzog der Toskana anzutreten.

Die Vorzeichen waren denkbar schlecht: Einhellig stimmten die Diplomaten, welche die Eheverbindung zustande gebracht hatten, dafür, die Hochzeit in Graz abzuhalten; unter den zur Wahl stehenden Städten lag es Wien am nächsten. (Der spanische König hatte nämlich, aus verschiedenen und in diesem Zusammenhang irrelevanten Gründen, darauf bestanden, daß das Fest nicht in Wien gefeiert werden dürfte.) Im Gespräch war ferner Mailand, das wesentlich leichter zu erreichen war als Innsbruck: Die damalige offizielle Route in die Tiroler Landeshauptstadt führte umständlich über Graz, Klagenfurt, Lienz und Brixen, denn Salzburg war in jenen Tagen noch »Ausland« und wurde darum vermieden. Von Mailand aus wäre das junge Paar dann rasch in die Toskana gelangt.

Maria Theresia wußte, was ihre Minister wollten, sie wußte, daß Franz Stephan Innsbruck verabscheute, weil er dort immer das Gefühl hatte, die Nordkette stürzte ihm auf den Kopf. Aber natürlich setzte die Kaiserin ihren Willen durch: »Es bleibt bei Innsbruck, wie es resolviert. Es sind wichtige Ursachen, die mich dazu tendieren.« Welche die Ursachen waren, sagte sie nicht – brauchte sie auch nicht zu sagen, denn sie war es, die anschaffte – und bezahlte.

Die jüngeren Kinder blieben in Wien. Mit von der Partie waren: in der ersten Staatskarosse der sichtlich vergrämte Kaiser und die Kaiserin; in der zweiten Staatskarosse der Thronfolger Joseph und der Bräutigam Leopold – beide waren einander niemals recht gewogen; in der dritten Staatskarosse Marianna und Mimi, von deren Animositäten wir inzwischen genug gehört haben, um zu ahnen, daß es für beide nicht eben eine Vergnügungsfahrt war.

Eine volle Woche brauchte die Gesellschaft, bis sie endlich in Klagenfurt ankam. Dazwischen lagen Besichtigungen, Empfänge, Jagdausflüge und Bälle sonder Zahl, nicht zu vergessen die üppigen Tafelfreuden und Franz Stephans nächtelange Hasardspiele. Es war, als suchte er Ablenkung und Zerstreuung, koste es, was es wolle, obwohl er seit ungefähr einem Jahr nicht mehr bei bester Gesundheit war. 1764, nach der Krönung seines Sohnes Joseph zum römisch-deutschen König in Frankfurt am Main, litt er immer häufiger an »Kopfzuständen, indem ihm das viele Geblüt Schwindel machte«, vermerkte Khevenhüller, der auch während dieser Reise von schlimmen Vorahnungen geplagt wurde: Der Fackeltanz der Leobner Bergmänner erinnerte ihn unheilvoll an einen Totenreigen.

Maria Theresia ging sorgsamer mit ihren körperlichen Reserven um. Sie speiste – wie es ihr in den letzten Jahren zur Gewohnheit geworden war – abends allein und begab sich früh zur Ruhe. Marianna trat während der ersten Woche kaum in Erscheinung. Sie machte erneut einen hinfälligen Eindruck und hütete während der meisten Reisepausen das Bett.

Am 11. Juli, spät abends, traf der Konvoi in Klagenfurt ein. Die Kaiserin bewunderte gebührend das funkelnagelneue Zinnstandbild ihrer allerhöchsten Person, das sie lebensgroß in ungarischer Tracht darstellte, in der Hand ein Porträt des Kaisers.

Am nächsten Tag wurde die übliche Besichtigungsrunde durch Schlösser, Kirchen und Klöster unternommen. Alle vier Kinder begleiteten die Mutter; der Vater ging, wie gewohnt, seine eigenen Wege. Man zeigte den Gästen unter anderem das winzige Kloster der Elisabethinerinnen, wo elf arme Nonnen nach besten Kräften acht arme Kranke betreuten. Demütig knieten die frommen Frauen vor dem hohen Besuch, untertänigst bat die Äbtissin, Gräfin Agnes Khüenberg, um eine milde Gabe, da das Krankenhaus in der Völkermarkter Vorstadt knapp vor dem Ruin stand. Maria Theresia war in Eile, der nächste Punkt des gedrängten Programms wartete, aber sie ließ Marianna zurück, die Näheres in Erfahrung bringen sollte.

Gräfin Khüenberg gab der Erzherzogin weitere Erläuterungen und überreichte eine Bittschrift. Als Marianna die Hand danach ausstreckte, rutschte ihr das gebauschte Cape von den Schultern, sie stand in ihrer ganzen körperlichen Versehrtheit vor den Klosterfrauen. Gräfin Khüenberg hob den Umhang auf, legte ihn der Besucherin wieder um, sprach ruhig weiter, und auch die übrigen Nonnen zeigten weder Überraschung noch Erschrecken. Im Kloster gab es keinen Buckel.

Eine Sekunden-Szene, die ein Leben verändert hat.

Marianna fand noch am selben Abend den Mut, ihrer Mutter das Anliegen der Schwestern so eindringlich vorzutragen, daß Maria Theresia spontan 100 Gulden spendete. Weitere Zuschüsse sollten bald folgen.

Nach diesem Intermezzo ging die Fahrt über Brixen nach Innsbruck. Dort empfing ein nicht übermäßig prächtiger Triumphbogen – »sieht

337

aus wie ein Trauerkatafalk«, nörgelte Khevenhüller – die Kaiserfamilie; und sie erhielten die Nachricht, daß sich die Ankunft der spanischen Braut noch eine Weile verzögern werde.

Jeder versuchte, sich die Zeit so gut wie möglich zu vertreiben. Die Kaiserin beehrte die umliegenden Orte mit ihrer und der Kinder Anwesenheit, der Kaiser ging fleißig ins Theater, und im übrigen litten alle unter der unerträglichen Hitze.

Die Braut traf endlich ein, am 5. August fand die Trauung statt. Der Bräutigam bot keinen strahlenden Anblick, denn er wurde von »ständigen Abweichungen« (Durchfällen) geplagt, daß man »es nicht wagen konnte, ihn zu seiner neuvermählten Gattin zu lassen« (Khevenhüller).

Das Großfeuerwerk zum Hochzeitsfest fiel einem subtropischen Wolkenbruch zum Opfer, und am nächsten Morgen, bei der Messe, fand es der Prediger angebracht, die ständige Nähe des Todes zu beschwören, der jeden hier und heute, hoch und niedrig, vor den Thron des Herrn bringen könnte.

Nachdem Leopold die Krisis, die ihn tatsächlich fast das Leben gekostet hätte, glücklich überstanden hatte, gab es neue Sorgen: Mit Bestürzung wurde registriert, daß der Kaiser, als er am 13. August einen Grafen Rosenberg in den Orden vom Goldenen Vlies aufnahm, plötzlich die dutzendfach memorierten und wiederholten lateinischen Promotionsformeln durcheinanderbrachte.

In der Nacht zum 18. August, einem Sonntag, fühlte sich der Kaiser nicht wohl. Er litt an »Brustdrücken und Wallungen«, lehnte es aber ab, sich zur Ader zu lassen.

Bei der öffentlichen Mittagstafel, einer Zeremonie, die er haßte, war er übel gelaunt und schweigsam. Gegen Abend schien sich seine Stimmung zu heben; er besuchte das Theater und fixierte mit dem Opernglas die hübschen Damen im Publikum. Nach der Vorstellung verabschiedete er sich von seinen Begleitern und versprach, sie beim Diner zu treffen; er wollte nur noch schnell seiner Gemahlin eine gute Nacht wünschen.

Allein wanderte er durch die Flure und Treppenhäuser der verwinkelten Innsbrucker Hofburg. Joseph, der ebenfalls noch einmal sein Zimmer aufsuchen wollte, war nur zufällig in der Nähe, als er sah, wie der Vater schwankte und sich gegen einen Türstock lehnte. Joseph lief zu ihm, fragte, ob er helfen könne. Doch der Kaiser winkte ab, es ginge ihm schon besser, Joseph möge sich nicht weiter um ihn kümmern. Der besorgte Sohn blieb unauffällig hinter einer Tür stehen; er konnte gerade noch rechtzeitig hinzuspringen und laut um Hilfe rufen, als der Vater vor der Pforte eines Dienerzimmers zusammenbrach. Sie legten den Kaiser auf ein Lakaienbett, und dort verschied er binnen weniger Minuten – wie er gelebt hatte: abseits und privat.

Maria Theresia betrug sich genau so, wie man es von einer Frau in ihrer Lage erwarten konnte: Laut und ausgiebig weinend zerfleischte sie sich in Selbstvorwürfen, daß sie ihren »Franzl« gegen seinen Willen nach Innsbruck geschleppt hatte. Sie ließ sich die Haare abschneiden und verschenkte ihren gesamten Schmuck.

Marianna blieb äußerlich gefaßt. Wie es in ihrem Herzen aussah, vertraute sie nur dem verschwiegenen Papier an: »Gott . . . nahm mir plötzlich und erschrecklich meinen vielgeliebten Vater weg, jenen, so meine einzige Stütze war, mein einziges Vergnügen. Dieser Tod schlug mich zu Boden . . . Ich gestehe, ich war so heftig, so übertrieben in meiner Betrübnis, als ich es leider in allem war . . . Ich fand keinen Menschen, so mir helfen konnte und bearbeitete es allein . . .«

Franz Stephan war, laut Obduktionsbefund, einem Schlaganfall erlegen. Nicht der beste Arzt hätte ihn damals retten können, auch nicht eine Kapazität vom Format eines van Swieten, Maria Theresias berühmtem Leibarzt, der auf ihr Geheiß in Wien zurückgeblieben war, um über die Gesundheit der jüngeren Kinder zu wachen. Auch diese Entscheidung bereute sie nun auf das bitterste.

Wie die ganze unglückselige Innsbrucker Reise geriet auch der letzte Akt des Dramas zum Fiasko. Niemand hatte an einen Todesfall gedacht, niemand schwarze Kleidung im Gepäck, so daß der Beginn der Hoftrauer bis zur Rückkehr nach Wien ausgesetzt wurde. Die Diener hüllte man notdürftig in schwarzes Zeug, aus den umliegenden Klöstern herbeigeschafft.

Der tote Kaiser wurde zunächst mit einem braunen Schlafrock, dann mit einem ausgeborgten schwarzen Gewand bekleidet. Wegen der extremen Hitze setzte die Verwesung geradezu überfallsartig ein. Darum mußte die öffentliche Aufbahrung im geschlossenen und nicht, wie sonst üblich, im offenen Sarg vorgenommen werden. Die dem Totenschrein entströmenden Gerüche waren so übel, daß man beim offiziellen Begräbnis in Wien zunächst sogar erwog, einen leeren Sarg mitzuführen und den hohen Herrn später heimlich in die Kapuzinergruft zu legen. Jemand hatte dann den genialen Einfall, dem Toten stark riechende Essenzen beizugeben, so daß, laut Khevenhüller,»niemand sich beklagte, deshalb ausblieb oder sich entfernte«.

Fern blieben der Bestattung allerdings von Anfang an sämtliche Angehörige des Kaiserhauses: Maria Theresia behauptete, daß Josephs neue (ungeliebte) Frau, Josefa von Bayern, möglicherweise schwanger und daher verhindert sein könnte, es schicke sich nicht, daß die Familie ohne sie dem Trauerkondukt folge. Dies war offenkundig eine Ausrede; auch der Dümmste mußte sie durchschauen – aber die wahren Motive der Kaiserin blieben im dunkeln. Manche gingen in ihren Mutmaßungen so weit, zu behaupten, die Herrscherin hätte den Verstand verloren.

Maria Theresia war durchaus im Vollbesitz ihrer geistigen Kräfte; aber von schlimmen Depressionen gequält, spielte sie mit dem Gedanken, zu resignieren und sich in ein Kloster zurückzuziehen. Sie entschied sich letztlich anders:»Ich lasse mich nach Wien schleppen, einzig und allein, um für neun Waisen Sorge zu tragen, die um so mehr zu beklagen sind, als . . . ihr Schicksal immer trauriger und beweinenswerter wird. Ihr guter Vater vergötterte sie und konnte ihnen niemals etwas versagen. Ich aber kann in gleicher Weise nicht mehr fortfahren.«

Das»Sorge Tragen« für die Waisen bezog sich, zumindest was die Mädchen betraf, vorrangig auf eine finanzielle *»Versorgung«*. Da für Marianna weit und breit kein geeigneter Heiratskandidat in Sicht war, entschied Maria Theresia bereits fünf Monate nach dem Tod des Gemahls, daß ihre Älteste die Leitung des Adeligen Damenstifts in Prag übernehmen sollte. Sie selbst hatte dieses weltliche Stift 1755 gegründet. Es bot dreißig unbemittelten, verwitweten oder ledigen Frauen ein sorgenloses Dasein, schloß auch Vergnügungen wie Theater- oder Konzertbesuche nicht aus; wenn sie heiraten wollten oder sich fürs Klosterleben entschlossen, konnten die Stiftsdamen jederzeit austreten. In den Statuten war festgehalten, daß die Äbtissin der Herrscherfamilie entstammen, daß jede Kandidatin den»Malteser Ahnenachweis« (Stammbaum bis zu den Ururgroßeltern), ein untadeliges Leumundszeugnis beibringen und das vierundzwanzigste Lebensjahr erreicht haben mußte.

Mariannas Lebensunterhalt war durch diese Aufgabe gesichert; sie bezog dafür 20 000 Gulden jährlich, übte sie allerdings niemals aus. »Glaubt nicht, daß es bald zu gedenken ist, daß sie nach Prag geht«, schrieb Maria Theresia – und dabei sollte es bleiben. Marianna verschanzte sich hinter ihrem schlechten Gesundheitszustand, behauptete, daß ihr das rauhe Prager Klima bestimmt nicht zuträglich wäre. Mag sein, daß das wirklich die Beweggründe waren – oder eher doch nicht. Denn es gab da ein gewisses Geheimnis...

Die übrigen Töchter wurden – mit einer Ausnahme, von der gleich zu reden sein wird – verheiratet. Mimi bekam 1766, noch mitten in der offiziellen Trauerzeit, ihren heißgeliebten Prinzen Albert von Sachsen-Teschen. Marie Karoline mußte 1768 nach Neapel ziehen, wo sie dem infantilen König Ferdinand eine willensstarke und überlegene Ehefrau wurde. Amalia hatte vergeblich gehofft, so wie Mimi ihren Schwarm, einen Prinzen von Zweybrücken, ehelichen zu dürfen. Maria Theresia entschied, daß sie 1769 den fünf Jahre jüngeren, halb debilen, gewalttätigen, trunksüchtigen und – bigotten Ferdinand von Parma heiraten müßte. Marie Antoinette, die Geschichte ist nur allzu bekannt, trat 1770 als Fünfzehnjährige die Reise zum französischen Thron und damit in den Tod an.

Und Maria Elisabeth? Die lieblichste und begehrteste aller Prinzessinnen? Die vielumworbene Liesl – was wurde aus ihr? Aus ihr wurde nichts von dem, was sie erwünscht und erhofft hatte, denn im Oktober 1767 erkrankte sie an den Pocken. Ihre fulminante Schönheit zerfloß in einem Strom von Blut und Eiter. Sie hatte sich bereits als Gemahlin des ältlichen Ludwig XV. über Frankreich herrschen gesehen; nun blieb nichts als die wenig erfreuliche Aussicht, dermaleinst ebenfalls als Äbtissin eines Adeligen Damenstifts zu enden. Maria Theresia hatte auch in Innsbruck im ersten Schmerz um ihren Mann ein solches gegründet; der ausdrückliche Auftrag an die Stiftsdamen lautete, Tag und Nacht für das Seelenheil Franz Stephans zu beten.

Die Veränderungen im Leben der Erzherzoginnen – Marie Karoline und Marie Antoinette ausgenommen – belastete das ohnehin seit Franz Stephans Tod gestörte Gleichgewicht der Familie aufs nachhaltigste, was in den folgenden Originaltexten von Familienmitgliedern deutlich zum Ausdruck kommt.

Bereits wenige Monate nach dem Tod seines Vaters schilderte Joseph –

nun bereits sehr durchschlagkräftiger Mitregent seiner Mutter – die Zustände bei Hofe so: »Sieben Erzherzoginnen, eine Kaiserin, zwei Erzherzoge und ein Kaiser wohnen unter demselben Dach. Nichts destoweniger ist keine Spur von Gemeinsamkeit, kein vernünftiger, angenehmer und gemeinsamer Punkt vorhanden. Jeder zieht auf seine Seite . . . Der Neid der einen und die schlechte Meinung der anderen, die auf jeden Fall das Schlechte glauben . . ., das ist der Grund, daß alles beengt erscheint.«

Die Grundlage für die ungute Atmosphäre hat Joseph allerdings selbst geschaffen, indem der Pfennigfuchser die Hofhaltung seiner Geschwister auflöste und sie dazu verdonnerte, gemeinsam an einer Tafel zu sitzen.

Es gab kaum mehr eine Möglichkeit, einander aus dem Weg zu gehen. Lediglich Maria Theresia speiste weiterhin allein.

Anlaß für Neid und Mißgunst bildete die nach wie vor bevorzugte Stellung von Mimi und ihrem Gemahl Prinz Albert von Sachsen-Teschen, die von Maria Theresia eine jährliche Apanage von einer Million Gulden erhielten. Beide residierten zwar in Preßburg, kamen jedoch jeden Augenblick angereist, um die Mutter zu besuchen.

Maria Theresia stellte dem jungen Paar für seine Wien-Aufenthalte ihre eigenen prachtvollen Appartements in der Hofburg als Absteigquartier zur Verfügung und zog sich in die bescheidenen Gemächer des zweiten Stockes zurück. Nach jedem Abschied von Mimi gebärdete sie sich, als hätte sie die Lieblingstochter für immer und ewig verloren. Von den Tröstungsversuchen der anderen Töchter nahm sie kaum Notiz.

Leopold, Großherzog von Toskana (später wird er Kaiser Leopold II. werden) hat ein geheimes Familientagebuch verfaßt, und darin heißt es: »Für [Mimi und Albert] hegt [die Kaiserin] die größte Zärtlichkeit . . . Diese machen mit der Kaiserin, was sie wollen . . . [Mimi] kann zu jeder Stunde zu ihr gehen, wenn sie will, und nur in sie von allen ihren Kindern setzt sie ihr ganzes Vertrauen . . . [Mimi] rühmt sich dessen öffentlich und vergibt großartig ihre Protektion, so sehr, daß sich die Kaiserin vor ihr fürchtet und es nicht einmal wagt, aus Angst vor ihr und um nicht ihre Eifersucht zu erregen, den anderen Schwestern irgend eine Aufmerksamkeit zu erweisen, außer mit ihrer Erlaubnis oder hinter ihrem Rücken . . . Sie hat große Eifersucht und Abneigung gegen die Schwester ... Maria Anna, [die] sie verachtet, sie lächerlich macht und von oben behandelt ...«

Sosehr Maria Theresia ihre Tochter Mimi, die ohnehin im ehelichen Glück schwamm, bevorzugte und mit Geschenken überhäufte, so kühl, abweisend, ja hart betrug sie sich gegenüber Amalia, die in Parma so unglücklich war, wie ein Mensch nur sein konnte. Als Amalia versuchte, auf die Politik ihres kleinen Landes Einfluß zu nehmen, war Maria Theresia so wütend, daß sie ihren Söhnen und Töchtern jeglichen Kontakt mit der Herzogin von Parma untersagte. Alle ihre Briefe mußten ungeöffnet zurückgeschickt werden (eine Maßnahme, die später wieder aufgehoben wurde). Die einzige, die sich nicht an diese Anweisung hielt, war Marianna, denn sie liebte die acht Jahre jüngere Schwester zärtlich. Ihr Ungehorsam trug nicht eben dazu bei, das Verhältnis zur Mutter zu verbessern.

Auch Liesl, nach dem Sturz vom Thron einer Schönheitsgöttin zynisch und zänkisch geworden, erfreute sich weder bei der Mutter noch bei den Geschwistern besonderer Beliebtheit. Liesl ärgerte sich vor allem über den »Schandfleck in Maria Theresias Regierung«, daß die Kaiserin »ihre alten Töchter wie kleine Kinder behandelt«.

Merkwürdigerweise konnten sich auch die beiden hintangesetzten »alten Töchter« nicht vertragen und gingen nur kurzzeitige Zweckbündnisse ein. Leopold: »Mit der Marianna ist [Liesl] oft befreundet und vereinigt sich mit ihr, um sich über die Kaiserin zu beklagen und gegen Maria [Mimi] zu arbeiten, aber wenn sie allein sind, sind sie verfeindet, und [Liesl] redet schlecht von der Marianna und erzählt von ihr schreckliche Dinge ...«

Leopold über Joseph: »Von [Marianna und Liesl] sieht er Marianna fast niemals, er hält sie für talentiert, kann sie aber nicht leiden ... In der Öffentlichkeit verschmäht und verachtet er sie alle.« Man kann sich vorstellen, wie seine Umgebung reagierte, wenn schon der Kaiser die Schwestern so abfällig behandelte.

Marianna über einen Besuch bei Joseph: »Nachmittags ging ich ..., um dem Kaiser Geburtstag zu wünschen. Er kam mich aber recht hart an. Mußte mich auslachen lassen und Verachtung anhören, so mich innerlich erzürnte und meine Verachtung und Bitterkeit stets vermehrte ...«

Und schließlich Leopold über Marianna: »Die Marianna hat keinen

Einfluß, sie lebt ganz für sich zurückgezogen ... Sie hat viel Talent und Ehrgeiz ..., sieht sich völlig verachtet und beschimpft ... sowohl von der Kaiserin wie vom Kaiser, die ihr niemals ins Gesicht sehen und ihr die ärgsten Kränkungen zufügen, und ebenfalls von der Maria [Mimi]. Sie hat sich deshalb völlig zurückgezogen und lebt für sich allein. Sie ist voll Mißtrauen und Geheimnissen ...«

Mariannas tiefstes und unergründlichstes Geheimnis blieb verborgen, bis Anfang dieses Jahrhunderts ihre Tagebücher aufgefunden und publiziert wurden: Die scheue und häßliche kleine Frau, hinter vorgehaltener Hand als »die bucklige Mariann'« verhöhnt, wurde von einer leidenschaftlichen, unglücklichen Liebe verzehrt. Das Ziel ihrer Zuneigung konnte bislang nicht identifiziert werden, und so bleibt darum auch ungewiß, ob der Betreffende für sie unerreichbar, weil von niedrigerem Stand, war; ob er von Mariannas Liebe überhaupt etwas wußte oder, wenn ja, ob er diese möglicherweise nicht erwidert hat.

Daß er tatsächlich existierte, ist jedoch nach Mariannas eigenen Worten unzweifelhaft: »Meine Geburt und meine gewisse hohe Art im Umgang bewahrten mich lange vor der Gefahr zu lieben, auch war ich zeit meines Lebens nicht eitel und glaubte mich nicht imstande, gefallen zu können. Nachdem ich aber das Glück hatte, jemanden zu lieben, wollte ich niemals eine Komödie, wie ich ihrer viele gesehen habe, spielen, und sobald ich einmal liebte, so dachte ich an niemanden anderen und liebte beständig fort durch einundzwanzig Jahre, das letzte wie das erste ...«

Der Zeitpunkt, da die »verachtete und beschimpfte« Marianna mit ihrem brennenden Geheimnis im Herzen sich entschloß, den Wiener Hof zu verlassen, um ihr eigenes Leben zu führen, dieser Zeitpunkt ist genau bekannt: Es war unmittelbar nachdem Amalia, die liebste der Schwestern, 1769 Wien verlassen hatte. Marianna schrieb an die Äbtissin des Klagenfurter Elisabethinen-Klosters, Gräfin Agnes Khüenberg: »Gott hat mir die Gnade gegeben, die Welt und ihre Eitelkeit zu erkennen, und dadurch mir die Stärke erteilt, mein Leben nicht als Klosterfrau, doch in der Einsamkeit und im Dienste der Nächsten zu schließen. Ich habe dazu Klagenfurt ausgewählt, und zwar Sie und Ihre frommen Schwestern, hoffend, daß mein unvollkommener Wert durch Ihre guten Beispiele angeeifert, meine Seligkeit mir gewiß versichert wird.«

Die Erherzogin stand bereits seit 1767 in näherem Kontakt mit der Gräfin Khüenberg, die damals mit zwei Nonnen nach Wien gekommen war, um weitere Unterstützung für ihr Spital zu erbitten. Marianna hatte mit den Klosterfrauen ein längeres Gespräch, und seither schrieben sie einander.

Maria Theresia paßte Mariannas Vorhaben in keiner Weise. Es soll ziemlich heftige Auseinandersetzungen zwischen den beiden Frauen gegeben haben, weil die Kaiserin ihre Tochter in Prag besser versorgt und standesgemäßer untergebracht fand als im Dunstkreis eines Armeleute-Klosters. Doch Marianna blieb unnachgiebig: Sie würde nach Klagenfurt übersiedeln – allerdings selbstverständlich erst nach dem Tod der Mutter.

Es ist viel gerätselt worden, warum die Erzherzogin sich ausgerechnet das damals unbedeutende Klagenfurt zum ständigen Wohnsitz auserkoren hat. Wir dürfen vermuten, daß ihr die Äbtissin Khüenberg besonders sympathisch war; daß sie es schätzte, in Klagenfurt weit weg von den Kabalen des Wiener Hofes und näher zu den in Italien verheirateten Lieblingsschwestern Marie Karoline und Amalia zu leben. Gewiß aber hat der kleine Zwischenfall, da die Äbtissin und die Nonnen keine Notiz von Mariannas Mißgestalt nahmen, eine entscheidende Rolle gespielt.

Die Kaiserin fügte sich letzten Endes in Mariannas Pläne und bewilligte den Bau einer Residenz in der Völkermarkter Vorstadt, unmittelbar neben dem Kloster. Auf einem Grundstück von zwölf Joch schuf der Hofarchitekt Nicolaus Pacassi ein kleines feines Palais nach dem Vorbild des Schlosses Hetzendorf bei Wien, hufeisenförmig um einen Hof gebaut, mit einem üppigen schmiedeeisernen Gitter zur Straße abgeschlossen. (Heute ist das Gebäude erzbischöfliches Palais.) Die von Marianna gewünschte Parkanlage im Versailler Stil fiel Josephs erbarmungslosem Rechtstift zum Opfer; einen Springbrunnen jedoch, dessen Wasser umständlich von der Glan hergeleitet werden mußte, konnte er nicht verhindern. Das Schlößchen besaß einen direkten Zugang zur Klosterkirche, die Gärten der beiden Grundstücke waren durch eine Pforte miteinander verbunden.

Marianna kam nie selbst nach Klagenfurt, um sich vom Fortschritt der Bauarbeiten zu überzeugen; sie führte darüber eine detailbesessene Korrespondenz mit dem Klagenfurter Industriellen Baron Franz de

Paula von Herbert, der die Ausführung von Pacassis Plänen überwachte. Mehr als einmal hat sie Entscheidungen widerrufen und dann den Widerruf noch einmal zurückgenommen – doch sie entschuldigte sich stets höflich:».. . daß ich ihn zu sehr plage mit was Neuem.« 1771 war das neue Domizil fertig. Die Klagenfurter, die danach lechzten, wenigstens ein Mitglied des Herrscherhauses in ihrer Mitte zu haben, weil sie sich dadurch selbst aufgewertet fühlten, mußten jedoch noch volle zehn Jahre warten, ehe es Marianna möglich war, ».. . mit meinen lieben Karnthnern mein Leben zu enden«.

Es hieße der armen Marianna bitter unrecht tun, wollte man behaupten, sie hätte die Zeit bis zur Übersiedlung ausschließlich mit Weinen und Warten verbracht. Obwohl ihre Angehörigen sie einerseits als ständig krank, andererseits als versponnenes, nutzloses Wesen schilderten, arbeitete sie mit großer Energie und später auch mit wissenschaftlicher Akribie an der Erweiterung der väterlichen Sammlung – aus der später das Naturhistorische Museum hervorgehen sollte – und am Aufbau einer eigenen Mineralien- und Insektensammlung. Ihr Lehrer und geistiger Mentor wurde dabei der weltberühmte Geologe Ignaz von Born, ein glänzender Wissenschaftler und Erfinder auf montanistischem Gebiet, ein liebenswürdiger Mensch und glühender Verfechter aufklärerischer Ideen.

Leopold vermerkte in seinem geheimen Tagebuch:»Jetzt beschäftigt sie sich mit einem gewissen Hofrat Born . . ., eine Sammlung der Naturgeschichte aufzubauen . . ., und sie hat einen botanischen Garten in Schönbrunn, aber das kostet alles sehr viel Geld und gibt ihr Gelegenheit . . ., von sich reden zu machen, was ihr Freude macht, aber der Kaiserin nicht gefällt.«

Mit spitzer Feder hat Leopold auf mehrere heikle Punkte hingewiesen: Marianna gab zuviel Geld für ihre Arbeiten aus, investierte auch große Summen in Borns Erfindungen und hat zu diesem Zweck nachweislich Schulden gemacht, was die Kaiserin begreiflicherweise nicht billigen konnte. Aber: Marianna machte dadurch wieder einmal »von sich reden« – und wir haben ja schon mehrfach beobachtet, daß es ihr offenbar lieber war, negativ als gar nicht erwähnt zu werden.

Wir können sicher sein, daß nicht nur der Hof, sondern die gesamte »gute Gesellschaft« Wiens sich über den Blaustrumpf in der Hofburg das Maul zerrissen hat, weil Marianna mit ihren intellektuellen Ambi-

346

tionen drastisch vom Bild abwich, dem damals eine Frau zu entsprechen hatte. Der englische Diplomat Nathaniel Wraxell schrieb: »Den österreichischen Frauen fehlt es keineswegs an äußeren sowohl geistigen wie persönlichen Vorzügen . . ., aber selten besitzen sie einen gebildeten Geist . . . Dieser Mangel an Bildung ist eine Folge ihrer eigenartigen Erziehung . . . Von Geschichte, Poesie und schönen Wissenschaften werden ihnen auch nicht die ersten Anfangsgründe beigebracht . . . Eine wirklich gebildete Frau, deren es in England so viele gibt, ist in Wien eine gänzlich unbekannte Sache . . .«

Wie die hochgebildete Marianna zu diesem Thema stand, erfahren wir aus dem Brief an einen gelehrten Freund: »Vielleicht haben Sie Ursache, mit unserem Geschlecht nicht zufrieden zu sein, ich kenne aber unsere Schwachheiten nur gar zu viel und hatte mein Lebtag die Ambition, so wenig Weib zu sein wie möglich.« Da uns das Geheimnis ihrer verzehrenden Liebe bekannt ist, ist aber zu vermuten, daß sich ihre »Ambition, so wenig Weib zu sein wie möglich« ausschließlich auf den Intellekt und nicht auf das Gefühl bezog . . .

Marianna betreute und ergänzte auch die väterliche Münzsammlung. Sie verfaßte ein solides Fachbuch über die unter der Regentschaft Maria Theresias ausgegebenen Denkmünzen, das sie der Mutter widmete: »Glücklich würde ich mich schätzen, wenn Eure Majestät meinen Eifer als ein wahres Kennzeichen tiefster Verehrung und allerzärtlichster Liebe anzusehen allergnädigst geruhen wollten.« Höflichkeitsfloskeln, gewiß – doch man spürt, daß da jemand um ein bißchen Anerkennung bettelte.

Gerühmt wurde ihr Talent als Aquarellmalerin und Zeichnerin, und zwar einhellig, also auch von jenen, die Mariannas wissenschaftliche »Spielereien« mißbilligten: Mit Pinsel, Farbe und Bleistift umzugehen war auch für eine Frau akzeptabel. Es handelte sich, wie in der »Neuen Bibliothek der Neuen Wissenschaften« nachzulesen, »nicht um einen fürstlichen Dilettantismus, denn hier ist nichts Kopie, alles Original oder doch in eigene Ideen verwebte Nachahmung«. Die Erzherzogin, deren Bilder eine romantische, gefühlsbetonte Ausstrahlung haben, war das erste Ehrenmitglied der Akademie der bildenden Künste in Wien sowie erwähltes Mitglied der Akademie der Künste in Florenz.

Ab dem Sommer 1780 mußte Marianna wieder einmal mehr schlukken, als ihrer labilen Konstitution zuträglich war. Schwester Mimi und Schwager Albert, die bis dahin ein gemächliches Leben in Preßburg geführt – Albert war Gubernator von Ungarn –, jedoch viel Zeit in Wien verbracht hatten, machten sich bereit, die Regentschaft der österreichischen Niederlande anzutreten. Maria Theresia war in hellster Aufregung und Begeisterung, sie hatte alle Hände voll zu tun, für ihren erklärten Liebling in Brüssel ein warmes Nest zu bereiten. Mimi war häufiger als sonst in Wien, und die Kaiserin beschwerte sich bei ihr in Gegenwart von Marianna und Liesl – daß diese beiden viel zu wenig für ihre alte Mutter täten.

Marianna schwieg wie meist, und dann passierte das, was Maria Theresia Anfang November in einem Brief an Marie Antoinette erwähnte: »Ich bin wegen der Marianna in Sorge, die von einem Druck im Magen gequält wird . . ., der sie zwingt, alles, was sie ißt, wieder herauszugeben; das geschieht zwar ohne Anstrengung, aber auf die Dauer könnte sie das nicht aushalten.«

Mariannas Beschwerden hörten plötzlich auf, doch der Anlaß war traurig genug. Maria Theresia, deren Gesundheit in den vorangegangenen Monaten ohnehin schon angeschlagen war, bestand darauf, an einer Fasanenjagd teilzunehmen, die sie zu Ehren von Mimi und Albert veranstaltet hatte. Das Wetter war miserabel, die Kaiserin holte sich erbärmlich kalte und nasse Füße, achtete aber nicht darauf, weil sie dem jungen Paar versprochen hatte, mit ihm noch einmal durch das geliebte Schloß Schönbrunn zu gehen. Es war November, das Schloß überhaupt nicht geheizt. Die Kaiserin zog sich eine schwere Erkältung zu, eine Bronchitis, aus der schließlich eine Lungenentzündung wurde. Schlagartig von ihrem Dauererbrechen genesen, brachte Marianna überraschenderweise die Kraft auf, stundenlang an der Seite der Kranken auszuharren.

Mariannas ausführliche und einfühlsame Schilderung vom Tode der Kaiserin geben beredtes Zeugnis dafür, wie sehr sie auf ihre Weise die Mutter geliebt und verehrt hat:

»... Wir kamen alle und knieten mehr tot als lebendig um sie herum. Sie saß in ihrem Sessel, hatte eine geheftete Haube auf und einen braunen Männerschlafrock an [vermutlich Franz Stephans letzten Schlafrock], den sie allzeit trug und in dem sie auch starb, welchen ich nach ihrem Tode gekauft [sic!] habe und ihn jetzt wie eine Reliquie verehre und schon zum Kleid, das ich in meinem Sarg anlegen werde, habe herrichten lassen . . .

Fünf Minuten vor ihrem Tode stand sie mit Gewalt von ihrem Sessel auf und machte einige Schritte bis zu einer Chaiselongue, wo sie zusammensank. Man legte sie so gut als möglich hinauf, sie half sich noch selbst. Der Kaiser sagte: ›Ihre Majestät liegen sehr übel.‹ ›Ja‹, sagte sie, ›aber gut genug, um zu sterben.‹ Sie machte noch drei, vier Atemzüge und verschied . . .

Wir konnten nicht reden, umarmten uns, und so endigte die entsetzliche Tragödie. Sie starb als eine wahre christliche Heldin, sie wird glücklich sein, wir aber unglücklich, die beste aller Mütter verloren zu haben . . .

Ich kaufte das Kaffeegeschirr, wovon sie täglich trank, und nahm nach ihrem Tode ein gewisses Reliquienstück, so der selige Kaiser stets an seinem Scapulier [seitlich offener ärmelloser Schulterumhang] trug . . . Alles dies sind mir heilige und werte Reliquien . . .«

Maria Theresia starb am 29. November 1780. Bereits vier Wochen später fragte Joseph II. bei der Schwester an, ob sie die Absicht habe, in Wien oder in Klagenfurt zu leben. Der Brief von kühler Korrektheit enthielt kein ausdrückliches Angebot, weiterhin in der Haupt- und Residenzstadt zu verweilen.

Vielleicht hat Marianna eine solche Einladung insgeheim erwartet, denn sie scheint sich in einem inneren Konflikt befunden zu haben: ». . . da ich wider . . . mein eigenes Herz das Urteil gesprochen, habe ich alle verlassen und weiß, daß es viel vollkommener wäre, wenn ich ihn aus meinem Herzen auslöschen täte . . . ich getraue mich noch nicht ganz, alle Hoffnung abzuschneiden, uns wiederum zu sehen . . .«

Aus welchen Gründen immer, hat sie dann doch »alle Hoffnung abgeschnitten«, ihre Liebesgeschichte zu einem glücklichen Ende zu bringen, und begann mit den Vorbereitungen zur Übersiedlung.

Da das Klagenfurter Haus zu wenig Platz für ihre Sammlungen bot, suchte sie nach Käufern. Sie überließ die Mineraliensammlung der Universität von Buda; gutherzig wie sie war, ließ sie vom ursprünglich ausgehandelten Preis von 35 000 Gulden 10 000 nach, als sie erfuhr, daß die Hochschule in Geldnöten steckte. Überdies akzeptierte sie eine langfristige Ratenzahlung. Die umfangreiche Bibliothek verschenkte sie an die Wiener Universität und andere wissenschaftliche Institute.

Kaiser Joseph II. regelte die Vermögensverhältnisse seiner Schwester. Da sie nun doch nicht mehr als Äbtissin ins Adelige Damenstift von Prag gehen würde, strich der Bruder die diesbezüglichen Einkünfte. Statt dessen erhielt sie für die Klagenfurter Hofhaltung eine Jahresapanage von 40 000 Gulden, zusätzlich 10 000 Gulden aus des Kaisers Privatschatulle – die Mutter hatte ihn im Testament ausdrücklich darum gebeten, und die Juristen machten ihm klar, daß er diesen Passus nicht umgehen konnte.

Es muß den Sparmeister hart angekommen sein, und er feilschte noch um jede Kleinigkeit. Empört war er, daß Marianna für die neue Residenz auch neue Möbel forderte und sich nicht mit der überflüssig gewordenen, altersschwachen Meublage aus Schönbrunn und der Hofburg zufriedengab. Auf ihre Wäscheliste kritzelte er eigenhändig »zuwas 400 Leintücher?«. Sie wurden erst bewilligt, nachdem Marianna glaubhaft machen konnte, daß das Bettzeug für das Spital der Elisabethinerinnen bestimmt war.

Was die Alkoholika betraf, war und blieb der Kaiser jedoch knickrig. Von der Liste der für Klagenfurt angeforderten Weine strich er Champagner, Burgunder und alle Rheinweine.

Marianna und ihre Schwester Liesl verließen Wien im April 1781, die eine, um in Klagenfurt als Privatperson zu leben, die andere, um als Äbtissin des Innsbrucker Damenstiftes unablässig für die Seele des Vaters zu beten.

Beiden Schwestern war ein geheimes Handschreiben des kaiserlichen Bruders an den Kärntner beziehungsweise Tiroler Landeshauptmann vorausgeeilt: »Die zwei Erzherzoginnen haben sich jeder Einmischung zu enthalten, keine Anempfehlungen und Protektionen zu machen. Sollten sie es dennoch versuchen, ist sofort Anzeige zu erstatten.« Marianna lag nichts ferner, als sich irgendwo einzumengen und »Protektionen zu machen«. Sie ging mit gemischten Gefühlen nach Klagenfurt, das ihr die wenigen Freunde warnend, ihre vielen Gegner schadenfroh als ödes Nest inmitten einer gottverlassenen Gegend in düsteren Farben gemalt hatten. Erst dreiundvierzig Jahre alt, beabsichtigte sie ihr Leben in stiller Zurückgezogenheit mit der Vollbringung guter Werke zu beschließen – und dennoch: ». . . es bedarf meiner ganzen Philosophie, um in einem Winkel der Welt leben zu können, den ich bewohne«, schrieb sie in den ersten Kärntner Tagen.

Im Morgengrauen des 22. April 1781 nahm die Erzherzogin Abschied von der Heimatstadt. Mit einem rund zwanzig Personen umfassenden Hofstaat verließ sie Wien und erreichte über Mürzzuschlag und Judenburg ihr Ziel am 25. April, kurz nach Tisch. Vorsorglich hatte sie dem Landeshauptmann Graf Vinzenz Orsini-Rosenberg geschrieben, sie wünsche »ganz schlicht und ohne jeden Prunk empfangen zu werden, um der Stadt und dem Land Kosten zu ersparen«. Es gab auch keine offiziellen Festlichkeiten – doch die Klagenfurter strömten, schlicht und ohne Kosten, in solch schreienden, drängenden, puffenden, stoßenden Massen herbei, daß die Gendarmen mehrmals handgreiflich werden mußten, um den Kutschen einen Weg zu bahnen.

Marianna ließ sich direkt zur Klosterkirche fahren. Als sie, klein, gebrechlich und bucklig, mühsam ausstieg, entstand für Sekunden betretene Stille. So rasch sie konnte, floh die Erzherzogin in die Kirche. Vom Adel und vom hohen Klerus erwartet, ließ sie die Begrüßung mit unbeweglicher Miene über sich ergehen. Während der anschließenden Messe jedoch tropften Tränen auf ihre gefalteten Hände.

Nach dem Gottesdienst nahmen die Nonnen des Elisabethinenklosters in einer Reihe Aufstellung; Marianna, nun schon gefaßt, ging zielstrebig auf die Konvikt-Vikarin Rosa Plißnig zu, in der Annahme, sie sei als Älteste des Klosters Nachfolgerin der kürzlich verstorbenen Äbtissin Gräfin Khüenberg geworden. Doch die neue Äbtissin war Xaveria Gasser, eine erst siebenunddreißigjährige Gastwirtstochter aus der Gegend von Maria Saal. Xaveria Gasser machte die Erzherzogin auf ihren Irrtum aufmerksam, und augenblicklich sank diese vor der jüngeren Frau in die Knie, empfahl sich ihrem Schutz, in dem sie zu leben und zu sterben gedenke. Die »Heftigkeit der Gefühle« ist wieder einmal mit unserer Heldin durchgegangen.

Klagenfurt entpuppte sich erfreulicherweise nicht als das fade Provinznest, wie man es der Erzherzogin geschildert hatte. Es war eine höchst regsame Stadt von mehr als siebentausend Einwohnern, zwar noch in den engen Gürtel der Mauern und Basteien gezwängt, aber voll von pulsierendem Leben, Geschäftigkeit und Heiterkeit. Die neue Paßstraße über den Loibl brachte dem Handel kräftige Impulse, verschiedene Industriezweige – vor allem Bleiweiß und Tuch – begannen gerade zu florieren. Eine »Gesellschaft für Landwirtschaft« war etabliert worden, deren auf wissenschaftlicher Grundlage entwickelte Ackerbaumethoden richtungweisend für die ganze Monarchie werden sollten. Das 1773 gegründete »Lyceum« war eine Art viersemestrige Kurz-Universität mit ausgezeichneten medizinischen, philosophischen und ökonomischen Lehrkanzeln.

Es gab 6 Bader, 72 (!) Gastwirte und Garküchler, 58 Händler und Kramer sowie 28 Schneider und 27 Schuster – dazu eine Menge Hetz und Gaudium für die kleinen Leute. Ein gehobenes Gesellschaftsleben gab es nicht. Die »besseren« Kreise trafen einander sporadisch in den umliegenden Schlössern auf dem Lande: hier eine Jagd, dort ein kleiner Tanz, ein Konzert, eine Dichterlesung, alles ein bißchen improvisiert und beiläufig.

Das sollte mit Mariannas Ankunft anders werden. Klagenfurt besaß, welcher Stolz, welche Freude, plötzlich einen gesellschaftlichen Mittelpunkt, einen Hofstaat. Die Erzherzogin versuchte auch redlich, den in sie gesetzten Erwartungen gerecht zu werden – wobei wohl nicht auszuschließen ist, daß sie es anfangs sehr wohl genossen hat, zum ersten Mal in ihrem Leben das Zentrum zu sein, um das sich alles drehte.

Welch unbeschreiblich süßer Triumph, als die Erzherzogin, von einer kleinen Reise zurückgekehrt, an ihrem 43. Geburtstag ihr Palais strahlend erleuchtet vorfand, eine Riesengirlande über dem Eingangstor und eine Sechzig-Mann-Kapelle, »in abwechselnden Tonarten und auf den verschiedensten Instrumenten« tutend, trommelnd und blasend; dazu ein hundertfaches »Marianna lebe hoch!« aus begeisterten Kehlen.

Die Erzherzogin kämpfte tapfer mit den Tränen der Rührung, als sie sich bedankte: »Ich bin so glücklich unter euch. So gute und erkenntliche Menschen habe ich noch an keinem Ort getroffen. Ich habe vierzig Jahre in Wien gelebt, aber man hat mir nie gezeigt, daß man mich liebt.«

Sie veranstaltete eine Reihe von Bällen und Empfängen, sowohl in ihrer Klagenfurter Residenz als auch auf dem Sommersitz Schloß Annabichl, sogar einmal eine große Schlittenfahrt in der Art, wie sie einst Maria Theresia gern inszeniert hatte. Es nahmen dreißig prächtig herausgeputzte Fahrzeuge daran teil, und den zahllosen Zuschauern blieb der Mund offen stehen angesichts dieser Parade der Prunksucht und der Eitelkeit.

Doch Marianna war der ganzen Sache bald überdrüssig. Es passierte in

Klagenfurt nämlich genau das, was ihr schon in Wien nicht behagt hatte: dieses ewige Intrigieren, Anschwärzen, Schmeicheln, das Auftrumpfen, das Tratschen und das Klatschen – all dies vermutlich zwangsläufig Begleiterscheinungen höfischen Lebens. Um das noch einmal mitzumachen, war sie ganz bestimmt nicht nach Klagenfurt gekommen.

Eine der Triebfedern des hektischen Unterhaltungskarussells waren Reichsgraf Franz Colloredo und seine ehrgeizige Frau; beide waren mit äußerstem Widerwillen nach Klagenfurt gekommen, und sie langweilten sich halb zu Tode trotz des von ihnen veranstalteten Tumults. Diesem Obersthofmeister der Erzherzogin gelang es nach einem Jahr endlich, seine Versetzung zu erreichen und Ajo des späteren Kaisers Franz I. zu werden. An seine Stelle trat Franz Joseph Graf Enzenberg, Patensohn Maria Theresias und von ihr zärtlich »le beau Franzl« genannt, begleitet von seiner vornehm-gelassenen Frau Walburga, einer ehemaligen Hofdame der Kaiserin.

»Le beau Franzl«, blond, groß und mit tiefblauen Augen seinem Spitznamen durchaus gerecht werdend, darüber hinaus aber auch gescheit, taktvoll und herzensgut – er stellte all den ermüdenden, eleganten Leerlauf ab und versandte ein unmißverständliches Rundschreiben an die Kärntner Salonlöwen: »Die durchlauchtigste Frau Erzherzogin Maria Anna, königliche Hoheit etc., werden alle erste Mittwoch jeden Monate von 3 bis 4 Uhr Nachmittag die Aufwartung der Verheyrateten und majorenen Ritter-Standes, dann deren Frauen und Wittwen allergnädigst aufnehmen, und erlauben damit den 6ten künftigen Monate Juny den Anfang zu machen.« Es wurde also anstelle aller anderen Veranstaltungen ein einziger Jour fixe pro Monat eingeführt, und die Erzherzogin hatte ihre heilige Ruhe. Ruhe – wofür?

Ruhe und Zeit, das zu finden, wonach sie dreiundvierzig Jahre lang vergeblich gesucht hatte: Freundschaft, Wärme, Loyalität. Marianna schrieb ergreifende Worte über die Freundschaft: »Man hat einen sehr werten Schatz gefunden, welcher soviel ist wie ein anderes Ich. . . . Wenn [unsere Seelen] ihre unbedeutenden Gedanken mitteilen, so ist es genauer Umgang. Wenn sie ihre Geheimnisse mitteilen, so ist es Vertrauen. Wenn sie aber ihre innersten Empfindungen mitteilen, dann ist es Freundschaft.«

Xaveria Gasser, die Äbtissin des Klosters, war es, die als erste mit ihrem sanften, mitfühlenden Wesen den Zugang zu der verbitterten alten Jungfer fand und mithalf, aus dem Schutt von Enttäuschungen und unerfüllter Liebe den wahren Kern dieses verkannten Charakters herauszuholen: Selbstlosigkeit, Hilfsbereitschaft und schließlich auch Lebensfreude.

Die beiden Frauen sahen einander täglich nach dem Mittagessen, entweder im Palais oder im Kloster. Während Marianna ihrer Lieblingsbeschäftigung, dem Knüpfen seidener Schnüre, nachging, legten sie ihre »innersten Empfindungen« bloß. Xaveria war die einzige, die um den Mann in Mariannas Leben wußte, aber auch sie hat seine Identität niemals preisgegeben.

Zum Dank dafür, daß sie ihr half, den inneren Frieden zu finden, bot Marianna der Äbtissin das Du-Wort an – eine für damalige Zeiten schier unvorstellbare Geste: die Erzherzogin von Österreich und die Wirtstochter aus Maria Saal, sie duzten sich!

Auf die Rückseite eines Porträts, das sie ihrer Freundin schenkte, schrieb Marianna: »Wenn auch hier meine Gesichtszüge nicht sehr gut getroffen sind, so schau, liebe Freundin, aufs Herz, dies ist allzeit das nämliche, voll Freundschaft und Liebe für Dich ...« Und an anderer Stelle: »Ich wünsche, daß Du mich allzeit liebst, so wie ich stolz verbleiben werde Deine Freundin.«

Natürlich wurden in den stillen Stunden des frühen Nachmittags nicht nur Herzensangelegenheiten ausgetauscht, natürlich drehten sich endlose Gespräche um Xaverias Sorgenkind, das Kloster; es war arm, verschuldet und kaum mehr lebensfähig. Die Erzherzogin übernahm sofort sämtliche Verbindlichkeiten und gab von da an laufend größere Geldspenden, indem sie für Hunderte Gulden zu den geringsten Anlässen Messen lesen ließ. Sie gab nicht auf, bis es ihr gelungen war, die Klosterkirche zur Pfarrkirche erheben zu lassen, und dies bedeutete Unterstützung durch den staatlichen Religionsfonds. Die Renovierung und Umgestaltung des Gotteshauses bezahlte allerdings die Erzherzogin, und sie stiftete auch das Altarbild des heiligen Laurentius, nach dem die Kirche benannt war.

Die Erzherzogin nahm regelmäßig an den religiösen Übungen der Nonnen teil und ließ sich sogar einmal im Habit der Ordensfrauen malen. Dadurch besteht noch heute die Irrmeinung, sie sei selbst der religiösen Gemeinschaft beigetreten; tatsächlich hat sie aber soviel für das Kloster getan, daß sie in dessen Annalen als zweite Gründerin gepriesen wird.

Ihr und Xaverias Hauptanliegen galt der Krankenanstalt; in elf Betten fanden bedürftige Frauen Pflege. Aus Xaveria Gassers Aufzeichnungen ist uns bekannt, daß Marianna täglich die Patientinnen besuchte – ohne sich das geringste Anzeichen von Irritation oder gar Abscheu beim Anblick selbst ekelerregender Symptome anmerken zu lassen. Die medizinische Betreuung des Spitals lag in den Händen des Dr. Lorenz von Vest, Leibarzt der Erzherzogin, und, wenn er nach Klagenfurt kam, beim kaiserlichen Hofchirurgen Baron Dr. Störck – um Gotteslohn, versteht sich.

Als 1782 Kaiser Joseph II. in Wien den Jahrhundertbau des Allgemeinen Krankenhauses in Angriff nahm, schien Marianna die Stunde günstig, den Bruder um Unterstützung beim Ausbau »ihres« Spitals zu bitten. Graf Enzenberg hatte bereits die Pläne dafür ausgearbeitet, und Marianna schrieb dem Kaiser in bewegten Worten von der Armut der Schwestern, über die Baufälligkeit des zum größten Teil aus Holzkonstruktionen bestehenden Gebäudes, das jederzeit ein Raub der Flammen werden könnte.

Die Antwort aus Wien war kurz, kalt und verletzend: Wenn das Kloster so arm sei, dann wäre es das beste, die Schwestern gingen woanders hin; was die Brandgefahr beträfe – falls die Frau Schwester befürchte, daß ihr Palais in Mitleidenschaft gezogen werden könnte, nun, dann möge sie eben umziehen.

Marianna war außer sich. Sie fühlte sich persönlich zutiefst beleidigt, und in einem Anfall von Zorn und Haß schrieb sie dem Bruder einen Brief, worin sie in bitterbösen Worten der Kränkung und Zurücksetzung von Jahrzehnten Luft machte. Zu ihrem Glück zeigte sie das Schreiben sowohl Xaveria Gasser als auch ihrem Obersthofmeister, dem Grafen Enzenberg. Gemeinsam gelang es den beiden, ihre Herrin zu trösten und zu beruhigen; gemeinsam verfaßten sie einen sachlichen, höflichen Brief, in welchem Marianna den Kaiser um die Gnade bat, »dieses Kloster bis zu meinem Tode stehen zu lassen«.

Auch Joseph mäßigte sich in seinem nächsten Schreiben: es sei alles nicht so gemeint gewesen, er denke nicht daran, das Kloster zu vernichten, nie würde er gegen den Willen der Schwester handeln. Das Thema einer finanziellen Unterstützung erwähnte er nicht mehr. Am

Wiener Hof erzählte man sich dazu ein Histörchen: Der Kaiser habe nach Erhalt des zweiten Briefes von Marianna zu einem Vertrauten verschmitzt gesagt:»Ich habe meine Schwester erwischt, sie macht das Gebäude.«

Wahr oder nicht – Joseph hatte seine Schwester richtig eingeschätzt. Ab Ostern 1783 wurde das Kloster auf Mariannas Kosten generalsaniert, Fenster, Türen, Öfen wurden erneuert, die Schornsteine ausgebessert, die Zellen frisch ausgemalt, der Hof gepflastert, das Dach neu gedeckt.

Bang blickte Marianna dem Besuch des Bruders entgegen, der am 8. Dezember desselben Jahres durch Klagenfurt reiste und dort kurz Station machte. Sie war über alle Maßen erstaunt und überrascht, als der Kaiser sich von seiner freundlichsten Seite zeigte, mehr als eine Stunde angeregt mit ihr plauderte und nichts dagegen hatte, mit ihr zusammen das Spital zu besuchen.

Er ging von Bett zu Bett, sprach mit jeder einzelnen Patientin und nickte zufrieden: Er habe noch nie ein so »niedliches Spital« gesehen. Und er führte ein langes Gespräch mit Xaveria Gasser. Sichtlich beeindruckt lobte er deren Tatkraft und meinte, daß es weit verdienstvoller sei, für die Kranken zu sorgen, als den ganzen Tag zu beten. Schließlich führten ihn Marianna und Xaveria durch die Zellen der Nonnen, die den Kaiser lachend und schnatternd umstanden, und er gab sich huldvoll:»Die Munterkeit der Nonnen gefällt mir. Dies ist eine ganz andere Gattung, als man sonst sieht.«

Gut Ding braucht Weile – das hatte schon Josephs Vater so banal wie bündig festgestellt: Fünf Jahre nach seiner Visite in Klagenfurt bewilligte der Kaiser die Mittel zur Erweiterung des Spitals auf zwanzig Betten.

»Liebe Gottes war ihr Gefühl und Liebe der Nächsten ihr Tun. Einzige deines Geschlechts, die du den Mut hattest, die Reize der Freigiebigkeit mit dem stillen Verdienst der Wohltätigkeit aufzuopfern«, hat Enzenberg nach dem Tod Mariannas gesagt. Er spielte damit auf eine Besonderheit der Erzherzogin an, der man früher immer vorgeworfen hatte, sich wichtig zu machen und in den Vordergrund zu drängen – ihre Sorge für die öffentliche Wohlfahrt vollzog sich in Klagenfurt unauffällig und anonym.

Die Renovierung von Kloster und Spital ließ sich nicht verheimlichen, aber im übrigen setzte sie die Akte sozialer Fürsorge im strengsten Inkognito: »... ich bitte dabei um größtes Stillschweigen«, trug sie dem Landeshauptmann Orsini-Rosenberg auf, wenn sie namhafte Beträge für Arme und Kranke spendete.

Sie ging dabei wohlüberlegt vor. Zunächst wurde der Kreis der zu Beschenkenden genau definiert. Es mußten gebürtige Kärntner sein; weder Alter noch Stand noch Geschlecht spielten eine Rolle, ausschlaggebend war allein die Härte der Notlage. Fortlaufende Unterstützungen wurden eingestellt, sobald der Empfänger das Land verließ oder wieder imstande war, für sich selbst zu sorgen. Auch wurde nicht blindlings und nach dem Gießkannenprinzip an viele gespendet, so daß niemand etwas Rechtes davon hatte, sondern gezielt an einige, denen dadurch wirksam und nachhaltig geholfen werden konnte.

In manchen Fällen gab es Sach- statt Geldspenden, weil ein paar Gulden leichter unter den Fingern zerrannen als etwa landwirtschaftliche Geräte, Lebensmittel oder Kleider. Der Landeshauptmann war angewiesen, die Listen der Armen zu erstellen und die Verteilung der Gaben zu überwachen. Das System funktionierte im allgemeinen klaglos. So klag- und reibungslos, daß tatsächlich fast niemals durchsickerte, woher die milden Gaben kamen.

Einmal allerdings scheint die Kontrolle versagt zu haben, und da ging es um gewaltige Beträge. Anläßlich von Mißernten und Hungersnöten im Sommer 1789 organisierte Marianna – schon sehr krank und dem Tode nahe – Schiffsladungen voll Getreide von ihrer Schwester Marie Karoline, Königin von Neapel-Sizilien. Die Schwestern streckten die Kaufsumme vor, das Getreide wurde weit unter dem Einkaufspreis an die Hungernden verkauft, der Erlös zum Ankauf von weiterem Korn verwendet – und so fort, bis alle Mittel aufgebraucht waren. Marianna und Marie Karoline gaben ein Gutteil ihres Vermögens hin – aber gerissene Händler und Transportunternehmer stießen sich an diesem großen Werk der Wohltätigkeit gesund. Korruption ist keine Erfindung des 20. Jahrhunderts.

Wohltätigkeit war nicht der einzige Lebensinhalt Mariannas, und Xaveria Gasser blieb nicht die einzige enge Gefährtin. Um die Erzherzogin bildete sich allmählich eine Gruppe von Freunden und Freundinnen, deren innerster Kreis sich aus Persönlichkeiten zusammensetzte, die auf den ersten Blick scheinbar nicht zusammenpaßten. Eine Erzherzogin aus dem Hause Österreich, eine Äbtissin aus dem »gewöhnlichen« Volk, ein dichtender Abt und zwei weltläufige, musische Aristokraten – letztere noch dazu aufrechte Freimaurer. Um diesen Kern gruppiert: Nonnen, Künstler, Wissenschaftler, Adelige samt Ehefrauen – und die meisten Herren »Brüder« der weitverzweigten Freimaurerkette.

Diese einmalige und schier unglaubliche Symbiose zwischen der frommen, erzkatholischen Fürstin, der Äbtissin und den Männern aus einem von den Päpsten abgelehnten Bund erklärt sich aus der Aufbruchstimmung der Josephinischen Zeit, aus den Tendenzen der Aufklärung, da alte Mauern und Vorurteile fielen nach dem Motto: »Alle Menschen werden Brüder.« Hinzu kam natürlich, daß die meisten der humanen und ethischen Ziele Mariannas, Xaverias und der »Brüder« die gleichen waren.

Aus einem leider undatierten Handschreiben Mariannas in französischer Sprache an die »hochwürdigsten Herren Brüder« erfahren wir, woher sie Wissen und Wertschätzung für den Männerbund bezogen hat: »Ich übernahm von meinem unvergleichlichen Vater die hohe Meinung für die Freimaurer.« Im selben Brief bedankt sie sich in ihrer uns nun schon bekannten, überschwenglichen Art für die Aufmerksamkeit, welche die »hochwürdigste Loge dem unnützesten Wesen der Welt« zukommen läßt.

Die Freimaurer führen ihren Ursprung auf die Dombauhütten des Mittelalters zurück (englisch »Lodges«), Sammelpunkt einer über nationale Grenzen hinausgehenden, geistig aufgeschlossenen Künstlergilde. Die erste Loge im modernen Sinn wurde 1717 in England gegründet. Sie stand nicht nur Dombaukünstlern, sondern allen offen, die für die Gedanken der Menschlichkeit, der Brüderlichkeit, der Toleranz eintraten und gewillt waren, an sich selbst, dem »rauhen Stein«, zu arbeiten, um eine höhere Stufe der Humanität zu erreichen.

Der Funke sprang auf den Kontinent über und zog die hervorragendsten Geister Europas in seinen Bann. Logen entstanden rasch hintereinander in Frankreich, Holland, Deutschland und Schweden. Interessanterweise war es ein Kirchenfürst, nämlich der Bischof von Breslau, der 1742 die erste Wiener Loge initiierte.

Franz Stephan, Herzog von Lothringen, bewarb sich vor seiner Verheiratung mit Maria Theresia um die Aufnahme in eine holländische

Loge und wurde 1731 im Haag rezipiert (aufgenommen). Nachdem er Großherzog von Toskana und in Wien seßhaft geworden war, beteiligte er sich nicht mehr aktiv am Logenleben, blieb aber weiterhin Mitglied des Bundes, über den er seine schützende Hand hielt. Als 1738, im Geburtsjahr Mariannas, eine Bannbulle des Papstes gegen die Freimaurerei in Italien erlassen wurde, nahm der Großherzog diese zwar pro forma zur Kenntnis, ließ ihr aber in der Toskana nicht Folge leisten – die Brüder blieben ungeschoren. Allerdings konnte er, ein Jahr vor seinem Tod, nicht verhindern, daß die Freimaurerei in Österreich durch Maria Theresia verboten wurde; immerhin geschah den Freimaurern kein Leid, und sie konnten im Untergrund weiterarbeiten. Nach Franz Stephans Tod, als Joseph Mitregent seiner Mutter geworden war, genossen sie zwar noch keine offizielle Anerkennung, jedoch stillschweigende Duldung.

Ab 1780 war das Logenwesen in Österreich durch kaiserliches Dekret zugelassen und entwickelte sich explosionsartig. Nach unseren heutigen Begriffen gehörte es unter Aristokraten, Künstlern und Intellektuellen zum »Zeitgeist«, einer Loge beizutreten, deren Mitgliederlisten sich – wieder mit einem modernen Wort definiert – wie ein »Who is who« des späten 18. Jahrhunderts lesen.

Von den damaligen Leuchten der Wissenschaft und Kunst sind uns außer Mozart, Haydn, von Sonnenfels, van Swieten, Schikaneder, Pacassi nur noch wenige Namen geläufig. Leichter behalten wir die Söhne der großen Adelsgeschlechter im Gedächtnis, denn ihre Nachfahren leben noch heute unter uns: die Schwarzenberg, die Esterházy, die Khevenhüller, die Liechtenstein, die Kaunitz, die Apponnyi, die Ligny, die Salm, die Starhemberg, die Trautmannsdorf, die Wallenstein, die Seilern, die Gallas, die Windischgrätz – und wie sie alle heißen mögen. Auch Mariannas Schwager, Prinz Albert von Sachsen-Teschen, war ein eifriger Freimaurer.

Eine Zentralfigur war Ignaz von Born, »Stuhlmeister« (Vorsteher) der weltberühmten Loge »Zur wahren Eintracht«, der Haydn angehörte, Bruder Mozart war ihr häufiger und gerngesehener Gast. Die »Wahre Eintracht« war Wiens Eliteloge. Ihre Mitglieder bildeten eine einmalige Auslese der Denker und musischen Geister jener Zeit – wohl dank der anziehenden Persönlichkeit des Ignaz von Born, der ein Mann von großen Qualitäten und kleinen menschlichen Schwächen gewesen sein muß. Wir kennen ihn alle: Er diente Mozart und Schikaneder als Vorbild des Sarastro in der »Zauberflöte«.

Kein Wunder, daß auch Marianna von diesem Mann fasziniert war, der, wie wir gehört haben, ihr wissenschaftlicher Mentor und wohl auch menschliches Vorbild gewesen ist. Sie hat ihn, obwohl vier Jahre jünger, nach dem Tod Franz Stephans zweifelsohne als eine Art Vaterfigur angesehen. Wie eng die Beziehung zwischen den beiden war, geht aus einer Reihe von Dokumenten hervor; sie belegen auch, daß Marianna der Loge »Zur wahren Eintracht« namhafte Geschenke zukommen ließ – welcher Art diese waren, wissen wir allerdings nicht. »Beides [ein Geschenk und ein Brief] wird in unserer Loge bewahrt, um als immerwährendes Denkmal des hohen Schutzes und der besonderen Gunst zu dienen«, heißt es in einem Dankschreiben. In einem anderen Brief: ». . . schulden wir ihr Dank aus einem heiligen Grund, den nur wir wissen können.«

Die Loge zeigte sich auf einzigartige Weise erkenntlich: Alljährlich schickte Ignaz von Born der Erzherzogin eine Liste der Mitglieder, die üblicherweise der Geheimhaltung unterlag.

In dieser gesellschaftlichen Grundstimmung war die Errichtung einer Loge in Klagenfurt nur eine Frage der Zeit, nachdem schon einige aus Wien zugereiste Brüder regelmäßige Zusammenkünfte im Schloß Thalenstein des Grafen Max Egger abgehalten hatten.

1781 kam Marianna nach Klagenfurt, in ihrem Gefolge der Obersthofmeister Graf Enzenberg, der Oberstkämmerer Graf Johann Christallnigg samt Sekretär Michael Durdon (nach anderen Quellen Dordon): alle drei Freimaurer. Weiteren Zustrom von Brüdern nach Klagenfurt bewirkte die Schaffung eines Appellationsgerichtshofes (Enzenberg war dessen erster Vizepräsident, später Präsident), und zahlreiche aus Wien und Graz nach Kärnten versetzte Beamte gehörten ebenfalls dem Bund an. So wurde denn 1783 unter Patronanz des persönlich anwesenden Ignaz von Born eine neue Loge gegründet. Und sie erhielt den Namen der Frau, den ihre Mitglieder verehrten: »Zur wohltätigen Marianna«. Diese Loge gibt es übrigens noch heute. Das Logensiegel zeigt drei Füllhörner, darunter die Insignien der Freimaurer, Dreieck und Winkelmaß, darüber die Krone der Fürstin.

Die Mitgliedschaft von Enzenberg, Christallnigg, Durdon, dem Grafen Egger, dem Baron de Paula von Herbert, der Mariannas Schloßbau

Links oben: Xaveria Gasser. Rechts oben: Ignaz von Born
Links unten: Anselm von Edling
Rechts unten: Franz Joseph Graf Enzenberg

überwachte, und von ihrem Leibarzt Dr. von Vest ist mehrfach belegt. Für die Logenzugehörigkeit anderer Prominenter, wie etwas des Bischofs von Gurk und des Abtes von St. Paul, Anselm von Edling, von dem noch ausführlich die Rede sein wird, gibt es Indizien, aber keine eindeutigen Beweise. Es scheint ziemlich sicher, daß die Loge ihre Arbeiten im sogenannten Morlin'schen Haus, nahe von Mariannas Palais, abhielt.

Als bloßer Humbug kann mit gutem Grund das immer wieder auftauchende Gerücht abgetan werden, Marianna selbst sei Mitglied der Klagenfurter Loge gewesen. Mag sie auch jeden einzelnen Bruder gekannt und vielen freundschaftlich verbunden gewesen sein – die Freimaurer waren immer ein exklusiver Männerbund, und der blieb auch der allerhöchsten Schutzherrin verschlossen. Das Gerücht dürfte seinen Ursprung in der Tatsache haben, daß in Mariannas Schlößchen regelmäßig sogenannte Schwesternabende abgehalten wurden: Die Frauen der »Brüder« trafen einander zu rein gesellschaftlichem Beisammensein, und manchmal nahmen die Herren daran teil – ohne auch nur ein Quentchen ihrer maurerischen Geheimnisse und Rituale preiszugeben.

Ein solcher Schwesternabend anläßlich des Namenstags der Erzherzogin bot einem Bruder Schöttlersberg Gelegenheit, eine ellenlange gereimte Laudatio auf die Damen Schwestern zu halten – nicht ganz ohne ironische Seitenhiebe auf die Rolle der Frau bei der Vertreibung aus dem Garten Eden mit der daraus abgeleiteten Notwendigkeit, sich ein neues Paradies zu schaffen, nämlich die Freimaurerei . . .

Witzige Verse, Satiren, spaßige Nonsensgedichte, Kurz- und Kürzestdramen – das war die Mode der Zeit, die liebste Unterhaltung der Gesellschaft, und auch Mariannas Kreis machte da keine Ausnahme. Die Erzherzogin und ihre Freunde genossen und beklatschten dichterische Eskapaden und Tiraden, die gelegentlich recht holprig, immer aber kurzweilig waren.

Unter dem Pseudonym Grebennez (das Anagramm von Enzenberg) versuchte sich der Obersthofmeister als Librettist, Graf Christallnigg – er wurde übrigens Intendant des ersten fix in Klagenfurt installierten Theaters – schrieb die Musik zu kleinen Dramoletten, die im großen Saal des Palais aufgeführt wurden – von Laiendarstellern, unter die sich ungeniert die Nonnen des Klosters mischten.

Anselm von Edling, Abt von St. Paul im Lavanttal und ein wackerer Poet dazu, schrieb zum Namenstag Mariannas einmal eine zweiaktige Komödie – ausschließlich den frommen Schwestern auf den Leib. Der Text samt Regieanweisungen sind zum Glück noch erhalten: Der erste Akt gibt ein realistisches Bild vom Leben der Klosterfrauen, die darüber diskutieren, wie sie ihre Wohltäterin gebührend feiern können. Die Frau Äbtissin – verkörpert durch Xaveria Gasser in eigener Person – liegt »in aller Früh' nach der Metten, ganz im Negligé, in welchem die Frauen so allerliebst sind, auf dem Canapé, vertieft sich in die Betrachtung ihrer Lage und wirft ihre großen, vielbedeutenden Augen auf das vis-à-vis hängende Portrait der Erzherzogin Marianna.« Anschließend singt sie eine Arie auf das »glänzende Original des Bildes«. Eine Nonne kommt hinzu, »küßt ihrer Frau Hochwürden die Patscherln [Hände]...«, weitere Schwestern eilen herbei, debattieren eifrig über das Stück, das sie aufzuführen gedenken. Die alte Rosa Pließnig schlägt eine Hanswurstkömodie vor, sie möchte gerne die Hauptrolle spielen und versäumt nicht, eine Probe ihres Talents abzulegen. Eine junge Nonne hat die Absicht, sich als Bettelstudent zu produzieren, eine andere möchte einen preußischen Husaren verkörpern und dabei »fluchen, daß den Zuschauern die Ohren gellen«. Die Schwestern einigen sich zuletzt auf eine Huldigungsoper, die dann im zweiten Akt auch wirklich gegeben wird. Die Szene ist eine einsame kleine Insel, wo alle Not und Hunger leiden. Rettung naht von fernen Gestaden mit einem prächtigen Schiff, dessen Herrin – Xaveria Gasser spielt die Rolle der edelmütigen Dame, in der unschwer die Erzherzogin zu erkennen ist – Glück und Segen für das Eiland bringt. Dies alles war eine durchaus konventionelle Komödie im barocken Stil, das Außergewöhnliche daran allerdings, daß sie ausschließlich von Nonnen gespielt wurde, von denen zwei sogar – das muß man sich einmal vor Augen halten! – in Hosen auftraten. Eine Klosterfrau verkörperte einen Schäfer, eine andere – keck und ungeniert – den Grafen Enzenberg in vorzüglicher Maske und Mimik.
Marianna, ahnungslos, welchen Spaß man für sie vorbereitet hatte, klatschte entzückt; sie lachte Tränen und vergoß Tränen der Rührung – ihr lieber Freund, Anselm von Edling, hatte sich wieder einmal selbst übertroffen.
Xaveria Gasser, mit ihm seit Kindertagen befreundet, hatte den Abt

von St. Paul in den Kreis um Marianna eingeführt. Der gutaussehende, großgewachsene Mann mit den vollendeten Manieren eines höfischen Kavaliers wurde einer ihrer engsten Vertrauten, vielleicht weil er die rare Gottesgabe besaß, das Leben gelassen zu nehmen. Eine Aura von strahlendem Optimismus umgab ihn; er brachte die zu trüben Gedanken, bohrenden Grübeleien und Selbstmitleid neigende Erzherzogin immer wieder zum Lachen und auf heitere Gedanken.

Sie war geradezu süchtig nach seinem Rat und seinem Trost. Fast täglich eilten Kuriere zwischen Klagenfurt und St. Paul (später Wolfsberg) hin und her, mit Briefen, Grüßen, Bitten um Zuspruch auf der einen, aufmunternden Worten auf der anderen Seite. Oft waren es nur wenige, hastig hingeworfene Worte, ohne Datum, ohne Anrede, ohne Unterschrift – man verstand einander ohne viele Floskeln.

Im folgenden drei kurze Proben, die erste ausnahmsweise in Mariannas eigener, krauser Schreibweise, denn keine noch so sorgfältige Übertragung kann die »herbe Frische« des Originals wiedergeben: ».. . Sobald man hier vernohmen das sie mit der podagra behaftet seyn so war unser ganzer freundescreiß geteilt, das eine erfreite sich über ihr dadurch versichertes langes Leben, das andere bedauerte sie, das sie nicht mehr so fest gehen würden, das eine dachte es würde sie gut anstehen, das andere fürchtete es möge ihnen ein zu erwürdiges Ansehen geben jedes raisonirte keines dachte das sie sich so genau dem brauch von firmierten das jeder prelat Podagra haben muß .. . meine weibliche obrigkeit last sich ihnen empfehlen . . .«

Mit der »weiblichen Obrigkeit« war Xaveria Gasser gemeint. Anselm von Edlings Bruder Joseph – er war Mariannas ernsthafter und ein wenig melancholischer Beichtvater – wurde in ihren Briefchen als die »männliche Obrigkeit« bezeichnet, sich selbst nannte die Erzherzogin oft »ihre Pfarrersköchin.«

Für ihre liebste Freundin Xaveria Gasser bestellte Marianna einmal ein Namenstagslied, das sie selbst vorzutragen gedachte: ».. . die Musik muß auf einem Hackbrettl und bäurische Geigenart gesetzt sein. Ich täte es singen, also darf es boshaft und närrisch sein .. . aber weil ich alter Strohkopf Zeit zum Lernen brauche, so wünschen wir, es wäre möglich durch diesen Boten zu bekommen.«

Ein anderes, berührendes Zitat aus einem Brief an Anselm von Edling: »Ich schreibe Ihnen grad, daß ich aus dem Bade bin und danke Ihnen, daß Sie die Erzherzogin vergessen wollen. Ich liebe selbst die Marianna viel mehr. Diese ist eine redliche, wahre Freundin ihrer Freunde, die andere ist zu nichts gut, als das Geldsäckel zu füllen. Dennoch bitte ich, bei allen Gelegenheiten, die eine vollkommen zu vergessen und auf die andere fest zu zählen . . .«

Anselm von Edlings Verehrung für die Erzherzogin fand poetischen Ausdruck in einem Gedicht, das er für sie schrieb, nachdem Marie Antoinettes erster Sohn und somit Mariannas Neffe, der Dauphin von Frankreich, geboren worden war:

> »Wenn dieser Sproß die Lehr der Weisheit hört,
> Religion einst schätzt und große Männer ehrt,
> Die Laster straft, die Tugend lohnt,
> Als Menschenfreund mit seinen Völkern wohnt,
> Durch Eifer sich dem Glück des Staats zu weih'n,
> Den größten Königen von Frankreich ähnlich heißt,
> O – Marianna, dann gab Gott ihm Deinen Geist,
> Er wird der großen Tant' wohl würdig sein.«

1787 wurde im Zuge der josephinischen Reformen das Kloster von St. Paul aufgehoben. Marianna bat den Freund inständig, nach Klagenfurt zu übersiedeln und Prediger in St. Laurenzen zu werden. Doch der Ex-Abt zog es vor, als einfacher Dechant in Wolfsberg zu wirken. Die Freundschaft mit der Erzherzogin erlitt dadurch keine Einbußen. Nach wie vor besaß Edling ein ständiges Quartier in Mariannas Haus, nach wie vor nutzte er jede Gelegenheit, sie zu besuchen.

Auf ganz anderen Voraussetzungen beruhte die Freundschaft Mariannas mit dem »beau Franzl«, ihrem Obersthofmeister Franz Joseph Graf Enzenberg, der, weitgereist und an ausländischen Universitäten gebildet, ein Mann des Geistes und der Wissenschaft war. Ihm gelang es, Mariannas große intellektuelle Fähigkeiten erneut wachzurufen; durch ihn angeregt, beschäftigte sie sich mit physikalischen Versuchen, begann sie wieder, verschiedene naturwissenschaftliche Sammlungen anzulegen.

Sein größtes Verdienst lag darin, sie für die noch junge Wissenschaft der Archäologie zu entflammen. Nachdem Mariannas Schwester, Königin Marie Karoline von Neapel-Sizilien, mit Eifer und Erfolg nach Herculaneum, der vom großen Vesuv-Ausbruch von 79 n. Chr. verschütteten Stadt, hatte graben lassen, regte Enzenberg die Erzherzogin an, sich der langsam in Vergessenheit geratenden Schätze des Zollfeldes anzunehmen.

In dem Gebiet bei Maria Saal hatte um die Wende vom 17. zum 18. Jahrhundert der Sekretär der Kärntner Landstände, Johann Dominik Brunner, zum ersten Mal zielstrebig gegraben, auch einiges zutage gefördert und eine kleine Kapelle samt Gedenktafel errichten lassen: »Den Besuchern zum frommen Gebrauch und zur Erinnerung an die alte Stadt Sala, welche von Attila, dem ersten Hunnenkönig, durch einen Einfall im Jahre 451 n. Chr. plötzlich zerstört wurde, nachdem sie durch 823 Jahre geblüht hatte.« Verschiedene, vom Zollfeld stammende Tontafeln waren in die Wand eingelassen und sollten die Existenz der Stadt Sala belegen. Tatsächlich handelte es sich um Relikte aus dem römischen Virunum, nach dem nun, auf Mariannas Geheiß sowie unter ihrer und Enzenbergs Leitung, gesucht wurde.

Insgesamt spendete die Erzherzogin 30 000 Gulden für das Unternehmen, 1 500 Soldaten wurden als Hilfskräfte eingesetzt. Ein junger Bauer aus der Gegend, ein gewisser Wagritsch, diente als Spurensucher, nachdem er schon auf eigene Faust einige Scherben aus dem Boden geholt hatte.

Außer Enzenberg, der als junger Mann von dem berühmten Professor Johann Joachim Winckelmann in die Altertumsforschung eingeführt worden war, nahmen keine Experten an den Grabungen teil, und so ist zu befürchten, daß nicht mit der gebotenen Vorsicht zu Werk gegangen wurde. Marianna selbst soll einmal ein Kindergrab so ungeschickt geöffnet haben, daß es unter ihren Händen zu Staub zerfiel. Genaue Nachrichten sind nicht überliefert, da Enzenbergs Grabungsprotokolle verschollen sind.

Die Ausbeute an Münzen, Statuen, Gegenständen des täglichen Bedarfs und Handwerksgerät muß beachtlich gewesen sein, denn aus anderen Quellen ist bekannt, daß Marianna zahlreiche Funde in ihrer Wohnung aufgestellt und vieles an Freunde und Bekannte verschenkt hat. Der größte Teil wurde an Marie Karoline von Neapel verschickt, kam jedoch nie dort an. Das Schiff, das die kostbare Fracht transportierte, ist aus unbekannten Gründen im oberen Teil der Adria versunken.

Als die Grabungen 1783 begannen, hatte Marianna eben wieder eine

366

lebensgefährliche Lungenentzündung überstanden; durch die neue Aufgabe wurde sie so motiviert, daß sich ihre Gesundheit wieder festigte. Die Geschwister Leopold, Amalia und Mimi, die sie in dieser Zeit besuchten, waren überrascht, sie nicht mehr so erschreckend mager vorzufinden; sie hatte, im Gegenteil, ziemlich stark zugenommen und strahlte Gleichmut und Gelassenheit aus. Es war ihr anzumerken, daß sie sich im Kreis ihrer Freunde wohl fühlte. Die jahrzehntelange Verhemmtheit und Verklemmtheit war von ihr gewichen und eine lange verborgene Facette ihres Charakters endlich zum Vorschein gekommen: Humor, gewürzt mit einem erfrischenden Schuß Selbstironie. Ihre Freunde waren ihr herzlich zugetan, die Kärntner hatten sie längst ins Herz geschlossen.

Zum siebenten Jahrestag von Mariannas Ankunft in Kärnten dichtete Anselm von Edling:

»In sieben Jahren, sagen die Schriften,
Verändert sich der Menschen Appetit.
Was zuckern war, scheint sich zu vergiften,
Was man gierig fraß, nimmt man kaum mehr mit.
Das Sprichwort ist nicht echt gewesen,
Der Kärntner möcht' nach siebenjähr'ger Zeit
Die Fürstin, die er hat, vor Lieb' noch fressen,
Und klebt an ihr mit aller Zärtlichkeit.«

Mariannas rosige (manchmal hochrote) Gesichtsfarbe, ihre scheinbar gesunde Körperfülle täuschten jedoch, und keine noch so zärtliche Freundesliebe vermochte den allmählichen Verfall des armen, gequälten Körpers aufzuhalten: das geschädigte Rückgrat war nicht mehr zu kurieren, die Wirbel sanken weiter in sich zusammen, der Brustkorb wurde ständig enger, der Husten schmerzhafter. Vom Beginn des Winters 1788 an wurde Dr. von Vest zum täglichen Besucher, und auch der Wiener Hofchirurg Dr. Störck, der die Patientin von klein auf kannte, wurde zu Rate gezogen. Weder die unvermeidlichen Mittel der Zeit, wie Aderlässe und Purgierungen, noch eine Kur in Bad Einöd brachten Erleichterung. Wegen der Schwere ihres Körpers und der Atemnot wurde der Erzherzogin das Gehen immer mühsamer, so daß sie meist im Rollstuhl gefahren werden mußte.

Im Frühjahr 1789 gesellten sich zum chronischen Leiden Schlafstörun-

Maria Anna in ihrer Klagenfurter Zeit

gen und schwere Migräneanfälle. Marianna verlor dramatisch an Gewicht und war so schwach, daß sie keine Stiegen mehr steigen konnte. Im ersten Stock des Treppenhauses wurde ein Teil des Geländers entfernt. Mittels eines Flaschenzuges konnte man die Patientin samt Rollstuhl in die Höhe hieven.

Todesgedanken, für einige Jahre in den Hintergrund gedrängt, verdunkelten nun wieder ihr Gemüt. Sie machte ihr Testament und begann Abschiedsbriefe zu schreiben. Mit schwarzem Siegellack verschlossen, stapelten sie sich auf dem Schreibtisch.

Das Grabmal war schon längst bereit. Marianna hatte es unmittelbar nach ihrer Ankunft, als sie glaubte, bald sterben zu müssen, hinter dem Altar der Klosterkirche errichten und mit einer einfachen Tafel versehen lassen: »Maria Anna – Sünderin – geboren am 6. Oktober 1738 – gestorben am [der Platz für das Todesdatum war freigelassen] – Ruhe in Frieden.«

Wie immer in der warmen Jahreszeit besserte sich ihr Befinden im Sommer 1789 ein wenig. Sie empfing und bewirtete, wie es seit Jahren der Brauch war, an jedem schönen Sonntagnachmittag die Nonnen in ihrem Garten; am Kegelspiel, das ihr früher so viel Vergnügen gemacht hatte, vermochte sie nicht mehr teilzunehmen. Aber sie ließ sich im Rollstuhl zur Kegelbahn fahren und beobachtete ihre Schützlinge.

Ein schwerer Schlag traf Marianna im August: Der Freund und Arzt Dr. von Vest starb überraschend. An seine Stelle trat Dr. Guggl, ein geradezu fanatischer Anhänger von Aderlässen, wodurch die Leidende noch mehr ausgezehrt wurde.

Zum letzten Mal verließ Marianna am 6. Oktober, ihrem 51. Geburtstag, das Bett und nahm am Hochamt teil. Die Nonnen brachten ihr am Nachmittag ein Ständchen, Anselm von Edling hat noch einmal ein Gedicht vorgetragen. Die Jubilarin wirkte müde und sterbensmatt.

Jeder wußte: Der Tod war nahe. Am 3. November erhielt die Erzherzogin die Sterbesakramente, während vor den Gittern des Hofes ungezählte Menschen trotz schneidender Kälte im Gebet verharrten.

Aber noch hatte Mariannas Stunde nicht geschlagen, noch einmal erholte sie sich ein wenig. Die Besserung war nur scheinbar und von kurzer Dauer.

Sie war überzeugt, daß sie am 18. sterben werde, wie ihr Vater an einem 18. dahingegangen war, und so überreichte sie Xaveria Gasser am 17. ihr Testament und kleine Geschenke für die Nonnen. Jede erhielt ein Bild mit Widmung. Sie verlangte, daß man ihr Anselm von Edling schickte, und sie verlangte, in den braunen Männerschlafrock gehüllt zu werden, in dem ihre Mutter gestorben war.

Der 18. November verstrich – aber Marianna hatte noch immer nicht ausgelitten. Nun hoffte sie auf den 19., Namensfest der heiligen Elisabeth und zugleich höchster Feiertag des Klosters. Endlos zogen sich die Stunden des 19. Traurig und hilflos standen die Getreuesten um das Bett der elend keuchenden Frau: Edling, Enzenberg, Xaveria Gasser, Christallnigg, Dr. Guggl und Störck, der in letzter Minute aus Wien herbeigeeilt war.

Zwischen zwei Erstickungsanfällen flackerte noch einmal ein Funke Humor auf:»Ich hoffe, die heilige Elisabeth wird so höflich sein, mich heute abzuholen. Ich verzeihe ihr, wenn sie auch spät am Abend kommt. Weil heut' ihr Namenstag im Himmel gefeiert wird, dürfte sie wohl nicht eher Zeit haben.«

Später kamen ihr die Kärntner in den Sinn:»Es ist wohl ein gutes Land, ich hab' es immer lieb gehabt. Es sind gute Menschen, mit denen ich vergnügt lebte und die ich hart verlasse.«

Um sieben Uhr abends fiel der Schatten: das Licht werde so schwach, flüsterte sie, man möge noch mehr Kerzen anzünden. Sie winkte die beiden Ärzte herbei, entzog ihnen aber, als diese den Puls fühlen wollten, die Hand:»Ich brauch' nichts mehr, ich hab' euch nur noch einmal sehen und euch danken wollen.«

Ein neuer Anfall:»Ich fürchte die letzten Züge, denn ich hab' eine starke Natur und es wird Gewalt brauchen.«

Gegen elf Uhr bat sie Xaveria Gasser um einen Schluck Wasser. Die Freundin legte den Arm um ihre Schulter, führte ihr das Glas zum Mund. Marianna tat drei tiefe Seufzer und ließ den Kopf an Xaverias Brust fallen. Sie war tot.

Bereits am nächsten Tag wurde sie begraben – ohne Pomp und Prunk, sondern einfach wie eine Nonne. Man legte sie in einem grauen Seidenkleid, das einst ihre Mutter getragen hatte, in den Sarg. Enzenberg und Christallnigg überschütteten, dem Letzten Willen der Erzherzogin folgend, den Leichnam mit ungelöschtem Kalk, der den Zerfall der sterblichen Überreste beschleunigte. Die grauenvollen Begleiterscheinungen nach dem Tod ihres Vaters müssen ihr schwer zu schaffen gemacht und in ihr den Wunsch geweckt haben, rascher zu Staub zu werden als Franz Stephan.

Acht Nonnen trugen den Sarg, der in aller Stille beigesetzt wurde.

»Kein Monarch ist je von seinen Untertanen so aufrichtig beweint worden, wie diese Fürstin von ihren Kärntnern«, schrieb Xaveria Gasser. Graf Enzenberg meinte, in Anspielung auf Mariannas Grabtafel, auf der sie sich als Sünderin bezeichnet hatte: »Sie erklärte sich für eine Sünderin. Wir erklären sie für eine Heilige.«

Das Kloster der Elisabethinerinnen erbte 13 266 Gulden in bar und erhielt 134 369 Gulden, nachdem der Privatbesitz der Erzherzogin versteigert worden war. Der Verkauf des Sommerschlosses Annabichl samt Gärten und Jagdrevier erbrachte weitere 3 165 Gulden. Die Erbschaftssteuer in der Höhe von 25 Prozent wurde dem Kloster erlassen – aufgrund einer persönlichen Verfügung Kaiser Josephs II.

Marie Antoinettes Kinder

Louis 1785–1795 (?)
Marie Thérèse 1778–1851

Das alltägliche, das verhaßte, das gefürchtete Geräusch: rasselnde Ketten, eiserne Sperlatten, krachend zurückgestoßen, mächtige Schlösser, mit riesigen Schlüsseln knirschend geöffnet, zuerst die dicke Eisenpforte, dann die wieder mehrfach gesicherte Holztür.

Die Sechzehnjährige kauerte auf dem Bett, versuchte krampfhaft, den Saum des längst zu kurz gewordenen grauen Seidenkleides über die Waden zu ziehen. Mit weit aufgerissenen Augen starrte sie in Panik auf die Tür. Doch statt der erwarteten wortlosen Wächter der letzten Wochen oder der trunken polternden Soldateska früherer Monate glitt eine elegante junge Dame in den Raum. Fassungsloses Staunen zeichnete sich auf den Zügen des Mädchens ab, als die feenhafte Erscheinung, in lila Seide und eine Wolke betörenden Parfums gehüllt, einen perfekten Hofknicks vollführte und sich als Madeleine de Chanterenne vorstellte.

Es war der 20. Juni 1795, und Marie Thérèse Charlotte, Tochter des französischen Bourbonen-Königs Ludwig XVI. und der Königin Marie Antoinette aus dem Hause Habsburg-Lothringen, einzige Überlebende des Massakers an ihrer Familie, befand sich seit drei Jahren und vier Monaten in Gefangenschaft, davon dreizehn Monate in Einzelhaft. Das unvermutete Auftauchen der Madame de Chanterenne war eines der wenigen, wenn nicht überhaupt das einzige *freudige* Schockerlebnis in ihrem von traumatischen Ereignissen gezeichneten Dasein.

Am 19. Dezember 1778 wurde Marie Thérèse als erstes Kind ihrer Eltern geboren. Ausnahmsweise nahm niemand daran Anstoß, daß es »nur« ein Mädchen war; daß der König sich überhaupt imstande gezeigt hatte, ein gesundes Kind zu zeugen, löste den gleichen enthusiastischen Jubel aus, den normalerweise die Geburt eines Stammhalters hervorgerufen hätte.

Die Vorgeschichte dieser glücklichen Niederkunft war ein vieldiskutiertes öffentliches Geheimnis, das die kleinen Leute ebenso faszinierte wie die Höfe und Staatskanzleien Europas.

Marie Antoinette, eine Tochter des deutschen Kaisers Franz I. Stephan und seiner Gemahlin, der österreichischen Herrscherin Maria Theresia, war im Alter von fünfzehn Jahren mit dem damals sechzehnjährigen französischen Dauphin verheiratet worden, der als Ludwig XVI. im Jahre 1774 seinem Großvater Ludwig XV. auf den Thron folgte.

1771, ein Jahr nach der Hochzeit, ließ sich die überaus blamable Tatsache nicht mehr verheimlichen, daß Marie Antoinette noch immer nicht vom ehernen Status der Jungfrau befreit worden war. Maria Theresia, die ihre Tochter mit besorgten Anweisungen aller Art überschüttete, riet dem Kind, ihre »Zärtlichkeiten zu verdoppeln«. Was sie sich dabei gedacht haben mag, weiß kein Mensch, denn sie selbst war es ja, die Marie Antoinette, wie alle anderen Mädchen ihrer Zeit, über die Einzelheiten des ehelichen Liebeslebens völlig im unklaren gelassen hatte. Ihrem Gesandten in Paris, Graf Florimund de Mercy, gegenüber klagte die Herrscherin, daß wohl alles nichts nütze, wenn es einem jungen Mädchen mit der Figur der Dauphine nicht gelinge, »den Dauphin in Glut zu versetzen«.

Die Glut allein war es nicht, wenn auch schwer vorstellbar schien, den phlegmatischen jungen Mann zu entflammen; er fand sein Vergnügen in der Jagd, in kräfteverschleißenden handwerklichen Tätigkeiten und vor allem in wahren Freßorgien: zum Frühstück allein vier Koteletts, sechs Eier und eine tüchtige Portion Schinken. Nach ausgiebigen Tafelfreuden zu Mittag und am Abend ließ er sich vor dem Schlafengehen häufig auch noch eine ganze Poularde, acht hartgekochte Eier und eine Flasche Bordeaux munden . . .

»Es liegt bestimmt nicht an mir, meine Lage ist entsetzlich . . .« beteuerte Marie Antoinette in einem Brief an die Mutter.

Es lag auch nicht an ihr. Es lag an einer winzigen anatomischen Fehlbildung an dem für die Erzeugung von Nachwuchs bestimmten Organ des jungen Mannes – und er wußte es auch. Zweimal ließ er sich fast zur Operation überreden, nicht mehr als ein minimaler Eingriff, wie er millionenfach an jüdischen und islamischen Knaben vorgenommen wurde. Zweimal schreckte er im letzten Augenblick davor zurück.

Es bedurfte des Erscheinens von Kaiser Joseph II., des Bruders von

374

Marie Antoinette, 1777 in Paris, und langen, gütlichen Zuredens auf den zagenden Schwager, bis er sich endlich ermannte, um mit chirurgischer Hilfe ein ganzer Mann zu werden.

»Ich bin glücklich wie nie in meinem Leben«, jubelte Marie Antoinette am 30. August 1777 in einem Brief an die Mutter. »Seit acht Tagen ist meine Ehe vollzogen.«

Es sollte allerdings noch bis zum 5. Mai 1778 dauern, ehe die langersehnte Schwangerschaft von zwei Ärzten eindeutig festgestellt und bestätigt wurde.

Knapp drei Monate später, am 31. Juli, ereignete sich die berühmte Episode, da die Königin dem König schmollend erklärte: »Sire, ich möchte mich beschweren, daß mich einer Ihrer Untertanen in den Bauch getreten hat.« Ludwig brauchte eine ziemlich lange Weile, bis er den tieferen Sinn des Scherzes erfaßte, dann aber brach er auf der Stelle in Tränen aus.

Anfang Dezember nahmen die beiden Ärzte, welche die Entbindung überwachen sollten, im Schloß Quartier. Vier Ammen hielten sich bereit, denn die meisten Bourbonenkinder pflegten mit Zähnen auf die Welt zu kommen, so daß die Nährmütter mit schweren Brustverletzungen reihenweise den Dienst quittieren mußten.

Versailles fieberte der großen Stunde entgegen. Die Entbindung sollte, wie üblich, öffentlich stattfinden. Im ganzen Ort war kein Zimmer mehr zu haben, denn selbst wer nicht unmittelbar Zeuge des Ereignisses werden konnte, wollte wenigstens in der Nähe sein.

Am 18. Dezember 1778 erwachte Marie Antoinette kurz vor Mitternacht. Sie fühlte die ersten Wehen. Sofort hasteten Lakaien, silberne Alarmglöckchen schwingend, durch die Hallen und Flure; schlaftrunken eilten die geladenen Gäste herbei und versammelten sich im Vorzimmer der Königin.

Um acht Uhr früh setzten die Preßwehen ein. Gravitätisch stolzierte einer der Ärzte ins Vestibül und verkündete feierlich: »Die Königin kommt nieder.«

Während sich Marie Antoinette auf ihrer schmalen, mit weißem Leinen bezogenen Chaiselongue in Qualen wand, strömte das Publikum herbei.

Die Damen saßen schließlich, Stuhl an Stuhl, eng beieinander, dahinter drängten sich die Herren mit langen Hälsen. Das Geschiebe war so bedrohlich, daß das Bett mit einer festen Kordelschnur abgeriegelt werden mußte.

Es wurden kühle Getränke gereicht, denn im Zimmer herrschten tropische Temperaturen. Der König warf, mangels einer anderen Beschäftigung, Scheit um Scheit ins lodernde Kaminfeuer. Im Freien war es beißend kalt, doch die Fenster waren so fest abgedichtet, daß nicht der geringste Luftzug in das überfüllte Gemach dringen konnte.

Als dreizehn Minuten nach elf Uhr die Kreißende endlich ihrer Last ledig war, entstand kopfloser Tumult: man hatte das Wichtigste vergessen, nämlich heißes Wasser. Alles schrie und lief durcheinander, niemand kümmerte sich um die junge Mutter, die mit dem matten Röcheln: »Luft ... Luft ...« in eine tiefe Ohnmacht sank. Der König stürzte zum Fenster, aber er mühte sich lange Zeit vergeblich, die Flügel zu öffnen, die mit großer handwerklicher Sorgfalt verklebt worden waren. Erst ein eilig herbeigerufener Fachmann schuf Abhilfe. Endlich strömte die kalte Dezemberluft herein, Marie Antoinette begann sich zu erholen.

Diese Schreckensszenen hatten sogar den sonst so gleichmütigen König alarmiert; das Protokoll wurde dahingehend geändert, daß ab sofort Entbindungen am französischen Hof, wie in anderen zivilisierten Ländern, nicht mehr vor überflüssigen Zuschauern stattfinden sollten.

Ganz Versailles war verliebt in das erste Kind des Königspaares, das nach seiner berühmten Großmutter Maria Theresia getauft wurde und den offiziellen Titel »Madame Royale« führte. Marie Thérèse war nicht nur besonders hübsch – mit ihren himmelblauen Habsburger-Augen und ihren hellblonden Habsburger-Kringellocken –, sie entwickelte sich auch rascher und kräftiger als andere Kinder. Zwar war sie zahnlos zur Welt gekommen, doch konnte sie schon mit acht Monaten laufen, und zur gleichen Zeit begann sie zu sprechen – ein Phänomen, das sicher eher auf den zärtlichen Einfluß der Mutter zurückzuführen war (»Man kann mit ihr über nichts mehr sprechen als über das Kind«, meldete Mercy nach Wien) als auf die Über-Betreuung durch den umfangreichen Hofstaat. Marie Thérèse verfügte im Alter von achtzehn Monaten über zwanzig Geistliche, neun Ärzte, einen Friseur, einen Pedikeur, je einen Lehrer für Zeichnen, Schreiben, Musik, Mathematik, Physik, einen Tanzlehrer und einen – Trapezmeister. Von der Masse der einfachen Domestiken einmal ganz zu schweigen.

Marie Antoinette mit ihren Kindern. Links Marie Thérèse, rechts der frühverstorbene erste Dauphin, auf dem Schoß der Mutter Louis.

Am 22. Oktober 1781 wurde endlich der inbrünstig herbeigebetete Dauphin geboren – er wurde auf den Namen Louis Joseph Xavier getauft –, am 25. März 1785 ein weiterer Knabe, Louis Charles, Herzog der Normandie. Ein Jahr später kam das vierte Kind, Madame Sophie, ein kaum lebensfähiges, verkrüppeltes Wesen, das nicht älter als elf Monate wurde – zu Lebzeiten kaum beachtet, im Tode von niemandem wirklich betrauert.

Nach der Geburt des Dauphin erklärte Marie Antoinette bestimmt: »Er gehört dem Staat. Aber meine Tochter gehört mir.« Tatsächlich war es der Königin kaum möglich, Einfluß auf die Erziehung ihres ältesten Sohnes zu nehmen, auf Marie Thérèse jedoch, und später auch auf Louis Charles, sollte sie von Anfang an ein ebenso liebevolles wie kritisches Auge haben.

Was immr man über Marie Antoinette, ihre Schwächen und Irrungen sagen, wie sehr man ihr vorwerfen mag, als Königin versagt zu haben – als Mutter war sie untadelig, und sie hat sich um ihre Kinder mehr bemüht als die vorbildliche Maria Theresia um die ihren.

Marie Antoinette setzte es durch, daß Marie Thérèse aus dem Südflügel des Schlosses, wo die Kinder logierten, in eine Suite unmittelbar neben ihrer eigenen übersiedelte. Sie hatte an ihrer äußerlich so anmutigen kleinen Tochter Charakterzüge entdeckt, die ihr gar nicht behagten: Schom im Alter von fünf Jahren war Marie Thérèse auffällig hochmütig und dünkelhaft.

Als eine Besucherin, die deutsche Baronin Oberkirch, dem kleinen Mädchen Komplimente über sein zauberhaftes Aussehen machte, erwiderte das Kind schnippisch: »Baronin, ich bin entzückt, daß Sie mich so finden, aber ich bin erstaunt, daß Sie es mir sagen.«

»[Marie Thérèse] fühlt das Blut Maria Theresias und Ludwigs XIV. in ihren Adern«, schrieb Marie Antoinette an ihre Schwester Marie Karoline, Königin von Neapel, mit der sie viele Erziehungsfragen erörterte, »sie muß sich daran erinnern, um ihres Ranges würdig zu sein, aber Freundlichkeit ist eine ebenso wichtige Eigenschaft wie Würde ... Hochmut vertreibt die Zuneigung.«

Auf den Kinderbällen, die Marie Antoinette für Madame Royale und den Dauphin in Trianon veranstaltete, war »jedermann zugelassen, der anständig gekleidet« war – das heißt, auch Bürgerliche konnten (und sollten) daran teilnehmen –, sehr zum Mißfallen von Marie Thérèse.

Sie setzte ihr abweisendstes Gesicht auf, wenn ein nichtadeliger Junge es wagte, sie um einen Tanz zu bitten.

Als Ermahnungen offensichtlich nichts nützten, ergriff Marie Antoinette drastischere Maßnahmen. Zu den Mahlzeiten der Marie Thérèse wurde ein Bauernmädchen eingeladen und bekam zuerst serviert. Marie Thérèse war angehalten, mit der Tischgenossin Konversation zu machen – ein Versuch, der kläglich scheiterte. Dem kleinen Gast war der Mund vor Angst wie zugenagelt, und Madame Royale schwieg trotzig.

Ein wenig erfolgreicher verlief das Engagement von Philippine Lambriquet als Spielgefährtin für die Prinzessin. Die Tochter eines Hofbediensteten war ein Jahr jünger als Marie Thérèse. Die Mädchen verstanden sich einigermaßen, und wenn Madame Royale auch Abstand zu dem Domestikenkind hielt, war sie wenigstens nicht unhöflich.

Ihre durchaus modern anmutenden pädagogischen Richtlinien faßte Marie Antoinette in einem Bericht an die Schwester, Marie Karoline von Neapel, so zusammen: »Ich halte [die Kinder] dazu an, größtes Vertrauen zu mir zu haben ... Sie haben gelernt, daß ja ja bedeutet und nein nein, aber ich gebe ihnen stets eine ihrem Alter entsprechende Erklärung für meine Handlungsweise.«

Marie Antoinette und der König überwachten häufig persönlich den Unterricht für Madame Royale und den Dauphin; die Königin verbrachte viele Stunden mit Marie Thérèse, um ihr die Kunst des Strikkens und Stickens beizubringen. Aus einem uns unbekannten Grund müssen es für Marie Thérèse prägende Erlebnisse gewesen sein, denn später entwickelte sie eine fast beängstigende Stick-Manie.

Einer der Hauptvorwürfe, den Zeitgenossen wie Historiker König Ludwig XVI., insbesondere aber Marie Antoinette gemacht haben, bezieht sich auf deren mangelndes soziales Verständnis; es sei, unter anderem, ein Faktor gewesen, der letztlich zum Ausbruch der Französischen Revolution geführt habe.

Aus der Art und Weise, wie Ludwig und Marie Antoinette ihre Kinder anleiteten, läßt sich indes herauslesen, daß soziales Verständnis sehr wohl vorhanden war, daß es ihnen aber an Realitätssinn mangelte: *theoretisch* wußten sie, was Not und Armut war, *praktisch* war den Bewohnern eines riesigen goldenen Käfigs der Wert des Geldes schlichtweg unbekannt.

Marie Thérèse und der Dauphin bezogen bereits als kleine Kinder eine jährliche Apanage von 8 000 beziehungsweise 10 000 Livres. Der Junge und das Mädchen waren verpflichtet, die Hälfte davon an arme Kinder weiterzugeben – und zwar persönlich.

Dem Bericht von Marie Antoinettes erster Kammerfrau, Madame de Campan, können wir entnehmen, daß die Königin im harten Winter 1788, der den Ärmsten der Armen besonders zusetzte, aus Paris eine Fülle kostbaren Spielzeugs herbeischaffen ließ. Die ganze Pracht wurde vor dem Dauphin und Madame Royale sorgfältig aufgebaut. Die Königin nahm die Kinder an der Hand und sagte, dies alles könnten sie haben, wenn nicht so schlechte Zeiten wären. Man müsse die Spielsachen leider, leider wieder zurückschicken und das Geld, das sie gekostet hätten, an Notleidende verteilen.

Soweit so gut. Aber: weder der König noch die Königin machten sich Gedanken darüber, daß die neunjährige Marie Thérèse acht Dutzend Handschuhe aus feinstem weißen Leder, zwölf Flaschen Lavendelwasser, zweiundzwanzig Tiegel Pomade, achtzehn Töpfe Puder verbrauchte – in einem einzigen Monat! Handschuhe wurden nur einmal getragen, angebrochene Tiegel und Flaschen sofort weggegeben.

Zu jener Zeit, da die Prinzessin sich noch über das vorenthaltene Spielzeug grämen mochte, wurden bereits Heiratspläne geschmiedet. Im Mittelpunkt des politischen Interesses standen mögliche Verbindungen mit dem schwedischen Kronprinzen oder dem neapolitanischen Thronerben Franz, dem ältesten Sohn von Marie Antoinettes Schwester Marie Karoline von Neapel. Marie Antoinette setzte sich energisch für einen anderen Kandidaten ein, für Louis Antoine, Herzog von Angoulême, vier Jahre älter als Marie Thérèse, einen schmalbrüstigen, linkischen Knaben, der dafür ein lupenreiner Franzose war. »Es ist besser für Marie Thérèse, in Frankreich als Tochter des Königs als im Ausland als Königin zu leben«, entschied Marie Antoinette. Auch Louis Antoine war ein Cousin ersten Grades von Marie Thérèse; er war der Sohn des Grafen von Artois, des jüngsten Bruders von Ludwig XVI. Ludwig besaß noch einen weiteren Bruder, Louis Stanislaus Xavier, der ebenso wie der Graf von Artois und der Herzog von Angoulême im späteren Leben der Madame Royale eine entscheidende Rolle spielen sollte.

Doch war es noch lange nicht soweit, noch lagen die (angeblichen)

Freuden der Ehe für Marie Thérèse im Nebel der Zukunft. Sie mußte zunächst mit dem ersten großen Schmerz ihres Lebens fertig werden. Am 14. Juni 1789 starb ihr Bruder, der Dauphin, nach einer kurzen heftigen Krankheit, vermutlich war es Lungenentzündung. Louis Joseph Xavier war seit je von zarter Konstitution gewesen, frühreif und dabei eher scheu – ein nur allzu williges Objekt für Marie Thérèses Herrschsucht. Aber sie wich kaum vom Krankenbett des Bruders und zeigte in diesen schweren Stunden überraschendes Mitgefühl und große Zärtlichkeit für den kleinen Patienten, der übrigens genau wußte, wie es um ihn stand, und mit rührender Unbeholfenheit versuchte, die Mutter und die Schwester zu trösten. Sie waren beide bei ihm, als er seinen letzten Atemzug tat.

Nach dem Tod des erstgeborenen männlichen Erben trat schlagartig der zweite Sohn in den Mittelpunkt des Interesses: Louis Charles, der bislang ein wenig beachtetes Dasein geführt hatte. Der Herzog von Normandie, zum Glück von allem Anfang an von robuster Gesundheit, avancierte zum Dauphin, somit zum Thronfolger, ein Ereignis, das nicht nur in der Verdopplung seines Hofstaates und seiner Einkünfte zum Ausdruck kam.

Er war ebenso hübsch, ebenso blond, ebenso blauäugig wie die um sieben Jahre ältere Marie Thérèse, der er mit geradezu hündischer Ergebenheit anhing. Sie war sein alles, sein Idol, und er wich beim Spielen nicht von ihrer Seite, was sie sich großmütig gefallen ließ. Jedes Geschenk wollte er augenblicklich an die Schwester weitergeben. Als ihm das verboten wurde, bestand er darauf – und er hatte, wie wir gleich sehen werden, äußerst eindrucksvolle Mittel, um seinen Willen durchzusetzen –, daß sie identische Gaben erhielt.

Marie Antoinettes Milchbruder, Joseph Weber aus Wien, notierte nach einem Besuch in Paris über den Prinzen: »Sein gutes Aussehen ist beeindruckend. Er hat die noblen, gütigen Züge seines Vaters und den wunderschönen Teint seiner Mutter.« Madame de Tourzel, welche die Oberaufsicht über die Erziehung der beiden Kinder führte, bemerkte: »Dieser junge Prinz drückte sich in allem, was er sagte, mit Charme und Grazie aus.«

Was diesen Punkt betrifft, war Louis' Mutter wesentlich objektiver: »Er war immer gesund, aber er ist sehr zartnervig, schon in der Wiege hat ihn der geringste Lärm irritiert ... Er neigt zu entsetzlichen Zor-

König Ludwig XVI.

nesausbrüchen, ist aber im Grunde ein gutes, anhängliches Kind . . . Er hält, was er verspricht, aber er ist indiskret; er plappert alles aus, was er gehört hat, und seine Phantasie geht manchmal mit ihm durch, wobei ich nicht ausdrücklich sagen will, daß er lügt . . . Er ist überhaupt nicht hochmütig, und ich hoffe, daß er diese Eigenschaft behält.«

»Seine Phantasie geht manchmal mit ihm durch . . .« – Worte von grauenvoller Prophetie. Hat sich Marie Antoinette daran erinnert, als sie vor dem Revolutionstribunal stand und sich mit den Auswüchsen dieser kindlichen Lügenwelt konfrontiert sah?

Als Louis am 16. Juni 1789 Dauphin wurde, war die Welt, zumindest in der Isolation des Versailler Schlosses, noch heil, und selbst der berühmte Sturm auf die Bastille vom 14. Juli desselben Jahres brachte noch keine Irritation in den festgefügten Tagesablauf der Kinder.

Das Kartenhaus der Illusionen stürzte am 5. Oktober 1789 für immer in sich zusammen. Es begann der unaufhaltsame Siegeszug der Revolution und der beispiellose Leidensweg des Königs und seiner engsten Familie: Marie Antoinette, Marie Thérèse, Louis und Madame Elisabeth, die junge Schwester des Königs; seine Brüder und deren Angehörige hingegen setzten sich rechtzeitig ins Ausland ab.

An diesem 5. Oktober zogen Tausende Frauen aus Paris zum Schloß Versailles. Unter trostlos grauem Himmel und bei strömendem Regen, die Röcke schützend über die Köpfe geschlagen, versammelten sie sich vor dem Palast und forderten Brot – das viele von ihnen gar nicht brauchten, weil sie nicht zu den hungernden Schichten des Volkes, sondern zum kämpferischen Vortrupp des Aufruhrs gehörten. Es war eine geschickt geplante Inszenierung, denn ursprünglich hatten die führenden Köpfe der Erhebung einen Massenaufmarsch von Frauen *und* Männern geplant; doch der listenreiche Herzog Louis Philippe von Orléans, ein Bourbone aus der Nebenlinie, der sich rechtzeitig auf die richtige Seite geschlagen hatte, regte an, die Weiber vorzuschicken: Man würde nicht wagen, auf sie zu schießen.

Der Plan ging auf. Angesichts der Schloßbelagerung wollte Marie Antoinette ihrem ersten Impuls folgen und mit Mann und Kindern das Weite suchen. »Ein König flieht nicht«, erwiderte Ludwig. Marie Antoinette geriet in Panik: »Dann lassen Sie schießen!« Die Antwort: »Sie scherzen, Madame. Man schießt nicht auf Frauen.«

Es wurde also nicht geschossen. Der König empfing vielmehr eine Abordnung der Frauen, versprach Erfüllung all ihrer Forderungen und trug ihnen höflich Kutschen zur Rückfahrt nach Paris an. Das Angebot wurde abgelehnt, aber die Frauen zogen sich geordnet zurück. Fürs erste herrschte Ruhe; die Königin brachte ihre verstörten Kinder selbst zu Bett.

Um fünf Uhr früh des 6. Oktober erschien Marie Antoinette, barfuß, mit wirrem Haar und eine Kerze in der Hand, im Zimmer ihrer Tochter. Sie riß das Kind aus dem Schlaf:»Schnell, schnell, aufstehen.« Eine Kammerfrau nahm das Mädchen hoch, wickelte es in einen Schal und folgte der Königin in ein höher gelegenes Stockwerk, wo sich bereits der König befand, der seinen Sohn aus dem Bett geholt hatte. Bebend lauschte die Familie wüstem Lärm aus den unteren Geschossen, wo ein wütender Pöbel Wachen und Diener niederrannte oder zusammenschlug, durch die Räume tobte und in sinnloser Raserei das noch warme Bett Marie Antoinettes mit Bajonetten durchstach.

Die schleunigst herbeigeholte Nationalgarde konnte die Eindringlinge aus dem Schloß vertreiben, nicht aber vom Hof des Palastes. Von dort erscholl alsbald in hart skandierenden Sprechchören ein tausendfaches »Tötet sie, tötet sie, tötet sie alle.« Und:»Wir wollen das Herz der Königin.«

Ratlos zusammengedrängt saß die Familie im ehemaligen Prunksalon Ludwigs XIV., und der kleine Dauphin wimmerte leise:»Mama, ich habe Hunger. Mama, ich habe Durst.« Niemand nahm von ihm Notiz. Neues Gebrüll aus dem Hof:»Her mit dem König.«»Nach Paris, nach Paris!«

Langsam stand Ludwig auf, ging auf den Balkon, von Pfiffen und Geschrei empfangen. Er hob die Hände, verschaffte sich Gehör. Mit einer Festigkeit, die man dem trägen Dickwanst nicht zugetraut hätte, erklärte er sich bereit, dem Ruf seines guten Volkes zu folgen und nach Paris zu gehen. Mit der Familie.

Jubel. Pfiffe. Geschrei.»Die Königin! Die Königin auf den Balkon!« Der König ging ins Gemach zurück, in der Tür erschien Marie Antoinette, noch immer im Morgenrock, beide Kinder an der Hand.

»Weg mit den Kindern!« heulte die Menge. Plötzlich richteten sich Gewehre auf die kleine Gruppe. Hastig führte Marie Antoinette die bitterlich weinenden Kinder in den Salon zurück. Sie stellte sich allein dem vieltausendköpfigen Ungeheuer zu ihren Füßen, ruhig, aufrecht, ohne ein Wort zu sagen. Das Toben verebbte allmählich, und dann in die Stille ein schriller Schrei: »Es lebe die Königin«, von der Menge hysterisch aufgegriffen. »Es lebe die Königin. Nach Paris, nach Paris.« Weiß wie die Wand kehrte Marie Antoinette zu den Ihren zurück. Sie drückte die Kinder an sich und murmelte: »Wir sind verloren.«

Kurz vor zwei Uhr nachmittag – die Kinder hatten noch immer keinen Bissen gegessen, keinen Tropfen getrunken – bestieg die Familie eine Kutsche, um, von der Nationalgarde geleitet, den Weg nach Paris anzutreten.

Die Höllenfahrt durch ein dichtes Menschenspalier dauerte sieben Stunden. Sprechchöre: »An die Laternen mit ihnen«, und Gegenchöre: »Es lebe der König, es lebe die Königin.« Der vierjährige Dauphin saß auf dem Schoß seiner Mutter. Er weinte vor Hunger und vor Erschöpfung, bis er endlich einschlief. Die elfjährige Marie Thérèse saß, starr vor Angst, kerzengerade neben der Mutter.

Das Dunkel der Nacht hatte sich längst über die Stadt gesenkt, als der traurige Zug die Tuilerien, das alte Stadtschloß der Könige, erreichte. Das Hauptgebäude war seit 1665 praktisch nicht mehr bewohnt, die Seitenflügel waren vermietet worden. Der alte Palast war in desolatem Zustand, es gab so gut wie keine Möbel. »Hier ist es scheußlich, hier gefällt es mir nicht«, maulte der Dauphin. Seine Mutter wies ihn zurecht: »Wenn es für den König gut genug ist, wird es auch für dich gut genug sein.«

Überraschenderweise begann sich das Leben bereits nach wenigen Wochen einigermaßen zu normalisieren, in neu geregelten Bahnen zu verlaufen. Man brachte Möbel, Teppiche, Bilder aus Versailles. Das alte Gemäuer wurde wohnlich, mit einem Hauch vom einstigen Komfort. Es gab weniger Dienstboten, weniger Etikette, dafür ein fast bürgerliches Familienleben in vorher nie gekannter Intimität. Marie Thérèse wurde wie eine Erwachsene behandelt, sie durfte mit Papa, Mama und Tante Elisabeth an allen Mahlzeiten teilnehmen, wurde in Gespräche, Überlegungen und Sorgen der Großen mit einbezogen. Die Kinder erhielten Schulunterricht, beide Eltern überwachten abwechselnd die Hausaufgaben.

Schließlich wagte man wieder Ausfahrten. Der König fuhr zu seinen Besitzungen im Umkreis der Stadt, aber auf die Jagd ging er nicht mehr. Marie Antoinette und Marie Thérèse besuchten Theater, gingen in Manufakturen und Krankenhäuser, unterhielten sich mit den Leuten, wurden freundlich aufgenommen. »Die Menschen sind eigentlich sehr nett, man muß nur zu ihnen kommen«, stellte Marie Antoinette erleichtert fest.

Trügerische Ruhe! Nachdem der König 1790 den Eid auf die neue Verfassung verweigert hatte, vor allem weil sie vorsah, die Kirche der Staatsgewalt zu unterwerfen; nachdem die Radikalen unter den Revolutionären immer mehr an Einfluß gewannen; nachdem der überwiegende Teil des Adels und der königlichen Gefolgschaft das Land verlassen hatte, gerieten Ludwig und die Seinen in immer größere Isolation, eskalierten die Feindseligkeiten gegen die Herrscherfamilie.

Im April 1791 – der gemäßigte Revolutionsführer Honoré Mirabeau war Anfang des Monats aus dem Leben geschieden – erhielt die Familie plötzlich den Befehl, sich in ihr übliches Sommerquartier nach Saint-Cloud zu begeben. Gehorsam bestiegen die fünf Menschen die bereitgestellten Kutschen – sie wurden augenblicklich von einer aufgebrachten Menschenmenge umstellt. »Sie dürfen nicht fliehen! Halt! Sie müssen hierbleiben!«

Marie Antoinette und ihr kleiner Junge weinten. Der König saß eine Weile stumm und ratlos, letztlich entschloß er sich auszusteigen. Marie Thérèse folgte ihm, starr geradeaus blickend, auf dem Fuß, dann Marie Antoinette, das noch immer plärrende Kind an der Hand, und die Schwester des Königs, Madame Elisabeth. Sie gingen alle ins Schloß zurück, und sie wußten, daß sie nun endgültig in der Falle saßen.

Am 20. Juni 1791 begann das gleichermaßen tollkühne wie dilettantische Unternehmen, das unter der Bezeichnung »Flucht nach Varennes« in die Geschichte eingegangen ist. Der schwedische Diplomat, Baron Axel Fersen, ein Freund der Familie, ein glühender Verehrer der Königin, hatte es vorbereitet, und in der ersten Phase verlief alles planmäßig.

Marie Antoinette sollte, mit falschen Pässen und Reisepapieren versehen, als russische Baronin von Korff in Begleitung ihrer beiden Töchter, ihres Dieners (das war der verkleidete König) und ihrer Kammerfrauen (Madame Elisabeth und Madame de Tourzel, die Erzieherin) in die Heimat reisen.

Den Dauphin hatte man als Mädchen kostümiert und ihm eingeredet, es ginge zu einem lustigen Maskenball. Der Junge war begeistert. Madame de Tourzel und die Kinder schlichen nach 10 Uhr abends durch eine Seitenpforte der Tuilerien auf die Straße, wo eine Kutsche bereitstand. Zwei lange, bange Stunden mußte sie warten, ehe um Mitternacht Madame Elisabeth, dreißig Minuten später der König und endlich, endlich Marie Antoinette zu ihnen stießen. Die Königin trug ein elegantes graues Reisekleid, ein schwarzes Hütchen mit Schleier und einen koketten Spazierstock.

Am Stadtrand erwartete die Familie eine große Reisekutsche, eine sogenannte Berline, törichterweise vollgeladen mit schwerem und umfangreichem Gepäck, wodurch die Fahrtgeschwindigkeit erheblich vermindert wurde.

Die Reise ging ungehindert über menschenleere Straßen, und am Morgen gab es am Wegesrand ein ausgiebiges Picknick, Brot, Fleisch und Wein; man aß mit den Händen, ohne Messer und Gabel – welch ein Spaß! Gemütliche Unterhaltungen beim Pferdewechsel – das einzig wirkliche Auffällige an den Reisenden war eigentlich nur, daß Monsieur Durand, der Kammerdiener (Seine Majestät höchstpersönlich), enorme Trinkgelder gab. Zweimal mußte für Reparaturen angehalten werden – und so läpperte sich eine Verspätung von mehr als vier Stunden zusammen: Die Truppe, welche die königliche Gesellschaft in der Nähe von Châlons erwartete, um deren militärische Bedeckung zu übernehmen, glaubte die Flucht gescheitert und zog sich zurück.

Nichtsahnend fuhr »Baronin Korff« samt Kindern und Personal am Abend des 21. Juni um acht Uhr in das Dörfchen Sainte-Ménehould, der junge Postmeister Jean Baptiste Drouet wechselte bereitwillig die Pferde. Die Pässe der Kutscheninsassen ließ er sich – vorschriftswidrig – nicht zeigen.

Kaum war die Gesellschaft in Richtung Varennes abgefahren, trafen Eilboten aus Paris ein und berichteten atemlos, der König sei samt Familie geflohen. Ob in letzter Zeit Fremde durch den Ort gekommen wären?

Drouet – der sich später, und zwar lebenslang, als Retter des Vaterlandes feiern ließ – begriff sofort, daß er einen kapitalen Fehler gemacht hatte. Er nahm ein frisches Pferd, überholte die Kutsche und traf noch vor ihr in Varennes ein, wo er Alarm schlug.

Die Sturmglocken läuteten bereits, als die Flüchtlinge eintrafen. Die Berline wurde angehalten, ein Mann trat ans Fenster und leuchtete der

Königin mit einer Lampe direkt ins Gesicht. »Wohin geht die Reise?« fragte der Mann. »Nach Frankfurt, machen Sie schnell, wir sind in Eile«, sagte Marie Antoinette nervös.

Die Gendarmen von Varennes waren sich noch keineswegs vollkommen sicher über die Identität der Passagiere. Die Männer baten um Entschuldigung, man müsse die Pässe genau überprüfen, die Herrschaften mögen es sich, bitteschön, in einem nahegelegenen Krämerladen inzwischen bequem machen.

Man führte die Familie in den ersten Stock, ein Imbiß wurde serviert. Die Frau des Krämers stellte für die Kinder ein Bett bereit. Sie wurden niedergelegt und schliefen augenblicklich ein.

Und nun der Auftritt des Dorfrichters Destez, der als erster den König einwandfrei erkannte. Er vollführte einen linkischen Kratzfuß und sagte laut und deutlich: »Guten Abend, Sire.«

Gelassen antwortete Ludwig: »Also gut, ich bin euer König.«

Die Nacht über Gebrüll vor den Fenstern: »Nach Paris, nach Paris!«

Die Kinder schliefen, die Erwachsenen saßen schweigend auf ihren Stühlen.

Um sieben Uhr früh kamen Abgesandte aus Paris auf schweißnassen Pferden angehetzt und überreichten Ludwig den Verhaftungsbefehl. Nachdem er das Schreiben sorgfältig durchgelesen hatte, sagte er: »Es gibt keinen König mehr«, und legte es auf das Bett der Kinder.

Marie Antoinette riß das Papier an sich, schleuderte es auf den Boden: »Ich will nicht, daß meine Kinder besudelt werden«, schrie sie wild.

Der Lärm weckte die Kinder nicht aus ihrem tiefen Schlaf. Sie erwachten auch nicht, als die greise Großmutter des Krämers niederkniete und ihnen inbrünstig die Hände küßte. Man mußte sie mehrmals kräftig rütteln, ehe sie emportaumelten und sich zur wartenden Berline geleiten ließen. Nichts zu essen, nichts zu trinken.

Die Rückfahrt: ein nicht endenwollender Spießrutenlauf, ein nicht endenwollender Alptraum.

In sengender Hitze, auf staubigen Straßen durch dichte Reihen von Gaffern und Gegnern, grobe Flüche, drohend erhobene Fäuste. Die Fenster der Berline durften »aus Sicherheitsgründen« nicht geschlossen werden. Die Gefangenen schwitzten und schluchzten, Schweiß und Tränen gruben tiefe Furchen in die bestäubten Gesichter.

Gegen Abend trugen betrunkene Männer die Leiche eines soeben ermordeten Aristokraten im Triumph vorbei und rissen zotige Witze. Die Frauen und die Kinder waren dem Zusammenbrechen nahe, aber man gestattete ihnen nicht, auszusteigen und auszuruhen.

Erst um Mitternacht wurde in Châlons haltgemacht. Vorbei am Triumphbogen, der – es war Ewigkeiten her! – beim Einzug Marie Antoinettes als junge Braut aufgerichtet worden war. Die Inschrift »Möge unsere Liebe ewig währen« war noch gut lesbar.

Um zwei Uhr nachts die erste karge Mahlzeit seit fast dreißig Stunden. Bereits um neun Uhr morgens wurde wieder geweckt. Der König bestand darauf, mit seiner Familie die Messe zu besuchen. Steine flogen durch die Fenster, krachten auf den Kirchenboden.

Der Passionsweg ging weiter. Trotz starker Eskorte gelang es rasenden Männern und kreischenden Frauen immer wieder, bis zur Berline vorzudringen. Ein Mann sprang aufs Trittbrett, ohrfeigte den König, riß der Königin das Kleid in Fetzen.

Die meisten Attacken richteten sich gegen Marie Antoinette, »die Hure«, »die Verräterin«, »das Ausländerschwein«. Die Königin nahm den Dauphin auf den Arm, zeigte ihn der Menge, wohl in der Hoffnung, deren Wut zu dämmen. Hohngelächter: »Pfui – jeder weiß, daß der Bastard nicht von deinem Alten ist.«

Das Los der Gefangenen wurde ein wenig leichter, als zwei Abgesandte der Nationalversammlung zu ihnen stießen. Einer quetschte sich zwischen den König und die Königin, die den Dauphin auf dem Schoß hielt, der andere zwischen Madame Elisabeth und Madame de Tourzel, die Marie Thérèse auf die Knie nahm.

Der Sechsjährige, gelabt und ausgeschlafen und voll kindlichem Tatendrang, rutschte auf den Kutschenboden, krabbelte unter die Beine der Sitzenden, klemmte sich zwischen die Knie eines der Bewacher, und der strich ihm instinktiv über den blonden Kopf. »Geh da weg«, pfauchte seine Mutter, aber Louis lachte nur, kletterte dem Mann auf den Schoß und bewunderte die blanken Kupferknöpfe an dessen Gehrock. Er nahm einen davon zwischen die Finger. Da stand etwas darauf geschrieben. Stolz zeigte der Junge seine Lesekünste: »In . . . Freiheit . . . le-ben . . . o-der . . . ster-ben.« Totenstille. Niemand lobte ihn.

Hatten sie einander vorerst nur feindselig angestarrt, die »Bourbonenschweine« und die »Revolutionsmonster«, begann sich die Stimmung allmählich zu entkrampfen, nachdem der König einen silbernen Pokal aus einem Futteral geholt und der kleine Junge sein »Pipi« darin placiert hatte – natürlich auch ein bißchen daneben. Menschen wie du und ich? Menschen wie du und ich! Einer der Bewacher lächelte die vierundzwanzigjährige Madame Elisabeth verstohlen an – und sie lächelte verstohlen zurück.

Einzug in Paris durch schweigende Massen, die gerade soviel Platz ließen, daß sich die Berline ihren Weg zu den Tuilerien bahnen konnte. Grauen Gespenstern gleich taumelten die Gefangenen aus dem Wagen. Zuerst der König, dann die Königin – in zwei Tagen merkbar gealtert – und schließlich die Kinder und Madame Elisabeth. Als der Dauphin ausstieg, erhob sich eine einzelne dünne Stimme: »Da kommt die Hoffnung Frankreichs. Hoch der Dauphin.«

Man legte die Kinder sofort schlafen. Doch mitten in der Nacht kam Louis schreiend zu seiner Mutter gerannt: »Da waren lauter Tiger und Wölfe und wilde Tiere. Die wollten mich zerreißen . . .«

Sie waren Gefangene, und sie blieben es – keine Minute ohne Bewachung. Beim Essen, beim Schlafen, beim Spaziergang im Garten und sogar auf jenem Weg, den sprichwörtlich ein König allein und zu Fuß geht – immer war ein mißtrauisch äugender Nationalgardist zur Stelle. Konnte man sich an derartige Beschränkungen und Belästigungen gewöhnen? Man konnte es offenbar. Die Kindern lernten und spielten, der König saß in seinem Arbeitszimmer und studierte Akten, am Abend versammelten sich die Erwachsenen manchmal um den Billardtisch.

Überaus intensiv beschäftigte sich der König mit seinem Sohn und versuchte ihn – den Kopf offenbar noch immer voller Hirngespinste – über seine Rechte, vor allem aber seine Pflichten als zukünftiger Herrscher aufzuklären.

Die Vorträge über Staats- und Königsrecht mögen den Knaben eher gelangweilt haben, aber er beschäftigte sich freudig und mit großem Eifer mit den Kaninchen im Garten, für die der Vater einen Stall gebastelt hatte. Eines Tages drückte der Kleine eines der Tiere mit solcher Heftigkeit an sich, daß es ihn, zu Tode erschrocken, in die linke Wange biß. Zurück blieb eine kleine, scharf umrissene Narbe. Diese Narbe wird im späteren Verlauf der Ereignisse noch eine bedeutende Rolle spielen.

Louis war, wir wissen es, seiner Schwester von Herzen zugetan, aber ebenso dem Vater und vor allem der Mutter. Die klagte einmal darüber, daß der Junge noch immer nur stockend lesen konnte; worauf er freiwillig sein tägliches Lesepensum verdoppelte und binnen sechs Wochen der erstaunten und beglückten Mama fehlerfrei die schwierigsten Texte vorlas.

»Wenn ich traurig bin, nehme ich meinen kleinen Sohn in die Arme, herze und küsse ihn, und ich bin für den Augenblick erleichtert«, schrieb Marie Antoinette ihrem alten Freund Axel Fersen.

Kleine Lichtblicke im trüben Alltag, der den Eingeschlossenen in zunehmendem Maße zu schaffen machte. Gab es gar keinen Ausweg?

Plötzlich ein leiser Hoffnungsschimmer: Dem König und seiner Familie wurde die unumschränkte Freiheit versprochen, falls Ludwig sich bereit erklärte, den Eid auf die neue Verfassung abzulegen.

Nach langen Debatten mit seinen Angehörigen und schweren inneren Kämpfen stimmte Ludwig zu. Und so mußten Marie Antoinette und die beiden Kinder am 14. Dezember 1791 der demütigenden Szene beiwohnen, wie ihr Gatte und Vater barhäuptig vor der Nationalversammlung niederkniete und den Eid leistete. Alle übrigen Anwesenden behielten – was noch zwei Jahre zuvor eine Majestätsbeleidigung ersten Ranges gewesen wäre – die Köpfe bedeckt.

Das Opfer war vergeblich. Keine Spur von Erleichterung. Im Gegenteil: Das von Hungersnöten, einer schweren Wirtschaftskrise und ständigen Fraktionskämpfen zwischen den einzelnen Gruppen der Revolutionäre an den Rand des Abgrunds gedrängte Frankreich suchte sein Heil und Ablenkung der unzufriedenen Massen in einem Krieg gegen Österreich. Die Volkswut fand endlich wieder ein Ventil: Schuld an allem war natürlich der König, Hauptverbrecherin aber zweifellos die Königin, die Österreicherin, die ganz bestimmt mit dem Feind im Bunde und gewiß nur allzu bereit wäre, ihm in die Hände zu spielen. Neue Haßorgien machten sich in wüsten Pamphleten Luft, und am 20. Juni 1792 stürmte der Pöbel die Tuilerien. Die Wachen wichen widerstandslos, der Königin gelang es, ihrer beiden Kinder habhaft zu werden und sich mit ihnen hinter einer getarnten Tür in einem Seitenflur zu verstecken, während es von draußen drohend tönte: »Holt sie, holt sie tot oder lebendig.«

Ehe es zum Letzten kam, war der Pariser Bürgermeister mit Nationalgardisten zur Stelle. Der physischen Bedrohung wurde Einhalt geboten, der psychische Terror fortgesetzt. Man trieb die Familie im großen Sitzungssaal zusammen, setzte sie auf Stühle, und die Meute zog, wüste Beschimpfungen ausstoßend, an ihnen vorbei.

Eine Frau kreischte die Königin an: »Luder, dreckiges Luder.« – »Was habe ich Ihnen getan?« fragte die Königin. Als Antwort spie ihr das Weib ins Gesicht.

Höhepunkt und Schluß des absurden Theaters: »Krönung« des Königs, der Königin und des Dauphins mit roten Jakobinermützen.

Am Abend war der Spuk vorbei. Marie Antoinette, die den ganzen Tag über Haltung bewahrt hatte, begann haltlos zu schluchzen: »Nächstes Mal bringen sie mich um. Was wird aus meinen armen Kindern?«

Das nächste Mal kam am 9. August. Als sich neuerlich wilde Haufen, anscheinend zum Äußersten entschlossen, vor den Tuilerien zusammenrotteten, entschied der König, sich und seine Familie direkt unter den Schutz der Nationalversammlung zu stellen und die Tuilerien zu räumen. Von Nationalgardisten eskortiert, verließ die Familie das Schloß. Zuerst der König, dann die Königin, den Dauphin an der Hand, zum Schluß Madame Elisabeth, den Arm fürsorglich um die Schulter von Marie Thérèse gelegt. Auf dem kurzen Weg durch den Garten riß sich Louis von seiner Mutter los und rannte jauchzend durch die Haufen welker Blätter, die Gärtner zusammengekehrt hatten.

Nach Abzug der Bourbonen ließ man dem Pöbel freien Lauf. Das Gebäude wurde gestürmt, geplündert und jeder Mann, jede Frau, jedes Kind lustvoll niedergemetzelt: Köche und Stallburschen, Zimmermädchen und Putzfrauen, Läufer und minderjährige Küchenhelfer – lauter kleine Leute, für die und in deren Namen die Revolution ausgerufen worden war ...

Nach einer Zwischenstation in einem Hinterzimmer der Nationalversammlung wurde die Familie in den »Temple« überstellt. Dies war ein vom streitbaren Templerorden im 12. Jahrhundert erbautes, längst anachronistisch gewordenes Bollwerk im Herzen der Stadt, mit einem Hauptturm, vier Seitentürmen und bis zu drei Meter dicken Mauern. Ludwigs Bruder, der Graf von Artois, war der letzte Besitzer gewesen, ehe er vor der Revolution nach England floh. Marie Antoinette hatte sich immer schon – vorahnend? – vor der bedrohlichen Festung gefürchtet und ihren Schwager wiederholt vergeblich gebeten, diese schleifen zu lassen und durch ein moderneres, freundlicheres Gebäude zu ersetzen.

Man brachte die Familie zunächst in der hastig freigemachten Wohnung des Archivars Barthélémy unter, um in der Zwischenzeit den Hauptturm des Temple in das zu verwandeln, was man heute als Hochsicherheitsgefängnis bezeichnen würde.

Die Arbeiten wurden von einem besonders zuverlässigen Revolutionär geleitet und beaufsichtigt, einem ehemaligen Schuster. Sein Name war Antoine Simon.

Die Bäume rund um den Temple wurden gefällt, das an die Festung angrenzende Wirrwarr alter, verwinkelter Gebäude abgerissen, Gräben gezogen, Eisengitter aufgerichtet. Paradoxie am Rande: Die Gemächer für die Familie hat man fürstlich ausgestattet, mit Seidentapeten und Samtvorhängen, mit Damastfauteuils, Teppichen, intarsierten Kommoden und zierlichen Uhren. Auch das Essen war – zumindest am Anfang – noch durchaus standesgemäß, zum Beispiel mit frischem Lachs aus der Seine (!).

Den Kindern zuliebe hielten die Erwachsenen die Fiktion eines geregelten Alltags aufrecht. Sie gaben ihnen sogar weiterhin Unterricht – ohne Lehrbehelfe. Der König zeichnete aus dem Gedächtnis Landkarten, und manchmal las er den Kindern vor. Zum Beispiel aus dem Herzstück der Revolution, der »Deklaration der Menschenrechte«. Und er seufzte: »Wie schön, wenn es Wirklichkeit würde.«

Die Wirklichkeit sah noch viel schlimmer aus, als er ahnen konnte. Ab Mitte August 1792 hatte das sogenannte »Terrorregime« begonnen, die gnadenlose Jagd auf Aristokraten – und bereits auch auf die maßvollen unter den Revolutionären. Köpfe fielen wie das reife Korn unter der Hand des Schnitters, 2 000 innerhalb von vier Wochen – und das allein nur in Paris.

Eines Tages schleppten besoffene Jakobiner den Rumpf und den auf ein Bajonett gespießten Kopf einer jungen Frau unter den Fenstern des Temple vorbei; der König wurde gezwungen, hinunterzusehen. Es war der geschundene Leib der Prinzessin von Lamballe, einer Freundin der Königin. Sie war zu Beginn der Revolution im sicheren Ausland gewesen, aber schleunig heimgekehrt, um ihrer Herrin in der Not beizustehen. Man hatte sie auf offener Straße überfallen, den Schädel mit einer Axt gespalten, den Körper bis zum Brustbein aufgeschnitten, die

Schamhaare samt der Haut abgefetzt, und ein Jakobiner hatte sich einen Schnurrbart daraus gefertigt.

Am 25. Oktober war der König an der Reihe. Er wurde – zu einem Verhör, wie es hieß – abgeholt, aber er kehrte nie mehr zu den Seinen zurück. Während die Frauen und die Kinder im dritten Stockwerk verblieben, wurde der Mann in der darunterliegenden Etage in Gewahrsam gehalten, rund um die Uhr von sechs der zuverlässigsten Jakobiner bewacht. Einer von ihnen war Antoine Simon.

Die Farce eines sogenannten Hochverratsprozesses begann am 11. Dezember. Es war dem Angeklagten von Anfang an klar, daß seine Lage hoffnungslos war, obwohl, was er natürlich niemals erfahren hat, die meisten der Bürger ihm nicht den Tod an den Hals wünschten. Unter den Tausenden Briefen, die während des Prozesses im Nationalkonvent – so die neue Bezeichnung der Nationalversammlung – eintrafen, plädierten nur ein paar Dutzend für die Todesstrafe. Das Urteil fiel dementsprechend knapp aus: 361 gegen 360 Stimmen für die Hinrichtung. Man kann sich ausmalen, wie das Verdikt gelautet hätte, wären die Delegierten nicht gezwungen gewesen, ihr Votum öffentlich und namentlich abzugeben.

Am Abend des 20. Januar 1793, einem Sonntag, schrien die Pariser Zeitungsjungen die Schlagzeilen hinaus:»Nationalkonvent beschließt Todesstrafe für Louis Capet [so wurden die Bourbonen nach ihrem ursprünglichen Familiennamen in der Revolutionszeit genannt]. Hinrichtung innerhalb der nächsten 24 Stunden.«

Ein Junge brüllte besonders laut – und zwar so nahe wie nur irgend möglich an Marie Antoinettes Fenster. Heute wissen wir, daß ein Mitglied des Nationalkonvents, ein gewisser Toulan, die von jeder Information abgeschnittene Königin solcherart mit den letzten Neuigkeiten versorgte.

Noch am selben Abend, ab halb neun Uhr, durfte Ludwig von seiner Familie Abschied nehmen. Als erste erschien Marie Antoinette, den Dauphin an der Hand, dahinter Madame Royale und Madame Elisabeth. Eine nach der anderen warf sich stumm in die Arme des Königs. Zeuge dieser Szene war Abbé Edgeworth de Firmont, der Beichtvater des Monarchen, der ihn auch am nächsten Tag auf seinem letzten Gang begleiten sollte. Er hielt fest:»Keine Feder kann diese herzzerreißende Szene schildern. Während der ersten halben Stunde wurde kein Wort gesprochen. Es gab keine Tränen, keine Seufzer, nur so entsetzliche Schreie, daß man sie außerhalb des Turmes hören mußte. Der König, die Königin, Madame Elisabeth, der Dauphin und Madame Royale klagten alle zugleich, so daß sich ihre Stimmen vermischten. Dann flossen die Tränen, weil man sie nicht mehr zurückhalten konnte; man sprach mit leiser Stimme und einigermaßen ruhig . . .«

Gegen Ende des auf zweieinhalb Stunden begrenzten letzten Beisammenseins zog Ludwig seinen Sohn an sich und sagte ernst:»Versprechen Sie mir, daß Sie nie versuchen werden, meinen Tod zu rächen.« Als das Kind stumm blieb, nahm er den Knaben fest in die Arme und fuhr eindringlich fort:»Sie haben verstanden, was ich Ihnen gesagt habe? Heben Sie die Hand und schwören Sie, daß Sie den Letzten Willen Ihres Vaters erfüllen werden.« Das Kind gehorchte unter Tränen. Von seiner Tochter verlangte der König keine derartige Eidesformel . . . Gegen Mitternacht wurden die Frauen und die Kinder zurück in ihre Gemächer gebracht. Im Treppenhaus warf sich Louis vor einem der Wachsoldaten auf die Knie und flehte ihn an:»Bitte, helfen Sie mir, Monsieur, daß mein Vater nicht getötet wird.« Der Soldat reagierte nicht, Marie Antoinette zog das Kind hastig weiter.

Während der König in dieser Nach fest und ruhig schlief, saßen seine Angehörigen frierend und betend wach.

Am 21. Januar 1793 um halb elf Uhr erschütterten Kanonenschüsse, Gewehrsalven, Trommelwirbel und Freudenschreie Abertausender Menschen die Stadt:»Es lebe die Nation. Es lebe die Republik!«

Marie Antoinette rührte sich nicht, Louis begann zu weinen und Marie Thérèse zu schreien, und sie konnte nicht damit aufhören. Bis sich ihre Mutter jäh erhob, zu ihrem Sohn ging, vor ihm niederkniete und die uralte mystische Formel sprach:»Der König ist tot, es lebe der König.«

Die Leiden des jungen Königs

Was eine gestürzte Königin tut, die nach dem gewaltsamen Tod ihres Mannes noch unter Schock steht – das ist eine Sache. Auf einem anderen Blatt steht die Reaktion der Weltöffentlichkeit und der großen Politik, und die fiel eindeutig aus. Unmittelbar nach der Hinrichtung Ludwigs XVI. anerkannten die meisten europäischen Staaten und, selbstverständlich, sämtliche emigrierten Royalisten Marie Antoinettes Sohn als König Ludwig XVII. Auch die Vereinigten Staaten von Nordamerika, die von Ludwig XVI. tatkräftig im Unabhängigkeitskrieg gegen England unterstützt worden waren, zögerten keinen Augenblick, die Rechte des neuen Souveräns durch diplomatische Noten zu bestätigen.

Der Nationalkonvent befand sich nun in einem schweren Zwiespalt: Einerseits war die Angst berechtigt, daß der achtjährige König für die ohnehin heillos zersplitterte Revolution gefährlich werden könnte, andererseits stellte dieser Knabe eine wertvolle Geisel dar, womöglich eine Trumpfkarte im wechselnden Kriegsglück gegen Österreich, gegen das bourbonische Spanien und gegen England, das sich der antifranzösischen Allianz angeschlossen hatte.

Die Angst vor der konterrevolutionären Symbolfigur überwog allerdings deutlich, wie in einem mit »Réal« gezeichneten Artikel im »Journal de Perlet« vom 28. Januar 1793 nachzulesen ist: »Ein verbrecherischer König kann nicht auf den Thron zurückkehren. Aber sein Sohn, dieses bemerkenswerte Kind, unterschätzen Sie ihn nicht. Glaubt mir, das ist ein Faustpfand, das sorgfältig gehütet werden muß. Halten Sie ihn fest, denn wenn er entkommt, werden sich die Massen um ihn scharen. Ich sage nur ein Wort: Karl I. [König von England] starb auf dem Schafott – aber sein Sohn bestieg den Thron!«

Heftigste Diskussionen auch im Konvent und in den einzelnen Klubs. Die einen sagten, man solle den »kleinen Affen« auf eine einsame Insel verbannen, andere argumentierten, man müsse »die ganze Brut mit Stumpf und Stiel ausrotten«. Auch die Idee, Louis eine »Erziehung [zu] geben, daß er seine Familie vergißt«, wurde zur Sprache gebracht.

Wörtlich überliefert ist die Debatte in einem Ausschuß des Konvents, bei der Antoine Simon den Vorsitz führte. Simon: »Was soll also jetzt mit dem jungen Wolf geschehen? Soll er deportiert werden?« Einstimmiges Nein. Simon: »Soll man ihn vergiften?« Wieder allgemeine Ablehnung. Simon: »Was also dann?« Langes Schweigen. Dann meinte einer: »Man muß ihn sich vom Halse schaffen.« Worauf niemand mehr etwas sagte.

Am Abend des 3. Juli 1793, Marie Antoinette hatte eben die Kinder zu Bett gebracht, stürmten fünf Männer ins Zimmer und überreichten

Der Dauphin Louis

kommentarlos ein Dekret des Konvents, wonach ihr Sohn von ihr getrennt werden müßte.

Die Königin verlegte sich zunächst aufs Verhandeln. Das Kind sei seit Anfang Mai schwer krank. Es hätte einen Oberschenkelabszeß, fieberte wochenlang, würde zweimal täglich von Dr. Thierry, dem Gefängnisarzt, besucht. Die Behandlung mit verschiedenen Kräutern und eine Molke-Trinkkur hätten nicht recht angeschlagen; das Kind sei noch immer marod, seine bislang so robuste Gesundheit ernstlich gefährdet. Der König bedürfte weiterhin sorgsamster Pflege.

Sie redete gegen eine Mauer des Schweigens, und das versetzte sie in Rage. Sie begann zu schreien: nie im Leben werde sie ihr Kind hergeben, lieber wolle sie sterben. Der Junge kletterte aus dem Bett, klammerte sich an seine Mutter und hob lauthals zu jammern an. Die Abgesandten des Konvents äußerten sich noch immer nicht, doch kamen noch etliche Wachsoldaten hinzu, so daß das Zimmer schließlich ganz voll und die Übermacht eindeutig war. Wenn sie das Kind nicht freiwillig herausgebe, dann werde man es sich eben mit Gewalt holen, wurde Marie Antoinette bedeutet. Sie resignierte. Schweigend zog sie Louis an, der nur noch leise wimmerte. Der Knabe ging zu seiner Mutter, zu seiner Tante, seiner Schwester; er gab jeder die Hand und einen Kuß. Dann ließ er sich abführen.

Man brachte den König, den sie von da an Charles – nach seinem zweiten Vornamen – nannten, ins zweite Stockwerk, wo sein Vater gewohnt hatte, direkt unter dem Gefängnis seiner Mutter.

Dort erwarteten ihn bereits Antoine Simon und dessen Frau Marie Jeanne, eine ehemalige Kellnerin. Simon war siebenundfünfzig, seine Frau vierundvierzig Jahre alt. In seinem ursprünglichen Beruf scheint er erfolglos gewesen zu sein; das Einkommen erreichte nicht einmal die Steuergrenze. Als »Erzieher des Charles Capet« verdiente er 6 000 Livres jährlich, nebst freier Kost und Station. Er kam aus einem elenden Vorstadtviertel und lebte jetzt in den prächtig ausgestatteten Gemächern eines Königs, ließ aber noch zusätzliche Möbel nach seinem und Marie Jeannes Geschmack aufstellen. Die Rechnung, die der Konvent bezahlte, betrug 1 600 Livres.

Antoine Simon war ein schmallippiger, spitznasiger Mann mit kleinen, harten Augen. Zu Beginn der Revolution wurde er als Abgeordneter seines Bezirkes in den Generalrat delegiert und nahm dann die Position eines hohen Gemeindebeamten ein. Er war ein untadeliger, zuverlässiger und fanatischer Revolutionär; darum wurde Louis seiner Obhut anvertraut.

Als der Junge mit dem Paar allein war, hob er wieder gottsjämmerlich zu schreien an, und das fast pausenlos durch zwei volle Tage – so ohrenbetäubend, daß es selbst durch die dicken Mauern des Temple bis in die Wohnung seiner Mutter drang. Weder Marie Thérèse noch Madame Elisabeth vermochten Marie Antoinette zu beruhigen, auch dann nicht, als es im unteren Stockwerk endlich still wurde.

Es war das Verdienst der Marie Jeanne Simon, der es mit der Zeit gelang, den kleinen Gefangenen zu besänftigen. Sie gab dem Jungen den Kosenamen »Charlot«, sie befolgte peinlichst die Anweisungen des Gefängnisarztes, der noch immer täglich kam, um seinen langsam genesenden Patienten zu betreuen.

Ihre Idee war es, einen Käfig mit Tauben und anderen Vögeln aufstellen zu lassen. Gemeinsam mit »Charlot« pflegte sie die Tiere. Auch Topfpflanzen wurden herbeigeschafft, aber die gingen mangels Licht und Luft bald ein.

Vier Mitglieder des Magistrats führten wenige Tage später eine Kontrolle durch. Sie fanden die Bürgerin Simon und »Charlot« friedlich beim Damespiel. Um so größer die Überraschung, als der Knabe unvermittelt aufsprang und mit lauter heller Stimme fragte, nach welchem Gesetz er von seiner Mutter getrennt worden sei. Der kleine König hatte die Deklaration der Menschenrechte wohl noch gut im Kopf. Die Besucher waren anderer Meinung. Sie fanden Charles Capet einfach aufsässig.

Nun nahm Simon die Sache persönlich und nachdrücklich in die Hand. Zunächst wurde der Knabe wie ein ordentlicher Sansculotte eingekleidet, mit der obligaten blutroten Jakobinermütze, versteht sich. Man lehrte ihn die Grundbegriffe der Revolution, man belehrte ihn über die Verbrechen seines Vaters, man lehrte ihn, die Revolutionslieder zu singen, und man lehrte ihn die Sprache der Revolution. Nicht zu vergessen die eindrucksvollen Flüche der Kutscher, die Zoten der Zuhälter und der Huren – das ganze Vokabular der Gosse.

An der Kriegsfront wurde die Lage der Franzosen inzwischen immer prekärer. Engländer und Österreicher standen kurz vor der Vereinigung, Spanier drangen tief ins Landesinnere ein. Druck von außen ließ die Kräfte des Terrors im Inneren eskalieren. Der berüchtigte Maximilien Robespierre, Chef der Revolutionsregierung, mußte ein neues, ein wirklich prominentes Opfer finden, an dem sich die Aggressionen des Mobs austoben konnten.

Das öffentliche Opfer hieß Marie Antoinette, das heimliche Opfer wurde König Ludwig XVII. Was an seiner kindlichen Seele bislang unbeschädigt geblieben sein mochte, wurde nun durch ein satanisch-sadistisches Intrigenspiel für immer zerstört.

Es begann mit einer harmlosen Unart: der Junge war zweimal beim Onanieren erwischt worden. Er wurde gerügt. Und von da an erschien täglich ein Abgesandter des Konvents und klärte ihn darüber auf, was ihm passieren werde, wenn er nicht brav und folgsam sei. In allen Einzelheiten wurde ihm geschildert, wie es bei einer Guillotinierung zuginge – das Schicksal, das allen schlimmen Buben unweigerlich drohte. Als einmal im Vorraum Möbel gerückt wurden, stürzte Louis angstvoll in Madame Simons Arme und fragte, ob es nun soweit sei, ob die Guillotine bereits aufgerichtet würde.

Und dann kam der Pariser Bürgermeister in Begleitung einiger Schwerbewaffneter. Die großen Männer stellten sich im Kreis um den kleinen Jungen, der Bürgermeister und Simon nahmen ihn ins Kreuzverhör, und das entsetzte Kind sagte auf ihre rasch hintereinander und mit vielen Fußangeln gespickten Fragen alles, was sie hören wollten. Ja, er wäre von seiner Mutter und Tante Elisabeth zu perversen Sexpraktiken angehalten worden. Ja, er hätte immer zwischen den beiden Frauen geschlafen und nach ihren Anweisungen mit ihnen »gespielt«. Ja, dieses und jenes Mitglied der Wachmannschaft sei besonders zuvorkommend zu seiner Mutter gewesen. Ja, die namentlich genannten dreizehn Personen hätten die Flucht nach Varennes vorbereiten geholfen. (Louis war, wie bereits erwähnt, damals sechs Jahre alt und glaubte, er führe zu einem Maskenball.)

Man ersparte dem Kind auch nicht die Gegenüberstellung mit Schwester und Tante. Marie Thérèse begriff überhaupt nicht, worum es ging, und gab konfuse Antworten – sie erfaßte nur, daß ihr nicht einmal erlaubt wurde, den kleinen Bruder zu umarmen.

Madame Elisabeth konnte, mit den Aussagen des Kindes konfrontiert, immer wieder nur fassungslos stammeln: »Er lügt, er lügt entsetzlich, er ist ein kleines Monster.«

Louis Charles wiederholte seine Anschuldigungen wortwörtlich wie ein Sprechautomat. Nur einmal geriet er in Verwirrung. Auf die Frage, wer ihn in den gewissen Praktiken unterwiesen hätte, antwortete er prompt wie immer:»Alle beide.« Die nächste Frage aber kam anscheinend überraschend:»Wann ist es geschehen? Bei Tag oder bei Nacht?« Louis blickte irritiert von einem zum anderen, dann sagte er zögernd: »Ich weiß es nicht. Vielleicht am Morgen?«

Louis mußte die Protokolle mit »Charles Capet« unterzeichnen. Die Dokumente sind noch vorhanden. Man braucht kein Graphologe zu sein, um festzustellen, daß diese zittrigen, kaum lesbaren Krakel in äußerster Panik geschrieben sind.

Der seinerzeitige Protokollführer gab viele Jahre nach der Revolution an:»Ich habe es gehört, ich habe es geschrieben, aber ich habe es nicht geglaubt. Das Kind war offensichtlich fachmännisch präpariert worden.«

Präpariert, wir wissen es heute aus mittlerweile zugänglichen Geheimberichten, durch Psychoterror – und durch Unmengen von Wein und Schnaps!

Die Aussagen ihres eigenen Kindes bildeten wesentliche Teile der Anklageschrift im Hochverratsprozeß gegen Marie Antoinette. Sie wurde am 16. Oktober 1793 hingerichtet.

Nach dem Tod der Mutter werden die Zeugnisse über Louis' Existenz spärlicher. Aus den Gefängnisunterlagen geht lediglich hervor, daß Dr. Thierry ab 4. Dezember den kleinen König fast täglich besuchte. Ein weiteres Indiz dafür, daß Louis ab diesem Zeitpunkt bettlägerig war, liefern die Rechnungen der Wäscherin Clouet: Sie bekam zwar Hemden, Nachthauben, Servietten und anderes zur Reinigung – aber keine Strümpfe mehr. Die Art der Krankheit ist nicht bekannt; auch fehlen Apothekerrechnungen, wie sie bei früheren Anlässen sorgfältig ausgestellt wurden. In einem englischen Geheimdienstbericht vom 28. Dezember heißt es:»Der König ist schwer krank und fast am Auslöschen.«

Der Mundschenk Gagne, der im Januar 1794 aus den Diensten des Temple entlassen wurde, berichtete Jahre danach, der König sei Anfang 1794 zusammengekrümmt im Bett gelegen, unfähig, sich auch nur aufzusetzen, und er habe jede Nahrungsaufnahme verweigert. Auf die Frage, warum er nicht esse, habe er geantwortet:»Was willst du von mir, ich möchte sterben.« Gagne sah Geschwüre an einem Knie, an einem Arm und Anzeichen von Krätze.

Im Konvent meldete sich während einer Debatte der Abgeordnete Sevestre zu Wort und erklärte:»Die Royalisten hoffen vergeblich, daß der Sohn dem Vater auf dem Thron folgen wird. Seinem Alter nach wäre das möglich . . ., aber wir haben Mittel und Wege, zu verhindern, daß er uns je gefährlich wird. Ich erkläre nachdrücklich: Er wird niemals erwachsen.«

In den ersten Tagen des Januar 1794 besuchte Dr. Thierry seinen Patienten zum letzten Mal. Er sah ihn dann nicht mehr, obwohl er weiterhin, bis zu seinem Tode im Jahre 1797, offizieller Gefängnisarzt blieb.

Völlig überraschend wurden Antoine und Marie Jeanne Simon am 5. Januar 1794 von ihren Posten als »Erzieher des Charles Capet« abgezogen, mit ihnen sämtliche Bedienstete und Bewacher – unter ihnen der Mundschenk Gagne.

Am 7. Januar begannen vielgestaltige Umbauarbeiten im Gefängnistrakt des kleinen Königs. Sein Zimmer wurde in eine Isolierzelle verwandelt, das einzige Fensterchen doppelt vergittert und mit Milchglas versehen, vom Vorraum eine Öffnung in die Mauer gebrochen, durch die man das Essen reichen konnte, so daß das Zimmer nicht mehr betreten werden mußte, um den Gefangenen mit Lebensmitteln zu versorgen. Über dieser Durchreiche hing eine winzige Öllampe – die Zelle selbst blieb unbeleuchtet, das Gesicht des Gefangenen war nicht mehr zu identifizieren.

Am 13. Januar wurde bekanntgegeben, daß der Gemeindebeamte Legrand die Aufsicht über Charles Capet übernommen habe. Am 19. Januar kehrten Antoine und Marie Jeanne Simon für ein paar Stunden in den Temple zurück, um persönliche Habseligkeiten abzuholen, und tags darauf meldete das Regierungsblatt »Moniteur«, daß Simon und seine Frau den Charles Capet »bei guter Gesundheit« übergeben hätten.

Wo sich der Gefangene während der Umbauarbeiten aufgehalten, wer ihn zwischen dem 5. und dem 13. Januar beaufsichtigt haben könnte, ist nirgendwo festgehalten.

Es fehlt in den folgenden Monaten an weiteren Informationen über den kleinen König. Die innenpolitischen Ereignisse überstürzten sich, die Schreckensherrschaft fand am 4. Juli mit der Hinrichtung Robespierres ihr Ende: Er und zahlreiche seiner Anhänger – unter ihnen auch Antoine Simon – bestiegen am selben Tag die Guillotine.

Nach dem Sturz Robespierres kam zum erstenmal eine hochgestellte Persönlichkeit in den Temple. General Paul Barras, maßgeblich an der Vernichtung Robespierres beteiligt, ließ sich die Tür zu Louis' Gefängnis aufschließen. Er fand das Bett unbenützt. Der Junge lag, krumm wie ein Wurm, auf einer viel zu kleinen, wiegenähnlichen Liegestatt, in der sich nur eine nackte Matratze befand. Barras fragte den Knaben, ob er sich krank fühle, doch der reagierte nur mit einem stummen Hinneigen des Kopfes gegen das Knie. Nun veranlaßte der General seine Begleiter, den Gefangenen hochzuheben und auf die Beine zu stellen – er war nicht imstande zu gehen und knickte sofort zusammen.

Barras beteuert in seinen Memoiren, er habe den Wohlfahrtsausschuß gebeten, sofort einen Arzt zu dem Kind zu schicken, es sei aber nichts geschehen.

Erst gegen Jahresende, am 17. Dezember, beauftragte das Komitee für öffentliche Sicherheit vier seiner Mitglieder, den Gefangenen zu besuchen. Harmand de la Meuse verfaßte einen langen, detaillierten Bericht über den schlechten Gesundheitszustand des Knaben und dessen merkwürdige Reaktionen. Der Junge wurde aufgefordert, Harmand die Hand zu geben – und er tat es. Auf Fragen indes reagierte er nicht, und sein Blick ging starr ins Leere. Harmand wörtlich: »Seine Züge veränderten sich nicht einen einzigen Augenblick, nicht die kleinste Emotion war festzustellen, nicht das leiseste Erstaunen in den Augen, so, als wären wir gar nicht da, so, als hätte ich überhaupt nicht gesprochen.«

Trotz dieser alarmierenden Aussagen – weitere sollten in den nächsten Monaten folgen – wurde erst am 6. Mai 1795 ein Arzt ins Gefängnis gerufen. Es war Dr. Pierre Joseph Desault, Chefarzt des »Hospice de l'Humanité«, der zwar gewisse Schwierigkeiten mit dem neuen politischen System hatte, aber so hoch qualifiziert war, daß er ungeschoren davonkam.

Die Gräfin d'Amilié, ein Vertraute des Arztes, hat Jahre später zu Protokoll gegeben, daß er nach dem Besuch des Kindes aufgewühlt und entsetzt gewesen sei; er fand den Knaben »blöde, sterbend, unglücklich und verlassen, Opfer grausamster Behandlungen, [es sei] unmöglich, [ihm] zu helfen.«

Dr. Desault verfaßte auch ein ausführliches Memorandum an seine Auftraggeber – doch dieses ist unauffindbar. Es wurde gemunkelt, Desault hätte in dem Papier ausdrücklich darauf hingewiesen, daß er in dem Kranken den Sohn des verstorbenen Königs Ludwig XVI. nicht wiedererkennen konnte.

Wenige Tage nach seinem Besuch im Temple nahm Dr. Desault an einem Regierungsbankett teil. Nach dem Essen wurde ihm übel, er starb binnen weniger Stunden.

Der erst sechsundzwanzigjährige Dr. Pelletan, ein Schüler Desaults, übernahm nun die Betreuung des Patienten. Der Knabe befand sich nach Aussagen des Arztes in einem Zustand vollständiger Auflösung; sein Bauch war grotesk aufgebläht, er litt an schweren Durchfällen. Jetzt erst wurde der Schwerkranke aus der Isolierzelle befreit, in ein luftiges Zimmer mit hellen Fenstern gebettet, und die Behörden bewilligten sogar eine Krankenschwester. Sie brauchte ihren Dienst nicht mehr anzutreten. Charles Capet, alias König Ludwig XVII. von Frankreich, starb am 8. Juni 1795, zehn Jahre und zweieinhalb Monate alt. Wenn es überhaupt Louis Charles war und nicht ein ganz anderes Kind . . .

Der »Moniteur« meldete lakonisch: »Das Komitee für öffentliche Sicherheit gibt bekannt, daß der Sohn von Capet gestern infolge eines Tumors am linken Knie und am rechten Handgelenk gestorben ist.«

Ausführlicher war die Todesursache im Obduktionsbefund beschrieben. Danach haben sich neben den beiden erwähnen Tumoren verschieden große, harte Geschwülste an den Därmen, am Bauchfell, an Speise- und Luftröhre befunden, Eiterspuren in der Lymphe. Alles deutete darauf hin, so Dr. Pelletan, daß der Tod des Kindes durch eine seit langem bestehende »Drüsenstörung« verursacht worden sei.

Nachdem die Leiche wieder zugenäht war, fehlte ein wichtiger Bestandteil: Der Arzt schmuggelte das Herz aus dem Temple, legte es in ein Glas mit Weingeist und versteckte es hinter einer Bücherreihe im obersten Regal seiner Bibliothek. Wir werden später von der makabren Beute noch hören . . .

Eine Reihe von Zeugen bestätigte die Identität des Toten, der in einen weißen Sarg von 1,62 Meter Länge gebettet und noch in derselben

Nacht unter starker Militärbedeckung auf dem Friedhof Sainte-Marguerite bestattet wurde.

Die Länge des Sarges war es, die – unter anderem – den französischen Historiker Edmond Dupland stutzig machte, denn Louis war ein für sein Alter besonders kleiner Junge gewesen – wozu also der große Sarg? In achtjähriger Recherchenarbeit trug Dupland weitere Indizien zusammen, mit deren Hilfe er zu belegen versucht, daß Ludwig XVII. nicht erst am 8. Juni 1795, sondern bereits am 4. Januar 1794 gestorben und durch ein fremdes, geistig zurückgebliebenes Kind ersetzt worden sei – elternlos herumstreunende Jugendliche gab es in jenen bewegten Zeiten zuhauf.

Duplands 1987 erschienene 380-Seiten-Dokumentation »Vie et mort de Louis XVII.« (Leben und Tod Ludwigs XVII.) weist der bisherigen Geschichtsforschung eine Fülle von Ungereimtheiten nach. Die von ihm entdeckten Unterlagen und seine daraus gezogenen Schlüsse haben bei Wissenschaftlern, jedoch auch bei interessierten Laien heftige Diskussionen ausgelöst.

Dem unvoreingenommenen Leser scheinen die von Dupland aufgeworfenen Fragen einleuchtend: Warum wurden die Simons am 5. Januar 1794 plötzlich aus dem Temple entfernt, warum das übrige Personal ebenfalls abgezogen? Warum wurde die Gefängniszelle so hergerichtet, daß man den Gefangenen nicht aus der Nähe sehen konnte? Wo hielt sich Louis während der Umbauarbeiten auf? Warum hat keiner der Zeugen, die ihn nach dem 20. Januar sahen, jemals die markante Narbe an seiner linken Wange erwähnt? Wieso wurde der als äußerst zuverlässig geschätzte Dr. Thierry, der den Patienten und seine Krankengeschichte genau kannte, nie mehr zu diesem gerufen? Wieso war der Gefangene plötzlich so gut wie stumm? Was hat es mit dem überraschenden Tod des Dr. Desault auf sich? Wo ist sein Untersuchungsbericht geblieben? Wieso wurden zur Identifizierung der Leiche nur Personen zugelassen, die den Verstorbenen erst nach dem 20. Januar kennengelernt hatten? Wäre es nicht naheliegender gewesen, seine Schwester Marie Thérèse, die nur ein Stockwerk über ihm lebte, und/oder den ebenfalls im Temple wohnenden Dr. Thierry herbeizuholen? Warum wurde für ein so kleines Kind ein so großer Sarg eigens angefertigt?

Fragen über Fragen, die Edmond Dupland bündig beantwortet: König

Ludwig XVII., dessen Tod eine faktisch beschlossene Sache war, starb zu einem Zeitpunkt, da die innen- und außenpolitische Lage so angespannt war, daß die Todesnachricht unabsehbare Folgen gehabt hätte. Die Leiche wurde an einer Mauer des Temple verscharrt und ein Stellvertreter – nicht einmal ein Doppelgänger – in das Gefängnis gebracht. Tatsächlich fanden sich 1820 bei Umbauarbeiten des Temple, unmittelbar beim großen Turm, in nur fünf Fuß Tiefe die Überreste eines etwa acht- bis zehnjährigen Kindes, deren Herkunft sich damals niemand erklären konnte.

Der Streit um das Sterbedatum des kindlichen Königs tobt ungebrochen weiter; unwiderlegbar und eindeutig sind die wissenschaftlichen Beweise, daß Ludwig XVII. tatsächlich gestorben ist. Schier unzählbar sind die Männer, die später behauptet haben, der echte, aus dem Temple geflohene Ludwig XVII. zu sein; der bekannteste und hartnäckigste von ihnen war der brandenburgische Uhrmacher Karl Wilhelm Naundorf, dessen Sohn bis in die siebziger Jahre des vorigen Jahrhunderts um sein angebliches Recht prozessierte. Noch in unserem Jahrhundert tauchten immer wieder Männer und Frauen auf, die darauf pochten, Nachfahren des unglücklichen Königs zu sein. Am kuriosesten ist der Fall einer Frau, die erst kürzlich behauptete, ihre Narbe an der *Oberlippe* – von Ludwig XVII. »geerbt« zu haben.

Jeder und jede wurden früher oder später als Schwindler enttarnt, so einleuchtend ihre Geschichten auch klingen mochten. Das überzeugendste Argument gegen all diese Phantastereien ist die Tatsache, daß es dem Kind allein absolut unmöglich war, aus der hundertfach gesicherten Festung zu entkommen. Seine Entführung hingegen hätte größter logistischer und materieller Mittel bedurft – und die besaßen ausschließlich die ausländischen Staaten, die gegen Frankreich Krieg führten, und allenfalls die große Gruppe meist schwerreicher Royalisten. Wäre es ihnen gelungen, des kostbaren Gefangenen habhaft zu werden, sie hätten es zweifelsohne zu Propagandazwecken lauthals in alle Welt posaunt und sich der kühnen Tat gerühmt. Ihr beharrliches Schweigen zu den falschen Ludwigs war beredt genug . . .

Königin und Racheengel

Soweit die lange Passionsgeschichte des kindlichen Königs und der kurze Abstecher in die Gegenwart. Zurück zu Madame Royale, Marie Thérèse, die wir, zusammen mit ihrer Mutter, Königin Marie Antoinette, und ihrer Tante, Madame Elisabeth, am 3. Juli 1793 als Gefangene im Zentralturm des Temple verlassen haben. Marie Thérèse war damals vierzehneinhalb Jahre alt und eben dabei, eine Schönheit mit dem Flair zu werden, der dem schwer übersetzbaren französischen Wort »ravissant« innewohnt.

Am 2. August 1793, fast auf den Tag genau einen Monat nachdem der kleine Louis fortgebracht worden war, wurde Marie Antoinette um zwei Uhr früh aus dem Bett geholt. In Gegenwart von sechs Männern mußte sie sich ankleiden, und sie durfte nichts außer einem Taschentuch mit sich nehmen. Nachdem sie ruhig und gefaßt von Tochter und Schwägerin Abschied genommen hatte, ließ sie sich abführen. Ihrer Tochter trug sie auf, für den Bruder zu sorgen und ihn zu einem anständigen Menschen zu erziehen. Am 9. Mai 1794 wurde Madame Elisabeth, ebenfalls mitten in der Nacht, abgeführt und kam nie mehr zurück.

Das junge Mädchen war nun vollkommen allein, im unklaren über das Los ihrer Angehörigen, auch ansonsten unwissend, als lebte sie auf einer Insel. Sie besaß drei »Zerstreuungen«: ein Gebetbuch, eine belanglose Reisebeschreibung – beide konnte sie auswendig – und einen Knäuel Garn. Daraus strickte sie rechteckige Flecken, bis zum letzten Faden. Dann trennte sie ihr Werk wieder auf, wickelte das Garn und begann von neuem.

Sie hielt ihr Zimmer in peinlichster Ordnung, schrubbte sogar den Boden – ihre rissigen Hände legten Zeugnis dafür ab –, und wenn sie nicht strickte, ging sie ruhelos im Zimmer auf und ab. Eine Stunde täglich marschierte sie jedoch im höchstmöglichen Tempo hin und her; das hatte ihr Madame Elisabeth aufgetragen, um sich in körperlicher Form zu halten.

Seit dem Verschwinden der Tante war die Bewachung noch schärfer, die Behandlung noch schlechter geworden. Fast täglich gab es »Leibesvisitationen« durch meist betrunkene Nationalgardisten, die dabei mit unflätigen Anzüglichkeiten und wüsten Beschimpfungen nicht sparten. *Wie* weit die Belästigungen gingen, wissen wir nicht. Madame Royale hat in ihren Lebenserinnerungen keine Einzelheiten preisgegeben.

Nach dem Sturz Robespierres, von dem es hieß, er habe sich zeitweise mit dem Gedanken getragen, Marie Thérèse zu heiraten, wurde ihr Gefängnisdasein fühlbar leichter. Statt einer Unzahl von ständig wechselnden Nationalgardisten gab es nun drei ständige Bewacher; sie behandelten Madame Royale mit wortkarger Höflichkeit. Auf der Plattform des Turmes durfte sie täglich ein wenig Luft schöpfen. Auskunft über das Schicksal von Mutter, Bruder und Tante erhielt sie jedoch nicht.

Ein weiteres Jahr verging. Das mittlerweile sechzehnjährige Mädchen, das wie durch ein Wunder als einzige ihrer Familie die Schreckensjahre überlebt hatte, stellte mit der Zeit eine peinliche Belastung für das nunmehr moderate Regime dar. Welchen Status sollte man Madame Royale geben, wohin die Unmündige entlassen?

Ehe eine Entscheidung getroffen wurde, sollte Marie Thérèse in kleinen Dosen Kontakt mit der Außenwelt erhalten. So wurde Madeleine de Chanterenne, eine warmherzige, gebildete Frau von dreißig Jahren, Gattin eines hohen Polizeioffiziers, ausgewählt, ihr als Ehrendame, Erzieherin und Betreuerin zur Seite zu stehen. Keine ganz leichte Aufgabe – doch ein Nichts gegen den Auftrag, dem armen Kind schonungsvoll die brutale Wahrheit über das Schicksal ihrer Familie beizubringen.

Als sich Marie Thérèse an jenem 20. Juni 1795, da Madeleine de Chanterenne zum ersten Mal ihr Zimmer betrat, von ihrer Verblüffung erholt hatte, fragte sie als erstes: »Wo ist meine Mutter? Mein Bruder? Was ist aus meiner Tante geworden?« Madeleine de Chanterenne zuckte zurück vor dieser heiseren, brüchigen Stimme, die seit Monaten des Sprechens entwöhnt war.

Es blieb der Chanterenne nichts anderes übrig, als dem Mädchen nach und nach beizubringen, daß alle drei tot seien. Marie Thérèses Reaktion war merkwürdig. Sie schien vorerst nichts zu begreifen und schwieg eine lange Weile. Dann murmelte sie: »Also auch meine Tante?« – sprach's, legte sich auf das Bett, drehte sich zur Wand und verharrte zwei Tage lang in dieser Stellung. Madeleine de Chanterenne tat das Klügste, was in diesem Fall zu tun war: Sie ließ das Mädchen in Ruhe, blieb jedoch ständig in seiner Nähe.

Schier Unfaßbares geschah dann: Marie Thérèse erhielt eine elegante, reichhaltige Garderobe nach neuester Mode. Schuhe, einen Morgenrock und sogar einen Mantel zum Ausgehen. Zuletzt noch einen kleinen Hund, der auf den Namen Coco hörte.

Die beiden Frauen und Coco gingen im Temple-Garten spazieren – ein Vergnügen, dem Marie Thérèse nach wenigen Tagen freiwillig entsagte. Es hatte sich nämlich in Windeseile herumgesprochen, daß die »Waise vom Temple«, die »Tochter des Märtyrerkönigs«, diese lebende Erinnerung an die »guten alten Zeiten des guten Königs und der guten Königin« sozusagen zur Besichtigung freigegeben war.

Die Besitzer von Häusern und Wohnungen, von denen aus man einen Blick in den Garten des Temple werfen konnte, verlangten und bekamen horrende Beträge für die Vermietung von Fensterplätzen. »Tout Paris« gab sich dort ein Stelldichein, um, die Augen mit Lorgnons und Ferngläsern bewaffnet, das sagenhafte Wesen zu bestaunen. Ein Maler fertigte mit Hilfe eines Teleskops sogar ein Porträt der fernen Schönen. Dichter warfen ihr ihre Elaborate zu, Sänger jubelten ihr Lob und Preis; die ganze Meute brach in Beifall und Hochrufe aus, wenn sie der Madame Royale ansichtig wurde. Die Männer lüfteten die Hüte, die Frauen versuchten sich in tiefen Reverenzen – so gut das eben hinter den Fensterbänken ging, wenn man dabei nicht einen Augenblick des außerordentlichen Spektakels verpassen wollte.

Nein – Marie Thérèse zog es bald vor, im Inneren des Temple zu verbleiben, in dessen Räumen sie sich nun frei bewegen konnte. Mit wahrem Heißhunger verschlang sie Berge von Büchern, und sie schloß enge Freundschaft mit Madame de Chanterenne, die ihr Mutter, Freundin, Schwester zugleich wurde. War die Chanterenne auch nur einige Stunden außer Hause, dann schrieb Marie Thérèse ihrer »lieben Renette« seitenlange zärtliche Briefe. Verschwunden die Hochnäsigkeit, die Marie Antoinette an ihrer Tochter so oft gerügt hatte. Zum Vorschein kam ein anschmiegsames Wesen, das nach Liebe und Zuneigung dürstete.

»Sie besitzt Herzenstakt und Seelenstärke, sie ist höflich und offen, und zuweilen zeigt sich schon ein Anflug von Heiterkeit bei ihr«, vermerkte Madame de Chanterenne.

Das Pflänzchen, das so vielversprechend zu sprießen begann, sollte bald im Dunstkreis der hohen Politik, durch Hartherzigkeit, Unver-

ständnis und rücksichtslosen Eigennutz ihrer nächsten Verwandten –
der Habsburger wie der Bourbonen – verkümmern.
Nobel verhielt sich allein Marie Karoline, Königin von Neapel, Schwester Marie Antoinettes. Sie erklärte sich spontan bereit, Marie Thérèse
aufzunehmen und ihr »eine gute Mutter« zu sein – vorausgesetzt, daß
sie »keinen französischen Faden am Leibe trägt«.
Die starke mütterliche Ausstrahlung der prächtigen Marie Karoline
wäre ohne Zweifel die beste Therapie für die verstörte Seele des jungen
Mädchens gewesen, das immer wieder klagte: »Ich wäre lieber mit
meinen Eltern gestorben, als verurteilt zu sein, um sie zu trauern.«
Verstörte Seelen junger Mädchen waren zu keiner Zeit eine politische
Kategorie. So wurden denn auf neutralem Schweizer Boden zwischen
den Kriegsgegnern Österreich und Frankreich diskrete Kontakte zur
Durchführung eines richtigen Menschenhandels aufgenommen.
Frankreich begehrte die Heimkehr einiger seiner prominenten Staats-
bürger, die in österreichische Kriegsgefangenschaft geraten waren, und
war dafür bereit, Marie Thérèse nach Wien ziehen zu lassen. Unter
den französischen Kriegsgefangenen befand sich – Ironie des Schicksals – ausgerechnet jener Postmeister Jean Baptiste Drouet, der sich
fälschlicherweise rühmte, die Königsfamilie erkannt und ausgeliefert
zu haben, als sie ins Ausland zu entkommen versuchte.
Österreichs Interesse an Marie Thérèse hatte weniger familiär-senti-
mentale als politisch-materielle Gründe. Sie war, sollte das Experiment
der Republik scheitern, eine Anwärterin auf den französischen Thron,
wenn auch auf indirektem Wege, da Frankreich die weibliche Erbfolge
nicht kannte. Weil aber, so tüftelten die Hofkanzlisten, das zweihundert Jahre zuvor von Frankreich annektierte Königreich Navarra die
weibliche Erbfolge eingeführt und man diese nicht ausdrücklich abge-
schafft hatte, könnte, im Fall der Fälle, Marie Thérèse durch die »Hintertür« auf den französischen Thron gelangen.
Mehr Erfolg als diese Hirngespinste versprach die Überlegung, die sich
mit dem künftigen Vermögen von Marie Thérèse befaßte: Es war bekannt, daß König Ludwig XVI. unmittelbar vor Ausbruch der Revolution große Vermögenswerte nach London und nach Brüssel transferiert
hatte, und Marie Thérèse war die einzige Erbin. Da, wie jedermann
wußte, eine Frau, und schon gar eine, die jahrelang von der Außenwelt
abgeschnitten war, nicht imstande sein würde, Millionen vernünftig zu

verwalten, mußte ein tüchtiger Ehemann her. Diese Rolle war dem Bruder des Kaisers zugedacht, dem Erzherzog Karl, der schon 1775 in vorderster Linie im Kampf gegen Frankreich gestanden hatte. Er sollte später als »Held von Aspern« Weltruhm erlangen.

Die Heimlichtuereien über die französisch-österreichischen Verhandlungen hörten bald auf, nachdem genug durchgesickert war, um der Presse und den Klatschmäulern in Paris Stoff für stundenlange Gespräche und Mutmaßungen zu liefern. Marie Thérèse durfte den Temple noch immer nicht verlassen, empfing aber bereits regelmäßig Besuche, unter anderem von ihrer ehemaligen Erzieherin, Madame de Tourzel, und sie war folglich über den tatsächlichen oder vermeintlichen Stand der Dinge umfassend unterrichtet. Sie wußte auch, daß man sie in Kreisen, die dem alten Regime nahestanden – und diese wurden immer größer – bereits als zukünftige Königin von Frankreich betrachtete.

Kurzer Einschub für alle jene, die mit der verworrenen französischen Geschichte nicht besonders vertraut sind: Ludwig XVI. besaß, wie berichtet, zwei Brüder. Der ältere hieß Louis Stanislaus Xavier und führte den Titel eines Grafen der Provence. Er lebte nach Ausbruch der Revolution im Ausland. Als sein Neffe, der kleine Ludwig XVII., gestorben war, nahm er den Titel eines französischen Königs an und nannte sich Ludwig XVIII. Er hoffte, nach dem Zusammenbruch der Republik auf den Thron seiner Väter zurückzukehren.

Ludwig XVIII. – wir wollen ihn in Zukunft so nennen – blieb kinderlos, und so war der jüngste Bruder, Charles, Graf von Artois, der nächste in dieser noch äußerst fiktiven Thronfolge. Die Reihe der Prätendenten wurde fortgesetzt durch die beiden Söhne des letzteren, Louis Antoine, Herzog von Angoulême, und Charles Ferdinand, Herzog von Berry. So weit, so kompliziert.

Von unmittelbarem Interesse ist in diesem Stadium der Geschichte der Herzog von Angoulême, den schon Marie Antoinette ihrer Tochter als Ehemann zugedacht hatte. Wenn also Angoulême Marie Thérèse heiratete, wenn er dermaleinst König von Frankreich würde, dann wäre, logischerweise, Marie Thérèse Königin von Frankreich – und darum wurde sie im Herbst 1795 in den einschlägigen Pariser Zirkeln als solche gefeiert.

Auch die Hoffnungen und Überlegungen der Madame Royale müssen eher in diese Richtung gegangen sein, denn als man ihr zutrug, daß sie ihren Vetter, den Erzherzog Karl, heiraten sollte, fuhr sie zornig auf: »Ich denke nicht daran. Wir führen gegen Österreich Krieg. Ich werde niemals einen Feind Frankreichs heiraten. Ich möchte aus diesem Gefängnis heraus, aber ich möchte lieber in einer französischen Hütte als im Ausland als Erzherzogin leben.«

Es mutet seltsam an: Marie Thérèse hing mit jeder Faser ihres Herzens an dem Vaterland, das ihr soviel angetan hatte, aber sie unterschied genau zwischen den »Monstern« der Revolution und ihrem »bon peuple«, ihrem guten Volk, das, wie sie meinte, nur durch falsche Propheten irregeleitet worden war. Überdies hegte sie tiefen Groll gegen die österreichische Verwandtschaft, der sie vorwarf, zu wenig für die Rettung ihrer Eltern und ihres Bruders getan zu haben.

Zwei Tage vor ihrem 17. Geburtstag packte Marie Thérèse. Um fünf Uhr früh des 18. Dezember 1795 verließ sie den Temple am Arm des Innenministers.

Als ihr Zimmer neu ausgemalt wurde, fanden sich an der Wand über dem Bett hingekritzelte Sätze: »Marie Thérèse ist das unglücklichste Wesen der Welt.« In der nächsten Zeile: »Mein Gott, vergib denen, die meine Eltern sterben ließen.«

Marie Thérèse reiste in einer Berline inkognito in Richtung Schweizer Grenze. Sie wurde von einem Offizier, einer Ehrendame und dem alten Hue, dem Kammerdiener ihres Vaters, begleitet. Der Hund Coco war auch dabei. Ihre ausdrückliche Bitte, Madeleine de Chanterenne oder Madame de Tourzel mitnehmen zu dürfen, wurde von österreichischer Seite abgelehnt. Die Fäden nach Frankreich sollten radikal durchschnitten und Marie Thérèse eine ebensogute Österreicherin werden wie ihre Großmutter und Namenspatronin Maria Theresia.

Wie diese erste Fahrt in die Freiheit und in eine ungewisse Zukunft verlief, schilderte Marie Thérèse in einem Brief an die Chanterenne, den sie am 24. Dezember im Hotel Corbeau in Hunningue, unmittelbar vor der Einreise in die Schweiz, schrieb:

»Meine liebe kleine Renette, ich liebe Sie . . . und ich muß Ihnen vieles erzählen.

Vom ersten Tag der Reise an wurde ich überall erkannt. Ach, meine liebe Renette, wie hat mir das wohlgetan, und wie hat mich das geschmerzt. Sie können sich nicht vorstellen, wie die Leute gerannt sind, um mich zu sehen ... Sie weinten vor Freude, und mir kamen auch die Tränen ...

Méchain [der Begleitoffizier] ist ein guter Mann, aber überängstlich ... Er fürchtet, man könnte mich aus Liebe entführen oder aus Haß töten ... Er nennt mich in den Herbergen manchmal Sophie, manchmal seine gute Tochter. Er könnte sich die Mühe sparen, denn überall nennt man mich ›Madame‹ oder Prinzessin ...

Man sagt mir, der Kaiser hat verlangt, daß niemand mich begleiten darf, der mit mir im Temple war ... Das macht mich sehr traurig, denn ich brauche einen einzigen Menschen, dem ich vertrauen, dem ich mein Herz ausschütten kann, jemanden, den ich liebe. Beten Sie für mich, denn ich bin in einer unglücklichen und verzweifelten Lage. Es heißt, daß ich innerhalb von acht Tagen verheiratet werden soll ... Adieu, meine geliebte Renette ...«

Bei strömendem Regen fuhr die Berline über die Grenze. Am späten Weihnachtsabend wurde Marie Thérèse in der Villa eines Basler Bürgers von ihrem zukünftigen Hofmarschall, dem Prinzen von Grave, empfangen: »Madame, ich bin beauftragt, Ihre königliche Hoheit zu begrüßen und Sie zu seiner kaiserlichen Hoheit zu bringen, der sich freut, Sie zu sehen, Sie zu umarmen, Ihnen seine Zuneigung und sein Wohlwollen zu zeigen.«

Marie Thérèse zögerte kurz, dann sagte sie fest: »Monsieur, ich werde nie vergessen, daß ich Französin bin.«

Die sechsspännige Staatskarosse, die Kaiser Franz seiner Cousine nach Basel entgegengeschickt hatte, erreichte am 10. Januar 1796 die Wiener Hofburg. Madame Royale wurde im modernsten und schönsten Teil des verwinkelten Baukomplexes untergebracht, im sogenannten Leopoldinischen Trakt, heute Amtssitz des österreichischen Bundespräsidenten. Die Wohnung war exquisit – der Empfang durch den Kaiser und seine Gemahlin, Maria Teresa, eine Tochter der Marie Karoline von Neapel und daher auch sie eine Cousine der Madame Royale, dieser Empfang war niederschmetternd eisig. Eine leidenschaftliche französische Patriotin und ein leidenschaftlicher österreichischer Patriot, der noch dazu deutscher Kaiser war, standen einander mißtrauisch gegenüber.

Die nur wenige Minuten dauernde Begegnung wurde mit mühsamen Höflichkeitsfloskeln ausgefüllt. Kein Funke sprang über, kein Wort der Wärme und des Trostes kam über die Lippen des Kaiserpaares. Maria Teresa, die Kaiserin, machte später nicht den geringsten Hehl daraus, daß ihr die Cousine von Herzen unsympathisch war, und sie nannte sie nur abfällig »Die kleine Französin«.

Der unfaßbare Mangel an Herzenstakt und Einfühlungsvermögen offenbarte sich drastisch in weiteren Maßnahmen: Marie Thérèse, dieses siebzehnjährige Kind, eben dem schwärzesten Inferno entkommen, wurde gezwungen, schwarze Kleidung zu tragen, da die Zeit der offiziellen Hoftrauer um ihre Angehörigen noch nicht verstrichen war. Ihre französischen Begleiter mußten sie sofort verlassen und wurden durch österreichisches Personal ersetzt. Den französischen Emigranten, die zur Burg strömten, um die Tochter ihres ermordeten Königs zu begrüßen oder wenigstens aus der Ferne zu sehen, schlug man das Hoftor vor der Nase zu. Das einzig vertraute Lebewesen, das bei Marie Thérèse bleiben durfte, war der kleine Hund Coco.

Der Hund verhalf ihr unverhofft zu heimlichen Kontakten, die sich im Stil einer Commedia dell'arte abspielten. Kammerdiener Hue nämlich war nicht, wie die übrigen Begleiter der Madame Royale, nach Paris zurückgekehrt, sondern in Wien untergetaucht, um seiner Herrin hilfreich nahe zu sein. Wenn Marie Thérèse ohne Begleitung auf den Basteien vor der Hofburg ihren Hund spazierenführte, war Hue immer, wie zufällig, zur Stelle, und die beiden verständigten sich durch Blicke und Gesten über Post aus Verona: Kratzte sich Hue am linken Ohr, dann bedeutete dies, daß keine Nachricht gekommen war, kratzte er sich hingegen am rechten, dann war ein Brief eingetroffen und wechselte unauffällig von Hand zu Hand.

Post aus Verona: das bedeutete ein Lebenszeichen von Marie Thérèses Onkel König Ludwig XVIII., der in der italienischen Stadt inmitten eines kleinen Hofstaates residierte. Selbstverständlich korrespondierten Onkel und Nichte auch offiziell miteinander, doch Marie Thérèse wurde den Verdacht nicht los, daß die Briefe von Unbefugten geöffnet und gelesen wurden; sie sah keine Veranlassung, ihre geheimsten Wünsche und Gefühle mit Wildfremden zu teilen.

Vor allem ging es darum, den Onkel so bald wie möglich zu treffen, mit ihm ihr weiteres Schicksal zu gestalten und der noch immer drohenden Heirat mit Erzherzog Karl zu entkommen. »Ich möchte so gerne meinen Cousin, den Herzog von Angoulême heiraten . . . Ich

hoffe sehr, daß diese Ehe bald zustande kommt«, schrieb sie dem Onkel. Und: »Ich wäre lieber mit meinen Eltern ins Unglück gegangen,
als am Hofe eines Fürsten zu leben, der der Feind meiner Familie und
meines Vaterlandes ist.«

Inwieweit diese »Feindschaft« nur subjektiv empfunden wurde, läßt
sich heute kaum mehr feststellen. Offensichtlich ist, daß Marie
Thérèse, zumindest während der ersten Zeit ihres Wiener Aufenthal-
tes, aus welchen Gründen immer, geflissentlich von der Umwelt abgeschirmt wurde. Dies findet sich in den Tagebüchern des Barons Axel
Fersen bestätigt, der Anfang 1796 in Wien weilte, vergeblich bemüht,
zur Tochter der von ihm angebeteten Marie Antoinette vorgelassen zu
werden. Am 19. Februar war es ihm zum ersten Mal vergönnt, einen
Blick von ihr zu erhaschen, als sie aus der Hofburgkapelle kam. Ihre
Haushofmeisterin und eine Hofdame hatten sie fest in die Mitte genommen. Sie errötete heftig, als sie Fersen sah, wagte aber nicht ste-
henzubleiben. Als sie an ihm vorbeigegangen war, wandte sie den Kopf
und warf ihm »einen langen, traurigen Blick zu. Mir kamen die Tränen, und die Knie zitterten mir«, schrieb Fersen.

Am 6. März sah er Marie Thérèse wieder, und zwar auf einem Emp-
fang, der ihr zu Ehren gegeben wurde. Sie begrüßte ihn kurz und sagte:
»Ich bin froh, daß Sie in Sicherheit sind.« (Wie erinnerlich, war es
Fersen, der seinerzeit die Flucht der Königsfamilie organisiert hatte.)
»Jedermann ist von ihr hingerissen«, schwärmte Fersen nach dieser
kurzen Begegnung. »Welch ein Unterschied zur anderen Familie. Sie
stellt alle durch ihr Aussehen und ihr vollendetes Auftreten in den
Schatten.«

Am 27. März erhielt Fersen endlich die Erlaubnis zu einer Privataudienz. Welch eine Enttäuschung, als er feststellen mußte, daß die sogenannte Privataudienz für mindestens ein Dutzend Damen und
Herren arrangiert worden war. Fersen konnte kein einziges Wort mit
Marie Thérèse wechseln, die Haushofmeisterin verstand es, ihre
Schutzbefohlene unauffällig von ihm fernzuhalten. »Sie sah mich un-
unterbrochen unverwandt an«, notierte Fersen. »Ich glaube, sie ist sehr
unglücklich. Es heißt, daß sie sich oft einschließt und weint.«

Im folgenden Sommer schien sich ihr Gemütszustand zu bessern. Sie
übersiedelte mit der Familie nach Schloß Schönbrunn, das ihre Mutter
so geliebt und wo ihre legendäre Großmutter Maria Theresia gelebt

und geherrscht hatte. Dort nahm Marie Thérèse mit Vorliebe an den Spielen der zahlreichen kleinen Erzherzöge und Erzherzoginnen teil, als wollte sie ein Stück ihrer geraubten Jugend zurückgewinnen. Besonders mochte sie die kleine Marie Louise, in der zu diesem Zeitpunkt niemand die zukünftige Herrscherin Frankreichs vermuten konnte.

Die düsteren Stimmungen kehrten zurück, als Anfang 1797 Napoleon zum ersten Mal gegen die österreichische Hauptstadt stürmte und die kaiserliche Familie Hals über Kopf in alle Windrichtungen zerstob. Marie Thérèse wurde nach Prag geschickt, wo eine ihrer Cousinen, Erzherzogin Maria Anna, Tochter Kaiser Leopolds II., als Äbtissin eines (weltlichen) Damenstifts für mittellose adelige Fräulein residierte. Sie war siebenundzwanzig Jahre alt, schwer krank und spuckte häufig Blut – bei Gott nicht die geeignete Gesellschaft für ein ohnehin melancholisches junges Mädchen. »Ich möchte nichts als zurück nach Wien und niemanden mehr sehen«, schrieb Marie Thérèse dem Onkel.

Wieder in Wien, aus der Hofburg ausquartiert und mit neuem Wohnsitz im Schloß Belvedere, verschlimmerte sich ihre Depression. Sie mied die Menschen, und wenn sie mit ihnen zusammentraf, dann wirkte sie verschlossen, hochfahrend, mürrisch. Auch ihr Äußeres hatte sich merklich verändert: Sie ließ Schultern und Mundwinkel hängen, ihr Blick war unstet.

Eines Tages versammelte sich eine Gruppe emigrierter Franzosen vor dem Schloß Belvedere. Sie brachen in Heil- und Segensrufe aus, als Madame Royale vorfuhr. Marie Thérèse wich zurück und hetzte mit wehenden Röcken in den Schloßpark, ohne sich umzusehen. Immer mehr verdichtete sich das Gerücht, diese befremdliche Person sei gar nicht die Tochter König Ludwigs XVI., die echte Marie Thérèse sei längst gestorben, entführt oder werde in dunklen Verliesen gefangengehalten.

Das war natürlich blanker Unsinn, denn nach wie vor war Marie Thérèse ein kostbarer Gast und wurde gehütet wie ein Schatz. Immerhin würde sie nach Erreichen der Großjährigkeit über ein Vermögen von fast 1,5 Millionen Livres verfügen – ein bemerkenswerter Umstand, ob sie nun den Erzherzog Karl heiratete oder nicht.

Sie heiratete ihn nicht, sie bekam schließlich doch ihren Cousin, den Herzog von Angoulême, König Ludwig XVIII. sorgte dafür. Denn: »Das tragische Schicksal meiner Nichte, ihr Mut, ihre Tugenden sichern ihr die Aufmerksamkeit aller Franzosen; es ist wichtig für mich, daraus Nutzen zu ziehen und sie mit meinem Erben zu verheiraten«, hatte er einmal in zynischer Offenheit einem Diplomaten eingestanden.

Der Zukünftige von Marie Thérèse saß nach der Flucht aus Frankreich mit seinem Vater, dem Grafen von Artois, auf Schloß Holyrood in Edinburgh, genoß das schottische Landleben und dachte nicht daran, von sich aus mit Marie Thérèse in Verbindung zu treten, was diese sehnlichst erhoffte. »Er benimmt sich wie ein verflixter englischer Jokkey«, murrte Ludwig XVIII. über seinen Neffen und brachte ihn mit Mühe dazu, einen Brief an Marie Thérèse zu schreiben – den er, der Onkel, selbst aufgesetzt hatte.

Nach Napoleons Blitzfeldzug in Italien mußte Ludwig XVIII. aus Verona fliehen. Der russische Zar Paul I. stellte ihm sein prachtvolles Jagdschloß Mitau in Kurland als standesgemäße Unterkunft zur Verfügung. Der Zar bezahlte auch den immer aufwendiger werdenden Hofstaat des Königs ohne Land, und er tat ein übriges, indem er Kaiser Franz bewog, seine Cousine Marie Thérèse endlich ziehen zu lassen.

Marie Thérèse fühlte sich am Ziel aller Wünsche und schöpfte wieder einmal Mut. Sie verließ Wien am 4. Mai 1799. Nach einer beschwerlichen und gefahrvollen Reise traf sie, über Brünn und Krakau kommend, in Mitau ein.

Es muß ein atemberaubender Anblick gewesen sein, dieses imposante Schloß inmitten sternförmig angelegter Pappelalleen und eines großzügig gestalteten Parks. Im Inneren war für Madame Royale ein Stück Heimat vorbereitet worden. Ludwig XVIII. hatte mit dem Geld des Zaren nicht gespart und für seine Nichte eine Suite mit erlesenen französischen Möbeln und Tapisserien einrichten lassen. Sie fand, so wie einst in Versailles, ein chinesisches Zimmer und – überflüssigerweise – ein eigens aus London bestelltes Cembalo. Marie Thérèse war gänzlich unmusikalisch.

Das erste Zusammentreffen zwischen Onkel und Nichte fand auf der Landstraße statt. Der König fuhr mit dem eilig aus Schottland herbeizitierten Herzog von Angoulême seiner Nichte ein kleines Stück des Weges entgegen. Als ihre Kutsche herannahte, ließ Ludwig anhalten, stieg aus und erwartete sie. Kaum wurde sie seiner ansichtig, stürzte Marie Thérèse aus ihrem Wagen, vergaß alles, was man sie in langen Anstandsstunden über Protokoll und Etikette gelehrt hatte, warf sich dem König, der ihrem Vater so täuschend ähnlich sah, in die Arme, sank dann in den Straßenstaub zu seinen Füßen und stammelte:»Mein Vater, mein Vater...Sire...mein Onkel – oh, entschuldigen Sie, ich bin ganz durcheinander...ich bin so glücklich, so glücklich.« Ludwig hob sie auf. Auch er weinte heftig und küßte die Zwanzigjährige, die er zuletzt vor neun Jahren gesehen hatte.

Wir wissen nicht, was in Marie Thérèse vorging, als sie ihren Bräutigam bemerkte, der bescheiden hinter dem Onkel stand. Vermutlich verschleierten ihr die Tränen der Freude die Sicht auf die jämmerliche Figur eines mageren Jünglings mit überlangen Armen, spindeldürren Beinen und einem nervösen Augentic. Er küßte ihr wortlos die Hand und gab nur ein seltsames Meckern von sich. Vor Angst? Vor Rührung? Vor Verlegenheit?

Die Hochstimmung der Madame Royale verwandelte sich bald in Verzweiflung und Trauer, als sie im Schloß von der Gattin König Ludwigs XVIII., Luise, und den führenden Persönlichkeiten des Hofes begrüßt wurde: Alle fühlten sich bemüßigt, sie mit Leichenbittermienen zu empfangen und ihr mit schwülstigen Worten zum Verlust ihrer Angehörigen zu kondolieren – so, als wären die teuren Toten erst gestern und nicht schon vor Jahren ins Grab gesunken. Abbé Edgeworth, der Beichtvater Ludwigs XVI., nahm sie in Beschlag, schloß sich mit ihr stundenlang in sein Zimmer ein und berichtete von den letzten Stunden ihres Vaters, keine noch so schreckliche Einzelheit auslassend. In Tränen aufgelöst, stürmte Marie Thérèse aus dem Gemach.

Bereits am 10. Juni, Marie Thérèse hatte sich noch kaum von den Anstrengungen der Reise erholt und die abermals beschworenen Gespenster der Vergangenheit verscheucht, stand sie im Prunksaal des Schlosses vor einem provisorisch errichteten Altar und wurde dem Herzog von Angoulême angetraut. Sie trug ein silbernes, über und über mit Perlen besticktes Kleid, um den Hals ein Brillantkollier, das ihr Zar Paul I. als Hochzeitsgeschenk verehrt hatte.

Beim anschließenden Empfang machte sie dennoch einen gelösten Eindruck und unterhielt sich herzlich und lebhaft mit den Gästen. Der junge Ehemann tat den Mund kein einziges Mal auf und wirkte verstört. Alle wußten, warum, nur Marie Thérèse wußte es nicht. Sie sah hinreißend aus – wahrscheinlich war es das letzte Mal in ihrem Leben, daß sie einhellig als »claire beauté« (strahlende Schönheit) bewundert wurde.

Erst in der darauffolgenden Hochzeitsnacht erfuhr Marie Thérèse das düstere Geheimnis ihres Mannes: Louis Antoine, Herzog von Angoulême, war hoffnungslos impotent und sollte es zeit seines Lebens bleiben.

Drei Tage nach der Hochzeit verschwand Angoulême aus Mitau, solcherart seiner Frau wenigstens die Qual seiner leiblichen Gegenwart ersparend. Auch die Frau des Königs reiste ab. Sie lebte in Kiel und wurde nur zu besonderen Ereignissen aus der Versenkung hervorgeholt.

Während in Frankreich Napoleons Stern unaufhaltsam stieg, gab man sich in Mitau müßigen Phantastereien über eine baldige Heimkehr hin. Man vertrieb sich die Zeit mit Kutschenfahrten, Kartenspiel und kleinlichen Querelen um belanglose Fragen der Etikette. Marie Thérèse ging meist allein mit Coco spazieren, begann mit ihrer lebenslänglichen Stickerei und schrieb endlose Briefe an Madame de Tourzel und Madeleine de Chanterenne. Zu berichten gab es nichts, zu träumen um so mehr.

Ein Blitz aus heiterem Winterhimmel zerstörte am 20. Februar 1801 die träge Idylle: König Ludwig XVIII., sein Hofstaat und sämtliche französische Emigranten müßten binnen achtundvierzig Stunden Rußland verlassen, hieß es in einem unmißverständlichen Ukas des Zaren.

Zu diesem grausamen Befehl, der eine neuerliche Emigrationstragödie auslöste, gab es eine burleske Vorgeschichte. Ein Kammerherr Ludwigs hatte sich einem Freund gegenüber auf rüde Weise über den Zaren lustig gemacht. Er war dumm genug, dies nicht mündlich, sondern schriftlich zu tun, und noch dümmer, das Elaborat seiner russischen Mätresse vorzulesen. Die junge Dame bog sich vor Lachen – dann brachte sie den Brief an sich, um ihn postwendend nach St. Petersburg zu schicken. Was der Tölpel von einem Kammerherrn nicht wußte: seine Geliebte war eine Geheimagentin des Herrschers aller Reußen.

Der Zar war großzügig und gewährte Ludwig eine Jahresapanage von 600 000 Livres, er war aber auch ebenso jähzornig wie nachtragend und setzte »das ganze Franzosenpack« mit einem Federstrich auf die Straße. Mitten im Winter, bei mehr als dreißig Minusgraden!

Gespenstische Szenen am 21. Februar 1801 im Hof des Schlosses Mitau: Bei Sturm und heftigem Schneetreiben schleppten Diener das gesamte bewegliche Inventar herbei, und es wurde in einer hastig angesetzten Auktion versteigert. Jeder wußte, unter welchen Druck die Franzosen standen, der ganze kostbare Besitz ging um den berühmten »Pappenstiel« weg. Gierig, als gäbe es etwas zu plündern, rissen die Leute die Sachen an sich – auch die Nachttöpfe. Ungereinigt!

Der Schneesturm hielt in unverminderter Heftigkeit an, als ein trister Zug das Schloß verließ – in Kutschen, da keine Schlitten zur Verfügung standen.

In überfüllten Bauerngasthäusern wurde gerastet. Einmal schlief Marie Thérèse auf einem Schemel sitzend in einer eisigen Kammer, einmal teilte sie mit drei Hofdamen zwei verwanzte Betten vor einem glühenden Kachelofen. In einer anderen Herberge war das einzige Fremdenzimmer von einem russischen Offizier belegt. Er weigerte sich, es zu räumen. Die Gesellschaft fand erst lang nach Mitternacht ein schützendes Dach.

Schließlich kam, was kommen mußte. Die Kutschen blieben in einer Schneewächte stecken, konnten weder vor noch zurück. Der König, dick und gichtig, auf den Abbé Edgeworth gestützt, und Marie Thérèse, Coco auf dem Arm, zogen es vor, ihr Heil in der Flucht zu suchen, statt hilflos in der Kutsche zu erfrieren. Sie wateten stundenlang durch knietiefen Schnee und erreichten gegen Abend, mehr tot als lebendig, ein Dorf. Dort warteten bereits die Kutschen und ihre Reisegefährten, denen es überraschenderweise doch gelungen war, der Schneehölle zu entkommen.

Bei Polangen überschritten die Flüchtlinge, an der Spitze der »Graf von Lille« und die »Marquise von Leilleraye« – so die Alias-Namen von Onkel und Nichte – die preußische Grenze. Am 27. Februar trafen sie in Memel ein. Zu ihnen stießen Scharen weiterer Franzosen, die ebenfalls aus Rußland vertrieben worden waren und die nun von ihrem König Rat, Hilfe und vor allem materielle Unterstützung erhofften. Der König war rat-, hilf- und mittellos. Um so energischer ergriff Marie Thérèse die Initiative. Sie verkaufte ihren gesamten Schmuck, das einzige, was sie gerettet hatte, und bekam, wie zu erwarten, nur einen Bruchteil seines Wertes in Bargeld. Doch fürs erste reichte es. Überdies sandte Madame Royale einen Hilferuf an ihre »liebe Schwester und Cousine«, Königin Luise von Preußen. Doch die Antwort ließ auf sich warten. So entschied Marie Thérèse, nach Königsberg weiterzureisen, in der Hoffnung, dort mehr Unterstützung zu erhalten. Am 9. Februar hatten alle bereits die Kutschen bestiegen, doch die Abfahrt verzögerte sich: Marie Thérèses Beichtvater fehlte. Endlich hielt man in seiner Unterkunft Nachschau – und fand den armen Mann tot an einem Strick hängend. Aufregung, Skandal, hochnotpeinliche Untersuchungen durch die preußischen Behörden. Heraus kam nichts. Es sollte bis zum 24. Februar dauern, ehe das elende Häuflein in Königsberg eintraf. Dort erwartete sie allerdings die Frohbotschaft, daß König Friedrich Wilhelm III. bereit sei, ihnen Asyl zu gewähren – allerdings nicht in Preußen selbst, sondern in Warschau, das damals von Preußen besetzt war – in sicherem Abstand zum großen Weltgeschehen. Das Schloß Lazienski wurde ihnen als Wohnsitz zugewiesen, eine jährliche Apanage von 200 000 Livres in Aussicht gestellt; das war nur ein Drittel dessen, was der Zar zu spendieren bereit gewesen war.

Der Hofstaat, zu dem nun auch wieder der Herzog von Angoulême gestoßen war, umfaßte vierzig Personen. Marie Thérèse hatte die Leitung des Haushalts übernommen, und sie mußte verzweifelt sparen. Der alte Palast wurde kaum geheizt, das Essen war spartanisch, jeder einzelne, der König und Angoulême eingeschlossen, erhielt nur ein bescheidenes Taschengeld.

»Unsere Situation ist verzweifelt«, schrieb Ludwig seinem Bruder, dem Grafen von Artois, Vater des Herzogs von Angoulême. Umgehend lud der Graf Sohn und Schwiegertochter nach London ein, wo er jetzt mit seinem zweiten Sohn, dem Herzog von Berry, in angenehmen finanziellen Verhältnissen lebte. Ludwig lehnte entsetzt ab. Erstens lag ihm nichts ferner, als sich von Marie Thérèse, diesem wertvollen politischen Kapital, zu trennen, und zweitens schien die Londoner Menage seines Bruders und dessen Sohn eine höchst unpassende Umgebung für das ehrbare Herzogspaar von Angoulême. Der Graf von Artois lebte nämlich in ungenierter Offenheit mit einer Mätresse zusammen, der junge Herzog von Berry hatte gar eine bürgerliche Miß Brown geehelicht und war glücklicher Vater zweier Töchter. Nein, nein, lieber sollten die Angoulême in Warschau mit Anstand hungern und frieren, als im Londoner Sündenpfuhl moralisch verkommen!

Bewegung in die Warschauer Langeweile brachte am 26. Februar 1803 ein Emissär des mittlerweile zum Ersten Konsul gewählten Napoleon.

Ludwig und Marie Thérèse empfingen den Abgesandten, der ein phantastisches Angebot unterbreitete: Sollte Ludwig XVIII. offiziell auf seine Thronansprüche verzichten, würde der Staat ihm und seiner Familie eine fürstliche Rente aussetzen und ihm die Rückkehr nach Frankreich gestatten.

Marie Thérèse und der König mußten sich nicht lange bedenken, ehe Ludwig dem Gesandten die schriftliche Antwort an »Monsieur Buonaparte« überreichte, in der es unter anderem hieß: »Ich weiß nicht, welches Schicksal der Herr mir und meiner Familie beschieden hat, aber ich weiß, welche Verpflichtungen er mir auferlegte, als es ihm gefallen hat, mich zum König zu machen. Als Christ werde ich meine Pflicht bis zum letzten Atemzug erfüllen . . . Wir haben alles verloren, aber nicht unsere Ehre.«

Napoleon ließ lange nichts von sich hören, gab dann aber eine Antwort wie ein Paukenschlag: Er krönte sich am 2. Dezember 1804 zum Kaiser.

Erst zehn Monate später traf sich Ludwig mit seinem Bruder, dem Grafen von Artois, im schwedischen Kalmar, von wo aus sie Protest gegen Napoleons provokanten Schritt erhoben. Napoleon reagierte, wie zu erwarten, überhaupt nicht. Sehr wohl aber reagierte der König von Preußen, demgegenüber sich Ludwig verpflichtet hatte, jegliche politische Betätigung zu unterlassen. Der »Graf von Lille« wurde gebeten, Warschau samt Anhang baldmöglichst zu verlassen.

Was nun? Was tun? Rettung kam neuerlich vom Zaren, diesmal von Alexander I., der seinem Vater Paul I. auf den Thron gefolgt war. Ludwig und die Seinen könnten, wenn sie wollten, nach Mitau zurückkehren.

Zar Alexander I. war nicht so cholerisch und nicht so rachsüchtig wie sein Vater – zu Ludwigs Leidwesen aber auch nicht so freigebig wie Paul I. Er stellte ein Schloß zur Verfügung, sonst nichts.

Schloß Mitau war leergeräumt. Die Familie vegetierte in den paar beschädigten, schäbigen Möbelstücken, die bei der Auktion vom Februar 1801 keinen Käufer gefunden hatten. Sie froren, sie hungerten, der ganze Hofstaat war auf ein knappes Dutzend unentwegt Getreuer zusammengeschmolzen.

»Mitau, das war einst wie St.-Germain. Mitau heute ist nicht mehr als ein Obdachenlosenasyl«, klagte Ludwig in einem Brief an den Bruder.

König Ludwig XVIII.

Und dann brannte am 7. April 1806 auch noch das Schloß zur Hälfte ab: Brandstiftung! An drei Stellen war Feuer gelegt worden. Ludwig war fest davon überzeugt, daß dies ein weiteres Attentat auf seine Person war. Schon einmal, ein paar Monate zuvor, hatte es in Warschau einen merkwürdigen Zwischenfall gegeben. In der Küche wurde ein Mann ertappt, als er Arsen in die für die königliche Tafel bestimmte Suppe schütten wollte. Weder die Auftraggeber des Warschauer Anschlags noch die von Mitau konnten je ausgeforscht werden. Für Ludwig allerdings stand fest, daß Napoleon der Drahtzieher war. Eine reichlich abwegige Idee: denn der Kaiser fegte wie ein Sturmwind über Europa und machte es sich untertan – was interessierte ihn ein abgewirtschafteter Bettelkönig im Exil?

Österreich war geschlagen, Preußen niedergezwungen, Napoleon dabei, sich – zumindest für den Augenblick – mit dem Zaren zu arrangieren. Der Boden in Mitau wurde langsam heiß!

Ludwig XVIII. bekam es mit der Angst zu tun, er beschloß, in England um politisches Asyl zu bitten. Der König und der Herzog von Angoulême machten sich im November 1807 auf die Reise. Zurück blieben Marie Thérèse und Luise. Letztere hatte in Kiel in solch erbarmungswürdigem Elend gelebt, daß Ludwig sie nach Mitau holte. Dort waren die Verhältnisse auch karg genug – doch man war wenigstens beisammen.

Ludwig und sein Neffe fanden in England freundliche Aufnahme. Sie durften bleiben. Der Herzog von Buckingham lud sie auf sein Sommerschloß nach Essex ein. Die Gastfreundschaft des Herzogs war überwältigend – an Bargeld allerdings war der König nach wie vor knapp. Es sollte bis zum Sommer 1808 dauern, ehe er die Reisekosten für seine Frau und seine Nichte aufbringen konnte.

Marie Thérèse verbrachte in Mitau mit ihrer Tante einen langen, kalten, einsamen Winter. Sie las, sie schrieb viele Briefe, und sie stickte mit klammen Fingern an ihren ewigen Deckchen. Manchmal lud sie die Damen der Honoratioren von Mitau zum Tee; es war eine undefinierbare laue Brühe, aus einer verbeulten Zinnkanne serviert, und dazu gab es staubtrockene Kekse, als deren einzige Ingredienzien beim besten Willen nicht viel mehr als Mehl und Wasser zu schmecken waren.

Endlich durften die beiden Frauen und ihre wenigen Begleiter nach

England fahren. Ludwig hatte in der Nähe von London ein bescheidenes Landhaus gefunden, in dem die Bourbonen einigermaßen unabhängig leben konnten, nachdem der englische Hof und eine Reihe reicher Aristokraten unauffällig dafür sorgten, daß das Bankkonto des Königs regelmäßig aufgefüllt wurde.

Sie lebten sehr ruhig und sehr bürgerlich, und sie flüchteten sich, wenn sie am Abend vor dem Kaminfeuer saßen, in phantastische Träumereien: Was wäre, wenn – Napoleon geschlagen würde? Was wäre, wenn – das Volk von Frankreich den König auf seinen Thron zurückriefe? Was wäre, wenn – Napoleon eine Erzherzogin aus dem Hause Habsburg heiratete, ja – was wäre denn dann? Daran hatten die armen Menschen in ihren schlimmsten Alpträumen nicht gedacht. Die Nachricht von der Hochzeit des Kaisers mit Marie Louise traf sie darum mit unerwarteter Wucht. Der König weigerte sich, mit irgend jemandem über das Thema zu reden, Marie Thérèse zog sich in ihr Zimmer zurück und war tagelang unansprechbar. Man mußte sich das einmal vorstellen: Das »Monster«, der »Usurpator«, der Erzfeind, der Emporkömmling besaß mit einemmal das verbriefte Recht, Marie Thérèse »meine liebe Cousine« zu nennen. Und als zehn Monate später dem französischen Kaiserpaar auch noch ein Sohn geboren wurde, da war dieser »Bastard« in der Tat ein echter Blutsverwandter, ein Urenkel von Marie Thérèses eigener Großmutter, der Kaiserin Maria Theresia! Die Wut wich einer Art Betäubung und ging schließlich in Resignation über. Es wollte sich auch keine Erleichterung einstellen, als Ludwig eines Tages, Ende 1812, beim Frühstück lakonisch erklärte: »Napoleon ist am Ende.« Das war nach dem russischen Feldzug.

Bis Napoleon in der Völkerschlacht bei Leipzig (Oktober 1813) geschlagen wurde, bis die Sieger am 30. März 1815 in Paris einmarschierten, der Senat Napoleon absetzte und auf die Insel Elba verbannte, erfolgte endlich der langersehnte Ruf an Ludwig XVIII., auf den verwaisten Thron zurückzukehren. Aber er kam nicht vom »bon peuple«, dem guten Volk Frankreichs, sondern auf Druck der Alliierten.

Nachdem der Herzog von Angoulême bereits einige Zeit früher nach Frankreich aufgebrochen war, um im Süden nach dem Rechten zu sehen, konnte sich Ludwig an die beschwerliche Heimkehr machen. Beschwerlich darum, weil der Neunundfünfzigjährige, von einer enormen Leibesfülle geplagt, überdies an einem heftigen Gichtanfall litt und kaum gehen konnte. Man mußte ihn auf einem eigens konstruierten Sessel die meiste Zeit tragen. An seiner Seite die nun fünfunddreißigjährige Marie Thérèse, auch sie längst ihrer »claire beauté« verlustig, aus dem Leim gegangen und in für sie unvorteilhaftes Weiß, die Farbe der Bourbonen, gekleidet. Königin Luise sah die Heimat nicht wieder, sie war in England gestorben.

Am 24. April landete das seltsame Paar in Calais, freundlich, aber nicht enthusiastisch empfangen von einer großen Menschenmenge. Die meisten trugen tellergroße weiße Bourbonen-Kokarden, welche die rot-weiß-blauen der Revolutionszeit vergessen machen sollten. Im übrigen ging Ludwigs Kalkül auf: Das Interesse richtete sich in erster Linie auf Madame Royale, eine Welle des Mitgefühls und der Sympathie schlug der armen Haut entgegen, letztes überlebendes Opfer des Massakers an ihrer Familie. »Sie ersetzt [dem König] eine Armee von 100 000 Mann«, stellte ein zeitgenössischer Historiograph fest.

Am 3. Mai 1814 dann in einer sechsspännigen Kutsche der feierliche Einzug in Paris. Der König trug Uniform. Marie Thérèse hatten die Hofdamen, entsetzt über ihre hausbackene englische Garderobe, dazu überredet, sich durch die erste Schneiderin von Paris, Madame Minette, eiligst ein passendes Staatsgewand anfertigen zu lassen. Weich fließendes Silberlamé überspielte geschickt die üppigen Formen der Madame Royale. Auf dem Kopf trug sie ein flottes Käppchen mit weißen Straußenfedern. Dennoch wirkte sie nicht glücklich. Sie wirkte ausgesprochen unglücklich bei der Fahrt durch Paris.

Ihre Augen waren rot verschwollen, so als hätte sie eben geweint oder würde jeden Augenblick in Tränen ausbrechen. Sie war sichtlich irritiert durch die vielen Leute, die sie unverhohlen anglotzten und aus deren Reihen nur hin und wieder ein mattes »Vive le roi, vive Madame Royale« ertönte. Sie war irritiert durch das Dröhnen der Kirchenglocken, das Ballern der Kanonen, das Knattern der Salutschüsse – lautstarke Erinnerungen an den Tag, da ihr Vater hingerichtet worden war.

Nach einem Dankgottesdienst in Notre Dame endlich Ankunft in den Tuilerien, die Marie Thérèse zweiundzwanzig Jahre zuvor verlassen hatte. In der Halle standen weißgekleidete Mädchen und überreichten ihr einen Strauß weißer Lilien. Geistesabwesend nahm sie die Blumen, drückte sie einer Hofdame in die Hand, wandte sich ohne ein Dankeswort ab und ging in das Zimmer ihrer Mutter. Eine Weile stand sie am

Marie Thérèse

Fenster und starrte in den Garten. Dann brach sie lautlos, wie vom Blitz gefällt, zusammen.

Schon zwei Tage später ließ sie sich zum Grab ihrer Eltern fahren. Sie kniete nieder und betete lange; auf einmal warf sie sich mit ausgebreiteten Armen über den Hügel, krallte die Hände in die Erde, und ihr ganzer Körper wurde von krampfartigem Schluchzen geschüttelt ... Die alten Wunden, die nie verheilt waren und auch nie mehr verheilen konnten, brachen mit aller Macht wieder auf. Sechzehn Jahre lang war Marie Thérèse – mit einer kurzen Unterbrechung, von der später die Rede sein wird – die Erste Dame ihres Landes, sechzehn Jahre lang wurde sie durch die Gespenster der Vergangenheit wie von Furien gehetzt. Es war in Wien, als man ihr befahl, sich sofort nach der Ankunft in Trauerkleidung zu hüllen, es war in Mitau, wo sie durch den Abbé Edgeworth mit den Schauergeschichten über den Tod ihres Vaters gemartert wurde.

Wo sie jetzt auch hinkam, sie wurde immer wieder, immer wieder daran erinnert, wer sie war und was sie durchgemacht hatte: die Tochter des Märtyrerkönigs, die Waise vom Temple, das Opferlamm. Bekannte und Freunde kondolierten ihr pausenlos – nach zwei Jahrzehnten! – zum Tod der Eltern und bedauerten ihr schreckliches Geschick. Keine Delegation, die zu ihr kam oder die sie, bei ihren Rundreisen durch die Provinzen, begrüßte, versäumte es, in langen, geschraubten Reden das Thema stets von neuem aufzurollen. Über den Straßen fanden sich Spruchbänder wie: »Ludwig und Marie Antoinette, sie leben in Ihnen. Wir sinken vor Ihnen auf die Knie.« Oder: »Vergessen Sie die schrecklichen Zeiten, ein Engel wird Ihre Tränen trocknen.« In Toulon lautete die Botschaft von einem vierzehn Meter hohen Triumphbogen: »Preist die große Seele, bewundert ihr Unglück und ihre Standhaftigkeit.« Ganz zu schweigen von den Gedichten, die man ihr überreichte, von den Chören, die man ihr sang, von den lebenden Bildern, die man ihr vorführte, die alle unter diesem Motto standen: Blut, Mord, Elend, Trauer, Verlassenheit.

In Nantes hatte man sich eine besonders makabre Überraschung ausgedacht. Marie Thérèse kam spätabends an, man führte sie mit allen Anzeichen spannungsvoller Erwartung in ein stockdunkles Zimmer, hob abrupt die Vorhänge – und der Blick war frei auf den Hauptplatz, vollgefüllt mit Tausenden Menschen, um das überlebensgroße, hell angeleuchtete Denkmal ihres Vaters geschart. Weinend wandte sie sich vom Fenster ab und verlor wenig später das Bewußtsein.

Eines Abends fuhr sie durch ein Dorf, und der Kutscher mußte anhalten, um die Pferde zu wechseln. Auf die Frage, wo man denn sei, lautete die Antwort: »In Varennes.« Marie Thérèse erlitt einen hysterischen Anfall und kreischte: »Fahren Sie, fahren Sie sofort. Hier kann ich keinen Augenblick länger bleiben.«

Und dann kam der unglückselige Dr. Pelletan eines Tages zur Audienz, der die Leiche ihres Bruders obduziert und das Herz an sich genommen hatte. Er bildete sich ein, Madame Royale eine besondere Freude zu machen, wenn er ihr das kostbarste Überbleibsel des teuren Toten überreichte. Madame Royale ließ ihn hinauswerfen . . .

Am 19. März 1815 befand sich das Ehepaar Angoulême in Bordeaux, die Stadt gab zu Ehren der hohen Gäste einen Ball. Mitten im Festestrubel näherte sich ein Adjutant Marie Thérèse – nicht dem Herzog! – und flüsterte ihr etwas ins Ohr: Napoleon war aus Elba geflohen und hatte bereits das Festland betreten.

Der Herzog war ratlos, aber seine Frau wußte, was zu tun. Sie befahl ihrem Mann, in die Provence zu eilen und sich Napoleon entgegenzustellen. »Um Bordeaux kümmere ich mich«, erklärte sie. Marie Thérèse organisierte Freiwillige, schickte sie dem Herzog nach, inspizierte Truppen, machte die Festung abwehrbereit.

Doch Napoleon war unaufhaltsam auf dem Weg nach Paris. Soldaten und Offiziere – unter ihnen der berühmte Marschall Ney – liefen in Scharen zu ihm über. Auf den Mauern der Tuilerien fanden sich Schmierinschriften: »Der Kaiser bittet den König, ihm keine weiteren Truppen zu senden, er hat bereits genug.« Die Pariser Zeitungen, die vorgestern noch gezetert hatten: »Das Monster ist gelandet«, jubelten heute: »Vive l'Empereur, willkommen daheim.«

Angoulême raste Hals über Kopf nach Paris; zurück blieb eine führerlose Armee – sie hatte keinen einzigen Schuß abgegeben.

»Ich flehe Sie in Gottes Namen an, verlassen Sie Paris«, schrieb ihm Marie Thérèse. »Der König braucht Sie nicht, Ihr Platz ist bei Ihren Truppen und nicht beim Kronrat, der ohnehin nur Unsinn von sich gibt.«

Angoulême ignorierte die flehenden Worte seiner Frau und setzte sich mit der übrigen Königsfamilie nach Gent ab.

Marie Thérèse harrte in Bordeaux aus. Sie ritt von Kaserne zu Kaserne, um Offiziere und Soldaten an ihren Treueid auf den König zu erinnern. In der St-Raffael-Kaserne schritt sie langsam die Front der angetretenen Soldaten ab und appellierte an die Offiziere:»Meine Herren, Bordeaux ist bedroht... Stehen Sie zu Ihrem Eid auf den König?«
Der Oberst antwortete:»Madame, Sie können auf uns zählen, wenn es um Ihre Sicherheit geht... Aber wir wollen keinen Bürgerkrieg, wir wollen kein Bruderblut vergießen.«
»Ihre Brüder? Das sind Aufständische!« Plötzlich wurde sie laut:»Gibt es hier keinen einzigen Mann, der seinen Eid hält?«
Zögernd erhoben sich drei oder vier Säbel.
»Zu wenig«, sagte sie, drehte sich um und verließ den Hof.
In der nächsten Kaserne wurde sie mit einem vielstimmigen »Vive l'Empereur« empfangen. Sie machte auf der Stelle kehrt.
Schließlich Château Trompette, wo das Hausregiment ihres Mannes in Garnison lag. Der Kommandant erklärte:»Ich darf nur Befehle vom König entgegennehmen.«
»Dann folgen Sie dem König, ich bin seine Stellvertreterin.«
»Nein, Madame, meine Soldaten kämpfen nicht gegen Franzosen.«
Sie war den Tränen nahe:»Mein Gott, es ist schrecklich, nach all dem Unglück und zwanzig Jahren Exil wieder ins Exil gehen zu müssen. Ich werde niemals aufhören, für Frankreich zu kämpfen, denn ich bin Französin. Aber ihr seid keine Franzosen mehr.«
Ein junger Leutnant trat vor:»Madame, ich bin kein Verräter.« In Begleitung dieses einzigen Mannes verließ Marie Thérèse Château Trompette.
Auf dem Hauptplatz von Bordeaux hatte sich eine Menschenmenge angesammelt: brave Bürger und Handwerker, die längst nicht mehr nach Ruhmestaten lechzten, sondern ruhiges Leben und ungestörte Geschäfte im Sinn hatten. Als Marie Thérèse dort in der Kutsche eintraf, wurde sie heftig akklamiert. Sie stieg aus, stellte sich auf das Trittbrett und brachte mit einer Geste die Menschen zum Schweigen.
»Leute«, rief sie, »ich verlange von euch einen neuen Eid. Seid ihr bereit, alles zu tun, was ich von euch verlange?«
»Ja«, erscholl es vielstimmig, »wir schwören.«
»Nun denn, liebe Leute, dann befehle ich euch, jeden Gedanken an Widerstand aufzugeben. Nach allem, was ich gesehen habe, ist jeder

Widerstand zwecklos. Bewahrt dem König eure Treue für bessere Zeiten.«

Am 2. April reiste sie aus Bordeaux ab, vierundzwanzig Stunden später wurde die Stadt von napoleonischen Truppen besetzt.

Über England erreichte Marie Thérèse Gent und stieß dort zu ihren hasenfüßigen Verwandten. »Sie ist der einzige Mann in der Familie«, meinte Napoleon, als man ihm vom dreizehntägigen Ausharren der Madame Royale in Bordeaux berichtete. »Die einzige würdige Nachfolgerin der Kaiserin Maria Theresia«, fügte ein General respektvoll hinzu.

Am 18. Juni 1815 wurde Napoleon bei Waterloo endgültig geschlagen, und am 27. Juli zogen die Bourbonen neuerlich in Paris ein – diesmal mit lautem Jubelgebrüll empfangen. Die Pariser Zeitungen beteuerten, das Volk lechze danach, »das göttliche Antlitz Ludwigs XVIII. wiederzusehen«.

Wut, Haß, Angst und grenzenlose Enttäuschung, jahrzehntelang aufgestaute Gefühle machten sich mit einer gewaltigen Eruption Luft: Marie Thérèse wurde die Triebfeder der »Ultras«, jener Kräfte der Gegenrevolution, die als »Weißer Terror« unrühmlich bekannt wurden. In den Appartements der Madame Royale wurden die Pläne diskutiert, die Strategien festgelegt, wie an den »Verrätern der hundert Tage« Vergeltung geübt werden sollte. Es war ihre Autorität als »Waise vom Temple«, als »Tochter des Märtyrerkönigs«, als »Heldin von Bordeaux«, der sich niemand zu widersetzen wagte – schon gar nicht der immer hinfälliger werdende Ludwig XVIII., der schließlich voll und ganz unter ihren Einfluß, ja, in eine gewisse emotionale Abhängigkeit zu seiner Nichte geriet.

Der Weiße Terror verzichtete auf die Guillotine: Die Verräter wurden erschossen. Das Wort Gnade war aus Marie Thérèses Wortschatz gestrichen. »Gnade? Man würde sie nur für Schwäche halten«, erwiderte sie dem Zaren Alexander I., der sich für einen zum Tode Verurteilten einsetzte. Und stets aufs neue brach das alte Trauma durch: »Man weiß genau, was aus meinem Vater geworden ist, weil er zu milde und zu nachgiebig war.«

Die Frau eines des Hochverrats angeklagten Generals warf sich vor ihr auf die Knie – Marie Thérèse wandte sich wortlos ab. Sie weigerte sich, die Frau des zum Tode verurteilten Marschall Ney zu empfangen, de-

Charles Ferdinand, Herzog von Berry

ren Mutter sich einst aus Kummer über den Tod Marie Antoinettes das Leben genommen hatte. Der Marschall wurde, wie Hunderte andere auch, erschossen.

Öl in die lodernde Flamme der Gegenrevolution goß Pierre Louis Louvel, ein ehemaliger königlicher Sattler und fanatischer Bourbonenhasser. Er stach am 13. Februar 1820 angesichts Hunderter Augenzeugen den Herzog von Berry, Marie Thérèses Schwager, vor der Oper nieder. Man schleppte den Schwerverletzten ins Vestibül, und Marie Thérèse mußte hilflos zusehen, wie der Herzog, in einem Fauteuil zusammengesunken, elend dahinstarb, während eine Schar aufgeregter Damen vergeblich versuchte, das stoßweise quellende Blut mit Taschentüchern und hastig zerrissenen Unterröcken zu stillen.

»Sire«, sagte Marie Thérèse nach dem tragischen Tod des Herzogs, der persönlich mit dem Weißen Terror kaum etwas zu tun gehabt hatte, »wir stehen vor einer neuen Revolution. Handeln Sie, solange es Zeit ist.« Ludwig XVIII. handelte und entließ die letzten gemäßigten Minister aus der Regierung.

Acht Monate nach der Ermordung ihres Mannes wurde die Witwe des Herzogs von einem gesunden Knaben entbunden. Er wurde auf den Namen Henri getauft, erhielt den Titel eines Herzogs von Bordeaux und war, nach dem Herzog von Angoulême, der nächste Anwärter auf den französischen Thron. An erster Stelle stand sein Großvater, Charles, Graf von Artois.

Die Herzogin-Witwe war selbstverständlich nicht mit jener Anne Brown identisch, die Berry zum Mißfallen von Ludwig XVIII. in London geheiratet hatte. Die Ehe war nach Ludwigs Thronbesteigung in aller Stille geschieden und der junge Mann mit Maria Carolina von Neapel verheiratet worden. Ihre Großmutter und Marie Thérèses Mutter waren Schwestern gewesen.

Trotz dieser nahen Verwandtschaft hegte die immer griesgrämiger werdende Marie Thérèse keine sonderlich innigen Gefühle für ihre junge Nichte – und das aus mehreren triftigen Gründen: Maria Carolina war mit schönster Offenheit und strahlend zur Schau getragener Freude viermal schwanger (zwei Kinder starben allerdings früh, es überlebten nur Henri und seine zwei Jahre ältere Schwester Louise) – ein Zustand, der Marie Thérèse versagt geblieben war; Maria Carolina war auch höchst eigenwillig und kümmerte sich keinen Deut um Marie Thérèses langweilige Etikettevorschriften. Sie spazierte unbekümmert allein durch die Stadt, nahm gelegentlich in Dieppe vor aller Augen ein erfrischendes Bad im Meer und stürzte sich, ohne Begleitung, ins Karnevalstreiben. Sie war blond, hatte riesige rehbraune Augen und einen viel zu großen Mund. »Nichts an ihr ist schön«, sagte Ludwig einmal, »aber alles charmant . . . Sie ist wie ein Bukett aus Rosen und Lilien.«

Dem König war nicht mehr viel Zeit gegeben, sich an dem »Bukett aus Rosen und Lilien« zu erfreuen. Er starb am 16. September 1824 im Alter von neunundsechzig Jahren. Sein zwei Jahre jüngerer Bruder, der Graf von Artois, Vater des Herzogs von Angoulême, folgte ihm als Karl X. auf dem Thron. Der Herzog von Angoulême und seine Frau Marie Thérèse waren nun Dauphin und Dauphine – im schon recht reifen Alter von neunundvierzig beziehungsweise fünfundvierzig Jahren.

Mit der in der alten Krönungsstadt Reims pompös zelebrierten Krönung Karls X. ging der Einfluß der Madame Royale auf die Staatsgeschäfte spürbar zurück. Karl machte seine eigene Politik; sie war noch wesentlich reaktionärer als die seiner Nichte. Sogar Marie Thérèse war entsetzt über die Vernichtung selbst der leisesten liberalen Regung – aber sie hatte nichts mehr zu vermelden.

Um so eifersüchtiger hütete sie ihre Stellung als Erste Dame des Landes, und das war gleichbedeutend mit lähmender Langeweile bei Hof. Ihre Gesellschaften waren der Schrecken aller Eingeladenen. Madame saß im Salon auf einem Sofa und war hauptsächlich damit beschäftigt, emsig zu sticken, während alle Damen ehrfurchtsvoll schweigend im Kreis um sie standen, bange darauf wartend, ob Marie Thérèse einmal das Wort an sie richten würde, kurz, scharf, mit leicht bellender Stimme und so, als ob jede Antwort unerwünscht sei.

Der König spielte mit einigen Herren Whist, der Herzog von Angoulême hatte ebenfalls eine Herrenrunde um sich versammelt, blinzelte durch sein Lorgnon und gab gelegentlich das für ihn typische mekkernde Lachen von sich. Präzise nach zwei Stunden wurde die Gesellschaft hinauskomplimentiert, und die Familie begab sich zu Bett.

Manchmal überkam Marie Thérèse unbezähmbare Unruhe. Dann ließ sie anspannen und hetzte wochenlang über Land, von fünf Uhr früh bis weit nach Einbruch der Dunkelheit und mit einem enormen Ver-

König Karl X.

schleiß an Pferden: Zwölf Stundenkilometer war die Durchschnittsgeschwindigkeit der Kavalkade, auf die mancher Bürgermeister, manche Ehrengarde, manche Jubeljungfrau vergeblich wartete; Marie Thérèse schien sich einen Sport daraus zu machen, entweder viel zu früh oder Stunden verspätet an ihren Reisezielen zu erscheinen.

So schroff, so kalt sie nach außen wirkte, so mitfühlend und hilfreich war sie im verborgenen. Ihr Privatsekretär und enger Berater, Baron de Charlet, unterhielt ein eigenes Büro mit zahlreichen Beamten, von dem aus die verschiedenartigen sozialen Hilfswerke der Madame Royale geleitet wurden. Die Hälfte ihrer stattlichen Jahreseinkünfte von 300 000 Franc flossen über diese Stelle Kranken und Alten, notleidenden Müttern und schuldlos Verarmten zu. Sie hatte am eigenen Leib erfahren, was es hieß, zu hungern und zu frieren, und sie vergaß es ihr Lebtag nicht.

Während Marie Thérèse sich mehr und mehr ihren privaten Interessen widmete – auch ein Landgut gehörte dazu –, berief Karl X. 1829 eine neue Regierung, die härteste und rückschrittlichste seit dem Beginn der Restauration. »Das ist keine Regierung, das ist eine Provokation«, murrten die Franzosen. Marie Thérèse fühlte instinktiv das Herannahen einer Katastrophe und bat den Onkel und Schwiegervater um Mäßigung. »Ich will nicht wie mein Bruder enden. Ein bedrängter König hat nur die Wahl zwischen dem Thron und dem Schafott«, entgegnete er.

Der Groll der Untertanen schien im April 1830 besänftigt, als Frankreich überfallsartig Algier eroberte und das Volk endlich wieder einmal in der Glorie der »Grande Nation« baden konnte. Karl X. hielt nun die Stimmung für günstig, um die Schraube noch eine Drehung stärker anzuziehen: Am 25. Juli erließ er fünf sogenannte »Ordonnanzen«, deren aufreizendste die totale Abschnürung der Pressefreiheit, die Auflösung der Kammern und die Umwandlung des Wahlrechts in eine bloße Farce darstellten.

Er war gewiß, daß das »gute Volk« die Zertrümmerung der letzten Errungenschaften der Revolution schlucken werde, und darum befand sich Karl gar nicht in Paris, als die »Ordonnanzen« veröffentlicht wurden. Während der König und sein Sohn im Sommerschloß Rambouillet die Zeit mit Whist totschlugen, brach in Paris am 27. Juli die Hölle los, die zweite Revolution nach nur einundvierzig Jahren. Zwei Tage lang tobten Straßenkämpfe, dann liefen die meisten Soldaten zu den Rebellen über und halfen mit bei der Erstürmung der Tuilerien und des Louvre. Am 30. Juli wurde das Rathaus besetzt, die Regierung gestürzt, und es konstituierte sich ein liberales Kabinett. Das Militär griff nicht nur nicht ein, es zog sich sogar zurück.

Während sich in Paris die Ereignisse überstürzten, war Marie Thérèse auf der gemächlichen Heimkehr von einer Badekur in Vichy. In Mâcon erfuhr sie schon am 28. Juli von den fünf verhängnisvollen Ordonnanzen und schätzte sie richtig ein: »Was für ein Unglück, daß ich nicht in Paris war ... Es wird große Schwierigkeiten geben ... Ich habe keine Angst, aber ich fürchte um den König.«

Die Provinzbevölkerung verhielt sich noch ruhig, Soldaten präsentierten die Gewehre, wenn Marie Thérèse mit ihrer Wagenkolonne vorbeifuhr, aber viele Leute schrien bei ihrem Anblick: »Es lebe die Verfassung!«

Am 30. Juli, in Dijon, ereilte Marie Thérèse die Schreckensnachricht vom Ausbruch der Revolution in Paris. Sie war bestürzt: »Mein Gott, es fließt französisches Blut.«

Auf ihrem weiteren Weg begegneten ihr Teile jener Truppen, die Paris freiwillig geräumt hatten. Marie Thérèse sprach einen Obersten an: »Können wir überhaupt noch mit Ihnen rechnen?« Der Mann zuckte die Achseln: »Ich weiß es nicht, Madame.« Die Soldaten trugen statt der weißen Bourbonenkokarden bereits wieder die rot-weiß-blauen der Revolution, von den Häusern wehte die Trikolore.

Die Stimmung der Bevölkerung wurde zunehmend feindselig. Baron de Charlet, der seine Herrin, wie gewöhnlich, begleitete, begann um ihr Leben zu bangen. Er riet ihr, sich vom auffälligen Troß zu trennen und allein in einer neutralen Kutsche weiterzureisen. Was mag in Marie Thérèse vorgegangen sein, als sie sich in Torenne, in der Maskierung einer Kammerfrau, bei Nacht durch die Hintertür des Rathauses schlich? Die Parallelen mit der Flucht nach Varennes waren nur zu deutlich. Diesmal allerdings gab es keine Zwischenfälle. Marie Thérèse entkam unerkannt. Auf dem Kutschbock saß Charlet – in der einen Hand die Zügel, in der anderen eine Pistole.

Auf Seitenwegen erreichte Marie Thérèse am 1. August Schloß Rambouillet, rundum von (noch) königstreuen Truppen beschützt.

Marie Thérèse traf den König im großen Salon. Onkel und Nichte umarmten einander unter Tränen. »Vater, Vater, was haben Sie getan?« klagte sie. »Bitte verzeihen Sie mir«, murmelte der König. Sie faßte sich: »Vater, ich werde Ihr Unglück mit Ihnen teilen. Wir werden uns nie mehr trennen.«

Aus Paris verlautete, daß die provisorische Regierung Louis Philippe, Herzog von Orléans, zum »Generalleutnant« von Frankreich ernannt hätte. Von einer Absetzung des Königs war in dieser Meldung nicht die Rede. (Louis Philippe war der Sohn jenes Herzogs von Orléans, der sich, wie erwähnt, rechtzeitig auf die Seite der Revolution von 1789 geschlagen hatte.)

Der Familienrat einigte sich darauf, daß Karl X. zugunsten seines Enkels, des zehnjährigen Henri, Herzog von Bordeaux, zurücktreten sollte. Eilig wurde die Abdankungsurkunde entworfen, aber doch nicht so blindlings, daß die anwesenden Rechtsgelehrten nicht auf die strikte Einhaltung der Form hätten bestehen können: Nach den Buchstaben des Hausgesetzes durfte der König nicht einfach seinen Sohn, den Herzog von Angoulême und zugleich Dauphin von Frankreich, übergehen. Das denkwürdige Dokument trägt darum die Unterschrift von *drei* Königen: *Karl X.* dankte ab zugunsten seines Sohnes, König *Ludwig XIX.*, der seinerseits zurücktrat, um seinem Neffen, König *Heinrich V.*, den Weg freizugeben. Einen Herzschlag lang war der Herzog von Angoulême König Ludwig XIX., seine Frau Marie Thérèse Königin von Frankreich, wie einst ihre Mutter, Marie Antoinette.

In der Uniform eines Obersten nahm Henri die Parade der Truppe ab und die Huldigung seiner Untergebenen entgegen. »Vive le roi« wurde ihm zum ersten und zugleich zum letzten Mal in seinem Leben zugerufen.

Es gab anschließend sogar ein Galadiner zu Ehren des neuen Königs. Einfallsreiche Hofbeamte ersparten dem abgedankten Karl X. die Blamage, den Vorsitz an der langen Tafel seinem Enkelkind überlassen zu müssen: Es wurde ein riesiger runder Tisch aufgestellt.

Die Nachrichten aus Paris waren niederschmetternd. Eine Armee befand sich im Anmarsch, der Kommandant von Rambouillet erklärte nachdrücklich, daß jeder Widerstand vergeblich sein würde. Die Familie übersiedelte am 4. August in das sicherer erscheinende Maintenon. Dort empfing der abgedankte Monarch eine Delegation, deren Botschaft eindeutig war. Die Regierung sei nicht gewillt, den kleinen Jungen als König anzuerkennen. Louis Philippe, Herzog von Orléans, werde bald zum neuen Herrscher ausgerufen.

»Ich gehe, ehe es zu einem Bürgerkrieg kommt«, sagte Karl mutlos. Er war in den letzten Tagen um Jahre gealtert. »Wir gehen ins Exil.«

»Diesmal ist es wenigstens ein ehrenvoller Abgang«, kommentierte Marie Thérèse und verabschiedete sich von den Zurückbleibenden mit einer Herzlichkeit, wie sie ihr in den letzten Jahren fremd gewesen war: »Glauben Sie mir, ich habe mit all dem nichts zu tun.« Einem alten Oberst, der noch ihrem Vater gedient hatte, fiel sie um den Hals und lehnte stumm den Kopf an seine Schulter.

Am 16. August kam die Wagenkolonne mit der königlichen Familie und den engsten Mitarbeitern, die gewillt waren, ebenfalls die Heimat zu verlassen, in Cherbourg an. Viel Volk strömte herbei, um den endgültigen Abzug Karls X. zu beobachten. Die Männer zogen die Hüte, einige Frauen machten beim Anblick der Madame Royale einen tiefen Knicks.

Zwei amerikanische Kriegsschiffe, die den Bourbonen-Clan zu jedem von ihnen gewünschten Ziel außerhalb Frankreichs bringen sollten, lagen im Hafen, bereits vollgeladen mit allem, was für eine lange Reise vonnöten schien – darunter Bidets für die Damen und zwei Kühe zur Versorgung der Kinder mit Frischmilch; aber Karl nannte dem Kapitän ein überraschend nahes Fahrziel: die englische Insel Wight.

Um zwei Uhr nachmittags legten die Schiffe ab – begleitet von zwei schnellen französischen Wachbooten, die achtgeben sollten, daß die Flüchtlinge nicht wieder auf französischem Boden landeten: Für diesen Fall hatten sie Schießbefehl!

Große Bestürzung, als die amerikanischen Schiffe nach einer Stunde schon wieder auf Cherbourg zusegelten. Doch die Angst, es könnte eine Invasion geplant sein, schlug bald in Hohngelächter um: Es war zwar an alles und jedes gedacht worden, das Brot aber hatte man vergessen. Nach drei Stunden liefen die Schiffe erneut aus.

An der Reeling stand Marie Thérèse, den Neffen und die Nichte an sich gedrückt, und blickte auf das Ufer der entschwindenden Heimat, die sie nie mehr wiedersehen sollte. Sie habe, so berichtete ein Augenzeuge, leichenblaß ausgesehen, zwei kreisrunde rote Flecken auf den Wangen.

Die Überfahrt verlief ohne Zwischenfall – abgesehen von einer kleinen Episode, die alle Passagiere in helle Aufregung versetzte. Die Gouvernante der Kinder wußte noch immer nicht, wo die Reise hinging, sie fragte einen Matrosen nach dem Ziel. »St. Helena«, antwortete der Mann wahrheitsgemäß. Kreischend rannte die schockierte Frau zum Exkönig, und auch der glaubte im ersten Augenblick an hinterlistige Machenschaften und finsteren Verrat. Bis der Kapitän die Gemüter beruhigte: St. Helena, ganz recht – aber St. Helena auf der Insel Wight und nicht jenes bewußte, wohin man Napoleon verschleppt hatte.

Karl X. und sein ungefähr fünfzig Personen umfassender Hofstaat fanden zunächst im Schloß Lulworth in Dorsetshire Unterschlupf, doch schon nach kurzer Zeit stellte sich heraus, daß dort des Bleibens nicht lange war. Das Gebäude war derart baufällig, daß der Regen in alle Zimmer tropfte und bald kein Mensch mehr einen trockenen Faden am Leib hatte. Der englische König bot den Flüchtlingen daraufhin an, nach Schloß Holyrood in Edinburgh zu übersiedeln. Dort hatten schon Karl X. und der Herzog von Angoulême unmittelbar nach ihrer Flucht vor der großen Revolution von 1789 gelebt.

Der ganze Hof – mittlerweile auf rund fünfundzwanzig Personen zusammengeschmolzen, nachdem sich herausgestellt hatte, daß der Exmonarch noch immer mittellos war – machte sich auf die lange Reise nach Norden. Sie kamen zu einer Jahreszeit dort an, da das schöne Schottland eigentlich nur zum Weglaufen ist: kalt, verregnet, dunkel. Und dann noch dieses gräßliche Schloß Holyrood, eher einem mittelalterlichen Gefängnis gleichend denn einer Wohnstatt. Enge, kleine Zimmer, in denen die Nässe von den Wänden troff, mit winzigen Fenstern, so daß fast ständig künstliche Beleuchtung vonnöten war; durch Fugen und Ritzen heulte der rauhe Oktoberwind. An den Wänden hingen Porträts melancholisch dreinblickender Menschen. Die meisten stellten jene unglückliche Maria Stuart dar, die, wie Ludwig XVI., wie Marie Antoinette, auf dem Blutgerüst geendet hatte.

Nicht genug des Ungemachs: scharenweise strömten sensationslüsterne Bürger von Edinburgh herbei – keineswegs um das zu sehen, was sie ohnehin schon in- und auswendig kannten – Holyrood war Nationalmuseum –, sondern um einen Blick auf die drei davongejagten Könige zu erhaschen, die sie wie exotische Tiere bestaunten.

Mochte dem standhalten, wer wollte – Marie Thérèse suchte sich eine andere Bleibe. Ein bequemes kleines Haus unweit des Schlosses, das den unschätzbaren Vorteil besaß, trocken und besser heizbar zu sein. Marie Thérèse konnte sich diesen Luxus leisten, denn der gute Baron de Charlet hatte ihr über das Londoner Bankhaus Werth 100 000 Francs zukommen lassen.

»Unser Schicksal ist ungewiß, wir sind niedergeschlagen, aber nicht ohne Hoffnung«, schrieb sie dem Baron, den sie laufend mit zahlreichen Produkten ihrer fleißigen Hände versorgte. Charlet verkaufte die gestickten Kunstwerke zu gutem Preis. Das Geld bekamen die ehemaligen Bediensteten. »Mein Herz hängt an allen, die ich verlassen mußte. Ich bitte Sie, auf meine Leute zu schauen . . . Es soll ihnen an nichts mangeln«, heißt es in einem der Briefe.

Marie Thérèse war nicht die Frau, die sich damit begnügte, nur zu stikken und nur mit dem Baron zu korrespondieren. Ihr Mann, der Herzog von Angoulême, und der abgedankte König Karl X. waren längst in Apathie und Resignation versunken – sie hingegen suchte noch immer nach Möglichkeiten, dem Neffen, Henri, den sie liebte wie einen eigenen Sohn, zu seiner Krone zu verhelfen. Sie unterhielt einen lebhaften Gedankenaustausch mit alten Offizieren der königlichen Garde. Es wurde sogar ein tollkühnes Unternehmen ausgeheckt, den Knaben nach Dieppe zu schmuggeln und von dort aus einen Aufstand zu seiner Inthronisation anzuzetteln. Das Komplott flog auf, es gab einige Verhaftungen.

Henri blieb in Edinburgh und wurde Zeuge ständiger Reibereien zwischen seiner Mutter und seinem Großvater. Es kam zum großen Krach, als Maria Carolina es wagte, ihr abscheuliches Zimmer mit dem weniger abscheulichen des Herzogs von Luxemburg zu tauschen, ohne den Exkönig um Erlaubnis zu fragen. »Ich will Herr in meinem eigenen Haus sein«, donnerte Karl. Maria Carolina entgegnete nicht weniger lautstark, was sie von seiner Herrschaft hielt – und noch einiges mehr. Dann zog sie aus, und zwar zu Marie Thérèse. Die beiden Frauen waren, wie wir wissen, einander von jeher nicht sonderlich gewogen, doch einig in dem Wunsch, Henri zum König von Frankreich zu machen.

Anfang 1832 verließ Maria Carolina heimlich Edinburgh und schiffte sich nach Frankreich ein. Einmal als Mann, dann wieder als Bäuerin verkleidet, zettelte sie zunächst eine Verschwörung an, die in dem bizarren Plan mündete, die Tuilerien zu stürmen und König Louis Philippe zu ermorden. Das Vorhaben scheiterte durch Verrat, Maria Carolina konnte entweichen. Sie tauchte kurz in Italien unter, wandte sich dann nach Marseille und wollte versuchen, Frankreich von Süden her »aufzurollen«. Sie fand aber keine Mitstreiter und ging in die Vendée. Dort gab es noch viele Anhänger des Ancien Régime, immer wieder aufflackernde Aufstände legten Zeugnis dafür ab. Maria Carolina konnte sogar einige Wochen lang als »Regentin« für ihren unmündigen Sohn auftreten – bis sie am 6. November verhaftet und in der Festung von Bordeaux eingesperrt wurde.

Die Hiobsbotschaft von Maria Carolinas Festnahme erreichte die Familie nicht mehr in Edinburgh, sondern auf dem Prager Hradschin, wohin es sie keineswegs als reiselustige Touristen, sondern, wieder einmal, als herbergsuchende Emigranten verschlagen hatte.

Schuld daran war die Weltpolitik. England und Frankreich, die jahrhundertealten Erzfeinde und Erzrivalen, gingen daran, ihre Beziehungen zu verbessern. Zuvor galt es, einige Hindernisse zu beseitigen. Eines davon war das kuriose Königstrio von Holyrood; es wurde mit der gebotenen Höflichkeit, jedoch sehr nachdrücklich ersucht, die Britischen Inseln baldmöglichst zu verlassen. Den Hinauswurf versüßte eine »großzügige« Geste: England gab die seit Jahrzehnten gesperrten Konten Ludwigs XVI. frei. Die drei Könige verließen Schottland im September 1832 als reiche Männer.

Marie Thérèse reiste vor den Ihren ab, um in Wien, beim Cousin, Kaiser Franz I., Asyl zu erbitten. Nach all den Jahren gestaltete sich das Verhältnis zwischen Vetter und Base problemlos und friedfertig. Marie Thérèse fand sogar eine neue Freundin in der jungen Sophie von Bayern, mit einem Sohn des Kaisers, Erzherzog Franz Karl, vermählt und Mutter eines zweijährigen Sohnes namens Franz Joseph (er sollte nur sechzehn Jahre später österreichischer Kaiser werden). Zwei an sich spröde Frauen, von vielen nicht verstanden, müssen wohl auf geheimnisvolle Weise Gemeinsamkeiten entdeckt haben, die sie zueinander hinzogen.

Die Glückssträhne dauerte an: Kaiser Franz bot der Cousine und ihrer Familie den Prager Hradschin als Wohnsitz an, und Baron de Charlet hatte wieder einmal Geld lockergemacht. Das Bankhaus Heninkstein auf der Wiener Kärntner Straße überwies Marie Thérèse eine halbe Million Gulden – eine Summe, die ihre bescheidenen persönlichen Bedürfnisse bei weitem überstieg.

Ende Oktober waren alle wieder vereint, im Hradschin mit königlichen Ehren empfangen. Zwei Grenadiere hielten Tag und Nacht Ehrenwache vor dem Eingang ihrer Suite. »Die Unterkunft ist gut, die Zimmer sind angenehm gelegen, gut geheizt und dennoch luftig«, hieß es in einem Brief an Charlet.

Weder »die gute Unterkunft« noch die »angenehmen Zimmer« vermochten darüber hinwegzutäuschen, daß das Leben auf dem Hradschin in tödlicher Monotonie verlief. Der Herzog von Angoulême wurde immer schrulliger und wollte niemanden sehen, Karl X. litt Höllenqualen unter der alten Familienkrankheit, der Gicht; nur selten raffte er sich dazu auf, mit Marie Thérèse an schönen Tagen in der Stadt ein wenig spazierenzufahren. Madame Royale stickte sich verbissen durch die öde Zeit. Wenn sie abends um neun Uhr ins Bett ging, verabschiedete sie sich mit immer derselben Floskel: »Auf Wiedersehen, wieder ist ein Tag vergangen ...«

Plötzlich kam Entsetzen, Aufruhr und Abwechslung in die müde Szenerie. Aus Frankreich sickerte Anfang 1833 durch, daß Maria Carolina, verwitwete Herzogin von Berry, die noch immer im Gefängnis saß – schwanger war! Was zunächst wie ein böser Scherz geklungen haben mag, wurde durch Zeitungsmeldungen vom 22. Februar als niederschmetternde Wahrheit bestätigt. Die Blätter veröffentlichten eine Erklärung der Herzogin, sie hätte in Italien heimlich geheiratet. Den Namen des mysteriösen Ehemannes gab sie nicht preis. Als sie am 10. Mai ein Mädchen gebar, war die Identität des Kindesvaters noch immer unbekannt. Auch in einem Brief an Marie Thérèse hüllte sie sich diesbezüglich in Schweigen, bat aber die Schwägerin, an ihren Kindern, Henri und Louise, einstweilen Mutterstelle zu vertreten.

Karl X. tobte. Er schwor, seine Schwiegertochter nur dann wiedersehen zu wollen, wenn sie imstande wäre, die ominöse Heirat mit Brief und Siegel zu belegen. Das gewünschte Papier traf im September in Prag ein – allerdings kein Original, aber eine von vatikanischen Stellen beglaubigte Kopie, wonach Maria Carolina einen gewissen Grafen Lucchesi, von dem bislang keine Menschenseele je gehört hatte, exakt neun Monate vor der Geburt des Kindes geheiratet hätte. In einem Begleitschreiben forderte Maria Carolina, die mittlerweile aus dem Gefängnis entlassen worden war, die Herausgabe der Kinder.

Karl lehnte es ab, die Gräfin Lucchesi in Prag zu empfangen, war aber bereit, sie auf neutralem Boden zu treffen. Er reiste in Begleitung von Marie Thérèse nach Leoben in der Steiermark, wo das Wiedersehen mit der Exschwiegertochter in einem Gasthof mit dem beziehungsvollen Namen »Zum Kaiser« stattfand.

Es war ein stürmisches Rendezvous, von dem ganz Leoben und Umgebung noch monatelang zu zehren hatten, denn die Streitereien, die, von heftigem Türenknallen begleitet, durch sämtliche Zimmer der hohen Gäste tobten, blieben weder den Augen noch den Ohren des Personals verborgen.

Es ging darum, daß Maria Carolina erstens nach Prag kommen, zweitens ihre Kinder sehen und diese, drittens, nach Italien mitnehmen wollte. Jeder dieser Wünsche wurde aus vielerlei Gründen abgeschlagen. Wie sähe es aus, wenn eine einfache Gräfin Lucchesi sich in Prag als Mutter des zukünftigen Königs aufspielte? Wer sei dieser Graf Lucchesi überhaupt? Wie stünde es um die Echtheit der Heiratsurkunde? Ausgeschlossen, daß Henri mit seiner Mutter gehe, sein Platz sei an der Seite des königlichen Großvaters.

Maria Carolina verlegte sich aufs Flehen, aufs Weinen und schließlich aufs Schreien. Bis man den König unmißverständlich brüllen hörte: »Halten Sie den Mund, mein Entschluß ist unwiderruflich!«

Drei volle Tage dauerte das Melodram, dann trennten sich die Kontrahenten. Maria Carolina entschwand in Richtung Italien zu ihrem geheimnisumwitterten Grafen Lucchesi, Karl und Marie Thérèse reisten nach Prag zurück.

Von da an erfüllte Marie Thérèse ihre Aufgabe als Ziehmutter der beiden Kinder mit Tatkraft, Energie, Liebe und großer Geduld. Besonders Geduld war dringend vonnöten. Der dreizehnjährige Henri kam in die Flegeljahre, seine häufigen Ausbrüche von Jähzorn waren der Schrecken seiner Lehrer – einen von ihnen hat er sogar verprügelt. Louise hingegen war ein leicht lenkbares Wesen, das mit großer Zärtlichkeit an der Tante hing.

Im März 1835 starb Kaiser Franz I. Marie Thérèse fuhr sofort nach Wien, teils der Trauerfeierlichkeiten wegen, teils um sicherzustellen, daß sie und die übrige Familie weiter im Hradschin bleiben dürften. Sie erhielt die gewünschte Zusage und kehrte erleichtert nach Prag zurück.

Maria Carolina, Herzogin von Berry

Doch als der neue Kaiser, Ferdinand I., im Frühjahr 1836 nach Böhmen kam, um sich als König krönen zu lassen, war plötzlich im 400-Zimmer-Palast nicht mehr genug Platz für alle. Man legte den Bourbonen nahe, sich nach einem neuen Heim umzusehen – und zwar für immer.

Das Ehepaar Angoulême reiste Anfang Oktober als Quartiermacher nach Görz. Im milden Adriaklima wollte man von nun an die Wintermonate verbringen. Sie erwarben das Schlößchen Grafendorf. Dort trafen der alte König und die zwei Kinder Ende des Monats ein.

Am 5. November 1836 erwachte Karl X. mit schwerem Brechdurchfall; die schauerliche Diagnose: er war von der Cholera-Epidemie erfaßt worden, die zu jener Zeit in halb Europa wütete. Vierundzwanzig Stunden später hatte der Neunundsiebzigjährige ausgelitten. Marie Thérèse verrichtete ein letztes Gebet am Totenbett. Als sie sich erhob, sagte der Haushofmeister: »Ich erwarte Ihre Befehle, *Majestät*.«

Um diese nur einer Kaiserin oder Königin zustehende Anrede zu verstehen, gilt es, die Rechtslage zu erläutern. Karl X. hatte 1830, unter dem Druck der Pariser Juli-Revolution, resigniert, und zwar zugunsten seines Enkels Henri, und diesen Schritt allen Regierungen offiziell mitgeteilt. Der Herzog von Angoulême indes hatte immer erklärt, daß sein Thronverzicht als Ludwig XIX. durch Erpressung zustande gekommen sei. Er hat ihn niemals formal anerkannt und sich, solange sein Vater lebte, als Dauphin betrachtet. Nach dem Tod Karls X. erließ er von Görz aus die folgende Proklamation:

»Ich nehme den Titel eines Königs an, bin aber nicht gewillt, von den Rechten, die er mir gibt, Gebrauch zu machen, solange das Unglück in Frankreich andauert. Ich werde die Krone meinem Neffen, dem Herzog von Bordeaux, an dem Tag überlassen, da es der Gnade des Herrn gefällt, die legitime Monarchie in Frankreich wieder erstehen zu lassen.«

Ludwig XIX. hatte sich eindeutig festgelegt: Er wollte König nur im Exil sein, Marie Antoinettes Tochter war Königin von Frankreich, überall – nur nicht in ihrem Vaterland.

Im Sommer 1837 übersiedelte das Paar mit den Kindern nach Kirchberg am Walde – ein Name, der eine milde Untertreibung der tatsächlichen Lage dieses Fleckens im nördlichen Waldviertel darstellt. Eigent-

Louis Antoine, Herzog von Angoulême

lich hätte es »Kirchberg im Urwalde« heißen müssen, denn das kleine, auf einem steilen Hügel gelegene Schlößchen, ab nun als ständiger Sommersitz gedacht, war nur auf fast bodenlosen Wegen zwischen Baumriesen und undurchdringlichem Dickicht zu erreichen. Besucher, die nicht das Glück hatten, mit einer schwankenden Kutsche befördert zu werden, wer also zu Fuß oder zu Pferd kam, mußte gründlich gesäubert werden, ehe er sich präsentieren konnte. In der Halle des Schlosses standen stets Reihen über und über mit Schlamm und Dreck bedeckter Stiefel.

Und es kamen viele Besucher, in erster Linie Franzosen, treu dem angestammten Herrscherhaus. Ihr Hauptinteresse galt Henri, der nun, nach dem Zwischenspiel als »König Heinrich V.« wieder in der Rolle des Dauphin fungierte: ein hübscher, schlanker Junge, bei dem überraschenderweise das typische Habsburger-Blond durchgeschlagen war. Mit der Zeit wurde er manierlich, angenehm im Umgang sogar mit Lehrern, und Marie Thérèse, die eigene Kinder schmerzlich entbehren mußte, war stolz auf diesen ihr spät geschenkten »Sohn«. »Er ist ein wundervoller Bourbone«, schwärmte einmal ein Besucher. Marie Thérèse fuhr ihm scharf in die Parade: »Er ist vor allem ein wundervoller Franzose, ein *Franzose,* Monsieur!«

»Gewöhnliche« Gäste wurden am Morgen zu einer kurzen Audienz empfangen, höhergestellte zur Abendtafel gebeten – bereits um sechs Uhr. Anschließend plauderte man ein wenig – Marie Thérèse hob dabei kaum die Augen von ihrer Stickarbeit –, oder Louise unterhielt die Anwesenden mit ihrer netten Sopranstimme. Um neun Uhr pünktlich war Schlafenszeit, denn Marie Thérèse erhob sich täglich um fünf, um zur Messe zu gehen. Die anderen beugten sich ihrer Tageseinteilung, obwohl sie es nicht verlangte. »Ich möchte nicht, daß sich meinetwegen irgend jemand inkommodiert«, pflegte sie zu sagen.

Die nächsten Jahre verliefen immer nach dem gleichen Schema: sommers in Kirchberg, winters in Görz. In dieser letzten Phase ihrer Ehe keimte zwischen Marie Thérèse und ihrem Mann ein spätes kleines Glück auf. Die lange Gewöhnung, die gleichermaßen erlittenen Demütigungen und Schicksalschläge hatten die beiden unglücklichen Menschen gelehrt, aneinander Trost und Halt zu finden. Sie bezogen – was viele verwunderte, die meisten schockierte – auf ihre alten Tage ein gemeinsames Schlafzimmer, und oft sah man sie zusammen durch die Straßen von Görz promenieren, eingehängt oder gar Hand in Hand.

Es war für Marie Thérèse darum eine neuerliche Katastrophe, als der Herzog – oder der »König«, wenn man so will – am 10. Dezember 1843 ernstlich erkrankte. Nachdem er schon längere Zeit an vagen »inneren Verstimmungen« laboriert hatte, erlitt er an diesem Tag eine derart heftige Kolik, daß er zusammenbrach und sich stöhnend auf dem Boden wand. Sein Krebsleiden, dessen genauen Sitz man nicht kannte – es war lediglich ein Tumor im Oberbauch getastet worden –, zog sich über ein halbes Jahr; dem Patienten konnten nur mit stetig gesteigerten Dosen von Opium die ärgsten Qualen erspart werden. Marie Thérèse wich kaum je von seinem Bett. Die sonst so hart und streng wirkende Frau war sichtlich bis zum Grund ihrer Seele erschüttert und aufgewühlt, als ihr Mann am 3. Juni 1844 endlich ausgelitten hatte. Er wurde in Görz bei den Franziskanern an der Seite seines Vaters, König Karl X., begraben.

Zwei Wochen später verließ Marie Thérèse, die nun den offiziellen Titel »Königinwitwe« führte, Görz, um (als Lebende) nie mehr zur Stätte schrecklicher Erinnerungen an Krankheit und Tod zurückzukehren. Im niederösterreichischen Frohsdorf erwarb sie ein stattliches Schloß – als Alterssitz, als letzte Heimstatt einer ewig Gejagten.

Es war eine kluge Wahl. Das neue Heim am Rande eines winzigen Dörfchens sicherte die erwünschte Ruhe und Abgeschiedenheit – dennoch war es nicht »aus der Welt«, von Wien aus bequem zu erreichen: Man fuhr mit der neu errichteten »Wien–Gloggnitzer-Eisenbahn« bis Wiener Neustadt, von dort mit Kutsche oder Fiaker in das nur acht Kilometer südöstlich der Stadt gelegene Frohsdorf.

Das Schloß war ein gediegener gelber Barockbau in der Art eines gewaltigen Vierkanthofes. Es lag am Abhang der Buckligen Welt an den Ufern der Leitha mit ihren schönen Auwäldern. In der Ferne grüßten, über die weite Ebene des Steinfelds, die Hohe Wand und das imposante Massiv des Schneebergs, dessen langgezogener Rücken bis weit in den Sommer weiß leuchtete.

Im Laufe weniger Jahre entwickelte sich Frohsdorf zu einem Kleinst-Versailles. Die Zimmer waren nach französischem Geschmack eingerichtet, von den Wänden blickten Porträts der großen Bourbonen; wo

449

immer es möglich war, wurde das Bourbonen-Wappen angebracht – weithin sichtbar über der breiten Einfahrt und sogar auf der schmiedeeisernen Wetterfahne. Der Garten wurde, entgegen den Modeströmungen, die nun englische Parks bevorzugten, im strengen Versailler Stil angelegt.

Der Hofstaat umfaßte an die achtzig Personen, darunter jener ergebene Diener, der 1830, zusammen mit der königlichen Familie, Frankreich und seine Braut verlassen hatte – nicht ohne vorher feierlich zu versprechen, daß er wiederkommen werde, sobald der kleine Henri als König in Paris einziehe. Die Braut und Frankreich warteten vergeblich . . .

Es gab viele junge Leute unter dem Gefolge, es wurde geheiratet, und Kinder wurden geboren, die eines Tages in die Schule gehen mußten. Marie Thérèse ließ, an die ebenerdigen Gesindehäuser anschließend, eine kleine Schule errichten – eine rein französische, versteht sich. Auch von den alten Sitten und Gebräuchen wurde in Frohsdorf nicht abgelassen. Die Damen machten noch immer drei tiefe Knickse, sobald sie Marie Thérèse begegneten, jeder Herr, jede Dame – auch Marie Thérèse! – erhob sich, wenn Henri den Raum betrat.

Ein Zeitgenosse beschrieb 1845 eine Visite bei Marie Thérèse folgendermaßen: »Die hohe Tochter des Märtyrerkönigs ist jetzt siebenundsechzig Jahre alt. Ihre aufrechte Figur ist durch das Alter nicht gebeugt. Sie hält sich gerade, bewegt sich leicht mit großer Würde und Majestät. Ihr noch immer üppiges Haar hat nur wenige Silbersträhnen, sie trägt darüber meist ein Spitzenhäubchen. Ihre Augen wirken dunkel, aber ihr Teint ist rosig. Im allgemeinen strahlt sie eine große Traurigkeit aus, sie lächelt selten. Sie ist ein Beispiel großer Sanftheit, Geduld und Güte . . .«

»Es ist sehr einsam hier und sehr traurig«, schrieb Marie Thérèse an den Baron de Charlet. Sie muß diese Zeilen in melancholischer Stimmung verfaßt haben, denn einsam konnte sie in Frohsdorf kaum sein. Selbst im tiefen Winter saßen bis zu zwanzig Personen an der Tafel, und in der schönen Jahreszeit quoll das Haus von Gästen über. Mindestens drei- bis viermal im Jahr trat Baron de Charlet die weite Eisenbahnreise von Paris nach Österreich an und brachte Hunderte Briefe aus der Heimat mit. Erzherzogin Sophie kam mit den beiden Söhnen, Franz Joseph und Maximilian, sehr häufig aus Wien. Manchmal wimmelte es nur so von Erzherzogen und Erzherzoginnen, von Verwandten und Freunden aus Frankreich, Italien, Spanien und England. Mit der Gräfin Lucchesi, der Mutter von Henri und Louise, hatte sich Marie Thérèse längst ausgesöhnt; sie empfing die ehemalige Schwägerin samt ihren vier Lucchesi-Kindern herzlich.

Gerngesehener Gast war auch die Cousine Marie Louise von Parma. Die Witwe Napoleons träufelte Balsam auf die tausend Wunden der Marie Thérèse, wenn sie immer wieder betonte: »Ich bete jeden Tag zu Gott, mir die Gnade zu gewähren, daß ich den Tag erleben kann, an dem Louis Philippe vom Thron stürzt und Henri in seine Rechte eingesetzt wird.«

Am 10. November 1845 gab es ein glänzendes Hochzeitsfest in Schloß Frohsdorf, an dem der halbe europäische Hochadel, viele Royalisten und das ganze Dorf Anteil nahmen. Louise heiratete Ferdinand, den Sohn des letzten spanischen Bourbonen, an dessen Seite sie später Herrin des kleinen Herzogtums Parma und Großmutter von Zita, der letzten österreichischen Kaiserin, werden sollte.

Auch Henri dachte ernsthaft ans Heiraten. Fast kam es zur Verlobung mit einer Nichte des Zaren – doch Marie Thérèse widersetzte sich erfolgreich einer solchen »Mischehe« mit einer Orthodoxen. Seine nächste große Liebe, Maria Beatrice von Modena, gab ihm glatt einen Korb. So nahm er denn deren Schwester, Maria Teresa – und die war leider ein Jammerbild: schief gewachsen, eine ständig gerötete Nase im teigigen Antlitz, mürrisch und so schwerhörig, daß man sich nur schreiend mit ihr verständigen konnte. Der kleine Hofstaat von Frohsdorf war entsetzt beim Anblick der Braut, die Henri am 16. November 1846 in der Schloßkapelle zum Altar führte. Das, um Gottes willen, sollte einmal französische Königin sein?

Die Frage ist nur, ob Henri jemals ernstlich König von Frankreich werden wollte. Starke Zweifel sind angebracht, denn als die Gelegenheiten zum Greifen nahe waren, ließ er sie ungenützt verstreichen. Nicht einmal, nicht zweimal, nicht dreimal, sondern viermal!

Das Revolutionsjahr 1848 begann, wie könnte es anders sein, in Paris. Der Aufruhr zog sich über Monate hin, kostete an die 10 000 Tote und fegte das korrupte Regime von Louis Philippe hinweg. Die Geschichte wiederholte sich: Louis Philippe versuchte, wie einst Karl X., zu retten, was zu retten war, und dankte zugunsten seines

seines Enkels ab. Vergeblich der Verzweiflungsschritt: die Republik wurde ausgerufen.

In dem politischen Chaos, das durch eine wirtschaftliche Depression ausgelöst und verschlimmert wurde, erscholl der Ruf nach einem starken Mann, einer ordnenden Hand. Zwei Namen wurden ständig genannt: Louis Napoleon, Neffe von Kaiser Napoleon I., und Henri, Herzog von Bordeaux, Neffe von Marie Thérèse. »Meiner Meinung nach hat Henri die besten Chancen«, meldete der österreichische Gesandte Graf Anton Apponyi nach Wien.

Louis Napoleon ergriff die Chance mit beiden Händen, er war zur rechten Zeit am rechten Ort, nämlich in Paris, intervenierend, intrigierend. Henri indessen vergnügte sich in Venedig. Louis Napoleon war entschlossen zu handeln, Henri wollte gebeten werden und rührte keinen Finger. Seine Anhänger waren so verzweifelt, daß sie in ihrer Not gefälschte Briefe Henris in Umlauf brachten, in denen er seine baldige Ankunft in Paris und energische Taten in Aussicht stellte. Er kam natürlich nicht.

Am 10. November 1848 wurde Louis Napoleon mit überwältigender Mehrheit zum Präsidenten der Republik gewählt. Schon wenige Tage später erschien ein Abgeordneter der Nationalversammlung, ein gewisser Didier, in Frohsdorf. Er gehörte zu jener starken Fraktion, die Louis Napoleon nicht über den Weg traute und lieber das kleinere Übel, einen legitimen König statt eines gefährlich ehrgeizigen, unsicheren Republikaners, als Staatsoberhaupt gesehen hätte.

Didier wurde von Henri und Marie Thérèse im kleinen grauen Salon des Schlosses empfangen. »Mir zitterten die Knie beim Zusammentreffen mit dieser tragischen historischen Persönlichkeit, der ergreifendsten, die heute in Europa lebt«, liest man in Didiers Lebenserinnerungen über seine Begegnung mit Marie Antoinettes Tochter.

Henri und Marie Thérèse lehnten es ab, sich in Erörterungen über eine mögliche Thronbesteigung des jungen Mannes einzulassen, solange Louis Philippe noch am Leben war. Der angeborene Sinn für Anstand obsiegte über die durch Unrecht erlittene Kränkung.

Louis Philippe starb am 26. August 1850, und Henri – er hielt sich damals im Hotel Düringer in Wiesbaden auf – empfing eine Abordnung von »Orléanisten« (Anhänger des verstorbenen Louis Philippe) zusammen mit seinen eigenen Parteigängern. Übereinstimmend erklärten sie,

Henri, Herzog von Bordeaux, Graf von Chambord

die Krone sei ihm sicher, vorausgesetzt, daß er eine konstitutionelle Monarchie gewährleistete und – die Trikolore anerkenne. Henris Antwort war eindeutig, und ebenso eindeutig sprach Marie Thérèse aus seinem Mund:»Ich werde niemals der legitime König der Revolution.«

Der Vollständigkeit halber sei hinzugefügt, daß man Henri 1871, nach dem Ende des Deutsch-Französischen Krieges und der Absetzung von Louis Napoleon, alias Kaiser Napoleon III., abermals unter den gleichen Bedingungen die Krone anbot. Er lehnte wieder ab. Als einfacher Graf Chambord starb er 1883 in Frohsdorf.

Marie Thérèse zog sich immer mehr in ein Schneckenhaus der Erinnerungen zurück. Umgeben von Reliquien der Vergangenheit – die weiße Weste, die ihr Vater zuletzt im Temple getragen, der Schuh, den ihre Mutter beim Gang auf die Guillotine verloren hatte – kapselte sie sich zunehmend von der Welt ab. Sie ist in den letzten Jahren ihres Lebens sehr leise, sehr wehmütig, sehr milde geworden – genau so, wie ihre Mutter sie sich immer gewünscht hatte. Sie trug ausschließlich schwarze Kleidung, und sie konnte nicht mehr weinen.»Ich habe so viele Tränen vergossen«, schrieb sie an Baron de Charlet,»ich habe keine mehr übrig.«

Am 13. Oktober 1851 überfiel sie während der Frühmesse in der Hauskapelle Schüttelfrost. Die scheinbar leichte Erkältung entwickelte sich zu einer tödlichen Lungenentzündung. Erzherzogin Sophie eilte an das Krankenbett der Freundin und brachte den ersten Leibarzt des jungen Kaisers Franz Joseph I., Dr. Johann Seeburger, mit, aber auch er konnte nicht helfen. Am 18. Oktober stieg das Fieber unaufhörlich. Am Bett der Kranken harrten Henri, seine Frau und Baron de Charlet aus, der zufällig aus Paris zu Besuch gekommen war. Vor dem Schloß knieten die Bauern der Umgebung und beteten endlose Aves.

Am Morgen des 19., einem Sonntag, beugte sich Henri über die Sterbende und wischte ihr den Schweiß von der Stirn.»Adieu«, flüsterte Marie Thérèse,»ich kann nicht mehr.« Sie verschied um 11 Uhr und 17 Minuten.

Man brachte den Leichnam von Marie Antoinettes Tochter mit einem Pferdewagen über den Semmering nach Mürzzuschlag, von dort mit der Eisenbahn nach Görz, wo er zwischen ihrem Schwiegervater, König Karl X., und ihrem Ehemann, König Ludwig XIX., bestattet wurde. Später fanden dann auch die Ziehkinder, Henri und Louise, dort ihr Grab.

1917, während des Ersten Weltkriegs, als Görz Kampfgebiet zu werden drohte, ließ die österreichische Kaiserin Zita die sterblichen Überreste ihrer Verwandten exhumieren und im Karmeliterkloster in Wien-Döbling beisetzen. Fünfzehn Jahre später gingen die Särge zurück auf die Reise nach Görz, das nun nicht mehr zu Österreich, sondern zu Italien gehörte. Der prestigesüchtige Diktator Mussolini hatte mehr Interesse an den königlichen Gebeinen als die junge Republik Österreich.

Marie Thérèse hatte lebenslang nur einen Wunsch gehabt: dermaleinst in französischer Erde bei den Eltern zu ruhen.

Schloß Frohsdorf ist auch heute noch in tadellosem Zustand, weithin sichtbar das Bourbonenwappen über dem Portal und auf der Wetterfahne. Im Inneren befindet sich eine Internatsschule für Fernmeldetechnik der Österreichischen Post- und Telegraphendirektion; sie atmet die Zweckmäßigkeit des Plastikjahrhunderts. Nichts erinnert an Marie Thérèse – außer einer kleinen schwarzen Marmortafel in einem einfenstrigen Büroraum. Die in Französisch abgefaßte Inschrift lautet: »Hier starb Marie Thérèse Charlotte, Dauphine von Frankreich und Herzogin von Angoulême, nach einem langen Leben der Leiden und der Prüfungen am 19. Oktober 1851.«

Magnanimo

Pedro 1825–1891

»Die Europäer sprechen so häufig von der vergleichsweisen Jugend der südamerikanischen Länder. Niemand ist sich darüber klar, daß wir hoffnungslos alt sind. Wir sind älter als die Welt. Nichts blieb uns, oder nichts ist uns zumindest bekanntgeworden über die Völker, die diesen Kontinent vor Jahrtausenden bewohnten. Nur eines wird in Südamerika immer gleichbleiben: der Geist rastlosen Hasses. Er kommt aus dem Urwald, er lastet auf unserem Gemüt . . . Keine Regierung kann sich halten, weil uns der Urwald in Kampfesstimmung bringt . . .«

Der diese prophetischen Worte voll resignativer Einsicht vor fast genau hundert Jahren sprach, war Pedro II., Kaiser von Brasilien, Sohn einer Habsburgerin. Wie durch ein Prisma bündelten sich in ihm noch einmal sämtliche positiven Eigenschaften dieses uralten europäischen Herrschergeschlechts. Er kam als Fünfjähriger durch einen Putsch auf den Kaiserthron. Sechzig Jahre später jagten ihn putschende Offiziere wie einen Schwerverbrecher aus dem Land. Dazwischen hat er eine chaotische Kolonie in eine moderne Großmacht verwandelt.

Pedro wurde am 2. Dezember 1825 auf dem Landschlößchen Boa Vista in São Cristovão, einem Dorf, das damals noch außerhalb von Rio de Janeiro lag, geboren. Er war das jüngste von fünf Geschwistern – vier Mädchen und ein Junge. Zwei weitere Kinder waren bereits vor seiner Geburt gestorben. Die älteste Schwester, Maria da Gloria, war sechs Jahre alt, die jüngste, Francisca Carolina, zählte erst knapp zwölf Monate.

Pedro wurde von einer Schweizer Amme genährt. Die noch junge Witwe eines hohen Hofbeamten, Dona Marianna Verna da Maghelhãs Coutinho, wurde zu seiner Gouvernante bestimmt. Er liebte sie zärtlich und nannte sie zeit ihres Lebens mit ihrem Kosenamen »Dadama«, doch sie legte ihren Gefühlen Fesseln an und behandelte ihn

Leopoldine, Kaiserin von Brasilien

stets als »kaiserliche Hoheit«, der man sich mit Knicks und Handkuß zu nähern hatte.

Der Vater des kleinen Prinzen war Kaiser Pedro I. von Brasilien aus dem portugiesischen Geschlecht der Braganza, ein stattlicher Mensch von damals siebenundzwanzig Jahren, Urbild eines südländischen Edelmanns und Herzensbrechers; das Spektrum seines schillernden Charakters reichte von überwältigender Liebenswürdigkeit über kochenden Jähzorn bis zu sadistischer Brutalität.

Die Mutter war zum Zeitpunkt von Pedros Geburt achtundzwanzig Jahre, sah aber wie vierzig aus. Sie hieß Leopoldine und war die Tochter des österreichischen Kaisers Franz I., eine zur Körperfülle neigende Blondine, deren blasse Züge gleichermaßen unendliche Güte und unendliche Wehmut widerspiegelten.

Der Bericht eines deutschen Einwanderers zeichnet ein lebhaftes und genaues Bild des brasilianischen Herrscherpaares, das sich stets am Hafen einfand, wenn ein Schiff mit neuen Siedlern aus Europa ankam: »[Der Kaiser] trug einen weißen, breitkrempigen Hut, ein buntseidenes Tuch, nach Art der Matrosen nachlässig um den Hals geworfen und auf der Brust geknotet, ein Paar weiße Beinkleider und Stiefel mit silbernen Sporen.« Von Leopoldine heißt es: »Ihre sonderbare Tracht, nämlich ein runder Mannshut, Beinkleider nach Art der Männer, eine Tunika, über diese ein Amazonenkleid und Reitstiefel mit dicken, massiven Sporen, gaben ihr ein fast unweibliches Aussehen.«

Der Kaiser empfing die Neuankömmlinge mit polternder Jovialität – wobei Leopoldine Dolmetscherdienste leistete –, und er ließ sogleich alle wehrfähigen Männer aussondern. Auf die Frage, wie lange denn die Militärdienstzeit dauern werde, gab er die zynische Antwort: »Solange es mir gefällt und euch eure Knochen tragen.« Die Kaiserin versuchte immer wieder zu vermitteln und die Enttäuschten zu trösten, versprach zu tun, was in ihren schwachen Kräften stehe; aller Anfang sei schwer in Brasilien – sie wisse das am besten, fügte sie vieldeutig hinzu.»Ihre Worte, ihr Mienenspiel, von dem sie begleitet wurden, das ist der ganze Reichtum, den ich aus Brasilien mit heimbrachte«, schreibt unser Gewährsmann.

Die Ehe zwischen Kaiser Pedro I. und seiner Gemahlin war bereits hoffnungslos zerrüttet, und nicht einmal das Wunder der Geburt eines männlichen Erben konnte sie mehr retten. Der Kaiser gebärdete sich zwar wie wahnsinnig vor Freude, doch das hatte nichts zu bedeuten: Zur gleichen Zeit gebar seine Mätresse Domitilia, die er zur Marquesa von Santos geadelt hatte, ebenfalls einen Sohn. Auch dieser Bastard erhielt den Namen Pedro, auch dieser Bastard wurde, sogar noch vor dem ehelichen Kind, zum Herzog von Alcantara erklärt, und er hätte eine Prinzenerziehung erhalten, wäre er nicht schon nach wenigen Monaten gestorben.

Kaiser Pedro I. war der Sohn des portugiesischen Königs João VI. und seiner Gemahlin Carlota. Die Familie – zu der noch ein jüngerer Sohn namens Miguel gehörte – floh 1807 vor Napoleon in die portugiesische Kolonie Brasilien, wo Pedro, Herr über seine verschreckten Lehrer und Erzieher, zu einem hemmungslosen Egoisten mit stark erotomanischen Zügen heranwuchs. Neunzehnjährig wurde er mit der äußerlich wenig anziehenden, aber charakterlich und intellektuell auf hoher Stufe stehenden Erzherzogin Leopoldine vermählt, die zu einem Segen für das ganze Land werden sollte.

Unglückseligerweise verliebte sie sich leidenschaftlich in das Ungeheuer, das der allmächtige österreichische Staatskanzler Fürst Wenzel von Metternich ihr zum Manne erwählt hatte, wodurch ihre mannigfachen Leiden zusätzlich gesteigert wurden. Sie litt unter dem mörderischen Klima Brasiliens, unter den Intrigen einer gott- und zügellosen Hofkamarilla, unter den Eskapaden ihres Mannes – vor allem aber an zermürbendem Heimweh. Nur der Gedanke, eines Tages nach Europa zurückkehren zu können, gab ihr Kraft, dieses Leben überhaupt auszuhalten. Aber als sie die Chance hatte, Brasilien zu verlassen, zog sie es vor zu bleiben!

Nachdem ihr Schwiegervater samt Frau und Sohn Miguel die Heimreise nach Portugal angetreten hatte, drohte die Kolonie Brasilien auseinanderzufallen. Pedro als neuer Regent war nicht imstande, das Riesenreich, fast so groß wie Europa, zusammenzuhalten. Er wollte sich seiner Verantwortung durch die Flucht nach Europa entziehen. Doch Leopoldine, obwohl krank vor Heimweh, sagte nein. Sie hatte im Hause Habsburg gelernt, was die erste Pflicht des Herrschers war: Dem Volke zu dienen. Sie bewog Pedro zu bleiben, sie trieb die Loslösung vom Mutterland voran, weil sie darin die einzige Möglichkeit zur vollen Entfaltung der neuen Heimat sah. Nur ihr hatte es Pedro zu verdanken, daß er schließlich zum ersten Kaiser des Landes gekürt wurde.

Dankbarkeit war eine Vokabel, die in Pedros Wortschatz fehlte. Unmittelbar nach der Krönung zur Kaiserin folgte Leopoldines Sturz in den Abgrund der Hölle: Nach der endlosen Abfolge von willigen Gespielinnen legte sich Kaiser Pedro I. eine neue Geliebte zu, deren willenloser Sklave er werden sollte. »Titilia«, so der Kosename des Satansweibes, stieg zur ungekrönten Kaiserin auf, der Clan ihrer Verwandten und Freunde beherrschte das Hofleben. Leopoldine, gedemütigt, verlacht, verraten, erniedrigt und schließlich auch noch von ihrem Mann schwer mißhandelt, siechte dahin. Sie verschied am 11. Dezember 1826, kurz vor ihrem dreißigsten Geburtstag.

Der Kaiser raufte seine prachtvollen schwarzen Locken, er riß sich am sorgfältig gestutzten Bart, und er schloß sich für volle acht Tage in seine Gemächer ein. »Sie war eine ausgezeichnete Frau, sie hat nie gegen meinen Willen gehandelt«, jammerte er.

Es gab kein Staatsbegräbnis für Leopoldine. Weil sie von ihren Landeskindern so verehrt, nach ihrem Tod als »gute Mutter« so stürmisch betrauert wurde, befürchtete man mit vollem Recht, daß es während der Beisetzungsfeierlichkeiten zu Unruhen kommen könnte. So wurde der teure Leichnam bei Nacht im gestreckten Trab zum Kloster Ajuda gefahren, wo er seine letzte Ruhestätte finden sollte. Dennoch folgten, ein gespenstischer Anblick, Tausende dem Katafalk – im Laufschritt!

Schon bei der Trauermesse für die Kaiserin, wenige Tage später, zeigte sich der Kaiser in Begleitung seiner Mätresse, und just an jenem Tag wurden weitere ihrer Verwandten und Günstlinge in hohe, lukrative Staatsstellungen befördert, mit Auszeichnungen und Gunstbeweisen überhäuft.

Der Kaiser ließ mehr denn je die Zügel schleifen, Domitilia kümmerte sich um alles. Pedro nützte die Zeit aufs neue für eine uralte Leidenschaft: Obwohl emotional von seiner Geliebten abhängig, begann er wieder mit seinem ausschweifenden Lebenswandel, und er schreckte auch nicht davor zurück, die Schwester seiner Geliebten zu verführen und zu schwängern.

Domitilia war sich ihrer Sache dennoch sicher. In der Erwartung, nach Ablauf der Trauerzeit als Ehegattin legitimiert zu werden, beschäftigte sie bereits einen Stab von »Ahnenforschern«, die ihre ebenbürtige Abkunft nachweisen sollten.

Doch buchstäblich über Nacht wurde der Kaiser anderen Sinnes. Wer oder was ihm die Augen über seine unwürdige Rolle geöffnet hat, wissen wir nicht. Jedenfalls verließ er plötzlich die Gala, die er aus Anlaß des dritten Geburtstages seiner unehelichen Tochter Isabel, Herzogin von Goyaz, veranstalten ließ; man fand ihn nach langem Suchen, in Tränen aufgelöst, vor dem Bildnis seiner verstorbenen Frau kniend.

»Des Kaisers Leidenschaft zu seiner Favoritin ist erkaltet«, berichtete der österreichische Gesandte Baron Marschall nach Wien. »Er gibt sich religiösen Ideen hin. Er empfindet aufrichtig die Unschicklichkeit seiner Beziehung, und er zeigt den festen Willen, sie abzubrechen. Aber er kennt seine Schwäche und will sich die Hände binden.« Übersetzung aus dem geschnörkelten Diplomatendeutsch: Pedro wollte sich neuerlich verheiraten. Er schickte den Marques de Barbacena mit einem fest umrissenen Auftrag auf die Reise, um unter Europas Fürstentöchtern Brautschau zu halten. Die Zukünftige mußte – und zwar in dieser Reihenfolge – schön, ebenbürtig, tugendsam und klug sein.

Barbacena holte keine Braut nach Brasilien, er holte sich nur kalte Füße. Vergeblich pilgerte er mit einem Koffer voll herrlichster Juwelen – als Werbegabe gedacht – von einem Fürstenhof zum anderen. Von Wien nach München, von München nach Stockholm, dann nach Paris und Neapel – überall stieß er auf eisige Ablehnung. Die Zeitungen sparten nicht mit bissigen Kommentaren und machten sich über Kaiser Pedro I., den »Bananenkönig«, den »Minotauros von Südamerika«, lustig. »Es war das reinste Spießrutenlaufen«, stöhnte Barbacena bei seiner Rückkehr nach Rio.

Pedro hat nur allzuschnell einen Sündenbock für das Desaster gefunden: Es war niemand anderer als Leopoldine, die viel zu nachgiebig gewesen sei und ihn damit direkt zu seinem wüsten Leben ermutigt hätte! Trost und Verständnis fand er sofort wieder bei der angebeteten »Titilia«, das »Versöhnungskind« kündigte sich bald an.

Doch diese Tochter wurde nicht mehr im Glanz des Hofes, sondern im diskreten Exil geboren, denn bei einem neuerlichen Anlauf hatte Barbacena endlich doch die passende Braut gefunden: Amalie von Leuchtenberg, zwar nicht hundertprozentig ebenbürtig, dafür aber strahlend schön, siebzehn Jahre jung und brennend ehrgeizig – dies ein Erbteil ihrer Mutter, der es gelang, ihre Kinder, trotz makelhafter Abkunft, auf Herrscherthrone und in edelste Fürstenhäuser zu verheiraten. Der »dunkle Punkt« im Stammbaum der zukünftigen brasilianischen

Kaiserin war ihr Vater, kein anderer als der Sohn jener berühmten Joséphine Beauharnais, die an der Seite Kaiser Napoleons I. für kurze Zeit den französischen Thron zierte, ehe sie der jungen Habsburgerin Marie Louise den Platz räumen mußte.

Eugène Beauharnais, von Napoleon adoptiert, zum Vizekönig von Italien erhoben und ruhmreicher Feldherr der »Grande Armée«, war mit der Hand der bayerischen Königstochter Amalie Auguste belohnt worden. Sie war es, die verhinderte, daß Eugène zusammen mit seinem Stiefvater abstürzte; er wurde in Bayern eingebürgert, erhielt das Fürstentum Leuchtenberg, und seine sechs Kinder machten glänzende Partien:

Eine Tochter erheiratete den schwedischen Königsthron, ein Sohn bekam eine russische Prinzessin und wurde der Stammvater der Romanowski, ein weiterer Sohn – dies schon ein Vorgriff in unserer Geschichte – wird 1834 die Königin von Portugal, Maria da Gloria, älteste Tochter Kaiser Pedros I., zur Frau nehmen.

Und dann eben jene Amalie. Mit dunkel blitzenden Augen und hoch erhobenen Hauptes erlebte sie am 16. Oktober 1829 als Kaiserin von Brasilien ihren triumphalen Einzug in Rio de Janeiro – sie, die Enkelin der Joséphine Beauharnais, die einer Habsburgerin hatte weichen müssen, nahm nun anstelle einer Habsburgerin auf dem Kaiserthron von Brasilien Platz!

Pedro war Wachs in den Händen seiner schönen jungen Frau, hinter deren runder Kinderstirn sich krause Vorstellungen über die Funktion einer Herrscherin verbargen, zudem der eiserne Wille, diese auch durchzusetzen: Daß sie den Klüngel der Domitilia aus dem Hause jagte, fand noch allgemeine Zustimmung. Ihr Ehrgeiz jedoch, die demokratischen Bräuche bei Hof – jedermann hatte freien Zutritt zum Palast, jedermann konnte ungeniert den Kaiser ansprechen – durch starre Etikette im altbackenen europäischen Stil zu ersetzen, dieser Ehrgeiz stieß auf Befremden.

Zugegeben, Boa Vista war nicht eben eine prächtige Residenz – daß aber nun mit einemmal alle Möbel, die für die verehrte Leopoldine gut genug gewesen waren, aus dem Haus flogen und durch teures Mobiliar nach europäischem Geschmack ersetzt wurden, das wollte vielen nicht gefallen. Plötzlich wurde bei Hof fast ausschließlich Deutsch oder Französisch gesprochen, und hatten bisher Domitilias Günstlinge das Sagen gehabt – aber immerhin auf portugiesisch! –, so waren es nun die arroganten bayerischen Gefolgsleute der Kaiserin, die ausschließlich, und sehr von oben herab, den Ton angaben.

Eines allerdinge mußte man Amalie lassen: den Kindern Pedros war sie eine fürsorgliche Mutter. Sie, die selbst eben ein Kind gewesen, wußte auf zauberhafte Art die Halbwaisen für sich einzunehmen. Sie hatte aus Bayern einen riesigen Schrankkoffer voll schönster Spielsachen mitgebracht, und es war immer ein Fest für die Kinder, wenn die neue Mama, fröhlich in die Hände klatschend, die Kleinen um sich scharte, um mit ihnen die Geheimnisse dieses Koffers zu erforschen. Aber als man ihr die uneheliche Tochter ihres Mannes, die fünfjährige Herzogin von Goyaz brachte, wandte sie sich brüsk ab: »Ich will nur die Mutter von Leopoldines Kindern sein.« Sie ließ das Mädchen vom Hof entfernen. Pedro schwieg und ließ Isabel ziehen.

Diese Hartherzigkeit Amalies empörte wiederum die kinderlieben Brasilianer. Hatte nicht selbst Leopoldine zugestimmt, als man ihr die Tochter ihrer Erzrivalin an den Hof brachte: »Laßt sie in Frieden, die Kleine kann nichts dafür.« Und jetzt kam diese Fremde, setzte sich über alles, auch über das primitivste Gebot der Nächstenliebe, hinweg; man begann sich zu fragen, ob Amalie wirklich die Retterin aus allen Nöten war, die man so inbrünstig herbeigesehnt hatte. »Die Fremde«, das war der Name, der an ihr hängenblieb, und es klang im Mund der Einheimischen wie ein Schimpfwort.

Es hieße die Rolle der Kaiserin Amalie überbewerten, wollte man ihr die Schuld am Scheitern Pedros in die Schuhe schieben, aber auch sie war ein kleines Glied in der Kette von Ereignissen, die letzten Endes zu seinem Sturz führten.

Brasilien, bis vor kurzem noch eine von Übersee aus beherrschte und schikanierte Kolonie, befand sich mitten im schmerzhaften Umwandlungsprozeß zum selbständigen Staat und stand einem Übermaß kaum zu bewältigender Schwierigkeiten gegenüber.

Ein jahrelanger, finanziell ruinöser Krieg gegen Argentinien hatte Tausende Menschenleben gekostet. Es ging um die Südprovinzen, der Ausgang war blamabel: Die reichen Landstriche deklarierten sich zu einem eigenen Staat – Uruguay war geboren.

Schuld an der Niederlage trug eindeutig die Armee, um deren systematischen Auf- und Ausbau sich niemand gekümmert hatte. Es war ein

*Pedro I. von Brasilien mit seiner zweiten Gemahlin Amalie und
Tochter Maria da Gloria*

Operettenheer, ohne Disziplin, ohne funktionierenden Nachschub und bisweilen auch ohne Sold für die Mannschaft. Die Offiziere waren prächtig herausgeputzte Gockel in schreiend bunten Uniformen; viele ließen sich die Gewehre durch Negersklaven hinterhertragen. Die Truppe: ein zusammengewürfelter Haufen aus entlaufenen Negersklaven, zum Dienst gepreßten Einwanderern, Abenteurern und Exsträflingen aus Europa. Die Prügelstrafe war gang und gäbe, wiederholt kam es zu gefährlichen Meutereien, und eine schießwütige Soldateska versetzte einmal sogar die Hauptstadt in Angst und Schrecken.

Die Wirtschaft, fast ausschließlich auf Sklavenarbeit basierend, geriet durch ein neues Gesetz aus dem Gleichgewicht: Allmählich sollte die Sklaverei abgebaut werden, einen ersten Schritt dazu stellte das Importverbot für frische Menschenware aus Afrika ab dem Jahre 1831 dar. In den Jahren davor tätigten die Pflanzer panische Hamsterkäufe, wodurch die Preise exorbitant in die Höhe schnellten; Kredite mußten aufgenommen werden, die Zinsen stiegen rasant, zahlreiche Bankrotte und eine heftige Inflation waren die Folge.

Schwere Spannungen gab es zwischen den alteingesessenen Plantagenbesitzern und den Neusiedlern; denen hatte man, allen lockenden Versprechungen zum Trotz, keinen eigenen Boden, sondern nur Pachtland gegeben, und sie wurden von den Grundbesitzern schamlos ausgenutzt.

Schuld an allem, dies die überwiegende Meinung, war der Kaiser. Pedro hatte sich durch seinen ausschweifenden Lebensstil, durch die Art, wie er die heiligmäßig verehrte Leopoldine in den Tod getrieben hatte, schon verhaßt genug gemacht. Die wirtschaftlichen Kalamitäten wurden ihm nun auch angelastet. Überdies mangelte es ihm an politischem Instinkt; er war in der Wahl seiner Minister, immer unschlüssig zwischen den Parteien der Konservativen und der Liberalen schwankend, ausgesprochen ungeschickt.

Nicht genug, plante er schließlich auch noch einen Krieg gegen das ehemalige Mutterland Portugal. Dort nämlich war sein Vater, König João, 1816 gestorben. Nach der Konstitution sollte dessen Enkelin, Pedros älteste Tochter Maria da Gloria, die Nachfolge antreten. Bis zu ihrer Großjährigkeit war Pedros jüngerer Bruder Miguel zum Regenten bestimmt. Miguel aber hatte selbst Lust an der Macht bekommen und sich zum König ausrufen lassen. Um ihn zu stürzen und seiner Tochter zu ihrem Recht zu verhelfen, wollte Pedro ein Expeditionskorps gegen Portugal rüsten. Ein Aufschrei der Empörung ging durch das Land, das den Krieg gegen Argentinien und den Verlust Uruguays noch nicht verkraftet und verschmerzt hatte.

Die Lage war bereits zum äußersten gespannt, als 1830 in Paris König Karl X. durch die Julirevolution vom Thron gefegt wurde. Der revolutionäre Funke sprang über den Atlantik, die noch schwache Partei der Republikaner bekam plötzlich unerhörten Zulauf. Ab dem Jahresbeginn 1831 flackerten immer wieder Unruheherde auf. Am 13. März kam es zur berühmt-berüchtigten »Nacht der Scherben«. Eine wilde Menschenmenge tobte durch die Straßen von Rio und forderte den Sturz des Kaisers. Der Mob machte sich selbständig, schlug Türen und Fenster von ungezählten Geschäften ein. Ausgeplündert wurden vor allem die verhaßten Portugiesen: Einstmals Herren des Landes, waren sie nun in die Rolle einer ausgegrenzten Minderheit geraten und pogromartigen Verfolgungen ausgesetzt.

Auch der Kaiser war vor langer Zeit aus Lissabon nach Brasilien gekommen, auch er wurde noch immer als »Fremder« empfunden und beschimpft – zum Unterschied vom kleinen Pedro, der, in Rio geboren, als der wahre einheimische Fürst geliebt und gefeiert wurde. »Das Kind«, wie ihn alle nannten, war das einzige Symbol der Einheit und des Zusammenhaltes in diesem Wirrwarr gegeneinander strebender Interessen.

Wollte Kaiser Pedro I. wenigstens den Bestand der Monarchie retten, dann führte kein Weg vorbei am Thronverzicht zugunsten seines Sohnes. Noch sträubte er sich. Aber als am 6. April 1831 im ganzen Land der volle Aufruhr ausbrach, als die Menschen die Munitionslager stürmten, die Armee fast geschlossen zu den Aufständischen überlief und zu guter Letzt auch noch die Bediensteten des Kaisers davonliefen, da unterschrieb er endlich die Abdankungsurkunde. »Mein Sohn ist in einer glücklicheren Lage als ich, weil er in Brasilien geboren ist. Die Brasilianer lieben ihn. Er wird ohne Schwierigkeiten herrschen«, sagte er.

Der Kaiser bestimmte José Bonifacio, einen Veteranen der seinerzeitigen Unabhängigkeitsbewegung und Freund seiner verstorbenen Frau Leopoldine, sowie Dona Marianna für die Erziehung seiner zurückbleibenden Kinder. Kaiserin Amalie packte in fliegender Hast das Nötigste und viel Unnötiges zusammen, und noch vor Tagesanbruch des 7. April verließen der Kaiser, die Kaiserin und die zwölfjährige Tochter Maria da Gloria im Schutz des französischen und des englischen Gesandten Boa Vista, um auf einem englischen Kriegsschiff nach Europa zu gelangen.

Der Kaiser wandte sich zunächst nach Frankreich und begann, zum ersten Mal in seinem Leben, beharrlich und erfolgreich eine politische und militärische Karriere. Er mobilisierte die Mittel und die Kräfte für den Kampf gegen seinen Bruder Miguel, an dem er mit größtem persönlichen Einsatz teilnahm. Nach einem kurzen Krieg eroberte er den Thron zurück. Maria da Gloria wurde, fünfzehnjährig, für majorenn erklärt und trat die Herrschaft an. Kaiser Pedro I. erlitt wenig später während eines Theaterbesuches einen Blutsturz und starb 1834, erst sechsunddreißig Jahre alt, an Tuberkulose. Seine jugendliche Witwe, die ehrgeizige Amalie, mußte von da an das unbeachtete Leben einer Randfigur am Hof zu Lissabon führen.

Zurück in das Jahr 1831, zurück nach Boa Vista, zurück zur brasilianischen Revolution, zurück zu jenem bedeutungsvollen 6. April.

Kronprinz Pedro, ein schmächtiger blonder Knabe mit blauen Augen, ging am Nachmittag mit seinem Vater im Schloßpark spazieren. Der Kaiser hielt den Jungen fest an der Hand, aber er sprach nicht mit ihm. Um sieben Uhr wurde der Kleine, wie jeden Tag, von Dona Marianna, seiner »Dadama«, schlafen gelegt.

Mitten in der Nacht erschien der Kaiser am Bett seines Sohnes und sah ihn lange an. Ob sie das Kind wecken solle, fragte Dona Marianna. Der Kaiser schüttelte den Kopf; er strich dem Knaben kurz über die Haare, ehe er hastig, fast fluchtartig, das Zimmer verließ.

Als das Kind am nächsten Morgen aufwachte, kniete »Dadama« vor ihm nieder, küßte ihm die Hand und sprach ihn mit »Eure kaiserliche Majestät« an. Verwirrt blickte Pedro um sich. Da stand ein fremder Mann, José Bonifacio, sein neuer Erzieher; da standen drei Schwestern: die neunjährige Juanaria, die achtjährige Paula Marianna und die siebenjährige Francisca Carolina, und alle drei Mädchen weinten schrecklich.

Am nächsten Morgen wurde der Junge, zusammen mit Dona Marianna, in eine Kutsche gesetzt und vom Landhaus Boa Vista ins Stadtzentrum befördert. Dichtgedrängte, lauthals jubelnde Menschenmassen, bedrohlich anzusehen und anzuhören, umringten die Kutsche. Wild gestikulierende und schreiende Männer spannten die Pferde aus und legten sich selbst ins Zeug, um das Gefährt durch die Mauer von Menschenleibern im Schrittempo auf den Hauptplatz zu führen. In panischer Angst klammerte sich das Kind an Dona Marianna. Sie nahm ihn auf den Schoß, hob seine rechte Hand und befahl ihm: »Grüßen, Kaiser.« Gehorsam bewegte er die Finger.

Sie schleppten den kleinen Kaiser ins Stadtschloß, wo er, flankiert durch die beiden vom Senat ernannten Regenten, mühsam auf den viel zu hohen Thron kletterte und mit angstgeweiteten Augen die Glückwünsche seiner Minister und des diplomatischen Korps entgegennahm. Anschließend führte man ihn auf den Balkon; er wurde angewiesen, das orgiastische Gebrüll der Hüte, Tücher und Fahnen schwenkenden Massen durch huldvolles Winken zu quittieren. Es war der 8. April 1831, der Tag, an dem Pedros Kindheit endete. Er war fünf Jahre, vier Monate und sechs Tage alt.

Den turbulenten, angsterfüllten Tagen folgte ein nächtlicher Schock. Am 10. April, kurz nach Mitternacht, stürzte Dona Marianna in die Schlafzimmer, riß die Kinder aus den Betten und trieb sie in ein stockdunkles Kellerverlies, schloß die Tür und verrammelte sie. In den Fluren des Schlosses patrouillierten Diener und Lakaien, und alle trugen Handfeuerwaffen – auch die wackere Dona Marianna. Erst nach Stunden wurden die verstörten Kinder aus ihrem Gefängnis befreit – nachdem sich herausgestellt hatte, daß ein Plan, die Prinzessinnen und das »Kaiserlein« – so nannten ihn die Brasilianer – zu entführen, in letzter Minute vereitelt worden war.

In den kommenden Jahren stand das Land ständig am Rande des Kollapses. Immer wieder gab es blutige Auseinandersetzungen, immer wieder Tote und Verwundete, immer wieder Massaker an Portugiesen. Noch mehrmals wurde versucht, das »Kaiserlein« zu kidnappen: Einmal sollte er vor den Republikanern, das andere Mal vor den Anhängern seines Vaters in Sicherheit gebracht werden, die Pedro I. wieder auf den Thron setzen wollten. Es gab einen heftigen Kampf unmittelbar vor dem Wohnsitz der Kinder, die darum häufig und abrupt von Boa Vista ins Stadtschloß, vom Stadtschloß nach Boa Vista und dann wieder zurücktransferiert wurden.

Der neue österreichische Gesandte, Baron Draiser, nahm, im Auftrag seines Herrn, Kaiser Franz' I., regen Anteil am Schicksal von dessen vier Enkelkindern, und er berichtete laufend über den Stand der Dinge nach Wien. Einem Porträt des sechsjährigen Pedro legte er ein Schreiben bei: »Auf dem Bild ist der Ausdruck der Physiognomie sehr ernst ... Aber wenn er mit mir zusammen ist, ist er gewöhnlich sehr froh ... Die Haare sind nicht so gedunkelt, sondern von einem schönen, klaren Blond, so wie die seiner hochseligen Mama ...«

Obwohl oder weil – wie wir aus einer Bemerkung der Napoleon-Witwe und Schwester der verstorbenen Kaiserin Leopoldine, Marie Louise, wissen – am Wiener Hof meist abfällig über die Verwandtschaft in Südamerika, einem »wilden Affenland«, gesprochen wurde, war Kaiser Franz I. in ständiger Angst und Sorge um seine Enkel. Durch Baron Draiser ließ er darum den Vorschlag unterbreiten, Pedro und seine Schwestern nach Österreich bringen und am Wiener Hof erziehen zu lassen, bis sich in Brasilien die Lage beruhigt haben würde.

José Bonifacio, der Erzieher der Kinder, erteilte dem Baron eine wütende Abfuhr. Mit einer dramatischen Geste riß er ein Schießeisen aus seinem Schreibtisch und schrie: »Ich habe vorgesorgt, wenn die Bestien auf den Gedanken kommen sollten, anzugreifen ... Geben Sie diesen Leuten zu verstehen, daß ich bei meinem Alter noch Kraft ... genug habe, um ihnen begegnen zu können ...«

Die Kinder blieben in Brasilien – aber Bonifacio wurde abgesetzt und verbannt. Eine – wieder einmal – neue Regierung bestellte den Marques de Itanhaen zum neuen Vormund. Pedro reagierte auf die Entfernung des guten alten Bonifacio mit einem akuten Nervenfieber, Dona Marianna pflegte ihn mit Hingabe, und es war bestimmt das letzte Mal in seinem Leben, daß der Kleine von Herzen verwöhnt wurde.

Der Marques de Itanhaen, ein integrer, gewissenhafter Mann, hatte eine glückliche Hand bei der Auswahl der Lehrer für seinen Schützling.

Einige wurden dem Knaben echte Vorbilder, zwei oder drei Freunde und Berater auf Lebenszeit.

Itanhaen verfaßte ein umfangreiches Memorandum über die Leitlinien der Erziehung, denen die Pädagogen zu folgen hatten. Jede einzelne Zeile ist bemerkenswert; aus Platzgründen können nur einige wenige zitiert werden:

»Ich wünsche, daß mein erhabenes Mündel ein gründlich gebildeter

Gelehrter wird, vertraut mit allen Künsten und Wissenschaften, ebenso aber mit den mechanischen Verrichtungen, damit er die Arbeit als Grundlage aller Tugenden lieben und den arbeitenden Menschen ebenso ehren lernt wie den, der dem Staat in einem politischen Amt dient . . .«

»Größe soll Pedro II. nur dadurch erringen, daß er gerecht, ernst und tugendhaft ist und seine Macht vom Glück seines Volkes, nicht von Gewalttaten und wirtschaftlichen Erpressungen herleitet . . .«

»Endlich werden die Lehrer des Knaben es nicht unterlassen, ihm täglich zu wiederholen, daß ein Monarch, wenn er nicht auf die Pflichten seines Thrones bedacht ist, das Opfer der Irrtümer, Launen und Ungerechtigkeiten seiner Minister wird, die immer die Ursache der Revolutionen und Bürgerkriege sind, und daß dann der Gerechte für die Sünden büßt, während die Minister sich ins Fäustchen lachen und reich an Geld und Vorteilen aller Art werden . . .« (Zitiert nach Florian Kienzl: »Kaiser von Brasilien«, Berlin 1942).

Erziehungsmaximen – und zugleich bereits ein Regierungsprogramm. Pedro II. hat es getreulich eingehalten!

Der Tagesablauf des Jungen schnurrte mit militärischer Präzision ab. Er wurde um sieben Uhr geweckt. Nach der Morgenmesse um acht Uhr Frühstück, anschließend bis zwei Uhr Unterricht. Nach dem Mittagmahl Freizeit bis vier Uhr – Pedro durfte allerdinge weder schlafen noch sich »körperlich überanstrengen«. Meistens las er. Nach einem kurzen Spaziergang im Park Studium bis zum Abendessen, das um neun Uhr gereicht wurde. Punkt zehn Uhr mußte Pedro im Bett liegen.

Bis zu seinem siebenten Lebensjahr, dem damals offiziellen Ende der Kinderzeit, lernte und speiste er zusammen mit den Schwestern. Von da an erhielt er Einzelunterricht. Bei den Mahlzeiten waren nur Dona Marianna, ein Kammerherr, gelegentlich der Marques de Itanhaen und immer der Leibarzt zugegen. Letzterer hatte die Qualität der Speisen zu begutachten und darüber zu wachen, daß der kleine Kaiser nicht zuviel, aber auch nicht zuwenig aß. Die Gesprächsthemen bei Tisch waren genau vorgegeben: Es durfte ausschließlich über den Lehrstoff, über wissenschaftliche, künstlerische und soziale Belange geredet werden. Erziehung und Belehrung hatte pausenlos und daher auch während des Essens stattzufinden. Der berühmte Schrankkoffer mit

Spielsachen, den die Stiefmutter Amalie aus Bayern mitgebracht hatte, blieb dem »Kaiserlein« nun für immer verschlossen.

Pedro war ebenso intelligent wie wissensdurstig. Er besaß eine blitzschnelle Auffassungsgabe, durchschaute auch komplizierte Zusammenhänge, und sein Gedächtnis war phänomenal. Er konnte mit fünf Jahren lesen und schreiben, mit sechs verfaßte er fehlerfreie französische Briefe an den Großvater in Wien; neben Portugiesisch beherrschte er sehr bald Französisch, Englisch, Deutsch und Latein in Wort und Schrift. (Als Erwachsener wird er sich während einer Europareise mit ungarischen Intellektuellen in fließendem Latein unterhalten.) Wie seine Mutter malte und zeichnete er ausgezeichnet und liebte es, Musik zu hören.

Näherer Umgang mit dem Hauspersonal war untersagt. Einzige Ausnahme bildete ein Negersklave namens Rafael, von dem Pedro schon als Kleinkind auf den Knien geschaukelt und auf Spaziergängen begleitet worden war; manchmal brachte er das ernste Kind durch schnurrige Geschichten zum Lachen.

Der Kontakt mit den Schwestern war minimal, obwohl Pedro den drei hübschen blonden Mädchen außerordentlich zugetan war. Als Paula Marianna 1833, erst zehnjährig, starb, war Pedro lange Zeit tief bedrückt. Gelegentlich wurden Spielgefährten für das »Kaiserlein« eingeladen, Söhne von Ministern und Aristokraten, aber Pedro hatte wenig Gemeinsamkeiten mit ihnen. Meistens sah er nur zu, wenn sie sich vergnügten.

Es ist schwer zu sagen, ob Pedro von klein auf einem angeborenen Pflichtgefühl folgte, indem er das spartanische Erziehungsprogramm über sich ergehen ließ, ohne ein einziges Mal zu rebellieren, oder ob sein Bildungsdrang wirklich so enorm war. Tatsache ist, daß er das vorgeschriebene Maß der ihm gestellten Aufgaben mehr als erfüllte und aus eigenem Antrieb weiterarbeitete. Mehr als einmal mußte der Marques de Itanhaen spät nachts energisch einschreiten und das Kerzenlicht im Schlafzimmer Pedros löschen, der, von einem Berg Büchern umgeben, lesend im Bett saß.

Der heranwachsende Knabe sah – wir entnehmen es dem Bericht der Schweizer Diplomatengattin Cécile Däniker-Haller – vom Scheitel bis zur Sohle wie ein leibhaftiger österreichischer Erzherzog aus und verhielt sich auch genau so, wie man es von einem jungen Habsburger erwartete. »Das ist ein charmantes Kind voll Grazie und Würde. Ich habe noch nie ein so einnehmendes Gesicht gesehen. Wenn die Rebellen von Rio Grande und Bahia den Kaiser in diesem Augenblick hätten betrachten können, sie hätten ihre Waffen niedergelegt«, schreibt die Schweizerin.

Über den Vierzehnjährigen berichtet Baron Draiser, leise besorgt, nach Wien: »Es wird nötig sein, die Aufmerksamkeit des Kaisers auf andere Dinge zu lenken und ihn zu befreien aus dieser starren und drückenden Gleichförmigkeit, in der er wie ein Gefangener zu leben gezwungen ist. Ich schlug dem Tutor vor, den Kaiser zweimal in der Woche dem Ministerrat beiwohnen zu lassen, damit er sich an die Verschiedenheit der Auffassungen gewöhne. Man könnte ihn auch dazu bewegen, sich in dieser oder jener strittigen Frage eine Meinung zu bilden, sie das nächste Mal zu äußern, um ihn auf diese Weise in die Praxis der Verhandlungen einzuführen.« (Zitiert nach Kienzl.)

Wir wissen nicht, wie der Erzieher Draisers Vorschlag aufnahm; der Gang der Ereignisse brachte es jedoch mit sich, daß Pedro in die Praxis des Regierens hineingestoßen wurde, ohne jemals die Theorie kennengelernt zu haben. Die Teilnahme an den Ministerratsitzungen hätte ohnedies wenig Erleuchtendes gebracht, denn diese gerieten immer mehr zu Vorgefechten einer neuen Revolution. Der politische Karren war schließlich dermaßen verfahren, daß niemand so recht wußte, wie es weitergehen sollte. Das Gespenst der Anarchie stand vor der Tür.

Begierig wurden darum die aus dem Palast sickernden Gerüchte aufgegriffen: daß dort ein geniales Wunderkind heranwachse, weit über sein Alter gereift und mit Weisheit gesegnet. In der Phantasie des Volkes wurde Pedro zum heilbringenden Messias stilisiert, von dem die unwahrscheinlichsten Mirakel zu erwarten wären.

Immer lauter wurden die Stimmen, die eine vorzeitige Großjährigkeitserklärung des Monarchen forderten. Schließlich diskutierte auch der Ministerrat die Angelegenheit – mit den üblichen Schreiduellen. Da bereits eine Revolution, ein Bruderkampf jeder gegen jeden, drohte, einigte man sich endlich doch darauf, das »Kaiserlein« selbst entscheiden zu lassen. Auf eine erste inoffizielle Anfrage erklärte dieser noch zögernd: »Halten Sie es wirklich für möglich, daß ich mit meinen vierzehn Jahren schon weise genug bin?«

Er besprach sich mit dem Vormund und den Lehrern. Die Meinungen

Das »Kaiserlein« – Pedro II. von Brasilien

waren geteilt. Der Literaturprofessor riet entschieden ab:»Die Natur hat Eurer Majestät viel gegeben. Aber sie spottet nicht ihren eigenen Gesetzen. Der Mensch ist unreif in Ihrem Alter. Sie haben schon viel gelesen und viel gelernt. Aber noch konnten Eure Majestät nicht im geheimnisvollen Buch des menschlichen Herzens lesen. Die Menschenkenntnis, die Erfahrung sind nicht angeboren. Der Mensch ist stets von der Unfehlbarkeit weit entfernt, und sehr weit ist er es in Ihrem Alter von vierzehn Jahren, auch wenn er über früh entwickelte Geisteskräfte verfügt . . .«

In den ersten Juliwochen des Jahres 1840 spitzte sich die Lage dramatisch zu. Ein Militärputsch stand unmittelbar bevor – eine der raren Revolutionen in der Geschichte, die einen Herrscher nicht vom Thron stürzen, sondern ihn, im Gegenteil, hinaufheben sollte.

Am 22. Juli erschien eine Regierungsdelegation bei Pedro und fragte förmlich an, ob er bereit sei, sich vor Vollendung des 15. Lebensjahres großjährig erklären zu lassen. Der Junge besann sich nur wenige Sekunden, dann straffte er den Rücken und sagte knapp:»Ich will jetzt.«

Bereits am nächsten Tag fuhr er zum Sitz der beiden Kammern – auf dem Weg dahin von ekstatischem Jubel begleitet – und legte den Eid auf die Verfassung ab. Der schmale Knabenkörper steckte in der protzigen Uniform eines Generals, die Stimme Pedros war kindlich-hoch, aber fest:»Ich schwöre, die römisch-katholische Kirche und das Reich ungeteilt und unversehrt zu erhalten, die Konstitution der brasilianischen Nation zu achten und zu stützen und zu handeln zum allgemeinen Besten Brasiliens, soweit es in meiner Kraft steht.«

Kaiser Pedro II. war vierzehn Jahre, sieben Monate und einundzwanzig Tage alt. Aber: er war ein *Kind,* dem man sofort einen Wust von Repräsentationspflichten aufbürdete. Empfänge, Paraden, Unterschriften, nicht zu vergessen den wöchentlichen allgemeinen Audienztag, zu dem jeder freie Bürger zugelassen war, um dem Kaiser persönlich seine Wünsche vortragen zu können. Angesichts des dicken Menschenwurms, der sich über die Flure und Treppen vorwärtsschob, ergriff Pedro eines Tages die Flucht. Man fand den Kaiser im hintersten Winkel des Parks, verzagt unter einem Baum hockend.

Neben den neuen Aufgaben blieben die alten: täglich ein umfangreiches Studienpensum, nun auch erweitert durch Naturwissenschaften. Brennend interessierte ihn die Astronomie. Viele Stunden der Nacht saß er vor dem Fernrohr – und als es ihm gelang, einen kleinen Kometen zu entdecken, sprang er jauchzend auf, klatschte in die Hände und vollführte einen Indianertanz.

Am 2. Dezember 1840, seinem 15. Geburtstag, servierte man ihm zum ersten Mal ein »Erwachsenenfrühstück«, ein Ereignis, das er getreulich im Tagebuch festhielt:»Ich bekam heute Kaffee und Eier, und so soll es von nun an bleiben.«

Bezeichnend sein erster selbständiger Erlaß, der beweist, daß Pedro doch weit über sein Alter gereift war: Niemand aus seiner näheren Umgebung und seinem Bekanntenkreis durfte sich mit einem Anliegen an ihn wenden. Er fürchtete, solchen Personen gegenüber positiv voreingenommen zu sein und ungerechtfertigte Protektionen zu gewähren.

Am 28. Juli 1841, ein Jahr nachdem er sein folgenschweres »Ich will jetzt« gesprochen hatte, fand die Krönung statt. Pedro sah noch immer nicht älter aus, als Jungen von fünfzehneinhalb Jahren auszusehen pflegen, seine Stimme war noch immer die eines Kindes. Er trug einen goldbestickten weißen Brokatrock, stark tailliert und fast bis zu den Knien reichend, dazu enganliegende rote Hosen und darüber einen Umhang mit langer Schleppe, der dicht mit den Federn des Tukans, des heiligen Vogels der brasilianischen Indianer, bestickt war. Das Zepter war zu lang, das Schwert zu schwer und die Krone zu weit; sie rutschte ihm fast bis an die Nase, als der Bischof sie ihm aufs Haupt setzte. Vermutlich hätten Aufmachung und Szenerie grotesk gewirkt, wäre von dem Knaben nicht eine rührende Ernsthaftigkeit ausgegangen. Die Zuschauer weinten, mehr oder minder verstohlen.

Wer immer gehofft hatte, daß das »Kaiserlein«, seit der Krönung mit voller Regierungsgewalt ausgestattet, ein Spielball der Wünsche von Ministern, Beamten und sonstigen Intriganten sein werde, hatte sich gründlich getäuscht. Pedro übernahm zwar das liberale Kabinett, das er vorgefunden hatte – doch als er draufkam, daß eben dieses Kabinett die anstehenden Wahlen mit betrügerischen Machinationen vorzubereiten begann, jagte er die Minister aus dem Amt. Er bestellte eine konservative Regierung, die er allerdings auch nicht übermäßig glücklich machte. Als die Liberalen einen Aufstand inszenierten, der rasch niedergeschlagen werden konnte, weigerte er sich, die Rädelsführer wegen Hochverrats vor Gericht stellen zu lassen. Unter der Devise, daß

Versöhnung nun das oberste Gebot zu sein habe, bildete er einen ihm persönlich unterstellten Staatsrat, dem außer Konservativen auch Liberale sowie unabhängige Fachleute angehörten.

Neben den Regierungsgeschäften setzte der jugendliche Kaiser seine Studien fort, ging keinerlei Vergnügungen nach und besuchte Theater und Bälle nur, wenn es aus Gründen der Staatsräson unumgänglich notwendig war.

So gab er anläßlich des Besuchs von Prinz Adalbert, eines Neffen von König Friedrich Wilhelm III. von Preußen, 1842 ein Bankett mit anschließendem Ball – ein besonderes Fest für die Schwestern des Kaisers, die nun zwanzigjährige Juanaria und die achtzehnjährige Francisca Carolina, die am ehrsam-langweiligen Hof ihres pflichtbesessenen Bruders nicht allzuviel zu lachen hatten. Prinz Adalbert, ein gutaussehender Mann von einunddreißig Jahren in der eindrucksvollen Paradeuniform eines Generalobersten, erwies sich als ein wahrer Freudenbringer. Er lehrte die beiden Mädchen einen neuen, himmlischen Tanz, von dem sie nicht genug bekommen konnten. Der Tanz hieß »Walzer« und kam, so sagte man ihnen, aus der fernen Heimat ihrer frühverstorbenen Mutter Leopoldine.

»Beide Mädchen sind blond wie der Bruder und sehr hübsch, besonders Dona Francisca«, schrieb Prinz Adalbert, ein begeisterter Globetrotter, in seinem 1847 erschienenen Werk: »Aus meinem Reisetagebuch«. Über Kaiser Pedro II. bemerkte er respektvoll: »Schon um sechs Uhr morgens erhebt er sich, um sich ganz den Staatsgeschäften zu widmen. Die Zeit, die ihm bleibt, nutzt er vor allem zum Lesen . . .« Die »besonders hübsche« Dona Francisca erlebte wenige Monate später eine märchenhafte Romanze mit dem Sohn des französischen Königs Louis Philippe, dem Prinzen François de Joinville, der mit seiner Fregatte »Belle Poule« in Rio vor Anker gegangen war und Kaiser Pedro II. einen Höflichkeitsbesuch abstattete. Die beiden jungen Leute verliebten sich Hals über Kopf, und Pedro gab die Zustimmung zu einer raschen Heirat, obwohl es ihm nicht ganz leichtfiel: Francisca war seine Lieblingsschwester; er vermißte sie schmerzlich, als sie mit ihrem Ehemann nach Frankreich zog.

Die Hochzeit Franciscas war Pedros Beratern willkommener Anlaß, ihn zartfühlend darauf hinzuweisen, daß es nun auch für ihn an der Zeit wäre, auf Brautschau zu gehen, um für den Weiterbestand der Dynastie zu sorgen. Pedro wußte, wie stets, was seine Pflicht war; er stimmte zur allgemeinen Erleichterung dem Projekt zu. Immerhin hatte er schon zu einiger Besorgnis Anlaß gegeben, denn er war in Damengesellschaft linkisch und schüchtern – er machte sich offensichtlich nicht sehr viel aus Frauen. »Es scheint sich die ganze Vitalität seiner Konstitution, wenn ich so sagen darf, nach dem Kopf hin gewandt zu haben«, umschrieb der französische Gesandte Baron Ney das delikate Problem.

Da es in ganz Nord- und Südamerika keine Monarchie gab, lag es auf der Hand, die zukünftige Kaiserin in einem europäischen Herrscherhaus zu suchen. Der österreichische Staatskanzler, Fürst Wenzel Metternich, bewährtester Vermittler politischer Heiraten der Alten Welt, wurde um Hilfe gebeten; Metternich schickte Pedros Brautwerber, aus welchen Gründen immer, ausgerechnet an den Hof Ferdinands II., König beider Sizilien. Ferdinand, immer in Geldverlegenheiten steckend, besaß drei Schwestern, die schwer an den Mann zu bringen waren; er war heilfroh, als er eine von ihnen, Teresa Cristina, vorteilhaft unter die Haube bringen konnte. Ein entzückendes Porträt der Prinzessin – sie war übrigens, infolge verwickelter Verwandtschaftsverhältnisse, eine Tante zweiten Grades von Pedro – fand dessen ungeteilte Zustimmung. Der Ehevertrag wurde perfekt gemacht.

Am 3. September 1843 landete das Schiff mit der Braut in Rio. In gespannter Vorfreude eilte Pedro an Bord – und erstarrte für einen Augenblick. Vor ihm stand ein kleines, dickliches Mädchen, mit ihren zweiundzwanzig Jahren vier Jahre älter als er und bereits leicht verblüht, und als sie auf den Bräutigam zutrat, war nicht zu übersehen, daß sie stark hinkte. Pedro murmelte ein paar Begrüßungsfloskeln und entschuldigte sich dann dringender Geschäfte wegen.

Am Abend dieses Tages erlebte Dona Marianna den ersten und einzigen Gefühlsausbruch ihres Ziehsohnes. Er warf sich weinend in ihre Arme und klagte: »Man hat mich betrogen, man hat mich furchtbar betrogen.«

Mit undurchdringlicher Miene ließ er die Trauung und die darauffolgenden Festlichkeiten über sich ergehen. Er sah seine Frau nicht an, er sprach kein Wort mit ihr. Von der Ballgala empfahl er sich nach zehn Minuten.

Er ließ sich in den nächsten Tagen und Wochen nicht ein einziges Mal in den Gemächern seiner Frau blicken; bei Tisch, wo sie einander unvermeidlicherweise treffen mußten, ging die Konversation nicht über Belanglosigkeiten hinaus. Dafür, so wurde verstohlen geflüstert, soll sich der junge Mann viele Nächte um die Ohren geschlagen haben – und zwar durchaus nicht mit trockenem Lesestoff, wie es sonst seine Art war.

Die junge Kaiserin erlitt einen Nervenzusammenbruch und mußte fast einen Monat lang das Bett hüten. Eines Tages stand sie auf und nahm auf eine sehr eindrucksvolle, sehr stille und sehr zähe Art den Kampf um den Mann auf, mit dem man sie verheiratet hatte. Sie begann sich sozial zu engagieren, sie erfocht Stück für Stück die Herrschaft über den Haushalt, sie gab kleine Gesellschaften und Musikabende, bei denen sie die Zuhörer mit einem engelsgleichen Sopran überraschte. Sie machte langsam ein Heim aus dem, was für Pedro bislang eine bessere Korrektionsanstalt gewesen war.

Es wurde offenbar, daß sich hinter der unscheinbaren Fassade eine warmherzige, mütterliche Frau verbarg. Und Pedro hatte nie eine Mutter besessen! Allmählich sah er Teresa Cristina mit anderen Augen. Aus Enttäuschung und Abneigung wurde allmählich Aufmerksamkeit, aus Aufmerksamkeit Verständnis, aus Verständnis Wohlwollen. Die große Leidenschaft hat es in dieser Ehe nie gegeben. Aber Achtung und letzten Endes auch Zuneigung hielten ein Leben lang. Drei Jahre nach der Hochzeit wurde das erste Kind geboren. Es war eine Tochter, die den Namen Isabel erhielt.

Wesentliche Hilfe bei der Annäherung der Ehepartner hat zweifelsohne die Tatsache geleistet, daß kurz nach Pedro auch seine Schwester Juanaria heiratete – und zwar Pedros Schwager Luigi, Herzog von Aquitan, der mit Teresa Cristina aus Italien gekommen war und, der Liebe wegen, seinen Wohnsitz in Brasilien aufschlug, zumindest fürs erste: Später übersiedelte das Paar nach Italien. Der einsame junge Kaiser war mit einemmal in das schützende Band einer Familie verwoben. Aus dieser Familie schöpfte er die Kräfte, die er für sein gigantisches Reformwerk bitter nötig hatte. Dazu schuf er sich Rückenfreiheit, indem er erstmals den Posten eines Ministerpräsidenten einführte, der ihm den täglichen politischen Kleinkram vom Hals schaffte.

Dem ihm jahrelang eingeprägten Leitgedanken folgend, daß der Herrscher seinem Land stets mit gutem Beispiel voranzugehen habe, pflog die kaiserliche Familie einen exemplarischen Lebenswandel bescheidener Bürgerlichkeit: Das Essen war einfach, es wurde kaum getrunken. Der Kaiser frönte nicht einmal der in Brasilien weitverbreiteten Leidenschaft des Zigarrenrauchens. Er trug mit Vorliebe Zivil, und zwar einen schwarzen Gehrock und Zylinderhut, Uniform nur dann, wenn es sich durchaus nicht vermeiden ließ. Dabei wählte er bewußt die Marineuniform, weil diese, seiner Meinung nach, am wenigsten martialisch wirkte. Ein Drittel der ohnehin nicht üppigen kaiserlichen Einkünfte floß Monat für Monat in einen Wohltätigkeitsfonds.

Schon Pedros habsburgische Vorfahren hatten erkannt – und die in Österreich lebenden Verwandten wußten es noch immer –, daß das Fundament eines soliden Staatswesens eine reibungslos funktionierende Beamtenschaft ist. So wandte Pedro sein vordringliches Augenmerk auf deren Reorganisation und unterzog sich der Sisyphusarbeit, korrupte und bestechliche Elemente auszusondern.

Fast täglich erschien er ohne die leiseste Vorwarnung in Ämtern und Behörden, stellte bohrende, wohlfundierte Fragen, überprüfte Unterlagen und entdeckte mit nachtwandlerischer Sicherheit falsche Angaben und Schwachstellen. Die Bestätigung von Beförderungen und Neuernennungen im höheren Verwaltungsapparat behielt er sich persönlich vor – und wehe, er fand einen dunklen Punkt. Es war, wie sich bald herausstellen sollte, zwecklos, ihm Kandidaten vorzuschlagen, deren Biographie nicht mehrfachen Überprüfungen standgehalten hatte.

Dennoch geschah es einmal, daß der Kaiser die Berufung eines Oberrichters in einer fernen Provinz ablehnte. Der zuständige Referent beteuerte glaubhaft, er habe die Laufbahn des Betreffenden sorgfältig durchleuchtet, aber nichts Nachteiliges entdecken können. Der Kaiser, der seit frühester Jugend alle Zeitungen aufmerksam studierte, brillierte wieder einmal mit seinem geradezu unheimlichen Gedächtnis: Dann und dann – das Ereignis lag viele Jahre zurück – habe er aus einer Notiz erfahren, daß der betreffende Richter einen Prozeß gegen den eigenen Vater angestrengt hätte; ein solcher Mann sei für das hohe Richteramt ungeeignet.

Pedro reiste viel durch die Provinzen, oft in Gesellschaft seiner Frau. Auch dort tauchte er wie der Blitz aus heiterem Himmel in den Amtsstuben auf und stellte seine enervierenden Fragen. Mit wahrer Leidenschaft inspizierte er Schulen und Universitäten, hörte sich stundenlang

Examen an. Zum Entsetzen von Lehrern und Professoren mischte er sich in das Frage- und Antwortspiel ein, wenn er meinte, es besser zu wissen als der Prüfer – und in den meisten Fällen hatte er recht. Der Kaiser geriet solcherart in den Ruf eines penetranten Besserwissers und mußte sich bald den Spitznamen »Oberlehrer der Nation« gefallen lassen.

Schüler und Hörer scheinen ihn sehr verehrt zu haben. »Er ist freundlich mit allen, stellt Fragen und sucht sich über die kleinsten Einzelheiten zu unterrichten ... Wie ein einfacher Bürger geht er zu Fuß ..., ganz ohne Hofstaat. Endlich gibt es keine Entfernung mehr zwischen Volk und Hof, und dabei büßt er nicht im geringsten von seiner Würde ein, denn seine Umsicht, seine guten Manieren zwingen zu höchster Achtung«, berichtete ein Student aus São Paulo.

Die Bemerkung, daß sich der Kaiser ganz ohne Hofstaat »wie ein einfacher Bürger« in den Straßen der Stadt bewegte, sollte besonders beachtet werden: Damals gab es in ganz Südamerika keinen einzigen Regierungschef, der es gewagt hätte, ohne Begleitung durch schwerbewaffnete Leibwächter das Haus zu verlassen.

Wie die meisten Intellektuellen seiner Zeit vermochte sich Pedro nicht der Wissenschaftseuphorie und dem bedingungslosen Fortschrittsglauben zu entziehen. Er hat dabei gewiß manchmal übers Ziel geschossen, indem er mit geradezu manischer Besessenheit binnen weniger Jahrzehnte aus einem trägen, hinter(ur)wäldlerischen Kolonialland ein modernes, technokratisches Staatswesen schaffen wollte, aber seine Absichten waren immer lauter und das Ergebnis im großen und ganzen schlichtweg verblüffend.

Zunächst trieb er das Bildungswesen energisch voran, in der Überzeugung, daß nur aus einer breiten Basis die dem Land notwendige Zahl an Wissenschaftlern und Technikern erwachsen könnte. Die Volksschulen wurden verzehnfacht, in rascher Aufeinanderfolge Universitäten, technische Hochschulen und Agrarinstitute gegründet; viele Professoren wurden aus dem Ausland berufen, vor allem aus Österreich und Deutschland, Brasiliens begabteste Studenten zur Fortbildung nach Europa geschickt.

Voller Stolz weihte der Kaiser 1854 die erste, vierzehn Kilometer lange Eisenbahnstrecke nach Petropolis ein, wo er eine kleine Sommervilla erbauen ließ – am Ende seiner Regierungszeit verfügte Brasilien über

9 000 Kilometer Eisenbahn, 11 000 Kilometer Telegrafenlinien und ein Überseekabel.

Die bislang unbekannten Oberläufe und Quellgebiete der großen Flüsse wurden erforscht, die erste Generalkarte Brasiliens angelegt, Fluß- und Küstenschiffahrt in Schwung gebracht sowie zum Teil bereits auf Dampfbetrieb umgestellt. Die umfangreichen Projekte für eine landesweite Industrialisierung blieben in der Anfangsphase stecken. Schuld daran trug ein jahrelanger Krieg, über den später zu berichten sein wird.

Es wurden die Straßen ausgebaut und zahllose neue geschaffen, alle größeren Städte mit Wasserleitung und Kanalisation versehen – und erste Umweltschutzmaßnahmen getroffen: So war das Fällen der Bäume auf dem Zuckerhut verboten, um das Abrutschen der Steilhänge zu verhindern – eine Vorsichtsmaßnahme, über die sich die heutigen brasilianischen Bauspekulanten leichtfertig hinweggesetzt haben. Erdrutschkatastrophen mit Hunderten Todesopfern sind die Folge.

Auch Kaiserin Teresa Cristina war nicht untätig. Sie erstellte ein Programm zur Errichtung von Waisen- und Armenhäusern, Altersasylen und Heimen für Behinderte.

Natürlich reichte das Geld für all diese Projekte nicht immer – was zur Folge hatte, daß sich die kaiserliche Familie noch mehr einschränkte und vieles aus der eigenen Tasche bezahlte.

Als es darum ging, ein Dürregebiet zu bewässern und der Premierminister auf die leeren Kassen verwies, wurde Pedro wütend:»Wenn kein Geld da ist, soll man eben die Kronjuwelen verkaufen.« Der Premier war schockiert. Irgendwie wurden die Mittel dann doch anderweitig aufgetrieben.

Einen ebenso unkonventionellen Ausweg suchte und fand Pedro aus einer prekären wirtschaftlichen Situation, indem er einen Mann als neuen Finanzminister vorschlug, dessen profunde Analysen und Sanierungspläne ihm aus mehreren Zeitungsartikeln ins Auge gestochen waren. Blankes Entsetzen im Ministerrat: der Verfasser der anonym erschienenen Beiträge hatte kurz zuvor ein aggressives Pamphlet gegen den Kaiser verfaßt, gespickt mit Beleidigungen. Pedro zuckte die Achseln:»Ich weiß, ich weiß, aber persönliche Gefühle dürfen nicht entscheiden, wenn es um die Interessen des Landes geht. Wir gehen einer schweren Krise entgegen, und der Mann kann sie meistern. Bitten Sie ihn her.« Die Minister leisteten kurzen Widerstand, dann wurde der Experte geholt. Er meisterte die Krise.

»Nur der rastlosen Energie des Kaisers gelingt es, die ganze Staatsmaschine in regem Gange und die von Natur trägen Brasilianer in Bewegung zu halten«, schrieb der österreichische Erzherzog Maximilian, späterer Kaiser von Mexiko, von einem Verwandtenbesuch in Rio an seinen Bruder Kaiser Franz Joseph I.

Maximilian, der sich im übrigen mit typisch europäischem Hochmut über das Land und seinen »Urwaldursprung« lustig machte, verdanken wir ein Bild der kaiserlichen Familie und ihrer Lebensumstände in den fünfziger Jahren: »Die Kaiserin ist eine kleine dicke Frau und sieht der Großherzogin von Toskana sehr ähnlich, hat aber unglücklicherweise die Zähne und den Gang ihrer Schwester, der Herzogin von Berry. Sie ist sehr liebenswürdig ... Pedro II. ist ein großer starker Mann mit blonden Locken und wallendem Bart ...« Den Wohnsitz des Paares beschreibt der Erzherzog als ein »sehr bescheiden zu nennendes kaiserliches Palais«, in Maximilians Augen höchst seltsam und völlig unpassend für eine Residenz: Im Erdgeschoß befanden sich eine Wohnstatt für bedürftige Greise und Schulklassen für die Kinder der Bediensteten. Im ersten Stock residierte die Familie, und unter dem Dach hatte Pedro ein wissenschaftliches Laboratorium sowie eine kleine Sternwarte eingerichtet.

Die Sterne waren noch immer seine Leidenschaft, und dahinter rangierten gleich seine künstlerischen und kulturellen Ambitionen. Er verfaßte selbst gelegentlich kleine Sonette, übersetzte einige Werke Victor Hugos und die »Geschichten aus 1001 Nacht« aus dem Originaltext (!) ins Portugiesische. Die von ihm sehr nachdrücklich geförderte brasilianische Literatur erlebte ihre erste Hochblüte, und er zog Künstler aus aller Welt, Maler, Bildhauer und Musiker, ins Land. Die Oper von Rio nahm einen ungeahnten Aufschwung.

Sogar mit Richard Wagner hat Pedro korrespondiert, dem er vorschlug, in Rio die Erstaufführung einiger seiner Werke selbst zu dirigieren – allerdings müßten sie in italienischer Sprache gesungen werden. Wagner war nicht abgeneigt: »Sonderbarerweise wirkte die hierdurch angeregte Vorstellung ... sehr angenehm auf mich, es schien mir, als müßte ich sehr gut ein leidenschaftliches Musikgedicht zustande bringen, welches sich im Italienischen sehr gut ausnehmen müßte«, schrieb der Meister. Aus der Fahrt nach Rio ist dann doch nichts geworden, sehr wohl aber aus dem »leidenschaftlichen Musikgedicht«, das unter dem Namen »Tristan und Isolde« in die Musikgeschichte eingegangen ist.

Ein Mensch, der soviel zustande gebracht und vorangetrieben hat wie Kaiser Pedro II. – Victor Hugo nannte ihn einmal einen zweiten Marc Aurel –, müßte, so würde man meinen, zufrieden mit seinem Werk und seinem Dasein gewesen sein. Dem war aber nicht so: »Wieviel Mangel an Eifer«, hielt er in seinem Tagebuch fest. »Und die Liebe zu dem Land ist meistens nur ein Gerede. Das Wünschenswerte sehen und nur langsam dazu beitragen zu können, das ist eine Tantalusqual für einen gewissenhaften Herrscher. Aber Resignation ist in einer verfassungsmäßigen Monarchie unentbehrlich . . .«

Persönliche Schicksalsschläge trugen dazu bei, den Grundton seines Wesens in gedämpfter Resignation zu halten. Er verlor die geliebte »Dadama« während einer Choleraepidemie, und von seinen vier Kindern, die zwischen 1846 und 1849 geboren wurden, starben zwei im zartesten Alter. Es waren die beiden Söhne Alfonso und Pedro. Übrig blieben Isabel und Leopoldina.

Der Kaiser schrieb eine erschütternde Totenklage:

> »Zweimal schon habe ich den Tod erlitten:
> der Vater stirbt, der seinen Sohn begräbt.
> Ich sah als Kind mich ohne Vater, Mutter –
> und meine kleinen Söhne starben mir . . .«

Natürlich liebte Pedro seine Töchter um nichts weniger als die Söhne – dies ist mehrfach belegt. Aber er war nicht nur Vater, er war auch ein durch jahrhundertealte Traditionen geprägter Monarch, besorgt um den Fortbestand der Dynastie. Würde das jederzeit zum Widerspruch bereite Volk der Brasilianer die weibliche Erbfolge akzeptieren? Eine Frau auf dem Thron? Das wäre ein weiterer Grund, die exemplarischen brasilianischen Machos in die Arme der Republikaner zu treiben, die bereits fast den ganzen amerikanischen Doppelkontinent beherrschten. Zu seinen vielen Sorgen war dem Kaiser nach dem Tod der Söhne eine weitere aufgebürdet worden.

Andererseits: das große Glück, sich die beiden Mädchen auf das prächtigste entwickeln zu sehen! Erzherzog Maximilian beschreibt Isabel und Leopoldina so: »Sie haben eine vortreffliche deutsche Erziehung, eine sehr gute Haltung, sind sehr gut angezogen und sehr freundlich, natürlich und kindlich. Dona Isabel ... ist etwas ernst, hat hübsche, regelmäßige Züge, wundervolle blonde Haare, ist sehr schön gebaut und ganz gesund ... Dona Leopoldina ist auffallend hübsch, mit einem ehrlichen ... Ausdruck und sehr lustig. Beide haben viel Geist und Lebhaftigkeit und würden jedem europäischen Fürsten nur Ehre machen ...«

Es ist anzunehmen, daß man in Wien diesen Fingerzeig verstand und die brasilianischen Habsburger-Cousinen wohlwollend in die Liste möglicher Kandidatinnen für weitere Verbindungen des Hauses mit den »großen Familien« Europas aufnahm.

Doch in Rio hatte man sich bereits vom uralten Brauch, Herrscherkinder ausschließlich nach politischen Erwägungen zu verehelichen, gelöst. Die Töchter Pedros konnten, kaum den Kinderschuhen entwachsen, Liebesheiraten eingehen.

1864 gab es in Rio eine turbulent gefeierte Doppelhochzeit: Isabel vermählte sich mit Gaston Comte d'Eu, einem Enkel des – 1848 gestürzten – französischen Königs Louis Philippe. Der elegante Franzose und schneidige, auf etlichen Kriegsschauplätzen bewährte Draufgänger bildete einen interessanten Kontrast zu der ernsthaften jungen Dame mit leisem Hang zu übertriebener Religiosität. Gastons Vetter, August Prinz von Sachsen-Coburg, ein eher verschlossener Mensch, nahm die muntere Leopoldina.

Die beiden jungen Männer waren während einer Vergnügungsreise nach Rio gekommen, nichtsahnend, daß Gaston dort hängenbleiben würde, während der Coburger mit seiner »Exotin« nach Europa heimkehrte. Das Paar sollte später abwechselnd in Wien und in Koburg leben.

Kaiser Pedro II., einstmals als »Bananenkönig« verspottet, genoß inzwischen weltweit großes Ansehen und wurde sogar in mehreren internationalen Streitfällen als Schiedsrichter angerufen. Die Stellung des Kaisers im eigenen Land indes war nicht immer unumstritten, vor allem wegen seiner radikalen Methoden, das politische Klima zu verändern und lang ersessene Vorrechte gewisser Kreise zu streichen. Die breite Masse des Volkes zollte ihm jedoch überwiegend Hochachtung, vor allem was seinen persönlichen Lebensstil betraf.

In eine Krise gerieten die Beziehungen zwischen dem Herrscher und seinen Landeskindern durch einen der grausamsten Kriege der neueren Geschichte, der allerdings, zumindest in Europa, längst dem Vergessen anheimgefallen ist. Brasilien wurde dieser Krieg aufgezwungen, aber der ansonsten durch und durch pazifistische Kaiser glaubte ihn im Interesse der Zukunft von ganz Südamerika bis zum bitteren Ende durchstehen zu müssen.

Der Brand wurde von dem kleinen Paraguay (eine Million Einwohner) entfacht, das ohne Vorwarnung über Brasilien (sechs Millionen Einwohner) herfiel. Die militärische Stärke der beiden Staaten stand im verkehrt proportionalen Verhältnis zu ihrer Bevölkerungszahl: Paraguay verfügte über 60 000 hochqualifizierte Soldaten eines stehenden Heeres und eine eigene Rüstungsindustrie, Brasilien brachte zur Not 16 000 Mann auf die Beine und mußte seine Arsenale durch Waffenimporte füllen.

Diese seltsame Ausgangslage bedarf einer kurzen Erklärung: Paraguay hielt unter den südamerikanischen Ländern eine Ausnahmestellung. Ursprünglich von den Spaniern erobert, etablierte sich dort der berühmte Jesuitenstaat. In strikter Abkapselung von der Außenwelt wurden völlig neue Wege eingeschlagen, die gewisse Parallelen zu modernen kommunistischen Utopien aufweisen: Alle Einwohner – durchwegs christianisierte Indios – waren gleichgestellt, alle erhielten eine Schulbildung, alle arbeiteten nach ihren Fähigkeiten. Die Früchte der Arbeit wurden vom Staat verwaltet, und jeder bekam nach seinen Bedürfnissen Essen, Bekleidung und Wohnung zugewiesen.

Nach der Zerschlagung des Jesuitenstaates war Paraguay für kurze Zeit wieder spanische Kolonie, erkämpfte jedoch 1811 seine Unabhängigkeit, wählte einen Präsidenten – und schlitterte von da an unaufhaltsam in eine Diktatur, die schließlich in ein Terrorregime ausartete.

Der erste unumschränkte Herrscher war Dr. José de Francia, ein ehemaliger Advokat. Er ließ die Klöster aufheben, verfolgte alle Andersdenkenden, vor allem Intellektuelle, legte sich den Titel »Supremo« zu und riegelte das Land wieder vollkommen von der Außenwelt ab. Paraguay wurde damals das zweite Tibet genannt.

Nach Dr. Francias Tod ging das Regime an dessen Neffen Carlos Lopez, einen Mestizen, über, dessen Diktatur eine Spur erträglicher war. Durch vorsichtige Öffnung des Landes zur übrigen Welt und eine geschickte Außenhandelspolitik (Hauptexportartikel war Mate) kam Paraguay zu leidlichem Wohlstand, zu Straßen, Schulen, einer Eisenbahn – und einer hervorragenden Armee. Diese wurde durch Carlos Lopez' Sohn Francisco aufgebaut.

Francisco Lopez war zwar ein liederlicher und haltloser Mensch, völlig abhängig von seiner Geliebten, einer ehemaligen Pariser Kokotte, aber er wußte genau, was er wollte: Er wollte ein zweiter Napoleon werden und womöglich ganz Südamerika erobern, um einen neuen Inka- oder Aztekenstaat zu gründen. Zu diesem Zweck stampfte er eine Armee nach preußischem Vorbild aus dem Boden – er war lange genug in Berlin gewesen, um sich die nötigen Kenntnisse zu verschaffen –, und er unterwarf alle zivilen Belange schärfsten Einschränkungen – abgesehen von monumentalen Bauwerken zu seiner eigenen Verherrlichung. Aus Paris ließ er vorsorglich eine Kopie von Napoleons Kaiserkrone kommen . . .

1862 trat Francisco Lopez die Nachfolge seines Vaters als »Supremo« an. Größen- und verfolgungswahnsinnig, errichtete er ein Terrorregime, das mit der Hitler- und Stalin-Ära durchaus vergleichbar ist. Überall witterte Lopez Verschwörung und Verrat. Jeder Mißliebige wurde auf der Stelle liquidiert, aber Lopez wütete auch in den Reihen seiner ergebensten Gefolgsleute. Er ließ Mutter und Schwester foltern, den eigenen Bruder erschießen.

Kaum an die Herrschaft gelangt, fiel er über Brasilien her, das, völlig überrumpelt und miserabel gerüstet, zum Glück Argentinien und Uruguay als Verbündete gegen den Aggressor gewinnen konnte; die beiden anderen Staaten fühlten sich durch Lopez ebenso bedroht wie Brasilien.

Paraguays einzige Zeitung sparte schon im voraus nicht mit Hymnen: »Alexander, Cäsar, Napoleon waren Riesen . . . aber welcher unter ihnen hat die Unendlichkeit und die Ewigkeit zu beherrschen vermocht wie Marschall Lopez? Fragt die Epochen, die Jahrhunderte, fragt die Sterne und die Elemente, und ihr werdet erfahren, daß Marschall Lopez das Genie der Genies ist . . .«

Das Genie der Genies erlitt jedoch zunächst zwei Niederlagen: Der Angriff seiner Flotte auf Rio de Janeiro wurde abgeschlagen, die Schlacht um die Stadt Uruguayana kostete ihn fast die Hälfte seiner Armee. Lopez, der niemals selbst an vorderster Front zu finden war, hielt grausames Gericht über seine Armeeführer und ließ sie reihenweise erschießen – dazu noch sämtliche Kriegsgefangene aus den Armeen der Brasilianer, Argentinier und Uruguayaner.

Zu Anfang des Krieges herrschte in Brasilien vaterländische Hochstimmung, ausgelöst durch die Empörung über Lopez' heimtückischen Überfall. Scharenweise eilten die jungen Männer zu den Fahnen. Der Kaiser selbst begab sich an die Front, um in vorderster Reihe mitzukämpfen. Zwar wollte ihn der Ministerrat unter Hinweis auf ein Verfassungsgesetz daran hindern, doch Pedro erklärte nachdrücklich, daß er eher abdanken und als einfacher Soldat in den Krieg ziehen werde, als in der Stunde der Gefahr nicht bei der Truppe zu sein.

Doch das Kriegsglück blieb den Brasilianern nicht hold. Nach einer Atempause, während Lopez mit unvorstellbarer Brutalität alle Reserven seines Landes mobilisiert hatte, erlitten die gegen Paraguay Verbündeten eine verheerende Niederlage ihrer bereits durch eine Choleraepidemie dezimierten Truppen.

Argentinien und Uruguay zogen die Konsequenzen und traten aus dem Dreibund aus. Brasilien war völlig auf sich allein gestellt in diesem verlustreichsten Krieg, der bis dahin je auf südamerikanischem Boden ausgetragen worden war.

Fast über Nacht trat ein Umschwung in der öffentlichen Meinung ein: Die Brasilianer waren kriegsmüde und bestürmten den Kaiser, so oder so, mit Lopez Frieden zu schließen. Eine heftige Pressekampagne gegen den Monarchen zog sich über Monate hin. Verstärkt wurden die Anfeindungen durch Pressestimmen aus Europa. Dort hatte man, in totaler Unkenntnis der wahren Hintergründe, Zusammenhänge und Ereignisse in Südamerika, das Herz für die armen, unterdrückten Ureinwohner entdeckt, und Lopez wurde als Held und Befreier, als Verteidiger des Selbstbestimmungsrechts der Indios gefeiert und heroisiert.

Die USA boten sich als Vermittler zwischen Brasilien und Paraguay an – doch Pedro blieb hart. Lieber, so sagte er, würde er auf den Thron verzichten, als mit »dem Ungeheuer« auch nur zu verhandeln. Er war der unbeirrbaren Meinung, daß Lopez nach wie vor eine Gefahr für ganz Südamerika darstellte. Er müßte mit allen Mitteln bekämpft werden.

Gegen den Rat seiner Minister unternahm Pedro das ihm nötig Erscheinende: Er ließ Kriegsschiffe bauen, die Waffenlager füllen und sogar Fesselballone herstellen, die der Luftaufklärung im Dschungel dienen sollten. Das Geld dafür wurde durch eine hochverzinsliche Kriegsanleihe beschafft, und der Kaiser ging mit gutem Beispiel voran, indem er seine Zivilliste auf ein Minimum zusammenstreichen ließ und sein gesamtes persönliches Vermögen investierte.

Mit der Devise »Wir gehen bis ans Ende« wurden neue Truppen ausgehoben, geschult und unter der Führung des kriegserfahrenen kaiserlichen Schwiegersohns, Gaston d'Eu, in den Kampf geworfen. Dem Franzosen und seinen Soldaten gelang es dann auch glücklich, den entscheidenden Sieg über Lopez zu erringen. 1869 wurde Paraguays Hauptstadt Asunción genommen.

Die Hauptschlacht war geschlagen, aber der Krieg noch nicht zu Ende. Es folgte ein erbarmungsloser Guerilakampf in den bergigen Urwäldern, bei dem das fast nur noch aus Greisen und Kindern bestehende letzte Aufgebot des Francisco Lopez langsam aufgerieben wurde. Am 1. März 1870 stellten die Brasilianer einen kläglichen Haufen ausgemergelter, halbnackter Paraguayaner an den Ufern des Aquidabànugui. Lopez versuchte fliehend den Fluß zu überqueren. Von einer Lanze in den Rücken getroffen, stürzte er ins Wasser und verblutete; es ist nicht geklärt, ob das Geschoß von einem Brasilianer oder von einem seiner eigenen Leute stammte.

Endlich Frieden! Brasilien hatte 50 000 tote Soldaten zu beklagen, Paraguay verlor zwei Drittel seiner *gesamten* Bevölkerung. Die Männer gingen im Kampf zugrunde oder unter den Erschießungspelotons des Tyrannen. Frauen und Kinder starben an Seuchen und Hunger.

Brasilien erlebte eine ebenso überraschende wie hysterische Welle des Patriotismus und der Begeisterung. Nie zuvor und niemals nachher war der Kaiser so populär, und alle wollten ihn, in Marmor gemeißelt oder in Bronze gegossen, auf dem Sockel eines Heldendenkmals stehen sehen. Spontane Sammlungen brachten eine ansehnliche Summe für den Bau eines Monuments. Der Kaiser nahm das Geld – und ließ dafür eine Schule errichten. Mehr Menschen, als ihm lieb sein konnte, fühlten sich brüskiert und waren für immer beleidigt.

Pedro zählte nun fünfundvierzig Jahre, aber er war unter der Bürde des Amtes und der selbstauferlegten zusätzlichen Pflichten über seine Zeit hinaus gealtert. Haar und Bart waren fast weiß, die Augen müde, die Gesichtszüge furchig. Seinem besten Freund, dem Dichter und Ge-

lehrten Arthur Graf Gobineau, der einige Zeit als französischer Botschafter in Rio geweilt hatte, schrieb er: »Meine Einsamkeit ist noch schmerzlicher als die Ihre ... An Geduld fehlt es mir nicht. Ich suche meine Pflicht zu erfüllen, aber Sie können sich keine Vorstellung machen, wie ich darunter leide, so wenig Freiheit zu genießen ...«
Freiheit: das bedeutete für ihn sehen, hören, diskutieren, noch mehr lernen, noch mehr Wissen, noch mehr Kunst in sich hineinzusaugen. Zum ersten Mal nahm er sich 1871 die Freiheit, dorthin zu reisen, wo die geistigen Wurzeln seiner Persönlichkeit zu finden waren: ins alte Europa. Den letzten Anstoß für die Fahrt über den Atlantik gab ein zutiefst tragisches Ereignis: Leopoldina, die fröhliche Tochter, die den Prinzen von Sachsen-Coburg geheiratet hatte, war in Wien binnen weniger Tage einer fiebrigen Erkrankung unbekannten Ursprungs erlegen. Teresa Cristina drängte es, wenigstens das Grab Leopoldinas zu sehen.

Pedro regelte alle Angelegenheiten, bestellte Tochter Isabel als Regentin für die Zeit seiner Abwesenheit und veranlaßte seine Minister wieder einmal zu heftigem Köpfeschütteln: Er lehnte es ab, die Reise aus der Staatskasse finanzieren zu lassen, da er als Privatmann unterwegs sei und daher keinen Anspruch auf Spesenersatz habe.

Mitte Mai begab sich das Kaiserpaar unter dem Namen eines Herzogs und einer Herzogin von Alcantara, begleitet vom Hofmarschall, einem Arzt, einer Hofdame und drei Dienern – unter ihnen der nun schon recht betagte Negersklave Rafael – an Bord eines englischen Passagierschiffes.

Einen Monat später erreichte die Gesellschaft Lissabon. Sie wurde am Pier vom Sohn der mittlerweile verstorbenen Maria da Gloria, König Pedro V., herzlich empfangen. Die Freude des jungen portugiesischen Königs schlug in Befremden um, als sein Onkel darauf bestand, sich wie alle anderen Passagiere für acht Tage in ein Quarantänespital zu begeben, eine Vorsichtsmaßnahme der Gesundheitsbehörden, da in Brasilien wieder einmal die Cholera wütete. Der Kaiser wünschte keine Ausnahme, keine Bevorzugung – eine Haltung, die während seiner weiteren Reise immer wieder auf Verständnislosigkeit stieß.

Herzlich, glücklich und tränenreich war das Wiedersehen mit einer einsamen alten Dame: Kaiserin Amalie, Pedros Stiefmutter, schloß den großen Mann mit dem weißen Bart in die Arme – und sie nannte ihn,

Oben: Kaiserin Teresa Cristina und Kaiser Pedro II. von Brasilien
Unten: Dona Isabel von Brasilien mit ihrem Gemahl, Gaston Graf von Eu

wie einstmals, zärtlich »mein Kleiner«. »Inzwischen bin ich ja doch ein wenig gewachsen«, erwiderte Pedro trocken.

»Ich will alles sehen, alles studieren!« Mit diesem Vorsatz war Pedro von Brasilien aufgebrochen. Was wie eine bloße Ankündigung geklungen hatte, erwies sich rückblickend als eine gefährliche Drohung. In den folgenden Monaten, auf der rasanten Route durch viele Länder, wollte Pedro tatsächlich alles sehen, was es nur zu sehen gab: Kirchen, Klöster, Museen, Universitäten, Armenhäuser, Spitäler, Irrenanstalten, Theater, Konzerte, Opern. Gespräche mit berühmten Zeitgenossen standen auf dem Programm.

Die dicke kleine, asthmatisch keuchende Kaiserin und den Hofmarschall im Schlepptau, war Pedro vom Morgengrauen bis spät in die Nacht unterwegs. Die Kaiserin wurde immer stiller, der Hofmarschall konnte allerdings einmal einen Stoßseufzer nicht unterdrücken: »Himmel! Was für ein Leben!«

Von Portugal nach Spanien, von Spanien nach Frankreich, von Frankreich nach England, wo der Kaiser die beiden Schwestern wiedersah. Francisca und Juanaria lebten in London, seit in Frankreich und in Sizilien die Throne gestürzt worden waren. Stunden der Freude, denen wenige Wochen später Stunden der herzzerreißenden Trauer folgten.

In Deutschland weinten Pedro und Teresa Cristina an der Familiengruft der Coburger um ihre Tochter Leopoldina. Die Kaiserin war niedergedrückt und erschöpft, der Leibarzt drang darauf, ihr eine Erholungspause zu gönnen. Drei Wochen blieb sie in Karlsbad, während er Prag besichtigte und dann durch Böhmen weiterhastete.

Die nächste Station des Kaiserpaares war München, und es gelang Pedro wieder einmal, die Verwandten – wir erinnern uns: Pedros Stiefmutter war die Enkelin eines Bayernkönigs – vor den Kopf zu stoßen. Das »Wiener Fremdenblatt«, das übrigens die Leiblektüre Kaiser Franz Josephs I. war, walzte die Affäre genüßlich aus: »Der Kaiser von Brasilien hat weder dem Diner bei Prinz Luitpold noch dem auf Befehl Seiner Majestät des Königs [Ludwig II.] ihm zu Ehren in Nymphenburg veranstalteten Diner beigewohnt . . . Der Kaiser wies alles Entgegenkommen von seiten des Hofes zurück und bewegte sich überhaupt als Privatmann, der sich um Rücksichten der Etikette nicht kümmerte . . .«

Im großen und ganzen, mokierte sich das Blatt, mache der Kaiser den

Eindruck eines Sonderlings und bestehe sogar drauf, Reisetasche und Regenschirm selbst zu tragen!

Das »Wiener Fremdenblatt« ließ allerdings unerwähnt, daß Pedro tatsächlich Besseres zu tun hatte, als sich auf Hofdiners zu langweilen. Der »Sonderling« führte lange, fruchtbare Gespräche mit dem berühmten Chemiker Justus von Liebig, und er beobachtete Einsatzübungen der Münchner Feuerwehr, nach deren Vorbild er in seiner Heimat eine ähnliche Organisation schaffen wollte.

Wie ein Pilger besuchte der Kaiser später die Mozart-Gedenkstätten in Salzburg, er fuhr nach Ischl und nach Bad Aussee und bestaunte entzückt den ersten »Eisberg« seines Lebens, den schneebedeckten Dachstein. Über Linz ging die Reise zu Schiff nach Wien weiter.

In der österreichischen Haupt- und Residenzstadt gab es kein Entkommen vor häufigen und langdauernden Zusammentreffen mit den Verwandten – immerhin war Pedros Mutter eine österreichische Kaisertochter gewesen, und er wurde herzlich im Kreis der Familie aufgenommen. Gleichmütig ließ der Kaiser von Brasilien die endlosen Galadiners und Empfänge in der Hofburg und im Schloß Schönbrunn über sich ergehen – aber auch wiederholte Begegnungen mit Kaiser Franz Joseph I. ließ keine Wärme zwischen den beiden Vettern aufkommen. Der nüchterne Bürokrat und der enthusiastische Freund von Kunst und Wissenschaft hatten einander wenig zu sagen. »Sein Gesicht ist recht gewöhnlich«, hielt Pedro über Franz Joseph in seinem Tagebuch fest.

Tagsüber absolvierte der Gast aus Brasilien wie üblich seine Gewaltmärsche durch Kunsttempel, wissenschaftliche Institute und soziale Einrichtungen. Jeden »dienstfreien« Abend verbrachte er im Burgtheater oder in der Hofoper. Da gerade »Lohengrin«, den er unbedingt sehen wollte, nicht auf dem Spielplan stand, machte er flugs noch einen Abstecher nach Budapest, um diese Wagner-Oper genießen zu können. Er ließ es sich auch nicht nehmen, einem Konzert von Johann Strauß im Volksgarten beizuwohnen. Nachher bat er den Walzerkönig zu sich und lud ihn nach Brasilien ein. Warum sich das Projekt zerschlagen hat, ist unbekannt.

Weiter im Sauseschritt durch Italien, mit Besuchen bei Teresa Cristinas Familie. Und dann Ägypten! Der geplagte Hofmarschall berichtet darüber: »Wir durchquerten ganz Ägypten . . ., besahen das Neue und das

493

Alte, die Pyramiden und die ältesten Gräber von Memphis, bis zu den Knien in Bergen von Flugsand und in diesem afrikanischen Klima! Man kann sich denken, was wir auszustehen hatten . . .«

Von Ägypten nach Griechenland, zuerst nach Mykenä. Der damals noch sehr umstrittene Heinrich Schliemann grub eben den Palast des Agamemnon aus. Pedro war hingerissen von Schliemann und seiner Arbeit, Schliemann war hingerissen von dem fachkundigen Monarchen. Er widmete ihm eines seiner nächsten Werke.

Auf der Heimreise besuchte das Kaiserpaar noch einmal Paris, und Pedro führte stundenlange Gespräche mit Alexandre Dumas d. J., Théophile Gautier und dem berühmten Psychiater Jean Martin Charcot, der später Sigmund Freuds Lehrer werden sollte. Dem damals noch unbekannten Louis Pasteur spendete Pedro einen ansehnlichen Betrag für den Aufbau des Pasteur-Instituts, und er regte ihn zu Forschungsarbeiten über das Gelbfieber, eine der Geißeln Brasiliens, an. Pasteur war Feuer und Flamme; er bat den Kaiser, in Rio Versuche an zum Tode verurteilten Verbrechern vornehmen zu dürfen. Der Kaiser mußte den Forscher enttäuschen – in Brasilien würde niemand mehr hingerichtet. Pasteur blieb in Paris, das Gelbfieber mußte warten.

Unauffällig schlich sich Pedro manchmal in die Hörsäle der Sorbonne, um in einer hinteren Reihe den Vorlesungen zu lauschen. Einmal sprach ein Professor über das Sklavenproblem, und zwar genau an dem Tag, da in Paris bekannt wurde, daß in Rio ein weiteres Gesetz zum schrittweisen Abbau der Sklaverei beschlossen und von der Regentin Dona Isabel unterzeichnet worden war.

»Diese schreckliche Einrichtung«, dozierte der Professor, »wird auch in der Neuen Welt bald der Vergangenheit angehören. Gerade heute hat sie durch die Initiative eines Monarchen den Todesstoß erhalten. Dieser Herrscher befindet sich zur Zeit in Frankreich. Er ist in Paris. Er ist mitten unter uns!« Und er zeigte auf den stillen Zuhörer in der Hinterbank. Die Studenten brachten Pedro minutenlange stehende Ovationen. In Brasilien hingegen hat eben dieses Gesetz viel böses Blut gemacht. Es wird später darüber zu berichten sein.

1876 bis 1877 bereiste der Kaiser von Brasilien noch einmal Europa, allerdings ohne seine Frau. Bei Teresa Cristina begann sich ein Herzleiden abzuzeichnen, sie wäre den Strapazen nicht gewachsen gewesen. Ehe er in die Alte Welt fuhr, besuchte Pedro die Vereinigten Staaten.

»Dieser erste regierende Monarch auf unserem Boden gibt sich bescheidener als irgendein Präsident«, hieß es in einer dortigen großen Tageszeitung.

Noch einmal sah Pedro die Länder, die er schon 1871/1872 bereist hatte, dazu kamen noch die Schweiz, Schweden, Dänemark, die Türkei und Rußland. In Berlin traf er mit dem Historiker Mommsen, dem General von Moltke, mit dem Arzt und Anthropologen Virchow und dem Physiker Bunsen zusammen, in Paris verbrachte er fast einen ganzen Tag mit Frankreichs Dichterfürsten Victor Hugo, in Ägypten nahm er aktiv an archäologischen Grabungen teil.

Emotionaler Höhepunkt dieser Reise war zweifelsohne die Uraufführung von »Rheingold« zur Einweihung des neuerbauten Festspielhauses in Bayreuth. Tief bewegt stürmte Pedro noch in derselben Nacht zu Wagner in die Wohnung, um ihn mit enthusiastischen Lobeshymnen zu überschütten. Der Meister fühlte sich geehrt und geschmeichelt.

Irgendwo auf einer Bahnfahrt durch Deutschland kam Pedro mit einem schnauzbärtigen Herrn ins Reden und später ins Philosophieren; er verabschiedete sich, ohne sein Inkognito gelüftet zu haben. »Wer war dieser außerordentliche Mensch?« fragte der Schnauzbart seinen Begleiter, der still zugehört hatte. »Das war der Kaiser von Brasilien, Herr Professor Nietzsche«, lautete die Antwort.

Der zweite Europatrip war noch wesentlich anstrengender gewesen als der erste. Bei seiner Heimkehr wirkte Pedro müde, er ging vornübergebeugt. Erste Anzeichen einer Zuckerkrankheit rüttelten an seiner bislang ausgezeichneten Gesundheit. Hinzu kam, daß sich seit dem Krieg gegen Paraguay und während Pedros langen Auslandsaufenthalten ein Wust von Schwierigkeiten und kaum lösbaren Problemen angestaut hatte.

Die härteste politische Nuß, und das während Pedros gesamter Regierungszeit, war die Sklaverei. Der Kaiser, ein überzeugter Humanist, verabscheute sie aus tiefstem Herzen, war aber Wirtschaftsfachmann genug, um zu erkennen, daß das ganze darauf basierende Agrarsystem zusammenbrechen müßte, würde man sie schlagartig aufheben. Brasilien lebte von seinen Zuckerrohr- und Kaffeeplantagen; die von Einwanderern ohne Sklaven betriebenen Güter fielen nicht ins Gewicht, die Industrie spielte kaum eine Rolle.

Schon das Verbot der Sklaveneinfuhr hatte schweren Schaden angerichtet, und auch der nächste, überaus vorsichtige Schritt brachte beträchtliche Unruhe mit sich. Das neue Gesetz bestimmte, daß Sklavenkinder von Geburt an als Freie zu betrachten seien, während ihre Eltern weiter Abhängige blieben. Es war eben dieses Gesetz, für das Pedro in der Sorbonne so gefeiert worden war, und auch die brasilianische Stadtbevölkerung, wenig vertraut mit den Erfordernissen der Landwirtschaft, pries es als gewaltigen Fortschritt. Als die Kammern das Gesetz beschlossen, ergoß sich ein Rosenregen über die Abgeordneten. Der Botschafter der Vereinigten Staaten fing eine davon auf und rief pathetisch: »Ich werde diese Blume in meine Heimat schicken als Zeichen dafür, daß hier Rosen einen Sieg verherrlichen, der bei uns nur mit Strömen von Blut erkämpft werden konnte.« (Der amerikanische Bürgerkrieg lag erst sechs Jahre zurück; er hatte 600 000 Tote gefordert.)

Letzten Endes war aber niemand mit dem »Gesetz der freien Geburt« zufrieden: Die unmittelbar betroffenen Plantagenbesitzer fanden, es sei überstürzt und zu radikal. Den wirtschaftlich nicht Betroffenen und den Sklaven erschien es zu lax und zu eng. Die kontroversiellen Meinungen gingen quer durch die großen alten Regierungsparteien der Liberalen und Konservativen, beide wurden durch diese Auseinandersetzungen zersplittert und geschwächt. Davon profitierte die bislang völlig bedeutungslose Republikanische Partei. Sie hatte zwar auch keine Patentlösung anzubieten, nahm aber die Sklavenfrage zum Anlaß, neuerlich und heftiger denn je die Abschaffung der Monarchie zu fordern, als ob dadurch auf jeden Fall sich alles zum besseren wendete.

Starken Zulauf und Auftrieb erhielt die republikanische Idee im Jahre 1871, als in Frankreich nach dem verlorenen Krieg gegen Deutschland die Republik ausgerufen und Kaiser Napoleon III. verjagt worden war. Kaiser Pedro II. war, zum Unterschied von den meisten seiner Standeskollegen, ein überzeugter Demokrat, wofür der später sehr erfolgreiche republikanische Politiker Silviano de Castro sich in seinen Lebenserinnerungen als Zeuge verbürgte.

Er war einmal als junger Student in den Palast gekommen, um den Kaiser zu sprechen. Ein Hofbeamter fragte nach seinem Begehr. Der junge Mann sagte, er sei Republikaner und wollte sich wegen eines Polizeiübergriffes gegen seine Gesinnungsgenossen beschweren. Der Student könnte über alles mit dem Kaiser reden, meinte der Beamte, aber es sei eine Unverschämtheit, dem Monarchen ins Gesicht zu sagen, daß er, der Beschwerdeführer, Republikaner sei.

De Castro schreibt wörtlich: ». . . ›Nein, mein Freund, das wäre keine Unverschämtheit!‹ Wir wandten uns um . . . Lächelnd kam der Kaiser auf uns zu und fuhr mit seiner hohen Stimme fort: ›Es ist keine Unverschämtheit, wenn ein Brasilianer seine politische Überzeugung bekennt . . . Und nun, mein junger Freund, sagen Sie Ihren Kollegen, daß ich die Herrschaft den Republikanern übergebe, wenn das Volk republikanisch wird, aber ich werde nicht aufhören, Brasilianer zu sein‹ . . .«

Zu Pedros Demokratieverständnis gehörte auch das unantastbare Recht auf Gedankenfreiheit und der Primat des Staates über alle anderen Institutionen.

Aus dieser Geisteshaltung entstand unvermutet eine bedrohliche Belastung des Verhältnisses zwischen Kirche und Staat. Diese wurde durch ein päpstliches Breve (Erlaß) ausgelöst, das die Exkommunikation der Freimaurer anordnete und sie damit automatisch von den Sakramenten ausschloß. Pedro, ein überaus gläubiger Katholik, sah die zivilrechtlichen Folgen dieser religiösen Maßnahme voraus: Da Taufen und Trauungen von Priestern vorgenommen und ausschließlich kirchenamtlich registriert wurden, hätten Geburten und Eheschließungen von Freimaurern und deren Angehörigen nicht mehr durchgeführt werden können.

Der Staatsrat entschied, daß das Breve in Brasilien weder verkündet noch gar befolgt werden dürfte. Er stand damit unanfechtbar auf dem Boden der Verfassung. Sie hielt ausdrücklich fest, daß päpstliche Erlässe ohne staatliche Zustimmung null und nichtig wären.

Als zwei Bischöfe das Breve dennoch von der Kanzel verlasen, wurden sie angeklagt und zu Haftstrafen verurteilt, später allerdings begnadigt. Dennoch sah sich der Kaiser wütenden Angriffen von seiten klerikaler und konservativer Kreise ausgesetzt und geriet in den Ruf eines Atheisten. Warum der sonst so bedächtig auf allgemeinen Konsens zielende Herrscher nicht den einfacheren Weg wählte und zivile Standesregister einführen ließ – das bleibt unklar.

Zu den alten Gegnern, den Republikanern, welche die Monarchie überhaupt abschaffen wollten, den Liberalen, denen die Sklavengesetze zu lax waren, den Konservativen, welche die Sklaverei am liebsten wieder

eingeführt hätten, kamen nun die katholischen Kreise, bislang uner-
schütterliche Anhänger Pedros.

Die Anfeindungen gingen nicht spurlos an ihm vorüber. Er wirkte
müde und traurig, immer häufiger zog er sich ins wissenschaftliche Refugium unter dem Dach des Schlosses Boa Vista zurück.

Die Leitartikler der großen Zeitungen gaben ungeschminkt die allgemeine Stimmung wieder: Der alte Herr auf dem Thron sei nicht mehr
entscheidungsfähig, also reif zum Abdanken; er habe Großes für das
Land geleistet, jetzt sei es Zeit für einen Wechsel und frischen Wind. Je
nach Ideologie wurde für eine Abdankung zugunsten Dona Isabels
oder die Ausrufung der Republik plädiert.

Die wetterwendische Gunst des Volkes neigte sich allerdings sofort wieder auf die Seite des »geliebten Kaisers«, als er im Sommer 1888 einen
dramatischen Kollaps erlitt. Seine Gesundheit war nicht nur durch
Überarbeitung und fortgesetzte Aufregung, sondern auch durch die
fortschreitende Zuckerkrankheit bedrohlich geschwächt. Ein Ärzte-
konsilium riet dringend zu einer langen Erholungspause, verbunden
mit einer Kur in Baden-Baden.

Die Anwendungen in Baden-Baden schlugen erstaunlich schnell und
nachhaltig an. Als die Tage in Deutschland kürzer und kälter wurden,
übersiedelten Pedro und seine Frau zur Nachkur an die Côte d'Azur.
Wenn es in dieser Ehe je restlos glückliche Stunden gegeben hat, dann
sicher während jenes Winters in Cannes, als die beiden Alten langsam
und zufrieden lächelnd Arm in Arm spazierengingen.

Der Kaiser schien völlig genesen, aber während der Heimfahrt warf
ihn in Mailand eine schwere Lungenentzündung aufs Krankenlager.
Sein Zustand schien hoffnungslos, und er lag bereits in Agonie, als
man ihm die Sterbesakramente verabreichte. Niemand konnte mehr
an das Wunder einer Genesung glauben – und dennoch geschah
es.

Ein mehrwöchiger Aufenthalt in der klaren Schweizer Bergluft stellte
ihn so weit wieder her, daß er im August 1889 endlich nach Hause fahren konnte.

»SALVE!« – in riesigen Lettern auf ein Spruchband geschrieben, grüßte
Pedro und Teresa Cristina am 22. August 1889 hoch vom Zuckerhut,
als sie im Hafen von Rio de Janeiro einfuhren. Die Glocken läuteten,
was das Zeug hielt, die Kanonen krachten, Tausende brüllten am Pier

ihr »Willkommen daheim«, Abertausende sandten selbst aus den hintersten Winkeln der Provinzen Glückwunschtelegramme.

Freundliche Tünche über einem brodelnden Kessel der Unruhe! Dona Isabel hatte während der Abwesenheit des Vaters und ohne sich mit ihm darüber zu besprechen, die vollkommene Abschaffung der Sklaverei proklamiert; das von Pedro für diesen Fall vorausgeahnte Chaos war mit voller Wucht über das Land hereingebrochen. Die Arbeit in den Pflanzungen stand still, die Ernte blieb aus, die Felder verödeten. Massen freiheitstrunkener, jedoch arbeitsloser Farbiger strömten in die Städte, in der verzweifelten Hoffnung auf irgendeine Beschäftigung. Voller Wut und Haß und Enttäuschung schlossen sie sich zu Banden zusammen, raubten, plünderten, es kam zu Zusammenstößen, die von einer schießwütigen Polizei mit Strömen von Blut niederkartätscht wurden. Sicherheit und Ordnung standen vor dem totalen Zusammenbruch; ein dilettantisch vorbereitetes Revolverattentat auf den Kaiser durch einen jugendlichen Wirrkopf konnte jedoch in letzter Minute verhindert werden.

Die konservative Regierung erwies sich als handlungsunfähig, und Pedro ersetzte sie auf der Stelle durch eine liberale, die ein ausgewogenes Reformprogramm vorzuweisen hatte: Schaffung von Arbeitsplätzen durch forcierte Industrialisierung, Überbrückungshilfe für die Plantagenbesitzer, die versuchen sollten, ihre ehemaligen Sklaven als Lohnarbeiter wiederzugewinnen. Ein gutes Programm! Ein Programm allerdings, das Zeit und Geduld brauchte – aber niemand wollte warten.

Es war die Stunde der Offiziere, die Stunde, auf die das Militär fast zwei Jahrzehnte lang gewartet hatte, nachdem es in schmähliche Bedeutungslosigkeit abgedrängt worden, kaum daß der glorreiche Sieg über Paraguay errungen worden war. Die Kriegerkaste, in den übrigen südamerikanischen Staaten mit ständig wechselnden Juntas die politisch tonangebende Kraft, war unter dem eingefleischten Zivilisten Pedro ausgeschaltet und auf bescheidene Friedensstärke zurückgestutzt worden. Die Offiziersklubs, die Kriegsschulen wurden zu Zellen des latenten Widerstands gegen den Kaiser, die republikanische Partei war ein hochwillkommener Kampfgefährte.

Am Morgen des 16. November 1889 fand sich die kaiserliche Familie im Stadtschloß von Truppen umzingelt und mit der Tatsache konfrontiert, daß Pedro gestürzt, die Republik ausgerufen und durch eine provisorische Militärregierung gewaltsam die Macht ergriffen worden war. Dem überrumpelten Monarchen wurde durch eine Offiziersdelegation mitgeteilt, daß er und die Seinen das Land binnen vierundzwanzig Stunden zu verlassen hätten.

Die Kaiserin schrie auf, Dona Isabel wandte sich wortlos zur Wand, Pedro wirkte ruhig. Er setzte sich hin und begann zu schreiben, doch plötzlich versagte ihm die Hand den Dienst. Er diktierte seinem Sekretär: »Angesichts der schriftlichen Kundgebung ... beschließe ich, der Gewalt zu weichen und mich mit meiner ganzen Familie nach Europa zu begeben. Ich verlasse das von uns allen innigst geliebte Vaterland, dem ich als Staatsoberhaupt fast ein halbes Jahrhundert hindurch die Beweise meiner herzlichen Liebe zu geben bemüht war. Brasilien wird in meiner Erinnerung leben. Ich werde immer die glühendsten Wünsche für sein Glück und sein Wohlergehen hegen.« Der Kaiser ließ sich die Feder geben. Zum ersten Mal unterschrieb er nicht mit »Pedro II.«, sondern als »Don Pedro de Alcantara«.

Augenblicklich begann ein kopfloses Rennen und Hasten und Suchen und Packen – und in all dem Getümmel und Getöse schreiender und weinender Menschen wurde auch noch Pedros guter alter Diener, der schwarze Rafael, Weggefährte des »Kaiserleins« aus fernen Kindertagen, vor Aufregung vom Schlag getroffen.

Pedro fragte, ob er aus seiner Bibliothek im Landsitz Boa Vista einige Bücher holen dürfte. Er durfte nicht. Und mitten in der Nacht ereilte ihn ein neuer Befehl: Die Familie habe auf der Stelle, stehenden Fußes, das Haus zu verlassen. Ein Schiff zum Abtransport liege im Hafen.

»Wieso schon jetzt?« fragte Pedro den Obersten, der die schriftliche Order überbrachte. »Die Frist ist doch noch nicht zur Hälfte verstrichen?«

»Befehl der Regierung«, lautete die barsche Antwort.

»Welcher Regierung?«

»Der provisorischen Regierung.«

Zum ersten Mal geriet der Kaiser außer sich und schrie mit überschlagender Stimme: »Sie sind alle wahnsinnig geworden. Was habe ich verbrochen, daß ich mich im Dunkeln wie ein fliehender Negersklave davonmachen soll? Ich werde abreisen, wie ich es versprochen habe, aber bei Tageslicht!«

Ein junger Leutnant aus der Begleitung des Obersten bat den Kaiser um eine kurze Unterredung unter vier Augen. Es beginne, so sagte der Offizier, sich in Teilen der Armee Widerstand gegen die Absetzung des Kaisers zu regen, und es werde zum Bürgerkrieg kommen – aber der Ausgang sei gewiß: die Getreuen müßten unweigerlich unterliegen. Pedro resignierte. Kurz nach zwei Uhr früh, im kalten Licht des Vollmondes, verließ die kaiserliche Familie – Pedro, Teresa Cristina, Dona Isabel und ihr Mann sowie fünf Enkelkinder – in gespenstischem Zug das Schloß.

Im Hafen wartete bereits eine Barkasse; sie sollte die Vertriebenen zu einem weiter draußen ankernden Schiff bringen.

Die See war rauh, die Barkasse schaukelte heftig, es war schwierig und gefährlich, aufs Schiff umzusteigen. Mehrmals setzte Pedro zum großen Schritt von einem Fahrzeug zum anderen an – er schaffte es nicht. »Lieber Gott, er fällt ins Wasser«, rief Dona Isabel. »Passen Sie auf, daß mein Vater nicht abstürzt.« Einige Männer hievten den kraftlosen Mann endlich an Bord.

Erschöpft sank er in einen Deckstuhl und brütete wortlos vor sich hin. Die Exkaiserin saß neben ihm und wimmerte monoton: »Was haben wir denn getan? Was haben wir denn getan?« Einer der Enkel, ein Junge von zwölf Jahren, fiel in Ohnmacht. Während der ganzen Reise sprach er wirres Zeug und mußte das Bett hüten.

Als man dem Präsidenten von Venezuela, Rojas Paul, die Nachricht von der unrühmlichen Abreise des Kaisers von Brasilien berichtete, lautete sein Kommentar: »Die wirklich einzige Republik, die es in Südamerika gab, ist untergegangen.«

Bis zum 2. Dezember, seinem 64. Geburtstag, hatte sich Pedro so weit erholt, daß er an einer ihm zu Ehren gegebenen kleinen Feier teilnehmen konnte. Es wollte keine Feststimmung aufkommen, der Ehrengast schwieg beharrlich. Ein einziges Mal erhob er das Glas: »Ich trinke auf das Glück Brasiliens.«

Am 7. Dezember erreichte das Schiff Portugal. Carlos I., der neue König, empfing die Familie am Hafen, bot Asyl im Schloß an. Pedro lehnte ab. Man werde in einem Hotel Quartier nehmen. Warum Pedro die Einladung nicht annahm, darüber kann man nur spekulieren. Schämte sich der abgesetzte Kaiser, am Hofe des regierenden Monarchen zu leben? Fürchtete er Einschränkungen seiner langersehnten

Kaiser Pedro II. im Exil

Freiheit, diese unverhoffte Zugabe zur erzwungenen Abdankung? Wollte er in keinerlei Abhängigkeit von der Familie geraten? Letzteres blieb ihm nicht erspart: Als zynisches »Weihnachtsgeschenk« der neuen brasilianischen Regierung erhielt er die Mitteilung, daß ihm der Staat keine Pension, keine Abfertigung gewähre und überdies alle seine Besitzungen eingezogen habe. Kopfschüttelnd las Pedro das Kabel: »Ich kenne mein Volk, das ist nicht nach seinem Sinn.« Bis an sein Lebensende blieb er auf Unterstützungen angewiesen. Fürs erste mußte er einen Kredit aufnehmen, um überhaupt weiter existieren zu können.

Dona Isabel reiste mit ihrer Familie nach Spanien, wo sie bei Verwandten Unterschlupf fand. Pedro und Teresa Cristina mieteten sich in einem Gasthof in der Hafenstadt Porto ein. Am 28. Dezember besuchte der Exkaiser, wie jeden Tag, die Volksbibliothek, um sich, in Bücher vergraben, der Trübsal des Alltags zu entziehen. Als er nach Hause kam, fand er Teresa Cristina tot im Bett. Die Siebzigjährige war einem Herzschlag erlegen. Nach Aussagen des Stubenmädchens sollen ihre letzten Worte gewesen sein: »Brasilien . . . schönes Land . . . nie mehr wiedersehen . . .«

Was Pedro empfand, ist in seinem Tagebuch nachzulesen: »Wenn ich nur diesen Schmerz ersticken könnte. Ich kann nicht sagen, was ich verlor. Niemand weiß, wie gut sie war.« Erinnerte er sich noch, daß er fast ein halbes Jahrhundert zuvor, nach dem ersten Zusammentreffen mit seiner Braut, verzweifelt geweint hatte »Man hat mich betrogen, man hat mich schrecklich betrogen«?

Einige Tage später besuchte ihn ein Landsmann, der Visconde Ouro Preto, der über dieses Zusammentreffen schrieb: »[Der Kaiser] empfing mich um acht Uhr an einem sehr kalten Tag. Sein Zimmer war äußerst bescheiden, ein zerwühltes Bett, ein einfaches Waschbecken. Er saß, die Beine in eine zerschlissene Decke gehüllt, an einem Tisch und las, den Kopf in die Hände gestützt, in einem Buch. Es war Dantes ›Göttliche Komödie‹.«

Die beiden Männer unterhielten sich eine Weile, sie sprachen über die alte Heimat, und Pedro sagte, daß Dante ihm Trost gebe. Den Tod seiner Frau erwähnte er nicht. Der Visconde verabschiedete sich, kehrte aber bald darauf zurück, weil er seinen Hut vergessen hatte. Pedro hörte offenbar nicht, wie angeklopft wurde, und der Visconde trat ins

Zimmer. Da sah er den alten Mann, den Kopf auf die Tischplatte gelegt, weinen.

Nach dem Tod seiner Frau erfaßte den nunmehrigen Herzog de Alcantara quälende Unruhe. Nur noch von seinem alten Freund und Leibarzt Dr. Motta Maia begleitet, reiste er rastlos kreuz und quer durch Europa; nie hielt er sich länger als ein paar Wochen an einem Ort auf, obwohl ihm sein Zuckerleiden immer mehr Beschwernis machte. Fortschreitende Gefäßverengungen an den Füßen verursachten schmerzhafte Wunden. Dr. Maia erwog sogar eine Amputation, ließ den Gedanken dann aber wieder fallen.

Zeitweise litt Pedro an Depressionen, weil er fast keine Post mehr aus Brasilien erhielt, auf die er Tag für Tag sehnsüchtig wartete: »Sie haben mich alle vergessen«, klagte er.

Im Herbst 1891 beschloß Pedro, sich für immer in Paris niederzulassen, und bezog ein schäbiges Appartement in dem kaum zweitklassigen Hotel »Bedford«. Er wollte in der Nähe des weltberühmten Mathematikers Emile Picard sein, dessen Spezialgebiete, die Differentialgleichung und die Funktionentheorie, ihn zunehmend faszinierten und beschäftigten. Viele Stunden verbrachte der Exkaiser in der anregenden Gesellschaft des Wissenschaftlers. Die Sitzungen der Académie Française, deren Ehrenmitglied er schon lange war, besuchte Pedro regelmäßig. Sein körperlicher Verfall schritt unaufhaltsam fort, sein Geist indes war rege, sein Wissensdurst unstillbar wie eh und je. In den schlaflosen Nächten arbeitete er an der Übersetzung von »1001 Nacht« oder schrieb Sonette.

Am 23. November, einem naßkalten, windigen Tag, als er zu Fuß von der Académie zu seinem Hotel ging, holte er sich eine schlimme Erkältung, aus der sich neuerlich eine Lungenentzündung entwickelte. Dr. Motta Maia bat die Professoren Charcot und Bouchard um Rat und Hilfe, aber auch deren Bemühungen waren vergeblich. Pedro de Alcantara konnte nicht mehr leben, weil sein Körper durch die Zuckerkrankheit alle Widerstandskräfte eingebüßt hatte. Und ganz gewiß wollte er auch nicht mehr leben. Er starb am 5. Dezember 1891, drei Tage nach seinem Geburtstag. Dr. Maia legte ihm, Pedros letztem Wunsch folgend, ein Kissen mit brasilianischer Erde unter das Haupt. Dona Isabel holte den Leichnam ihres Vaters ab; er wurde, geleitet von einer Ehrenkompanie der Pariser Garnison, zum Bahnhof gebracht und nach Lissabon übergeführt. Dort bestattete man den letzten Kaiser von Amerika an der Seite seines Vaters, Pedro I.

Vierunddreißig Jahre später, zum 100. Geburtstag Kaiser Pedros II., wurden dessen sterbliche Überreste exhumiert und, nach Brasilien gebracht, mit zeremoniösem Pomp in einem Ehrenmal zu Petropolis beigesetzt. Das Radio, die Zeitungen, die Trauerredner, die Mitglieder der Regierung, das Volk überboten einander in Lobpreisungen von Brasiliens großem Sohn, den Vater des Vaterlandes. Man zeichnete ihn posthum mit dem Ehrennamen »Magnanimo« aus. Das bedeutet soviel wie »große Seele«.

Der Mann von Mallorca

Ludwig Salvator 1847–1915

Am 18. August, dem Geburtstag Kaiser Franz Josephs I., stellte sich, und zwar – mit kleinen Unterbrechungen – durch mehr als drei Jahrzehnte, ein plumper, später unförmiger Mann geduldig in die Reihe der Gratulanten. An den Festlichkeiten in der Bad Ischler Kaiservilla nahm er nur am Rand teil. Er hielt sich bescheiden im Hintergrund, sprach kaum, aber seine blauen Kinderaugen beobachteten aufmerksam jede Einzelheit des geschäftigen Treibens. Der klobige Mann mit dem struppigen Bart, der sonnverbrannten Gesichtshaut und den verdächtig schwarzen Rändern unter den Fingernägeln erschien stets in derselben abgewetzten und speckigen Uniform eines Infanterie-Obersten, die den kolossalen Leib wie eine Wursthaut umspannte und schließlich ganz aus den Nähten zu platzen drohte.

Die übrigen Gäste hatten sich mit der Zeit achselzuckend an die seltsame Erscheinung gewöhnt. Nur die wenigsten wußten, daß sich hinter der Maske des Strotters ein außerordentlicher Mensch, ein international anerkannter Wissenschaftler, ein Sprachgenie und feinsinniger Künstler verbarg.

Erzherzog Ludwig Salvator, dies der Name des Sonderlings, war noch das geringste Ärgernis aus der skandalumwitterten habsburgischen Toskana-Linie, von der einige Mitglieder sich als wahre Sargnägel für den österreichischen Kaiser entpuppten und ihm mehr als einmal Anlaß für seinen Standardseufzer »Mir bleibt nichts erspart« gegeben haben.

Zu diesem Clan gehörte nicht nur der abtrünnige Erzherzog Johann Salvator, der als Johann Orth in den Weiten des Atlantiks verschwand, sondern auch jene sächsische Kronprinzessin, die mit dem Hauslehrer ihrer Kinder durchbrannte, um schließlich den italienischen Pianisten Toselli zu ehelichen. Ganz zu schweigen von Erzherzog Leopold; er legte sich den bürgerlichen Namen Wölfling zu und nahm eine Frau von zweifelhaftem Ruf.

»Die Toskaner«, so die familieninterne Bezeichnung, waren zunächst das Herzstück der Dynastie, ehe sie zur »Sekundo-Garnitur« absanken. 1737 fiel, nach dem Tod des letzten Medici, die Toskana an den durch politische Verwicklungen landlos gewordenen Franz Stephan von Lothringen, den Gemahl Maria Theresias und späteren deutschen Kaiser Franz I. Ein pompöser Triumphbogen in Florenz erinnert noch heute an den Einzug des jungen Paares in die Hauptstadt seines neuen Landes, das Franz Stephan allerdings selten besuchte und von Wien aus regierte.

Wirklich Fuß gefaßt hat das Haus Habsburg-Lothringen erst durch den drittgeborenen Sohn von Kaiser Franz und Maria Theresia, Leopold. Seine vierundzwanzigjährige Regentschaft hat nur die besten Erinnerungen hinterlassen. Nach dem überraschenden Tod seines Bruders, Kaiser Josephs II., kehrte er nach Wien zurück und wurde nun selbst Kaiser (Leopold II). Der Sohn Ferdinand folgte ihm auf den toskanischen Thron. Auch er ein Herrscher ohne Fehl und Tadel, der seine ganze Kraft in den Dienst der geliebten Heimat stellte. Daß es ihm trotz geschickten Taktierens nicht gelang, die Toskana vor Napoleons unersättlichem Appetit auf immer neue Eroberungen zu retten, konnte ihm nicht angekreidet werden. Ferdinand mußte samt Familie fliehen. Er wurde der erste weltliche Herrscher Salzburgs, später wies man ihm Würzburg als neue Residenz zu, und dort war es, wo sein Sohn Leopold die ersten Jugendjahre verbrachte.

Jenen Leopold gilt es ein wenig näher in Augenschein zu nehmen, wurde er doch später der Vater von Erzherzog Ludwig Salvator. Leopold war ein zartes, leicht neurasthenisches Kind, und man wußte ihm nicht anders zu helfen, als ihn jahrelang mit Ammenmilch aufzupäppeln. Er wurde davon zwar nicht viel stärker, doch schoß er übermäßig in die Höhe – zuletzt maß er fast zwei Meter. Er war fadendünn, ging leicht gebeugt, wirkte linkisch, scheu und introvertiert. Seine Unterlippe war besonders stark ausgeprägt; er bekam später die Spitznamen »il broncio« (Schmollmund) und »Canapone« (»Hanfschopf«, nach seiner undefinierbaren Haarfarbe).

Von österreichischen und italienischen Pädagogen erzogen, wuchs er zweisprachig, zunächst in Salzburg und Würzburg, ab dem 17. Lebensjahr, nach Napoleons Vertreibung, in der wiedergewonnenen Toskana auf. Er fühlte sich dem Haus Habsburg ebenso verbunden wie seiner italienischen Heimat – ein Zwiespalt, der ihm ein Leben lang zu schaffen machte.

Bereits als Neunzehnjähriger wurde er mit der sächsischen Prinzessin Marie Anna verheiratet, ein Familienereignis, das ihn nicht nur zum Schwager von Marie Annas Schwester Marie Ferdinanda machte, sondern überraschenderweise auch zu deren Stiefsohn. Und das kam so: Marie Anna nämlich, offensichtlich von der Aussicht, dermaleinst Großherzogin von Toskana zu werden, nicht sonderlich beeindruckt, wehrte sich so lange störrisch, das heimatliche Dresden zu verlassen, bis man ihr zugestand, die Schwester Marie Ferdinanda ins ferne Florenz mitzunehmen. Prompt verliebte sich Leopolds Vater, der seit langem verwitwete Ferdinand, in die anmutige Schwester seiner Schwiegertochter und heiratet das siebenundzwanzig Jahre jüngere Mädchen. Marie Ferdinanda wurde so die Schwiegermutter der eigenen Schwester, Ferdinand der Schwager seiner Schwiegertochter – eine merkwürdige, aber im Wirrwarr der hocharistokratischen Liebesgeschichten und Heiratssachen nicht unübliche Konstellation.

Leopold und Marie Anna fanden großen Gefallen aneinander, aus der Zuneigung erwuchs Liebe, und die beiden bekamen kurz hintereinander drei Kinder – lauter Mädchen. Das junge Paar führte im prunkvollen Renaissancebau des Palazzo Pitti, vormals Residenz der Medici, ein eher zurückgezogenes, beschauliches Leben nach Art des bürgerlichen Biedermeier. Der Glanz des mondänen gesellschaftlichen Lebens hatte sich längst in die Palazzi der italienischen Blut- und Geldaristokratie verflüchtigt.

Großherzog Ferdinand III. starb 1824 überraschend, erst fünfundfünfzig Jahre alt. Er hinterließ den Thron einem Erben, den er kaum je hatte an den Regierungsgeschäften teilhaben lassen. Leopolds Tagebuch aus jener Zeit – es wurde im Lauf der Jahre zu einem Monsterwerk von 25 000 Seiten – vermittelt uns den Eindruck eines unsicheren, grüblerischen und oftmals an sich zweifelnden Menschen – jedoch immer bestrebt, gewissenhaft das Beste zu tun.

Um so bewundernswerter, daß Großherzog Leopold II., an sich mehr den schönen Künsten und der Wissenschaft verhaftet und darüber hinaus auch noch ein begeisterter Bastler und Handwerker, als Landesvater erstaunliches Format erreichte und seiner Heimat Impulse gab, die noch bis heute nachwirken.

Die Toskana war kein reiches Land. Abgesehen von der Manufaktur der berühmten Florentiner Strohhüte, nach denen damals alle Welt verrückt war, gab es so gut wie keine Industrie. Die Landwirtschaft brachte, außer Öl und Wein, wenig, da weite Teile der südlichen Landeshälfte aus ungesundem, unbewohnbarem Sumpfgebiet bestanden. Es ist ausschließlich das Verdienst des Habsburgers, daß diese Maremma südlich von Pisa im Lauf von zwei Jahrzehnten und unter Leopolds persönlicher Leitung trockengelegt wurde, für den damals aberwitzig hohen Betrag von zwanzig Millionen Lire; einen nicht geringen Teil der Kosten trug der Großherzog aus der Privatschatulle. Wo einst außer der Malariamücke nichts gedieh, wuchsen dann Wein und Oliven, dehnten sich endlose Weizenfelder, entstanden Dörfer und kleine Städte, durch ausgezeichnete Verkehrswege miteinander verbunden. Im ehemaligen Kernland der Etrusker zog nach zweitausend Jahren des Niedergangs wieder blühendes Leben ein.

Nicht nur Straßen wurden gebaut, auch die erste Eisenbahn auf italienischem Boden, die wie ein achtes Weltwunder bestaunte »Leopolda« zwischen Florenz und Livorno, wurde von Leopold initiiert. Die Toskana sah die ersten Telegrafenmasten auf der Apenninenhalbinsel, und dort wurden zuerst die Vorteile der Elektrizität genutzt.

Das vorbildliche Verkehrswesen, Leopolds rastlose Tätigkeit für die Restaurierung der toskanischen Kunstschätze, die Öffnung des Museums und der Parkanlagen des Palazzo Pitti für das Publikum machten die Toskana zu einem der ersten Anziehungspunkte des Fremdenverkehrs. Es waren vor allem reiche Engländer, die das neue, voll an die Zivilisation angeschlossene Dorado des Südens entdeckten und in hellen Scharen herbeiströmten – teils als Feriengäste, teils als Erbauer eleganter Dauerwohnsitze.

Leopold ließ sich durch das Naserümpfen elitärer Familien nicht irritieren, die sich darüber mokierten, daß einmal wöchentlich der Palazzo Pitti auch den Fremden zum Empfang durch den Souverän offenstand. Leopold hatte, ein Augenzeuge vermerkte es pikiert, dabei sogar einmal einem Schneider aus London die Hand gedrückt. Die gelassene Antwort des Großherzogs: »Mir ist jeder willkommen, der hier sein Geld ausgibt.«

»Ich bereiste acht Monate alle Länder Südeuropas und muß erkennen, daß ich den Zustand des toskanischen Volkes vorzüglicher finde als jenen aller anderen von mir besuchten Völker«, schrieb der berühmte englische Nationalökonom Richard Cobden nach einem längeren Aufenthalt in Florenz.

Wie sehr der Dienst am Volk ihm oberstes Prinzip war, verdeutlichen Leopolds Tagebuchaufzeichnungen nach dem Tod seiner zärtlich geliebten Frau Marie Anna, genannt Nanny, die am 23. März 1832 an Tuberkulose starb: »Sie rief mich, es stand schlecht um sie. Nanny sagte: ›Wie schwer fällt es mir, mich von dir zu trennen.‹ . . . Dann ein krampfhafter Anfall, sie fällt in sich zurück . . . Ein tiefer Ton, so als würde das Blut dem Herzen zuströmen, und dann, der Ton endet . . .« Aber schon wenige Zeilen später kein Jammern, kein Selbstmitleid, sondern: »Mit Schmerz im Herzen verschloß ich mich, um das Land zu führen, wie es Pflicht und Liebe für jene fordern, die mir Gott anvertraut hat.«

Aus der Ehe mit Nanny waren, wie erwähnt, drei Töchter hervorgegangen, von denen zwei der Mutter schon bald ins Grab folgten. Sosehr Leopold um seine Frau trauerte, wußte er dennoch, was seine Pflicht war. Er mußte bald wieder heiraten, um dem Land den ersehnten Thronerben zu schenken; bliebe der aus, dann würde die Toskana an die österreichische Hauptlinie des Hauses Habsburg fallen, eine Vorstellung, die weder Leopold noch seinen Landeskindern sonderlich behagte.

So kam es, daß Leopold alsbald wieder heiratete; diesmal eine bourbonische Prinzessin aus dem Hause Neapel-Sizilien, das seit Generationen mit Habsburg durch mehrere Eheschließungen eng blutsverwandt war.

Maria Antonia, genannt Antonietta, war ein bleiches, unscheinbares Mädchen, deren tiefe Religiosität nahe an Bigotterie grenzte. Eine attraktive Partie war sie nicht. Neben politischen Erwägungen spielte bei der Wahl Antoniettas der letzte Wunsch Nannys eine nicht unerhebliche Rolle. »Er soll eine Neapolitanerin nehmen«, hatte Nanny gesagt, »die bekommen viele Kinder.« Es waren prophetische Worte: Antonietta gebar innerhalb von achtzehn Jahren zehn Kinder, immerhin fünf davon erreichten das Erwachsenenalter, zwei Töchter und drei Söhne. Ludwig Salvator, genannt Luigi, war der Zweitjüngste. Er wurde am 4. August 1847 in eine bewegte Zeit geboren, die seinen Vater in schwere Krisen und Loyalitätskonflikte stürzte.

Das Sturmjahr 1848 war in Italien von anderer Qualität als sonstwo in Europa, denn dort gesellte sich zum bürgerlichen Aufbegehren der leidenschaftliche Drang nach nationaler Einheit. Nachdem Leopold – aus eigenem Antrieb! – der Toskana bereits eine weitgehende Unterrichts- und Justizreform beschert hatte, gewährte er schließlich auch noch Pressefreiheit und eine Verfassung; langsam begann seine italienische über die habsburgische Seele die Oberhand zu gewinnen. »Ich habe eine große Veränderung beim Großherzog bemerkt. Er lebt für seine Zukunft als italienischer Staatsmann«, schrieb der österreichische Gesandte konsterniert nach Wien. Und wenig später heißt es in einem anderen Bericht, Leopold demonstriere seine Trennung vor den Augen der ganzen Welt, indem er feierlich die Titel »kaiserlicher Prinz von Österreich, Erzherzog von Österreich, königlicher Prinz von Ungarn und Böhmen« ablegte.

»Die heilige Sache der italienischen Unabhängigkeit vollzieht sich jetzt auf dem Schlachtfeld«, hieß es in einer Proklamation des Großherzogs an seine Armee. Und tatsächlich rückten toskanische Truppen nordwärts, um gegen Österreich zu kämpfen, das der Aufstände in der Lombardei Herr zu werden versuchte. Die Toskaner trugen Fahnen in den Farben Italiens, rot-weiß-grün, und in der Mitte Leopolds Wappen mit dem rot-weißen Bindenschild.

Doch Leopolds Zugeständnisse waren noch immer nicht genug, seine Toskaner wollten mehr, viel mehr; sie verlangten die Republik! Soldaten desertierten, Bürger bewaffneten sich, ein gewaltsamer, ein blutiger Umsturz schien sich anzubahnen. Dem Großherzog blieb keine Wahl, er mußte fliehen. Bezeichnenderweise setzte er sich nicht nach Österreich, sondern in Italiens Süden ab.

Leopold, an einer schweren Grippe laborierend, seine verängstigte Frau, den achtzehn Monate alten Luigi fest an sich gedrückt, und die übrigen Kinder zwängten sich am 7. Februar 1849, einem abscheulich naßkalten Tag, in zwei unauffällige Kutschen: Eine harmlose Spazierfahrt wurde vorgetäuscht. Über Siena gelangte die Familie in die Hafenstadt San Stefano, von wo sie ein britisches Kriegsschiff außer Landes brachte, und zwar nach Gaeta; dort hatte bereits der Papst, von der Revolution aus Rom vertrieben, Zuflucht gefunden. Sowohl der Heilige Vater als auch die großherzogliche Familie mußten sich mit elenden Unterkünften, praktisch ohne Dienerschaft, zufriedengeben. Dafür war ihre Sicherheit garantiert: gegen die Landseite durch neapolitanische Truppen, gegen See durch ein französisches Kriegsschiff.

Vorsichtig knüpfte Leopold wieder Fäden nach Wien, nachdem in Florenz tatsächlich die Republik ausgerufen worden war. Er schrieb seinem neunzehnjährigen Neffen Kaiser Franz Joseph I., der erst im Jahr zuvor den österreichischen Thron bestiegen hatte, einen Brief, in dem er »die zeitweilige Unterbrechung der politischen und verwandtschaftlichen Beziehungen zwischen Österreich und der Toskana« schmerzlich bedauerte. Wenig später ließ er wissen, daß er und die Mehrzahl seiner Untertanen ein freundschaftliches Einschreiten österreichischer Truppen gegen die »republikanische Schreckensherrschaft« begrüßen würden.

Die Armee des siegesgewohnten alten Feldmarschalls Radetzky mußte nicht zweimal gebeten werden. Nachdem sie in Norditalien Revolution wie Freiheitskampf niedergeschlagen hatte, marschierte sie weiter gen Livorno, das sich ohne nennenswerten Widerstand ergab. Ein österreichischer Kriegsberichterstatter ließ treuherzig wissen: »Wir sehen eine Weinhandlung voll von österreichischen Soldaten. Sie nehmen sich Wein, aber sie zerstören nichts. Die einen verteilen den Wein, die anderen warten, bis sie an die Reihe kommen ... Die Einheimischen werden nicht belästigt.«

Der Weitermarsch der Österreicher nach Florenz ist als »Blumenkrieg« in die lokale Geschichte eingegangen. Die Toskaner, mit ihrer »Republik« sichtlich unzufrieden, feierten die Soldaten als »Befreier«, überschütteten sie mit Blumen. Ganz Florenz geriet aus dem Häuschen, als sogar der greise Heros Radetzky der Stadt die Ehre erwies.

Leopolds Heimkehr nach fünfmonatigem Exil glich einem Triumphzug. »Ein Schluchzen hinderte Leopold am Sprechen«, vermerkte ein Zeuge. Der Fürst erließ eine überaus großzügige Amnestie, und auch der junge Kaiser in Wien ließ die Sonne der Gnade über den nur vorübergehend abtrünnigen Onkel strahlen. Er verlieh dem Großherzog ein Regiment und ernannte dessen Ältesten, Ferdinand (vierzehn Jahre alt), zum Major, den zehnjährigen Carl zum Hauptmann der k. u. k. Armee. Jeder verzieh jedem, alles schien eitel Glück und Wonne.

Der Schein trog. Es kamen zwar ruhigere Zeiten, doch sie waren schlimm. Es gab Mißernten, Schädlinge vernichteten die Reben, Öl wurde knapp. Das Gespenst des Hungers ging um. Verzweifelt schrieb Leopold in sein Tagebuch: »Getreide weg, Wein weg, kein Saatgut mehr, den Mut verloren ... Die Frauen verdunkeln die Fenster, um die Kinder glauben zu machen, daß es noch nicht Tag geworden sei und noch nicht Zeit, Essen zu verlangen.« Zu allem Unglück noch zwei Choleraepidemien, die 28 000 Todesopfer forderten.

Das Glück der Familie blieb von den äußeren Umständen weitestgehend unberührt. Leopold wurde 1852 noch einmal Vater, zur allgemeinen Befriedigung war es wieder ein strammer Junge, und niemand konnte ahnen, in welche Verlegenheit dieser Johann Salvator, genannt Gianni, die Familie einmal stürzen würde. Fünf der zehn Kinder von Leopold und Antonietta starben früh, die anderen gediehen prächtig, obwohl oder weil sie von einer Schar italienischer und österreichischer Erzieher und Gouvernanten in strenger Zucht gehalten wurden.

Punkt fünf Uhr früh mußten sie aufstehen und sich vor dem elterlichen Schlafzimmer in Reih und Glied aufstellen; rechts die Jungen, links die Mädchen. Ein Diener öffnete die Flügeltüren, im Gänsemarsch gingen die Kinder zum elterlichen Bett und küßten Vater und Mutter die Hand. Nach der Morgenmesse gab es ein frugales Frühstück, und dann begannen die Unterrichtsstunden – von keiner Pause unterbrochen. Punkt zwölf Uhr wurde den Prinzen und Prinzessinnen ein einfaches Mahl serviert. Wenn sie am Nachmittag die Schulaufgaben gemacht hatten, durften sie an schönen Tagen im Park spielen.

Luigi zeigte wenig Interesse für die Freizeitaktivitäten. Er vergrub sich lieber in seine Bücher, wie er überhaupt durch Wissensdurst und Lerneifer auffiel. Erstaunlich war sein Sprachentalent schon in frühen Jahren. Fremde Idiome schienen ihm wie im Schlaf zuzufliegen.

Das Abendessen wurde um acht Uhr meist mit den Eltern gemeinsam eingenommen, und der Älteste, Ferdinand, genannt Nando, berichtete später noch mit Schaudern, daß die Kinder bis dahin oft schon halb ohnmächtig vor Hunger waren.

Nando brachte seine Sturm- und Drangjahre ohne wesentliche Beschädigungen hinter sich. Er war achtzehn und zum ersten Mal in eine schöne, aber leider bürgerliche Florentinerin verliebt, und der gestrenge Vater bekam Wind von der Affäre. Nando wurde zu Hausarrest verdonnert, wußte sich jedoch zu helfen, um mit seiner Angebeteten in Kontakt zu bleiben. Aus Pappendeckel schnitt er die Buchstaben des Alphabets heraus, nach Einbruch der Dunkelheit hielt er die Kartons an die Fensterscheibe, beleuchtete die einzelnen Buchstaben von hinten mit einer Kerze und bildete auf diese Weise zärtliche Worte der Sehnsucht an die Geliebte. Die wartete auf dem Vorplatz des Palazzo, um die Leuchtschrift zu entziffern. Auch dieser »Unfug« wurde nur zu bald entdeckt und rigoros abgestellt.

Nando war einundzwanzig, als man ihn mit seiner sächsischen Cousine Anna verheiratete – es wurde eine überaus glückliche Ehe: 1856 feierte man im Palazzo Pitti »den schönsten Karneval, den ich je erlebt habe« [Leopold in seinem Tagebuch], und 1857 wurde die Silberhochzeit des großherzoglichen Paares mit einer Reihe von Festen und Empfängen ausgiebig zelebriert.

Die Hungersnöte waren überwunden, die Cholera besiegt, die Toskana erlebte einen vielversprechenden wirtschaftlichen Aufschwung, Leopold konnte zufrieden sein. Aber sein ständig zweiflerisches Ich traute dem Frieden niemals ganz: »Umso größer der Schmerz, wenn ein zerstörerischer Sturm diesen schönen Garten verheert.«

Der befürchtete Sturm begann 1859 mit einer familiären Tragödie. Nandos Frau Anna starb, zusammen mit ihrer zweitgeborenen Tochter, im Kindbett. Nando war gelähmt vor Schmerz und nicht imstande wahrzunehmen, was um ihn herum vorging, geschweige denn, seinem Vater beizustehen.

Von Piemont aus nahm der italienische Freiheits- und Einigungskampf neuerlich seinen Ausgang, mit allen Mitteln durch Frankreich unterstützt, und Österreich wurde so in einen Krieg gezogen. Wien bedrängte Leopold um militärische Unterstützung, die Toskaner, wieder einmal vom nationalen Rausch erfaßt, stellten in Umzügen, in Sprechchören und auf Flugzetteln die widersprüchlichsten Forderungen. Der Großherzog möge sich von Wien distanzieren. Er sollte überhaupt zurücktreten und mit der ganzen Familie das Land verlassen. Der älteste Sohn des Großherzogs, Ferdinand (Nando), möge die Herrschaft übernehmen. Leopold wurde bedrängt, Österreich augenblicklich den Krieg zu erklären.

Am Ostermontag gab Leopold einen Empfang für seine engsten Mitarbeiter und schrieb darüber: ». . . hohe Staatsangestellte, die Gefährten meiner Arbeiten, meiner Hoffnungen, aber Tränen hinderten mich am Reden.«

Während Luigi, nun elf Jahre alt, mit einer schweren, hochfiebrigen Erkältung im verdunkelten Zimmer des Palazzo Pitti lag, geriet Florenz am 26. April 1859 an den Rand des offenen Aufruhrs, und das Militär machte kein Hehl daraus, daß es nun auf seiten des Volkes stehe. Gerüchte schwirrten – der Palazzo Pitti werde binnen weniger Stunden angegriffen. »Man muß sich verteidigen«, stammelte Leopold, um wenige Stunden später anzuordnen: »Wir müssen uns in Sicherheit bringen.«

Der Großherzog dachte an Flucht, sein ältester Sohn Ferdinand war unfähig, überhaupt einen Entschluß zu fassen, aber der jetzt zwanzigjährige Carl schritt mannhaft zur Tat. Am Morgen des 27. April stieg er, angetan mit der Uniform eines k. und k. Obersten, energischen Schrittes zum Festungswerk Forte Belvedere, das einst von Michelangelo hoch über dem Palazzo Pitti errichtet worden war. Unerschrocken baute sich Carl vor dem Festungskommandanten auf und befahl ihm, die Besatzung in Alarmbereitschaft zu setzen, um die aufkeimende Revolte niederzuringen. Die Offiziere und Soldaten brachen in schallendes Gelächter aus und legten dem kleinen Obersten nahe, schleunigst nach Hause zu gehen. »Sind wir also Gefangene?« fragte der Jüngling verdattert. Dies nicht, wurde ihm erklärt; das Militär sei bereit, die sichere Abreise der Familie zu gewährleisten.

Carl berichtete dem Vater von dem blamablen Zwischenfall im Fort. Leopold gab unverzüglich Anweisung, alles für die Abfahrt vorzubereiten.

Doch in allerletzter Minute versuchte Leopold noch einmal verzweifelt, mit den Abgesandten verschiedener revolutionärer Gruppen zu verhandeln; er war zu weitreichenden Konzessionen bereit. Er würde eine neue Verfassung gewähren, die Regierung umbilden, ja sogar gegen Österreich in den Krieg ziehen – nur eines würde er bestimmt nicht tun: nämlich abdanken. Genau das aber wurde von ihm gefordert. Die Unterhändler gingen zu Ferdinand und boten ihm Thron und Krone an, sollte es ihm gelingen, den Vater zur Resignation zu bewegen. Doch der traurige junge Witwer winkte müde ab.

Buchstäblich innerhalb von nur wenigen Minuten verließ die Familie nun – ohne ein einziges Gepäckstück! – den Palazzo Pitti in nur vier

Wagen, begleitet von Mitgliedern ausländischer Botschaften, die sich bereit erklärt hatten, für die Sicherheit der Reisenden zu sorgen. Der kranke Luigi saß im dritten Wagen, neben ihm ein französischer Attaché. Einige dem Großherzog treu ergebene Minister wollten sich der Gruppe anschließen, aber die Großherzogin Antonietta sagte mit schriller Stimme: »Bleiben Sie, wo Sie sind. Wir brauchen keine Minister mehr.«

Die Flüchtlinge entkamen unbehelligt. Leopold ließ die Kutschen zum ersten Mal auf jenem Hügel anhalten, von dem aus man einen letzten Blick auf die unvergleichliche Silhouette von Florenz werfen konnte. Der Vater, die Mutter, die Kinder und Großmutter stiegen aus, setzten sich an den Straßenrand, und alle schluchzten zum Steinerweichen. Die Tränen hinterließen schmierige Spuren auf den staubbedeckten Gesichtern. Als sie genug geweint hatten und sich ein wenig in Ordnung bringen wollten, stellten sie fest, daß sie nicht einmal daran gedacht hatten, Taschentücher mitzunehmen. Kurz entschlossen lüpfte die sonst nicht sonderlich originelle Antonietta ihre Krinoline, und einer nach dem anderen wischte sich die Nase in den Unterrock der Großherzogin.

Als einige Zeit später der König des geeinten Italien, Viktor Emanuel, in seine provisorische Hauptstadt Florenz einzog, nahm er mit dem Palazzo Pitti auch den Privatbesitz Leopolds für sich in Anspruch. Ungeniert speiste er von dessen Tellern, räkelte sich in dessen Bett und schlürfte dessen köstliche Weine. Dies kränkte den vertriebenen Fürsten um so mehr, als er einstmals den kleinen Viktor Emanuel unter Einsatz des eigenen Lebens aus einem brennenden Zimmer gerettet hatte. Erst viele Jahre später und nach endlosen Verhandlungen löste der italienische Staat Leopolds Eigentum mit 4,5 Millionen Lire ab, was damals eine sehr beachtliche Summe war. Auf sein Lieblingsbild, eine Raffael-Madonna, verzichtete Leopold großherzig. Es war sein letztes Geschenk an die unvergeßliche Heimat.

Doch soweit war es noch lange nicht. Noch waren die »Toskaner« arm wie die Kirchenmäuse, als sie Anfang Mai in Wien eintrafen und am 8. dieses Monats von Kaiser Franz Joseph I. in Schloß Schönbrunn offiziell begrüßt und familiär in die Arme geschlossen wurden.

Nach einem kurzen Zwischenaufenthalt in Bad Vöslau übersiedelte die Familie nach Böhmen auf Besitzungen, die Leopolds Vater erworben hatte, nachdem er selbst aus der Heimat vertrieben worden und gar nicht sicher war, ob er je wieder dahin zurückkehren könnte. Aus dem flirrenden Licht der Toskana ins Dunkel der böhmischen Wälder, aus der heiteren Wärme in die klamme Kälte der nördlichen Winterszeiten, vom perlenden Italienisch zur zungenbrechenden tschechischen Umgangssprache – ein grausamer Einschnitt ins Leben der »Toskaner«, der in jedem einzelnen von ihnen schmerzliche Wunden geschlagen haben muß.

Leopold wirkte müde und schleppte sich mit hängenden Schultern; in zeitgenössischen Berichten wird der Zweiundsechzigjährige wiederholt als »gramgebeugter Greis« apostrophiert. Antonietta und ihre Schwiegermutter Marie Ferdinanda stickten und nähten und beteten den lieben langen Tag; sie ließen sich kaum je in der Öffentlichkeit blicken. Von den Kindern mußte jedes auf seine Weise mit dem Schicksal fertig werden. Am meisten scheinen die beiden Jüngsten, Luigi und Gianni, nun wieder brav und bieder Ludwig Salvator und Johann Salvator gerufen, unter dem Schock des plötzlichen Verlustes der geliebten Heimat gelitten zu haben. Beide brachen mehr oder minder aus der für österreichische Erzherzoge vorgezeichneten Bahn aus – der eine, indem er sich weitgehend dem System verweigerte, der andere, indem er bis zur letzten Konsequenz dagegen rebellierte.

Das erste feste Domizil nach der Flucht war Schloß Schlackenwerth, wenige Kilometer von Karlsbad entfernt, ein solider Renaissancebau mit einem berühmt schönen Park. Schlackenwerth war ein Marktflekken von 2400 Einwohnern, von denen die meisten ihr Geld in einer großen Bierbrauerei verdienten. Sei es aus echter Zuneigung zum Großherzog, sei es aus schlauer Berechnung, wählten die Schlackenwerther Leopold einstimmig zu ihrem Bürgermeister. Sollte tatsächlich Kalkül hinter dieser Wahl gestanden sein, dann ging es glänzend auf. Der landlos gewordene Herrscher erwies sich als überaus freigebig, und dank seiner Großzügigkeit nahm der kleine Ort einen beachtlichen Aufschwung.

Leopold ließ – überwiegend aus eigenen Mitteln – das Rathaus renovieren, die Straßen pflastern, ein stillgelegtes Gymnasium wieder eröffnen, und er kümmerte sich, wie wir einem zeitgenössischen Bericht entnehmen, sogar noch um seine verblichenen Mitbürger: »Um das ungesetzliche und unschickliche Einstellen der Leichen aus den einge-

Leopold II., Großherzog von Toskana

pfarrten Dorfschaften in den Gasthäusern zu beseitigen, ließen Se. kaiserliche Hoheit Leopold II. in seiner nimmermüden Sorgfalt für das allgemeine Wohl in der Nähe der Pfarrkirche auf eigene Kosten eine Leichenkapelle erbauen!« – Als eine gewaltige Feuersbrunst 66 Wohnhäuser vernichtete und 121 Familien ihr Heim verloren, stellte der Bürgermeister aus dem Hause Habsburg sofort einen großen Teil des Schlosses für die Obdachlosen als Notunterkunft zur Verfügung und beachtliche Geldmittel für den Wiederaufbau bereit.

Auch der Fremdenverkehr nahm unter dem »guten Vater Leopold«, wie ihn alle nannten, einen beachtlichen Aufschwung, denn immer wieder kamen gekrönte Häupter, die in Karlsbad zur Kur weilten, mit großem Gefolge nach Schlackenwerth, um Leopold und seiner Familie die Aufwartung zu machen.

Einmal erschien sogar der Kaiser in allerhöchster Person. An einem strahlenden Junitag mit typischem »Kaiserwetter« war ganz Schlackenwerth auf den Beinen, Fahnen wurden geschwenkt, Böller geschossen, pausenlos läuteten die Glocken, weißgekleidete Ehrenjungfrauen standen Spalier und streuten Blumen, und die großherzogliche Familie hatte vollzählig am Schloßportal Aufstellung genommen, um unter einem riesigen Schild mit der Aufschrift »Willkommen edle Fürstenzierde, heil dem Beglücker seines Reiches« die Majestät gebührend zu empfangen. Die Fürstenzierde indes sauste in nur neunzig Minuten durch den Ort, besuchte zwei Kirchen und entschwand dann wieder in Richtung Karlsbad; die ihm zu Ehren gerichtete Festestafel blieb unberührt.

Die zweite Heimstatt der Toskaner war das noch wesentlich größere Schloß Brandeis, hoch über der Elbe im gleichnamigen Ort gelegen, Schwesterstadt des viel berühmteren Altbunzlau, eines böhmischen Wallfahrtsorts ersten Ranges, weil dort der vom eigenen Bruder ermordete heilige Wenzel seine letzte Ruhestätte hatte. Durch die Anwesenheit Leopolds und der Seinen gelangte nun auch Brandeis zu einigem Ansehen, um so mehr, als auch hier »der gute Vater Leopold« zahlreiche Instandsetzungen und Verschönerungen veranlaßte – wie immer auf eigene Kosten.

Längst war er nicht mehr der arme Flüchtling, denn er bezog, neben der Wiedergutmachung aus Italien, weiterhin laufend Einkünfte aus seinen privaten landwirtschaftlichen Besitzungen in der Toskana. Je-

Erzherzog Ludwig Salvator

dem seiner Söhne stand eine jährliche Apanage von 100 000 Gulden aus der kaiserlichen Schatulle zur Verfügung. Das ist sehr viel Geld, wenn man bedenkt, daß zur damaligen Zeit ein Bauernknecht neben Kost, Quartier und einigen Naturalien nur drei Gulden Jahreslohn erhielt.

Die einstmals so große Sippe schrumpfte immer mehr auf das Maß einer Kleinfamilie zusammen. Leopolds Stiefmutter starb, die drei Töchter heirateten. Der älteste Sohn, Ferdinand, der sich nach der nun doch vollzogenen Abdankung seines Vaters einige Zeit »Großherzog von Toskana« nennen durfte, verehelichte sich wieder; ihm wurde vom Kaiser die Salzburger Residenz als Wohnsitz zugewiesen. Auch Carl nahm eine Frau und zog in ein altes Jagdschlößchen nahe bei Brandeis. Dem Jüngsten, Johann Salvator, einem besonders lebhaften, aufgeweckten und vielversprechenden Knaben, wurde die Ehre zuteil, am Hof in Wien erzogen zu werden. Er sollte später die Offizierslaufbahn einschlagen.

Blieb nur noch Ludwig übrig – mit dem man nichts Rechtes anzufangen wußte.

Irgendwie war der ein wenig dickliche und leicht träge wirkende Junge aus der Art geschlagen. Er tollte nicht umher, er interessierte sich nicht für standesgemäße Beschäftigungen wie die Jagd, er ließ eine tiefe Abscheu für den einem Erzherzog zustehenden Offiziersberuf erkennen und gab sich den seltsamsten Beschäftigungen hin. Daß er dauernd über seinen Büchern brütete, mochte ja noch hingehen; daß er häufig nach der Natur zeichnete und malte, konnte als hübsche Liebhaberei hingenommen werden – aber die stundenlange Beobachtung von Vögeln und Insekten, das ausschließliche Interesse für vergleichende Studien in Zoologie mutete denn doch ein wenig befremdlich an. Gewiß, es hatte schon eine ganze Reihe von Habsburgern gegeben, die wissenschaftliche und auch künstlerische Ambitionen zeigten – doch niemals in einem Ausmaß, daß die anderen Aufgaben darüber zu kurz gekommen wären.

Ludwig war noch nicht einmal vierzehn Jahre alt, als er in der Familie bereits den Beinamen »der gelehrte Erzherzog« trug, wobei nicht ganz sicher ist, ob dies anerkennend oder spöttisch gemeint war. Zweifelsfrei anerkannt wurde sein verblüffendes Sprachgenie. Schließlich würde er es auf vierzehn Sprachen (darunter Arabisch) und Dialekte bringen, die er völlig akzentfrei zu artikulieren vermochte – fast genauso viele wie der Entdecker von Troja, Heinrich Schliemann.

Das Jahr 1866 brachte der vielgeprüften Familie neue Unbill. Im Zuge des österreichisch-preußischen Krieges fielen deutsche Armeen in Böhmen ein, und wieder einmal mußten die Toskaner Hals über Kopf ihr Zuhause verlassen. Brandeis wurde überrannt und besetzt; der Großherzog, seine Frau, Sohn Carl und die Schwiegertochter flohen nach Schloß Orth bei Gmunden; dort verbrachten sie dann fast den ganzen Rest ihres Lebens.

Ludwig wurde nach Prag geschickt und sollte in der Statthalterei den ordentlichen Beruf eines Beamten erlernen. Im Palais Vchynský wurden ihm eine Wohnung und ein Faktotum namens Wratislaw Vyborny, Kammerdiener und Sekretär zugleich, beigestellt.

Über die Prager Zeit wissen wir nicht viel. Wir müssen uns auf eine Passage in der ersten und bisher einzigen deutschsprachigen Biographie über Ludwig Salvator stützen, die sein späterer Verleger und Freund Leo Wörl im Jahre 1898 sozusagen mit gebeugtem Knie und gesenktem Haupt abgefaßt hat. Darin heißt es: »Mit großem Eifer fügte sich der lernbegierige Erzherzog der ihm gewordenen Aufgabe, und mögen ihn auch die krausen Pfade bürokratischer Geschäftsordnungen hie und da befremdet haben, so rühmten doch selbst die gewiegtesten Räte der Statthalterei die Schärfe, mit welcher der Prinz jedwede Angelegenheit zu prüfen, in ihre Elemente zerlegen und aus den Details und dem Nebensächlichen die eigentliche Hauptfrage loszulösen wußte.«

Im Klartext: Der neunzehnjährige Erzherzog brachte mit Logik und gesundem Menschenverstand das festgefügte bürokratische System in heillose Verwirrung und machte sich allseits unbeliebt. Den Gipfel der Anmaßung und ungebetenen Einmischung in geheiligte Traditionen mußte jene Episode darstellen, die sich in einem Artikel der französischen »Revue de Géographie« aus dem Jahre 1894, eingestreut in Lobeshymnen auf Ludwig Salvator als Wissenschaftler, finden. Er habe, so heißt es darin, nicht mehr mit ansehen können, wie miserabel und menschenunwürdig subalterne Beamte in ihren Kanzleien untergebracht waren, worauf er einigen von ihnen kurzerhand die eigene Wohnung als Arbeitsstätte zur Verfügung stellte.

Bereits nach wenigen Monaten war jedermann klar, daß Ludwig sich zum Beamten überhaupt nicht eignete – jedenfalls sehen wir ihn schon im selben Jahr 1866 auf der Flucht aus der Prager Statthalterei und als glücklichen Besitzer der kleinen, verwahrlosten Villa Zindis bei Muggia nahe Triest. Umsorgt vom getreuen Vyborny gab er sich in gänzlicher Zurückgezogenheit seinen Studien hin.

Vielleicht wäre Ludwig noch für das »normale« höfische Leben zu retten gewesen, hätte er mit der Frau, die er liebte, seßhaft werden und eine Familie gründen können. Es war eine weitläufige Cousine, die er auf einem der üblichen Familientreffen am Kaiserhof kennengelernt hatte: Erzherzogin Mathilde, eine Enkelin des berühmten Helden von Aspern, Erzherzog Karl, ein zierliches, dunkelhaariges Geschöpf, umweht von einem unbestimmten Flair orientalischer Anmut, witzig, kontaktfreudig und ebenso unkonventionell wie Ludwig Salvator. Die Achtzehnjährige war zwar Umberto, dem Kronprinzen von Sardinien-Piemont, versprochen, doch Ludwig scheint sich noch immer ernsthafte Hoffnungen auf die Hand Mathildes gemacht zu haben und betrachtete sie als seine Braut.

Weder Ludwig noch Umberto sollte sie bekommen, denn das junge Mädchen starb unerwartet eines gräßlichen Todes. Im Beisein Ludwigs zündete sie sich auf Schloß Weilburg bei Baden eine Zigarette an – ein absolut schockierendes und anstößiges Verhalten für eine junge Dame aus dem Erzhaus.

Erst seit der Revolution von 1848 war es polizeilich erlaubt, auf der Straße zu rauchen, erst Anfang der sechziger Jahre kamen Zigaretten in Mode – aber rauchen durften selbstverständlich nur Männer. Eine Frau, die rauchte, stellte sich gewissermaßen auf eine Stufe mit dem weiblichen Abschaum der Menschheit.

Kein Wunder, daß Mathilde zu Tode erschrak, als sie Schritte vor der Zimmertür hörte, und die brennende Zigarette direkt hinter ihrem bauschigen Rock verbarg. Der war aus indischem Musselin, mit leicht entflammbarem Glycerin imprägniert, um dem Stoff mehr Körper zu geben. Binnen Sekunden wurde Mathilde zur lebenden Fackel, und ehe das Feuer gelöscht und das Mädchen aus seinen stoffreichen Ober- und Unterkleidern geschält war, erlitt sie Verbrennungen dritten Grades am ganzen Körper.

Das genaue Datum des Unglücks ist nicht bekannt, es muß in der Woche zwischen dem 17. und 24. Mai 1867 gewesen sein, denn das »Badener Wochenblatt« berichtete am 26. Mai zum ersten Mal über einen

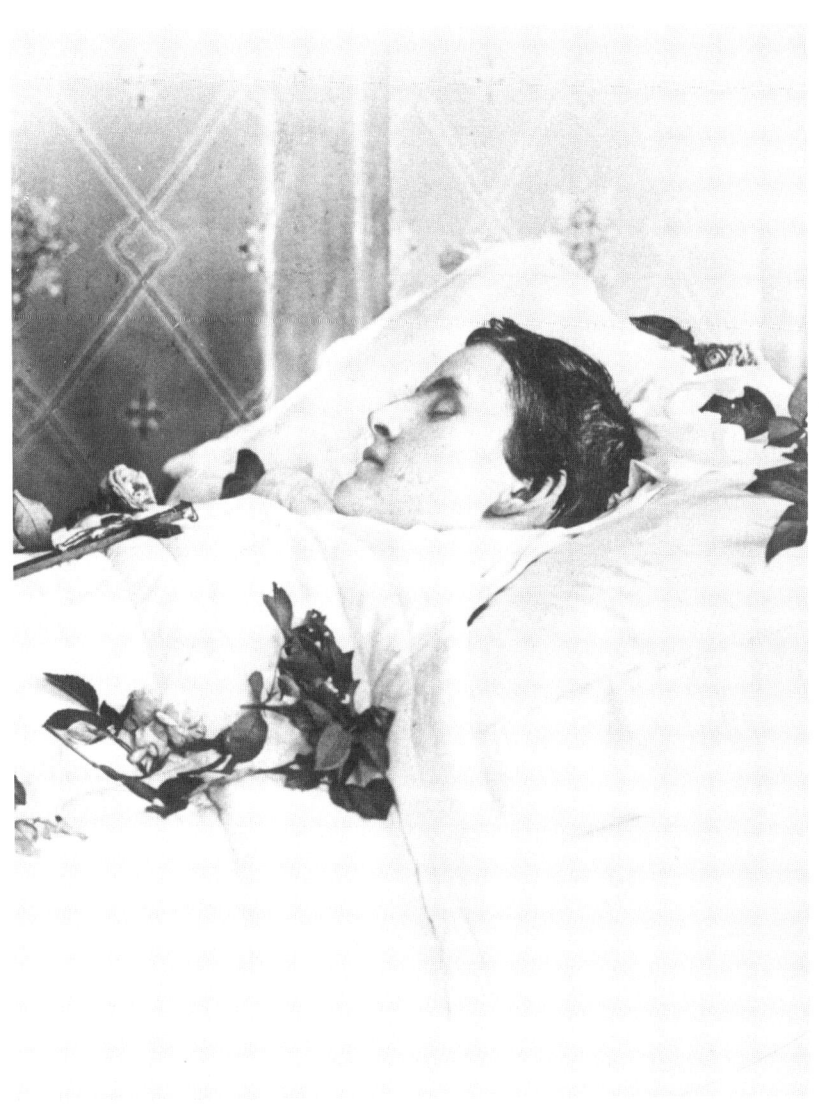

Erzherzogin Mathilde auf dem Totenbett

»schrecklichen Unfall der Frau Erzherzogin Mathilde auf der Weilburg«, ohne auf nähere Einzelheiten einzugehen.

Man brachte das schwerverletzte Mädchen ins Schloß Hetzendorf bei Wien und versuchte es zu behandeln, so gut es eben damals ging. Die verbrannten Hautpartien wurden mit Bleiwasser, Bleisalbe und Leinöl bestrichen, die Verbände mußten täglich gewechselt werden, und die Kranke litt dabei unsägliche Schmerzen. Teile des verbrannten Gewebes wurden operativ entfernt, der inneren Entzündungen versuchte man durch Aderlässe und Abführmittel Herr zu werden. Alles vergebens. Am 6. Juni wurde Mathilde von ihren Höllenqualen erlöst.

Bis in die tiefste Seele getroffen, schwor Ludwig, niemals zu heiraten, niemals mehr sein Herz an eine Frau zu hängen. Den ersten Teil des Eides hat er getreulich eingehalten ...

Unmittelbar nach Mathildes Tod vergrub er sich für einige Zeit in Muggia, aber schon bald begann er sein unstetes Wanderleben, das ihn zu einem berühmten Wissenschaftler und zu einem vielgelesenen Reiseschriftsteller machen sollte.

Noch im Todesjahr der angebeteten Mathilde setzte er zum ersten Mal seinen Fuß auf die Insel Mallorca, die für ihn zum Schicksal werden sollte, und zwar in der Person eines damals noch ungeborenen Mädchens, einer dunklen Schönheit mit undefinierbarem orientalischem Flair. Diese Catalina Homar (sprich Omar) war die Tochter eines Tischlers und Nachfahrin jener Mauren, die mehr als fünf Jahrhunderte lang die Insel beherrscht hatten.

Ludwig Salvator stieg 1867 in einem billigen kleinen Rasthaus ab und durchstreifte das Eiland nach Käfern, die er mit besessener Akribie beobachtete, zeichnete und katalogisierte. Wenig später erschien, anonym und im Eigenverlag, der »Beitrag zur Kenntnis der Coleoteren der Balearen«. Darin beschrieb er 332 verschiedene Käferarten, darunter nicht weniger als sechzehn, die noch kein Gelehrter vor ihm entdeckt hatte.

Die breite Öffentlichkeit nahm das schmale Bändchen natürlich nicht zur Kenntnis – die Zoologen horchten auf. Sie sollten bald feststellen, daß sie in dem Anonymus ein ernstzunehmendes Mitglied ihrer Gilde gefunden hatten.

Ludwig kehrte erst drei Jahre später nach Mallorca zurück, um dort für mehr als vierzig Jahre festen Fuß zu fassen – soweit es ihm eben überhaupt möglich war, irgendwo auf der Welt noch einmal heimisch zu werden.

Anscheinend hat er nie die einschneidenden Erlebnisse seiner Kindheit verarbeitet: Wir erinnern uns, daß er im Alter von achtzehn Monaten und dann als Elfjähriger noch einmal abrupt aus der Ruhe und Geborgenheit seines Heimes gerissen und als Flüchtling auf die Landstraßen getrieben wurde. Wir sehen ihn bis ans Ende seiner Tage immer auf der Wanderschaft (Flucht?), immer auf der Suche nach einem festen Platz, der das Gefühl von Heimat vermitteln könnte. Aus verständlichen Gründen bevorzugte der geborene Toskaner die südlichen Gefilde, im Norden hat er sich nie besonders wohl gefühlt. Die eigentliche Heimat jedoch, die Toskana, hat er nie mehr wiedergesehen.

Bereits mit einundzwanzig Jahren schrieb er: »Ich habe an vielen Orten den Sonnenuntergang gesehen . . . in norwegischen Fjorden wie in albanischen Buchten, im Golf von Neapel und im Angesicht der afrikanischen Küste, hoch auf den Alpen und auf der öden Heide, im Atlantischen Ozean und an den Ufern der Nordsee . . .«

Stellt man sich eine Weltkugel vor und zeichnet darauf die Reiserouten des Erzherzogs, dann zieht sich ein dichtes Spinnennetz rund um das Mittelmeer und über alle seine Inseln, einzelne lange Fäden reichen bis Australien, über den Stillen Ozean, Amerika und den Atlantik zurück nach Europa. Der »Dämon des Wandertriebes«, wie er seine Reiselust, die eher einem Reisefieber glich, selbst nannte, ließ ihn niemals mehr als ein paar Wochen zur Ruhe kommen. Aber während das Gros der reichen Müßiggänger seiner Zeit dem Reisen als Selbstzweck zur Vertreibung der Langeweile frönte, machte er einen Beruf daraus und arbeitete zugleich in mehreren wissenschaftlichen Disziplinen.

Das ausgehende 19. und das beginnende 20. Jahrhundert waren die Zeit der großen Forschungsreisenden. Tollkühne Männer stießen ins Innere Afrikas und Asiens, zum Nord- und zum Südpol vor, um die letzten weißen Flecken von der Landkarte zu tilgen. Ludwig Salvator hingegen interessierte sich vorwiegend für die damals noch völlig abseits und verborgen blühenden Schönheiten des Mittelmeerraumes, die verschwiegenen Buchten und verwunschenen Eilande vor den Küsten Europas. Er beschrieb Menschen und Häuser und Landschaften mit größter Detailbesessenheit, er katalogisierte Flora und Fauna, zeichnete Klimakarten und erstellte penibel recherchierte Statistiken über

Geburten und Todesfälle, Bevölkerungsstrukturen und Arbeitsbedingungen, Kultur und Folklore. Er war – was es damals noch gar nicht gab – Politologe, Soziologe, Geograph, Zoologe und noch dazu ein kenntnisreicher Reiseführer, dessen klare Sprache alle damals üblichen schwülstigen Schnörkel vermied. Ergänzt wurden die Berichte durch eine Fülle von hervorragenden Zeichnungen, die ein Kritiker einmal so beschrieb:»Das Zeichentalent des Erzherzogs ist ein sehr bedeutendes. Er führt den Stift mit einer Eleganz und Leichtigkeit, mit einer Sicherheit und Festigkeit wie sonst nur ein Künstler mit ausgesprochen zeichnerischer Begabung.«

»Wenn man seine Berichte liest und seine zahlreichen Illustrationen betrachtet, glaubt man in ein Kaleidoskop zu schauen oder, um es aktueller auszudrücken, einen Film zu betrachten«, schrieb die Pariser »Revue de Géographie« am Ende des vorigen Jahrhunderts.

In den sechsundsechzig Büchern des »gelehrten Erzherzogs«, die anfänglich im Eigenverlag, später – unter anderem – bei Brockhaus und im renommierten Reisebuchverlag Leo Wörl in Leipzig erschienen, einige davon in mehreren Auflagen, offenbart sich eine zwiespältige Seele, die eher ins ausgehende 20. Jahrhundert zu passen scheint als in seine blindlings fortschrittsgläubige Zeit. Einerseits wollte er die unberührten Winkel der Welt erschließen – andererseits erfaßte er hellsichtig die Gefahren, die hemmungslose Modernisierung und Egalisierung mit sich brachten.

Ein typisches Beispiel dafür ist sein zweimaliger Besuch des tunesischen Bizerta, das er erstmals in dem 1881 erschienenen Buch »Bizerta und seine Zukunft« beschrieb. Er beschäftigte sich darin mit den Entwicklungsmöglichkeiten für die armselige Stadt, falls man die äußerst günstig gelegene Bucht zu einem großen Hafenbecken erweiterte. Dieses Buch haben nicht nur reiselustige Afrikafahrer, sondern auch französische Generalstäbler sehr genau gelesen, und als Ludwig Salvator einige Jahre später neuerlich nach Bizerta kam, fand er einen erstrangigen Kriegshafen vor, europäische Betriebsamkeit statt orientalischer Gelassenheit. Die stolzen Männer von Bizerta waren zu Handlangern der französischen Militärmaschinerie verkommen. Betrübt hielt Ludwig in einem neuen Buch »Benzert« (= Bizerta) fest:»Man muß mit den Arabern gelebt . . . haben, mit ihren Sitten bekannt sein, um den ganzen Zauber des orientalischen Wesens zu erkennen. Man muß wirklich den vornehmen Ernst, den Anstand der arabischen Bevölkerung bewundern, die einen grellen Gegensatz zu dem europäischen Mob bildet . . . Was dieses Volk mit Bildung zu leisten imstande wäre, das haben die Araber in Spanien bewiesen, nun dürfen sie nicht zu Knechten werden, sie brauchen eine freie Entwicklung . . .«

Ludwig war in seinem Buch »Lose Blätter aus Abbazia« ein begeisterter Förderer dieses bislang weitgehend unbekannten Dörfchens, das in den achtziger Jahren einen unerhörten Aufschwung als nobler Kur- und Badeort nahm. Das hatte zwei Gründe: Zum einen hatte Österreich nach dem verlorenen Krieg von 1866 Venetien, Venedig und damit den prächtigen Lido, Tummelplatz der Schönen und Reichen, eingebüßt, zum anderen hatte Ende der fünfziger Jahre der kühne Bau der Südbahn über den Semmering das ganze Küstengebiet um Fiume (heute Rijeka) und damit Abbazia (heute Opatija) erschlossen.

In Abbazia schossen Nobelhotels und Kurhäuser aus dem Boden, die elegante Welt gab sich dort, vor allem im Winter, ein Stelldichein. Die Fahrzeit Wien–Abbazia betrug in den modernsten Zügen der Zeit – mit Salon-, Speise- und Schlafwagen – nur elf Stunden. Ludwig Salvator, der mit seiner Mutter einige Wochen in Abbazia verbrachte, war zunächst sehr angetan vom Anschluß der Adria an den Pulsschlag der Moderne – gleichzeitig aber beklagte er den Verfall von alten Sitten und geheiligten Traditionen auf dem Balkan, die Gleichmacherei in Modedingen und das Verschwinden eigenständiger Trachten. (»Die Serben an der Adria – ihre Typen und Trachten« mit ausgezeichneten mehrfarbigen Bildern nach Originalen des Verfassers.)

Eine seiner Reisen im Dienst des Fortschritts blieb ohne Folgen – außer einem Buch, natürlich. In »Die Karawanenstraße von Ägypten nach Syrien« schildert der unternehmungslustige Erzherzog einen recht mühsamen Kamelritt unter den primitivsten Bedingungen quer durch den Sinai. Er war der Meinung, daß dort die geeignete Strecke für eine Eisenbahnlinie liegen könnte und wollte sich an Ort und Stelle davon überzeugen. Der scharfe Wüstenwind, der unweigerlich auch jede Eisenbahntrasse verweht hätte, blies ihm alle diese Hirngespinste ein für allemal aus. Er beendete das einerseits kühne, andererseits todlangweilige Unternehmen mit einer sittsamen Pilgerfahrt nach Jerusalem.

Hat Ludwig Salvator jemals daran gedacht, Europa und seinen eigenen

Widersprüchlichkeiten zu entfliehen, um weit, weit weg noch einmal von vorn anzufangen? Diese Frage erhebt sich zwangsläufig bei der Lektüre der Bücher über die Fernreisen:»Eine Blume aus dem Goldenen Land – Los Angeles« und»Eine Reise um die Welt, ohne es zu wollen«. Letzteres Werk beschreibt den Besuch Australiens anläßlich der Weltausstellung von Melbourne im Jahre 1881, der sich zu einer Weltreise auswuchs, weil Ludwig das Schiff der Route Indischer Ozean–Suezkanal versäumt hatte und kurz entschlossen den Heimweg über den Stillen Ozean und quer durch Nordamerika nahm. Dieses Buch erlebte nicht weniger als fünf Auflagen und wurde somit ein Bestseller nach unseren heutigen Begriffen.

In beiden Texten weist Ludwig immer wieder auf die günstigen Voraussetzungen hin, die sich dem Auswanderer in Australien und in Amerika bieten. Er schildert Land und Leute in glühenden Farben echter Begeisterung: Der Verdacht liegt nahe, daß er sich nur zu gern mit jenen identifiziert hätte, die den Mut hatten, alle Brücken hinter sich abzubrechen und ein ganz neues Leben zu beginnen.

Er hatte den Mut offenbar nicht. Er bewegte sich weiterhin meist im Mittelmeerraum, ab dem Jahre 1872 auf einer eigenen Yacht: Die »Nixe« war ein prächtiges Schiff von fünfzig Metern Länge mit einem 100-PS-Motor und zusätzlichen Segeln.

»Ein Schiff ist eine selbständige Welt. Es ist ein Landhaus . . . inmitten ewiger Jugend, denn nur das Meer bleibt auf dem Erdball ewig jung, und noch dazu ein Haus, das man weiterbewegen kann, sobald man der genossenen Aussicht müde wird«, schrieb Ludwig. Er, der in all seinen vielen Büchern kaum jemals einen Blick auf intime Gedanken freigab, hat hier sein Innerstes bloßgelegt, den»Dämon des Wandertriebs« schlüssig definiert.

Ein zweites solches Bekenntnis findet sich in dem Buch»Schiffbruch oder ein Sommernachtstraum«, in dem er den Untergang der»Nixe« vor der Küste Algeriens beschrieb; das Schiff war durch das tölpelhafte Manöver des Kapitäns auf ein Riff gelaufen.»Ich komme mir so unbeholfen auf dem Lande vor wie ein Einsiedlerkrebs, der seine Schnecke verloren hat . . . Denn das Boot war für mich kein bloßes Bewegungsmittel . . ., das einzige Haus, in welchem ich mich wirklich heimisch fühlte, denn ich hatte das Gefühl, daß ich jederzeit damit wegreisen könnte. Jetzt aber, wenn ich nachts erwache und denke, daß ich kein

Boot mehr habe, mit dem ich fortwandern kann, so wird mir bange zu
Mute, ein Gefühl der Angst bemächtigt sich meiner, das Zimmer
kommt mir wie ein Gefängnis vor, und ermattet wieder einschlum-
mernd wiederholen unbewußt meine Lippen automatisch die Worte:
›Ein Schiff, ein Schiff!‹«
Dieser nächtliche Angstschrei verhallte natürlich nicht ungehört; Ludwig Salvator erwarb wenige Monate nach dem Verlust seiner »Nixe«
eine neue Yacht, die als »Nixe II« ihren ruhelosen Besitzer weiter
durch die »ewige Jugend des Meeres« trug.
Meist kommandierte er die Matrosen, die jahrzehntelang in seinem
Dienst standen, selbst – soweit man bei Ludwig Salvator von Komman-
dieren im herkömmlichen Sinn überhaupt sprechen kann. Er bildete
mit seiner Crew eine verschworene Gemeinschaft, in die jeder seine
Meinung einbringen konnte. Einmal kam der Hafenkapitän von Ra-
gusa unter vielen Demutsbezeigungen an Bord; er habe gehört, daß
sich eine sehr hohe Persönlichkeit auf dem Schiff befände, und er
wolle untertänigst seine Dienste anbieten. Ludwigs barsche Antwort
lautete, daß es hier keine hohen Persönlichkeiten gebe, auf diesem
Schiff seien alle gleich.
Daß der Hafenkapitän den Erzherzog nicht erkannte, ist nicht erstaunlich, denn der legte, gelinde gesagt, nicht den geringsten Wert auf Äu-
ßerlichkeiten, schon gar nicht auf sein eigenes Äußeres.
Seine Haut war lederbraun gegerbt, sein Anzug leger, um nicht zu sagen nachlässig und ungepflegt. Hatte er keine Manschettenknöpfe zur
Hand, dann band er die Enden der Ärmel einfach mit einem Stück
Schnur zusammen. Sein Anblick muß bisweilen sogar furchterregend
gewesen sein; ein von ihm selbst geschilderter Zwischenfall in dem au-
stralischen Hafenstädtchen Albany legt Zeugnis dafür ab.
Ludwig Salvator war ein frommer Mensch. Wo immer er hinkam,
suchte er zuallererst eine Kirche auf, um zu beten. In Albany fand er
die einzige katholische Kirche verschlossen, man sagte ihm, der Schlüssel sei im Pfarrhaus zu haben. Dort klopfte er höflich an die Tür – und
heraus trat der schreckensbleiche Geistliche, in der zitternden Hand
ein Gewehr, auf den vermeintlichen Räuber gerichtet.
Als der Erzherzog nach seinem Schiffbruch mit der »Nixe I« mitten in
der Nacht den österreichischen Konsul in Algier aufsuchte, um Hilfe
zu erbitten, wurde er zunächst abgewiesen, bis er sich legitimierte. Ein

anderes Mal hätte die Schiffswache ihn um ein Haar nicht an Bord gelassen, als er 1893 seine sehr verehrte Cousine, die Kaiserin Elisabeth von Österreich, im spanischen Alicante auf ihrer Yacht »Greif« besuchen wollte.

Eine andere bezeichnende Episode spielte sich in New York ab. Er schlenderte durch die Straßen und blieb interessiert an einer Baustelle stehen – der Partieführer wollte den kräftig aussehenden Mann auf der Stelle als Maurer anwerben.

Das »Räuberzivil« war allerdings viel mehr als eine Pose oder Maske, es diente ihm vor allem dazu, mit Leuten in Kontakt zu kommen, die er in einem Schlüsselsatz so beschrieb: ». . . fuhr ich gestern mit den Fischern aufs Meer; die Gesellschaft jener einfachen Menschen ist einem viel angenehmer, ich möchte sagen lehrreicher, als die mancher Gebildeten.« Und an anderer Stelle heißt es: »Je mehr man die Welt kennt, umso mehr überzeugt man sich, wie gering man ist.«

Als der Geringsten einer pflegte er auf Eisenbahnreisen dritter Klasse zu fahren – seine Begleiter stiegen in die erste Klasse ein –, und Ludwig nützte die Fahrten zu langen Gesprächen mit den anderen Passagieren, um sich ein unverfälschtes Bild von jenen Landstrichen zu machen, die zu beschreiben er sich vorgenommen hatte. Seine Fähigkeit, auch die ausgefallensten Dialekte zu sprechen, war ihm dabei eine unschätzbare Hilfe.

Wo aber hielt sich der Erzherzog auf, wenn er gerade nicht reiste? Wo schrieb er die Abertausenden Seiten seiner Manuskripte? In der Villa Zindis bei Triest haben wir ihn bereits angetroffen. Ein weiteres kleines Anwesen in Amleh im Niltal war ebenfalls sein eigen; ein drittes wollte er auf einer der Liparischen Inseln nördlich von Sizilien kaufen. Die lässige Weise, wie er, sozusagen mit der linken Hand, Grund und Boden zu erwerben pflegte, beschrieb er selbst ausführlich in dem achtbändigen Werk »Die Liparischen Inseln«.

»Die Felsenufer des Pignataru beherrschend, steht ein kleines Haus, von Kaktusfeigen umringt. Ich saß gern auf jenem luftigen Astricu mit dem lieblichen Ausblick auf . . . Vulcano und das ferne Sizilien . . ., als mir eines Tages die Idee kam, die kleine Erdscholle zu kaufen. Ich rief den Eigentümer, einen braven alten Bauern . . . Ich machte ihm den Vorschlag, den kleinen Grund und das Haus schätzen zu lassen und versprach, das Doppelte . . . zahlen zu wollen . . . Ich gab ihm den Auf-

trag, alle nötigen Dokumente zu sammeln ... und einem Notar zu
übergeben, der alles fertig machen würde, worauf er bei meiner Rückkehr auf die Insel ... den Betrag ausgezahlt erhalten würde ...
Nach drei Monaten ließ ich den Anker wieder am Pignataru fallen.
Der Astricu des Hauses sah ganz feierlich aus, die Mädchen hatten ihr
bestes Mucadori auf das Haar geknotet und schienen mit Sehnsucht
auf meine Ankunft zu warten ... Kaum war ich gelandet, kam mir der
Bauer mit trauriger Miene entgegen und sagte zu mir: ›Herr, ich bitte
um eine Gnade. Sie wollen mir das Häuschen doppelt bezahlen ...
Aber seitdem ich es verkauft habe, ist mir bang im Herzen; wie kann
ich mich von meiner Scholle trennen, die ich von den Eltern
ererbte ... Ich will mein Wort nicht brechen und bitte um die Gnade,
daß Sie mich davon befreien.‹
Und da traten die Mädchen mit der gleichen Bitte zu mir ... Selbst die
Kinder brachten Blumen und weinten. ›Oh, gute brave Leute‹, sagte
ich, ›wollt ihr nichts anderes, Haus und Grund sollen euch gehören.
Wie könnte ich das Herz haben, euch zu entreißen, was ihr so liebt!‹
Aus allen Kehlen wurden Jubelrufe laut, die Mädchen ließen in ihrer
Freude die Orangen aus den Schürzen fallen, sodaß sie wie Goldku-
geln herabrollten ... Da trat der Alte gravitätisch vor und richtete an
mich folgende Ansprache: ›Herr, durch deine Gnade habe ich wieder
Frieden und Glück ... Segen falle auf dein Haupt ... Das Haus bleibt
mir, aber ich will, daß es auch deines sei; jedesmal, wenn du her-
kommst, kehre wieder ein und bleibe bei uns, betrachte uns wie deine
Leute und freue dich an unserer Freude.‹ Dabei ergriffen die Anwesenden meine Hände, und als ich die Bitte des Alten zu erfüllen versprach,
hatten der Jubel und die Freude kein Ende.«
Soweit Ludwig Salvator in seinem Bericht, in dem er leider unerwähnt
ließ, ob er tatsächlich zum alten Bauern zurückgekehrt ist. Wahrscheinlich ist er es nicht, denn die meiste Zeit, die er nicht auf dem
Meer verbrachte, lebte er, und zwar bis knapp vor seinem Tod, auf seinen ausgedehnten Besitzungen auf der Insel Mallorca.
Mallorca war dem Mittel- und Nordeuropäer im letzten Drittel des vorigen Jahrhunderts kaum dem Namen nach bekannt. Lediglich einige
spanische Adelige besaßen dort ihre Sommerresidenzen. Ansonsten
war Mallorca, waren die Balearen im Hinblick auf Touristik und
Fremdenverkehr jungfräuliches Land.

Drei Jahre nach seiner Käfersuche auf Mallorca kehrte Ludwig Salvator auf die Insel zurück, und alles wäre vermutlich ganz anders gekommen, wenn nicht in der Nähe von Valdemossa ein schwerer Platzregen sein Tagesprogramm umgeworfen hätte. Valdemossa (nach dem arabischen Wadi Musa = Mosestal) ist jener Ort, wo einstmals Frédéric Chopin und George Sand eine Zeitlang gelebt hatten.

Romantische Gefühle bewegten Ludwig Salvator bestimmt nicht, als er unter den Namen eines Grafen von Neudorf mit seinem braven Wratislaw Vyborny im Gasthof »Ca's Frances« abstieg. Eines Tages wollte er eben aufbrechen, um die Landschaft zu zeichnen, als der Himmel seine Schleusen öffnete. Der stets zu spontanen Entschlüssen neigende Erzherzog packte seine Zeichenutensilien weg und machte sich auf zum Besitzer eines ehemaligen Klostergebäudes namens Miramar, das er während eines Spazierganges gesehen und das ihm ausnehmend gut gefallen hatte. Was sich weiter abspielte, schildert »Graf Neudorf« so:

»Wir mieteten einen Karren und begaben uns unter dem strömenden Regen nach Sa Pablo, das wir nach zwei Stunden erreichten. Als wir auf der Hauptstraße ankamen, war keine Seele zu sehen, und sie war in einen Bach verwandelt. Schließlich konnten wir eine Frau, die uns von einem Portal aus betrachtete, fragen, wo sich Can Serra befinde.

›Dieses Haus rechts mit dem Portal und dem Bogen ist Can Serra‹, sagte sie.

Wir waren bald dort. Wir klopften an, und ein zwölfjähriges Mädchen öffnete uns die Tür.

›Ist hier Can Serra?‹ fragten wir.

›Ja, Juan Serra ist mein Vater. Ich werde ihn gleich rufen. Aber treten Sie bitte ein, bei dem Wetter.‹

Nach einigen Augenblicken stellte sich uns ein Herr vor, etwa vierzig Jahre alt, mit freundlichen Zügen.

›Sind Sie Juan Serra?‹

›Jawohl, mein Herr‹, antwortete er.

›Sehr gut. Ich bin ein Ausländer, der Ihre Insel bereist. Man hat mir gesagt, daß Sie einen kleinen Besitz an der Nordküste haben, der sich Miramar nennt und den Sie verkaufen wollen. Ich weiß nicht, ob man mir eine richtige Auskunft gegeben hat.‹

›Jawohl, mein Herr.‹

›Gut, ich möchte nicht feilschen. Nennen Sie mir bitte einen einzigen angemessenen Preis. Dies sage ich Ihnen im voraus, denn wenn er übertrieben ist, so wird es zu keinem Abschluß kommen. Ich werde lediglich ja oder nein sagen.‹

Er überlegte einen Augenblick und sagte mir sogleich den Preis, der mir angemessen erschien.

›Wo werden wir den Kaufvertrag abschließen?‹

›In Palma.‹

›Wann?‹

›Am Mittwoch.‹

›Bei wem?‹

›Bei Formiguerra in der Nähe von Sa Portella.‹

›Guten Tag.‹

›Auf Wiedersehen.‹

Wir bestiegen den Karren und fuhren zurück. Miramar war gekauft.«

Ludwig Salvator ließ das alte Kloster renovieren und nach seinem Geschmack einrichten: mit schönen alten Bauernmöbeln im spanischen und maurischen Stil, die er auf der ganzen Insel während ausgedehnter Spaziergänge erwarb. Und dann kaufte er, ganz in der Nähe von Miramar, eine weitere, ansehnliche Villa, San Marroig, weil deren Besitzer gestorben war und seine Familie in größter Armut hinterlassen hatte. Den Leuten mußte doch geholfen werden – oder? Er kaufte eine Finca (Bauerngut) und noch eine und noch eine – bis ein gutes Dutzend beisammen war und dem Erzherzog fast die ganze Nordküste Mallorcas gehörte.

Zu guter Letzt erstand er noch ein Stück nackten Felsens, weil darunter eine bequeme Bucht zum Ankern der »Nixe« lag. Eines Abends saß er friedlich dort oben, betrachtete das Meer, und da näherte sich ein alter Bauer, der ihn unverwandt anstarrte. »Was schaust du so«, fragte der Erzherzog. – »Ich wollte nur den Herrn sehen, der für einen Felsen soviel Geld bezahlt«, erwiderte der Bauer und trollte sich kopfschüttelnd.

Kein Zweifel: die Leute von Mallorca hielten den »Grafen Neudorf« für leicht verrückt, doch sie änderten allmählich ihre Meinung. Er war ein guter Herr, und seine »Verrücktheit« entpuppte sich als Menschenliebe, Toleranz und Großzügigkeit. Wer mit seinen Sorgen zu ihm kam, fand ein offenes Ohr, und er wußte einen Ausweg aus mancherlei Nöten und Bedrängnissen. Sie liebten und verehrten »El Archeduque« – so nannten sie ihn, nachdem sein Inkognito gelüftet war –, schließlich wurde er unter dem Spitznamen »El Balearo« für jedermann nah und fern zum Begriff.

Es gab kein Telefon, und es stand in keiner Zeitung – aber die Mundpropaganda verbreitete zuverlässig, daß unweit von Miramar eine kleine Hospiteria lag, die von einem Bediensteten des Erzherzogs geführt wurde. Jeder Gast konnte dort drei Tage lang umsonst wohnen, und er bekam Brot, Wein und Öl, soviel er wollte. Die Hospiteria hatte über Besuchermangel niemals zu klagen.

Die Türen von Ludwigs Häusern standen Tag und Nacht offen; es kamen nicht nur die einheimischen Freunde, es kamen Besucher aus aller Welt – Gelehrte, mit denen der Erzherzog korrespondierte, Bekannte aus alten Zeiten und sogar Verwandte: Mutter Antonietta war einige Male da, auch Kaiserin Elisabeth, die neidlos zugestand, daß Miramar ungleich schöner sei als ihr Besitz auf Korfu.

Vielleicht hat der unkonventionellen Kaiserin aber auch und vor allem das unkonventionelle Leben auf Miramar und San Marroig behagt: ohne Etikette, ohne Kleidungsvorschriften, ohne fixe Mahlzeiten. Jeder konnte kommen und gehen, wann es ihm behagte. Die Häuser voll pulsierendem Leben, Diener samt Familien, Kinder überall, dazu Hunde, Katzen, Pferde. Jedes Tier durfte sein Leben bis zum natürlichen Tod genießen.

Die Umgebung der Ansitze: ein sorgfältig gepflegtes und dennoch ungezwungen natürlich wirkendes Paradies; Spazierwege durch die ausgedehnten Eichenwälder, hübsche Aussichtstürmchen, die zum Rasten und Schauen einluden, und auf einem Hügel ein kleiner ionischer Tempel, in dessen Mitte eine abgebrochene Säule stand. Sie war genau den Körpermaßen Ludwigs angepaßt, so daß er sich bequem darauf stützen konnte. Er sollte dieser Stütze in späteren Jahren immer öfter bedürfen.

1878 wurde knapp unter Miramar ein neues großes Haus gebaut, das den Namen »S'Estaca« erhielt. Dort wohnte später Catalina Homar, die Frau in Ludwigs Leben, auf die wahrscheinlich jene Worte gemünzt sind, die er einmal in einen seiner Texte einstreute: ». . . und welche Macht gleicht jener eines geliebten Weibes? Weder Ruhm noch Macht noch Geld wirken mit gleicher Kraft auf den sie liebenden Mann. Nur seine Liebe macht ihn glücklich . . .«

Catalina Homar war noch ein Kind, als der Erzherzog sie zum ersten Mal sah. Ihr Vater, Miguel Homar, arbeitete als Tischler bei der Renovierung von Miramar. Täglich kam seine kleine Tochter und brachte ihm das Mittagessen; es befand sich in einem Tongeschirr, das in ein großes rotes Taschentuch eingehüllt war.

Die Szene wird von Ludwig selbst ausführlich geschildert, und zwar in einem schmalen Bändchen mit dem schlichten Titel »Catalina Homar«, das unter seinem eigenen Namen 1905 in einem Prager Verlag erschien. Das Buch verschweigt die Intensität der Beziehung zwischen dem Mitglied des Erzhauses und der Tischlerstochter, aber manches läßt sich zwischen den Zeilen lesen und konnte mittlerweile durch Berichte aus anderen Quellen ergänzt werden. Vor allem enthüllt das Buch das sensible Wesen des Autors, seinen Respekt vor den Mitmenschen und seine noble Diskretion. Allein das Vorwort, hier nur auszugsweise wiedergegeben, erweckt tiefe Sympathien für den Mann von Mallorca:

»Sonderbarerweise beschäftigen sich die Menschen am meisten mit den Taten derjenigen, die ihnen Schaden zufügen. Falschen Gelehrten, Empörern, die ein ruhiges Land in Feuer und Flammen setzen, Eroberern, welche Hunderttausende zur Schlachtbank führen – ihnen wird ein Denkmal errichtet, und mit grinsendem Lächeln blicken ihre ehernen Figuren vom hohen Marmorsockel auf die zu ihren Füßen wogende Menge, die blindlings neuen Zerstörern ihres Wohlergehens neue Statuen errichten wird.

Um die Geschichte wohltätiger Menschen, welche ihre Mitmenschen liebten, ihnen halfen, um die kümmert man sich kaum ... Um wieviel veredelnder wäre es, wenn man sich gerade mit der schlichten Geschichte dieser segenbringenden Geschöpfe beschäftigen würde, wie viele Beispiele von Tugend, Sanftmut, von Opferwilligkeit könnte man aus ihrem Leben lesen ...

Ein derartiges Leben schildern die folgenden Seiten, mit Tränen benetzte Blätter, die ich in dankbarer Erinnerung an ein teures, frühzeitig verstorbenes Wesen aufs Grab lege.«

In den Anfangskapiteln schreibt Ludwig einiges über die Geschichte der Insel, über die Erwerbung von San Marroig, über Catalinas von Arabern abstammenden Vater, über dessen jähen Tod, der die Kinder zwang, frühzeitig Geld zu verdienen, und wie Catalina, das schöne

537

sanfte Mädchen, als Landarbeiterin nach San Marroig kam, es durch Tüchtigkeit und Umsicht bald zur Aufseherin brachte.

Und dann das Kapitel »Der einsame Spatz«, an dessen Beginn der Autor berichtet, wie er eines Tages, den unvermeidlichen Zeichenblock auf den Knien, am Strand saß und Vögel beobachtete. Wörtlich heißt es dann weiter:

»Die Mauerschwalben umkreisen [die Klippen], zwitschernd zu Tausenden, und vereinzelt der »Einsame Spatz« [= Blaudrossel], der namentlich am Spätnachmittag seine elegische Stimme dort ertönen läßt. Horch zu, auf einmal ertönt ein Lied [folgt der spanische Text und die deutsche Übersetzung: ›O blaues Meer, wie traurig bist du, du, welches aus meinen Blicken entführtest jenen, der mein ganzes Gut war‹]. Ich wurde von der Ähnlichkeit des Tonfalls mit dem menschlichen überrascht. Die Stimme schien sich zu nähern und wurde immer lauter und lauter. Ich blieb stumm, in Gedanken vertieft, bis ich nahende Schritte hörte und den Kopf hob. Es war C., welche in den Felsenritzen am Meer Salz aufgeklaubt hatte. Wie sie mich sah, schwieg sie und kam mir lächelnd entgegen.«

Punkt. Aus. Sie schwieg und kam ihm lächelnd entgegen. An dieser Stelle fällt schamhaft der Vorhang, alles Weitere bleibt der Phantasie des Lesers überlassen.

Um so ausführlicher, und gelegentlich auch mit einem kräftigen Schuß Humor, erzählt Ludwig den Aufstieg der jungen Catalina zur unumschränkten Herrin über seine ausgedehnten landwirtschaftlichen Betriebe, die unter ihrer tüchtigen Hand einen phänomenalen Aufschwung nahmen. Die mehr als dreißig Kilometer langen Weinberge produzierten den besten Rebensaft weit und breit, die von Catalina erfundene Methode der Pfirsichkonservierung wurde auf mehreren Weltausstellungen ebenso prämiiert wie ihr berühmter Malvasier und Muskatwein.

Am Anfang ihrer Karriere stand eine fürchterliche Prügelei, die ihren Vorgänger, den Gutsverwalter Antoni Celeu, um ein Haar das Leben gekostet hätte. Celeu nämlich war nicht nur Verwalter, er frönte – was Ludwig selbstverständlich nicht wußte – auch dem mallorquinischen Volkssport, dem Schmuggel. Vorwiegend billige Stoffe aus Südfrankreich, Tabak aus Algier und sogar Pferde wurden unter Umgehung des Zolls auf die Insel gebracht; die Zöllner, genauso arme Teufel wie die

Bauern und Fischer, drückten auch schon einmal oder mehrmals die Augen zu, wenn man ihnen einen bescheidenen Teil des Gewinns überließ.

Die Idylle wurde jäh gestört, als ein ehrgeiziger und leider ganz und gar unbestechlicher neuer Zollchef nach Palma kam. Plötzlich jagten die Zöllner wirklich und nicht nur zum Schein die als harmlose Fischkutter getarnten Schmugglerfahrzeuge, und da kam es einmal zu einem makabren Zwischenfall: Schmuggler hatten ein Pferd aus Algier, wie ein Schaf an allen vier Beinen gefesselt, transportiert. Als sie merkten, daß die Ladung zu schwer war und das Schiff kaum eine Chance hatte, dem pfeilgeschwinden Zollboot zu entkommen, versuchten sie sich eiligst des Pferdes zu entledigen. Es war zu gefährlich, das Tier aus den Fesseln zu lösen und über Bord zu werfen – also wurde es bei lebendigem Leibe zerstückelt. Das Schmugglerschiff, das den Zöllnern letztlich doch noch entkommen konnte, hinterließ eine breite rote Spur.

Der Erzherzog war völlig ahnungslos, daß sein Verwalter mit den Schmugglern unter einer Decke steckte, und darum nicht wenig erstaunt, als der neue Zollchef aus Palma eines Tages angeritten kam und erklärte, er habe zuverlässige Hinweise, daß sich in Miramar große Mengen von Konterbande befänden. Antoni Celeu wurde gerufen, und Ludwig Salvator stellte ihn vor die Wahl, sofort ein reumütiges Geständnis abzulegen oder fristlos entlassen und, darüber hinaus, auch sogleich verhaftet zu werden. Celeu gestand. Das Versteck, in dem sich später vierzig Säcke, prall gefüllt mit Tabak, fanden, lag in einer verborgenen Höhle direkt unter dem täglichen Spazierweg des Erzherzogs.

Der Verwalter wurde auf freiem Fuß angezeigt und behielt seinen Posten – aber nur für kurze Zeit. In einer der folgenden Nächte haben ihn unbekannte Täter – mit Sicherheit seine Spießgesellen, die sich durch ihn verraten fühlten – überfallen und halb tot geschlagen. Er verließ die Insel, und man hat nie mehr von ihm gehört.

Wenig später brach in den Waldungen unmittelbar hinter Miramar ein ebenfalls von den rabiaten Schmugglern gelegtes Feuer aus, das gefährliche Ausmaße anzunehmen drohte. Ludwig war nicht daheim, aber Catalina leitete die Löscharbeiten mit solcher Umsicht und Tatkraft, daß kein größerer Schaden entstand. Das Mädchen selbst erlitt dabei eine schlimme Augenverletzung, an der sie einige Monate lang laborierte.

Der letzte Beweis war erbracht: Catalina Homar war der rechte »Mann«, den verwaisten Posten des Gutsverwalters zu übernehmen. Es gibt keine schlüssigen Aufzeichnungen über das exakte Datum, ab welchem das Arbeitsverhältnis zwischen dem Herrn von Miramar und seiner Angestellten um rein persönliche Facetten bereichert wurde. Der Übergang wird vermutlich fließend gewesen sein, in den vielen Stunden, da Ludwig der Analphabetin, die nie eine Schule von innen gesehen hatte, Lesen, Schreiben und Rechnen beibrachte, ein gepflegtes Spanisch, schließlich auch Deutsch, Italienisch und – Arabisch! 1888 verließ Catalina in Begleitung des Erzherzogs zum ersten Mal in ihrem neunzehnjährigen Leben die Insel. Die Reise ging aufs spanische Festland, zur Weltausstellung nach Barcelona, wo die Weine des blutjungen Mädchens auf Anhieb mit einer Goldmedaille prämiiert wurden. In Barcelona gab es auch ein Wiedersehen zwischen Ludwig und der spanischen Königin Maria Christina, auch sie eine Habsburgerin, auch sie, wie Ludwigs früh verstorbene »Braut« Mathilde, eine Enkelin des Helden von Aspern, Erzherzog Karl. Maria Christina war eine mutige und resolute Person. Für den Monate nach dem plötzlichen Tod ihres Mannes geborenen Sohn, den späteren König Alfons XIII., führte sie, obwohl für diese Aufgabe überhaupt nicht vorbereitet, die Regierung. Sie war, wie so viele Frauen aus dem Hause Habsburg, eine geschickte Politikerin, die das eben einem mörderischen Bürgerkrieg entronnene Land mit Verstand und Fingerspitzengefühl durch eine Unzahl schwerer Krisen manövrierte. Spanien erlebte unter Maria Christina eine bemerkenswerte kulturelle Blüte. Ob Catalina mit der Königin zusammentraf, ist unbekannt. Daß sie der geheimnisumwobenen Kaiserin Sisi während deren zweiten und letzten Besuch in Mallorca begegnete, ist durch Ludwig selbst belegt: »Die beiden Frauen sprachen miteinander, wie wenn sie sich seit jeher gekannt hätten, denn in beiden war das menschliche Gefühl gleich wach. Die Sonne sank am Horizont, und wie Gold schimmerte das Meer und umgab gleich einer Gloriole die beiden Gestalten«, schrieb Ludwig mit einem kräftigen Anflug romantischer Verklärung.

Weder das freundschaftliche Zusammensein mit der Kaiserin noch das Leben an der Seite Ludwigs, der sie wiederholt auf seine Reisen mit-

Oben: Ludwig Salvator, bereits von seiner Krankheit gezeichnet.
Catalina Homar
Unten: Skizze von Palma aus Ludwigs preisgekröntem Hauptwerk
»Die Balearen«

nahm, oder gar die internationale Anerkennung der Früchte ihrer Arbeit haben Catalinas bescheidenem Wesen Schaden zugefügt. Sie verabscheute Eitelkeit und Hochmut; wenn Ludwig ihr glänzende Kritiken seiner Bücher zeigte, pflegte sie trocken zu bemerken:»Mach' Sie das nicht zu stolz. Alles ist nur eine Gnade Gottes.«

Catalina war, ebenso wie Ludwig, tief religiös; einen Höhepunkt ihres Lebens bildete 1899 die Pilgerfahrt ins Heilige Land an der Seite des Erzherzogs. Die Heimreise ging über Venedig:». . . es war abends, die Salute, graugehüllt, glänzte blaß im Mondenlicht. C. fuhr ab. Noch scheint es mir, als fühlte ich ihren Händedruck, es sollte der letzte sein«, schrieb Ludwig. Einige Zeilen später heißt es:»Es waren böse Zeiten über mich hereingebrochen . . . Ich erkrankte . . . Ich schrieb ihr nichts darüber. Vielleicht hat sie es nie erfahren.«

Dies ist mit größter Wahrscheinlichkeit der Hinweis, daß sich Ludwigs entsetzliches Leiden zum ersten Mal manifestierte; er muß es sich auf einer seiner Orientreisen geholt haben, und es führte nach qualvollen Jahren zum Tode. Alle Anzeichen deuten darauf hin, daß er an Elephantiasis Arabum erkrankt war, die durch den Parasiten Filaria Sanguinis übertragen wird. Durch Verschluß der Blutkapillaren und Lymphgefäße kommt es zu Flüssigkeitsstauungen, unter in langen Intervallen auftretenden heftigen Fieberstößen zu monströsen Verdickungen der Haut und der darunterliegenden Gewebe und zur Bildung von Ödemen. Vor allem die unteren Extremitäten schwellen grotesk an, so daß sie schließlich wie Elefantenbeine aussehen, woher die Krankheit ihren Namen hat. Auch Teile des Gesichts können von der Elephantiasis erfaßt werden; die letzten Bilder Ludwigs zeigen ein ballonförmig aufgedunsenes Antlitz.

Sechs Jahre lang hielt sich Ludwig von Mallorca fern, sechs Jahre lang schrieb Catalina immer drängender werdende Briefe, die er sehnsüchtig erwartete:»Die Adresse am Kuvert war der Schräge nach geschrieben, sodaß ich sie gleich unter dem Haufen von Briefen erkannte«, notierte er.

»Kommen Sie bald, kommen Sie zur schönen Estaca«, flehte Catalina und schilderte ausführlich, wie sie in jedem Herbst Traubengehänge anfertigte, sie einzeln auffädelte, an einen kühlen und windigen Ort hängte, so daß sie sich bis Weihnachten frisch hielten. Ludwig kam nicht zu Weihnachten, er kam auch nicht zur Pfirsichernte, wenn Catalina immer wieder ihr köstliches Kompott für ihn konservierte, daß er es noch vor der neuen Ernte verzehren möge.

»Kommen Sie wenigstens auf einige Tage«, schrieb sie. Er erfand immer neue Ausflüchte.

Eines Tages erhielt Ludwig in seinem Haus im ägyptischen Ramleh einen Brief, der ihn stutzig machte. Er trug Catalinas Handschrift – und doch war es nicht die ihre, wie es schien. Tatsächlich stammte das Schreiben von Miguel Homar, Catalinas Bruder. Er teilte mit, daß seine Schwester krank sei. Ludwig sandte ein besorgtes Telegramm – Catalinas telegrafische Antwort kam postwendend: Es gehe ihr besser, sie sei jedoch noch bettlägrig. Dann drei Briefe Miguels hintereinander. Der erste vermeldete, daß Catalina schwerst erkrankt sei, der zweite, daß kaum noch Hoffnung bestehe; der dritte Brief brachte am 12. April 1905 die Todesnachricht. Catalina war, erst sechsunddreißig Jahre alt, am 5. April gestorben.

Was nicht in den Briefen stand, hat Ludwig erst später erfahren: Catalina war an Lepra zugrunde gegangen, jene Krankheit, die ihn schon einmal mit Abscheu und Entsetzen erfüllt hatte, als er 1873 in seinem Buch »Levkosia, die Hauptstadt Cyperns« schrieb: »Auf dem Wege nach Larnaka sieht man abends die Kamele still zur Skala wandern: einige kommen mühsam weiter, denn sie leiden an Krätze ... Aber siehe da, welch ein schauderhafter Anblick: Lepröse Menschen schleppen sich zur Straße, um unter Wehklagen von den Vorübergehenden ein Almosen zu erbitten, und sie flehen zu Gott um Linderung ihrer Qualen. Sie haben in dieser Gegend ihr Quartier aufgeschlagen, nachdem ihnen das Betreten der Stadt verboten wurde. Und dem grauenhaften Bild dient als passende Umrahmung auf beiden Seiten der stillen Straße, wo sich die leprösen Kranken und die krätzigen Kamele hinschleppen ...«

Die letzten Zeilen von Ludwigs Gedenkschrift für Catalina Homar, die er unmittelbar nach ihrem Tode verfaßte, lauten: »In der Aufregung des Schmerzes schrieb ich diese Blätter, die ich mit den Worten schließe, daß ein gleich gutes Herz wie das Catalinas bestehen mag; ein besseres aber nicht.«

Er kehrte nun nach Mallorca zurück und ließ in der Kapelle von Catalinas Haus eine Tafel anbringen, unter der noch heute ein Ewiges Licht flammt: »Dem unvergeßlichen Andenken an Catalina Homar, welche so viele Jahre hindurch die Seele dieses Hauses war, von Ludwig Salvator errichtet, mit der Bitte an jene, die kommen, daß sie für sie beten.«

Das Ewige Licht der Erinnerung flackert auch noch in unserer Zeit für Catalina Homar auf Mallorca. Allerlei Geschichten werden kolportiert, deren Wahrheitsgehalt indes zweifelhaft ist. So lebte bis vor wenigen Jahren in einer Villa in Palma eine 1892 geborene feine alte Dame, von der gemunkelt wurde, sie sei eine Tochter Catalinas und des Erzherzogs gewesen. Sie hieß Ana Vives Ribas; wenn man sie fragte, sagte sie, sie sei ein Patenkind des Arqueduque, und er habe ihr eine ausgezeichnete Erziehung zuteil werden lassen. Antonio Vives hieß übrigens der letzte Sekretär Ludwigs, und die heutigen Besitzer von Miramar heißen ebenso; über mögliche verwandtschaftliche Beziehungen zum Erzherzog schweigen sie sich aus.

Ein anderes Gerücht, das sogar in einigen Publikationen Niederschlag gefunden hat, will wissen, daß Catalina Homar einmal in Wien gewesen und von Kaiser Franz Joseph I. empfangen worden sei – dies ist indes nur ein Wunschtraum der Mallorquiner. Der österreichische Kaiser hat sich stets gegen die Eskapaden seiner Familie abgegrenzt. Offensichtlich aus guten Gründen und nicht aus Starrsinn und Kaltherzigkeit: Wenn er geduldet hätte, daß die eigenen Angehörigen die ehernen Hausgesetze durchbrechen – wie hätte er erwarten können, daß seine Völker sich an die Grundprinzipien der von ihm verkörperten monarchischen Idee hielten? Die stillschweigende Duldung von Ludwig Salvators exzentrischem Lebenswandel war das Äußerste, was man vom Kaiser erhoffen durfte – die offizielle Kenntnisnahme seiner »Maitresse« hingegen ist schlichtweg undenkbar.

Nach dem Zusammenbruch der Monarchie hat die Asphaltpresse mit unverhohlener Gier alte Skandalgeschichten aufgenommen und breitgetreten, den gestürzten Idolen von einst noch eimerweise Schmutz hinterhergegossen. Es konnte daher nicht ausbleiben, daß Ludwig Salvator seinen Teil davon abbekam. Man hat ihm Knaben angedichtet – dann doch wieder nicht Knaben, sondern als Jungen verkleidete Mädchen, die scharenweise die »Nixe« bevölkert hätten.

Das freie, ungezwungene Leben auf Miramar, wo männliche und weibliche Bedienstete samt zahlreichem Nachwuchs eine große Familie bildeten, wurde zu einer Serie orgiastischer Exzesse in einem Harem von einander bis aufs Messer bekriegenden Frauen samt zahlreichen Bastarden hochstilisiert.

Noch jetzt kursiert auf Mallorca ein Pamphlet, in dem mittlerweile längst verstorbene, angebliche Zeugen mit ihren sehr widersprüchlichen Aussagen zitiert werden. Sie sind so absurd und so bizarr, sie stimmen so wenig mit dem Charakterbild Ludwig Salvators überein, wie wir es aus Selbstzeugnissen und Aussagen seiner Freunde und Bekannten kennen, daß man derlei ruhig als ekelhaften Dorftratsch abtun kann.

Lediglich eine mehrfach wiederkehrende Behauptung könnte den tieferen Grund für die plötzliche Trennung des Erzherzogs von Catalina erklären. Demnach habe Catalina eine flüchtige Affäre mit dem Kapitän der »Nixe II«, einem gewissen Don Juan de Singala, gehabt. Dies soll den Erzherzog so getroffen haben, daß er zu Catalinas Lebzeiten keinen Fuß mehr auf die geliebte Insel setzen mochte. Vergessen konnte er Catalina nicht, wie wir aus seinem schmerzerfüllten Nachruf erfahren.

Keinen Anlaß zu irgendwelchen Mißdeutungen gab Ludwigs Leben nach dem Tode Catalina Homars. Immer öfter und immer länger hielt er sich in Miramar auf, zunehmend gezeichnet von seiner Krankheit. Konnte er sich anfangs auf seinen Besitzungen noch von einem Aussichtstürmchen zum anderen schleppen und im ionischen Tempel, auf die abgeschnittene Säule gestützt, Rast machen, so sah man ihn später, schwer und mühsam auf einem mächtigen Apfelschimmel hockend, die Wälder und die Weinberge durchstreifen.

Sein großes Lebenswerk, ein siebenbändiges und mehr als 4 000 Seiten umfassendes Konvolut, »Die Balearen – in Wort und Bild geschildert«, war abgeschlossen. Es enthält eine Fülle bemerkenswerter Einzelheiten, wie etwa jene Passage, die den Pauschaltouristen unweigerlich zum Schmunzeln reizt: »Charakteristisch für die Mallorquiner ... ist ihre Gastfreundschaft. Jeder Fremde ist ein willkommener Gast, den sie mit Aufmerksamkeit überhäufen, und wenn er wollte, könnte er die ganze Insel durchwandern, ohne nötig zu haben, in einem Gasthaus einzukehren, denn in jedem Haus ... würde er herzliche Aufnahme und eine gastliche Herberge finden.«

Mag sich im Hinblick auf die altruistische Gastfreundschaft mittlerweile auch einiges geändert haben – an anderer Stelle finden sich geradezu prophetische Worte: »Das Klima wird nicht mit Unrecht wegen seiner lieblichen Temperatur und Schönheit des Himmels mit dem südlichen Italien verglichen. Die Milde desselben übt sogar einen höchst günstigen Einfluß auf manche chronische Leiden und auf altersschwache Leute [sic!] aus.«

»Die Balearen«, an denen er nicht weniger als zweiundzwanzig Jahre geschrieben und gezeichnet hatte, wurden auf der Pariser Weltausstellung mit einer Goldmedaille ausgezeichnet; die zweibändige, bei Brockhaus erschienene Volksausgabe fand ein breites Lesepublikum. Der »gelehrte Erzherzog« wurde mit Ehrungen aller Art überhäuft, als ordentliches Mitglied in die Londoner und in die Wiener Akademie der Wissenschaften aufgenommen; die geographische Gesellschaft verlieh ihm ihre höchste Auszeichnung, die von Naturwissenschaftlern heißbegehrte »Hauer-Medaille«.

Ludwig Salvator stand weiterhin im Briefwechsel mit zahlreichen Gelehrten, aber auch mit anderen hervorragenden Persönlichkeiten, wie etwa dem amerikanischen Präsidenten Theodore Roosevelt und dem französischen Schriftsteller Jules Verne. Seine langjährige Angewohnheit, die Briefe selbst zur Post zu tragen, sich geduldig in die Schlange vor dem Schalter zu stellen und mit den anderen Wartenden einen gemütlichen Plausch zu halten, mußte er der körperlichen Behinderung wegen aufgeben.

Auch nach dem Abschluß von »Die Balearen« kreisten seine Gedanken weiterhin um dieses Hauptthema. Er ließ die alten Märchen der Insel, wie sie noch von Hirten und Bauern erzählt wurden, sammeln und faßte sie zu einem Buch zusammen. Es zeigt aufschlußreiche Parallelen zwischen dem Märchengut dieser südlichen Insel und jenem des deutschen Sprachraums, das die Brüder Grimm veröffentlicht haben.

Ludwig hatte eben eine Arbeit über die Burgen und Wachttürme Mallorcas in Angriff genommen, als der Erste Weltkrieg ausbrach und Kaiser Franz Joseph I. die dem Erzherzog vierundvierzig Jahre zuvor gegebene Erlaubnis, seinen Hauptwohnsitz im Ausland aufzuschlagen, rückgängig machte.

Ludwig hielt sich einige Monate in Görz auf – nicht ohne auch diese Zeit für wissenschaftliche Studien zu nützen. Es entstand ein kleines Wörterbuch der friaulischen Sprache, ein auf keltische Wurzeln zurückreichendes Idiom, dessen unmittelbar bevorstehendes Verschwinden er klar voraussah.

Am 13. Mai 1915 hielt er auf Schloß Brandeis, das er vom Vater geerbt hatte, traurigen Einzug. Es war die Heimkehr in ein ihm fremd gewordenes Land, er war ein einsamer Mann.

Die Menschen, denen er sich verbunden gefühlt hatte, waren längst dahingegangen. Der Vater starb 1870 während einer Pilgerfahrt in Rom, die Mutter 1888 auf Schloß Orth bei Gmunden. Kaiserin Elisabeth war ermordet worden, Kronprinz Rudolf, mit dem er sich immer gut verstanden hatte, durch eigene Hand aus dem Leben geschieden. Sein Bruder Johann, der liebe kleine Gianni von einst, mit dem zusammen er erzogen worden war, hatte sich von der Familie losgesagt; er war, schwerer politischer und militärischer Differenzen wegen, aus dem Erzhause ausgeschieden und unter dem Namen Johann Orth mit seinem Schiff »St. Margaret« im Jahre 1890 vor der südamerikanischen Küste verschollen. Mit dem Bruder Ferdinand, nun Chef des Hauses Toskana, verband ihn wenig. Die Schwierigkeiten, die Ferdinands Tochter Luise und sein Sohn Leopold der Familie machten, gingen Ludwig nichts an. Luise brannte ihrem Mann, dem sächsischen Kronprinzen, durch, Leopold tauchte als einfacher Herr Wölfling in einer zwielichtigen bürgerlichen Existenz unter.

Auch zur jüngeren Generation hatte Ludwig keine Verbindung mehr. Als Erzherzog Karl (der spätere Kaiser Karl I.) und seine Gemahlin Zita im Winter 1911/1912, kurz nach ihrer Eheschließung, für einige Monate zu Gast auf Schloß Brandeis weilten, glänzte der Hausherr durch Abwesenheit. Er ließ dem jungen Paar von einem Diener einige nichtssagend-freundliche Willkommenszeilen überreichen.

Der alte, unförmige Mann saß in den letzten Monaten seines Lebens unbeweglich in einem Zimmer im ersten Stock der Westfront, anscheinend sich selbst schon ein wenig entrückt, denn im letzten Text schreibt er in der dritten Person von sich: »Fern von den sonnigen Küsten Mallorcas hat der Verfasser die vorliegende Arbeit beendet. Vor dem breiten Fenster seines Schlosses in Brandeis saß er und träumte vom Süden, sah die Vogelschwärme vorüberziehen – Schwalben, Störche, wie sie den Gestaden seiner Sehnsucht zueilten. Der nordische Herbst war dem greisen Wanderer fremd geworden . . .«

Anfang Oktober wurde sein gesundheitlicher Zustand immer besorgniserregender. Man berief den berühmten Prager Chirurgen Prof. Dr. Rudolf Jedlicka, der umgehend alle Vorbereitungen für eine Amputation des am schlimmsten von der Krankheit befallenen Beines anordnete. Es kam nicht mehr dazu. Erzherzog Ludwig Salvator starb am 12. Oktober 1915 nachmittags im Beisein seiner Wirtschafterin, eines Priesters und des Arztes.

Sein Leichnam wurde in die Kapuzinergruft nach Wien übergeführt. Dort ruht der im Alter von achtundsechzig Jahren Verstorbene unter der Nummer 98 D in der sogenannten Ferdinand-Gruft; zwei, drei Schritte davon entfernt, Nummer 130 in der »Neuen Gruft«, ist die letzte Ruhestätte seiner »Braut« Mathilde, die im Alter von achtzehn Jahren den Flammentod erlitt.

»Sohn einer Komödiantin«
Don Juan José de Austria II. 1629–1679
Die Heiratsverflechtungen zwischen spanischen und österreichischen Habsburgern

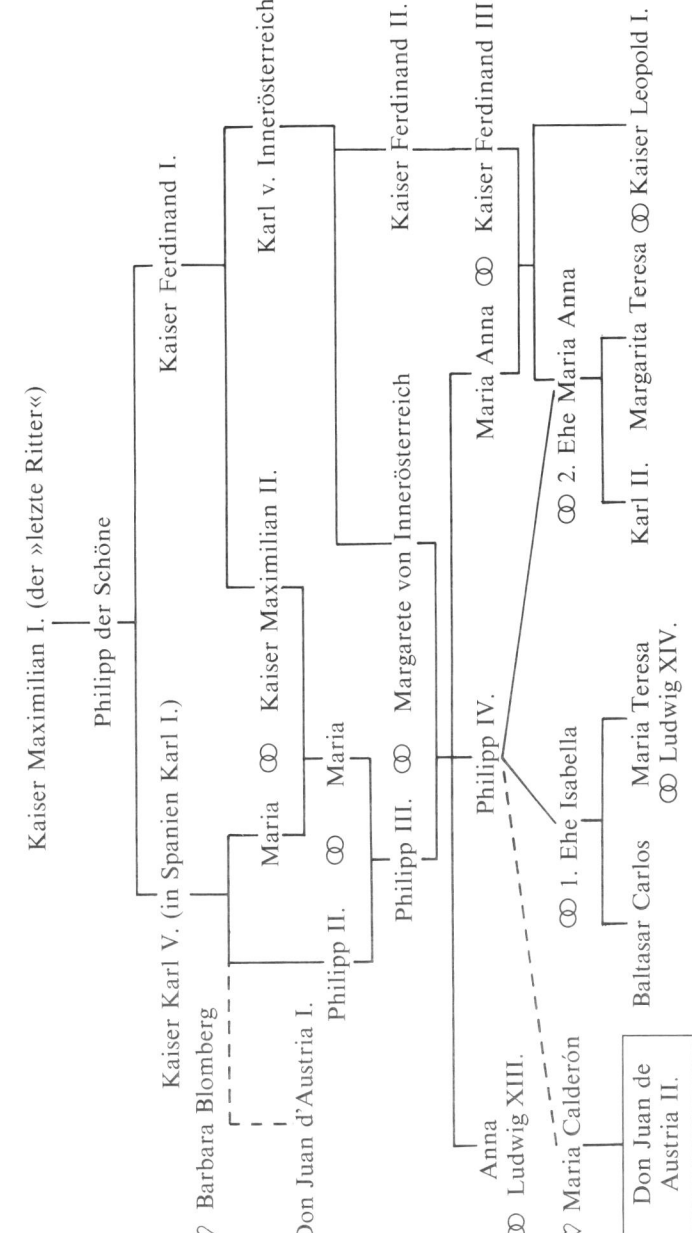

549

»Aschenbrödel«
Maria Anna 1738–1789

Kaiserin Maria Theresia
⚭ Franz Stephan v. Lothringen =
Kaiser Franz I.

| Maria Anna | Joseph II. Kaiser | Ma. Christina (»Mimi«) ⚭ Sachsen-Teschen | Elisabeth (»Liesl«) | Ma. Amalia ⚭ Parma | Leopold Großherzog Toskana, Kaiser Leopold II. | Ma. Karolina ⚭ Neapel-Sizilien | Ma. Antoinette ⚭ Frankreich | Maximilian Kurfürst v. Köln |

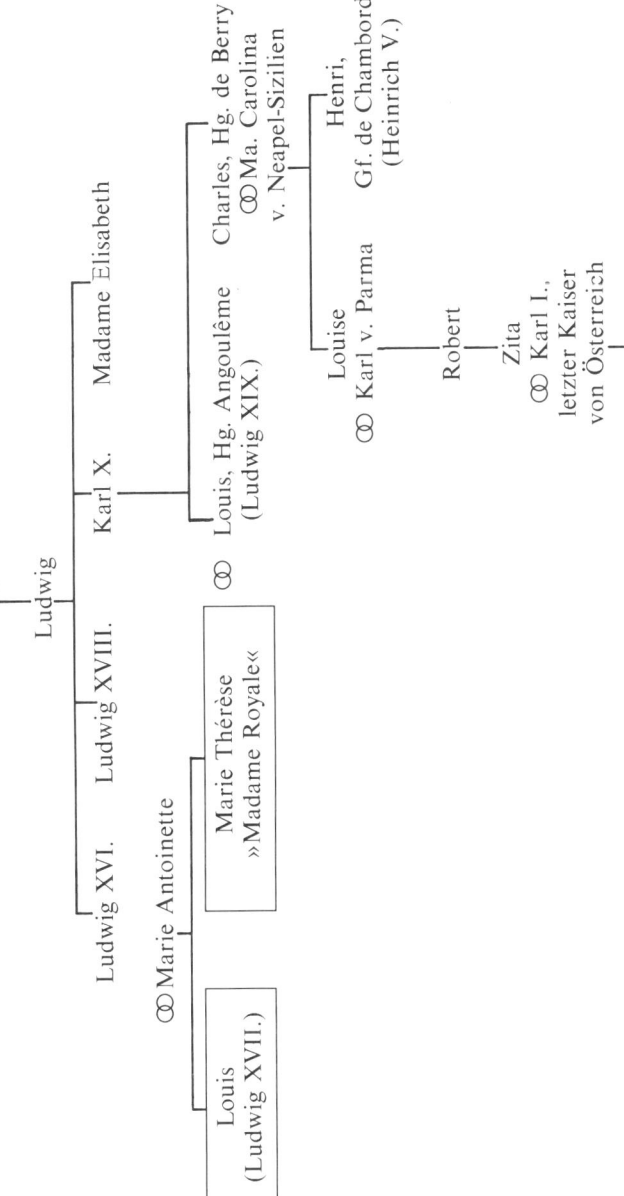

»Marie Antoinettes Kinder«
Louis 1785–1795 (?) – Marie Thérèse 1778–1851

Ludwig XV.

Ludwig

Ludwig XVI.   Ludwig XVIII.   Karl X.   Madame Elisabeth

⚭ Marie Antoinette

Louis
(Ludwig XVII.)

Marie Thérèse
»Madame Royale«

⚭

Louis, Hg. Angoulême
(Ludwig XIX.)

Charles, Hg. de Berry
⚭ Ma. Carolina
v. Neapel-Sizilien

Louise
⚭ Karl v. Parma

Henri,
Gf. de Chambord
(Heinrich V.)

Robert

Zita
⚭ Karl I.,
letzter Kaiser
von Österreich

Otto v. Habsburg

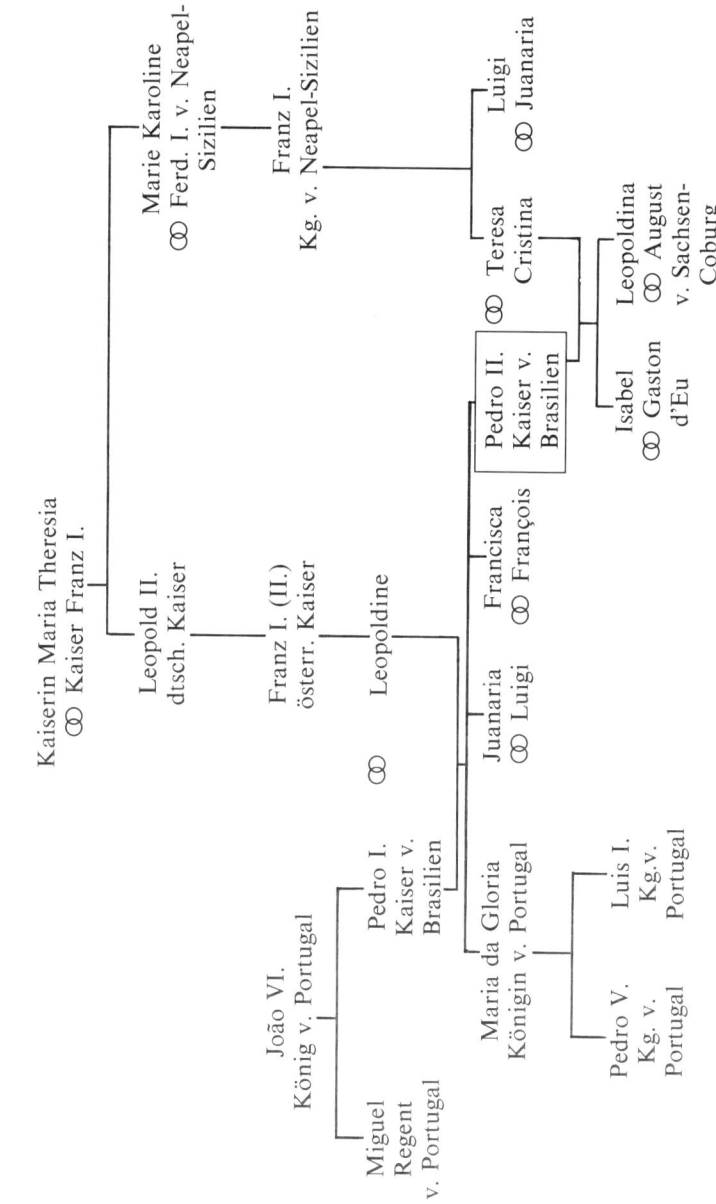

»Magnanimo«
Pedro 1825–1891

Kaiserin Maria Theresia
⚭ Kaiser Franz I.

Marie Karoline
⚭ Ferd. I. v. Neapel-Sizilien

Franz I.
Kg. v. Neapel-Sizilien

Leopold II.
dtsch. Kaiser

Franz I. (II.)
österr. Kaiser

Leopoldine

⚭

Luigi
⚭ Juanaria

Teresa
Cristina

Pedro II.
Kaiser v.
Brasilien

⚭

Francisca
⚭ François

Leopoldina
⚭ August
v. Sachsen-
Coburg

Isabel
⚭ Gaston
d'Eu

Juanaria
⚭ Luigi

João VI.
König v. Portugal

Pedro I.
Kaiser v.
Brasilien

Miguel
Regent
v. Portugal

Maria da Gloria
Königin v. Portugal

Luis I.
Kg.v.
Portugal

Pedro V.
Kg. v.
Portugal

552

»Der Mann von Mallorca«
Ludwig Salvator 1847–1915

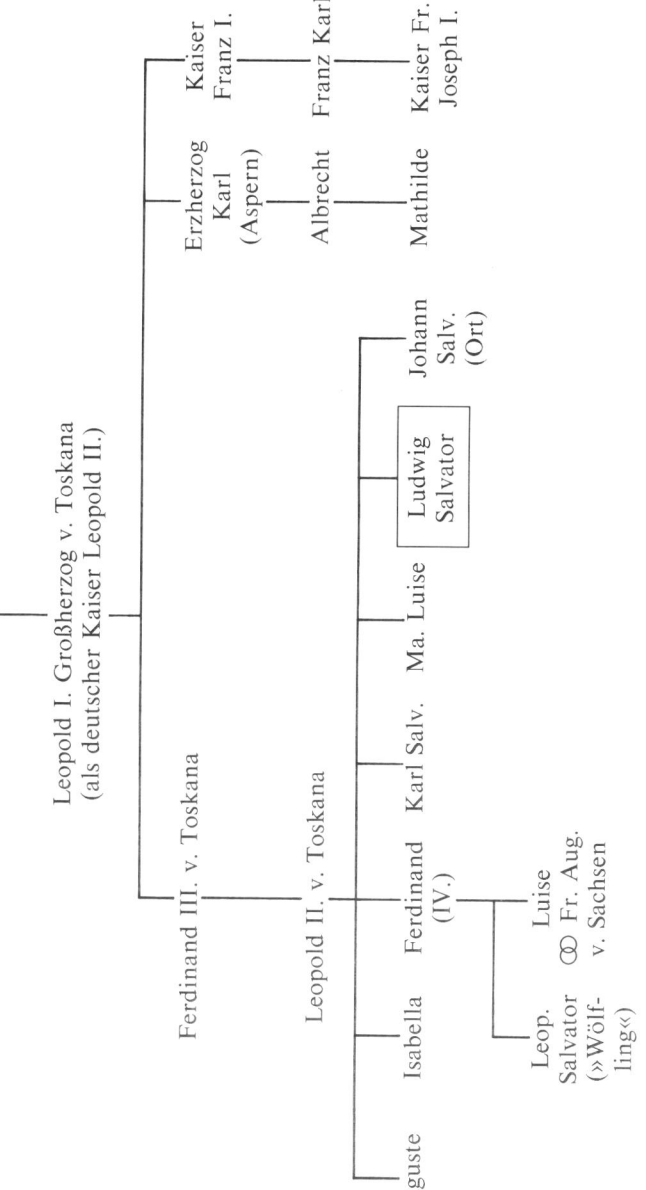

Personenregister Teil 1

Personenregister Teil 2

Inhalt